監督の財産

栗山英樹
HIDEKI KURIYAMA

監督の財産

栗山英樹

HIDEKI KURIYAMA

目次 | CONTENTS

はじめに ⋯⋯⋯⋯⋯⋯⋯⋯⋯⋯⋯⋯⋯⋯⋯⋯⋯⋯⋯⋯⋯ 8

1　監督のカタチ

第1章　監督の役割──「勝つカタチ」を見つける

「勝つカタチ」 ⋯⋯⋯⋯⋯⋯⋯⋯⋯⋯⋯⋯⋯⋯⋯⋯⋯ 16

カタチの可能性 ⋯⋯⋯⋯⋯⋯⋯⋯⋯⋯⋯⋯⋯⋯⋯⋯ 18

「勝つカタチ」の必要数 ⋯⋯⋯⋯⋯⋯⋯⋯⋯⋯⋯ 20

第2章　監督の仕事──「勝つカタチ」を進む

「勝つカタチ」を見つける ⋯⋯⋯⋯⋯⋯⋯⋯⋯ 24

差し込まれない ⋯⋯⋯⋯⋯⋯⋯⋯⋯⋯⋯⋯⋯⋯⋯ 27

「勝つカタチ」の原則 ⋯⋯⋯⋯⋯⋯⋯⋯⋯⋯⋯⋯ 30

シーズンのカタチ ⋯⋯⋯⋯⋯⋯⋯⋯⋯⋯⋯⋯⋯⋯ 32

第3章　監督と選手──「勝つカタチ」にもっていく

「そうならない」状態を作る ⋯⋯⋯⋯⋯⋯⋯ 36

人のせいにさせない ⋯⋯⋯⋯⋯⋯⋯⋯⋯⋯⋯⋯ 38

選手への対応 ⋯⋯⋯⋯⋯⋯⋯⋯⋯⋯⋯⋯⋯⋯⋯⋯ 41

選手への5つの要求 ⋯⋯⋯⋯⋯⋯⋯⋯⋯⋯⋯⋯⋯ 44

　1）「。」をつけろ～なぜ「靴を揃える」必要があるのか ⋯⋯⋯ 46

　2）「。」をつけろ～現代の「若者」の要望に対して ⋯⋯⋯⋯ 48

　3）「。」をつけろ～「。」のつけ方、大谷翔平 ⋯⋯⋯⋯⋯⋯ 50

　4）可能性を広げさせる～「人」を信じるな ⋯⋯⋯⋯⋯ 52

　5）可能性を伝える～正しいと思ったら間違える ⋯⋯⋯ 54

要求のための距離 ⋯⋯⋯⋯⋯⋯⋯⋯⋯⋯⋯⋯⋯⋯ 55

選手への言葉 ⋯⋯⋯⋯⋯⋯⋯⋯⋯⋯⋯⋯⋯⋯⋯⋯ 57

第4章　監督と人事──「勝つカタチ」と組織

「勝つカタチ」のための組閣 ……………………………………………… 61

勝つための人事基準 ……………………………………………………… 63

コーチの置き方 …………………………………………………………… 65

コーチと監督 ……………………………………………………………… 67

コーチへの対峙 …………………………………………………………… 69

コーチとの信頼関係 ……………………………………………………… 71

フロントと監督 …………………………………………………………… 74

第5章　監督の資質──求められる姿

自分が正しいと思わない ………………………………………………… 78

新しい発想 ………………………………………………………………… 81

片言隻句 …………………………………………………………………… 83

平らにする ………………………………………………………………… 85

自分との約束を守る ……………………………………………………… 88

言葉を大事にする ………………………………………………………… 90

目次 | CONTENTS

2 覚悟

序　章： やりたい野球なんてない ————————— 94

第1章： 最大の危機をチャンスに変える ————— 99

第2章： 名将にあやかる ————————————— 115

第3章： 組織を動かすということ ————————— 139

第4章： 失敗は、成功への一里塚 ————————— 161

第5章： 勝利のために
　　　　理論を捨てることも必要である ———— 175

第6章： いかに潮目を読むか ——————————— 192

終　章： 人と比べない ————————————— 215

3 伝える。

第1章： 監督ってなんなんだろう ————————— 224

第2章： 伝える言葉。伝える感覚。 ——————— 242

第3章： パ・リーグ優勝の真実 —————————— 268

第4章： 日本一に足りなかったこと ——————— 287

第5章： 感謝をこめて ————————————— 315

第6章： 大谷翔平という夢 ———————————— 328

第7章： 戦うためになにを準備すべきか ———— 337

4 未徹在

第1章： 「負け」は99を教えてくれる —— 362

第2章： 監督の役割とは何か —— 389

第3章： 監督はプレイヤーとどう距離をとるのか —— 413

第4章： 監督に答えは存在するのか —— 450

第5章： 栗山英樹の使命とは何か —— 468

第6章： プロとして、人として大事なこととは —— 479

5 最高のチームの作り方

第1章： シーズン回顧
真に信ずれば、知恵が生まれる —— 498

第2章： クライマックスシリーズ回顧
勝つために打つべき手を打つ —— 532

第3章： 日本シリーズ回顧
結果を委ねる —— 553

第4章： 過去の自分との対話
監督の仕事は選手を輝かせること —— 575

第5章： 選手・コーチたちのこと
いつも全部間違っている —— 613

目次 | CONTENTS

6 稚心を去る

第1章： プロの責任 ファイターズの組織哲学 659

第2章： 「四番」の責任 中田翔と清宮幸太郎 681

第3章： 監督としての1000試合
7年目の備忘録とともに 709

第4章： 指揮官の責任
なぜ、自分のせいだと思うのか 743

第5章： 7年の蓄積と、8年目の問い 776

7 集大成 (2019〜2021)

監督の引き際：責任の果たし方とは

【最後の3年】2019年「最高の想定外」 790

【最後の3年】2020年「野球と人生」 792

【最後の3年】2021年「危機感と集大成」 794

【3年間の学び】準備をし、手を打ちまくる 797

自分から「辞める」とは言わない 798

生まれ変わっても「ファイターズの監督をやりたい」か？ 800

選手は仲間、「道化師のソネット」が流れた時 801

「仲間・大谷翔平」との別れ 806

大谷翔平は「仲間」たちに何を与えたか 807

選手と「選手の時代」の指導者像 810

【信頼すべき人】ともに別れたふたりのコーチ 812

【信頼すべき人】監督・栗山英樹を作ってやろう 813

8　考察 野球論

監督と野球：新しい時代の「バント」「采配」「四球」「カウント」

余計なことをしない ———————————————————————————— 821

考察「送りバント」 —————————————————————————————— 823

考察「四球」 ————————————————————————————————— 825

考察「カウント」 ——————————————————————————————— 828

9　光るべきもの

監督の先生たち：5人の知恵

1・大谷翔平 ————————————————————————————————— 833

2・中西太 —————————————————————————————————— 835

3・吉村浩 —————————————————————————————————— 837

4・根本陸夫 ————————————————————————————————— 840

5・ダルビッシュ有 —————————————————————————————— 842

おわり ———————————————————————————————————— 845

新原稿『監督のカタチ』『集大成（2019-2021）』『考察 野球論』『光るべきもの』は2024年7月31日現在のデータになります。また『覚悟』(2012)、『伝える。』(2013)、『未徹在』(2015)、『最高のチームの作り方』(2016)、『椎心を去る』(2019)は一部の統一表記と注釈がある場合を除き、刊行された当時のデータ、所属、表現のままとしています。

はじめに

　思ってもみなかった「監督」の肩書きを背負わせてもらった期間は約12年。そのうち10年間は北海道日本ハムファイターズでのものになる。

　後半はとにかく結果が出なかった。1年目でいきなりリーグ優勝を経験し、5年目には日本一にもなった。でも、最後の3年は5位が続いた。あの時のことを、今こんなふうに感じている。

　——前半にいいことばかりあったから、そういう終わり方もまた野球だな。

　本当に何をやっても、どれだけ考えても、結果が出ない。「いくら頑張っても報われない時はあるのだ」と教えられた。自分の野球人生のなかでも、一番、勉強になった日々だった。

　結果が出なかった日々をそんなふうに評してしまえば、「冷めたやつだ」と思われるかもしれない。「無責任な」と、お叱りを受けるかもしれない。

　誤解をしないでほしいのは、この感情は、「今、過去として」あの日々を振り返ったから生まれてくるものである、ということだ。

　現場にいた当時の自分は、全然そんなふうには思えなかった。それは毎日、書き綴った「メモ」を見返せばすぐわかる。「なんなんだよ」って腹の底から湧いてくる怒りや、やるせなさ、悔しさ、申し訳なさ……とにかく、どうやったら勝てるんだ、と悩み続けていた。

　あるシーズン、あるプレー、ある行動。

　同じことであっても、生まれる感情は時間によって大きく変わる。

　ファイターズの監督を辞めた後、幸せなことに侍ジャパンの監督まで務めさせてもらい、最大の目標である2023ワールドベースボールクラシック（以下、WBC）優勝を果たすことができた。その反響は想像を超えていて、いろんなところで私の考えを伝える機会に

恵まれた。ときにリーダーとして、マネジメントとは、といった不相応なテーマで話をさせてもらった。

そうやって話をしていると、「過去」が美化されがちだ。結果が出なかった日々に対しても何らかの意味付けを勝手に、自分でしてしまう。「あの時、こう思っていたかったな」という願望に似た感情が入ってしまう。それはそれで大事なことだけど、そこで思考をやめてはいけない、と思っている。

WBCで優勝を果たした後、はっきりとわかったことがあった。アメリカを倒し、世界一となった時、監督としてどんな景色が見えるのだろうか。そう思っていたが、いざ現実になると、「何も変わらない」ことを知った。「変わる」のは自分ではなく、周囲だった。ともすると礼賛され、自分自身がそこに引っ張られそうになる。

そうあってはいけない。何度も身を引き締めた。

自分が監督として経験してきた「現場」で起きたことも同じだ。結果が出た後、苦しかった日々があったから今がある、そう考えることに意味はある。でも、その時「現場」で感じていたことを忘れてはいけない。あの時、ああしておけば、と悔やんだことに、違う意味を持たせてはいけないのだ。

「今」と「過去」について、(これだけ分厚い!)本書が持つ意味を伝えるために、もう少し話を進めたい。

例えば、いま一度、ファイターズ時代の10年を「ひと言」で回顧してみるとこんな感じだ。

2012年(監督1年目)は「人生最大の難関」。新人監督としていきなりパ・リーグ優勝を経験し、日本シリーズにも進出させてもらった。それでも思い返すのは「本当にきつかった」という思いだ。それは日本中の期待を背負い、日本の宝となる選手を預かったWBCを指揮した時よりも大きなものになる。たぶん、あれほどしんどいことは、もう人生で起こらないと思う。

2013年（監督2年目）。「本当のスタート」。最下位という結果は大いに反省するべきところがあったけれど、大谷翔平を獲得して、理想に向かって作り上げていく作業がスタートしたという感覚で、意外と楽しかった。

2014年（監督3年目）は「勝負の始まり」。3位でシーズンを終えた。

そして2015年（監督4年目）が「勝つための模索」。17も勝ち越したのに優勝できなかった。それくらい福岡ソフトバンクホークスが断トツに抜けていた。普通にやっても勝てない。選手の能力を上げるだけではない。何かが必要だと考え続けた。

2016年（監督5年目）はそれが結実した。翔平のおかげではあるけれど、「面白い野球」ができて、日本一にもなれた。

2017年（監督6年目）は「壊す」。チームビルディングとは作り上げるイメージがあるけれど、壊していく感じだった。いや「壊れる」かもしれない。

2018年（監督7年目）は……、この年だけが「監督業の1年」がしっくりくる。日本一から5位になった前年、オフには翔平がメジャーに移籍した。Bクラスを2年続けてはいけない。持っているノウハウ、経験を総動員する。もちろんいつも、しているつもりなんだけど、この年は監督としてやりくりしてなんとか3位に持っていけた、というイメージだ。

そしてここからの3年、2019、2020、2021年はこのあと詳しく触れていくのでここでは一言ずつだけ。

2019年は「最高の想定外」、2020年は「野球と人生」、2021年は「集大成」。

思いついたままに振り返った10年。これが、日本一になった2016年のシーズンオフに出した『最高のチームの作り方』ではこう書いている。

人を成長させる、そして輝かせる。そのために監督には何ができるのか。

　考え、悩み抜いて導き出した「もしかしたら、こういうことなのかもしれない」というものをグラウンドで落とし込んでみる。同時に、それを「言葉」にしてみる。そんな5年間だった。

　1年目、ただがむしゃらだった。チームのみんなに勝たせてもらったリーグ優勝。日本シリーズでは2勝4敗でジャイアンツに敗れた。

　2年目、振り返ってみれば一番つらかった1年。前年の優勝から、一転、最下位を経験した。

　3年目、若い選手の成長を肌で感じた。3位。クライマックスシリーズをフルに戦い抜いた10試合が、貴重な財産になった。

　4年目、優勝できると確信して臨み、最後まで勝てると信じて戦い抜いた。2位。クライマックスシリーズはファーストステージで敗退した。

　5年目、はじめての日本一。夢にまで見た日本一の頂からは、勝つための課題だけがはっきりと見えた。

　では結局、監督には何ができるのか。監督とはどうあるべきなのか。その答えを一般論に落とし込むのは、まだまだ自分には難しい。

　それでも、この5年間に自分が発した「言葉」を追って行くことで、何かが見えてくるのではないかと思い、振り返ってみた。

　すると、「過去の言葉」は発した瞬間に見せた色と違う色になっているものが多いことに気付かされる。いつもその瞬間は「こういうことなのかもしれない」と覚悟を持って口にしているのだけれど、時間を経て、より濃い確信の色となったり、新しい考えが加わってより深い色になったり、まったく違う色になったものもある。(『最高のチームの作り方』(2016年)より)

わかりやすく比較すれば、今は「1年目」がもっともつらい時間だったと感じているけど、2016年の頃は「2年目」がもっともつらい時期だった。

「過去の言葉」は発した瞬間に見せた色と違う色になっている。

　本書が手に取ってくれたみなさんに価値をもたらすことができるとしたら、ここがひとつのポイントかもしれない。

　監督として「記憶が鮮明な時期」と「今」で、何が同じで、何が違うのか。本書はそれを知ってもらうことに挑戦している。

　加えて。

　経験したことを残す義務があるとも感じている。

　監督生活を通して、自分以外の人間の教えに救われてきたのは、誰よりも私自身である。

　例えば、三原脩さん。私が生まれるよりも前、戦後間もない1947年に35歳の若さではじめてチームを率いた三原さんは、私が中学校に入学する前年の1973年まで、5球団の現場で指揮を執り続けた。実に26年、リーグ優勝6度、日本一4度。通算1687勝は同時代を戦った鶴岡一人さんの1773勝につぐ、日本の監督史上歴代2位だ。

「魔術師」と呼ばれたその三原さんの野球観、指導論は今なお、色褪せない。

　三原さんには遠く及ばない、私の12年の監督生活の中で、その教えに何度も触れ、道の先を照らしてもらった。三原さんの存在がなければ、監督をここまで続けることができただろうか……その自分を想像することすらできないほどだ。

　三原さんは私がプロ野球選手として東京ヤクルトスワローズに入団した1984年にお亡くなりになられていて、お会いする機会に恵まれなかった。

　だから、いつも私の道を照らしてくれたのは、三原さんが残された「言葉」だった。

本書で幾度となく触れることになるが、『三原メモ』をはじめ、三原さんやその教え子にあたる先人たちが、それらを「残そう」としてくれたおかげで、私はそれを見つけることができた。

そしてそれが「本」でよかった。

これは変な想像になるが、もし私が三原さんに直接お会いして、本に書かれたことと同じような話を聞いていたら――もしかしたら、違った思いを抱いていたかもしれないと思う。

会って聞くことと本を通して言葉で知ることには、きっとかなりの差がある。前者は口調、顔色、その時の雰囲気などを通して、伝え手(相手)の思いがはっきりとわかる。一方で、本を通して知った言葉は、読み手(自分)にとってある意味都合のいいように解釈をすることができる。こういう悩みに対する答え、ヒントが欲しい、と思った時、「これだ!」とストレートに読者(私)の背中を押してくれる、というわけだ。

だから、「直接、教えを請いたかった」という思いがある一方で、本を通して知るのも悪くない、ときには直接聞くより有意義だったかもしれない、と思ったりする。

ともかく、私は野球界を支えてきた先達や、経営者そして歴史上の偉人……思考を突き詰め、何かを成し遂げた人たちの言動を知ることで、監督としてどうあるべきか、どうすればチームを勝たせる監督となれるのかを考えること――それはつまり「監督という仕事」――に邁進することができた。

その経験は、私だけの胸にとどめるものではないと思っている。

過去と現在の「景色」を知ること、そして「言葉」を残すこと。
私の経験を未来に生かしてもらうこと。
「本というカタチ」はその点において好都合だ。

本書は、私がファイターズ時代に出した『覚悟』(監督1年目、2012年)、『伝える。』(監督2年目のシーズン前、2013年)、『未徹在』(監

督4年目、2015年)、『最高のチームの作り方』(監督5年目、2016年)、
『稚心を去る』(監督7年目のシーズン後、2019年)を収録しつつ、そ
の後に経験した監督生活で学んだことをまとめた。私にとっては、
ファイターズの監督として1年目のシーズン後を皮切りに現在に至
るまでの「監督・栗山英樹」としての集大成となる。

　過去を美化することなく、その瞬間を忘れることがないように、
自分が「変わらない」でいるために。そして、野球界のこれからの
ために、目指すのはひとつの「監督のカタチ」の提示である。
　監督とは普段どうあるべきで、悩んだ時に何をすべきか、すべき
でないのか。監督、指導者といった野球に携わる方たちにとって「一
生のヒント」になれば、これほどうれしいことはない。

　補足として、本書はその性格上、書いた時点での思いがダイレク
トに反映されているから、書いてあることが微妙に変わってきてい
るところもある。勝手な都合ではあるけれど、それこそが本書のだ
いご味でもある、と思ってもらえればうれしい。

1
監督のカタチ

第1章／監督の役割——「勝つカタチ」を見つける

　リーダーとして語られることの多い「監督」という言葉からは、さまざまな役割が想起される。

　戦力を整える、コーチやスタッフを決める、選手を育てる……。

　12年、監督を務めてきてはっきりとわかったことのひとつに、そんな多くの人が抱く「監督の役割」は、——「責任」を負うことにはなるが——実は「監督の役割ではない」ということだ。

　では「監督の役割」とは何か。

　それは、与えられた状況の中で、チームが勝ち切るための方法を見つけ出す——つまり「勝つカタチ」を見つける。「監督の役割」はそこに尽きる。

「勝つカタチ」

　——目指すチームのスタイルは？

　『やりたい野球はあるけれど、いる選手が一番勝ちやすいカタチを見つけるのが仕事と思っている。集まった選手たちで、どういう野球をやるのが勝ちやすいか。そこを絶対、間違っちゃいけない』（2021年12月2日　侍ジャパン監督就任会見）

　『勝ちきれない中でいろんな理由がある。試合が決まってしまうところの、いろんなところに目がいくけど、試合に勝つカタチをオレが作れていないわけだから。しっかり飲み込んで、全てを受け止めて、しっかりやっていくしかない』（2019年8月15日　ファイターズが9連敗を喫した試合後）

　2023WBCの決勝戦。3対2でアメリカを下し世界一となった瞬間、マウンドにいたのは大谷翔平だった。その前に投げたのがダルビッシュ有。日本球界を代表するふたりの投手は、先発投手としてキャ

リアを築いている。

一方、ベンチには大勢（読売ジャイアンツ）、松井裕樹（現・パドレス）、湯浅京己（阪神タイガース）、宇田川優希、山﨑颯一郎（ともにオリックス・バファローズ）といった、若く、勢いのある中継ぎ、抑えのスペシャリストたちがいた。

それなのになぜ最後がダルビッシュ有と大谷翔平だったのか。先発投手が中継ぎや抑えを務めることは簡単なことではない。慣れない役割を任せることにリスクはあった。

実は、大勢の調子はすこぶる良かった。抑えを任せられる、そう思った。

ただ、世界一のかかった決勝戦である。

場所はアメリカ、ボールはメジャー球で、日本で使っているものと感触が違う。そして、相手は超一流のメジャーリーガーたち……。

大会前、WBCを経験した多くの選手、コーチそして監督に話を聞いた。どうすれば勝てるか、そのヒントを探していた。そこで誰もが口を揃えたのがメンタルの重要性だった。裏を返せば、そのくらいプレッシャーがある、ということである。

環境的にも、心理的にも、計り知れない重圧を背負ってマウンドに立ち、チームを勝たせる確率が高いのは誰か。

それは決勝戦の締めくくりを、環境的には慣れないけれど抑えのスペシャリストに任せるか、いつもの役割とは違うけれど経験豊富なふたりに任せるか、という選択でもあった。そこで考えたのは、どちらが勝つ確率が高いか、ということだった。

ダルビッシュ有、大谷翔平にとってアメリカは主戦場であり、ボールに慣れていて、メジャーリーガーたちとの対戦経験も豊富、何より強い気持ちを持ってこの大会に臨んでくれている。

「もっとも勝つ可能性が高い」のは、ダルビッシュ有、大谷翔平に最後の１回ずつを任せることだ──「勝つカタチ」がひとつ、脳裏

に浮かんだ。

結果的にこのカタチは奏功した、と言える。最終回のマウンドに上がった翔平がメジャー随一のスーパースターであり同僚（当時）でもあったマイク・トラウトから三振を奪って「世界一」を決め、まるで物語のようなラストとなった。出来すぎた結末だったから、「栗山は、最後は大谷というドラマのようなストーリーを描いていた」といった賛辞をいただいたけれど、それは違う。

8回と9回を投げてくれたダルと翔平がもっとも勝つ確率の高い、侍ジャパンがアメリカに「勝つカタチ」だったから、あそこで投げさせた。もちろん「そうなったらすごいよな」「誰もが鳥肌が立つだろう」とは思っていたけど、決して、感動を生もうとか、みんなが見たいから、といった思いはまったくなかった。

カタチの可能性

実は、この「勝つカタチ」だけは大会前から決めていた。

だから監督としての仕事は、そのカタチが実現するようにチームと選手をもっていくことにあった。

実際問題として、「ダルビッシュ有─大谷翔平」をアメリカ戦の最後のマウンドに立たせるのにはさまざまな条件をクリアしなければならなかった。

例えば、ふたりともメジャーリーグでプレーをしており、所属チームであるパドレス、エンゼルスにとっては大事な戦力だ。大会以降の選手のキャリアに加え、メジャーリーグの選手会が主催的な立ち位置にいるWBCという大会の特性上、特にピッチャーにおいては慎重な起用が求められていた。

また、ふたりのコンディションや思いも重要だ。通常とは違う時期、つまりシーズン前に最大の出力を「してしまう」環境で投げることは、心身ともに良い状態を維持できていることが条件になる。

だから、大会を勝ち進んでいく中で、ふたりの様子を窺い、コー

チたちに話を聞きながら、その可能性を探った。

翔平は、決勝の数日前から「まあ、行けますよ」みたいな雰囲気だった。いつもそうだ。はっきりは言わないけど、分かってます、みたいな感じ。

ダルに関しては、出場が決まった時からWBCでの登板は2回まで、と話し合っていた。韓国戦の先発、イタリア戦の中継ぎと日本ラウンドでその「2試合」は消化していた。それが、途中から「もう一回、行けるかもしれない」という雰囲気になった。行けるなら決勝、そうダルには伝えていた。

もちろん監督としてはふたりが最後のマウンドにいられないという想定も必要だった。「勝つカタチ」を他にも見つける作業をしながら、それでももっとも勝つ確率が高い「勝つカタチ」の実現を探っていた。

決勝当日、ピッチングコーチから「ダルが行けると言っています」と報告があった。

監督に残された仕事は、ダルが投げる8回までに勝ち越しておくことだけ。

だから実は、3対1で7回を終えた時点で「監督の役割」は終わっていた。あとは8回にダルビッシュ有をマウンドに送り出すだけ。残す2回、私は監督ではなく、最高の瞬間を特等席で見ている野球ファンのような感覚だった。

最後のマウンドにはひとつ面白い話がある。

アメリカに勝つために翔平を最後のマウンドに立たせる。そう決めてから、それを対戦相手であるアメリカに、なるべく悟られないようにしようと努めていた。

アメリカのフロリダ州マイアミにあるローンデポ・パークは、イチローらが所属したマーリンズの本拠地で、サイズは小さい。ベンチ裏からブルペンまでの動線はどうなっているのか？　どうすればバッターとして出場している翔平が投球練習をしに行くのがバレな

いようにできるのか、入念に下見をした。ここからだと、アメリカ
ベンチに見えてしまう……などなど。

　なのに翔平は、ベンチからフィールドに飛び出し、グローブを持
って堂々とブルペンへと走っていった。

　アメリカベンチからは丸見え。「勝つカタチ」ははっきりと相手
にも知られていた。

「勝つカタチ」の必要数

　監督をしていて第一に考えていたのは、こうした「勝つカタチ」
をどれだけ作れるか、そしてそれが実行できるようにどうチームを
もっていくか、ということだった。

「勝つカタチ」は、多ければ多いほどいい。

　ただ、少ないからチャンスがないか、というとそういうものでも
ない、というのがミソだ。

　ファイターズの監督時代、もっとも多くの「勝つカタチ」を持っ
ていたのが福岡ソフトバンクホークスである。2012年からの10シ
ーズンで4度のリーグ優勝は、秋山幸二さんや工藤公康さんといっ
た選手としての実績が十分で野球をよく知っている監督が、圧倒的
な戦力を率いて「勝つカタチ」をいくつも作り上げていたことから
成されたといえる。

　この時のホークスを例えれば、100通りの「勝つカタチ」があっ
た。阿弥陀くじのようなもので、優勝というゴールを目指す方法が100
個あるイメージだ。

　それに比べて、この間に2度優勝した埼玉西武ライオンズは50通
りあったかもしれないし、その後、黄金期を迎えるオリックスには
30通りあったかもしれない。2度、優勝を経験させてもらったけど、
強かった時のファイターズにも40通りくらいは「勝つカタチ」があ
った。

　一方で、5位に終わった最後の3シーズンはそれが10通りくらい

しかなかった。7シーズンを戦った経験をもとに、いろいろとシミュレーションをしてみたけれど、やっぱり両手で数えられるほどにしか優勝の道はなかったと思う。

40通りと10通りではずいぶん違うし、ましてやホークスの100通りと比べてしまえば、なんだか打つ手がないように思えてしまうかもしれない。

でも、実はどのシーズンも──40通りの時も、10通りの時も──「優勝できる」と本気で思っていた。

「勝つカタチ」は、その勝つ道筋を間違いなく進んでいくことができれば、優勝できる、というものだ。だから、極端に言えば1つも「勝つカタチ」があれば、優勝できる可能性はある。

2023WBCは、常にアメリカに勝つことが頭のなかにあった。

世界最高峰の野球リーグ・メジャーリーグが存在する野球発祥の地。取材者時代から何度も取材に訪れたその場所は、憧れの地でもあった。そのアメリカに勝つことは、優勝という目標を達成するために必要なのはもちろんのこと、野球という競技を我々に教えてくれたリスペクトの表明であり、日本野球の力の証明でもある、と考えていた。

そのアメリカに「勝つカタチ」を探し、何度もシミュレーションを行った。「ダルビッシュ有─大谷翔平」の終わり方はそのひとつになる。

分析をすればするほど、分が悪いことは明らかだった。

前回大会の覇者であり、WBCでの対戦成績は1勝2敗。加えてこの大会のメンバーは「過去最強」といえるほどすさまじかった。前シーズンのナ・リーグMVPであるゴールドシュミット、2018シーズンのア・リーグMVPムーキー・ベッツそしてキャプテンは3度のMVP経験者のマイク・トラウト。野手陣の能力は他を圧倒していた。投手陣も悪くない。

メンバー、環境、経験……シミュレーションを繰り返して、はっ

きりと見えてきたのは、普通に日本が戦えば10回やって３回勝てる
かどうかだな、ということだった。

　ここに行きついた時、ホッとした。

「３回も可能性がある」

　一般的に、勝率３割は勝つ可能性がかなり低い、と考える。

　でも、監督の役割は違う。

　もちろん勝率０割、何度シミュレーションしても０勝10敗であれ
ばノーチャンスだ。それに比べて、３回も勝つ確率があるのであれ
ば、そのうちの１回を「決勝戦の日にもってこられればいい」、そ
う考える。

　WBCはトーナメント戦だから、一回しか当たらないその日に、「勝
つカタチ」を間違いなく進むことさえできれば優勝できる。

　長いシーズンについても考え方は同じだ。

　先に紹介したようにホークスとファイターズでは「勝つカタチ」
の数には大きな差があった。外から見れば、その力量差は圧倒的に
映るだろう。優勝なんて無理だ、と思われても仕方がなかった。

　でも戦っている監督の立場からすると、そうは見ない。

「10通りの可能性がある。つまり優勝はできる」

　あとは監督が、その「勝つカタチ」をきちんと進んでいけばいい
だけなのだ。

　どれだけ戦力差があるように見えても、順位予想が下位でも、優
勝の可能性はある、と考えられるかどうか。そのカタチを作れるか
どうか。監督生活を通して、この考えは核になっていった。

　これはプロ野球シーズンの基本となる３連戦を考えればわかりや
すいかもしれない。

　シーズンで優勝できるようなチームは２勝１敗がベースになる。

　シーズンでBクラスに沈むチームは１勝２敗がベースになる。

　プロ野球をよく見る人にはイメージが湧くのではないだろうか。

「勝つカタチ」が少ないチームは、これをトータルで見てしまう。

「また負け越した」「3試合で1試合しか勝てない」。

　でもよくよく考えれば、1試合は勝てているのである。その1試合が、どういう時に成り立つのか、それを考えると「勝つ」イメージがグッと具体化する。トータルで見て、漠然と「向こうが上だ」と思って戦うのと、1つ「勝つカタチ」があるのだから、それはどうなったら成せるのか、をはっきりとイメージしながら戦うのでは、まったく違った景色が生まれる。

　監督の視点から言えば、どんな状況であれその「勝つカタチ」を作れるかどうかが重要になるわけだ。

第2章／監督の仕事──「勝つカタチ」を進む

　パ・リーグ6球団、セ・リーグ6球団。

　最近のプロ野球の見どころは、その順位が目まぐるしく変わるところにあると思う。かつては、球界の盟主そのままに読売ジャイアンツが勝ち続けた時代や、森祇晶監督率いる黄金時代の西武ライオンズが圧倒的な強さを誇った時があった。

　ああいったことは現代においては起きないのかもしれない。

　それはどのチームにも「勝つカタチ」があるからだ。

　そのカタチを作れた時、次に監督の仕事になるのが、その「勝つカタチ」にまでもっていくこと。「こうすれば勝ち切れる」という状態にチーム全体を動かしていくことにある。

「勝つカタチ」を見つける

　『少なくとも4月が終わるまでには、何とかファイターズらしく戦っていけるようにとは思っていましたが。開幕から、これまで経験したことが意味を持つように今後、やっていきたい』（2017年4月30日、楽天戦に惜敗し開幕から6勝19敗と振るわないスタートとなった4月を振り返って）

《ファイターズ時代の開幕から4月終了までの成績》

　　◎2012年3・4月　17勝9敗1分

　　　2013年3・4月　12勝14敗

　　○2014年3・4月　12勝16敗

　　○2015年3・4月　16勝9敗

　　◎2016年3・4月　13勝15敗

　　　2017年3・4月　6勝19敗

　　○2018年3・4月　14勝11敗

2019年3・4月　　12勝12敗2分
　2020年6・7月　　16勝19敗2分
　2021年3・4月　　 9勝16敗4分
◎＝リーグ制覇　　○＝クライマックスシリーズ進出

　3月末からスタートするプロ野球のシーズンは10月の初旬に順位が確定し、そこからクライマックスシリーズそして日本シリーズと進んで11月に一年を終える。
　新しいシーズンが始まって、その年の「勝つカタチ」を見つける時、クライマックスシリーズや日本シリーズのことまで考えることはない。まずは長いシーズン、今であれば143試合のなかで、最終的に1番になるにはどうすればいいのか、を考える。
　シーズンで1番になるための「勝つカタチ」を、監督としてどのあたりで見つけていくか、というとだいたい開幕から30試合前後が経った頃だ。
　想像より遅い、と感じる人もいるかもしれない。チームが始動するのはキャンプインの2月1日。そこから、オープン戦を戦って開幕へ備える。イメージとしては、このあたりには「勝つカタチ」を見つけられそうなものだけど、現実はそうではなかった。
　これは監督をやってみてはじめて分かったことのひとつでもある。監督就任前の取材者時代にはだいたいすべてのチームのキャンプに行き、戦力を見極め、開幕前には「順位予想」なんかもした。開幕前にはある程度、このチームはこういうシーズンになるだろうな、と想像できていた。その通りになることもあれば、ならないこともあったけれど、判断基準はチーム力で比較してそのまま順番を決めていくイメージだった。
　それが、実際に監督をやると全然違った。
　早い段階で「勝つカタチ」を見つけようとすると、だいたい間違える。

それは、偶然、打ててしまっている、抑えられてしまっているだけなのに、こちらが「あの選手は通用する」とか「技術が上がった」と勘違いをしたり、あるいはシーズン最後までそうであってほしいと期待をしてしまったり、といったことが起きるからだ。

　実際、序盤に想像以上の結果を出す選手、というのは結構いる。理屈はある程度あって、例えば伊藤大海（ファイターズ）のスライダーのようなスペシャルな球種を持っていたりすると、最初はスッと「抑えられてしまう」。すると、どうしても「この選手は絶対いける」と考えてしまって、負け出しても使い続ける、ということが往々にして起きる。

　そういうことを避けるためにも、30試合前後、つまりパ・リーグの各チームとふた周り（2・3連戦を2回）くらい当たってみたところから、チームの状態やその年の選手の調子をきちんと見極め、「勝つカタチ」を見つけ出していく必要がある。このくらいの試合数であれば、まだ「負ける」ことができるし、多少、負けが嵩んだとしても、シーズン中盤、終盤で巻き返せる可能性は残されている。

　この、しっかりと戦力を見極めてから「勝つカタチ」を見つけていくやり方は、「勝つカタチ」が少ないチームほど重要になる。「勝つカタチ」が多い「強いチーム」はそのパターンが多いから、ちょっと見極めがアバウトでも、それに代わる選手がどんどん出てくる。けれど、「勝つカタチ」が少ない「弱いチーム」は、そこをしっかりと見極めないと、そのタイミングで喫した負けが、シーズン終盤まで尾を引いてしまう。

　これは公式戦になってみないとわからないことはずいぶんとある、という教訓だ。WBCでもそうだったけれど、三冠王を獲得するほどの村上宗隆（スワローズ）があれほどまでに打たない、なんてシミュレーションは簡単にできない。

　だから「勝つカタチ」を見つけ出すことを急いてはいけないのだ。

差し込まれない

野球において、ピッチャーの投げた球に対して、バッターの打つ「ポイント」が遅れてしまうことを「差し込まれる」と言う。ヒットになる確率は低くなり、精神的にもダメージを受けるシーンである。余談だが、反対にタイミングが早すぎることを「泳ぐ」と言う。

試合中に打者としてではなく、監督として「差し込まれた」と感じることがある。打者と同じく、打つべき「手」が遅れてしまう状態だ。

「勝つカタチ」にもっていこうとする時、この「差し込まれる」状態はもっとも避けなければいけないものになる。

目の前で刻々と状況が変わる野球において、監督は一つ一つ、判断を下していかなければいけない。30分もらえれば確率の高いものにできるような判断を3秒で行う。そうしないと、差し込まれて、チームの「勝つカタチ」にもっていくことができない。それは負けを意味する。

特に監督1年目の頃は、この「差し込まれる」ことが何度もあった。これは本書の「2・覚悟」を読んでもらえればよくわかると思う。

監督として「差し込まれない」こと。

これは、ただ判断を早くすればいい、というものではない。よくビジネスの世界で言われる即断即決に近いようにも思えるが、そこにある「迷うよりもまず決断、行動」といったニュアンスとはちょっと違っていて、「自分自身を、『この場面ならこれをする』と反射的に動ける（例えばサインを出せる）状態にしておく」ことである。スポーツの言葉で言えば「勝負勘を持つ」というのが近いのかもしれない。

それは言葉にすると他力に聞こえるが、実はもっとも細かく、忍耐強さが求められる「仕事」だ。というのも、「差し込まれない」「勝負勘を持つ」ためには、かなりの準備が必要だからだ。

例を挙げる。2023年2月25日。侍ジャパンを率いて、ホークスと練習試合を行った。国民のみなさんが楽しみにしてくれていた2023WBCの開幕まで10日を切っている。

「カーネクスト侍ジャパンシリーズ2023」と銘打たれたこの試合は、本大会に向けて実戦感覚を養い、士気を高めるうえでも重要な一戦だった。

　6対4とリードをして迎えた7回裏。ツーベースヒットで出塁していた周東佑京（ホークス）は次の松原聖弥（サポートメンバー、当時ジャイアンツ）が打った二遊間へのゴロで三塁へ進み、大きくオーバーラン。打球を取ったホークスの二塁手・三森大貴はボールをジャッグルしたことでファーストへの送球を諦めたが、オーバーランをした周東を見つけてとサードへ送球した。

　ふつうは帰塁するところだ。ギリギリのセーフかもしれないが、その可能性にかけるほうが確率は高い。けれど、周東は違った。

　三森がサードへ送球した瞬間に、ホームへ突入。その俊足で見事、得点を奪ってみせた。

　あの時、サードコーチャーのカズ（白井一幸）はストップを指示していた。カズは球界でも随一の理論家でメジャーでのコーチ経験もある優秀なコーチでありコーチャーだ。そのカズの判断を振り切った周東は我々の想像を上回った。

　試合後、このシーンを振り返った時、今後、大会の中で起こりうるいくつかのシチュエーションについて検討をした。

　例えば、どうしても1点が欲しいタイブレーク（同点の場合に勝敗を決める時の規則。2023WBCでは延長10回以降、ノーアウトランナー2塁から始めて決着が付くまで試合を続ける）になったら……、周東をセカンドランナーにして、なんとかノーアウト、1アウト3塁の状況を作る。その時、バッターがもっとも調子がいい選手、例えば近ちゃん（近藤健介）や翔平が控えていたとしても……周東のギャンブルスタート（打者が打った瞬間に三塁走者がホームへスタート

を切る。打球に関係なく進塁を目指すのでホームでアウトになる可能性
も高く、またライナーやフライの時にゲッツーとなるリスクもある）の
ほうが点を取れる可能性が高いかもしれない……。いや、さすがに
ここは「待て」か？　もし、ギャンブルスタートを切らせてアウト
になり、続く翔平がヒットを打った時には「なんであそこでギャン
ブルスタートを切らせたんだ、後ろに大谷がいるのに!」と批判さ
れるし、選手は「もったいない」と消沈してしまうだろうか……。

　想像し、考えたところで正解はわからないし、そのシチュエーシ
ョン自体が起こらないかもしれない。でも、監督はこうやって幾通
りも可能性を検討し、頭に入れておく必要がある。

　そうしておかないと、試合でそのシチュエーションが起きた時、
差し込まれる。「どっちだ？　次は翔平だから、やっぱりここは待
とうか……」と思った瞬間に遅れているのだ。

　迷うだろうな、と思えるシーンについて考え、整理をつけておく。
実際に試合に入った時、どんな状況に対しても反射的に「ギャン
ブルスタートだ」「待てだ」「バントだ」……と判断が下せる状態に自
分をしておく必要があるのだ。

　先と同じタイブレークに関しては、守備時についても幾通りも想
定をした。もしこちらが先に1点取った場合、同点までOKにして
逆転を阻止するために内野手を定位置に下げられるのか、それとも
やはり前進守備をするのか、あるいはまったく別の守り方をするの
か……。

　繰り返すが、全部のシーンを想定し、シミュレーションすること
はできないし、したとしても現実の試合でその通りの状況が起こる
ことはほとんどない。実際はちょっとだけ違うシーン、ちょっとだ
け違う展開が次々と進んでいく。その中で「差し込まれず」「勝負
勘を働かせられるか」は、このシミュレーションの数がモノを言う。

　目の前で起きた状況に対して「はい、これ」と反射的に判断でき
るようにしておく。遅れない、差し込まれない。これが「勝つカタ

チ」にもっていくために監督としてとても大事な作業になる。

　ちなみに言うと、2023WBCにおいては「差し込まれる」ことがなかった。それは、シミュレーションがうまくいった、とかそういうことではなくて、そんなに難しいシーンが起きなかったからだ。本当に能力の高い選手たちが、気持ちをひとつにして「勝つカタチ」を進んでいってくれた。あれは監督としても出来すぎである。

　もしかすると「アメリカに勝って優勝」という悲願を知った球界の先人たちが「お前は迷ってしまうだろうから、簡単にしておいたぞ」って、差配をしてくれたのかもしれない、とも思っている。

「勝つカタチ」の原則

　どんなチーム状況や戦力であっても、ファイターズの監督として毎シーズン、優勝できると思って戦ってきた。
「勝つカタチ」は優勝するための道筋であり、そのために最低限クリアしておきたいのが「勝率5割」というラインになる。

　プロ野球のシーズンで優勝するためには、この5割ラインにいることが不可欠だ。逆に言えば、5割ラインにさえいれば、優勝の可能性はおのずと生まれてくる。

　さて、その5割ラインをクリアするために必要なことは何か。2つの前提があると思っている。

　ひとつが投手力だ。野球という競技において勝敗を左右する要素として「これだけは間違いない」と言えるのが、ピッチャーがどのくらい計算できるかだ。正直、ピッチャーさえなんとかなれば、いくらそれ以外の力で劣っているチームでも勝率5割ラインを超えられる可能性がある。

　一方で、打撃がものすごい力を持っているチームであってもピッチャーの安定感がなければ5割ラインはおぼつかない。

　この野球というゲームにおいて、ピッチャーが7割、少なく見積もっても6割程度、勝敗のカギを握る傾向は、これまでもこれから

も変わらないだろう。

それはプロ野球に限らず、トーナメントでも同じはずで、つまり「勝つカタチ」にピッチャーの要素は——「ダルビッシュ有—大谷翔平の継投」のように——不可欠だと言える。

投手力と並ぶ前提、2つ目が「自分たちから負けない」ことだ。

強いチーム、勝てるチームはいつも自分たちから負けることがない。彼らが負けるのはいつも「相手」になる。

けれど、勝てないチームと言うのは、自分たちから負けてしまう。それは、ちょっと頑張ったらできるようなことができないことが原因であることが多い。

例えば、ファーストまで全力疾走する、とか、バントはピッチャー前でもいいから前に転がす、とか、エラーをしないようにする、といった——プロとしてそれを指摘されるのは物足りないレベルの——野球をするうえで最低限のことである。

この前提ができていれば、たとえプロ野球の世界でも大崩れせず、力の差があっても勝負ができる。自分たちから負けないチームになっているからだ。

実は各国の代表が集う最高峰の大会、WBCでも、敗退するチームは自分たちから負けていった。2023WBC、強烈なレベルの選手を揃えたドミニカ共和国やベネズエラの試合を観ていて「フォアボールが失点につながる」という印象を強く抱いた。

フォアボールとは、ピッチャーのエラーだ。誤解を恐れずに言えば、頑張ったらなんとかなる。その詳細は本書の「8・考察 野球論」に譲るが「自分から負ける」意味を理解してもらうために少し触れておく。

フォアボールはかなり複雑な多面性を持っている。

例えば勝負しなければいけない場面でのフォアボールは痛い。「逃げるな」とか「なんで勝負しないんだ」と言われるようなケースである。

けれどこの場合にはフォアボールが絡むもうひとつ最悪のケースが存在していて、それはほとんど指摘されることがない。どんなケースかと言えば、「フォアボールを出してはいけないということに囚われて、ど真ん中に投げて打たれる」。つまり「勝負してはいけない時に勝負してしまう」──むしろ、こっちのほうが悪い。

戦っている中で、「フォアボールでもいい」と指示をすることがある。それは、際どいところにしっかり投げて「勝負をしてくれ」という意味だ。勝つために勝負をする。その結果、フォアボールになるのは問題ない、ということである。

また、打たれるのが怖くてフォアボールになるならまだ気持ちはわかる。でも、勝負にこだわってほしいから結果的にフォアボールでもいい、となった時にスッとストライクを取りに行く、力勝負でど真ん中に投げる、というのは一番、負けに直結する。勝負になっていない。

これが「勝負してはいけない時に勝負し、フォアボール出さなきゃいけない時に出さない」ということで、フォアボールは自分たちから負けにいっている、と考えるゆえんだ。

あのWBCというトップレベルの選手が集まる試合ですらそれが起きていた。つまり彼らは軒並み「頑張ったらできることができなくなり」負けたのである。「それこそが勝敗の分かれ目だ」と痛感したものだ。

負けるチームはこうして「自分たちから負けていく」。だから、「勝つカタチ」を進めるために、最低限必要な「勝率5割ライン」を超えるチームになるには、自分たちから負けないことが前提となるのである。

シーズンのカタチ
《ファイターズ時代のシーズン前半戦の成績》
| 2012年／41勝36敗7分　貯金5　最終順位1位

2013年／40勝41敗1分　借金1　　最終順位6位

2014年／42勝40敗1分　貯金1　　最終順位3位

2015年／48勝33敗1分　貯金15　最終順位2位

2016年／50勝32敗1分　貯金18　最終順位1位

2017年／31勝51敗　　　借金20　最終順位5位

2018年／44勝34敗1分　貯金10　最終順位3位

2019年／41勝39敗4分　貯金2　　最終順位5位

2020年／シーズン短縮で前半戦なし　最終順位5位

2021年／30勝42敗9分　借金12　最終順位5位

　ファイターズの監督になって何シーズン目だったか記憶があいまいだが、ファイターズのGMであるヨシ（吉村浩）に「シーズン序盤、1／3の査定（働きぶりを評価して翌シーズンの年俸などを決めること）を1.5倍にしてくれないか」と言ったことがあった。

　チームによって査定の仕方はさまざまだろうけど、そこには個人の成績だけでなく、チームの結果も大きく関係してくる。当然ながらチームが優勝し、貢献した選手であれば査定は良くなる。

　新たな契約を結ぶ時、その査定ポイントがはっきりすることで選手たちのモチベーションは上がる。「100打点を達成すれば3000万円払います」といった「出来高」と呼ばれる仕組みがあるのはその例だ。

　ただし、こういった選手の評価、契約というのは少なくとも私の知るファイターズに関して言えばフロントの専権であり、監督は一切タッチしない。

　それでもヨシにそう提案したのは、いかにシーズンの序盤の成績が「勝つカタチ」にとって重要かを感じていたからだった。少なくともシーズン前半、オールスターを迎えた時に「勝率5割」で折り返したい。そうじゃないと、「勝つカタチ」にもっていけない──。

　戦力があるチーム──「勝つカタチが100通りあるチーム」──

であればなんとかなるかもしれないが、ファイターズのように若くて経験の少ない選手を育てながら勝たなければいけないチームにはそこまでの余裕はない。ひとつ道を間違うと「勝つカタチ」は途端に途絶えてしまう。だから、先に行かないといけない。前半が勝負だ、なんとか勝ち越したい、と痛感していたわけだ。

「序盤の査定を1.5倍にしてほしい」と相談した理由はそこにあった。

選手たちに序盤から、より勝ちにこだわってもらう。そこで見つけた「勝つカタチ」をもって後半戦に備えたい。開幕してからガッと数字を上げていってほしい。

監督からすると、言葉は悪いが、順位が決まってから個人成績を上げてもらっても困る。ヨシにこの査定について相談したタイミングは、「開幕の時に打ってくれよ」「最初の２カ月でそのピッチングしてくれよ」──そう思っていた時期だった。

ただヨシの反応は「何を言っているんですか」といったものだった。

──監督、ファイターズの勝ち方を考えてください。最後に行く（勝ち続ける）しかないんです。先に勝っても優勝しないです。

実は心の中ではわかっていた。

事実、「勝ち切った」１年目は前半戦が終わった時点で「貯金5」しかなかったし、2015年、2018年は貯金が二桁以上あったにもかかわらず「勝ち切れなかった」。

「その通りだよな」──、選手層で劣れば、あまり早くに鞭を入れすぎても意味がない。どんな優勝チームもたいがいは８、９月でひっくり返している。最後にチームの「勝ち方」みたいなものが固まって、「勝つカタチ」にもっていける（道を見つけられる）ようになって、そこから連勝して一気に優勝するのだ。

よく言う「夏場が勝負」というのは真理のひとつで「勝つカタチ」と言える。

序盤の成績が良すぎて、立て直す時間が作れないほうがよっぽど怖い。このあたりは監督を経験しないとわからないことだった。

第3章／監督と選手──「勝つカタチ」にもっていく

　自分も、チームにも足りないものが正直ある。それは、はっきりと口にする。情は全て捨てて向かっていく。今回に関しては、それが僕の責任だと思う。三原さんやいろんな人が（采配は）「情は3割」って言うけど、それでも（もっと）殺さないといけないのかもしれない。（2020年11月17日　ファイターズの監督として10シーズン目の契約が決まった会見で）

　ファイターズの監督として10シーズン目に臨むことが決まった時（2020年オフ）、その会見で「情を捨てる」と話した。2シーズン連続で5位となり、悔しさばかりが募っていた中での契約更新。私のその言葉は、「選手たちとの接し方を変える」と捉えられたようだった。

　選手と距離感が近いと言われることも多かったからか、「情」がある監督、というイメージがあったのかもしれない。けれどこの時の「情を捨てる」の意図は、ちょっと違っていて、私の中で監督としての根本的な選手へのスタンスを変えるつもりはなかった。

　そのスタンスとは「選手が生きるカタチ」を見つけることだ。

　選手一人ひとりが、キラキラと輝き、大好きな野球をすることに幸せを感じられる状態である。具体的な姿としては、一軍で躍動する、バリバリとプレーできるようにすること。

　そのために監督は、どの選手にも「愛情」を持って接することが欠かせないと考えていた。「情を捨てる」とは、愛情を捨てる、ことではなく、うまくプレーできなかったり、悩んだりしている時に、黙って見守る、苦しくてもプレーをし続けて乗り越えてもらう……といったことを意図していた。

　監督が選手にすべきことは、この愛情をもって接すること以外に

ない。ここでは、そのベースがあるなかで何を大事にしてきたかを
書いていきたい。

「そうならない」状態を作る

　監督を経験してはっきりわかったことのひとつに「勝っていたら
そうはならない」という真理がある。
「そうはならない」の「そう」の部分には、選手の状態を当てはめ
てもらえればわかりやすい。
　――勝っていたら、他の選手に責任の矛先を向けたりしない。
　――勝っていたら、怒られても受け入れられる、反発しない。
　――勝っていたら、言葉ひとつでピリピリしない。
　例えば、清宮幸太郎という誰もが知るスラッガーがいる。小中学
校時代から注目されていた彼は、高校で通算111本塁打というとて
つもない記録を打ち立て（当時1位、のちに佐々木麟太郎が117本で
清宮を抜いた）、ドラフト1位でファイターズに入団してきた。その
数字が証明する通り、彼のポテンシャルはものすごいものがある。
けれど、プロ入り後の清宮がその能力を最大限に発揮できているか、
というとそうではない。もどかしい思いは私自身もしてきた。
　その清宮の性格は本当におおらかだ。ほかの選手たちが出発のバ
スに乗っているのに食事をしていてちょっと遅れる。「すみませーん」
なんて言いながら、実はまだ何か口に入れている……。人によって
は、「失礼だ」と思われるところだけど、私はそんな彼の特徴を「消
したくない」と考えるタイプだ。それが彼の生きてきた道であるし、
育ってきた環境は人それぞれ、全然違うものだ。
　監督だからといって、清宮に「私たちと同じようにするべき」と
言うのはあまりにお粗末な発想だろう。
　ただ、それを「失礼だ」と思う人の気持ちもわかる。じゃあ、ど
うすればそう思われないか。
　それは清宮が結果を出し、チームを勝たせることに他ならない。

彼がその能力に見合った素晴らしい結果を出し、ファイターズが勝ち続けていれば、誰も「おっとりした」性格を直そうとも「失礼だ」とも言わない。

勝てない時期が続いた最後の3シーズン、主力選手たちが若手のミスに対して、厳しく接することがあった。昨今、10歳ほども離れていない選手たちでも、野球をやってきた環境は大きく異なっている。時代もあるけれど、今の若い選手たちは「怒られる」という経験が圧倒的に少なく、一方で主力になるようなベテランは「怒られたことで這い上がってきた」という成功体験を持っていたりする。

だから主力選手たちの良かれと思ってぶつけた言葉が、若い選手たちに逆効果になっているシーンが見受けられた。

これをどう捉えるか。先輩たちは時代に合わせて言い方を変えるべきだ、とか、若い選手たちは怒られることから学べ、とか、立場や考えによって感想は変わるだろう。ただ、こうした見方は、選手たちを「変える」ように断じてしまうという点で共通している。

監督は、そのいずれにも立たない。というのも、チームが勝っていれば、主力選手が厳しく接することもないし、若い選手たちが委縮することもないからだ。

つまるところ、選手とは「すごく結果を残していて、状態がいいと、いい人」なのである。

であるとすると、監督というのは選手を「（自分や誰かにとって）いい人にする」のではなく、「いい人になれる状況を作る」ことが仕事になる。その状況とは、勝っている、ということだ。

勝つことより先に、目につく部分を改善しようとしてはいけない。

もちろん、遅刻をしても悪びれない、とか、若い選手にひどく怒鳴る、といった人間的な部分を教育することも時には必要だ。

でも、それが監督の仕事の中心であってはいけない。

監督の仕事は「聖人君子」を作ることではないからだ。これは本当に肝に銘じなければいけない。

彼らの人生において「プロ野球」というものすごい場所にまでたどり着いた理由の中には、そうしたパーソナリティが寄与した部分もあるはずである。だから、彼らの持っているパーソナリティ、生まれ持った──おおらかさや、野球に対する厳しさ──といったものを極力「消さない」ようにした。

　いい人であれるように、チームを勝たせる。監督が選手に接する時のベースだと思っている。

　余談になるが、こうした発想は、実はヨシ（吉村浩）のほうが強い。活躍する選手が型破り、みたいなことに対してすごくポジティブだ。いわく「そっちのほうが、野球界が面白くなる」。私個人的には、もうちょっと人間としても成長させたい、と思ったりする。でも、監督として考えると、ヨシの発想は間違っていなくて、彼らの持っているものを消さずに、いい人になれる状況を作るべきなのだと思う。

人のせいにさせない

　野球ほど「人のせい」にできるスポーツはないと思っている。

　打たなかったから負けた、フォアボールを出したから流れが変わった、言った通りにしなかったからミスが出た……。

　それは監督も同じだ。

　あの時、あの選手が、コーチがこうしていれば……。そう思うことは簡単である。

　監督になった時、「人のせいにだけはしない」と決めた。これはとても大きな自分との約束だった（その金言をくださったのは中西太さんだが、これもまた後述したい）。

　その約束を守りながら監督を務めてきて、監督が選手（そしてチーム全体）にすべき仕事こそ、この「人のせいにしないようにさせる」ことなのだと思い至った。

　選手だってうまくいかなければ文句のひとつも言いたくなる。け

れど監督は選手たちをそういう状況にさせない。

　では、そうさせないために監督はどういう手を打つのか。

　まず、ミスをはじめとした「うまくいかなかった」ことの理由が
はっきりしているのか、いないのか、ということから考える。例え
ば、大事な場面でバントを失敗した選手がいた時。もともとの技術
が足りないのか、技術はあるのに他の要因で失敗しているのか、「サ
インが悪かった」可能性だってある。誰かのせいにするよりまず、
それを明確にする。

　理由がはっきりしたなら次は、何に取り組むか、どう行動するか
だ。具体的には「練習が始まったら5分だけ、バント練習するよ」
とコーチ会議で決める。文句を言うより、そっちのほうがずっと大
事だ。正直に言えば、「ミスした選手は、率先して練習してほしい」
と思う。ただ、昨今の選手はそういう育て方、教育のされ方をして
きていない。私たちの時代の方法で叱って、自らやれ！というやり
方は、単純に現実的ではない。

　あるいは、コーチ会議で「バントのやり方、確認しておいてね」
と伝える。

「人のせいにしないようにさせる」ためには、そうやって、次の機
会でミスをしないための環境を作ることが、監督に求められている
ことになる。

　環境を作るにもいくつか注意点がある。

　試合の勝負を左右するような大事な局面、例えば1アウトランナ
ー1塁のチャンスで、「ライナーゲッツー」で攻撃が終わってしま
ったとする。人のせいにしたくなるような大きなミスが起きてしま
った、それはつまり「人のせいにしない」環境が作れなかった、と
いうことになる。では、どうすればそういう事態にならなかったの
か。

　ミスが起きた理由を明確にするとそれが見えてくる。一番近くに
いて、その可能性を指摘できるファーストコーチャーに尋ねる。「ラ

イナーバックって伝えた？」。コーチャーもプロだから忘れている、なんてことはほぼない。「はい、言いました。選手本人も、はい、と言っていました」。おおよそそんなふうに返ってくる。

　実は、この時点で「環境を作れていなかった」ことがわかる。それは、このやり取りでは「コーチャーが選手にライナーゲッツーについて言ったことにならない」からだ。

「ライナーバックだよ」「はい」。自分も選手だったから分かるけど、それは条件反射的な答えで、ほとんど聞いていない。

　そうならない環境を作るとは、「今何アウト？」「１アウトです」「このケースはどういうことを一番、気をつけなければいけないかな？」「ライナーゲッツーです」「じゃあ、どうする」「ライナーは戻ります」。

　このくらい丁寧なやり取りをしていれば、選手は「飛び出さない」。そしてこれこそが「ミスしない環境を作る」ということになる。

　逆に「言った」という人ほど、環境が作れていないことが多い。コーチ、監督の仕事とはただ言えばいいわけではない。「あいつはバントができません」とコーチが言うのであれば、それはできるようにしてあげられていないコーチが悪いし、できるようにコーチに仕向けさせていない監督が悪い。

　もちろん、コーチや監督も人間だから、選手のせいにしたい時はすればいい。でも、それが説得力を持つのは、その環境を、丁寧に作っていた時だけであることは自覚する必要がある。

　こうやって「人のせいにさせないようにする」手段は無数にある。

　2023WBCが終わり、監督を辞める、と決めた時、ひとつだけ心残り――というか、まだこの手を打っていなかったな、と思ったことがあった。

　それが、私が「キレる」ことだ。

　闘将と呼ばれた星野仙一さんのごとく、ベンチを蹴り上げる。声を上げる。「なんてことを」と言われそうだが、もしかしたら選手がそれで「うまくなる」かもしれない。今までそんな姿を見せてこ

40

なかった人が、急に感情を露わにしはじめたら選手たちは、「やばい、自分のせいだ」とミスを人のせいだと思わなくなるかもしれない。はたまた、「なんだ栗山、キレるんじゃねえよ」と発奮してくれるかもしれない。

　残念ながら、この「環境の作り方」の効果を知ることはできないが、これに代表されるように戦略上、選手をよくする（それはつまり、チームを変える）方法（環境の作り方）は、たくさんある。監督は選手を生かすために、それを常に探さなければならない。

選手への対応

　2019年のシーズンのことだ。

　9月4日。シーズンも残り1カ月となったところでファイターズはBクラスにいた。クライマックスシリーズ進出圏内の3位に入るまでは、相当な勝率で残りの試合を戦う必要がある。それなのに7連敗中というまさに「泥沼」の真っただ中でもあった。

　是が非でも勝って連敗を止めたいビジターでのロッテ戦。先発の加藤貴之が好投を見せ、公文（克彦）、石川（直也）とつないで7回まで2対1とリードを奪う。このシーズンの継投は8回がミヤ（宮西尚生）、抑えが秋吉（亮）。久しぶりにいわゆる「勝ちパターン」に持ち込めそうな「連敗ストップ」のチャンス。

　8回、満を持してマウンドに送ったミヤは、サード横尾俊建のエラーが絡んだ1アウト1、3塁のピンチを迎えるも、ロッテの主砲・マーティンをショートゴロに打ち取った。完璧なゲッツーコースで9回へ──と思った瞬間、ショートからの送球を受けたナベ（渡邉諒）がそのボールを落球し同点。ミヤが踏ん張って後続を抑えたことでその回は同点にとどめたものの、最終回にマウンドへ送った秋吉が田村（龍弘）にサヨナラツーランホームランを打たれ万事休した。

　8連敗。ベンチに戻ったミヤは怒りの表情を見せ、秋吉は打たれた瞬間、膝に手をついた。試合後、ナベはベンチから動けず泣いて

いたという。

　連敗中にこれでもか、と追い打ちをかけられるような一戦だった。

　負けた責任は監督にある。だから、多くの選手が心に傷を負った状況に対して、「その一人ひとりに責任を取らなければ」いけない。その方法は大きくわけてふたつの選択肢（1・フォローする、2・フォローしない）になるが、選手によってどちらの選択肢を取るかを変える必要があると思っていた。

　例えばミヤ。珍しく肩を怒らせながらベンチに戻ると、足早にダッグアウトへと引き上げたチームの中心選手。2015年には投手としては珍しいけれど、チームキャプテンを務めてもらったほど信頼をしていたし、事実その実績はすさまじい。入団1年目から中継ぎとしてフル稼働し、この年の時点で11年連続50試合以上に登板。その後、その記録を14年にまで延ばした日本野球界の顔のひとりである。

　選択肢1の「フォローする」とすれば、ミヤの調子が悪い時に限る。理由は簡単で、ミヤ自身が「イライラ」してしまうから。（ミヤに限ってはない話だが）選手によっては「人のせい」にしてしまいやすい状況だ。加えて自身もうまくいっていないとくれば、感情が先に立ってしまい、さらに実力が発揮できないような、変な方向へ向かう可能性がある。そうならないようにフォローをしよう、と考えるわけだ。その場合の伝え方は、だいたいこんなふうだ。

「ミヤ、あいつら（エラーをしたふたり）には必ずいい経験になるから、あとで恩返しできるから。使ったのは俺だから、俺が悪い。すまん」

　監督としての責任をきちんと伝えることが第一義である。

　一方で、フォローしない時というのは、ミヤの状態がいい時、つまり「いつも通り」の場合になる。実際、この時の私は特に何も言わなかった。このシーズン、チームの状態は悪かったけれど、ミヤはさすがのピッチングを見せていた。シーズンの最終成績は55試合

に登板して1勝2敗、防御率1・71。44ホールドポイントでタイトルホルダーにもなっている。

そこにあるのは、「そういうこと（若い選手のエラー）が起きるのも野球。長くやっているからそれはわかるよね、そして、若い人たちを育てるのも、あなたたち（ミヤ）の仕事です。それをやるだけの実績があり、球団からも評価（給料）を受けています」——といった捉え方だ。

つまり、この「フォローしない」は、ミヤのような勝つために不可欠で、（ある意味で）責任を担っている選手に対する監督の「当たり前」の接し方になる。

では、抑えの秋吉にも同じように接するか、と言えば少し違う。「抑え」は翌日にも試合を締める役割を託さなければいけない。だからもっとも避けなければいけないのは、この「負け」を引きずり、自信を無くすことだ。

というわけで、秋吉には「機会があれば言葉をかける」ということを意識する。わざわざ出向いたり、呼び出したりして声を掛けるのではなく、すれ違った時に「秋吉、あんな（試合の）流れにしてごめんな」と詫びる。監督室に呼べば、逆に次の登板でプレッシャーを感じるかもしれないから、仰々しくならないように声を掛ける。

秋吉に対して、ミヤと同じ具合——「どんな流れでも抑えるのがあなたの仕事です」——と捉えないのは、ふたりのメンタルの違いによる。秋吉には申し訳ないけど、当時のミヤと秋吉では圧倒的に、ミヤのレベルが高かった。事実、「選手にも責任がある」として、フォローをしないほどの選手はチームの中で一握りだ。

では、ナベはどうか。

もし本気で反省しているのであれば「フォローしない」し、「何も言わない」がオーソドックスな態度だ。むしろコーチに対して「なぜ、そういう状況が起きたのか、そして次に起こらないために手を打ってほしい」とお願いをする。

理由を明確にして、人のせいにさせない環境を作るわけだ。

　これが監督が選手に果たす責任になる。エラーをしようと思ってしている選手はいない。守備固めの選手を入れていればエラーは起きなかったかもしれない。あるいは、ナベではなくもっと中心の選手たちに対して「さあ、ここ締めていくよ!」と発破をかけていれば、チームの雰囲気が一段と引き締まって負けることはなかったかもしれない。

　監督としての役割を考えれば、エラーが起こらない状況を作ることはできたはずだ。それをやり切るのは本当に難しいのだけど、事実として「低いかもしれないけれど、その可能性はあった」──だから本当に「俺が悪い」のだ。

　監督在任中、もっとも私が多く口にしたフレーズかもしれない。もちろん、いろんな思いや、戦略的に口にしていたことも否定はできないが、本心でもあった。エラーがダメ、悪い、とか、俺のせいで負けた、と言いたいのではなく、「監督には打てた手があったはずなのにそれができなかった」という点で、「俺が悪い」は真理なのである。

　それができなくて選手が輝くことができなければ、次はそうならないために、選手によって「対応」を変えてフォローしていく。パーソナリティや置かれた状況、コンディションといった部分、そしてその選手が持つ責任……。いろんな要素があってそれは決まる。

　よく、「選手に寄り添う」みたいな枕詞で私と選手の関係を評してもらうことがあったが、誰に対してもそうであったわけではない。ミヤのように、ある意味で「何もしない」ことがその選手への信頼だったりすることもある。その見極めは、監督である以上、していかなければならない。

選手への5つの要求

　監督は「人のせいにさせないようにする」環境を作りながら、一

方で、選手に対しても一定の要求をする。

　私の場合、それはグラウンド上での結果や数字、といったものではなく、「人として」どうあるべきか、それを知り、極めてほしいということが中心だった。

　例えば、毎年ドラフトで指名されて新しく入団してきた選手たちに、直筆のメッセージを記した本を配っていた。最初は渋沢栄一さんの『論語と算盤』。そこに至る経緯は、本書の中盤以降をお読みいただければよくわかってもらえるはずだからここでは省略するが、渋沢さんの「商売においても人間としての徳がなかったら発展させることができない」という信念に野球に通じるものがあると共感したからだ（ただ、この本はまあまあ分量があったので、途中からもっと短い本に変えた。『小さな人生論』（藤尾秀昭）という一冊だ）。

　人間性を育ませることはそのくらい大事だと思っている。

　あるインタビューで「栗山英樹がもし高校野球の監督だったら何をする？」と聞かれたことがある。あまり考えたことがなかったけれど、ふと思い浮かんだのは、「ほとんど座学」をしているシーンだった。チームは強くならないかもな、とつい笑ってしまったのだが、いい選手は生まれてくるはずだ。

　人は一生懸命になった時に成長する。選手も同様だ。

　じゃあどうすれば一生懸命になれるかと言えば、「私淑する」ことになる。監督が励ましたり、怒ったりするよりも、もっと効果的なことだ。

「私淑」とは、直接の教えは受けていないけれど、ひそかに尊敬し、その人を師と仰ぐこと。わかりやすく言えば、私にとって三原脩さんはその一人で、お会いしたこともないのに、何度も私を救ってくれた。他に私がよく「私淑」したのが、経営者や歴史上の先人たちといった、何か結果を残した人たちだった。そういった方の物語、やってきたことには、教えられることが多い。私たちの世代は、子どもの頃によく「伝記を読みなさい」と言われたものだが、それは

確かに意味があることだと思う。

そういうモノがある選手は強い。もし、壁にぶち当たったり、転機が訪れたりした時、行動指針として「自分の尊敬する人が、こういう時はこうだ、と言っているんです」と言えるような学び方をしていたとしたら、それは必ず「一生懸命」やれる状態になっている。

だから選手たちには学んでほしい。これは本当に間違いのないことで、必ず「あなたたちのためになりますよ」と言える。それも「野球」だけじゃなく、他の分野で何かを極めた人たちからの学びは、大いに選手としての自分を救ってくれる。

ここから、私淑をしながら監督として選手たちに要求してきたこと、人として学んでいく時に必要だと思っていたことの要点を記しておく。

1）「。」をつけろ～なぜ「靴を揃える」必要があるのか

明治生まれの哲学者、教育学者であられた森信三さんは、著書のなかで「靴を揃える」「椅子をしまう」ことの大事さを記されている。正確には、家庭での子どもに対する「しつけ」についての言葉で、『はきものを脱いだら揃え、席を立ったら必ず椅子を入れて、脱ぎっぱなしや出しっぱなしにしない子に育てること。』という教えだ。

監督時代、私は選手たちにも同じことを求めた。

なぜ「子どもではない、大人」の選手たちにもそれが必要なのか。

要点は「。（まる）」をつけることにある。

「。（まる）」とは句点、文章の最後につけるあの「まる」のことだ。

練習メニューに30メートルのダッシュがあったとする。よく見るのが、30メートルちょっと手前で速度を落とす、というシーン。確かに抜きたくなるところだけど、本当にダッシュの効果を得たいのであれば、最後までやり切らなければならないのは自明だ。なのに最後の最後にふっと抜いてしまう。

手を抜かずに走れる選手と手を抜いてしまう選手の差は何かと言

えば習慣だ。何事もふだんからやり切れるかどうか、そういうクセがついているかどうかで最後の一瞬の行動が変わる。だから、その習慣がない選手たちに、習慣をつけさせるには、「最後まで走り切らなければ気持ちが悪い」と感じてもらうようにすること、ふだんから何事もやり切るクセをつけさせる必要がある。

　それは文章の最後にきちんと「。（まる）」をつけるのと同じ。どこかに出向こうと座っていた椅子から立ち上がる。でも、立つという行為はまだ終わっていない。終わるのは、椅子をしまった時だ。玄関で靴を脱いでも、脱ぐという行為は終わっていない。靴を揃えた時、その行為が終わる。「。（まる）」がついていない。それは、終わっていない、ということで、ケジメがついていないということなのだ。

　野球でも「。（まる）」がついていないと、最後のところでミスが出る。

　そうならないために、習慣をつける。椅子をしまう、靴を揃える、といった日常で「。（まる）」をつけることを心がけることで、鍛錬していくわけだ。

　誤解を恐れずに言えばプロ選手にとってこれがすべてだと思っている。

　小中高校と、野球にいそしんできた選手たちは、多かれ少なかれ、こうした「しつけ」はされてきた。野球部とは、歴史的にもそういうことに非常に厳しい集まりだったはずだ。けれど、プロになったとたん、それができなくなることが多い。でも、実は「。（まる）」をつけることは、プロの選手のほうがよっぽど大事なのではないか。

　これができる選手は、勝手に自分で練習ができる。冗談でもなんでもなく、そう思っている。プロになるような選手ももともと能力が高い。だから、むしろそうやってけじめをつける習慣が身に着けば、勝手に練習をして、勝手に成長して、うまくなっていくものだ。

　だから監督はこの重要性を選手たちに理解させないといけない。

自身がどんどん能力を伸ばしていく時に、いかに「。（まる）」をつけることが大事なのかを、教え、要求しなければいけないのである。

　よく、才能に溢れた選手が伸び悩む、ということがある。一生懸命、野球に取り組んでいるように見えるのにそうなってしまう理由のひとつに、その選手が「野球だけうまくなろう」としていないか、「。（まる）」がついているか、という部分を見てあげなければいけない。

２）「。」をつけろ～現代の「若者」の要望に対して

「。」をつけるのは簡単なようにみえて難しい。

　私自身、いつもそれを心掛けているが、忙しかったり、考えることが多かったりすると、どうしてもおろそかになる。物事を「なんとなく」終わらせてしまう、ということが増えるのだ。

　一つひとつのことに「。」がついていなくて、確実にやり切っている感覚がない時。これは、注意すべき状態だ。

　だいたい、チームや自分自身が前進している、と感じる時というのは、「。」がついている。「これはやり切りました、次はこれ。その後はこれです。」——といった具合に整理がきちんとできている感覚があるはずだ。

　その重要性には確信に近いものがあるからいつの時も選手たちに「それだけはお願いね」と伝えてきた。

　特に、時代が変わったといわれる現代においてこそ、この重要性は高まっているはずだ。

　例えば今は人が傷つかないように怒らない、言いたいことを言わない、きつい練習も楽しくわいわいやる、みたいな環境が確実にある。それがいい部分もあるんだけど、「物事がボヤッとしていて、「。」がついていない」状態になりやすい一面も持ち合わせている。

　実はチームとしても、選手としてもそれが一番良くない状態だ。「やるならやる」「遊ぶなら遊ぶ」「休むなら休む」、というケジメ

のつけかたを「普段から」しておかなければいけない。

　ファイターズにピン（石井一成）というとてつもない能力を持った選手がいる。栃木の作新学院出身で、甲子園ではベスト４、ベスト８という成績を収めたチームの主軸でキャプテン。早稲田大学に進学してショートとして活躍し、2016年ドラフト２位でやってきた。恵まれた体躯、50メートルは６秒フラット、遠投は100メートルを優に超える身体能力を持ち、攻守ともにセンス抜群──ずっと期待していたけど、その力を全部発揮できているか、と言えばまだまだだ。

　例えば、守備をしていてゲッツーコースだ、と思った瞬間にふと顔が上がってしまい、後逸をする。捕球したと思った瞬間に投げることを考えて、ミスをしてしまう。時間にすると０．01秒もないくらい短い時間だけど、早い。

　この「０．01秒のミス」をどうすればいいのだろう、と考えてピンに「椅子をしまいなさい」と伝えた。

「最後までやりました、次です」。プロはこの動作を早くしていく作業が必要になるのだけど、きっとピンはやり切らずに、なんとなく次に行っている。それが捕球したと思って顔を上げてしまう動作につながっている。つまり、最後が締まっていない。「。」がついていない。それはきっと普段の生活から出ているはずだ、と思ったのだ。

　ピンには、椅子をしまいなさい、俺も必ずやるから（人にやらせる時は自分もやる、というのも指導者にとっての原理原則である）と伝えた。

　選手に監督が求めることはそういう類のものであるべきだ。実は「野球」じゃなかったりする。でも面白いもので、その違いを知っていないとその「野球」の勝負に勝てないのだ。

3）「。」をつけろ〜「。」のつけ方、大谷翔平

一流選手はやっぱり「。」をつけるのがうまい。

翔平はその最たる男だった。やり切ることの重要性を理解している。一つひとつの練習、トレーニング、動き、どれを見てもそれを感じさせた。

特にすごいのは、「今、このトレーニングをやったら調子が悪くなる」と判断すると、「やろうとしていた」ことであっても、スパッとやめる。「。」をつけることができる点だ。

キャンプでブルペンに入る予定だった日、ほとんど投げることなく急に帰ってきたことがあった。理由を聞くと「フォームが悪すぎて、このまま続けたら悪化する」と言う。調整が遅れる懸念に加え、何より翔平が投げる日は、たくさんのメディアやファンが見に来ていて、誰もが楽しみにしていたから、「まじかよ」と監督として頭を抱えた。

でも、選手としてはそれが正しい。

周りの意見なんて関係ない。やるべきではない、と判断してしっかりと「。」をつけたのだ。

はたまた、2023WBCではこんなこともあった。あの時、四番バッターとして期待していたムネ（村上宗隆）が不振を極めた。準決勝、決勝でようやく活躍したが、それ以前については全くと言っていいほど打てなかった。

日本代表にとっても、ムネにとっても苦しい時間。これを乗り越えるために、ふつうだったら改善点を見つけ、克服のための練習をする。

例えば、なりふり構わず「打って打って打ちまくって」修正していきたくなる。あるいは、コーチたちと気になる箇所を話し合って重点的にバッティング練習をする、ということをするかもしれない。実際、ムネはそうやってなんとか不振から抜け出そうとした。

それを見た翔平はムネに言った。

「なんでそんなに打つの？」

　良くないのに、なぜやり続けるのか？　その意図が、「たくさん打つこと」で自分の不安を消すとか、打てなかった時の言い訳になっていないか——。

　後日、翔平になぜそんなことを言ったのか尋ねると、こともなげに言った。

「なんで悪くなるのか、という根本的な原因分析ができていないのにそれをやると余計に悪くなる。僕もそうやって打てない時に打ちまくっていて、これには意味がないってことがわかったから言っただけです」

　これを聞いて翔平の「打者として」のルーティンに納得がいった。

　彼はスタメンであっても、試合前に練習をほとんどしない。開始１時間前にちょっと体を動かす。その後は、試合まであと７分というところになってはじめて力を入れる。最初の３〜４スイングだけ思い切りティーを打つ、一本だけ全力でダッシュする。これで、試合に向かう。

　ふつうはできない。「DHの日は、休みなんで」と笑って言ったが、それも本心なのだろう。でもそれだけじゃなくて、長いシーズンでいかに結果を出し続けるか、コンディションを維持するか、という点で、翔平の中ではこれが「チームが一番、勝つ確率の高い」やり方なのだ。

　そうでなければ、誰もが試合前に疑いなくやっている「バッティング練習」まで「やらない」という発想にはならない。

　こうやって翔平は、いちいち、ケジメがついている。やれることだけをやっている。彼のすごさは、そこにある。

　こういう態度こそが「。」をつける、と言える。

　先にも触れたとおり、私自身が「。」をつけられないタイプだったからこそ、その重要性、翔平や一流選手たちの「やり切る」すごさを感じている。

51

ただ実際に選手たちにそれを求める時は、決して難しい要求をしなくていいと思っている。

「今日は笑顔で挨拶をします」、そう決めてその日の終わりには「みんなに笑顔で挨拶できました」と言えるようにさせる。これで十分、ひとつの「。」になる。

　やり切ることは必ず自分に返ってくる。逆に「。」をつけられずに、全部が中途半端になって、どんなことも「流れて行ってしまう」選手も多く見てきた。

　だから監督は、選手に「。」がついているかどうか見極めなければいけないし、できていないなら小さなことでもいいからできるように仕向けてやらないといけない。

4）可能性を広げさせる〜「人」を信じるな

　うまくなりたい、技術を知りたい選手たちにとって今ほどいい時代はない。インターネットを通して、草の根からトップレベル――例えばメジャーの最先端まで、いろんなトレーニングや練習方法を知り、またその指導者から教えを乞うことまでできる。

　選手にはいろんな人に会ってほしいと思っている。野球界でも野球界以外でも、多くの人に会って、話を聞くことで得る学びは確実に存在する。多くの人に会うことで選択肢が生まれる。

　ただ、そこには「合う」「合わない」があることも見逃せない。ある選手にとっては飛躍のきっかけとなった練習法やトレーナーの教えが、別の同じような悩みを持っていた選手にとってもそうなるわけではない。

　自分に合ったものを見つけるためには、やっぱりたくさんの人に会う、教えを知る、学ぶといった可能性を広げる作業が欠かせない。私が選手たちに「野球以外」の学び、人間学を求めたのは、そのたくさんの人に会った時の判断基準を持てるようにするためだった。

　ここではそんな選択肢が多い時代の「判断基準」について書いて

おく。

ドジャースに移籍した山本由伸は、オリックスにいた時から、別格のピッチャーだった。敵としてこれほど厄介なピッチャーはおらず、侍ジャパンで味方になった時にはこれほど心強いピッチャーはいなかった。

その由伸の投球フォームは独特だ。足を上げない。いわゆる、タメと言われるような動作がないように見える。その実は、本人にしかわからないが、一般的な投球フォームからは逸脱している。由伸はそれを作り上げた。出会ってきた指導者やトレーナーのたまものである。

じゃあ、同じような投げ方で、あるいは同じ指導者たちに師事をして、他のピッチャーが由伸のようなレベルに到達できるか。誰もが口を揃えて「それはわからない」と言うだろう。

それはつまり、誰が言っているかが大事なのではなく、言っている内容が重要だ、ということを意味している。

このことを勘違いして、「誰が」の部分に信用を置いてしまうと、うまくいかなかった時に手詰まりになってしまう。

監督はそういう状況を避けるために、たくさんの人に会い、たくさんの選択肢を持ち、何が重要なのかを学べるように仕向けなければいけない。

「人を信用するのではなく言っている内容を信用する」。人間はどうしても「人」に引っ張られる。

あの人がこう言っている、こういう人を育てたから正しいだろう。もちろんそれでうまくいく可能性がある一方で、「いい内容はいい、ダメな内容はダメ」という、至極当たり前の判断を鈍らせる恐れもある。

この項の冒頭に記した通り、今はたくさんの指導者がいる。プロ野球選手も、その多くが所属する球団のコーチやトレーナーに教えを乞うだけでなく、個人としてそういった人たちを雇い、トレーニ

ングを行う。

　球団に所属している身からすれば、そのチームのコーチやトレーナーは大変だな、と思う一方で、選手たちのうまくなりたい、という思いもよくわかった。

　それぞれの指導者、トレーナーの理論や考えがある中で、どれを、どういうふうに取り組むのか。選手がそれを「内容で」判断できるように、多くの人、言葉に会わせるきっかけを作る。そうすることで、選手の可能性は広がる。

　監督が学びを要求する理由のひとつである。

5）可能性を伝える～正しいと思ったら間違える

　可能性を広げるために、判断力を持たせる。

　それができるようになったら、次に「それ以外の選択肢」もあるよ、と新たな可能性を伝えることも必要だ。

　山本由伸の例ばかりで申し訳ないが、彼ほどのピッチャーはそうそういないから許してほしい。

　私から見ると、彼はそもそも「投げる力」がすさまじい。

　侍ジャパンで由伸の練習を見た時、私と同じタイミングでファイターズのコーチを辞め、オリックスの投手コーチとして由伸を見てきたアツ（厚澤和幸）に、びっくりしながら尋ねた。
「いつも、こんなことをやってるの!?」

　アツは「いつもです」と当たり前のように言った。

　由伸は、ブルペンでは20球程度しか投げないけど、代わりに登板日までに二日連続で100メートルくらいの遠投をする。先発投手が２日続けて高負荷のトレーニングをすること自体あまり例がないが、加えてその遠投の質がすごい。低空のボールを相手めがけて何球も投げ続ける。

　由伸に聞くと「ブルペンのような傾斜がないから、負荷はかからない」そうだ。そう聞いた時「これは投げる力がとんでもないぞ」

と舌を巻いた。

そしていろんなことを考えた。投げる力があるから、タメを感じ
ない投球フォームでも強い球が投げられるのかもしれない。クイッ
クのようなあのフォームは、手を大きく振れない分、ショートアー
ムにはなりやすいかもしれない（ショートアームは投球動作における
技術のひとつで、テイクバックを小さくすること。肩肘への負担がかか
らず、パワーのロスも小さいといわれている）。メリットもあれば、由
伸にしかできないこともある……。

思考を巡らせて、結局は何のためにやっているのか、選手が理解
しているかどうかが大事だなということに思い至った。
「なんでこういう投げ方、打ち方をしているの？」と聞いた時、選
手が「こういう理由です」と答えられるかどうか。それができる状
態ならばなんの問題もない。

その時、監督は「OK、OK、なるほどね」と言ったうえで、他
の可能性をチラッと吹き込むだけでいい。「それがつかめたら、力
をタメるって方法もあるかもね」。

それは「正しいと思ったら間違える」という経験を私自身がずっ
としてきたから言えることだ。どんなことも、「これが正解だ」と
思った瞬間から間違っていく。

だから選手に対しても「OK」を出したうえで、それ以外の可能
性をチラッとでも含ませてあげる。もしうまくいかなかった時の選
択肢やヒントを与えておく必要があるのである。

要求のための距離

キャンプ、試合前。練習でしっかりと選手たちを見ておきたい。
そのために、いつもちょっと離れた距離からグラウンドの中を観
察するようにしていた。

試合前の監督は、バッティングケージの後ろにいるのが一般的だ
けど、私がそこにいることはほとんどなかった。

ケージ裏にいると、挨拶に来てくれる他球団の選手やOBたちと話すことが増え、どうしても選手を見る時間が減る。加えて、その会話に選手が気を取られてしまうかもしれないし、コーチとの会話が漏れてしまうかもしれない。だから、まず選手から離れるようにしていた。

　ただ、「遠くから見る」最大のメリットは選手の変化に気づくことができるところにある。

　場所はおおよそ決まっているが、ファールゾーン、ショートの後ろ、ライトポール付近と、いくつかの場所に移動する。そうやって毎日、同じ場所で同じ選手を眺めるようにすると、彼らがいつもと違う時に、すぐ気づくことができる。

　例えば技術的なこと。

「今日はスイングがライト側を向いているな」「真っすぐ立てていないな」みたいに定点で見ているからわかることがある。

　そうした技術的な気づきについては、コーチに話しておく。コーチはもっと前から気づいていた可能性もあるから、「あいつ、なんかいつもより力んでる？」みたいな感じで尋ねる。答えや解決策を知りたいのではなく、あくまで私の印象を伝えておくところにとどめる感覚だ。

　監督が選手に対して直接それを伝えたり、ましてや指導するようなことは現実的ではない。それはコーチの仕事だ。コーチは、練習に付き合って、改善をしていく。ときにはプランを立て、翌日以降のスケジュールまで見込んで少しずつ改善を図っていることもある。監督にそこまでの時間はない。

　でも、だからこそ、選手たちには「見ている」ことを伝えなければいけない。何も言わないけど「見ているからね」とメッセージを発する必要はある。

　もうひとつ見ているのが、「グラウンドに出てくるタイミング」「表情」そして「挨拶」といった選手の雰囲気だ。

――今日、あいつグラウンドに出てくるのが遅かったな。

――なんで笑わないんだ？

――いつもだったら挨拶しているあいつに、挨拶していないな、何かあったな。

こうした変化も選手たちにわざわざ聞いたりはしない。でも、何かがあった時、その判断材料のひとつにはなる。チームの雰囲気づくりにおいてはもちろんのこと、実際の試合においてもそうした雰囲気が頭に入っているか否かで、判断のスピードが変わるのだ。

アレックス・ファーガソンはイギリスのプロサッカーリーグ、プレミアリーグの名門、マンチェスター・ユナイテッドで常勝チームを作り上げた監督だ。もちろん、お会いしたことはないのだけど、彼が本の中で言っていたことがある。

「自分が中に入ってサッカーを教えている時は見えなかったものが、コーチに任せて、いつも一歩引いたところにいるようにすると、いろいろなものが見え出した」

私が選手と距離を置くのはその感覚に近いかもしれない。

選手への言葉

選手を眺める時のチェックポイントはいくつもある。

ブルペンでピッチャーを見る時は、「調子がいいな」と思った日の、フォーム、リリースポイント、球の質と、「見ている日」を比較する。もし、そのピッチャーの調子が落ちていたとしたら、どこが悪くなったのか、いい時のフォームやリリースポイント、あるいは球の質がどう変わったのかを探るようにしていた。それはバッターも同じ。いい時のイメージと、練習でのパフォーマンスのギャップを確認して、その時の選手の調子と照らし合わせていく。

そして、そのギャップ、変化が「偶然に変わったものなのか」それとも「わざと変えているのか」ということを探っていく。

というのも勝手にそうなってしまっているのか、選手が意図的に

変えようとしているのかによって、選手へのフィードバックの仕方、言葉の掛け方が変わるからだ。

　何度か触れている通り、監督として自分から選手にそれを伝えにいくようなことはほとんどしない。けれど、変化についてコーチたちにはヒアリングをする。

　もし、「いつもと同じようにやろうとしているのに変化している（偶然にギャップが生まれている）」ように感じたなら、コーチに「〇〇（選手名）、どんな感じ？」とか「いつもと違うよね？」と確認する。この時、あまり具体的な言葉は使わない。コーチたちはすでに知っているはずだろうし、対策を講じようとしているかもしれないからだ。そこに監督である私が口を出すと、変に意識させてしまう。

　もしコーチと自分の意見が一致すればまったく問題がないし、ちょっと違えば、例えば「突っ込むところだけ、どうにかしてもいいかもね」くらいのやっぱり抽象的な感覚で伝えておく。

　これは選手に伝わる可能性があることも考慮に入れての言葉選びになる。

　あまり具体的に「変わっているよ」と伝えてしまうと、コーチが「監督は元に戻してほしい」と思っている、と捉えてしまうかもしれないし、実は変わっていないのに、伝えたことで本当に変わってしまう、ということだってありえるかもしれない。監督の言葉はそのくらい影響力がある。

　実はこの言葉の使い方は、実際に私が失敗をおかしたから得た学びになる。

　先にも紹介した石井。すごい能力があるからこそ、どうにかしたいと思っていた。彼は調子が悪くなると、「見逃し」が増える。そんな時期が来た時、解決策として、「力があるんだから、思い切り振れ。結果はいい、責任は取る。だからどんどん思い切り振っていけ。振らなかったら（見逃していたら）何も起こらないんだから」と伝えたことがあった。

するとそれを伝え聞いたヨシ（吉村浩）が私に言いに来た。

「監督、今の状態の（調子が悪い）石井に、監督が思いっきり振れって言ったら、どうなると思います？　余計悪くなると思わないですか？　アドバイスになっていないって思わないですか？　監督の言葉って、それくらい重いってわかっていて言っていますか？」

言葉を聞いてハッとした。確かに、監督に思い切っていけ、と言われたら力んでしまう、タイミングを合わせるために大事な初球に、合ってないのに振りに行ってしまう……そう思い至った。

以来、監督という立場でものを言うことはもちろんのこと、言葉の使い方にもかなり注意するようにしている。

まとめると、選手への言葉、対応として監督が心がけるべきポイントは、ふたつのことを「知る」ことにある。

ひとつ、「選手たちは勝手に良くなっていく」のを知る。環境さえ作ってあげられれば、選手は自然とうまくなる。なのに、監督やコーチといった指導者が「自分」を出し始めることでそれが阻害されてしまう。よく野球界である「○○（選手）は俺が育てた」とか、「俺の言った通りにしたら結果が出ただろ」みたいなことは、自分が出てしまっていて、私は好きではない。

本音を言えば、私だって選手に言いたいと思ったことは何度もある。でもそのたびに、自分で気づき、自分で直したほうが良くなると考え直す。むしろ監督は技術面ではなく、メンタル面のケアをすることのほうが、選手をいい方向に進めさせられることができる。

もうひとつ、「私（監督）自身の感じていること、知っていること、やってきたことが正しいかどうかなんてわからない」ということを知る。

たとえ選手に言いたいことがあっても、それが正しいか、といえば断言できるものではない。私が選手たちに「人間力を高めることに役立つ」と思い感銘を受けた本を配ったとして、私が感銘を受けたポイントは著者の本意とは違う可能性は否定できない。また、そ

れを読んだ選手が全然違ったふうに理解する可能性もある。

　だから、それらを伝える側にいる監督は自分が思っていること、感じているものが正しいと思ってはいけない。言葉を大事にしないとその視点が疎かになってしまう。

　と、ここまで私が選手に接する時の「言葉」の考え方を書いてきたが、その考え自体も正しいとは思っていない。「教えないほうがいい」「自分で気づいたほうがいい」は、もしかしたら本当はまったく違っていて、実はもっと教えるべきだったかもしれない。先にも書いた、監督としてもっと「キレる」という選択肢もあったな、というのも同じ考え方である。

　やっぱりここでも「自分が正しいと思ったら間違える」のである。

第4章／監督と人事──「勝つカタチ」と組織

メジャーリーグのように「三振かホームランか」といった華やかな野球も、かつての高校野球のような「バントしてでも塁を進めて内野ゴロやスクイズで泥臭く一点」を取りに行く野球も、どれも魅力的だ。栗山英樹という野球が好きでたまらないひとりの男として、こんな野球に憧れるなあ、と考えることはある。その意味で「やりたい野球」というものは存在する。

でも、監督としてそれをやるか、といえばしない。監督の仕事とは「やりたい野球なんてできない。だから選手を生かして勝たなければいけない」。これが現場に立ってきた私の実感だ。

たとえそれが侍ジャパンのように、ある意味で自分で選手やコーチを選ぶことができる立場になったとしても変わらない。

チームが勝ち切ることを考えた時、自分の願望を入れてはいけない。そうでなければ、どこかで「勝つカタチ」を進むことができなくなるからだ。

「勝つカタチ」のための組閣

勝ち切るために重要な存在がコーチだ。

監督とコーチはどういう関係でいるべきか。あるいは、どういう分担をすべきか。はたまたじゃあそれらを踏まえて、どういう人にその任を託すべきか。

まず監督は「やりたい野球」をするために存在するものではない、という前提がある。監督は、ただ「勝ち切るため」、「優勝するため」にすべての決断を行っていかなければならない。

印象的なのが西武ライオンズだ。ファイターズの監督として現場に立っている時、どうしたらホークスに勝てるか、といつも考えていた。特に17も勝ち越したのに2位に終わった2015年は衝撃だった。

「ホークスに勝つカタチ」とは何なのか、ずいぶんと頭を悩ませた。

　翌2016年には大谷翔平の二刀流がハマったこともあってホークスから覇権を奪うことができたが、その翌年、2017年から現れた「優勝候補」が辻発彦監督率いるライオンズだった。

　勝手な想像だけど、辻さんは「やりたい野球」をやらなかったのではないか、と思う。現役時代、秋山幸二さんやデストラーデ、清原和博といった強打者が揃った西武ライオンズ黄金時代の中で、ゴールデングラブ賞を8回受賞された守備力、バットを短く持った構えが印象的な右方向へのバッティングなど、「小技が効く」選手として活躍された辻さんは、監督になられてその自身のプレーイメージとはまったく真逆の超強力打線を売りにパ・リーグを2度制した。

　本書でも言及しているようにプロ野球において「勝つカタチ」でもっとも重要なポジションを占めるのはピッチャーである。特に中継ぎ、抑えは欠かせないパートで、そこがしっかりハマらないと勝ち切れない。

　辻さんはそんなイメージすら払拭してみせた。秋山翔吾、浅村栄斗、中村剛也、山川穂高、森友哉らホームランが打てて率も残せる圧倒的な打者を並べて、投手力を補ったのだ。

　辻さんを見て、これこそが監督なんだな、と感じた。西武ライオンズもファイターズと似て、FAなどで実績のある選手を獲得するタイプのチームではない。むしろ、自分たちで育ててきた選手が引き抜かれていく。きっと辻さんは就任した時にいるメンバーを見て、どういうカタチであれば勝ち切れるのか、いるメンバーの特徴を生かさなければ勝てない、と考えたのではないかと思う。自身がプレーした野球、やりたい野球みたいなものは関係なく、監督としてチームが勝つために一番確率が高い方法を選ばれたはずだ。

　結果的に、その「勝つカタチ」はオーソドックスな「勝つカタチ」ではなくなった。ピッチャーを中心にするのではなく、とにかく打って勝つ。そのために、どのチームもへばってくる夏場を見据えて

ものすごい練習量を課していたという。オーソドックスではないけれどチーム状況に合ったやり方で作り上げたチームは本当に強かった。

本題と少し離れるが、その西武ライオンズが短期決戦では勝てなかったのはとても興味深い。これがオーソドックスな「勝つカタチ」——つまり投手力の重要性——の有効性を示している、とも言える。

ともかく、監督とはやりたいことをするのではない、与えられたもののなかで勝ち切るカタチを見つける——この前提から、コーチやフロントといった人事を考えていく必要がある。

勝つための人事基準

侍ジャパンの監督に就任し、まずコーチを4人決めた。

ファイターズにルーツがあるコーチが多くてもいいのだろうか、私を監督に任命した侍ジャパン強化委員会はどのくらい提案してくるのだろう、と思案した中で、この人は絶対に必要だ、と思った4人である。

その中のふたりが、吉井理人（現千葉ロッテマリーンズ監督）とカズ（白井一幸）だ。私から電話をかけ、どうしてもコーチをお願いしたいと思いを訴えた。ふたりは快諾してくれたわけだが、この人事に驚いた人も多かった。

私をよく知るある人が言った。「監督、あなたは神様ですか？」

ヨシ（吉井）とカズ。私がはじめてプロの監督に就任した時にファイターズのコーチをしていたふたりで、私とよく意見が食い違った。メディアに「関係が悪い」と言われたこともあったらしい。今だから言えるけれど、確かによく言い合いをしたと思う。

知人が「神様」という表現をしたのは、それだけ自分と意見が違った人にコーチをお願いするなんて、どういうことですか？ という意味である。

でも、私からすれば意見が合う、合わないは、まったく関係ない

ことだった。その時、知人に伝えたのは、「俺がやりやすい人と一緒にやるのと、試合に勝つことはまったく違う。試合に勝つためにやる、もし俺が嫌いな人だったとしても、勝つために必要だと思えば呼びます」。

断っておくけれど、ヨシ（吉井）もカズも嘘、偽りなく「好き」である。

意見の相違があったとしても、例えばヨシ（吉井）は、ピッチャーを守ろうとして「休養」を進言する。私は、この試合は落とせない、必要な継投だと登板を決める、といった類のものだ。

ヨシ（吉井）に関して言えば、そもそもヨシが侍ジャパンの監督でもいいと思っているほど尊敬がある。監督を離れ、12球団を回るとそのすごさがわかる。どの球団も、彼がどんなことを考えているのか、指導しているのかを聞きたがるのだ。たくさんの名投手を育ててきて、自身はメジャーを経験し、野球の学術発表会などにも顔を出すほどの勉強家であるのだから、その手腕は間違いなく日本代表クラスである。

カズもそうだ。よく野球を勉強していて、メジャーでコーチも経験した。何より、その経験から編み出した確固たる理論を持つ。侍ジャパンに集まる「超一流」の野手たちに対して、作戦や戦略を練り、伝えていく中で、例えば疑問を持たれた時、きちんと選手と議論ができる。

重要なのは、理論が正しいかどうかではない。異論があった時、「一流のすごい選手たちだから」と彼らの意見に迎合するのではなく「俺はこう思う」と議論をすることができる理論であり資質だ。私と言い合う（議論する）ことがあったのは当然なのである。

勝ち切るためには新しい発想が必要だ。特に、弱いチームが強いチームを倒す時、大きな重圧の中で戦う時には、自分には見えない考え方が求められる。だから、私にないモノを持っているヨシ（吉井）とカズは絶対に必要だった。

「好きな人とやりなさい」と言われれば、全然違うコーチを選んだ。

自分の意見に対して全部「イエス」「やります」と言ってくれた方が、ラクだ。監督のやりたい野球が実現できるかもしれない。

でもそれでは、勝つために必要な、自分では見えない視点——新しい発想は生まれてこないのである。

意見が違う、考えが違うから生まれてくるモノこそが「勝ち切る」時の力になる。監督の仕事とは「やりたい野球をやる」のではなく、「勝ち切る、勝つカタチを作る」こと。そのためには「新しい発想」が欠かせないこと。それがわかっていれば、おのずとコーチも決まってくるのである。

コーチの置き方

現在（2024年）のプロ野球球団には、一軍、二軍合わせておおよそ20人のコーチが存在する。野球ファンであればピッチャーを専門に見る投手コーチやバッターを見る打撃コーチなどは役割を含めて想像がつきやすいだろう。

2024年のファイターズを例にとると、その2つのコーチに加えて内野守備走塁コーチ、外野守備走塁コーチ、バッテリーコーチ、データ分析担当兼走塁コーチ、そしてすべてを束ねるヘッドコーチがいる。投手コーチは3人、それ以外はそれぞれひとりずつの計11人。そのうち一軍の試合でベンチ入りできるのは8人が上限だ（スタッフとしてユニフォームを着なければこの限りではない）。

投手コーチが多いのは、プロ野球のチームでは一般的だ。「勝つカタチ」の原則にピッチャーを挙げたとおり、その出来が勝敗に直結するのだから手厚いフォローが必要になる。長い間、ベンチとブルペンにひとりずつの2人体制のことが多かったが、2016年以降、3人制にする球団が増えてきた。ファイターズもそのひとつだ。

コーチの人数が増えていることが象徴するように、彼らに求められることは本当に多い。そして、それをマルチタスクでこなしてい

くのはかなり無理がある。

　これは監督生活を通して強く感じたことのひとつで、知っておきたいポイントだ。

　例えば、試合において監督は、──当然のことだが──勝つために戦略を練っている。「差し込まれない」ような「次の一手」を、試合展開を読みながらシミュレーションをする。コーチの助言はその「一助」として欠かせない。

　でも、実はその助言が得意ではないタイプのコーチがいる。

　例えばエンドランを出そうと考えている時、「次のバッターに対してエンドランをしたいんだけど、行けるよね？　どこのタイミングがいい？」そんなふうに打撃コーチに聞く。この場合、監督が欲しい答えは、「次のバッターはストレートを空振りしません。相手ピッチャーは３球目にそのストレート系も投げる傾向があります」といったモノだ。

　しかしコーチによってはこんなふうに返ってくる。
「次のバッターは、ちょっとバットが下から出るクセがあるので、これからの練習で直す必要がありますね」

　監督はその試合に「勝つ確率」を高めるバッターの情報、特徴、そこに相手の投手とのデータや球種の傾向に合わせた、相性が知りたい。けれども当のコーチはバッターの「成長可能性」を中心に見ているから、それに沿った返答をする。すると、その試合に勝つことにフォーカスした監督が求める助言としては物足りなく聞こえる──そういうことが起こりうる。

　これは決してそのコーチが不出来だということを意味しない。当のコーチはそのバッターの特徴や改善するべきポイントをしっかり把握しているし、この先、それを直していかないといけないと認識し、練習法を考えている。選手を育てる、という点において、優秀な目と熱意を持っていると言える。

　こうしたことは、単純にコーチとしての長所、役割が違う、ある

いは、見ている時間軸が違うことから起こる。監督にとって役立つコーチは試合で「目の前の判断基準」へのヒントをくれる人であるのに対し、あるコーチは「1年後の選手」の姿を想像している。必然、そこから逆算された一試合、言葉になる、というわけだ。

客観的に見て、勝ちたいならばこの状況は解消されたほうがいい。

つまり「試合に勝つ作戦」を立てるのがうまいコーチと「育てる」または「技術を教える」のがうまいコーチとは分けて考えること。繰り返しになるけれど、一人のコーチにそれを全て任せるのは無理だ。

そういう意味で、これからのプロ野球界においては、ベンチに入れる8人とそうではないコーチをはっきりと区別して、コーチの長所を生かした配置をしていくことが求められていくようになるはずだ。監督はそこを理解しながら誰に何を聞くかを見極めなければならないと思っている。

コーチと監督

コーチと監督の関係についてはもっときちんと言語化されたほうがいいと思っている。特に「判断基準が違う」という点を理解することは重要だ。

実は三原メモには「コーチとは」という節があって、私にとってひとつの指針となっていた。いわく、「コーチの言うことは100%聞かなければならない。ただし、物事を最終決定すべき人（監督）が判断するものと、コーチの判断材料は違うから鵜呑みにはするな」（著者意訳のうえ、引用）。

この三原さんの考えにはすごく助けられた。

例えば、ある選手の起用・育成方針や、次の作戦についての評価がコーチと私で異なった時、監督としてどう判断して、どういうカタチを示すべきか悩むことがある。

三原さんの考えで言えば、その時の「コーチの選手評価は間違い

なく正しい」。でも、正しいからといって「その評価を信じ切っては いけない」。この感覚は、ある程度、監督の年数を重ねてから「ああ、なるほどそういうことか」と思えるようになった。

会社などをイメージしてもらうとわかりやすいかもしれない。

目の前の課題を解決したい時、組織のトップである社長と、現場のトップである部長のどちらが正しい判断ができるか、といえばだいたい現場の部長のほうが正しい。つねに現場にいて、密接にかかわっているから問題点もわかっているはずだ。

しかし、最終的な社長の判断は部長の判断とは違う可能性がある。それは「判断材料」が違うからだ。部長は現場を見て判断するが、社長は会社をトータルで見て判断する。そこには「目の前の課題」だけではない、例えば「将来の課題」も含まれていたりする。

監督の「判断材料」は社長に近くなる。「勝つカタチ」を見つけ出し、そこに向かって進むために、「目の前のバッター」は打てそうにない。コーチは「代打」を進言する。そのコーチの判断は「その時点」では正しいけど、監督は「将来を含め」トータルでも判断をしなければいけない。

——ここでは打てないかもしれないけれど、その打席があったおかげで次のバッターが楽に入れて打てるかもしれない。

あるいは、

——ここで打てなくても、この投手と対戦することは必ず、シーズン後半に生きる。

監督はそんなことを考えている。

三原さんの言う「鵜呑みにするな」とは、そういう違いを理解しろということだろう。この点について三原さんはかなりはっきりと言語化されていて、「評価が正しいからといってその意見を鵜呑みにすると、組織を運営する上ではマイナスになる」とまで書いていた。

結局、監督はチームを成長させるために、コーチを信じながら、

違う判断材料で決断を下していく必要がある。それが出来ないと「勝つカタチ」を作ることができないのだ。

こうした経験を重ねて臨んだ侍ジャパンでは、実はほとんどのことを「監督」が決めていた。

コーチの意見を信頼、尊重する点については、しっかり議論をし、彼らの意見を聞くことで実現し、一方で実際の作戦「こうなったらこうしよう」という戦術はトータルで見た時、つまり「世界一」「アメリカを倒す」ということを考えた時に必要だと思うことを、自分で決めていたのだ。

これを「最終的に監督が決めたことが良かった」と捉えるべきではない。コーチと監督の関係として、判断基準が違うことを自覚しながらコーチの意見に全幅の信頼を置く。ここが肝だった。

コーチへの対峙

プロ野球において何より大事なのは選手たちである。監督は「勝つカタチ」を探し、作り上げるなかで、選手たちが生きる道──「生きるカタチ」みたいなものを常に頭に入れていなければならない。実は、選手たちが生きる道を見つけることが、勝つカタチに一番、近づく。

だけど、同時にコーチを守る必要もある。

コーチは選手を育てるために、ときに厳しいことを言わなければならない。結果が出なければ、選手と同じ責任を負い、相応の評価を受ける。さらにミスをした選手にはそれを伝えなければならない……それだけではないにせよ、嫌なことを言わなければいけない役回りだ（これについては監督ももう少しやるべきだったのかなと思うこともある。それは後述する）。

そう考えれば、監督は、「選手もコーチも大事にする」ことが求められる。

これを両立するのは本当に大変なんだけど、ひとつ欠かせないモ

ノが「信頼する」ことだと思っている。

　私がファイターズの監督になった時のこと。現役引退から21年が経っており、その間、一度もユニフォームを着なかった（コーチなどを務めなかった）ため、異例の人事として興味を持たれた。加えて注目を集めたひとつが「四半世紀近く現場から離れた男はどんなコーチを呼ぶのか」ということだった。一般的に新しい監督が就任すると、その監督が新しいコーチを任命する。プロ野球が大好きな方ならば、あの監督といえばこのコーチと、相棒のように思い浮かべられる人たちがいるだろう。

　けれど私はそれをしなかった。

　結果的に1軍のコーチは梨田昌孝さんが監督を務められた前年から変わっていない。それは驚きを持って受け止められたようだったけれど、私からすれば当然であり、コーチを信頼している、という意思表示でもあった。

　監督1年目、本当にファイターズに命を差し出す覚悟で引き受けた。書いたように現場経験のない「スポーツキャスター上がり」（これは当時、メディアによく書かれた）の、文字通り「新米監督」である。大切な選手、ファンの思い、そこで働く人たちのことを思えば、身を削るようなことがあっても受け入れよう。決して、自分がやりたいようにやるためのコーチを連れて行くことはしない――。そう心に決め、逆に私より経験のある「一流のコーチたち」をリスペクトし、信頼するところから始めなければいけない、と思った。

　そして、自分自身が「一流のコーチたち」に認めてもらえるかどうか、「この監督のためにやってあげよう」と思ってもらえるかどうかが「新米監督」率いるファイターズが勝つためにもっとも大事なことだと考えた。

　これは私にとって本当に大勝負であり、一番怖さを感じることだった。もしこの時に私がひとりでも自分のことをよく知ったコーチを連れて行っていたら、他のコーチたちに対して「すべてを信用し

ているわけではありませんよ」というメッセージになってしまった
だろう。つまり、信頼をしていない、と思われる。新米監督で、命
を差し出す覚悟があります、というのであれば、それは「100％信
頼しています」と示す必要があったのだ。

　結果的にこのシーズン、いきりなりパ・リーグ制覇を成し遂げる
ことができたのだけど、それは決して私の手腕ではない。多くのコ
ーチに助けてもらい、彼らの力が選手に伝わったからこそ獲得でき
たものだった（それは本書の「2・覚悟」「3・伝える。」を読んでい
ただければよりわかってもらえるはずだ）。私が唯一できたことがあ
るとすれば、「信頼する」「信頼してもらう」ことだけはブレなかっ
たところだろう。

　もちろん、コーチの言うことをすべて聞いたわけではない。でも
間違いなく信頼はしていた。監督とコーチが対峙する時、まずコー
チを大事にし、認めてもらえるための姿勢を示すことが必要になる
のだ。

コーチとの信頼関係

　もちろん、現実はそう簡単にはいかない。12年も監督をさせても
らっているから、いくら信頼しているコーチと仕事をしていても、
うまくいかなかったり、不満を覚えたりすることはある。同じよう
にコーチが私にそう感じたこともあっただろう。

　でも、監督はそこに決して文句を言ってはいけない。勝つカタチ
でも書いたとおりに、監督は「今、いるメンバー、組織のなかで」
その道を見つけなければならないのだ。

　こう言えるのは、今だからだ。事実、監督時代、自分の未熟さゆ
えに「信頼しきれなかった」ことがあった。ここではある出来事を
記しておきたい。

　それはあるコーチのやり方がことごとくうまくいかなかった時の
こと。

シーズンの詳細は控えるが、本当に結果が出なかった。周囲からも「監督、コーチを代えましょう」と進言されたほどである。

でも、私はそうしなかった。辞めさせるくらいならば、自分でやればいい、そう考えて、そのコーチがやる仕事もすべて自分でやると決めた。

話を整理しておくと、例えば打順を組む、投手交代をする、守備位置を変える、といった試合の戦略を立てる時、かなりの部分で担当コーチの意見を重視している。多くの監督も同じだと思うが、最終的な決断は監督が下すものの、その時の調子やコンディションなどを含めてコーチが進言してくれたことは信頼するのがベースだ。先に書いた、コーチの見ていることは100％正しく、監督は違う判断基準を持つ、ということだ。

だけどこのシーズン、あまりに結果が出なくて、そういうことを含めて全部、自分でやろうとした。それでも変わらず結果が出ない日が続くと、コーチ交代を進言してくれたスタッフはこうも言った。「監督が無能とは言いません。でも、さすがに全部やるのは無理があります」

確かにコーチを変えればいいだけである。そうして冷徹に勝利に徹することができればチームの状況は好転したかもしれないし、少なくとも私の作業は減っただろう。だから、スタッフのその意見には100％同意するし、受け入れる。それでも、かたくなに「コーチを代えなかった」のには監督としての考えがあった。大きく分ければふたつだ。

ひとつは「交代する、辞めさせる」ことで（当たり前ではあるが）、その人に嫌な思いをさせることになる、そしてその嫌な空気が残ることはチームの「運」を失う、と考えたこと。

現場にいるとわかるのだけど、「勝負運」みたいなものは確実にある。全力疾走を怠らない選手が最後に試合を決める、とか、技術や実力を超えたことが起こる瞬間があって、それがないと長いシー

ズンで勝ち切るのは難しい。勝つカタチにはそういった「運」の要素を加味する必要があり、逆にいえば、「勝負運」が舞い込んでくるように選手を導くのも監督、コーチの仕事だ。

そう考えた時、コーチを代え、嫌な空気を作ることがチームの運を失わせる予感があった。勝つためにやっているのにそれでは意味がない。であれば、どんなに自分がしんどくても、もっと、もっと一生懸命にやってその役割を務め上げることができないか、と考えた。

もうひとつの理由が、「コーチ交代」は、そのコーチを決めた人に対してまで「NO」を突きつけることになる、という大前提だ。この考え方は、私の中で大きなウエイトがあったかもしれない。

例えば、外国人選手について考えるとわかりやすい。チームの足りないところを即戦力的に補ってもらう、という点で外国人選手を獲得するのは有効な手のひとつだ。若い未知数な選手より、ある程度、結果が読める、レギュラーとして固定できる外国人選手がいるのは「勝つカタチ」を作る上でも心強い。

けれど、ご存じのとおり彼らがいつも結果を出せるかといえば、そうではない。シーズンが始まって1～2カ月で結果が出なければ、ネガティブな反応がいろんなところから飛んでくる。起用するな、二軍に落とせ、などなど……。でもそこですぐ「起用しない」とは言えなかったし、できなかった。それはもちろん選手の実力を信じているし、可能性があると踏んでいるからでもあるが、一方で彼らを「連れてきた」人がいて、「契約した」人への信頼があったからでもある。アメリカまで行き、何度もその選手をチェックして活躍できる、とGOを出したスカウト。何人もの候補の中からチームに合うと判断して予算を捻出してGOを出したフロント……。

ひとりの選手の獲得には多くの人の思いと判断、仕事が積みあがっている。私がその選手を「もうダメだ、使えない」と判断することは、その選手だけではなくスカウトやフロントの評価までも決めてしまう。甘いと言われても、監督として彼らを信頼することから

「勝つカタチ」を作り上げていたから、簡単に下せる決断ではなかった。

　同じことがコーチに対しても言えた。うまくいかないからと「辞めさせてしまえば」、任命したフロント、自分自身、そして「それで行く」と決めたチーム全体にダメ出しをしているようなものである。

　でもだからと言って「コーチを代えず、自分ですべてやる」は間違った判断だった。やっぱりまったく勝てなかったのだ。私はずいぶんふさぎ込んで、ひどい顔をしていたらしい。

　チームには申し訳なかったけれど、それでもやれる、勝たせられると考えていた。その点については多いに反省することになる。得た教訓は「自分ができると思ったら、ダメになる」だ。

フロントと監督

　かなり難しいテーマを扱ってきたけど、この「コーチ」との関係を考えていくと、——あくまで私なりのではあるが——「監督の役割」のなかではっきりと言えることが見えてくる。それは監督は「人事を決める人ではない」ということだ。

　ここまで書いてきたことを改めてまとめると、監督とは「与えられたものの中で、勝つカタチを探し判断を下す責任者」になる。

　ではコーチを決めるのは誰か。フロントになる。

　フロントとは、球団のオーナーやGM、社長、はたまた広報といったチームを作り、試合に向けたさまざまな準備をしてくれる人たちだ。コーチだけでなく選手の獲得、監督の去就といったチーム編成などはすべてフロントの仕事だ。対比して、監督やコーチそして選手のことを「現場」と呼ぶことが多い（かつては、その仕事中の姿からフロントを「背広組」、現場を「ユニフォーム組」と言った）。

　なぜだか日本の野球界においては、フロントと現場の間に「境界線」があるように語られる。私が球団の監督を経験したのはファイ

ターズだけだから、実際のところはわからないが、その点において私はすごく恵まれていたし、フロント——つまり、GMだったヨシこと吉村浩のおかげで素晴らしい野球人生を送ることができたと思っている。

まず私の答えから言うと、監督にとってフロントは非常に大事な存在だ。そして、彼らの決断を不可侵のものとして「信じることができるか」が重要になる。

実際、彼らの言うこと、方向性について最大限に尊重をしてきた。

例えばファイターズはこれまでたくさんの驚くようなチーム編成をしてきた。私が監督をしていた2012年のオフ、優勝したにもかかわらず当時の中心選手だった糸井嘉男をトレードに出した（トレード成立は2013年の1月）。また、2021年のオフにはチームの顔のひとりであった西川遥輝と主軸を打った大田泰示、抑えとして活躍した秋吉亮をノンテンダーとした（後者については私が監督を退任したあとの出来事になる）。

功労者に対して「なんてひどい対応だ」と思うファンの方もいただろう。

こうした事例だけではなく「もっといい選手を獲得すべきだ」とか「あの選手をもっと評価すべきだ」とか「栗山を退任させたほうがいい」といった、フロントのやり方に疑問を持つ人もいたかもしれない。それはファンの方の思いとして、尊重されるべきであり、あって然るべきだとも思う。

しかし、監督という立場からすれば、たとえその声を理解できたとしても、いくら腹落ちしなくても、フロントを信じなければいけない。

だからコーチ人事はもちろん、選手の獲得や移籍、交渉といったことに私が口を挟んだことはない。要望や意見を求められれば答えることはあっても、最終決定はあくまでフロント主導であり、その決定について異論を述べるようなことはなかったし、多くの場合、

私がそうしたチーム編成について聞くのは「決定」した後だった。もちろん、「え、それするの？」と思ったり、ヨシ（吉村浩）に「どういうことなの？」と自分の意見をぶつけたこともある。だけど、お互い納得するまで話し合って最後は意見を尊重した。

こうした関係が外からどう見えるのかはわからない。もしかすると従属的に映るのかもしれない。しかし、私の感覚は違う。ともに戦う仲間として、フロントと思いを共有していた、というイメージだ。

現場のトップとして現場の思いを最大化しながら、フロントの思いも心に留めておく。それを実現するためには、監督はフロントとの関係についてふたつのことを知っておかなければならない。

ひとつは、現場とフロントは「時間軸」が違うということ。これは、監督をやってみてはじめてわかったことだ。

監督をはじめとした現場の人間は、基本的に1年をベースにモノを考える。目の前の勝利を追求し、最終的に「その年に」6球団のなかで1番になる、ということが中心にある。

じゃあフロントもそうか、というと実は違う。そういう側面を持ちつつ、彼らはもっと長い単位、例えば「10年単位」でチームのことを考えている。そこには語弊があるかもしれないが、1年単位でみた現場の「チームの勝利」の確率が低くなるような決定も含まれることがある。

わかりやすいのが「お金」だ。チームを運営するために予算があり、それは一年だけで完結するわけではない。もちろん、一年ごとにその収支は出るのだけど、ある年に補強費に数億円を使えば、翌年も同じ額を使えるわけではない。

フロントの決断には「違う時間軸が存在する」ことを理解していないと、不平不満が出る。すると思考が「今いる選手で勝つカタチを探す」という監督の役割から大きく離れてしまう。

私の在任中、ある年の補強費が「ゼロ」だったことがあった。私

が監督をしていない年に多くの補強費があった、という話になった時、あるスタッフに「羨ましいですか?」と言われたこともあった。この時の私は「全然!」と答えたのだけど——もちろんちょっとした強がりもあったのかもしれない——そこには、フロント、特にヨシへの「リスペクト」(信頼と尊敬)があったことが大きい。

そしてこの「リスペクト」が、フロントとの関係で監督が知っておくべきふたつ目のポイントだ。

ヨシは私にファイターズの監督にならないか、と打診してきた人であり、当時はGM補佐としてファイターズの「フロント」にいた。2015年からはGMとなり、本当にいろんな相談をさせてもらった。

のち紙幅を割くが、私は彼ほど野球を知り、学び、愛している人を知らない。監督を打診してきた時、彼が言ったのが「命がけで野球を愛してやってくれれば、それでいいんです」という言葉だった。そういう熱い一面を持ちながら、彼はデータ分析、理論構築に長けていてどんな戦略にも「裏付け」があった。

ヨシを筆頭に、ファイターズのフロントが何かを決断する時、そこには徹底した「愛」と「理論」そしてときに「苦しみ」があった。

ファイターズがもっと強くなるために、こういうことをしなければいけない。その根拠があって、でも、そのために「今することはこうです」——その「こう」には、先の例でいえば「今年の補強費はゼロです」ということが起こりうる。それを私に伝える時のヨシの顔は、私よりも苦しそうだった。

長いスパンで考えていても、今の選手、今のコーチ、今の監督、そして今のファンに「勝利を届けたい」。

その熱量は現場と変わらなかった。

だからリスペクトできた。これを一般論にするのは無理があるのかもしれないが、私なりに監督とフロントの関係を考えると、彼らに対する「リスペクト」こそがもっとも重要なものではないか、という気がしている。

第5章／監督の資質——求められる姿

　ここまでいろいろと偉そうに書いてきた。

　あくまで栗山英樹というひとりの人間、野球人の考えてきたこととして理解してもらえるとうれしい。繰り返すけれど、「正しいと思った時、間違える」。

　そう考えれば、監督はつねに学び続ける必要がある。監督に必要な資質は、といえば、選手と同じでやっぱり学ぶことであり、行き着くところ、人としてどうあるべきか、という同じ答えになる。

　それを念頭にここでは「監督の資質」について書いていきたい。

自分が正しいと思わない

　繰り返し書いてきた「自分が正しいと思わない。思った瞬間に間違える」という真理は、まさに野球こそがそれを証明している。

　本書を読み進めていただければわかると思うが、監督に就任した1年目からこの考えは常に頭にあった。そして、監督を終え、確信に近づいた。

　ファイターズの監督を務め終えた10年目の最後の日。毎日、書き続けていた「野球ノート」に「自分が10年間で学んだこと」という項目を設けた。そこで、最初に書いたことが「正しいということは野球にはない」だった。

　考えてみれば当然である。

　私が野球を始めてからプロとしてプレーしていた頃まで、バッターの基本として「バットは上から振れ」と言われていた。

　それから約30年。今では「バットは下から振る」が基本で「当たり前」になりつつある。きっと、これから時を経て、これもまた「当たり前」ではなくなる日が来るだろう。

　いずれにしてもたった30年で基本が「上から」ではなく「下から」

と、真逆になった。正しいということが、野球には存在しないことを証明してくれている。

もちろん、今の時点で、この選手にとっては——という、条件付きで「正しい」ことは存在するはずだ。けれど、普遍的に、誰にも当てはまる「正しい」はない。

その点で、三冠王を3度獲得した希代の名選手であり、8年間の監督生活で4度のリーグ優勝、1度の日本一、すべてのシーズンでAクラス入りを果たした名監督でもある落合博満さんが話されていた「大谷翔平評」が面白い。要約するとこんな感じだ。

「他の選手が大谷翔平の打ち方を真似しても結果が出るとは思えない。普通、バットという重量があるものは、上から下に行ったほうが速い。大谷のスイングはその普通じゃない、大谷じゃないとできない打ち方だ」

落合さんは翔平が二刀流としてファイターズに入団した時から太鼓判を押してくれた方だ。翔平の能力を良く知ったうえで、あの打ち方は翔平にしかできないもので、練習の賜物だと話された。

さて、野球ファンのみなさんはこの言葉をどう思われただろうか。

私は思った。その落合さん自身の打ち方も「下から」振っているように見える、と。そして実は、翔平自身も「下から振っていません」と言うのだ。

翔平がメジャーでそのバッティングの才能をトップレベルにまで発揮し始めた頃、「なぜ、大谷翔平は打てるのか?」といった分析が盛んにされ始めた。その中でやはり、「バットが下から出る」という、数十年前の野球界の常識を覆すような言われ方がされ始める。もともとメジャーリーグではパームアップという、手首を返さずにバットをアッパー気味に出す打ち方が主流になっていた。翔平の打ち方はそれに少し近いのかもしれない。

そんな報道があふれる中で翔平は「下から振っていない」と強く言い切った。いやいや、俺に言うなよ、と何度も思ったが、翔平の

感覚はこうだ。

　まず2019年に左ひざの手術をしてその痛みがなくなったことが大きい。それまで痛みで左ひざが使えなかったけれど、良くなってからは「左足の力」が使えるようになった。軸足で後ろ側にあたる左足にパワーが残っている。バットはずっと同じ軌道で出しているけれど、たまたまスイングが上がっている時に当たっているだけ。
「解説は間違っています」

　なんて笑いながら言う。

　でもやっぱり外から見ると「下から振っている」ように見える。落合さんといい、翔平といい、この見え方と感覚はすごく面白いし、正しいことはないのだ、と思わされる。

「下から振る」という点で言えば、こう考えられる。例えば、球速100キロのボールしか来ない、とわかっているのであれば、下から上に振ること（アッパースイング）ができる。どういうことかと言えば、スイングが間に合う、という感覚だ。

　でも、球速が上がっていくほど、下から振るのでは間に合わない。だから、多くの選手は上から下へと振る。落合さんの言う重量があるものは振り下ろすほうが速い、というやつだ。

　ひとつ言えることは、翔平は「間に合う」のだ。そのタイミングを完全に摑んでいる。だから、あのスイングができる。

　落合さんはこうも言っている。

「バッティングはこれが正しい、という型はない。その人に合ったものを見つけるべきだ」

　まさにそうだと思う。そういう真理みたいなものは、「うまい選手たちの基準や常識」では結果が出なかった私のような「野球が下手」な選手は気づきやすい。「俺には合わない、できない」という実感があるからだ。でもそれをあの大打者である落合さんが気づくのは本当にすごいな、と思った。

　プロ野球、メジャーリーグ、高校野球……どんなレベルで見たっ

て、打ち方は人それぞれだ。正しいことはない。これは監督として必ず心に留めてほしいことだと思っている。

新しい発想

　正しいことはない。その考えを進めると「常識を疑う」ことの大事さが見えてくる。実際、何かを成し遂げた多くの先人たちが伝えるひとつのメッセージである。これは監督にとっても大事である。

　疑った先にあるのは「新しい発想」だ。

　大谷翔平の二刀流はそのひとつの例になるけれど、「（今まで誰もやっていないけど）やってみなければいけない」と思うことはたくさんある。なぜやらなきゃいけないか、と言えば、それが「勝つカタチ」になるかもしれないからだ。

　もちろん戦力があって「勝つカタチ」が幾通りもあるのであれば、わざわざ常識を逸脱する必要はない。常識とは、これもまた先人たちが作ってくれた基礎みたいなものだから、それを実行することは「勝つカタチ」にもっとも近い。

　でも、それだけでは勝ち切れない、と思った時、常識を疑い始める。

　常識外れ、と言われた「大谷翔平の二刀流」は、あくまで「勝つカタチ」だった。もちろん、ピッチャーもバッターもできる選手がいたらすごいよね、という、いち野球ファンとしての思いはあった。けれど、それと監督は別だ。それでチームが、ファイターズが勝てなくなるのでは意味がないし、監督としては失格である。

　だから、2016年の日本一という結果はその意味でも、すごくホッとしたものだ。

　一方で、「やってみて」うまくいかなかったこともたくさんある。例えば、中継ぎや抑えのピッチャーを先発させ、短いイニングで継投していくショートスターターというスタイルでは結局、勝ち切ることができなかった。

　だけどやって良かったと思っている。そのくらい常識を疑い、新

しい発想を求めることは監督にとって欠かせない作業だ。思わぬ「勝つカタチ」が見えてくることもあるし、何より選手が生きる形、可能性を大きく広げてくれる。

では新しい発想はどうすれば見えてくるのか。

大きなヒントは、「人の声を聞く」ということだ。

「監督と人事」の章で、「意見の異なるコーチを入れることで新しい発想が生まれる」と書いた。同じような考え、同じような方針、それを持った人と組織を作るより、違った意見を持ち、ときには言い合うような関係の人と組織を作ったほうが、──勝つためには──いい。

それは決して仲が悪い人と手を組みなさい、という意味ではなく、勝つためにどうすべきかを、突き詰めていると、必然的に人の話を聞きに行くし、書籍や歴史を当たることになる。そこで、「異なる意見」を目にして、ハッとさせられた時、新しい発想が舞い降りてくる。

侍ジャパンの監督に就任した時、10年間やってきたファイターズの監督時代と、考え方を変える必要があるな、と思っていた。それは、「勝ち方」が違うことへのアプローチだ。

プロ野球の「勝ち方」は、言ってみればシーズンの勝ち方だ。143試合が終わって、最後にパ・リーグの一番上にいればいい。そのためにはどうするかを考えていた。

しかし、侍ジャパンの集大成である2023WBCはトーナメントである。一回負けたら終わり。基本的に「一戦必勝」の考え方が必要になる。

これだけ違う戦いを目指す中で、勝つカタチを探した時、高校、大学、社会人といったトーナメントを戦ってきたチームを率いた指導者の方たちに話を聞くべきだと思った。そのひとりに、多くのスター選手を輩出している名門・横浜高校の元部長・小倉清一郎さんがいる。松坂大輔らを育てた名指導者である小倉さんはびっくりす

ることを言った。

「野球って長いじゃないですか」

思わず聞き返してしまった。

「え、長いですか」

そのあと飲み込んだのは「いや、僕は全く逆で、めちゃくちゃ短いです。特に負けた時はもう終わったのか、と……」という言葉だ。

でも、そうか、長いのか。と思えた。

「長い9回がある」と思っているから小倉さんは、例えば相手のピッチャーの球が速い時、最初の2打席を「捨てる」らしい。自分たちのチームのバッターをあえて打席の前の方に立たせて、よけいに速く感じさせる。そうして、3打席目以降は後ろの方に立たせて、勝ちに行く。

なるほど、「長い」と思っていればそんな戦略も取ることができるな、と思った。もしかすると、プロ野球の監督はシーズンで考えるから1試合が「短く」感じられ、トーナメントを戦う高校野球の指導者は「長く」感じるのかもしれない。

今まで考えたことのなかったような「発想」がそこにはあった。

小倉さんの話を聞いて、やっぱり野球って面白いな、と思うと同時に、こうやっていろんな見え方があるからこそ、常識を疑い、新しい発想をどんどん探していく必要がある、と確信した。

片言隻句

へんげんせっく。それがいかに監督である自分を助けてくれたか。それがわかり始めたのは——残念ながら——ここ数年のことだ。

「端的にスパンと心に響く言葉、人生を変えるような言葉は『片言隻句』——短い言葉、一言である——である」とは、書籍や先人たちからよく聞くフレーズだった。いわく、ダラダラと長く説明した言葉は、どんなにいいことを言っていたとしても絶対にその人の人生に残らない。残るのは短い言葉である。

私自身、話が長いのでいつももっと短く話せよって自分に突っ込みを入れている。それはこの片言隻句がいかに大事かを知ったからでもある。

　例えば、監督をしながら、たくさんの本を読んできた。私淑する、何か「明日」を打開するヒントはないか、調子がいい時どうあるべきか、苦しみの中でどう振る舞うか……先人たちの言葉は、私に力をくれる。

　そうした言葉と出会う時というのは——ちょっと信じがたいかもしれないけど——本に書いてある「字が光る」という経験をする。いや、浮かび上がる、が正確かもしれない。当然、そう感じているだけなのだけど、「ああ、これだ」という言葉は、そのくらいの力をもって迫ってくる。あるいは、「この言葉、考えはいつか自分を助けてくれる」と思わせられる。

　その光り、浮かび上がる言葉はいつも「片言隻句」だった。

　中国の古典「易経」を読んでいる時、光っていたのは「3日、嫌な思いをしなかったら気を付けたほうがいい」という言葉だった。この話は、今まで記した書籍などにも必ずといっていいほど紹介している。そのくらい、監督をしていて助けられた。

　嫌なことが起きるのは当たり前で、そのぶん、いいことが起きる。逆に、嫌なことがないのは、その先に嫌なことが待っているのであって、危うい状態である。易経に書かれた言葉の意味だ。

　監督をしていると「人に嫌われているかもしれない」と感じることが多い。かつては球場で野次を飛ばされたけれど、今はSNSが全盛だ。試合に負けたり、翔平の二刀流といった常識外れと言われるような作戦を取ったりすると、ずいぶん批判の声が届く。

　もちろん、いい気分はしないし、嫌われたくない。それは選手であればなおさらで、むしろ野球人であるかどうかは関係なく、どんな人だって同じ気持ちだろう。なんでそんなことを言われなければいけないのだ、と苦しむ。嫌な思いをする。

または選手たちに「監督、大丈夫か？」と思われている雰囲気を感じた時も、「あれ、こっちが何かしたかな？　距離が遠くなっていないかな」と不安になったりする。

　そうした感情の蓄積は、簡単に耐えられるものではない。

　私がそれを乗り越えられたひとつの要因は、「3日、嫌なことが起きなければヤバイ」と思えていたからだ。

「まだ文句を言われている。ということは相手もこっちを気にかけてる。まだ大丈夫、これから良くなる」、そう考えることができた。

　もしこの言葉が、長々説明されているものだったら、果たして私の心に残り続けていたか。監督として、人として助けてくれるものにはならなかったかもしれない、と思っている。

　監督は、選手に、球団に、ファンに何かを伝える必要がある。それを言葉で伝える時、片言隻句を意識することは、とても重要なポイントになる。

平らにする

「3日、嫌な思いをしなかったら気を付けたほうがいい」

　この言葉が残されたとされる「易経」は、中国の古典だが、紀元前の皇帝たちの教えがもとになっている。100年生きたとしても、出会えなかった人たち。その教えは、書籍があったからこそ、私に力をくれた。

　私にとって本は人であり、いつも「先生」と会話をしている感覚になる。監督として多くの人に話を聞きに行き、教えを請うてきたけれど、その中でも大きな学びを得たのが「本という先生」との対話だった。

　比べるわけではないが、直接に話を聞くよりも、スッと心に染み入ることが多かった印象がある。それはきっと「言葉には上滑りすることがある」という、独特な特徴があるからだと思っている。

「人が本当につらい思いをしている時は、ただ横にいるだけでいい。

寄り添ってあげなさい」とよく言われるけれど、それは「言葉で伝えてはいけない」モノやタイミングがある、ことを意味している。

「はじめに」にも書いたけど、目の前でとても大事な話を聞いていると、その人の表情や人生、経験などによって、同じ言葉でもまったく違った意味に感じることがある。それこそが、「人に話を聞く」ことの最大のメリットではあるのだけど、何か救いを求めている時、ヒントを探している時には、求めていた答えと違っていて、より深く悩んでしまう、みたいなことが起こる。相手は尽くして話してくれていても、実は「そういうことじゃない」と——感謝の思いこそ湧くけれど——、救われない。言葉が上滑りしてしまう、とはそんな状態だろう。

　その点で、書籍における会話は都合がいい。

　本当に著者が記したかったことは「そうじゃなかった」としても読み手である「私にはヒントになる」ということがある。その著者に会って、本当のことを聞きたいし、それは絶対に大事なことなのだけど、自分なりの解釈で「光る文字」を見つけることは多いに助けになるのだ。

「3日、嫌な思いをしなかったら気を付けたほうがいい」

　私自身、この言葉に対しても、「著者が書いていない」私なりの解釈で日々の行動にまで落とし込んだ。

　それは「平らにする」ということ。

　嫌な思いをしている時というのは心がざわつく。心が波を打っているような感覚で、その波に飲み込まれ、流されてしまいそうになる。だから、平らにする必要がある。

　プロ野球界の大投手・稲尾和久さんが生まれた背景にこんな逸話がある。

「神様、仏様、稲尾様」と言われるほどの「鉄腕」であられた稲尾さんは、おそらく未来永劫、破られることのないであろうシーズン42勝という日本記録を持ち、14年の現役生活で276勝、防御率は

1・98という強烈な成績を残したまさに「大投手」である。

その稲尾さん、高校時代はプロになれるかどうかもわからない存在だった。

高校は大分県別府市の緑丘。西鉄球団のスカウトであった竹井潔さんは別の高校の選手を追いかけている時に、稲尾さんの存在を知る。そして練習を見に行って度肝を抜かれた――わけではなく、「打撃投手に使えれば」くらいの印象だったという。

結果的にはこの獲得が日本球史に残る投手を生むわけだが、当時のことを竹井さんが振り返った記録があり、それがとても興味深い。いわく「稲尾を緑丘高校に見に行った時、獲ってもいいし、獲らなくてもいい、と思った。あの時もし自分が何かにイライラして心が平らでなければ、獲らないという選択をしていたかもしれない。だから、『平らにしなければいけない』。いつも平常心、養生心が大事である」。

心が平らでなければ、正しい判断ができない。だから、嫌な思いをしている時は、それで自分の心をざわつかせるのではなく「まだ大丈夫だ」「これからいいことがある」と考えて「心を平ら」にすることを心がける。

私の場合は、心がけるだけで済まず、そういう日の朝にはグラウンドを整地するようにしていた。

自宅は北海道の栗山町にあり、そこに子どもたちが試合をできるくらいの野球場がある。2002年、ファイターズの本拠地がまだ東京にあった頃、町民の皆さんと一緒に作った。以来、自宅として住みながら、グラウンドの管理をしている。

心がざわつく、嫌な気分の時はそのグラウンドを均す。

北海道を車で走っていると、ものすごくきれいに整地され、一面、平らになった畑をたくさん見ることができる。壮観で感動すら覚える景色なのだけど、自分のグラウンドをそんなイメージをもって「平ら」にするのだ。

監督として、あるいは人としての生き方は、いつもそうやって「先生」から学んできた。ときに自分なりの解釈を加えながら、助けてもらっている。監督として「先生」に出会うことは欠かせない。

自分との約束を守る

ここまで私が経験のなかで得た「監督のカタチ」を記してきたが、それらは、監督1年目からずっとできていたことか、と言われれば、必ずしもそうではない。自分の未熟な面がつい顔をのぞかせて、「そうであるべき」なのに「そうできない」ことはたくさんあった。逆に言えば、そうやってうまくいかなかったことがあったから、曲がりなりにも「監督のカタチ」のようなものを伝えられるようになったとも言える。

そんな私が唯一、やり続けたことがある。

それが「自分との約束を守る」ということだ。

江戸後期の思想家・吉田松陰は「人間たるもの、自分への約束をやぶる者がもっともくだらぬ」と言っている。これだけ「人間力」なるものを選手に求めているのだから、私自身もそうでなければならない。「くだらない人間」であってはいけない。

その思いだけは、間違いなく持ち続けていた。

その自分との約束とは「監督と選手」でも書いた「人のせいにしない」である。

監督の資質の最後に、もう少しこれに踏み込んで記しておく。

自分との約束を守る、という点については監督でなくとも、多くの人にとって共通の重要な「あり方」だと思っている。しかし「人のせいにしない」が誰にでも当てはまるか、といえばそうではないだろう。特に、プロ野球監督という職業を考えれば、「そうではない」部分を意図的に作り出したほうが良かったり、魅力的だったりする。

わかりやすいのが会見での言葉だ。

試合に負けてしまったり、悪いプレーが出た時、それを試合後の

囲み取材──監督を記者たちが囲み、質問に答える会見──で「チクリ」と本音を話す監督もいれば、まったく表に出さない監督もいる。野球ファンのみなさんにとって想像しやすいのは、前者が私の現役時代の監督でもあった名将・野村克也さん。最近は阪神タイガースで指揮を執られる岡田彰布さんなどもそうかもしれない。後者の代表例は落合博満さんだろう。

野村さんの会見は「ぼやき」としていつもメディアに注目されたし、岡田さんの試合後の会見はとても面白い。選手のことを「チクリ」と刺していても、野球ファンとして、つい笑ってしまうような言葉や、思わず納得してしまうこともある。とにかく魅力的なのだ。

一方で後者の落合さんはメディア対策を徹底的に行って、試合後も記者たちの質問をサラリとかわす。決して本音を見せなかった。そして私も「本音は言わない」タイプだった。

断っておくが、野村さんも岡田さんも、落合さんも監督としては多くの勝利を収め、チームを強くされている。だから本音を言うか、言わないかが「監督の資質」に直結するとは言えないはずで、いろんな監督がいるからプロ野球は面白い、と思っている。

では私がなぜ「本音を言わなかった」のか。

特に会見では──これは先にも書いたように──「俺のせい」とよく言っていたし、それは本心があったもののファンからすれば「本当に思っているのか？」と思われたことも多かっただろう。

実際、この本音を言わないスタイルについてはいろんな人に何度も聞かれた。そこには、「監督が思ったことをもっとストレートに伝えたほうがチームがよくなるのではないか」というニュアンスが含まれていたことも多い。

これはあくまで私の感覚だが、現場の空気感として、私が本音を隠すことで、選手たちに「伝わらない」とか、不満に思っている、というようなことを感じたことはない。そこには自分がチームをちゃんと見ている、という確信があった。

でも……、今だから言えるけど、あそこで選手が全力疾走をしていれば、とか、フォアボールが出なければ勝てたかもしれない、と思っていたことは何度もある。

負けた試合後は監督室で心の整理をしようと努めた。頭に血が上っているからものすごく時間がかかった。会見を呼びに来る係だった広報の高山（通史）たちは大変だっただろう。

会見で本音は決して口にしなかった。

それは、本音を口にすれば、人のせいにすることになる、とわかっていたからだ。口にしてしまえば、自分との約束を破ることになる。それだけはしない——。

監督を終えてから、本音を隠すのは実は少数派なのだと気付いた。現実は、さまざまな交渉事でも、リーダーシップを語る中でも、胸襟を開いて接することが多い。きっとみんな本音を知りたいのだ。

でも、私が思っていたのは、本音は人を傷つける可能性がある、ということだった。

もし本音で話すのであれば、かなり深い関係や状況を作る必要がある。だから本音は、出せる時と出せない時が存在する。じゃあ、いつは本音で、いつが本音じゃないのか。「いつもじゃなくてもいいからたまには言えよ」と言われそうだけれど……。やっぱり本音はどこかで「人のせい」にしてしまう気がする。

正直に言えば、ひとつの戦略として「本音」を出したほうが良かったのかな、と思うこともある。でも監督として、ひとりの人間としてそこに後悔はない。

言葉を大事にする

侍ジャパンの指揮を執らせてもらって「監督」として新たに気づいたことがある。

そのきっかけが、ゲンちゃん（源田壮亮）だ。押しも押されもせぬ、日本球界ナンバーワンのショート。間近で見た守備力はうなるほど

素晴らしかった。

そのゲンちゃん、トヨタ自動車から西武ライオンズに入団して1年目からショートで全試合フルイニング出場という日本球界初の記録を打ち立て、新人王を獲得している。

それだけの選手だからトヨタ自動車にいた当時からその名前は知っていた。スカウトからの評価は「守備力はずば抜けている」でも「攻撃力はない」というもの。指名に至らなかった経緯があった。

蓋を開けてみれば、ゲンちゃんは打った。1年目から.270という成績は本当に立派で、対戦相手として見た時は、いつもゲンちゃんに打たれて負けた、という感覚があるくらいゲンちゃんには攻撃力があった。

侍ジャパンではじめてチームメイトになり、「バッティングいいよね」と声を掛けた。すると、ゲンちゃんは、ある「変わった（バッティングが向上した）」きっかけを教えてくれた。それは、なんとプロに入ってからのこと。辻監督（当時）からの「インコースが来たら引っ張れよ」という一言だったと言う。

脚が速く、守備がうまい左バッター。社会人の時は9番を打つことも多く、とにかく「三遊間にゴロを打て」と言われ続けたそうだ。ゲンちゃんはまじめにそれに取り組んだ。必死に練習して、それを習得しプロに入るまでになった。

そこで言われた監督からの「引っ張れ」の一言。

思いっきりバットを振れるからすごく楽になったんです、とゲンちゃんは振り返った。結局、ゲンちゃんは引っ張れるようになってしまう。能力もあるし、練習もあったと思う。実際、ゲンちゃんのライト方向への打球はとてもいい。

その話を聞いて、「そうか、そんなシンプルな一言でいいんだ」と思った。そして、「野球選手の見極めは、勝手に決めつけちゃいけない」と痛感した。

ゲンちゃんの能力を見たら、反対方向へのゴロを打てと言いたく

なる気持ちはわかる。でも、この手のタイプで大成する選手は多くない。きっとその打ち方を続けていると、バットスピードが上がらないからだ。辻さんも同じように思われたのではないか、と思う。そうやってイメージを覆すようなことを選手に伝える時、監督の言葉はかなり大きい。チームの最終決定権限を持っている人が言ってくれているのなら――そうやって信じて進むことができるのだ。

監督は決めつけず、言葉を大事にする。そうしていい選手は育つのだ。

2
覚悟

（2012年10月10日刊行）

※データ、日付、表記は刊行当時のものです。

序章：やりたい野球なんてない
シーズン終盤、熾烈な優勝争い

野球人として、こんなに幸せなことはない

今年、はじめて監督を経験して、何が一番の衝撃だったかといえば、プロ野球という存在そのものが衝撃だった。

毎日が苦しい。一日中苦しい。

長年、それを伝える立場にあったはずなのに、本当の現場の苦しさを、僕はまるで分かっていなかった。いまになってプロ野球という戦いの厳しさに衝撃を受けている。

北海道日本ハムファイターズの監督に就任して1年目。正直、これほどのつば競り合いを経験できるとは思っていなかった。読売ジャイアンツが早々とセ・リーグ優勝を決めた9月21日、ファイターズはパ・リーグの首位に立っていたが、2位の埼玉西武ライオンズとは1・5ゲーム差、3位の福岡ソフトバンクホークスとは4ゲーム差という、熾烈な優勝争いの真っ只中にいた。

人生50年、いまほど必死になったことはない。現役時代は必死じゃなかったのかというと決してそんなことはないが、間違いなくあの頃よりも、いまのほうがはるかに必死だ。あの頃も命がけだったけれど、いまはもっと命がけ。毎日、命を削っているという実感がある。

本当に出し尽くしている感じがあるから、ここまで出し尽くして最後に負けたんじゃなんにも残らない、そんな思いもふつふつと湧いてくる。結局、リーグ優勝をするか、それとも日本シリーズを制するか、そのどちらかしか意味がないのだ。

長いシーズンを戦っていると、どうにも流れが悪いときというのは必ずある。そんなときは、何をやってもうまくいかないものだ。

何か手を打たなくては、とは思うのだが、実は手の打ちようというのはそんなにない。打線がつながらなければ、もちろん打順の組み替えも考えるけれど、我々は一番良いと思って打順を組んでいるわけだから、わざわざ奇をてらっても仕方がない。そういうときが一番きつい。

何をやってもダメなときは、ひたすら我慢するしかなくて、毎日、すり減ってしまう感じがする。しかも、監督がすり減るということは、選手たちはもっとすり減っているということなのだ。

ベンチにいる僕の顔がよっぽどやつれて見えるのか、知人にはいつも体調を心配されたが、試合中にクラッとくるようなことはない。試合中は完全にケモノに戻っているような感じで、試合が終わっても、その日のうちは興奮しているから疲れは感じない。一番疲れを感じるのは、寝て、次の日の午前中。寝ることで一回断ち切られて、疲れを感じる。ただ、やっぱり監督は一番元気でなくてはいけないから、人前に出るときはテンションを上げる。もしかするとそれが一番しんどいかもしれない。本当は疲れているのにテンションを上げなければならない、そのスイッチを入れる瞬間がとにかくしんどいのだ。

2003年、阪神タイガースを18年ぶりのリーグ優勝に導いた星野仙一監督（現・東北楽天ゴールデンイーグルス監督）が、胴上げ直後の優勝監督インタビューで発した第一声が、

「ああ、しんどかった」

だった。あのときは想像することしかできなかったけれど、いまは実感が伴う。

ただ、毎日しんどいばかりじゃ体がもたないので、いまは、

「この時期まで優勝争いができるなんて、こんな面白いことはない」

と思うようにしている。

「野球人として、こんなに幸せなことはない」

そう思い直してから、少し眠れるようになってきた。

現場で知った空気
〜3連戦の初戦、今日やられてはダメ〜

　監督になってみて分かったことがある。現場の空気、というものだ。

　プロ野球のペナントレースは3連戦という単位が基本となって、その積み重ねで成り立っている。ある3連戦を2勝1敗と勝ち越したとする。勝ち越せれば上出来だ。でも、次の3連戦で1勝2敗と負け越せばプラスマイナスはゼロ、貯金は貯まらない。

　必死にやって2勝1敗が2回続くと、ようやく貯金は2つ貯まる。でも、次に3連敗でもしようものなら、あっという間に借金1だ。この繰り返しが、いかに消耗するか。

　やるか、やられるか。風が吹いただけで勝敗はどっちにでも転ぶ、そんな試合がほぼ毎日のように続くのだ。

　解説者時代、3連戦の初戦は「今日やられても、明日あさって取ればいい」などと随分簡単に言っていたような気がするが、実際に戦ってみると、そんなに甘いものではなかった。だれがなんと言おうと、絶対に「今日やられてはダメ」なのだ。

　特に、3連戦の初戦を取るのと取られるのでは大違いだ。初戦を取ると、まず3連敗の可能性が消える。最悪のケースを想定したって、この3連戦は1勝2敗で終えることができる。万が一、その1勝2敗という結果に終わっても、1つの負け越しならば、次の3連戦で2勝1敗と勝ち越せばすぐに取り戻すことができる。つまり3連戦の頭を取ると、向こう一週間の視界がグッと開けてくるのだ。

　反対に初戦を落とすと、どれほど苦しくなるか。今シーズン身をもって体験した分かりやすい例がある。なかなか3連戦の頭が取れず、地獄のような苦しみを味わったのは、交流戦明けの3週間あまりだった。最初にホークスとの3連戦で、頭を落として1勝2敗と負け越すと、そこから4カード連続で黒星スタート、すべて負け越しを喫した。

結局、オールスター休みまでの全8カード（最後は2連戦）で、初戦に勝利したのはたった1カードのみ。その間の成績は7勝12敗4分、そこまでせっせと貯めてきた貯金を5つも吐き出す結果となった。

❶6月22日　●　　1対2　福岡ソフトバンク戦
②6月23日　●　　6対7　福岡ソフトバンク戦
③6月24日　○　　6対0　福岡ソフトバンク戦
❶6月26日　●　　1対2　東北楽天戦
②6月27日　●　　4対5　東北楽天戦
③6月28日　○　　7対3　東北楽天戦
❶6月29日　●　　5対7　埼玉西武戦
②6月30日　●　　5対10　埼玉西武戦
③7月1日　△　　3対3　埼玉西武戦
❶7月3日　●　　3対6　オリックス戦
②7月4日　●　　1対5　オリックス戦
③7月5日　○　　4対3　オリックス戦
❶7月6日　△　　5対5　福岡ソフトバンク戦
②7月7日　●　　0対5　福岡ソフトバンク戦
③7月8日　●　　5対8　福岡ソフトバンク戦
❶7月10日　○　　5対1　千葉ロッテ戦
②7月11日　△　　0対0　千葉ロッテ戦
③7月12日　○　　7対2　千葉ロッテ戦
❶7月13日　●　　1対5　東北楽天戦
②7月14日　○　　2対1　東北楽天戦
③7月15日　●　　0対5　東北楽天戦
❶7月16日　△　　2対2　埼玉西武戦
②7月17日　○　　3対1　埼玉西武戦

7勝12敗4分という数字だけを見せられると、それほど最悪の状態には映らないかもしれない。だが、実際は毎日負け続けている感じがして、それこそ地獄のような苦しみだった。3連戦の頭を落とすと、それほど精神的に追い込まれるものなのだ。

　日本シリーズのような短期決戦とか、オリンピックやWBC（ワールド・ベースボール・クラシック）といった国際試合になると、メディアやファンにも現場の緊張感はひしひしと伝わってくるが、実はレギュラーシーズンの一試合一試合がこんなにも必死だなんて、外にいたときは想像したこともなかった。取材に足を運んで、同じ空気を吸っているつもりになっていたが、実際に吸っている空気はまったく違っていたのだ。

美談は必要ない

　シーズンが進むにつれて、変わってきたこともある。

　実は最初の頃、できるだけ感情を顔に出さないよう心掛けていた。喜びは出してもいいけど、怒りは出してはいけない。なぜなら、選手は監督の表情で一番落ち込むから。そうしたところで、結局、だれも得はしない。たとえだれかがミスをしたとしても、こちらが信頼して使っているわけだし、それも含めて信頼だ。

　なのに、シーズン終盤はものすごくベンチで怒っている自分がいた。なんだか分からないけれど、必死になればなるほど怒りが表情に出てしまう。近くで見ているコーチや選手たちも「監督、なんか怒っているな」と感じていると思う。実はこの頃、もう隠さなくてもいいと思い始めている。ここまできたら、しょうがない。ベンチで感情を押し殺すのは、もうやめにしよう。ファイターズの選手は、きっと分かってくれているから。「監督、悔しいんだな」とか、「嬉しいんだな」とか。そこは選手に甘えさせてもらうことにした。

　きれいごとを並べるつもりはないけれど、ファイターズの選手は本当に一生懸命になれる、愛すべき選手たちばかりだ。でも、いく

ら一生懸命にやったって、結果が残らなければ彼らのためにはならない。彼らに「ああいう年があって良かったな」と思ってもらうためにも、結果を残すしかない。

かつて5球団の監督を歴任し、西鉄ライオンズでは3年連続日本一という偉業を成し遂げた名監督・三原脩さんは、

『敗者には美談しか残らない。歴史を残すのは勝者のみ』

という言葉を遺している。

『マスコミは美談が大好きだけど、歴史は徳川家しか作れなかった。野球は勝たないと、どんな手を使っても勝たないとダメなんだ』

まさしくその通りだと思う。

監督である以上、いまの自分に美談は必要ない。

第1章：最大の危機をチャンスに変える
キャンプ～開幕。
日本人№1投手・ダルビッシュ有が抜けた穴を埋める

ダルビッシュ有、メジャーへ
「穴が開いた」ではなく「チャンスが生まれた」

「ダルビッシュ有、レンジャーズ入団合意」のニュースが報じられたのは、年が明けて、日本時間の1月19日のことだった。

自他ともに認める日本プロ野球界の№1投手が、いよいよ海を渡り、メジャーリーグに挑戦する。ダルビッシュはメジャーの強打者たち相手にいったいどんなピッチングを見せてくれるのか、一野球人としてこんなにワクワクする挑戦はない。その初登板が、いまから待ち遠しい……、去年までの自分なら、そう手放しで喜んでいたことだろう。

半分は本音である。だがもう半分は、チームの大黒柱を失うこと

の現実に、暗澹たる気分になっていた。ある程度覚悟はしていたが、もしかしたら交渉が合意に至らず、チームに残ってくれるのでは……、という淡い期待を抱く面があったことも否めない。しかし、ダルビッシュはファイターズを去る、それはもはや動かざる現実だった。

　7年間の通算成績は167試合に登板し、93勝38敗、防御率1・99。投手の防御率というのは、9イニング（1試合相当）投げたとすると何点取られるか、という数値を示している。よって、少ないほど優秀な成績ということになる。

　その防御率が1・99ということは、ダルビッシュは1試合完投しても2点は取られないという計算が成り立つ。裏を返せば、彼が投げる日は2点取ればチームは勝つ。なんという圧倒的な安定感だろう。監督にとって、これほど信頼を寄せられるピッチャーはいない。

　さあ、困った。その不動のエースはもういないのだ。

　ダルビッシュが抜けた穴をどう埋めるか。それを考えることは、新監督に課せられた最初の、そしてとてつもなく難解な宿題だった。

　しかし、一方ではこういう捉え方もあった。

　あんなにすごいピッチャーの穴は埋まらない。だが、日本のプロ野球は超一流の選手が去っても、また必ず超一流の選手が生まれてくる、そういう歴史を繰り返してきた。だからこそ、大エースの移籍という事態に直面して、抜けた穴を埋めるというネガティブな発想ではなく、その空席を巡って次はどんな才能が現れるのか、そうポジティブに捉えてみよう。

　最大の危機をチャンスに変えるのだ、そう発想を切り替えた。

誰が武田勝の穴を埋めるのか
穴埋めを繰り返しても、すべての穴が埋まることはない

　キャンプインを間近に控えた1月末。まず1年間のプランを練るにあたって、その第一歩となる開幕投手を決めなくてはならなかっ

た。いや、決めるのはもう少し先でよいが、少なくとも候補を絞り込んでいく必要はある。開幕投手はたまたま144試合の最初の一試合に先発するピッチャー、という意味合いだけでなく、そのシーズンのチームの象徴的な存在とされる傾向にある。ときにはエースの証しとして捉えられ、それを栄誉と受け止める者は多い。

　去年までのファイターズは、5年連続でダルビッシュが開幕投手を務めてきた。監督は開幕投手で悩む必要がない、そういうチームだった。そのエースがいなくなり、次は誰を指名するのか。前年の先発投手陣の主な成績をチェックしてみる。

【2011年　北海道日本ハムファイターズ　先発投手成績】

ダルビッシュ有	18勝6敗	防御率1・44
B・ケッペル	14勝6敗	防御率3・22
B・ウルフ	12勝11敗	防御率3・60
武田勝	11勝12敗	防御率2・46
斎藤佑樹	6勝6敗	防御率2・69

　無意味なことだと分かっていても、どうしても最初に目がいってしまうのは、ダルビッシュの成績だ。この18勝が計算できなくなる。あまりにも大きな数字だ。

　勝ち星だけを見れば、ダルビッシュに次ぐのはケッペルの14勝、ウルフが12勝で続く。しかし、両外国人投手の防御率が3点台なのに対し、武田勝のそれは2点台前半。去年の武田勝は打線の援護に恵まれず、勝ち星を逃す試合が多かったが、投球内容の安定感ではダルビッシュに次ぐ評価といってよかった。

　しかもさらに前年、2010年の成績はダルビッシュの12勝8敗に対し、武田勝は14勝7敗と、数字的には上回っている。そのあたりからも、「左腕のエース」と呼ばれる彼が開幕投手の最有力候補であることは間違いなかった。

だが、現有勢力で普通に戦おうとすれば、いやがうえにもダルビッシュの抜けた穴ばかりが目立ってくる。もちろん、武田勝ならば十分に開幕投手の重責も果たしてくれるだろうが、では、武田勝がダルビッシュの穴を埋めたとしたら、今度はその武田勝の穴はだれが埋めるのか。穴埋めを繰り返していっても、すべての穴がきれいに埋まることはおそらくない。

人は不測の事態が起きると、その穴埋めばかりに目がいってしまいがちだ。しかし、穴を埋める作業ばかりに目を奪われると、穴埋めのために開いてしまった穴に気付きにくい。重要なことは、大きな穴を埋めることだけではない。全体のバランスのなかで、大きな穴をカバーできているかどうかなのだ。

であれば、実績ある者、武田勝にはしっかりと自分の立ち位置を守ってもらい、ぽっかりと開いたダルビッシュの穴は思い切った抜擢で勝負してみたい。いきなり訪れたこの最大の危機をチャンスに変えるためにも、その起用によって化学反応が期待できるプラスアルファがほしかったのだ。チームに勢いをもたらすプラスアルファである。

そして投手陣を見渡したとき、もっともその可能性を秘めていたのが斎藤佑樹だった。

開幕投手・斎藤佑樹の本当の理由
最大の穴は「勝ち星」ではなく「投球回数」

斎藤佑樹――。2006年夏、甲子園の決勝で早稲田実業高校と駒大苫小牧高校が繰り広げた延長15回・再試合の死闘は、いまも語り草となっている。敗れた駒大苫小牧のエース・田中将大はそのままプロ入りし、東北楽天ゴールデンイーグルスのエースとして活躍、球界を代表するピッチャーへと飛躍を遂げた。一方、勝った早稲田実業のエース・斎藤佑樹は、早稲田大学に進学。チームを大学日本一に導くなどキャリアアップを重ね、4年後の2010年秋、ドラフ

ト1位で4球団が競合し、抽選の末、ファイターズに入団した。

　高校時代、「ハンカチ王子」のニックネームですでに全国区の人気者となっていた斎藤は、デビュー前からスーパースター並みの注目度を誇り、連日、スポーツニュースの中心にいた。そして、デビュー戦で期待に応えてプロ初勝利をあげると、オールスターゲームにも出場を果たしたが、最終的には6勝6敗、防御率2・69という成績で1年目を終えた。

　平凡な数字だと見る向きもあるが、大変な注目を浴びながら6勝をあげた、これはある意味評価されていい結果だと思う。ただ、下手をするとこのレベルのまま小さくまとまってしまう危険性もある。最初からその程度の能力のピッチャーであれば仕方がないが、彼のポテンシャルはそんなものではないはずだ。ゆえに2年目は、斎藤佑樹という一人のプロ野球選手にとって、真価が問われるとても重要な年になるはずだった。

　しかし、チームにもたらすプラスアルファと、アマチュア時代から数々の大舞台を踏んできたその経験値への期待、それだけの理由で開幕投手に推すとすれば、やや説得力に欠ける。根拠はもうひとつあった。

　先ほども触れた通り、ダルビッシュが抜けた穴というと、だれもが真っ先に彼が去年マークした18勝の穴をイメージする。しかし、それにも増してもっと大きな穴があった。ダルビッシュの投球回数、232イニングという数字だ。

　まず、232イニングという数字がどれほどすごいものなのか。去年、日本のプロ野球界で200イニング以上を投げた投手は、両リーグ合わせてわずか7人しかいない。そのなかでも、ダルビッシュの232イニングという数字は群を抜いている。

【2011年　200イニング以上を投げた投手】
｜　ダルビッシュ有（日本ハム）　232回

田中将大（楽天）　　226・1回
前田健太（広島）　　216回
M・ネルソン（中日）209・1回
B・バリントン（広島）　　204・1回
能見篤史（阪神）　　200・1回
澤村拓一（巨人）　　200回

　ダルビッシュは28試合に登板して、232イニングを投げた。一試合平均に換算すると、ゆうに8イニングを超える。つまり彼は先発すると、いつも9回途中までマウンドに立っていた計算になるのだ。

　勝ち負けはともかく、シーズンを通じて、必ず9回まで投げてくれる先発投手がいるということが、チームにとってどれほど大きなものか。勝ち負けの数字は打線の援護にも左右されるが、投球回数は基本的にそれらの影響を受けない。中継ぎや抑えまで含めた投手陣全体の負担を考えると、それは絶対的な評価に値する。

　ダルビッシュが抜けたことによる最大の穴は、200イニング以上を一人で任せられるピッチャーがいなくなったこと、ということもできるのだ。だからこそダルビッシュの穴を埋めるためには、何をおいても長いイニングを投げられるピッチャー、ということが最優先すべき条件だと考えていた。

　斎藤は力で斬って取るというよりも、芯を外して打たせて取るピッチングを信条としている。もしシーズンを通じてローテーションを守ってくれれば、ある程度の長いイニングを任せられるピッチャーになるはずだ。

　斎藤は高校で日本一に輝き、大学でもまた日本一に上り詰めた、いわゆる勝ち方を知っているピッチャーだ。そして、そのタフさは何よりも大きな魅力だった。もう一度とことん走り込んで、1年間、自分の体をめいっぱい使える状態に持っていければ、球が走っていない日も、いろんなバッターとの駆け引きで勝てる術を持っている

はずなのだ。

　去年の斎藤は19試合に登板して、107イニング。平均すると、6回途中まで投げていた計算になる。今年は毎試合、あと1イニング、2イニングと投球回数を増やし、できれば200イニング以上、いや、最低でも180イニングは投げてもらいたい。彼のようなタイプは、その方が持っている力を出しやすいはずだ。

　いきなり大きく勝ち越してくれとは言わない。例えば12勝12敗の5割でもいい。根気強く一つひとつ拾っていって、なんとしても勝ち星の数を増やすんだという気持ちで臨むこと。そして、試合によっては10点取られても、20点取られても代えない。任せた試合は、何があっても早いイニングでは交代させない。だから責任を持って、勝ちも負けもみんな自分で背負ってもらいたかったし、斎藤にはその自覚を持ってほしかった。

　だから、正直に言えば、開幕投手・斎藤佑樹は、僕の腹の中ではだいぶ早い段階から決まっていたのだ。

斎藤佑樹に開幕投手を伝えた日
怖さを知らないからできる決断もある

　2月、チームは1カ月に及ぶ名護キャンプを順調に過ごした。

　そして、オープン戦に突入し、斎藤の初登板は3月3日、札幌ドームでの東京ヤクルトスワローズ戦。5回2安打無失点というノルマを設定していたが、結果は5回8安打3失点。ここまで対外試合では一度も納得のゆくピッチングを見せてくれておらず、悶々としていた。

　次の登板は、3月16日の横浜DeNAベイスターズ戦。今度こそ、の思いはこれまで以上に強かったが、この日も斎藤はピリッとしなかった。6回8安打3失点と、周囲を納得させる内容には程遠く、試合後、記者にピッチングの印象を聞かれ、つい「今日は0点」と突き放してしまったほどだった。とても合格点はあげられない。し

かし、それでも最後まで考えがブレることはなかった。そのくらい、彼に対する期待は大きかったし、彼なくして〝ダルビッシュの穴〟は埋まらないと思っていたのだ。

「0点登板」の2日後、18日は神宮でのスワローズ戦。

　実は、斎藤には開幕投手をこの日、この場所で告げようと決めていた。甲子園を沸かせたヒーローは、5年前、自らの意思でプロではなく大学に進んだ。その大学での4年間を過ごした聖地・神宮球場で伝えることに、大きな意味があると思っていたのだ。

　試合前の練習が終わったあと、監督室に斎藤を呼んだ。

　思いは前夜、手紙にしたためていた。

『2012年　斎藤で開幕頼んだぞ！　共にチームのために！　栗山英樹』

　伝えておきたいこともあった。

「今年、1勝もできないかもしれないからね」

　当然、どのチームも開幕戦にはエース級の投手をぶつけてくる。そして、どのチームも6人の投手でローテーションを回す基本的な考え方に大きな違いはない。そのため、開幕投手は次の試合もまたどこかの開幕投手と、その次もまたどこかの開幕投手と、といった具合にエース級の投手との対戦が続くことになる。それは大きなリスクであるということを、ここで改めて斎藤に伝えておく必要があると思ったのだ。

　その大きなリスクを背負うかわり、長いイニングを投げ続けることで学ぶことはいっぱいあるはずだ。とにかく長いイニングを投げられるピッチャーになってほしかった。

　自分が監督としての本当の怖さを知らないということを、僕は自覚していた。

　怖さを知らないからこそ、できることもある。

　そういった意味では、確信犯だった。前の年、二桁勝利をあげた投手が3人残っているなか、たった6勝しかあげていない、2年目のピッチャーを開幕投手に指名できるのは自分しかいないだろう。

でも、これに勝てれば、大エースが抜け、戦力ダウン必至とも言われていたチームに必ず勢いが生まれると思ったのだ。

決断を支えたキャプテン田中賢介の掛け声
組織をひとつにする言葉の力

チームの命運を託す、重大な決断である。それをしっかりと受け止めてもらうためにも、斎藤には魂のこもった言葉で伝えなければいけないと思っていたが、誠意を尽くして直接伝えなければならない相手は、斎藤本人だけではなかった。できればその前に、野手の主力選手たちと、もう一人、本来ならば開幕投手の筆頭候補であるはずの武田勝には自分の口からしっかりと伝えておきたかった。

だがその日、武田勝は登板予定があったため、結果的には、斎藤本人に告げたあとで伝えることになってしまった。十分に開幕投手の資格を持っていた武田勝が、その権利を監督に奪われたと思っても仕方がなかったが、彼は何も言わず、快く受け入れてくれた。

そんなわけで、開幕投手を伝えた順番でいえば、野手の主力選手たちが最初ということになる。神宮で監督室に斎藤を呼ぶ前に、まずは彼らを集めた。

「今年、開幕は斎藤でいく。この野手がいてくれれば、ピッチャーは育てられる。今年は打って勝つ。だから斎藤でいく」

みんなの反応はおだやかだった。おだやかななかに、静かな闘志をみなぎらせてくれていたんだと思う。

そして最後に、キャプテンの田中賢介がみんなにひと声掛けてくれた。

「よし、打って勝つぞ！」

どんなに気の利いた言葉よりも、力が湧き出るひと言だった。それがチームをひとつにまとめ、開幕戦への手応えは、より確かなものになった。

決断を支えた金子誠の出場志願
リーダーは姿勢で示す

　言葉ではなく、態度で示してくれたリーダーもいた。

　チーム内で開幕投手を発表したその４日後、３月22日、斎藤がオープン戦最後のマウンドに上がった。開幕戦の舞台と同じ、札幌ドームでのホークス戦である。

　書いてきた通り、今シーズン、斎藤には長いイニングを任せられるピッチャーになってほしかった。内容や勝ち星もさることながら、登板した試合では必ず長いイニングを投げて、きっちりと試合をつくれるようになってほしい。

　オープン戦初登板のスワローズ戦は、５回、87球。

　次のベイスターズ戦は、６回、92球。

　そして、最終登板となるこの日は、公式戦同様、100球を目安にいけるところまで。

　試合が始まると、初回、いきなり先制点を許し、５回には２点を追加されるが、打線の援護もあり、４対３、１点リードで６回を投げ切った。球数は100球までもう少しある。あと１イニング、いってもらうことにした。

　その裏、ファイターズの攻撃は８番の金子誠から。この打席、金子はファーストへのファールフライに倒れ、ベンチに戻ってきた。

　36歳のベテラン・金子は、今年、ファイターズで19年目を迎える。現役選手でもっとも長くファイターズに在籍し、だれよりもチームのことを知り尽くした男といえるだろう。

　両アキレス腱痛や右ふくらはぎの故障などがあり、過去２年、出場試合数は100試合に届かなかったが、今年もファイターズには絶対に欠かせない選手である。ゆえに、まだシーズン開幕前のこの時期に、金子に無理をさせる必要はない。

　そこで、福良淳一ヘッドコーチにひと声掛けた。

「マコト（金子）、この回で代えますよ」

　福良ヘッドは、奥に座っていた金子にそれを伝える。

「マコト、代わるよ」

　すると、金子から思いもかけない、こんな言葉が返ってきた。

「斎藤が投げている間は、僕、代わらないですから」

　斎藤にはもう1イニング投げさせる。金子はそこまでショートを守るという。

　下半身の不安を考えれば、早めに休むのもチームのための選択のひとつである。だが、この日の金子は、開幕投手とともにグラウンドに立ち続けることを選んだ。

　ファイターズが北海道に移転する前の年、金子の背番号は入団以来つけてきた「30」から、「8」へと変わった。なので、北海道のファイターズファンにとっては、金子誠といえば8番、8番といえば金子誠。それはチームの象徴ともいえた。

　そして、その背中でチームを引っ張ってきた金子が、チームリーダーの在り方を見せてくれた、そんな場面だった。

　7回表、斎藤はマウンドに上がり、金子はショートの守備位置に就いた。金子のところに打球は飛ばなかったが、結果は三者凡退。斎藤はオープン戦最後の登板で、目安をクリアする105球を投げた。

　後日、金子は地元・北海道のテレビ局のインタビューで、この日のことを答えている。

「別に斎藤だからそうしたんじゃない。開幕投手が投げているんだから、開幕の日に合わせてちゃんと状況を把握してあげるのは当たり前だ」

　斎藤云々といった、その意図はどっちでもよかった。金子誠という男が、そういう姿勢を示してくれたことが、チームにとっては大きなプラスだった。

新たな武器・吉川光夫
期待するからこそ褒めない

　ダルビッシュが抜けた穴をどう埋めるか、という考えのなかで、斎藤佑樹に大きな期待をかけたことを書いてきた。だが斎藤は去年も先発ローテーションの一角に名を連ねていたピッチャーである。つまりローテーションの穴を埋めるという意味では、彼はその存在にはなりえない。そこには、また別の名前が必要だった。

　1年間ローテーションを守るというのは、はたから見ていて思う以上にハードルの高い要求なのだが、実は一人、かなり早い段階からそれを期待させてくれるピッチャーがいた。

　左腕の吉川光夫である。

　2011年の秋、鎌ケ谷の秋季キャンプではじめて吉川のピッチングを見たとき、

「二桁（10勝）勝てる！」

　そう直感した。

　斎藤と同学年の吉川は、広島県・広陵高校から入団した6年目。ルーキーイヤーには4勝をマークしたが、2年目の2008年、5月1日のマリーンズ戦を最後に勝利から遠ざかり、3年間勝ち星なしの公式戦11連敗中だという。これほどのボールを投げるピッチャーが、なぜ3年間も勝っていないのか、そっちのほうが不思議なくらいだった。

　吉川の問題点は、打たれたり点を取られたりすることではなく、変に考えすぎて自分のボールを投げられなくなることだった。だから本人には、

「自分で納得のいくボールさえ投げてくれれば、たとえ打たれても構わない」

　と伝えてきた。

　結果を残しなさい、というのは難しい。でも、自分が今日投げら

れる精いっぱいのボールを投げなさい、といえばそれはできる。だからそれだけは毎日やろう、ということだ。

キャンプが進むにつれ、直感は確信に変わっていく。紅白戦や練習試合など、計10イニングの実戦マウンドに上がり、吉川はたった1本たりともヒットを許さなかった。この男の覚醒こそが、今シーズンのファイターズの命運を握る。心中する覚悟で、先発ローテーションの一角を決断した。その代わり、そのポジションを用意するからには、厳しくいかせてもらう。吉川だけは1年間褒めない、そう決めた。

実はダルビッシュが抜けた穴も、斎藤、吉川の2人で埋められるのではないか、そう考えていた。去年の勝ち星は2人合わせてわずか6勝だ（斎藤6勝、吉川0勝）。それにダルビッシュの18勝を加えると、計24勝。つまり斎藤と吉川が12勝ずつあげ、2人合わせて24勝になれば、勝ち星の上ではダルビッシュの穴が埋まったことになる。シーズンの最後までローテーションを守ることができれば、十分に計算できる数字と踏んでいた。

今年24歳になる、くしくも同い年の2人。開幕投手の斎藤にはチームの「盾」になってもらい、一方の吉川には新たな武器、「矛」になってもらう。そうして、ダルビッシュの穴を埋める、と決めたのだ。

【3月30日】斎藤佑樹、開幕戦プロ初完投勝利
持っているではなく背負っている

そうして迎えた開幕戦は生涯忘れられない試合となった。

ファイターズの開幕投手は斎藤佑樹。対するライオンズは、これが5年連続となるエース・涌井秀章。1年前、涌井は同じ札幌ドームでダルビッシュに投げ勝っている。開幕投手の宿命とはそういうものだ。12人のエースがマウンドに上がり、そのうち6人は負ける。あのダルビッシュですら負け投手となるのだ。

1回表、先頭バッターのE・ヘルマンを見逃し三振に仕留めるなど、テンポよくツーアウトを取った斎藤だが、3番の中島裕之、4番の中村剛也に連続フォアボールを与え、1、2塁のピンチを招いてしまう。続く5番、嶋重宣が放ったライトへの大飛球に思わず息を呑むシーンもあったが、これがポール際、右に切れてファールになると、最後はセカンドゴロに打ち取り、ホッと胸をなで下ろす。背番号18は、最も難しい初回を0点で切り抜けた。

その裏、いきなりノーアウト2、3塁のチャンスをつかむと、3番・糸井嘉男、5番・T・スレッジと2本のタイムリーヒットが飛び出し、涌井から一気に3点を奪う。開幕戦特有の緊張感からチーム全体を解き放つ、この上ない最高の滑り出しとなった。

打線の援護をもらった斎藤は、2回以降、練習試合やオープン戦では一度も見られなかった安定したピッチングを披露し、5回までわずか1安打に抑える。6回表、中島のタイムリーで1点を失うが、去年のホームラン王・中村をダブルプレーに打ち討り、追加点は許さない。前半はスライダーを中心に、後半はどんどんストレートを投げ込んで、ライオンズ打線に的を絞らせなかった。試合後、ライオンズの渡辺久信監督が、

「どんどん勝負にくるし、カウントをよくしてボール球を振らせる。それにまんまとハマってしまった」

と言っていたらしいが、それこそまさしく我々が期待する斎藤佑樹のピッチングだった。

そして8点リードの9回、斎藤は自ら志願して最後のマウンドに向かった。

27個目のアウトは、セカンドゴロ。4安打1失点という数字もさることながら、もっとも評価すべきは、長いイニングを投げてほしいという注文通り、9回、110球を一人で投げきってくれたこと。斎藤にとっては、プロ入り初の完投勝利となった。

ベンチで斎藤のヒーローインタビューを聞いていて、メッセージ

はしっかり伝わっていたんだな、ということを確認することもできた。

「なんかこう、頭が真っ白というか、興奮しています」

「今年は自分としても勝負の年と思っていたので、監督に開幕投手をやってくれと言われたときは、すごく背中を押された気がして、プレッシャーももちろんありましたが、ここまで本当に来ることができてよかったなと思っています」

「もうやるしかないという気持ちで、去年のダルさんがいなくなった穴を絶対に埋めるという気持ちで、この開幕ゲーム、臨みました」

「とにかく今年はイニング数をたくさん投げて、完投勝利がたくさんつくれるように、がんばっていきたいと思います」

「いまは"持ってる"ではなくて、"背負って"ます。去年のダルさんがいなくなった穴を、すき間だらけかもしれないですけど、少しでも埋められるように、がんばっていきたいなと思っています」

　最高の結果、最高の気分だった。

開幕戦、抜け落ちた記憶
最高の結果への自戒

　試合が終わった瞬間、すぐに頭に浮かんだのは「明日のゲームをどう戦おうか」ということだったが、このヒーローインタビューを聞いている間だけ、つかの間の喜びにひたらせてもらった。すぐに切り替えるためにも、一瞬だけいいかな、と思った。

　しばらく経って球団のホームページを見返す機会があり、自分自身、この後どんな行動を取ったか、すっかり忘れていることに気付かされた。

　球団スタッフがつけている、この試合の「広報レポート」という欄には、こう記されている。

『開幕戦4年ぶり勝利の余韻が残るベンチ裏。初采配を執り終えた栗山監督は監督室のデスクでパソコンに向かっていました。インタ

ビューの準備が整うまでの待ち時間も惜しむようにキーボードを叩く音を響かせていました。「今日は（自分は）取材無しでいいよね。魂を持った選手がこれだけいて活躍したんだから、みんなを取材してもらって」。"取材拒否"を訴える表情にはわずかな充実感と、早くも次に向かわねばという思いがにじんでいました。』

　まったく記憶にはないのだが、監督インタビューの準備が整うまでの短い時間、どうやら監督室に戻ってパソコンに向かっていたらしい。シーズン中、インタビューに応じてひと息ついたあと、日報を記すのは日課になっているが、このときはまだその習慣もない。しかも、インタビュー前の慌ただしいなか、パソコンに向かうことはまずない。このときの自分の心境を想像すると、きっとこんなところだろう。
「自分が怖かった」
「大勝負をかけて、それがあまりにもイメージ通りのいい方向に出てくれて、怖かったからすぐに自分を引き締めなければいけない。これは浮かれちゃいけない、喜んじゃいけないんだ。これから144試合、必ず試合後には日報を書く。その日常のパターンに、これから始まるルーティーンに自分をはめ込もう」
　そう考えたんだと思う。
　いずれにしても、その自分の行動を覚えていないということは、周囲からは、冷静に見えていたかもしれないけれど、やっぱり相当舞い上がっていたんだと思う。

第2章：名将にあやかる
監督・栗山英樹誕生までと、理想のチーム

選手として一流になれなかったからこそ

　僕の監督としてのスタンスには、自身のプロ野球選手としては珍しいとされる過去が、少なからず影響していると思う。

　母校の東京学芸大学は、国立のいわゆる教育大学で、僕も卒業後は教員になることを目指していたが、どうしてもプロ野球選手という幼い頃からの夢が捨てきれず、4年のとき、ヤクルトスワローズの入団テストを受けてみることにした。これでダメならあきらめもつく、そんな気持ちだった。

　その結果、運よくスカウトの目に留まり、1983年秋、ドラフト外でスワローズに入団することになる。同期入団には、ドラフト2位で指名された高校生、池山隆寛らがいた。

　はじめは内野手だったが、1年目のシーズンオフには外野手に転向。もともとは右打ちだったが、少しでも俊足という数少ない武器が活かせるように、左打ちの練習も始めた。左右両打席で打つスイッチヒッターになるためだ。プロのレベルの高さに圧倒されながら、それでもなんとか生き残っていくためには、とにかく練習量で勝負するしかなかった。

　左打ちにもようやく慣れ、どうにかスイッチヒッターらしくなってきた3年目、はじめて開幕を一軍で迎え、シーズン後半には1番センターとしてレギュラーに定着。規定打席には達しなかったものの、3割1厘という打率を残すことができた。

　さらに5年目、またしても規定打席には届かなかったが3割3分1厘を記録。6年目には、守備のベストナインといわれるゴールデングラブ賞を受賞したが、結局、それがプロ野球の世界で手にした

最初で最後のタイトルとなった。

　実をいうとプロ入り後、激しいめまいや耳鳴りを引き起こす、メニエール病という原因不明の疾患に悩まされるようになっていた。発症した際は、二軍の試合中に倒れ込んだほどで、症状がひどいときは日常生活にも支障をきたした。それでも、自分の実力をよく分かっていた僕は練習を休むわけにはいかなかった。体はボロボロになっていった。自分のように特別な才能に恵まれているわけでもない選手にとっては、120％の努力をすることが、プロの世界でプレーを続けさせてもらう最低条件になる。それができなくなった以上、やめるしかない。とても心残りではあったが、ゴールデングラブ賞をもらった翌年、1990年を最後に引退した。わずか7年間のプロ生活だった。

　ユニフォームを脱いだときは、まだ29歳だった。その後、縁あって野球解説者の職を得ることができ、そこから第二の人生をスタートさせる。選手としては中途半端に終わってしまったので、伝え手としてはなんとしても一人前になりたい、今度こそ一流になりたいという思いはとても強かった。

　ご存じのように野球解説者といえば、現役時代、超一流の選手だった方たちばかりである。僕のようにこれといった実績もなく、年齢的にもまだ30歳そこそこの若僧が偉そうにプレーを解説しても、いかにも説得力に乏しい。そこでなんとか自分の言葉に耳を傾けてもらえるように、少しでも分かりやすい解説ができるように、そこは必死にがんばった。

　ただ、がんばったといっても、実はそれが何より楽しかったのだ。現役を引退してから、趣味の類いで夢中になれるものは見つからなかったが、本業である取材のときにはいつも夢中だった。現場で「へ〜、そうなんだ〜」と思う発見があると、すごく得した気がして、すぐにだれかに伝えたくなったものだ。

そういった仕事に取り組むなかで、一番心掛けていたのは、

「人の話を聞く」

ということだ。悩んでいるとき、人に話を聞いてもらうだけで、すごく安心することがある。僕が答えを出してあげることはできないけど、聞いてあげることはできる。人が話しやすい環境をどうつくっていくか、また、自分が聞く環境をどうつくっていくか、いつもそんなことばかり考えていた。

そしてもうひとつは、空気になるとか、水になるとか、そういうことも意識していた。自分は単なる媒体でしかない。一流の選手が教えてくれたコツや彼の生き様を視聴者に伝えるとき、自分はその間を取り持つパイプでしかないのだ。だから伝え手としては、自分の存在は消えたほうがいいと思っている。それが空気になるとか、水になるということだと思っている。

この「人の話を聞く」「空気になる」という、取材者時代に見つけた心得は、監督になってからも役に立っていると思う。

一流の伝え手になる
ダルビッシュ有に教えられたこと

現役生活はたった７年だったが、取材者として過ごした日々は気付けば20年を超えていた。その間にインタビューさせてもらった超一流の選手たちのなかでも、特に印象深い一人にダルビッシュ有がいる。

彼にはじめて腰を据えてインタビューをさせてもらったのは2007年10月、パ・リーグのペナントレース全日程が終了した２日後のことだった。この年、初の開幕投手を務めたダルビッシュは15勝５敗、防御率１・82という好成績を残し、シーズン終了後の投票でパ・リーグMVPをはじめ、沢村賞、ベストナイン、ゴールデングラブ賞といった数々のタイトルを手中に収めている。そのダルビッシュの活躍が原動力となり、ファイターズは１位でレギュラーシーズンを

突破し、約1週間後に始まるクライマックスシリーズの第2ステージに備えていた。

　このときのインタビューのなかで、彼のピッチングフォームについて質問した。あの年、ダルビッシュのフォームはいい意味でコンパクトになった、と感じていたからだ。テイクバックから腕の引き上げ、振りにいたる、いわゆる「後ろ」の動作が小さくなり、それでいてストレートの球威はむしろ増している。

　するとダルビッシュは、「後ろ」が大きくなると肩に負担がかかるので、なるべく小さくというイメージで投げていて、一年を通してみると、去年より随分「後ろ」が小さくなったと思う、と答えてくれた。

　言葉にするのは簡単だが、そうやってフォームを修正するには相当な苦労があったのではないか。しかし、ダルビッシュは「まったく苦労はない」とあっさり言ってのけた。聞くと、彼には普段から4、5種類くらいのフォームがあって、調子が悪い日にはそれを順番に当てはめていくと、どれかひとつは当たる。登板のたびに見極めて、その日の感覚に合ったフォームで投げる感じなので、今年は1年間を通じて好不調の波があまりなかった、と言う。

　感心した。とてもプロ3年目の21歳とは思えない、熟練の風格さえ感じさせる。そこでインタビューの最後に、「今度、4つ5つの投げ方を探してきますね」と軽い感じで言ったら、「分からないと思いますよ、テレビじゃ」と笑われた。

　時間にして30分弱のインタビュー。46歳のインタビュアーは、21歳の若きエースに翻弄される格好で、はじめてのやり取りを終えた。

　しかし、一度翻弄されたからといって、そうやすやすと引き下がるわけにはいかない。当時、すでにダルビッシュは「球界のエース」と呼んでも差し支えない存在になりつつあった。その男の懐に切り込まずして、日本のプロ野球の魅力を伝えることはできない。しかも、こちらは『報道ステーション』（テレビ朝日）という日本一の報

道番組で、プロ野球を伝えさせてもらう立場にあった。これは自分一人の勝負ではない。番組を背負って、もっといえば番組を楽しみにしてくれているすべての視聴者の皆さんを背負ってインタビューに臨んでいるのだ。次こそ、なんとしても風上に立たねば！（笑）

その後、ダルビッシュには5回インタビューをさせてもらった。2008年2月、09年12月、10年3月、10年7月、そして11年1月。ダルビッシュへのインタビュー、彼と対峙する時間はいつも刺激的だった。

彼と向き合うまで、取材は人間関係だと思っていた。よい取材をするためには、何よりも人間関係が重要であり、人間的に信用してもらえれば、本音を引き出すことはできる、と。ところがダルビッシュがインタビュアーに求めてきたのは、プロとプロのぶつかり合いだった。駆け引きと言い換えてもいい。まるでマウンド上のピッチャーが、18・44メートル先のバッターに勝負を挑むように、彼は向き合ってきた。ある意味、そこに人間関係は要求されておらず、プロとして本当に自分に迫れるのかどうかという一点で、ひと回り以上も年上のインタビュアーを試していたような気がする。

こちらの問いかけに彼が乗ってくるかどうか、いつも不安だった。ダルビッシュが僕のことを少し認め始めてくれてからも、つまらない質問をすると、彼は知らん顔をしている。収録している間、もちろん興味深い話は聞けているんだけど、本当によいインタビューだったのかどうかは終わってみなければ分からない。いつもそれくらい全力勝負だった。

僕にとっては、それまで学んできた知識や理論ではなく、いわゆる野球観でぶつかっていかなければならない真剣勝負で、それはとても楽しかった。それまで取材のすべてだと思っていた「人と人」とはまったく別物といってもいい「プロとプロ」のぶつかり合いには、また違った面白さがあるんだなと思った。それを教えてくれたのがダルビッシュだった。

他の選手の取材では、あいさつを交わす間柄になって、何回かインタビューをさせてもらうと、だいたい大丈夫だなという感覚ができる時期がある。そういう意味では、それが最後までできなかったのがダルビッシュだった。でも、彼にインタビューするたび、間違いなくパワーをもらっていた。だから僕は、ダルビッシュのことがいまでも大好きだ。

　そして、この経験は「一流の伝え手になる」という僕の大きな目標への大きなモチベーションとなった。

青天の霹靂・監督オファーの真実

「一流の伝え手になる」

　そんなふうに思っていた自分に監督のオファーがあるなんて、正直、夢にも思わなかった。ファイターズの次期監督候補として最初に「栗山英樹」の名前が報じられたとき、あちらこちらで「まさか……」という声が上がったと聞くが、それも無理はない。誰よりも驚いたのは間違いなく自分自身だったのだから。

　いつかもう一度プロ野球の現場に立ってみたい、という気持ちがまったくなかったといえばウソになる。だが、現役引退から20年、僕はたった一度もユニフォームに袖を通していない。ずっと取材し、伝える立場に徹してきた。

　本当のことを言えば、目標は「一流」の伝え手ではなく、もっと大きく「日本一」の伝え手になる、が本音だった。プロ野球界においてこの程度のキャリアの持ち主が一人前として認めてもらうためには、それなりのがんばりではまったく話にならない。周りはみんな超一流ばかりなのだ。それこそ日本一を目指すくらいの覚悟がなくては勝負にならない、本気でそう思っていた。そして、それは気が遠くなるほど大きな目標だった。

　そう決めた以上、日本一を目指すからには、がむしゃらに突っ走るしかない。日々、わき目もふらずに取材に駆け回った。好奇心旺

盛な自分には、その仕事が向いていたということもできるだろう。いつしかそれは天職だと考えるようになっていた。

だから20年間、少しくらいお酒に酔ったって、もう一度プロ野球のユニフォームを着てみたいと語り出すようなことはなかった。しかも、監督になりたいだなんて、寝ていて夢にさえ見たことはなかった。

いざ球団関係者に会って、実際に話を聞いてみると、ファイターズはどこまでも本気だった。そして、客観的に聞けば「栗山新監督」の根拠にも十分な説得力はあった。

まずは来季をどう戦うか。そして中・長期的に、チームはどこへ向かおうとしているのか。ファイターズのビジョンは実に明確であり、かつ魅力的なものだった。しかし、かといってその日、僕が球団の話をすべて客観的に聞けていたかというと、そんなわけがない。新チームの構想を熱く語る彼らの言葉のなかには、何度も自分の名前が出てくるのだ。そんな話をどう客観的に聞けというのだ。

少し本題から逸れるが、野球解説者時代は毎年のようにアメリカに足を運んでいた。番組からメジャーリーグ取材の依頼があればすぐに飛びついたし、向こうから話がなければこちらからどんどん企画を提案した。たとえどんな強行スケジュールになったって、それを苦痛に感じたことは一度もない。とにかく野球の原点ともいうべきアメリカのベースボールが大好きだった。

ノーラン・ライアンやオジー・スミス、ロジャー・クレメンス、バリー・ボンズといったメジャーリーグのスーパースターたちへのインタビューは、どれも忘れることのできないエキサイティングな経験だった。いま思い返しても、夢のようだ。

その一方で、アメリカではメジャー流のチーム編成や球団経営といった、フロントの考え方も勉強させてもらった。伝統あるニューヨーク・ヤンキースやボストン・レッドソックスのように、毎年大金を投じ、つねに人気と実力を兼ね備えたチームを維持し続けなけ

ればならない球団もある。また対照的に、映画『マネーボール』の
モデルとなったオークランド・アスレチックスのように、あらゆる
評価を数値化し、最小限の費用で最大限の効果を生み出すコストパ
フォーマンスに特化した方針を打ち出しているチームもある。アメ
リカは広い。同じメジャーリーグの球団といっても、チームカラー
はさまざまだ。

　そうした勉強をさせてもらっているうちに、おぼろげながら頭の
なかに理想の球団像のようなものがしだいに出来上がっていった。
いつか自分がフロントの一員となるようなチャンスが訪れたら、こ
んな球団に育ててみたいという漠然としたイメージである。

　一、球団主導で、
　一、組織をきちんとつくりあげて、
　一、選手を活かしている。

　そしてそれらは、ファイターズのビジョンと驚くほど重なる部分
が多かった。いまだから言うわけではない。事実、多かったのだ。

取材者・栗山英樹が見たファイターズの魅力

　ファイターズが北海道に本拠地を移したのは、2004年のことだ。
その移転をきっかけにチームは完全に生まれ変わった、そう言って
間違いないだろう。

　前後8年間の成績を比較してみると、その違いは明らかだ。移転
前（1996〜2003年）はAクラスが3回、優勝は一度もなし。それが
移転後（2004〜11年）、Aクラス6回、優勝3回、日本一1回と、毎
年のように優勝争いに絡む成績をキープし続けている。

　また、強いだけではない。北海道という、どちらかといえばプロ
野球の文化とは縁遠かった土地にフランチャイズを構え、わずか10
年足らずの間に、ファイターズは12球団有数の「地元に愛されるチ

ーム」になっていた。

その背景にはいったいどんな戦略があるのか。取材する立場にあった自分にとって、それはもっとも興味深いテーマのひとつだった。

プロ野球の世界で、12球団の監督の顔ぶれがまったく変わらずに次のシーズンを迎えるケースはほとんどない。理由はさまざまだが、毎年、少なくとも1〜2人、監督の交代劇は見られるものだ。2012年でいえば僕のほかに、中日ドラゴンズの高木守道監督、タイガースの和田豊監督、ベイスターズの中畑清監督と、計4球団が新監督を迎えた。

この監督交代があったときにこそ、球団の姿勢は問われる。例えば、いままで「右を向け」と指導されてきた選手たちが、監督の交代によって今度は「左を向け」と言われる。これでは、いたずらに選手たちを苦しめることになりかねない。長いスパンでチームづくりを考えたとき、そういうシステムではなかなか機能しないだろう。球団には短期、中期、長期、それぞれのスパンでものが考えられるフロントが必要であり、いつも将来を見据えたチームづくりに取り組まなければならない。

そういった点で北海道移転後のファイターズには、それが実践できるスタイル、システムが導入されていたと言えるのではないか。ある意味、理想的な形だと感じていた。

スカウティングは特定のだれかの主観に頼るのではなく、そこに関わるすべてのスタッフが共有できる客観的な指標を有し、その全員で発掘を行う。獲得したのちの育成についても、その方針は一貫していた。

また選手の評価方法に関しても、ファイターズには独自の、それでいて実に明快なシステムが存在していた。企業秘密にあたるため、ここで具体的に明かすことはできないが、それは大いに魅力的だった。

まさしく青天の霹靂だった監督オファーを、前向きに考えることができたのは、ファイターズがそういう組織であったからに他なら

ない。

第二の故郷・北海道への特別な思いと運命

　北海道という土地には特別な思い入れがあったことも背中を押した。

　まずプロ入りしたとき、はじめてのキャンプで同部屋となったのが北海道留萌市出身の若松勉さんだった。スワローズ一筋19年、通算打率3割1分9厘という驚異的な数字を残し、「小さな大打者」と呼ばれた若松さんは、僕にスイッチヒッターへの転向を勧めてくれ、実際に左打ちを指導してくれた大恩人でもある。北海道といえば反射的に若松さんの顔が思い浮かぶ、そういう存在だった。

　ある年、そんな北海道から所属事務所に一本の電話がかかってきた。あれは1998年の秋だから、ファイターズが北海道に移転する5年前のことだ。

　電話の相手は、北海道の栗山町というところの青年会議所（JC）の人だった。なんでも栗山JC創設30周年記念イベントの一環として、栗山町の観光大使になってほしいというのだ。もちろん僕とその町にはなんのゆかりもない。ただ偶然、名前が同じというだけの理由で、栗山英樹に連絡してみようということになったらしい。

　それがきっかけで、翌99年の3月、はじめて栗山町を訪れた。栗山町は北海道夕張郡にあり、札幌から真東に40キロほどの小高い丘に囲まれた、人口1万5千人ほどの小さな町だった。そこでは町役場はもちろん、警察署にも、消防署にも、郵便局にも、みんな「栗山」の名前がついていた。栗山町なのだから当然なのだが、そんな町並みを歩いていて、運命的なものを感じてしまった。「ここには何かがある」と。それがはじまりだった。

　その夜、町の人たちとお酒を酌み交わしながら、青年会議所のイベントや町興しについて語り合ううち、ある思いが首をもたげてきた。それは以前、映画『フィールド・オブ・ドリームス』を観て以来、いつも頭の片隅にあった「いつかどこかに天然芝の野球場をつくっ

てみたい」という思いだった。

　そして翌朝、彼らはある場所に案内してくれた。まだ一面の雪景色だったが、そこに立った瞬間、心を大きく揺さぶられた。

「こういうところに野球場があったら最高だろうな」

　その後、どうしてもその場所のことが忘れられず、何度も栗山町を訪れた。そして、町の人たちにも応援してもらい、ついには夢の実現に向けて決断をする。

　そしてその夢は正夢になる。多くの人の協力を得てようやく『栗の樹ファーム』と命名された「天然芝の野球場」が完成し、栗山町の角田リトルタイガースと、隣の由仁町の三川フェニックスによるオープン記念試合が行われたのは、はじめてその場所を目にした日から約3年半後のことだった。

　それ以来、栗山町は第二の故郷となり、相変わらず東京中心の生活を送ってはいたが、将来はここで暮らしたいという思いを年々強めていった。

　それにしても、名前が同じ栗山だからという理由だけで連絡をくれた栗山町の青年会議所の人たちは、それから十数年が経ち、北海道にプロ野球チームがやってきて、あのとき電話した相手がその球団の監督になる日がくるなんて、誰が予想しただろうか。

　そもそもあの一本の電話が僕と北海道をつないでくれなければ、いま、こうしてファイターズの監督をしていることもなかったような気がしている。やはりこれは、運命的な出会いだったのだ。

　さらに、もうひとつだけ付け加えるならば、実はファイターズから監督のオファーがあったとき、父の遺言が頭に浮かんだ。

　息子の目に映る父は、一言で言えば厳しい人で、ふらふらしている次男のことが心配だったのか、なんにつけ僕のすることにはうるさかった。高校進学のときも、大学受験のときも、ある意味、父の言いなりだった。

　何かを相談すれば、賛成にせよ反対にせよ必ず一言二言ある父だ

ったが、たった一度だけ、大きな相談だったにもかかわらず何も言われなかったことがある。栗山町の土地を買うことを告げたときだった。

「おまえがやりたいんなら、やってみろ」

　夢に向かって、大きく背中を押された感じがした。無理やりこじつけるならば、父もまた僕と同じ運命的な何かを感じていたのかもしれない。

　そして、そんな父が遺した言葉とは、こんなものだった。

「50歳になったら、もう一度ユニフォームを着ることがあるかもしれないな」

　30代、40代と、無謀にも日本一の伝え手を目指して汗まみれになっている息子の、いったいどこを見て父はそんなふうに思ったのか。何の根拠があってそんなことを言ったのか。他界したいまとなっては知る由もない。

　だが、現実にファイターズから監督就任要請の話があったのは、ちょうど50歳を迎えた年のことだった。また息子は父に背中を押された。

怖さしかなかった就任
作戦ではなく、姿勢こそがチームの魅力である

　そんな迷いのなかにいた10月17日、いったいどこから情報が漏れたのか、日刊スポーツ、スポーツニッポン、サンケイスポーツの3紙がまるで申し合わせたかのように、「ファイターズ新監督　栗山氏」と一斉に報じた。朝から携帯電話が鳴り止まず、この日、生まれてはじめて一度も電話していないのに、着信だけで携帯電話のバッテリーが切れた。ことの重大さを改めて感じた。

　そもそも監督の仕事とは、いったいなんなのだろうか。

　スタメンを決めるのも、送りバントやヒットエンドランのサインを送るのも、投手交代や代打を告げるのも、どれも監督の仕事であ

る。しかし、そういった采配を振る前に、チームや選手に対して何ができるのか、ファンのために何ができるのか、それを考えるのが監督の仕事だと思う。逆に言うと考えてやることしかできない。監督がプレーで手伝ってやることはできないのだ。

　では、果たしてそれが自分にできるのか。自分一人のことであれば、ああしたいとか、こうしたいとか考えられるけど、人格も個性も異なる選手やファンのために、四六時中考えてやることができるのか。もし寸暇を惜しんでそれができなければ、引き受ける資格はない。僕が考える監督の仕事とはそういうものだった。

　自分がおかしくなってしまうのではないかと思うほど、悩みに悩んだ。そして、とことん悩みぬいた末、決断した。
「自分にできることがあるんだったら、全力を尽くそう」
　ただ、それだけだった。それから2週間あまり、11月3日に東京で受諾を正式に発表し、翌週の9日、札幌で監督就任会見に臨んだ。

　十数年前から栗山町を訪れるようになり、これまで新千歳空港は数えきれないほど利用してきたが、よもやあんな気持ちで千歳に降り立つ日が来るなんて、想像したこともなかった。見慣れているはずの空港内の風景が、いつもととどこか違って見えたのは、自分の心のなかが映し出されていたからかもしれない。栗山町の人たちと出会って、北海道が大好きになって、そこに野球場をつくり始めて……、そんな日々が走馬灯のように駆け巡り、ほんの一瞬、感慨にひたった。

　しかし、次の瞬間には、背負ったものの重さをずっしりと感じていた。思い入れのある北海道でこんなチャンスをもらって本当にありがたい。そう思うと同時に、こんな自分にチャンスをくれた人たちを絶対に裏切るわけにはいかないと強く思った。そのためには、少しでもチームの力になれるよう、選手のためになれるように、前を向いて、またがむしゃらに走っていくしかない。あの日空港で抱いた気持ちはきっと、一生忘れることはないだろう。会見の席に着

き、いまの心境を問われたとき、

「怖さしかないですね」

　と答えた。偽らざる本音だった。どう繕ったところで、この怖さ
から逃れることはできない。だから素直に伝え、責任の重さを受け
止めようと思った。

「これだけ結果が残っているチームなので、とにかく結果を残さな
いと納得してもらえないということを意識したい。とは言いながら、
優勝するチームでも10回のうち４回は負ける。仮にその４回のとき
に球場に来た人にも、『あー、こういう試合を見ることができてよ
かったな』、そう思ってもらえるような野球をやれるよう全力を尽
くします」

　ファイターズは守り勝つ野球も、打ち勝つ野球もできる、基本が
しっかりしたチームである。まずは、そういったところをさらに安
定したものにしていかなければならない。

　それから、その次が大事なポイントだった。ここ一番でイチかバ
チかの勝負が仕掛けられる、見ていてワクワクするようなチームに
ならなければならない。ファイターズにはそれができる、肉体的に
も精神的にもタフな選手がいっぱいいる。自分自身、このチームに
もっとも魅力を感じていたのはそういったところだった。

　一生懸命にやる、とにかくやり尽くす。

　そういう姿を見せて試合に勝つことで、はじめてファンの人たち
が応援したくなるようなチームになる。ファイターズの野球という
のは作戦ではなく、姿勢のことだと思っている。そこに向かって、
前に進むだけだ。そう覚悟した。

　もちろんちまたで、現場経験のない新監督の就任を不安視する声
が上がっていたのは知っていた。確かに経験がないところは弱点で
もある。だが、取材者としての僕は、だれよりも選手たちのよいと
ころを見てきた。それを見つけ出すことをなりわいとしている、と
いう自負もあった。

「自分はただ、そのよいところを引き出せばいいのだ」

それができる可能性は十分にあると思っていた。

コーチ全員留任
結果が出ているチームに「自分色」はいらない

コーチたちには全員残ってもらう、それが最初に決めた新チームの大方針だった。

主な配置転換も、渡辺浩司スカウトに以前務めていた一軍打撃コーチに復帰してもらい、打撃コーチと兼任だった福良淳一ヘッドコーチを専任に、三木肇二軍内野守備コーチには一軍内野守備コーチに異動してもらったくらいである。

新監督が就任する際、腹心のコーチを何人か連れていくのは球界の通例となっている。監督の方針や目指す野球をチームに浸透させるためには、理に適った人事ともいえる。だから、だれも連れていかなかった僕の、いわゆる「留任人事」は、マスコミには「異例」と報じられていたようだが、自分にとっては「当然」のことだった。

もちろん僕にも長年の付き合いがあり、野球観を共有できる親しい友人たちはいる。だが親しい友人と、一緒に仕事をする仲間はまったく別ものだ。

ファイターズは僕が就任する前から魅力的な野球をやっていて、結果を残している優秀なチームである。尊敬できる素晴らしい指導者がいて、選手とコミュニケーションが取れていて、しっかりと前に進んでいる。取材していて、そういう印象があった。それを監督が代わったからといって、首脳陣を入れ替える必要はない。そもそも、まだ彼らのことを分かりもしないのに代えるというのは、根本的に違うと思った。

もちろん球団からは、コーチ陣に関するオーダーを聞かれたが、このままの布陣で戦う、それがベストの選択だと考えた。

そのなかでも、監督を引き受ける前提として、何があってもこの

人だけは残してほしいと球団にお願いしたコーチがいた。それは、福良ヘッドだ。

年齢は僕のひとつ上だが、社会人野球で6年間プレーしたため、プロ入りは1年遅く、1984年秋のドラフト（6位）で阪急ブレーブスに入団している。当時、上田利治監督に率いられたブレーブスは黄金時代こそ終わっていたものの、1番・福本豊、2番・弓岡敬二郎、3番・簑田浩二、4番・ブーマー、5番・松永浩美……とそうそうたる顔ぶれが並んでいた。気の小さいルーキーだったら、ベンチにいるだけで震えあがりそうな面々だ。

そんなチームでもまれた福良ヘッドは、本当によく野球を分かっている。プロ野球選手をつかまえて「よく野球を分かっている」という表現を使うと、「プロ野球選手が野球を分かっているのは当たり前だろう！」と突っ込まれそうだが、野球界では比較的よく使われる表現なのでご容赦願いたい。では、どんな人が「よく野球を分かっている」と言われるのかというと、例えばいつも瞬時にグラウンドを俯瞰で見ることができて、ケース・バイ・ケース、あらゆる局面で先読みができる人。何十手、何百手先まで読める将棋の名人をイメージしてもらうと近いかもしれない。

特にキャッチャーや、二遊間といわれるセカンド、ショートの選手には、そういった能力が求められるケースが多い。野球はセンターラインが重要だといわれる所以である。ちなみに福良ヘッドは、現役時代、おもにセカンドで活躍した名選手だった。

のちにオリックス・ブルーウェーブと球団名が変わり、あのイチローが頭角を現すと、1番・イチロー、2番・福良というオーダーがよくあったと記憶している。球場に取材に行くと、若いイチローに厳しく声を掛ける姿をたびたび見かけたものだが、

「イチローに文句を言えるのは福良さんだけだ」

とみんなが苦笑いしていた。そのエピソードだけでも福良ヘッドがどんな人物か、想像してもらえると思う。

130

しかも、福良ヘッドはよく野球を分かっているだけでなく、一歩でも、半歩でも勝利へ近付こうとする執念がすごい。だれだって勝ちたいのは一緒だが、いい意味で欲深いのだ。これほどの負けず嫌いが揃ったプロ野球の世界でそう言われるのだから、相当なものだ。

　そんな福良ヘッドにはどうしてもチームに残ってほしかった。まったく現場経験のない新監督にとっては、絶対に必要な戦力だったのだ。

　ともあれ、現場で指導にあたってきたコーチ陣が、チームの内情や選手一人ひとりのことを、少なくともこの時点で僕より深く理解しているのは疑いようのない事実だった。だとすれば、立場云々は抜きにして、よく理解している人に教えてもらおうと考えるのは、ごく当たり前の発想だろう。だから、「異例」と言われたこの人事も、僕にとっては「当然」の流れだったのだ。

11年11月11日、選手全員とミーティング
顔を合わせたコミュニケーション

　西暦の上二桁を省略すると数字の「1」が6つ並ぶ、11年11月11日、僕はファイターズタウンがある千葉県の鎌ケ谷にいた。

　2日前に札幌のホテルで臨んだ監督就任会見は、言うまでもなくとても大事な行事だったが、この日は自分にとってもっと重要な意味を持つセレモニーが予定されていた。

　ファイターズの秋季キャンプは、二軍が本拠地とするこの場所で行われるのが慣例となっている。そのキャンプイン前日、キャンプに参加する選手もしない選手も、コーチやスタッフも含めたチーム全員が鎌ケ谷に集合し、新監督がみんなの前であいさつすることになっていた。つまり、僕のはじめてのあいさつだ。

　何を話そうか、あれこれ考えたけれど、これから一緒に戦っていく仲間たちの前で、いきなり背伸びをしても仕方がない。思っていることや感じていることを、そのまま普通に話すことにした。

「みなさん、おはようございます。みんなと一緒に野球をやることになりました栗山です。よろしくお願いします。いつも取材して、本当にみんなにお世話になっていて、いきなり監督になってどうのこうのということはないんですが、変わることはまったくないので、いままでと同じように接していきたいと思っています。8シーズンで6回Aクラスというのは、ずっと見てきている中で、本当に難しいことで、どれだけみんなが、力を発揮してやってきたかというのをすごく感じています。なので正直、本音でいうと、そういうチームを引き受ける大変さというのはものすごくあって、どうやって、みんなのよさを引き出したらいいかというのは、これから（春季キャンプが始まる）2月1日まで、命がけで考えていきたいと思います」

　全選手を前にしてその顔ぶれを眺めたとき、自分がファイターズの一員になったことをはじめて実感した。監督というより、転校生の心境に近かったかもしれない。

　このとき、必ずやりたいことがあった。それが20人を超える主力選手、一人ひとりと面談をすることだった。

　翌日に始まる秋季キャンプは、次のシーズンに向けた基礎トレーニングや反復練習が中心で、参加者は若手選手がメインとなる。なので、若手とはそこでコミュニケーションを図ればいいが、主力選手はその時期を体のケア＝休養に充てる者がほとんどで、次に彼らと会うのは年が明けて1月の末、キャンプイン直前になることが予想された。だからこそこの日のうちに、わずかな時間でいいから、直接、一人ずつと言葉を交わしておきたかったのだ。

　特に、はじめて一緒に仕事をする間柄では、言葉を交わす前と、交わした後では、随分と相手の印象が違ってくることがある。また、そのたったひと言が安心材料にもなれば、想像を巡らせるきっかけにもなる。なんにせよ、この時期のコミュニケーションはとても重要なものだと考えていた。

　いざスタートすると、なかなかひと言では終わらなかった。ひと

言が二言になり、二言が三言になり、気付けば予定の時間を大幅に
オーバーしていた。そして、ようやくあと一人となり、次の選手の
名前を聞いて少し驚いた。最後まで待っていてくれたのは、なんと
ダルビッシュだった。

　ポスティングシステム（入札制度）を利用してのメジャー移籍が
噂されるダルビッシュは、ファイターズを離れる可能性がきわめて
高いと報じられていた。このとき、すでに決意を固めていたのかど
うかは定かではないが、それでも彼は全員の面談が終わるまで待っ
て、新監督のために時間を割いてくれた。

　少なくとも自分はもうチームを離れるからどうでもいいや、とい
う雰囲気は微塵も感じられなかった。もちろんメジャーを目指すけ
れど、もしファイターズに残ることになったらそれもいい、という
気持ちがあったからこそ語ってくれたんだと思う。ダルビッシュは
7年間プレーしたファイターズというチームのことを、いろいろと
聞かせてくれた。まだ右も左も分からない新米監督にとっては貴重
な話ばかりだったし、何よりも誠意を尽くして、一生懸命伝えよう
としてくれたその気持ちが嬉しかった。ダルビッシュには過去5回
にわたってインタビューさせてもらったと書いたが、そのたびにプ
ロ意識を持って全力で取り組んできたことが、少しは伝わっていた
のかもしれない、そう思うと嬉しかった。

キャプテン・田中賢介のワケ
リーダーは憧れを抱かれる存在であれ

　もうひとつ、オフシーズンのうちにやっておかなければならない
プランを実行に移した。田中賢介への電話だった。

　ファイターズのキャプテンは、過去3年、稲葉篤紀が務めてきた。
だが、彼ももう40歳になる。引き続き、稲葉に頼りたいと思う一方で、
次の世代を育てていく必要性も感じていた。

　では、だれが適任なのか。真っ先に思い浮かんだのが、賢介だった。

1999年のドラフト会議、東福岡高校の内野手・田中賢介には、2位指名ながら3球団が競合し、抽選の末、ファイターズが交渉権を引き当てた。

　その彼の才能が開花したのは、7年目の2006年。3割を超える打率をマークした賢介は、チームの日本一に大きく貢献し、セカンドとしてゴールデングラブ賞とベストナインにも選出された。

　以来、球界を代表するプレイヤーへと成長を遂げた賢介だが、その一方で、マスコミ相手にはほとんどしゃべらない選手としても知られていた。そして、誰もが認める中心選手でありながら、先頭に立ってチームをぐいぐいと引っ張っていくタイプではない、という話も聞いていた。あくまでも我が道を行く、それが田中賢介という男のイメージだった。

　だが、賢介には天性のリーダーシップが備わっている、そう僕は感じていた。本人が意識してこなかっただけで、周囲は間違いなくそれを感じている。

　過去3年、選手会長を務めてきた賢介だが、対外的な役割が多い選手会長よりも、むしろチームをどうまとめ上げるか、その一点を問われるキャプテンのほうが向いているのではないか。だれよりもプロ意識の高い賢介が牽引してくれれば、チームにも、そして賢介自身にも必ずプラスになると思った。

　自主トレの期間中、賢介に電話をして、キャプテンを引き受けてほしいと伝えた。もしかすると断られるかもしれない、そんなことも想像していたが、賢介は、

「そんな、気を遣わないでくださいよ。やれって言われれば、やりますよ」

　と快く引き受けてくれた。新人監督にとって、その一言がどれほど心強かったことか。今年のファイターズはキャプテン・田中賢介で戦う、そう決まった瞬間だった。

　アマチュア野球と違い、プロ野球でキャプテンがクローズアップ

される機会はそう多くはない。しかし、僕はこのキャプテンという
ポジションをとても重要視していた。

「リーダー不在」が叫ばれて久しいこの国では、真のリーダーの登
場を求める声が日増しに大きくなっている。そんな時代だからこそ、
ファイターズのキャプテンには、選手にもファンにも認められる真
のリーダーになってほしかった。

そこで僕は、球団にあるお願いをした。

「賢介のユニフォームに、キャプテンマークを付けてください」

いまやプロ野球界でも珍しくはなくなったキャプテンマークだが、
昨年までのファイターズはそれを採用していなかった。だから今年、
賢介のユニフォームの左胸に付いた「C」の文字をあしらったロゴは、
球団史上初のキャプテンマークということになる。

北海道の野球少年たちがこのマークに憧れを抱き、人を思いやる
ことのできるたくさんのリーダーが生まれてほしい、それが僕の願
いである。

三原野球から学んだこと
「常識」や「非常識」という考え方は思考を停止させる

僕は、プレイヤーとして、取材者として球界の多くの偉人たちの
言葉に触れてきた。特に名将と呼ばれる方々の経験に裏打ちされた
言葉は、本当に勉強になったし、監督を引き受けるにあたっても行
動の指針となった。

ミーティングを行った翌日、秋季キャンプにはまっさらなユニフ
ォームを着て臨んだ。

ファイターズのユニフォームを広げると、襟の部分のエンブレム
には金色の星が1つ、銀色の星が3つあしらわれている。金色には
06、銀色には06、07、09という数字が入っており、それぞれ日本一と、
リーグ優勝を果たした年度を表している。このエンブレムを見たと
きには、改めてずっしりと重みを感じた。

いただいた背番号は80。この数字には、自分なりの思いが込められている。これは、三原さんが最後の監督を務めたときに背にしていた番号なのである。

これまで「名将」と呼ばれる何人もの方々から学ばせてもらってきたと書いたが、野球だけでなく、特に多くの面で勉強させられたのが、監督歴任後、日本ハム球団の初代球団社長まで務められた三原脩さんである。

日本プロ野球界において、名将の元祖とも言うべき存在の三原さんは、1951年、西鉄ライオンズの監督に就任した当時の背番号が50。そこからだんだん数字が大きくなり、大洋ホエールズでは60、近鉄バファローズでは70、最後に指揮を執ったヤクルトアトムズでは80番を背負った。つまり背番号80を最後に、ユニフォームを脱いだことになる。

ならば、勝手ながら三原さんの80番を引き継がせてもらおう。名将に少しでも近づけるようにとの思いで、この番号を選ばせてもらった。三原野球から得たヒントはたくさんあるが、なかでも気をつけていることが「先入観を消す」ということだ。

1番バッターには、いちばん脚が速くて選球眼のよい選手を。
2番には、いちばん器用で小技のうまい選手を。
3番には、いちばん打率の高い選手を。
4番には、いちばんホームランの打てる選手を。
5番には、いちばん勝負強い選手を。

そんな先入観をすべて消して、思い切ってシャッフルしてみたら、いったいどんな打線ができあがるのか。中田翔を1番に据えたら、もしかすると本人も自分自身に対する先入観が消えて、自然と確率よく塁に出ようとするスイングが身に付くかもしれない。それがプラスに働くのか、マイナスに働くのかはさておき、自分が抱いてい

るイメージだけで決めつけずに、まず広い視野で物事を捉えることはとても重要だ。

打順でいえば、現役時代、なんとかうまくボールを運んで、外野手の前に落とそうと考えていた自分のようなタイプのバッターでも、もしクリーンナップを任されたら、だんだんその気になってフルスイングするようになるかもしれない。そういうふうなことも含め、頭を柔軟にして、いろんなことを考えていかなければならないということだ。

また、常識にとらわれない三原野球の象徴に、2アウト満塁、カウント3ボール2ストライクから「待て」のサインを出したという、驚きの采配がある。普通はありえないことだ。「待て」のサインということは、打席にいるバッターは無条件で次の球を見逃す。つまり、ストライクがきたら見逃しの三振だ。

だが、三原さんはそのバッターがヒットを打つ確率と、ピッチャーが投げた球がボールになる確率を天秤にかけていた。そして、ボールになる確率のほうが高いと踏んだ。だから「待て」のサインを出したのだ。

この作戦を非常識だと感じるようなら、まずはその殻を破ることから始めたほうがいい。「常識」や「非常識」という考え方は、思考を停止させる。思考の停止からは、何も生まれない。

ちなみに、率いたどのチームも強くしてきた三原さんだが、80番を背負った最後の3年間だけは、一度もAクラスに入ることができなかった。もし、そこでやり残したことがあるならば、我々次の世代が、三原さんの思いを持って前に進まなければならないと思っている。

ミラクル・メッツにあやかって
雪、ところにより紙吹雪

2011年12月4日、ファイターズの「ファンフェスティバル2011」

が開催された。前日から大雪に見舞われ、足元が悪いなかにもかかわらず、札幌ドームはたくさんのファンで埋め尽くされ、ゲームやサイン会、トークショーなどで大いに盛り上がった。

　そのフェスティバルでは、最後に僕もファンの皆さんにあいさつさせてもらうことになっていたのだが、一応、サプライズということになっていたので、出番まではあまりうろちょろせずにおとなしく過ごした。

　3万8千人の前で話すというのは生まれてはじめての経験だった。なので、ものすごく緊張するだろうと思っていたのだが、いざ、声を出そうとした瞬間、緊張とも違う、これまで体験したことのない不思議な感覚を味わった。整列している選手たちの前に立ち、顔をあげてパッとスタンドを見たとたん、頭のてっぺんから足のつま先まで一瞬にしてスッと冷静になったのだ。あれはなんだったのか。たぶんファンの皆さんの力だったんだと思う。プロ野球にはファンの力で勝てる試合があるというが、本当だと思った。そして、一瞬にしてこのファンの人たちだったら、絶対にチームに力をくれると確信が持てた。

「ファイターズファンの皆さん、来年から一緒に戦うことになりました。この、後ろにいる最高の選手と、日本一温かい、熱いファンの皆さんと、大好きな北海道で戦えること、本当に感謝しています。来シーズン、日本一に向かって、突き進みます。ただ、シーズンは長いです。いいときもあれば、悪いときもある。ただ、どんなときも、一試合一試合、いや、すべての瞬間に全力を尽くし、熱く、熱く、熱く戦っていきたいと思います。そして、シーズンが終わったとき、ファンの皆さんと最高の祝杯をあげたいと思います。北海道のこの時期、空には雪が舞います。優勝して、優勝パレード、そして色とりどりの紙吹雪で北海道の大地を埋めたいと思います。応援のほど、よろしくお願いします」

　温かい拍手と声援をもらい、このファンの人たちを裏切るような

ことは絶対にできないと、思いを新たにした。例年、初詣に出掛け
たって神頼みするようなことはなく、一生懸命やりますから見てい
てください、という感じの僕が、この日ばかりは「神様、僕に力を
ください！」と神頼みしたい心境になった。

　あいさつのなかで「色とりどりの紙吹雪で北海道の大地を埋めたい」
と言ったことについては、あとで記者にも尋ねられたが、これはメ
ジャーリーグにまつわるエピソードからきている。1969年、それ
まで弱小のレッテルを貼られていたニューヨーク・メッツがあれよ
あれよという間に勝ち上がり、ついにはワールドシリーズを制覇。
お荷物球団のまさかの快進撃は「ミラクル・メッツ」と称された。
その優勝パレードが行われた日、地元ニューヨークの天気予報は「晴
れ、ところにより紙吹雪」と粋なコメントで祝福ムードを盛り上げた。

　このエピソードが大好きで、監督就任が決まって以来、ずっと雪
化粧した北海道の大地に、カラフルな紙吹雪が降り積もる光景を夢
見てきた。もちろん、いまも夢見ている。

第3章：組織を動かすということ
人生で一番長い10日間、3月30日〜4月9日

　開幕からの10日間で、ファイターズは9試合を戦った。その間、
移動は札幌から千葉への1回のみで、シーズン中のスケジュールと
すれば、そうハードなものではなかったが、監督としてはじめて過
ごす公式戦のベンチは、すさまじい消耗を強いられる場所だった。

　あんなに一日を長く感じたことはなかったし、それがあんなに毎
日続くなんて、開幕する前には想像もしていなかった。イメージ的
には、夏の甲子園の決勝戦が毎日続いているような感じなのだ。

　しかし、あの10日間こそ船出の原動力だった。チーム一丸とな
ってあのスタートが切れたからこそ、ファイターズは長く厳しいシ

ーズンを戦い抜くことができたのだ。

開幕戦前に伝えたこと
チームのために戦わなくていい

　3月30日、開幕の日。

　古くから伝わる「水杯（みずさかずき）」の儀式でチームの結束を高めようと提案したのは僕だった。水杯という儀式そのものに特別な意味があったわけではない。ただ開幕というこの日に、戦いの最前線に立つ選手にも、裏方として支えるスタッフにも、みんなに同じ気持ちを共有してほしいという願いがあった。それには全員が手にすることのできる、何か形あるモノを用意するのがよいのではないか、そう思った。そのとき、ふと思い浮かんだのが杯だったのだ。

　たとえ伝えようとしている内容が同じであっても、伝えるタイミング、伝える場所、伝える方法によって、その伝わり方は大きく違ってくる。それは長年、テレビというメディアで伝える仕事に携わらせてもらうなかで、日々、痛感させられてきたことだった。番組制作の現場では、放送までの限られた時間のなかで、ぎりぎりまでもっとも有効な伝え方を模索する。その思考錯誤は、欠かすことのできないルーティーンだった。

　そして、監督という立場になっても、それはつねに心掛けなければならない重要なことだと思っていた。いつ、どこで、どう伝える、それによって引き出せるパフォーンスは大きく違ってくるはずだ。

　斎藤に開幕投手を告げるとき、神宮で直筆の手紙を手渡したのも、この日、ミーティングのために杯を用意したのも、そんな思いからくるものだった。

　僕の座右の銘である「夢は正夢」の文字を入れた杯を用意し、練習後、ロッカールームに全選手、コーチ、スタッフに集まってもらった。杯に水を注ぎ、キャプテン・田中賢介の音頭で乾杯する。

　選手たちには、こんなことを話した。

「チームのために戦わなくていい。それぞれの夢に向かって、家族のために、自分の大切な人のために戦ってほしい。それが自然とチームのためになる。そしてシーズン終了後、その人たちと喜びを分かち合ってほしい」

　人はもっとも身近なだれかのためにこそ、最大限の力を発揮することができる。それは家族かもしれない、恋人かもしれない。そこで思い浮かべる顔がより鮮明であればあるほど、生み出されるパワーは大きい。チームはそれを結集させればよい。そう思ってのことだった。

【３月30日】中心打者・稲葉篤紀の２番起用
覚悟を決めるために、キーマンの力を借りる

　「開幕投手・斎藤佑樹」については１章で書いたが、このこととうひとつシーズンのはじめに、驚きの采配として受け止められたことが開幕戦の「２番・稲葉」という起用法だった。

　プロ18年目になるベテラン・稲葉篤紀はファイターズの精神的支柱であり、そのバッティングスタイルは、長打とアベレージを兼ね備えた中距離ヒッター。打順のイメージとしては３、４、５番のクリーンナップを打つイメージが強い。そして今年は、開幕時点で通算2000本安打まであと34本と迫っていた。

　その稲葉を２番で起用するということに、特にメディアは関心を示してくれた。

　そもそも日本人は、２番バッターに、ある凝り固まったイメージを持つ傾向が強い。バントや進塁打を得意とする、いわゆる小技のうまい器用なバッターのイメージだ。だが、それは決して絶対的な条件ではない。多くの試合を取材してきて、僕はそう感じていた。

　単純に打順が回ってくる回数を考えてみるといい。難しい計算は必要ない。一番多く回ってくるのは１番バッターで、その次が２番バッターだ。それだけチャンスの多い打順に、バントや進塁打を得

意とするバッターを置くのは、果たして得策なのだろうか。もっとシンプルに、チーム一、二を争う強打者をそこに持ってくれば、打線の破壊力は増すのではないか。

事実、かつてニューヨーク・ヤンキースは、メジャーリーグ最高年俸を誇るスーパースター、A・ロッド（アレックス・ロドリゲス）を2番で起用していた。A・ロッドといえば通算ホームラン数が600本を超える球史に残るであろう強打者である。そんなホームランバッターの2番起用という考え方もあるということだ。

実は日本のプロ野球でも、そういう野球を実践したチームがある。三原脩さんが率いた西鉄ライオンズがそうだ。1950年代後半、首位打者のタイトルも獲得した強打者・豊田泰光さんを2番に据えたその強力打線は、「流線型打線」の異名をとって恐れられた。豊田さんが「恐怖の2番」の先駆けとされるのは、その当時からきている。

しかしながら、実際にそういった打線を組むには、チームにそれなりのバッターが揃っていることも条件となってくる。そのため、それが一般的なモデルとして浸透することはなかった。そうこうしているうちに、2番バッターには小技のうまい器用なバッターのイメージが定着していったと考えられる。

では、ファイターズはどうだろう。いまのファイターズには、だれがどの打順を打っても打線がつながると思える、信頼できるバッターが揃っている。ならば、一番たくさん打順が回ってくる1番、2番によいバッターがいたほうが得点の確率は高まるはずだ。

それを実現するためにも、なんとか2番バッターのイメージを覆せないものか。あのA・ロッドが2番に座る、ヤンキースのワクワクするような打線を再現することはできないものか。そこでひらめいた。稲葉ならできる。稲葉なら日本人の固定観念を変えられると思った。日本人の持っている2番バッター像を変えよう。

と、ここまでが「2番・稲葉」のすべてなら随分格好よく聞こえるが、実は話はそれだけでは終わらない。稲葉を2番で起用したの

は、あることが不安でならない新監督の悲壮な覚悟の表れでもあった。

　ここでまた、三原さんのエピソードになる。監督歴任後、ファイターズの球団社長に就いた三原さんは、愛弟子ともいえる中西太さんを監督に据える。その中西さんが、初回から送りバントを多用した。先頭バッターが出塁すると、判で押したように2番に送らせる、一般的には手堅い、セオリーに忠実な戦い方にも見えるが、三原さんはその采配を一刀両断したという。

「あいつは監督に向いていない」

　ファンあってのプロ野球なのに、初回から決まってバントさせるような監督はありえない、それが三原さんの考えだった。中西さんは自分が連れてきた監督だっただけに、ことさらきつく当たったのかもしれない。だが、それは三原野球の根底にある考え方でもあった。

　まったく同感だった。自分だって初回から簡単に送りバントを選択するような野球はしたくない。でも、そうはいっても先取点はノドから手が出るほどほしい。中西さんだって、きっとそうだったに違いない。

　しかも、だ。それが開幕戦ともなればなおさら、たとえどんな手を使ってでも先取点を取りにいきたくなるのが監督というものだろう。開幕戦の初回、もし先頭バッターが出塁したら、自分は送りバントのサインを出してしまうのではないか……、それを考えていると眠れなくなった。ベースにある理想・考え方は違う。だが、それを押し通す自信が持てなかった。

　だから、2番・稲葉を決断したあと、開幕前日に本人を呼んでこう伝えた。

「初回、賢介が出ても、絶対に送らないからね」

　1年目の監督が自分の弱さを消すために、18年目の選手に託したのだ。自分の覚悟を決めるために、稲葉の力を借りたと言ってもいい。

　そして、もうひと言、

「野球少年が稲葉みたいな2番バッターに憧れるようなイメージで

143

やってほしい」

　そう、付け加えた。

　翌日、迎えた開幕戦の1回裏、先頭の賢介がフォアボールを選んで出塁する。ノーアウト1塁、だがもちろんこの場面で、送りバントはない。打席には2番の稲葉。稲葉は迷わずバットを振り抜いた。会心の一打は、センターオーバーのツーベースヒット。セカンドベース上で18年目の男は平然としていた。そしてベンチのなかでは、1年目の男が両手を叩きながら感動に打ち震えていた。

　賢介・稲葉の1番・2番がつくってくれたノーアウト2、3塁のチャンスを、後続がきっちりと活かし、この回、ファイターズは3点を先制する。一生忘れられない一日の、一生忘れられない場面となった。

　さらに、これには後日談がある。あの場面、稲葉はランナーのことは気にせず、自分のバッティングをすることだけを心掛けていたと思っていた。実際、あるテレビ番組のインタビューでは「ゲッツーになっても仕方がない」と振り返っていた。

　ところが聞くと、稲葉の頭のなかには、ランナーを二塁に進めるイメージもしっかりあったというのだ。ヒッティングでランナーを進める、いわゆる進塁打といえば、1、2塁方向にゴロを転がすという考え方が一般的だが、実はそれが強い打球になるとダブルプレーの可能性も高く、リスクを伴う選択でもある。だからあの場面、稲葉は外野の後方に大きな飛球を打つことをイメージしていたという。広い札幌ドームで外野手の後方に飛ばせば、賢介の脚ならタッチアップで2塁を狙うことも可能だ。そこまで考えてのツーベースだったのだ。

　いかにリスクを減らして最大限の成果を得るか、彼には教えられることが多い。

144

【3月31日】苦労人・岩舘学の同点タイムリーヒット
可能性を信じれば何かが生まれる

　予想外の大差がついた開幕戦から一夜明け、第2戦は一転、息詰まる展開となった。

　先発の武田勝は初回に2点を失ったが、その後、粘り強く投げて6回を3失点という内容で2番手にマウンドを譲る。

　3対1というスコアで2点を追う7回、1番・田中賢介が今シーズンのチーム第1号となるホームランをライトスタンドに叩き込む。これで1点差。

　そして、迎えた9回裏、先頭の小谷野栄一がフォアボールで歩き、陽岱鋼が送りバントを成功。続く代打の二岡智宏はレフト前に運んで、同点のランナーが3塁に、逆転のランナーが1塁に、チャンスは大きく広がった。

　この場面、ライオンズのピッチャーは150キロを超えるストレートが武器のE・ゴンザレスである。ベンチで僕は尋ねた。
「この真っ直ぐをなんとかできそうなのはだれかな？」

　すると、渡辺打撃コーチから岩舘学の名前があがった。岩舘はきちんと準備するタイプで、小細工もできる。カウントによってはスクイズもあると思っていたので、ベストの選択だと思った。

　そこで迷わず「代打・岩舘」を告げる。

　今年31歳になる岩舘は、ジャイアンツからファイターズに移籍して3年目になるが、過去2年はわずか8試合しか出場していない。

　キャンプからずっと見てきて、まずは本当によく練習する。そして野球をよく考えて、献身的にプレーする。こういう選手こそベンチに置いておきたい、そう思わせる男だった。

　初球はワイルドピッチになって、ランナーは2、3塁に変わる。

　2球目、サインはスクイズ。しかし、ファールになってこれは失敗。

　そして、カウント2ボール2ストライクからの5球目、岩舘は真

ん中のストレートを弾き返して、センター前の同点タイムリーヒット。見事、期待に応えてくれた。もちろん本人は嬉しかっただろうが、この一打に一番感動していたのは、ベンチの監督だったのではないだろうか。

選手を信じ、その可能性を信じる。

監督就任以来、その信念には一点の曇りもなかった。ただ、それを貫けば何かが生まれるということを教えてくれたのは、この日の岩舘だったかもしれない。開幕早々、それは大きな財産となった。

さらに、この試合の仕上げは賢介。ライトオーバーのサヨナラタイムリーヒットが飛び出し、ファイターズはなんともドラマチックな開幕2連勝を飾った。

試合後のヒーローインタビューには、賢介とともに岩舘も呼ばれた。

お立ち台での、岩舘の言葉。

「正直、そういう場面で、代打で出ることはほとんどないと思っていたので、ちょっと僕が一番びっくりしていて、準備不足だった部分もあったんですけど、思いきっていきました」

「無我夢中だったんでよく覚えていないんですけど、ファイターズにきて3年目になるんですけど、はじめてチームの一員になれた気がします」

こんな日がくることを信じて、地道に努力を重ねる日々を過ごしてきた岩舘の姿を想像したら、泣けてきた。

【4月1日】チームの精神的支柱・稲葉篤紀に代打を送る
メッセージは特別な存在で示す

ライオンズとの開幕シリーズで、僕はチームにあるメッセージを送った。今年のファイターズはこう戦っていく、というきわめて重要なメッセージだ。

あれは第3戦、1点ビハインドの8回裏のことだった。

この試合、ライオンズの先発・岸孝之の好投の前に、ファイター

ズ打線は凡打の山を築き、チャンスの足掛かりすらつくることができずにいた。しかし、この回、2アウトから9番・鶴岡慎也、1番・田中賢介にはじめての連打が生まれ、ネクストバッターズサークルには2番の稲葉が控える。ようやく訪れた、大きなチャンスだ。

ライオンズはピッチャーを岸から、2番手の松永浩典にスイッチした。松永はサイドスロー気味の位置から腕が出る、いわゆる変則左腕で、左バッターには絶対の自信を持っている。だが、控えるのは左バッターといっても、あの稲葉である。ピッチャーが右だろうと、左だろうと、本格派だろうと、変則だろうと、特定のタイプを苦にするようなバッターではない。それは十分に分かっていた。

しかし、ここで僕は「代打・鵜久森」を告げた。プロ8年目、25歳の鵜久森淳志は右の長距離砲で、左腕のピッチャーを得意とする、いわゆる「サウスポーキラー」だ。マウンドの松永からしてみれば、間違いなくイヤなタイプのバッターであったはずだ。ただ、それにしても……、と感じた人は多かったことだろう。

なにせ、まだシーズンが始まったばかりのわずか3試合目に、チームの顔ともいうべき稲葉を代えたのだ。しかも稲葉は2日前、4打数3安打1打点という活躍を見せ、ファイターズにとって4年ぶりとなる開幕戦勝利に大きく貢献している。その稲葉への代打に、札幌ドームがどよめいた。

結果的に、鵜久森がフォアボールを選んでチャンスはさらに広がったが、続く糸井が倒れ、得点することはできなかった。

あの場面、チームにメッセージを発信するという意味では、稲葉でなければダメだった。超一流のプレイヤーである稲葉に代打を送ることによって、はじめて伝わるメッセージがある。それは、
「勝つためにはより高い確率を求めてなんでもする、稲葉にだって代打を送るのだ」
というもの。これは開幕当初、チームを前に進めるためには必要なメッセージだった、そう思っている。

開幕三連戦、メンバー全員出場
今日やれることは、すべてやり尽くす

　2012年、開幕メンバーとして登録した野手は、捕手が2人、内野手が9人、外野手が5人の計16人。その16人を3連戦で全員グラウンドに送り出したのは、選手のために早く一度は使ってやりたい、といった配慮よりも、むしろ自分の信念がそうさせたといえる。

　今日やれることは、すべてやり尽くす。

　野球というゲームの性質上、どうしても先の備えというのは必要になる。9回で必ず終わるならともかく、延長戦に突入することも考えられるからだ。だが、備えを優先して、使える有効なカードを切らずに、試合を終えることはしたくない。負けていれば、だれもがそう考えるかもしれないが、僕の場合、勝っていてもその考えに変わりはない。

　このあと、もう一度チャンスがくるかもしれないから、代打の切り札はそのときに備えて取っておこうと考えたとする。でも、実際にチャンスが巡ってこなかったらどうだろう。仕方がなく9回にランナーなしの場面で送り出すか、あるいはベンチに置いたままでゲームセットを迎えるか。それではせっかくの代打の切り札も、宝の持ち腐れだ。

　どうしても得点がほしい場面でチャンスが訪れ、次の打者よりも打つ確率が高いと思われる選手がベンチにいたら、それが試合の終盤でなかろうとも迷わず代打を送る。またあとで訪れるかもしれないけど、訪れないかもしれないチャンスのために、ためらうことはしない。それが僕の信念だ。

　代打だけじゃなく、代走だって、守備固めだって、いつもその瞬間にベストの選択をして、積極的に起用していく。極論すれば、全員使い切って、最後に足りなくなるほうがよっぽどいい、とすら思っている。

だから開幕戦でも、スレッジに代走・西川遥輝を、その西川に代打・二岡智宏を、その二岡に代走・中島卓也を、積極的にどんどん選手を起用した。

　キャッチャーは鶴岡慎也と大野奨太の2人しかメンバーに入れていなかったが、もし負けていたら、勝負の場面ではキャッチャーにも代打を出すと伝えていた。その後、交代したキャッチャーに何かアクシデントがあったら、キャッチャー不在という事態に陥ってしまうが、同点に追いつかなければ、どうせ負けてしまうのだ。

　やれることは、やり尽くす。勝つために必要なことは、そういうことだと思っている。

【2012年　北海道日本ハムファイターズ　開幕登録メンバー】

　［投手］石井裕也、乾真大、斎藤佑樹、増井浩俊、武田久、宮西尚生、武田勝、木田優夫、森内壽春、谷元圭介

　［捕手］鶴岡慎也、大野奨太

　［内野手］田中賢介、飯山裕志、小谷野栄一、中田翔、金子誠、二岡智宏、西川遥輝、岩舘学、中島卓也

　［外野手］糸井嘉男、T・スレッジ、陽岱鋼、稲葉篤紀、鵜久森淳志

奇跡の日本シリーズから学んだこと
やり尽くすことで、ツキがやってくる

　やり尽くすということを、ただ「後悔しないために」という意味合いだけで言っているわけではない。自分ができることをやり尽くさないと、「運」や「ツキ」は向いてこないんじゃないか、そう感じるのだ。

　ボテボテの当たりがことごとく内野手の間を抜ける日もあれば、いい当たりがどれも野手の正面をつき、ダブルプレーの山を築くこともある。また、それが味方に起こる日もあれば、相手に起こる日

もある。では、それを引き起こすものは、いったいなんなのか。そんなことを一晩中考えた日があった。解説者時代には気にも留めなかったことだ。

　もちろん、答えなど見つかるはずもない。だけど、もし運やツキをつかむ方法があるとすれば、それは唯一、やり尽くすことなんじゃないかと思った。

　笑われるかもしれないが、監督になって「勝利の女神」とか「野球の神様」の存在を、心のどこかで信じている自分がいる。そんな女神や神様がいるなら、きっと運やツキだって彼らの裁量でなんとでもなるんじゃないかと思うのだ。だったら女神に微笑んでもらえるよう、神様に振り向いてもらえるよう、とりあえず今日やれることは、すべてやり尽くしてみようじゃないか――。

　本書にも、すでに何度もご登場いただいている三原脩さんは、勝負事における運やツキをつきつめて研究された方だった。

　史上初の3連敗から4連勝で、西鉄ライオンズが日本一に輝いた1958年の日本シリーズでのこと。ジャイアンツに3連勝を許し、もうあとのない第4戦、先発の稲尾和久さんは2回までに3点を失う苦しい立ち上がりとなったが、そこで三原さんは稲尾さんを交代させるのではなく、キャッチャーを代えた。ここまで4戦連続スタメンマスクの若い和田博実さんから、ベテランの日比野武さんにスイッチする。それがきっかけとなって稲尾さんは立ち直り、この試合、ライオンズは逆転勝ちを収めた。

　そこからシリーズの流れが変わり、奇跡の逆転日本一は現実のものとなるわけだが、実は第5戦以降、ライオンズのスタメンマスクはすべて日比野さんがかぶっている。

　このときのことを、三原さんは自身の著書に記している。要約すると、こんな感じだ。

「まったく不思議というほかない。日比野に代えたとたん、ゲームの展開、投手のピッチングまでガラリと変わった。大きな変化（ツ

キの到来）がチームに起こり始めたのだ。和田という捕手は確かに優秀な選手だった。だが、この年の日本シリーズにかぎっては、日比野のキャリアとツキには及ばなかった」

またこのシリーズの第4戦は、雨で一日順延となっている。休みになったその日、麻雀をしていて急にツキだした三原さんは、ふと「あ、一矢報いることができるかも」と思ったという。もしかしたら作り話かもしれないが、あの三原さんなら、休日にわざわざ麻雀をやって、運やツキを呼び込もうとしたんじゃないか、そんなことさえ想像してしまう。

【4月5日】4番・中田翔、25打席目の初ヒットがホームラン
チームだけでなく、業界を見渡すことがトップの務め

この10日間のもうひとつのトピックは、4番・中田翔だった。

チームは言うまでもなく集団である。10人いれば10通りの考え方がある。勝負の世界でいえば10通りの作戦がある。そして、成功にいたる道筋はひとつだけとは限らないから、みんなに聞けばだれもが譲らない。みんな勝ちたいのだ。勝ちたいから考えるのだ。

だからチームは、監督というポジションに権限を与えたのだろう。だれかに全権を委ねなければ、前に進めないからだ。

と、これが大前提なのだが、実際の現場がどうかというと、チームとしての意思を決定する際、監督である自分がどうしてもこうしたいと思うことを、一方的に押し通してはいけないといつも思っている。みんなで戦っている、という意識を共有してチームがひとつになるためには、みんなが、それぞれ主体性をもって決めることが多いほうがいい。

そんななかで伝え聞いた、清水雅治外野守備走塁コーチの言葉は心に響いた。

「コーチは自分がやりたいことをやるんじゃない。監督がやりたいことを実現させるのがコーチの仕事だ」

身の引き締まる思いがした。ウチにはチームの意思決定を任せられる、本当の意味でのプロフェッショナルがたくさんいる。

メンバーの入れ替えを余儀なくされて、選手を二軍から引き上げるときも、かなりの部分でコーチの意見を尊重している。実際、8〜9割方は任せていると思う。どうしてもというときに無理を言うためにも、他はお願いします、という意味合いもある。

キャンプのとき、全コーチに理想の打順を書いて提出してもらった。なるほど、人の数だけ考え方はある。そのいろんな考え方に触れられただけでも、監督の学びとしては収穫があった。

さて本題である。集まったオーダーのなかで、4番バッターに中田を推す意見がどれくらいあったか、そこは皆さんのご想像にお任せすることにしよう。中田を4番に固定したことについては、「開幕投手・斎藤」や「2番・稲葉」と同じようなニュアンスで語られることがしばしばあったが、少なくとも自分のなかではニュアンスがやや違う。斎藤や稲葉の場合には少しばかりの勇気がいったが、「4番・中田」を決めるにあたってそのような思い切りは必要なかった。

あのスイングスピードを見せられたら、野球人ならだれだって中田のとりこになると思う。あれはただ一生懸命練習すれば身に付くという類いのものではない。たとえ現役時代の栗山英樹が5倍やっても10倍やっても、きっと彼の足元にも及ばなかったはずだ。中田には天賦の才があって、それを磨き上げるたゆまぬ努力があって、はじめてあのスイングが可能になった。

最近、3度の三冠王に輝いた落合博満さんのように、圧倒的な存在感を示す4番バッターがいなくなってきた。僕はそれはつくるべきだと思っている。もしかしたら憧れなのかもしれない。どうあがいても、そうはなれなかった自分の憧れだ。

そして、中田という才能を預かるチームの指揮官となって、球界を代表する4番バッターをつくるのは、自分に課せられた使命なんじゃないかと思うようになった。それは強いファイターズをつくる

ためであり、日本球界の未来のためでもある。

　ひとつのチームを預かる監督という立場だから、そのチームの勝利を第一優先することは当たり前である。ただし、プロ野球界にたった12人しかいない監督だからこそ、球界全体を見渡すことも必要なのではないかと思う。僕のような新米監督が口にするのはややはばかられるが、20年以上、プロ野球を取材し、伝える立場にあったからこそ、強く感じることでもあった。

　ファンは何を望んでいるのか。

　球界は何を必要としているのか。

　より魅力的なプロ野球にするために、我々が考えていかなければならないことはたくさんある。そう感じればこそ「4番・中田」は必然の選択、そう思うようになっていった。

　キャンプ中から中田には、

「すべての打席、すべてのストライクに対して何球フルスイングできるかをやろう」

　と伝えてきた。中途半端なスイングで結果ヒットになるよりも、いつもしっかりとバットを振って、自分自身、納得のゆくスイングを追い求めてほしかったからだ。

　オープン戦の中田は好調だった。57打数21安打13打点、打率3割6分8厘。最終戦となった千葉ロッテマリーンズ戦では第2号ホームランも飛び出し、大いに飛躍の予感を漂わせる。

　ところが、いざシーズンが幕を開けると、そのバットから快音が消えた。ファイターズは最初の6試合を本拠地・札幌ドームで戦ったが、4番に座る中田は開幕戦から5試合、21打席連続ノーヒット。チームも2連勝のあと、3連敗を喫したため、その責任を背負わされるような格好になってしまった。

　本人は苦しかったと思うが、ただ、心配はしていなかった。4番を背負うということはそういうこと。結果よりも一打席一打席やるべきことができているか、フルスイングできているかを問いながら、

前に進んでくれればいいと思っていた。

　キャンプから両足を大きく広げ、腰を深く落としてステップを踏まずに打つ「ノーステップ・ガニ股打法」に取り組んできたため、その打ち方の難点を指摘する声も上がっていた。だが、修正するときは自らの意思で修正すればいい。それも含めて、試されているのだ、そう思って見守ってきた。

【開幕戦から5戦での4番・中田翔の成績】

　3月30日　○9対1　埼玉西武戦　　4打数0安打　三振／遊飛／四球／捕邪飛／一ゴロ

　3月31日　○4対3　埼玉西武戦　　3打数0安打　二ゴロ／三ゴロ／四球／遊ゴロ

　4月1日　●0対1　埼玉西武戦　　4打数0安打　中飛／三振／二ゴロ／三ゴロ

　4月3日　●4対5　オリックス戦　　4打数0安打　三振／二飛／一邪飛／二併打

　4月4日　●2対4　オリックス戦　　4打数0安打　一飛／二併打／三振／遊併打

　そして4月5日、なんとしても連敗をストップして、勝率を5割に戻したい、オリックス・バファローズとの大事な一戦。チームは1回裏、1番からの3連打であっという間に2点を先制した。しかし、追加点のチャンスで4番・中田はサードゴロ、最初の一本が出ない。

　第2打席はライトフライ、第3打席はノーアウト1、2塁という絶好の場面で、空振りの三振に倒れる。これで開幕から24打席連続ノーヒット。

　試合は6回表に1点を返され、2対1。そして、1点リードで迎えた8回裏、ツーアウトランナーなしで中田にこの日4回目の打席が回る。カウント、2ボール1ストライクからの4球目、高めのボ

ールをフルスイングすると、打球はレフトスタンドへ一直線。打った瞬間にそれと分かる値千金の第1号が飛び出した。25打席目、ついに出た今シーズン初ヒットが、チームの勝利を決定付けるホームランというあたりは、まさに4番の仕事だった。この一発には、目頭が熱くなった。

この試合、実は中田は5回表の守備でA・バルディリスの打球を好捕するファインプレーを見せている。ああいう仕事をきっちりとこなすことが、バッティングにもつながるということを再確認させられたゲームでもあった。

4番の仕事はチームを勝たせること。極論だけど、仮に打率が2割でもホームランを25本打って、その25本がものすごく優勝に貢献した25本であれば、それはそれで4番の仕事を果たしたことになる。

中田には、これからも勝利に直結するバッティングを期待している。

中田翔といえば、こんなエピソードもある。ある日、試合開始直前に、突然、中田があいさつをしてきた。

「こんちわ」

いま、まさにプレーボールがかかろうというときである。不意をつかれ、一瞬力が抜けた。

考えてみると、その日はたまたま球場入りしてからバタバタしていて、中田とは顔を合わせていなかった。彼は必ずあいさつをしてくるから、その時間になって「あ、今日、監督にあいさつしていなかった」と思ったんだと思う。それで、あいさつをしておこうと。

中田翔という男は、そういう男なのだ。

【4月6日】2番・稲葉篤紀の打順変更
理想を捨てる覚悟を持つ

稲葉篤紀の2番起用については、前に書いた。ここでは、そこからもう少し話を進めたい。

その稲葉は開幕戦、最初の打席で値千金のツーベースヒットを放ち、その日の成績は4打数3安打1打点。「栗山采配、ズバリ的中！」とメディアに持ち上げられ、「栗山野球の象徴」といったように報じられた。

しかし、実際に先発メンバー表の2番に「稲葉」の名前を書き込んだのは、開幕からたった5試合だけである。なぜ、稲葉の打順をすぐに変更したのか。その理由はこうだ。

ファイターズは開幕2連勝を飾ったあと、いずれも接戦を落として3連敗。その時点で借金1となったが、6戦目、待ちに待った中田の一発も飛び出し、星を五分に戻した。

札幌でのナイターを終え、翌朝、千葉へ移動。その飛行機のなかで、あることをずっと考えていた。

本当にこの打順が理想なんだろうか。

先ほど書いたように、僕が思っていた理論に照らし合わせれば、2番稲葉は大いに理想的だった。しかし、一方で現場でしか感じえないものも見えてきていた。

打順の考え方のひとつに、左と右を交互に並べるジグザグ打線というのがある。一般的に左バッターは左ピッチャーを苦手とする傾向があるとされているが、左と右が交互に並んでいれば、相手の投手起用にも影響を受けにくい。そのためのジグザグだ。

開幕からのファイターズの打順は、1番・田中賢介、2番・稲葉篤紀、3番・糸井嘉男と、先頭から3人、左バッターが並んでいた。この3人は、まったく左ピッチャーを苦にはしない。だったら、ジグザグを意識することもないだろうと考えたのだ。

ところが、こちらが苦にしなくても、相手ベンチはピンチになれば迷わず左ピッチャーをつぎ込んでくる。確かに、左バッターが並んでいるところに、わざわざ右ピッチャーをぶつける理由は見当たらない。つまり、普通であればベンチが一番頭を悩ませるピッチャーの使い方で、相手がまったく悩まなくなってしまうのだ。そして、

迷わず決断した采配というのは、不思議なことに的中する確率が高い。そういったことが、肌感覚として分かってきた。

去年まで現場経験のなかった僕は、ひとつの理想形として「2番・稲葉」を掲げた。しかし、実際に現場で戦ってみると、理想と現実にはギャップがあるということが分かった。理想はあくまでもこちら側の立場に立った理想であり、それが結果的に相手の悩みを軽減させることになるのでは、あまり効果的とはいえない。

打順はこっちの都合だけじゃない。相手の都合というものもあるのだ。

あまり理想に固執せず、ときにはそれを捨てる覚悟を持つことも必要なのではないか。そして打順はジグザグにしておいたほうがよいのではないだろうか。そう思ってコーチに相談してみたら、やはりそういう意見が多かった。ならば、勝率5割に戻したこのタイミングで、早めに手を打とう、そう思った。

飛行機を降りて、スタジアムに向かうバスのなか、2番バッターを任せられる選手として最初に顔が思い浮かんだのは小谷野栄一と賢介だった。そして、別の意味での理想の打順をイメージしてみる。それは3番バッターと4番バッターが幾重にもなった、クリーンナップが繰り返される打線だった。

1番から順に並べると、開幕から3番を打ってきた糸井、4番の経験がある小谷野、まさしく3番タイプの賢介、不動の4番を期待する中田翔、3番の理想像ともいえる稲葉、その次にはジグザグを意識して、未知の可能性を秘めた陽岱鋼を置いてみた。

その新打線で臨んだマリーンズとの3連戦は、投打がかみあって3連勝を飾る。これが大きかった。あの早いタイミングで、勇気を持って理論、理想を捨てられたことは自分を評価していい。

考えがブレるのと、反省してすぐに動く素直さは違う。これはブレているのか、それとも自分に応用力があるのか、いつもそこを問いただしながら、一歩ずつ前に進むことが大事だと気付かされたこ

とだった。

【3月30日　ライオンズ戦の打順】
1　田中賢介　（左打）
2　稲葉篤紀　（左打）
3　糸井嘉男　（左打）
4　中田翔　（右打）
5　スレッジ　（左打）
6　小谷野栄一（右打）
7　陽岱鋼　（右打）
8　金子誠　（右打）
9　鶴岡慎也　（右打）

【4月6日　マリーンズ戦の打順】
1　糸井嘉男　（左打）
2　小谷野栄一　（右打）
3　田中賢介　（左打）
4　中田翔　（右打）
5　稲葉篤紀　（左打）
6　陽岱鋼　（右打）
7　スレッジ　（左打）
8　金子誠　（右打）
9　鶴岡慎也　（右打）

　また、これは打順の考え方にも絡んでくることだが、プロ野球の戦いにおいて、初回の持つ意味合いというのは、想像している以上に大きい。現役時代は1、2番を打つことが多かったため、いつも初回に打席が回ってきていたが、あの頃には意識していなかったものを、いま、はっきりと感じている。

よく1番バッターといっても、先頭打者として打席に入るのは初回だけで、2回以降、ことさら1番であることを意識することはないだろう、と言われることがある。確かにそうかもしれない。だが、必ず先頭打者として打席に入る、その初回が重要なのだ。

　野球の勝敗にもっとも大きな影響を及ぼすのは、先発ピッチャーの出来だと断言していいだろう。では、その先発ピッチャーの出来を大きく左右するのは何か。それは初回の攻撃である。初回の攻撃の仕方によって、相手ピッチャーの調子がよくなることもあるし、逆に調子のよかったピッチャーが崩れることもある。よって、初回の持つ意味合いというのは、単に9つあるイニングのうちの1つではなく、試合全体のなかでものすごく大きな比重を占めていると考えたほうがよいだろう。試合の流れに関して言えば、はじめよければすべてよし、なのだ。

【4月8日】吉川光夫、約4年ぶりの白星
目標設定の原則は、明確に期限を設けること

　先発ローテーションの並びは、基本、吉井理人投手コーチに任せている。開幕のとき、監督として決めさせてもらったのは、初戦の斎藤佑樹だけである。その後、どういった順番に並べれば、一番たくさんの勝ちを拾っていくことができるのか。吉井コーチの選択はこうだった。

　最初の3連戦を斎藤（右投げ）、武田勝（左投げ）、吉川光夫（左投げ）、次の3連戦をB・ケッペル（右投げ）、八木智哉（左投げ）、B・ウルフ（右投げ）。

　チームの開幕2連勝で迎えた4月1日。ダルビッシュ有の穴を埋める隠し玉ともいえた、吉川が先発する日だった。

「今年ダメだったら、オレがユニフォームを脱がせる」

　吉川には、そう伝えた。目標設定の原則は、明確に期限を設けること。いつか、いつか、と言っていては、目標は達成されない。そ

して、それは僕からすれば「それだけおまえのことを信頼している」というメッセージであり、「こいつだったら絶対に勝てる」と思っているからこそ言える言葉だった。

試合は息詰まる投手戦となった。吉川は8回を投げきって、ライオンズ打線をわずか3安打1失点に抑えたが、相手投手陣はさらにその上をいき、岸孝之、松永浩典、E・ゴンザレスの3人で完封リレー。1対0というスコアの悔しい敗戦となった。

吉川は非常にがんばっていただけに、勝たせてやれなかった責任を痛感した。

そして、次の登板はちょうど一週間後の4月8日、QVCマリンフィールドでのマリーンズ戦。5回までに110球、3安打、5つのフォアボールを許す苦しい内容だったが、我慢強く投げて、失点はわずか1にしのいだ。

勝利投手の権利を持ってマウンドを降りた吉川のあとを、谷元圭介、増井浩俊、武田久の3人が完璧なピッチングでつなぎ、6回以降、一人のランナーも許さないパーフェクトリレー。吉川は約4年ぶりの白星を手に入れた。

開幕からの10日間は、振り返ればあっという間の、でも本当に長く感じられた10日間だった。そのなかで、選手たちが期待に応えてくれたことは言うまでもないが、自分なりに思い切った采配ができたことにもある種の手応えを感じていた。ヒットエンドランにしても、スクイズにしても、どんな作戦も成功するに越したことはないが、たとえ失敗に終わったとしても、それを積極的に仕掛けられたことは後々に活きてくる、そんな狙いもあった。もし開幕早々、

「今年のファイターズは何をしてくるか分からない」

そういった印象をライバルチームに与えることができたとすれば、それだけでも意味はあったのではないだろうか。

第4章：失敗は、成功への一里塚
4月10日〜7月17日、悔しい敗戦に学んだ前半戦

　監督として多くを学んだ試合を振り返ってみると、悔しい敗戦を喫した試合ばかりが思い出される。現場ではじめて分かることというのは、想像以上に多かった。けれどこの悔しい思いを成功への糧にしなければ意味がない。

　シーズン後半の、いや今後の糧にしなければならない貴重な財産となった「悔しくて眠れなかった試合」とそこから学んだことを、いくつか紹介したい。

【4月17日】頭のなかが真っ白になった日
確認作業、間を取ることの重要性

　先発ローテーションの柱の一人として考えていたケッペルが、今シーズン2度目の登板となった4月10日のホークス戦で、右肩の張りを訴え、わずか1イニングを投げただけで降板するアクシデントがあった。

　そのまま登録を抹消し、アメリカに帰国して精密検査を受けた結果、ケッペルは右肩関節唇のクリーニング手術を受けることになった。今シーズン中の復帰は絶望とのこと。こんなに早い時期に、2年連続二桁勝利のピッチャーを失うことになるとは思わなかった。

　去年（2011年）の勝ち星でいえば、ダルビッシュの18勝とケッペルの14勝、いっぺんに32勝を失ったことになる。

　しかし、それでも序盤、順調に白星を重ねることができたのは、選手たちが一丸となって戦ってくれたおかげだ。

　4月16日、西武ドームでのライオンズ戦、打っては打線が13安打13得点と爆発し、投げてはケッペルの代役で先発した多田野数人が、6回4安打無失点の好投で今シーズン初勝利をあげた。試合後

には記者から、両リーグ10勝一番乗りを伝えられた。単なる通過点に過ぎないが、悪い気はしなかった。

　その翌日のことである。試合中、はじめて頭の中が真っ白になったのは。

　前日に続いてのライオンズ戦は、1対1の同点で迎えた5回裏、ここまで1失点の先発・八木智哉が、1アウトから2番・浅村栄斗にツーベースヒットを打たれ、ピンチを背負う。

　続く中島裕之をセンターフライに打ち取ったところで、ベンチは選択を迫られた。2アウト2塁で1塁ベースは空いている。4番・中村剛也と勝負するか、それとも中村を歩かせ、5番・ヘルマンと勝負するか。

　中村はここまで打率1割台、ホームランも1本とまったく当たりが出ていない。絶不調といってもよい状態だった。一方のヘルマンも打率は2割そこそこだが、シーズン序盤の新外国人はやはり怖さがある。結局、中村との勝負を選んだ。しかし、それが裏目に出る。

　アウトコースのボールを逆らわずに右方向へ弾き返され、球脚の速い打球は右中間を抜けていった。これがタイムリースリーベースヒットとなり、1点を勝ち越される。そのショックが大きかった。あまりにも大きかったため、絶対にあってはならないことだが、そこでショックによる思考停止が起こってしまった。

　直前の選択で、中村とヘルマンを天秤にかけ、中村を選んだ。つまり、ヘルマンのほうがイヤだったわけだ。1点を勝ち越されてなおも2アウト3塁のピンチ。そこでイヤなヘルマンを迎え、冷静であればまともに勝負することはなかった。ボール球を使って厳しく攻め、カウントが悪くなったら歩かせてもいい。

　ところが、ショックによる思考停止が起こっていたため、バッテリーへの指示が遅れ、ヘルマンともそのまま勝負。結果、センター前へのタイムリーヒットを許し、致命的な追加点を奪われてしまう。中村に打たれたあと、すぐにタイムを取って、バッテリーへの指示

を徹底していれば、防げていたかもしれない1点だった。

　確認作業や次への準備といった、監督がやらなければならない基本的なことができなかった。おそらく判断や決断は間違っていなかったが、頭のなかで分かっていても、それを的確に伝えられなければ意味はないということだ。

　このカードは変則3連戦だったため（この2戦目のあと、移動日をはさんで滋賀県の皇子山球場で3戦目を行った）、中一日、次の試合が始まるまで、悔しさはずっと尾を引いた。

　この、はじめて頭のなかが真っ白になったライオンズ戦は、勝負所での嗅覚、間を取ることの重要性、いかに選手と戦略を共有するかなど、いろんなことを学んだ試合だった。

【5月1日】9回表、まさかの逆転負け
勝負は下駄を履いて"玄関を出るまで"分からない

　4月28日、Kスタ宮城でのイーグルス戦で、稲葉篤紀が史上39人目の通算2000本安打を達成、栄えある名球会入りを決めた。

　この試合から始まったゴールデンウィークの9連戦は、たくさんのお客さんに足を運んでもらって、本当は最高の試合を見せなきゃいけない9連戦だったが、ファイターズにとっては本当に苦しい毎日となった。

　特に悔しくて眠れなかったのは、5月1日、札幌ドームでのホークス戦だ。これに敗れて、今シーズンはじめての3タテを食らう（同一カード3連敗）、そのきっかけとなった試合だった。先に書いた、3連戦の初戦が大事であることを痛感させられた一戦でもある。

　初回に失った2点を追いかける展開となったが、2回に8番・大野奨太のタイムリーヒット、3回に9年目の岩舘学がプロ初ホームランを放ち、序盤で試合を振り出しに戻す。

　さらに7回には、7番・小谷野栄一のショートゴロの間に1点を勝ち越し、苦手としていたホークスの先発・山田大樹からリードを

奪う。

　3対2と1点リードの9回表、守護神・武田久がマウンドへ。ところが3番の内川聖一から始まるホークス打線に武田久がつかまる。クリーンナップにいきなり3連打を許し、この回、まさかの3失点。ひとつ勝つことの難しさを痛感させられた、悔しい逆転負けとなった。

　札幌ドームでプロ初ホームランを打った岩舘には、なんとしても勝ってお立ち台に上がらせてやりたかった。苦手の山田から一時はリードを奪ったけれど、完全に打ち崩してKOできなかったことが、こういう結果につながったのだと思う。点を取れるときには、かさにかかって1点でも多く取る。それができなければ、なかなか1年間いい戦いを続けることはできないということだ。

　こういう試合をしてしまうと、その結果がいろんなところに悪影響を及ぼしてしまう。武田久への全幅の信頼が揺らぐことはなかったし、だれが悪いから負けたということではないが、チームの流れが悪くなってしまう典型のような試合だった。

　この試合後、ふと取材者時代にインタビューをさせてもらったある監督の言葉を思い出した。長嶋茂雄さんである。長嶋さんは、
「勝負はゲタを履くまで分からないと言うけど、ゲタを履いて玄関を出るまで野球は分からないんだ」
と言われた。その言葉の意味合いを、改めて強く感じたし、理論を超えたところにある現場の感覚というものを再び知った。

　実はこの試合のあと、武田久と二人っきりで話をした。その結果、次の日に登録を抹消することになるのだが、本当に苦しくて、でもある意味、監督になって一番嬉しかったことのひとつでもある。そこで何を話したのか、その内容を書くことはできないが、それが1年目の監督に計り知れない力を与えてくれたことだけは確かだ。

　結局、ゴールデンウィークの9連戦は、3勝5敗1分という成績に終わった。地元・北海道で3タテを食らって、ファンの皆さんに

は本当に申し訳ない思いでいっぱいだった。

　そんな時期、友人から届いたメールに、一編の詩が添えられていた。

> 苦しいこともあるだろう
> 言いたいこともあるだろう
> 不満なこともあるだろう
> 腹の立つこともあるだろう
> 泣きたいこともあるだろう
> これらをじっとこらえてゆくのが
> 男の修行である

　映画でもその生涯が描かれている、有名な軍人・山本五十六さんの遺訓だそうだ。

　確かに、泣きたいことはある。でも、それをこらえるのが男の修行なんだと、そのとき自分に言い聞かせられている気がした。

　この言葉は、いまも札幌ドームの監督室に、書き留めさせてもらっている。

【5月12・13日】2試合連続惜敗
24時間悩む

　ゴールデンウィークが終わって次の週末、土曜、日曜と、函館市千代台公園野球場でライオンズとの2連戦があった。

　一軍にとっては、年に一度の函館遠征である。ここはなんとしても、函館のファンに喜んでもらえる試合をしなければいけないところだが、残念ながら結果はそうはならなかった。

　初戦は先発の斎藤佑樹が早々と炎上し、2回までに9失点という一方的な展開となる。

　それでも終盤、7回に2点、8回に2点、さらに9回にも3点を奪い、なおも1アウト満塁、一打出ればサヨナラというビッグチャ

ンス。ここから代打に今浪隆博、代走に中島卓也と、考え得るかぎりの手を尽くしたが、最後は糸井嘉男がファーストゴロに倒れてゲームセット。結局、9対8で敗れた。

翌日も終盤に4点を追う、苦しい展開となった。

そこから7回に4安打を集中させて3点を返すと、9回には2アウト1、2塁とチャンスをつくり、打席には2番の小谷野栄一が入る。ライオンズの抑え、涌井秀章から放った小谷野の打球は、ライナーでセンター前へ抜けようかという強烈な当たりだったが、これをショート中島裕之がダイビングキャッチ。このファインプレーの前に、最後の反撃を阻まれた。

4対3、2日続けて、猛追及ばずの1点差負け。点差が開いても最後まであきらめない試合ができたというのも事実だが、そこまでいきながら、あと一本が出ない、追いつけない、勝ち越せない。それは、なぜなのか。

そこには、監督である自分の、人としての生き様みたいなものが表れているのではないか。選手たちはあそこまで勝利を欲して、驚異的な粘りを見せてくれているのに、それを勝たせてあげられないのは、自分に何か大きな問題があるんじゃないかと、そういう悩み方をした。

帰りの飛行機の、まぁ、つらいこと、つらいこと……。

プロ野球は毎日試合があるから救われる、そう思うことがある。負けても、反省して、次の日になればまた試合があるから忘れられる。忘れられるというか、目の前に集中しなければならないことがあるから、忘れざるを得ない。けじめをつけなければならない。それで少し救われる。

ところが、この函館シリーズは、交流戦前の最後のカードだったから、次の試合まで丸2日空いてしまった。試合がなければ、頭の中でひたすら反省会が続く。

長い反省会だった。

【6月17日】9回表、バレンティンに逆転3ランを喫す
やり尽くすことの難しさ

　交流戦でも、敗戦から得たものがあった。

　ちょうど2カ月前の4月17日、はじめて試合中に頭のなかが真っ白になって、二度とあってはいけないと猛省したのに、また同じ過ちを繰り返してしまったのだ。

　6月17日、札幌ドームでのスワローズ戦、先発の武田勝は8回までランナーをわずか4人しか許さないほぼ完璧な内容で、無失点ピッチングを続けていた。

　迎えた9回表、1アウトからフォアボールとヒットで1、2塁とされるものの、4番・畠山和洋から空振り三振を奪って、2アウト。完封勝利まであと一人と迫った。

　続くバッターは、5番のW・バレンティン。昨年、セ・リーグのホームラン王に輝いたが、一方で打率はリーグ最下位というムラの大きいバッターである。今年もその時点で14本のホームランを打っていたが、打率は2割5分を下回っている。コントロールには絶対の自信を持つ武田勝が慎重に攻めさえすれば、まず間違いは起こらない……。が、間違いは起こってしまった。やや甘く入ったチェンジアップを、左中間スタンド中段へ運ばれ、まさかの逆転3ランホームラン。試合は一瞬にしてひっくり返った。

　もちろん、武田久への継投という選択肢もなかったわけではないが、この場面、武田勝のほうが打ち取れる確率は高いと考えていた。だから、続投という決断に悔いはなかった。バレンティンの打席について悔いが残るとすれば、バッテリーへの攻め方の指示をもっと丁寧に、具体的に伝えることはできなかったか、という点だろう。

　だが、監督としてもっと悔いるべきは、このあとの対応である。

　確かに、あまりにも痛い一発だった。あとアウトひとつというと

ころで、手のひらから勝利がこぼれ落ちていったのだ。と、そう感じていたことが、大きな過ちだったのだ。

サヨナラホームランを打たれたわけではない。我々にはまだ9回裏の攻撃が残っているのだ。しかし、バレンティンに逆転3ランを喫したショックが大きすぎて、実はまた頭のなかが真っ白になってしまっていた。

9回裏、スワローズのピッチャーは、先発の石川雅規からT・バーネットへと代わった。ファイターズの攻撃はクリーンナップ、3番の田中賢介から。選手に任せたくなる打順ではあったが、何が起こるか分からない1点差、何かしら打つ手はあったはずだ。実際、1アウトから中田がフォアボールで出塁し、仕掛けられる場面はあった。だが、監督は動かなかった。というか、動けなかった。そして、ショックから立ち直れないまま、ゲームセットの声を聞いた。

常日頃から、やれることをすべてやり尽くす、と言っておきながら、このときばかりはやり尽くすことができなった。指揮官、失格である。そして、改めてやれることをすべてやり尽くすことの難しさを知った。

【6月23日】理想的展開からの逆転負け
うまくいっているときこそ、すべきことがある

前半戦、最も悔しかった一試合をあげろといわれたら、この試合をあげるかもしれない。

交流戦明け、最初のカードとなった福岡ヤフードームでのホークス戦。ファイターズはマリーンズに次ぐ2位につけている。初戦は2対1で敗れたものの、翌日は序盤からファイターズペースの展開となった。

1回に3点を先制すると、2回、3回、さらには5回にも追加点をあげ、6対3、3点のリードを奪って、試合は終盤へ。

迎えた8回裏、マウンドに安定感抜群の増井浩俊を送るが、2つ

のフォアボールと3連打でまさかの4失点。ここまで31試合に登板して、防御率0点台の男が、今シーズンはじめて浴びた集中打だった。

その後、再び主導権を取り戻すことはできず、7対6、痛い星を落とした。

もちろん、増井でやられたのは想定外だった。だが、悔しかった理由はそこではない。打たれたことは、こういう日もある、としか言えない。ファイターズが増井をマウンドに送るということは、その回を彼に預けたということである。セットアッパーの増井やクローザーの武田久は、チームにとってそういう存在だ。たとえ増井でやられたって、次の日も増井。武田久でやられたって、次の日も武田久なのだ。

では、何がそんなに悔しかったのか。説明は、試合が始まる前にまでさかのぼる必要がある。

この交流戦明けの3連戦、ホークスの先発は1戦目が山田、3戦目が大隣憲司というのはあらかじめ読めていた。この2人は、ファイターズが苦手とするピッチャーである。それだけに、2人を攻略することも大事だが、最低限、2戦目は何がなんでも取らなければならない、そういう試合だった。

そのことは選手全員が分かっていたからこそ、初回の3点に結びついた。さらに、スクイズまでして小刻みに追加点を重ねていった。

でも実は、あのときにああしていればとか、もっときっちりこうしておけばとか、反省材料がたくさんあった試合でもあった。5回までに6得点という数字だけを見れば、打線がしっかり機能していたかのように映るだろう。確かに機能はしていた。だが、それが最大限の結果に結びついていたかというと、残念ながらそうとはいえない。

1回に1・3塁、2回に満塁、4回に3塁、5回に1・2塁、これだけのランナーを塁に残して攻撃を終えているのだ。それを表す数字が、残塁8ということになる。

一定の成果があがったのは事実だが、そこから最大限まで引き上げられなかったのは、やはりベンチの責任ということになるだろう。それができていれば、相手の戦意を喪失させるワンサイドゲームになっていた可能性もあり、そうなれば増井がああなることもなかったのだ。

　絶対に勝たなければならない試合で、勝てる試合運びをしておきながら、いくつもの反省点を残し、最終的に競り負ける。こんなに悔しい試合はなかった。本当に胃が痛くなるというのは、こういう試合だ、そう思わずにはいられなかった。

【7月15日】糸井嘉男のひと言に救われた日
意味のない敗戦はない

　レフト・中田翔、センター・陽岱鋼、ライト・糸井嘉男、この外野陣は間違いなく日本一だと思っている。いま、日本一どころか、僕がプロ野球を見てきた40年以上を振り返っても、最高の布陣ではないだろうか。

　福本豊さんや簑田浩二さんがいた阪急ブレーブスや、レフト・森本稀哲、センター・新庄剛志、ライト・稲葉篤紀のファイターズも魅力的だったけど、いまのほうが確実にスケールアップしている。絶対に負けない自信がある。

　特に、名護のキャンプで大きな衝撃を受けたのは糸井のポテンシャルの高さだった。打っては3年連続で打率3割超え、守っては3年連続でゴールデングラブ賞を受賞という、この実績だけでもすごいのに、本当の糸井はもっとすごかった。何というか、持っているものすべてが桁外れなのだ。彼は決してそんなタイプではないが、もし自分のことだけを考えてプレーすれば、打率3割、ホームラン30本、盗塁30個という数字をいとも簡単にクリアしてしまいそうな、そんな迫力がある。

　だから交流戦では、糸井のすごさをもっとセ・リーグのファンに

も知ってもらいたいと切実に願った。実際、糸井のプレーを球場で
はじめて目撃したファンは、「プロ野球選手はやっぱりすごい！」と、
きっと驚いてくれたことだろう。

　この糸井のひと言で、とても救われたことがあった。直接本人か
ら聞いたわけではないのだが、あるコーチから伝え聞いた言葉だ。

　書いてきたように悔しくて眠れなかった試合はいくつもあり、け
れどその敗戦のなかからたくさんのことを学んだ。だが、なかには、

「こういう試合に何か意味はあるのだろうか……」

と何度も自問自答してしまうような試合もあった。少なくとも試
合終了時点では、ファイターズにとってはなんの意味も見出せない、
そんな試合だ。

　その試合とは、オールスター休み直前の７月15日、Kスタ宮城で
のイーグルス戦である。

　５回までは１対０という最少得点差の緊迫した展開だったが、６
回裏に一挙４点を奪われると、その後のファイターズはまるでファ
イティングポーズをおろしてしまったボクサーのように、得点の入
りそうな雰囲気さえまったくなかった。７回以降、出したランナー
はわずかに一人。無抵抗なまま、５対０で完封負けを喫する。

　いいところなく、とはまさしくこういうゲームのことを言うのだ
ろう。プロとしてこんな試合は絶対にやってはいけない。あまりに
も得るものがなさすぎて、やりきれなさばかりが込み上げてきた。
もちろん悔しいのだが、その悔しいという気持ちすらいつもとは感
じが違った。脱力感とか、虚無感とか、ただただそういう感情にさ
いなまれていた。

　この日は、翌日もデーゲームが組まれていたため、いったんホテ
ルに戻って、当日移動する予定になっていた。鬱々とした気持ちの
まま、空港のロビーで時間をつぶしていると、隣に福良ヘッドコー
チがやってきて、こう言った。

「監督、さっきヨシオ（糸井）が部屋に来ました」

聞けば、福良ヘッドが糸井を部屋に呼ぶことはあっても、糸井が自分から訪ねてくることは滅多にないという。

「ボーっと立っているだけで何も言わないから、そこに座らせて、『どうしたの、ヨシオ？』って聞いたら、『3番（バッター）がヘボくて、試合に負けてすみません……』って」

　糸井はつかみどころのない性格で、不思議なキャラクターという印象がある。勝ち負けで一喜一憂するタイプでもない。その糸井がわざわざコーチの部屋を訪れ、神妙な面持ちで自分自身のふがいなさを悔いたというのだ。

　こんなやりきれない試合でもなければ、糸井にそんな行動を取らせることはなかったかもしれない。でも、そんなふうに人が経験を積み、育つことが嬉しかった。その話を福良ヘッドに聞いて、得るもののない試合などないと、思い直した。こんな試合にも意味はあったのだ。

【7月16日】鶴岡慎也の謝罪
チームを支える配慮と献身

　そのイーグルス戦の翌日、札幌ドームでのライオンズ戦は、とても印象深い試合になった。

　4年目の谷元圭介がプロ初先発を果たし、好投を見せたのもその要因のひとつだが、なんといっても2対2の同点で迎えた9回裏、ノーアウト満塁のチャンスがいろいろなことを考えるきっかけを与えてくれた。

　あの回、先頭の稲葉篤紀がレフトへのツーベースヒットで出塁。1塁が空いていたため、続く陽岱鋼は敬遠されて、ノーアウト1、2塁となる。

　まずここで考えたのは、2塁ランナーを代えるかどうかということ。いま、このような状況で2塁にランナーがいると、外野手は極端に前進守備を取るケースが多く、たとえ脚の速いランナーが2塁

にいても、普通のヒットではなかなか還ってくることができない。つまりここでのランナー交代はあまり効果的な策とはいえない。そこで代走は送らず、2塁ランナー・稲葉のままで、次のバッター・飯山裕志が打席に向かう。

　相手は当然、送りバントを警戒してくる。なので1球目は様子を見て、相手のバントシフトの出方を確認してから、2球目に仕掛けようと考えていた。ところが、打席に向かう飯山を見ると、明らかに不安そうな表情を浮かべていた。これは、まずい。直感的に、このままではランナーは進められないと思った。

　そこでタイムを取り、稲葉に代えて、代走の西川遥輝を送る。2塁ランナーが俊足の西川であれば、飯山も少しは気持ちを楽に持ってバントができるはずだ。1球目は、ファールになってもいいからサードに取らせるバントをしてくれと指示を出した。もし失敗しても、まったく気にしなくていいから狙ってくれと。

　案の定、1球目はファールとなったものの、2球目、飯山は見事に決めた。しかも、一塁側に転がったそのバントの処理を、ファーストの浅村栄斗がミス。ノーアウト満塁と、願ってもない絶好のチャンスが転がり込んできた。

　次は8番・鶴岡慎也の打順だ。あのとき、代打の切り札・二岡智宏はすでにスタンバイを完了させていた。もちろん一気に二岡で勝負、という選択肢もあったが、ここは先に鶴岡で勝負することを選んだ。その根拠はこうだった。

　まだノーアウト。犠牲フライで点数が入るチャンスが2回ほしいということである。まずはノーアウトで1回、そして最初のバッターが打てなくても、1アウトからもう1回、という考え方だ。そうなると避けなければならないのは、最初のバッターがダブルプレーになることである。ゲッツーで一気に2アウトになれば、犠牲フライの可能性はその時点で消失する。さらにこの場面、ダブルプレーさえなければ、2アウトから打順は1番の田中賢介に回る。犠牲フ

ライのチャンスが２回続き、最後にもっとも期待できるバッターの賢介が控える。これが理想の形だ。

　では、どちらも同じ右バッターの二岡と鶴岡、どちらがダブルプレーの可能性が低いか。はっきり言って鶴岡の脚は遅い部類に入るが、それでも故障を抱える二岡と比べれば、全力疾走できる分だけまだゲッツー回避の期待はできた。

　さあ、ノーアウト満塁で鶴岡である。ところが、前のバッター・飯山のところからマウンドにあがっていた涌井秀章のボールが、抜群にいい。これは外野フライを打つのも、難しいかもしれない。結果、鶴岡は前にボールを飛ばすことができなかった。空振りの三振。

　ただ、ダブルプレーという最悪の事態は免れた。まだ１アウト満塁、犠牲フライのチャンスは残っている。満を持して、代打・二岡の登場だった。二岡の打球は右方向に転がった。これをさばいたセカンドの原拓也がホームに送球し、３塁ランナーがフォースアウトになる。これで２アウト満塁、１番まで打順は回った。あとはキャプテンのバットにすべてを託すしかない。一打出ればサヨナラ、打ち取られれば９回時間切れで規定により引き分けという場面は、涌井秀章対田中賢介という球界を代表する２人の対戦となった。

　結果はサードゴロでゲームセット、２人の勝負は涌井に軍配があがった。

　感じるところがあったのは、翌日のことだ。スタメンを告げるため鶴岡に声を掛けると、

「監督、昨日はすみませんでした」

　と、ノーアウト満塁で三振に倒れたことを詫びてくる。

「オレはおまえを信用して出しているんだから、気にしなくていいよ」

　と返したら、鶴岡はこう言った。

「でも監督、僕、あんな場面ではじめて打たせてもらいました」

　実際には、「はじめて」ということはないだろう。だが、鶴岡はそういう表現で、打てなくて申し訳ないという気持ちと、チャンス

をくれてありがとうという感謝の気持ちを伝えてきた。彼はそういう配慮ができる男なのだ。

ピッチャーという生き物は、元来、わがままな生き物だ。少々自分勝手なくらいでなければ務まらない仕事ともいえるだろう。そんなわがままな男たちが、チームにはいっぱいいる。その一人ひとりを我慢強く、丁寧にリードするのが、キャッチャーというポジションである。「女房役」と言われるゆえんだ。

キャッチャーの鶴岡は、みんなバラバラの強烈な個性を持つピッチャーたち、一人ひとりに最大限の配慮をし、そのピッチャーのために、そして何よりチームのために、いつも自分自身を殺して献身的に尽くしてくれる。ファイターズというチームは、こういう男に支えられているのだ。そんなことを感じさせてくれる、嬉しいひと言だった。

第5章：勝利のために
理論を捨てることも必要である
シーズンを通して学んだベンチの野球学

確率を超えたところにある感覚が大事である

もうひとつ、現場に立ってはじめて実感したことがある。

野球には先人の教えに基づく理論、すなわちセオリーというものがある。解説者時代の僕は、より深く野球を理解しようとして、一生懸命、そのさまざまなセオリーを学んでいた。もちろんセオリーを知っておくことは大切だ。そこで学んだことは、すべて自分自身の血となり肉となっている。

しかし、戦いの最前線でやるかやられるかの重要な決断を迫られたとき、果たしてセオリーに立ち戻るかといえば、答えは「ノー」

である。しかも、そこでじっくりと思考を巡らせている時間の余裕などない。そういう局面で最後に頼るのは、自分自身の感性なのだ。積み重ねてきた経験と、研ぎ澄ませてきた肌感覚からカンが働く。

　だから試合中、メモは取らないようにしている。試合が終わったら、気になったことを書き留めておくことはあるが、試合中にはしない。メモを見ることもない。読んで、確認しなければ思い出せないようなことは、いま、この試合には必要のないことだと思うようにしている。大切な情報は、球場のいたるところに散らばっている。それを見逃さず、肌で感じて、いつでもカンが働くようにスタンバイしていなければならない。

　パナソニックの創業者にして、日本で最も有名な実業家の一人である松下幸之助さんは、

「経験を積む中できびしい自己鍛錬によって、真実を直感的に見抜く正しいカンというものを養っていかなくてはならない」

　と遺している。カンは日々の鍛錬によって、養われるものなのだ。

　また、実態はともかく、どうやら僕は理論派のイメージで語られることが多いようだ。だが、いまの心境を素直に吐き出せば、残念ながら野球の監督にとって理論は重要ではない。去年まで仕事をしてきたテレビの世界では理論は大事だったけれども、現場の監督は違う。だから、いままでやってきたことを変えないと、この世界では生きていけないと思った。

　代打を送る際には、ピッチャーとの相性や本人のコンディションなど、さまざまな観点から人選を行う。だが、客観的にはこれといって推す根拠が見当たらないのに、なぜか、監督がその選手の名前を告げることがある。そんなとき、監督はこう思っている。

「なんとなく打ちそうな気がする」

　本来、監督が「なんとなく」で選手を起用してはいけない。つまり、まったく根拠のない決断は避けなければならない。だが、客観的な根拠がどうしてもピンとこなければ、主観的な根拠にかけてみ

てもいいだろう。

　野球は確率のスポーツである。その確率をすべて理解した上で、確率を超える感覚というものが求められる。だから、迷ったときはダメなんだと思う。たとえ同じ選手を起用したとしても、迷ったときと、迷わなかったときでは、結果は違ってくる。それが分かっているから、スッと浮かんだ男で勝負の一手を打ってみるのだ。

　実際、そんな試合があった。後半戦のことだ。8月8日、帯広の森野球場で行われたホークス戦。

　先発・八木智哉の乱調で2回までに5点リードを奪われる苦しい展開も、3回裏、先頭の8番・鶴岡慎也が四球で出塁すると、そこから打線がつながり、打者10人を送る猛攻でこの回一挙5得点、同点に追いつく。

　試合はその後、両チーム1点ずつを奪い合い、6対6の同点で9回裏の攻撃を迎える。まずは1アウトから4番・中田翔がフォアボールで出塁。続く稲葉篤紀が送ると、6番・陽岱鋼が歩かされて2アウト1、2塁となる。

　マウンド上は、昨年、ホークスの日本一に大きく貢献した左腕の森福允彦。代打の切り札・二岡智宏はすでに使っていたが、ベンチには同じ右バッターの鵜久森淳志が控えている。鵜久森は約2週間前の同じカードで、左腕の山田大樹から2打席連続ホームランを放ち、サウスポーキラーぶりをいかんなく発揮していた。

　しかし、ここで、ピンときた。7番・M・ホフパワーに代えて、

「代打・杉谷拳士」

　前日はスタメン出場していた杉谷だが、このところ調子を落としており、この日はここまで出場機会がなかった。コンディションを重視すれば賢明な判断とはいえないかもしれない。

　だが、森福のような一流のピッチャーは、代打ではなかなか打たせてもらえない。しかも、ここは一打出れば、サヨナラの場面であ

る。少しくらいお調子者なところがあって、行くときにはガーっと行く、そんな選手が結果を出してくれるような気がした。高校からプロ入りして4年目になる21歳の杉谷は、ときに場の空気などおかまいなしに、おちゃらけたムードを漂わせる、まさしくそんなタイプの男だった。

果たして、杉谷は見事に結果を出してくれた。雨のなか、鮮やかに左中間を破るタイムリーツーベースヒット。ファイターズは劇的なサヨナラ勝ちを収めた。

「やりましたー！（外野を抜けた瞬間は）キターッ！　って感じですね！」

お立ち台の杉谷は、やっぱりなかなかのお調子者だった。

セオリーはセオリーでしかない

日本コーチング学会という団体がある。コーチング学に関する科学的研究とその発展に寄与し、スポーツの実践に役立つことを目的とした団体だ。

かつてそこに論文を提出したことがある。そのなかのひとつに、及川研先生、佐藤精一先生というお二方とともに研究した「野球の無死1塁で用いられる送りバント作戦の効果について」というものがある。ある年のプロ野球の1年間のデータのなかから、ノーアウト1塁になったケースをすべて抽出して、そこからどうなったのかを調べあげた。送りバントで2塁に進めるという作戦はひとつの定石とされているが、本当にそれは得点の確率が高いのかどうかということを客観的に確認しようとしたのだ。ある条件のもとでのデータを簡単にまとめてみると、こういう結果が出た。

まず、ノーアウト1塁からランナーを2塁に進めるために、もっとも有効な作戦は何か。

送りバント	89・9％
ヒットエンドラン	73・1％

盗塁	67・5％
バント企画後のヒッティング	59・4％
ヒッティング	45・0％

　このデータから、ノーアウト１塁からランナーを２塁に進めるために、もっとも有効な作戦は、送りバントであるということが分かる。
　しかし、作戦の最終的な目的はランナーを２塁に進めることではない。得点することである。では、そこから先、そのランナーが生還して、得点にいたる確率はどうなのか。

送りバント	44・0％
ヒットエンドラン	49・0％
盗塁	45・6％
バント企画後のヒッティング	48・5％
ヒッティング	44・3％

　送りバントをしたときが、一番得点が入っていないという結果が出た。
　一方、ヒッティングでランナーを２塁に進めようとするのは、決して確率が高い作戦ではないが、そこからランナーが生還して、得点にいたる確率まで見ると、送りバントをしたケースとほとんど変わらないということが分かる。
　このような数値を、どう読み取るか。
　送りバントでランナーを進めると、アウトカウントもひとつ増えて、状況は１アウト２塁となる。守る側からすると、あとアウト２つ取ればいいということになる。
　ところが、ヒッティングの場合、アウトカウントを増やさずにランナーを進めることもできる。そうなると守る側は、得点圏（得点に結びつく可能性が高い２塁や３塁）にランナーを置いて、あとアウ

ト3つを取らなければならないのだ。

　後続のバッターの力量や調子との兼ね合いにもなるが、送りバントのサインひとつ出すにしても、そのようなさまざまな状況まで想定して、最善の策を導き出さなければならないということを、こういったデータは教えてくれる。

　そういった背景のなか、監督に就任し、ある程度の試合数を経験する前の僕は、ノーアウト1塁からの送りバントをあまり有効な作戦とは捉えていなかった。野球は27個のアウトを取られるまでの間に、1点でも多く取ったほうが勝つゲームである。そのアウト27個のうち、貴重な1個をみすみす相手に差し出すような印象が拭いきれなかったのだ。

　しかし、実際こうしてプロ野球の監督として戦ってきて、それとはまた別のアングルから、送りバントという戦術を再認識しつつある。

　プレーする選手からいかに迷いを取り除いてやるか、これは監督のもっとも重要な仕事のひとつである。ノーアウトのランナーが出た場面、ベンチの選択肢はいくつもあるが、得点をあげるためにランナーを進めるという目的はひとつだ。その目的を達成するための手段として、いま、塁にいるランナーと打席にいるバッターが、もっとも迷いなく実行できる作戦、それが送りバントであるケースは現実としてある。ならば、その選択もありだろう。

　果たしてバントは消極的な作戦か、この点においても、そうはいい切れないケースがままある。確かに盗塁という選択には積極的な印象があるし、ヒットエンドランという作戦は攻めている感じがする。だが、それも先入観なのかもしれない。なかには、消極的な盗塁もあれば、消去法で致し方なくするヒットエンドランもある。そしてもちろん、積極的な、攻めているバントもあるということを、いまは肌感覚として理解している。

　以上の例からも分かってもらえるだろうが、ベンチから学んだこ

とというのはこうだ。

　僕には、選手時代、取材者時代とさまざまな立場を経て培ってきた野球理論があった。しかし、実際に監督という立場になってみると、その理論は、ある意味では理論でしかなく、捨てる覚悟が必要なときがあることを知った。理論を超えたところにある、肌感覚の重要性を実感したわけである。

　もちろん、もともとの理論がなければ、捨てることはできない。理論を持った上で、それに固執しないこと、肌感覚を敏感にさせることこそが、勝利のために必要だったのだ。

ベテランはチームの宝

　こうして監督になる前の数年、解説をしていて「ベテラン」という表現をすることに、僕は少し抵抗を覚えていた。取材をしていると、自分がそう呼ばれることをあまり快く思っていない選手が少なからずいたからだ。「ベテラン」という言葉には、「老兵」といったようなイメージもあり、現役選手としての先が長くない印象を抱かせるからだろう。だから取材の場面でも、放送の現場でも、「ベテラン」と表現するときには、いつも細心の注意を払っていたつもりだ。

　そんな背景があり、自分自身が現場の人間となっても、はじめのうちはチーム内でベテランの存在をどう捉えるべきか、様子を窺っていた時期があった。果たして、彼らをベテラン扱いしていいものか。そもそもベテラン扱いとは、いったいどういった扱いなのか。

　しかし、その悩みはすぐに解消された。ファイターズには稲葉篤紀と金子誠という、経験豊富な2人の野手がいるが、日々接するなかで、彼らがその答えを教えてくれたのだ。

　彼らの言動がチームに与える影響はとても大きい。選手たちはみな、2人の行動を見て、それにならい、絶妙なタイミングで掛けられる彼らの言葉に叱咤され、激励される。かといって、2人の前ではみな、萎縮しているかというと、そのようなこともない。つねに

自然体で過ごしている彼らが、よき手本となることはあっても、若手に必要以上の圧力を与えることはないように見える。

では、稲葉と金子はいつも周囲への影響を考え、自分のあるべき姿を強く意識しているのだろうか。

いや、決してそうではないだろう。彼らは特別に意識することなく、さも当たり前のようにそうあり続けることができる。きっと、それがベテランという存在なのだ。

ファイターズは球団主導のしっかりとした組織をつくりあげ、そのシステムのなかで選手を活かしている、それが毎年安定した力を発揮することができる最大の要因であると、前に書いた。でも、それだけではなかった。そのシステムを現場で支えるベテランたちの存在があって、このチームは常勝軍団となり得たのだ。

ベテランはチームの宝であるということを、改めて選手に教わった。

過程は大事。しかし、結果がすべてだ

取材する側は、いつも「答え」を求めている。答えを求めて質問をぶつけ、返答に耳をそばだてる。ところが、そう簡単に答えは見つからない。肝心なことは分からずじまい、というケースが大半だ。みんな答えを隠しているのか。いいや、そんなことはない。

どんなに取材したって答えが見つからない理由も、実際に監督を経験してみて、はじめて分かった。そもそも、そこに答えはないのだ。なぜなら、みんな答えを求めて戦っているわけではなく、「結果」を求めて戦っているから。マスコミは「だからこうなった」という答えをほしがるが、当事者たちにとっては、そんな答えなどどうでもいい。監督や選手がほしいのは、いつだって結果だけなのだ。

取材で東京ドームを訪れたとき、読売ジャイアンツの原辰徳監督に、監督室に案内してもらったことがあった。そこに、

『過程は大事だ。しかし、結果がすべてだ』

という一文があった。藤田元司元監督が遺した言葉だそうだ。も

ちろんプロセスは大事だが、結果がダメならその過程にも意味はない。反対に、どんなにチグハグなプロセスを辿っても、結果がよければすべてがOKになってしまうこともある、それが勝負の世界というものだ。

　履き違えてはいけないのは、この言葉が「プロセスは軽視していい」と言っているわけではないという点である。プロセスを大切にするのは当然のことだ。何度も繰り返し、やり尽くして、そうすることで必ず結果が出る世界もあるだろう。だが、どんなにやり尽くしても、結果が出ないこともある、それがプロ野球という世界なのだ。だから難しく、だからみんな苦しむ。

　そして、正しいやり方があるのではなく、自分が正しいと思ったやり方が正しい、いつもそう思っていなければ、決して前には進めない。

【5月20日】二岡智宏、稲葉篤紀のすごさ
一流が持っている「全力」

　あれは交流戦、マツダ スタジアムで行われた広島東洋カープ戦のことである。

　前の日、新人・野村祐輔のほぼ完璧なピッチングの前に手も足も出ず、その後、K・ミコライオ、D・サファテというリレーで1対0、ファイターズは完封負けを喫した。

　翌日の5月20日、今度はエース・前田健太が相手である。これも簡単に打ち崩せるようなピッチャーではない。チャンスはつくるが、あと一本が出ず、スコアボードに「0」が並ぶ。8回にはまたミコライオにつながれ、そこもピシャリ。前の日から数えると、このカープ戦では17イニング無得点となっていた。

　しかも1点ビハインドの8回裏、3点を奪われ一気にリードを広げられると、なおも1アウト満塁の場面で、打席には24年目の大ベテラン、代打の石井琢朗。鋭いライナー性の打球に、センター前ヒ

ットを覚悟したが、次の瞬間、ダイビングした陽岱鋼がスーパーキャッチ。飛び出していたランナーは戻れず、ボールはセカンドに送球されて、一瞬にしてダブルプレーが成立する。崖っぷちのチームを救う、ビッグプレーだった。

　4点を追う9回、代わった3番手ピッチャーの今村猛から、1アウト後、7番の加藤政義がショートエラーで出塁するものの、スレッジがファーストゴロに倒れて2アウト。ランナーは2塁に進んで、打席には代打・二岡智宏が向かう。

　前日から「0」行進が続いている。次の試合につなげるためにも、ここはせめて1点ほしいとベンチが願うなか、二岡が期待に応えてタイムリーヒットを放ち、4対1とする。

　さらに、糸井がデッドボールで出ると、続く小谷野栄一は、4番手のサファテから左中間を破る2点タイムリーツーベースヒット。あっという間に1点差まで詰め寄り、明らかにスタジアムの空気が変わった。押せ押せムードのファイターズは、3番・田中賢介がフォアボールを選び、4番・中田翔がレフトへ同点タイムリーツーベース。9回2アウトから、ついに4対4の同点に追いついた。

　前の回、1アウト満塁の大ピンチで飛び出した、陽岱鋼のスーパーキャッチが、この流れをつくってくれたとも言えるかもしれない。4点差を追いついた、この試合は大きい。

　このあと、2、3塁にランナーを置いて稲葉篤紀が打席に入るが、打球はセカンドへのゴロとなり、ここまでかと思われた。ところが、セカンドの小窪哲也がこれをファーストへ悪送球し、稲葉は1塁セーフ。その間にランナーが生還し、なんと逆転してしまったのだ。

　引き分けで上出来の試合だった。だが、最後にもう1点が転がり込んできて、この試合は大逆転勝利を収めることになる。

　ここで見逃してはならないのが、エラーでもらった5点目であろう。これを単なる相手のミスと捉えては、いかにも視野が狭い。あのとき、一番感じたのは稲葉の全力疾走が呼び込んだ1点だという

ことである。

　セカンドゴロを打った稲葉は、1塁に向かって全力疾走していた。いつものことである。稲葉はいつも全力疾走している。1塁ランナーに出たときも、牽制球で帰塁する際はいつも頭から戻っている。アラフォー（40歳前後）と呼ばれるあの世代で、それができる選手は稲葉くらいのものだろう。

　その稲葉のイメージはすっかり球界に定着している。あのとき、セカンドを守っていた小窪も、もちろんそれは知っていたはずだ。だから、おそらく小窪は少し焦った。打球をつかみ損ねたり、送球が少し乱れたりすれば、全力疾走している稲葉はセーフになる。慎重に、丁寧に、その必要以上の意識があのミスを生んだ。

　いつも全力疾走して、相手にもそういう印象付けができているから、焦りを誘うことができる。だからこそ際どいタイミングになったとき、ああいうことが起こる。なんとなくエラーしたように見えて、彼にプレッシャーをかけていたのは、実は稲葉の姿勢だった。

　球史に残る名捕手であり、スワローズのプレーイングマネージャーまで務めた古田敦也さんは「大事なのは実力じゃなくて実績だ」と言っていた。それは稲葉のようなプレーに臨む姿勢も含めての実績なのだと思う。

　ただプロだから、子どもたちの見本になるために全力疾走しているわけではない。塁に出るために、先の塁に進むために、そして勝つために、稲葉はいつも全力疾走しているのだ。

　そしてもう一人、この試合でも貴重なタイムリーヒットを放った二岡の「全力」にも触れておきたい。

　今シーズンの二岡の活躍には、目を見張るものがあった。主に代打での出場だったが、限られた一打席にかける思いというものは、すさまじかった。特にすごかったのが、いつ来るかも分からない、その一打席への準備が、本当に「全力」であったことだ。

中継ぎや抑えの投手が、試合の途中から準備することはファンの
みなさんも想像しやすいと思う。今年、最優秀中継ぎ投手のタイト
ルを獲得した増井浩俊を筆頭に、たくさんの投手に無理をしてもら
った。たとえ試合では投げなくとも毎試合のように、肩をつくらな
ければいけないというのは、並大抵のことではない。

　では、代打はどうか。あまり想像ができないかもしれないが、実
は、これにも大変な準備が必要なのである。なかでも二岡の準備に
は、鬼気迫るものがあった。代打の可能性が高い場面が近付くと、
ベンチ裏で二岡は準備を始める。そのたび、すべての力を使い果た
してしまうのではないかと思われるほど、極限まで集中力を高める
のである。実際、コーチからは、彼の体を心配する声が上がったほ
どだ。それでも二岡は言ったという。

「何度でも準備します」

　それを伝え聞いたとき、胸が熱くなった。

　プロ野球にはずば抜けたパワーや、スピード、テクニックを持つ
選手がたくさんいる。だが、それだけではない。なかでも一流と呼
ばれる選手にはずば抜けた「全力」を持つ者が多いのだ。

できないということは、教えられていないということ

　ノーアウト満塁は意外と点が入りにくい。野球界ではよく言われ
ることだ。

　では、ノーアウト満塁で打席に立ったとき、バッターはどんなふ
うに考えて打たなければならないのか。ヒットを打ちにいくのか、
それとも外野フライを狙いにいくのか。狙いにいくならば、どうや
ったら外野フライが打てるのか。そういった指示を、ベンチが徹底
できなかったことによって点が入らない、そういうケースは多いと
思う。

　プロなんだから、選手は言われなくてもできて当たり前、という
考え方はかなり危険だ。そういった場面での基本的な考え方を普段

から教えられていたかどうか、そして指示を徹底できていたかどうか、というのが一番の問題だ。

選手ができないということは、指導者が教えられていないということ。

そこはちゃんと反省しなければいけない。

ノーアウトや1アウトでランナーが3塁に進むと、最悪でも犠牲フライで1点、と考えるのが一般的だろう。そこでもし外野までボールを運べずに、アウトカウントだけが増えたりすると、「ああ、あいつは外野フライも打てないのか」となってしまう。

外野フライの打ち方の指導法として、「逆方向（右バッターならライト方向、左バッターならレフト方向）に、高めの球を、8割の力で」というものがある。だが、それだって普段からしっかりと練習していなければ、そう簡単に打てるものではない。プロのバッターなんだからそれくらい……、と思われるかもしれないが、打たせまいとして必死に投げているのもプロのピッチャーなのだ。

こういうシーンが何度かあった。1アウトランナー3塁という場面で、バッターは思い切って引っ張り、内野ゴロに終わった。あとでコーチに確認したところ、

「選手は状態もよかったのでヒットを狙いにいった。紙一重だった」

と言う。紙一重はいいが、そこにヒットを狙う以外の選択肢はなかったのか。外野フライを打とうとする意志はなかったのか。もしなかったとすれば、それは選手が悪いのではなく、ちゃんと教えていない監督が悪い。「教えているつもりなんだけど……」の「つもり」はいらない。「つもり」は言い訳だ。

確かに試合中、頭にくることはある。それは、うまくいかないことのほうが多いから。ただ頭にくるということは、自分がちゃんとやっていないということなのだ。

そして、その怒りはまたコーチに対するメッセージでもある。監督も悪いけれど、コーチも悪い。選手をそこに持っていけない我々

が反省しなければいけない。

「なぜ打たない！」「なぜ抑えない！」と選手に文句を言うのは簡単だが、それを選手のせいにしてしまっては、指導者は成り立たないと思っている。それを打たせるようにする、抑えられるようにするのが仕事なのだ。

ファイターズの選手は外野フライを打とうと思ったらみんな打てる、というのを、結果として、試合を見てくれている子どもたちへのメッセージとして伝えられるのが理想だ。実践して伝えられるというのは、普段からきっちり教えられているということだから。

それができていないのは監督の責任。そのために監督は偉そうにさせてもらっているのだ。それを選手のせいにしていたら、監督の意味がない。

送りバントのサインにしても同じだ。

絶対にランナーを進めなくてはならない大事な場面で、バントのサインを出されると、選手には大きなプレッシャーがかかる。でも、バントができるかどうかが問題じゃない。打線がつながるためには、このランナーをなんとしても進めたいという姿勢を示すことが大事だということを、いつも伝えている。精神論を振りかざすつもりはないが、その気持ちさえあれば、次のバッターにはつながると思っている。それこそが、つなぎなのだ。

例えば、ヒッティングでランナーを進めてくれと指示を出す。進塁打を打とうとして空振りしても、結果、ダブルプレーになってもそれは構わないから、必死にランナーを進めようとする姿を見せてほしい。それだけはやってくれ、そのためには練習もしておいてくれ、そういう伝え方をしている。

あえて動かない勇気も必要

では、チャンスでバッターに指示を送るとき、監督が一番勇気を

求められる指示は何か。それはたぶん「普通に打て」だと思う。

意外とスクイズのサインはそんなにドキドキしない。やっぱりスクイズのサインを出すと、ベンチはみんなしーんとする。でも、僕は平気だ。「ストライクよ、来て！」とは思うが、腹は据わっている。それより一番怖いのは、実は普通に打たせることなのだ。

そもそも作戦というのは、より確率の高い選択をするためにある。バントしかり、盗塁しかり、ヒットエンドランしかり、その作戦を取ることが、得点をあげるためにはもっとも有効な選択だと考えるから、そのサインを出すのだ。

なので、普通に打たせるという選択をしたということは、それがもっとも確率が高いと考えているということだ。にもかかわらず、普通に打たせて結果が出ないと、周囲には何も手を打たずにみすみすアウトをくれてやったと思われる。これはつらい。選択肢のなかからベストだと判断した「普通に打て」を選んだのに、それが伝わらない。

また、何もしないこと、動かないことが大事な場面もある。攻めようと思ったときに、人は慌てる。監督も慌てる。ヒットエンドランのサインを出すにしても、つい早いカウントで動きたくなってしまう。待って、追い込まれたらどうしようとか、いろいろ考えると、どうしても慌ててしまうのだ。

だが、そんなときは慌てて動かずに、落ち着いてじっくり見極めたほうが、よい結果が出ることが多いような気がする。ただ試合後、記者に囲まれて試合を振り返るとき、あえて動かなかった場面のことを説明するかというと、あまりしない。できれば記者も、動いた結果の成功か失敗か、そのあたりの話を聞きたいだろう。だからあまりクローズアップされることはないが、何もしないこと、動かないことで、実は試合は動いているのだ。

判断を間違わないために、いかに平常心を保つか

　動くにせよ、動かないにせよ大事なことは、その場面で適切な判断ができているかどうか、ということだ。

　そこで肝に銘じるのが、また三原脩さんの言葉。

「判断を間違わないために、いかに平常心を保つか」

　これは通算276勝をあげた大投手・稲尾和久さんのプロ入りにまつわるエピソードだ。三原さんがある人物を介して、はじめて高校時代の稲尾さんを見に行ったとき、実はあまり印象には残らなかったという。しいてあげれば「コントロールのいい子だな」という程度だったそうだ。

　しかし、たまたま三原さんは機嫌がよかった。機嫌がよかったから、

「まあ、とりあえず獲っておけば」

　となった（当時はドラフト制度がなかったから、自由に選手を獲得できた）。あのとき、もしイライラしていたら「こんなピッチャー、どこにでもいるから」と言って、稲尾さんを入団させることはなかっただろうと、のちに三原さん本人が振り返っている。

　あの稲尾さんがそのまま埋もれていたら、日本のプロ野球史はかなり違うものになっていたことだろう。その歴史を左右するほどの出来事が、ただ機嫌がよかったからという、それだけの理由で導かれているのだ。

　それくらい人間は平常心を保っていなければ、判断を間違いかねない。特に監督は、それができなければ、監督をやる資格がない。組織を束ねるとか、人を活かすというのはそういうことなんだと、三原さんは説いている。

　この言葉は、毎日、肝に銘じている。

決断のスピードが勝負を分ける

　とはいえ、平常心を保つことは難しい。

バッターはいつも受け身だから、いろいろ仕掛けられる。それが
ピッチャーのことになると、とたんに金縛りにあったかのように、
動けなくなることがある。ピッチャーの交代がこんなに難しいもの
だとは思わなかった。

試合中はいつも二手先、三手先を読みながら、頭のなかでシミュ
レーションを繰り返しているけど、特にピッチャーの継投に関して
は、考えなければいけないことがものすごく多くて、ものすごく速
い。感覚としては、解説者としてものを考えていたときの、10倍く
らいのスピードで決断していかないと、間に合わなくなってしまう。

ある試合で、攻撃中に次の回のピッチャーのことを考えていた。
相手の打順は6番バッターから始まる。そこを3人で片付けられれ
ば、その次の回は9番からだが、もしランナーを一人出したと仮定
すると、その次の回は1番からの攻撃となり、クリーンナップまで
打順が回ってしまう……、などと思いを巡らせていたら、突然、コ
ーチから「監督、どっちでいきます？」と声を掛けられ、思わず「え
っ、何が？」みたいな間抜けなリアクションをしてしまった。「えっ、
何が？」もへったくれもない。ファイターズの攻撃中なのだ。攻撃
の指示に決まっている。

特にピッチャーの交代を難しく感じるのは、自分が野手出身だか
らなのかもしれない。ピッチャーには、ピッチャーにしか分からな
い特有の感覚があるのだと思う。

去年、中日ドラゴンズを4度目のリーグ優勝に導いて勇退された
落合博満監督は、ピッチャーの交代をすべて森繁和ヘッドコーチに
任せていたという。あの落合さんでもそうなのだ。それがいかに負
担の大きい作業なのか、想像してもらえるだろうか。

今年、ファイターズのベンチでは、4回頃に吉井理人投手コーチ
を呼んで、7、8回あたりのピッチャー交代の話をしている自分が
いた。投手の継投に関して、前もって頭のなかで準備をしておく。
平常心を保つ準備ともいえる。選手の練習同様、監督も思考と準備

のトレーニングを積んでいかなければ、試合のスピードにはついていけない。

第6章：いかに潮目を読むか
死闘となった後半戦、優勝争いのなかで

　例年、オールスターゲームの監督は、前年優勝チームの監督が務め、2位、3位のチームの監督がコーチを務めることになっている。

　今年、パ・リーグの監督はホークスの秋山幸二監督が務め、コーチは僕と、ライオンズの渡辺久信監督が務めた。去年、チームが2位になったことに、自分はなんの貢献もしていないが、何かのご褒美だと思ってオールスターのベンチを満喫させてもらった。

　現役時代、大打者だった秋山監督と大エースだった渡辺監督は、2人とも監督としてチームを優勝に導いた経験がある。教えてもらうことはたくさんあった。そして、一番ありがたかったのは、シーズン前半戦を振り返っていて、2人とも大変だということが分かったことだった。自分よりはるかに経験豊富な2人も大変な思いをしている。自分だけじゃないんだと思うと、少し落ち着くことができた。

　そうはいっても、これから始まる後半戦の戦いを想像すると、心身ともにボロボロになっていく自分の姿ばかりが思い浮かんでくる。だが、ボロボロになっても構わない。むしろボロボロにならずして、何かをやり残して負けることのほうがよっぽどイヤだ。

　後先のことは計算できないから、いけるときには多少無理してでもいく。

　というより、選手たちにはいってもらう。一番苦しくなるシーズン終盤、ここぞという場面で無理がきく体をつくるために、キャンプからその準備をしてきたのだ。

192

すべてを出し尽くして、最後、疲れきってダメだったら納得はいく。

そして、いよいよその後半戦が始まった。

【7月25日】中田翔、金子誠のビッグプレー
好守は流れを引き寄せる

後半戦は、今シーズンもっとも苦手としているホークスとの2連戦から始まった。

前半戦、ホークスにはなぜか勝てなかった。前半戦の対戦成績は、2勝9敗1分け。途中、6連敗があるなど、カモにされているといってもいい状態だった。まず、このホークスに対する苦手意識を払拭しないことには、優勝争いもおぼつかない。そのためにも、この2連戦は死に物狂いで取りにいかなければならない、そんなカードだった。

そして、その初戦は、ここから始まる後半戦の戦いがますます厳しいものになることを予感させる、紙一重の内容となった。

ホークスは、プロ入り4年目で初の開幕投手を務めた攝津正が、この後半戦初戦でも先発のマウンドに上がった。2回表、その攝津から4番・中田翔がレフトへソロホームランを放ち、まずはファイターズが先手を奪う。

3回まで素晴らしいピッチングを見せていた先発の武田勝は、4回以降バックの好守もあり、6回を無失点。その後、7回は宮西尚生、8回は増井浩俊という必勝リレーで、主砲の一発であげた虎の子の1点を守る。

ところが9回裏、守護神の武田久は、3番・松田宣浩、4番・W・ペーニャに連打を浴びて、ノーアウト1、3塁とされ、打席には5番・内川聖一を迎える。満員の福岡ヤフードームは大いに盛りあがり、この時点で流れは完全にホークスに傾いていた。

正直、逆転負けも脳裏をよぎったこの絶体絶命のピンチで、内川

が放った痛烈なピッチャーライナーを、武田久が左肩付近でダイレクトキャッチ。打球に反応して飛び出していたペーニャの代走・今宮健太が戻れず、1塁に転送してダブルプレーとなった。

いつも思うことだが、野球は本当に怖い。一瞬にして、再び流れが変わった。

最後は小久保裕紀のピッチャーゴロを、これも武田久がさばいて、1対0、薄氷を踏む思いで後半戦白星スタートを切った。

この試合、勝利を引き寄せたのは、チームを救ったいくつかの好守だった。

5回裏、2アウト1、2塁でレフト前ヒットを打たれるが、中田が見事なバックホームで失点を防いだ。

続く6回には、またしても2アウト1、2塁から、センター前に抜けそうな内川の当たりに、ショート・金子誠がギリギリで追いついて、ピンチの芽を摘んだ。

こういう勝ち方ができたのは大きい。特にホークス相手にこれができたのは、シーズン終盤に向けて必ず活きてくる、そう思わせる勝利だった。

【7月26日】1番・陽岱鋼、9番・田中賢介に込めたメッセージ 特別扱いはしない

翌日の第2戦は、ある思いを込めて、先発オーダーを大きくいじった。

【7月25日　ホークス戦第1戦の打順】【7月26日　ホークス戦第2戦の打順】

1	田中賢介　（左打）	1	陽岱鋼　（右打）
2	小谷野栄一（右打）	2	杉谷拳士　（両打）
3	糸井嘉男　（左打）	3	糸井嘉男　（左打）
4	中田翔　（右打）	4	中田翔　（右打）

5	稲葉篤紀　（左打）	5	小谷野栄一（右打）
6	陽岱鋼　（右打）	6	鵜久森淳志（右打）
7	ホフパワー（左打）	7	鶴岡慎也　（右打）
8	鶴岡慎也　（右打）	8	金子誠　（右打）
9	金子誠　（右打）	9	田中賢介　（左打）

　苦手とするホークス投手陣のなかでも、特に苦手意識の強いのがこの日の先発である山田大樹だった。なんとか攻略の糸口を見出すために、右バッターをズラリと並べた。２番に入れたスイッチヒッターの杉谷拳士を加えると９人中７人が右打ちということになる。

　ただ、理由はそれだけではない。実は今シーズン、試してみたくてまだ試していない打順があった。それが１番・陽岱鋼である。起用する機会を窺っていたのだが、前半戦はそのチャンスがなかった。ところが、期せずしてそれが実現した試合があった。オールスターゲームである。パ・リーグの打順は、監督を務めるホークスの秋山監督が決める。その秋山監督が第１戦、いきなり陽岱鋼を１番に起用してくれたのだ。「しめた！」と思った。

　大阪府の京セラドームで行われたその第１戦、陽岱鋼は初回、ジャイアンツの杉内俊哉からいきなり先頭打者ホームランを放ち、存在感を見せつける。さらに第４打席にもツーベースヒットを打って、この試合の敢闘選手賞を獲得した。そして、彼の夢の球宴はそれだけでは終わらなかった。岩手県営野球場での第３戦、再び１番バッターに起用された陽岱鋼は、シングルヒット２本にホームラン１本、４打数３安打４打点というという華々しい活躍を見せ、MVPに輝いてしまったのだ。正直、これには驚かされた。公式戦とは違ってプレッシャーのかからない舞台とはいえ、この活躍で得た収穫は大きかった。

　陽岱鋼を１番に起用したのが、ホークスの秋山監督だという点も考慮していい材料だった。それだけ評価されている、裏を返せばイ

195

ヤがられている存在だということの証しであるからだ。ならば、オールスターで起用してくれたお礼といってはなんだが、早速のホークス戦で試してみよう、そう考えた。

そして、この打線でもっとも大きな意味を持っていたのは、9番・田中賢介だった。

前の日の賢介は、1番でヒットも1本打っており、はたから見る限り、状態はいたって普通だった（前日までの打率3割1分8厘）。そして、左対左といっても、賢介がことさら山田を苦手としているという印象もなかった。では、その賢介をなぜ9番に下げたのか。その決断には、自分なりのチーム全体へのメッセージが込められていた。

今日はなんとしても天敵・山田を攻略する。そのために右バッターをズラリと並べた。左バッターであるキャプテンの賢介を9番に下げてまで、それを徹底した。目的を達成するためには、いかなる特別扱いもしない。それが、メッセージだった。

第3章でも書いた開幕第3戦、稲葉に代打を送ったケースと同様、チーム内のだれもがリーダーと認める、ある意味特別な存在だと思われている賢介を動かすことに意味があった。他の選手の打順を下げたのでは、そのメッセージも伝わりにくい。賢介だからこそ、チーム全体に届くと思ったのだ。

試合は2回に1点を先制されたものの、5回、スタメンに抜擢した鵜久森の1号ホームランで同点に追いつくと、続く6回、4番・中田のタイムリーツーベースヒットと、鵜久森の2打席連続となる2号2ランで逆転に成功した。

1番・陽岱鋼、5打数2安打。

9番・田中賢介、3打数1安打。

5対3、難敵ホークスに連勝し、後半戦は好スタートを切ることができた。

【7月29日】斎藤佑樹、二軍降格
リーダーは考えてやることしかできない

　後半戦がスタートしてまもなく、稲葉篤紀、田中賢介とは違った意味で影響力を持つもう一人の選手には、残念ながらファームでの再調整を求める決断をした。それを「開幕投手の二軍降格」と捉えるなら、やはりチーム内へのメッセージと言えるかもしれない。斎藤佑樹である。

　その決断にいたるまでの流れを、簡単に振り返っておこう。

　4勝目をマークした5月4日のバファローズ戦以降、しばらく白星から遠ざかっていた斎藤だが、自身の24歳の誕生日である6月6日、札幌ドームでのカープ戦で好投。8回1失点という内容の濃いピッチングで、昨年の勝ち星にあと1つと迫る5勝目をあげた。

　打者29人に対し、球数はわずかに88球だった。平均すると、打者1人に対して要した球数はほぼ3球程度。こういう感じで投げることができれば、長いイニングを任せることができる。この試合に関していえば、十分に合格点を与えていい内容だった。

　そして、さらなる飛躍を期待してマウンドに送り出した次の登板は、一週間後、同じ札幌ドームでのジャイアンツ戦だった。

　この時点で、交流戦1位のジャイアンツに対し、ファイターズは2位。逆転優勝に向けて、落とせない一戦だったが、残念ながら思い通りにはいかなかった。

　4回まで毎回ヒットを許しながら無得点に抑えてきた斎藤が、5回につかまる。ホームランを含む4本のヒットと2つのフォアボールを与えて3失点。だが、ここで代えてしまっては、我々の期待する進化は望めない。長い目で見て、そして必ずや踏みとどまってくれることを信じて、6回のマウンドに送り出した。

　エドガー、J・ボウカーの両外国人を2者連続の空振り三振に仕留め、

そこまでは強い気持ちを見せてくれた斎藤だったが、続く9番・寺内崇幸にヒットを許すと、打席に1番の長野久義を迎え、ここで弱さが出てしまう。

この日の長野は当たっていた。3安打を放ち、前の打席ではレフトに2ランホームランを打っている。だからこそ、ここで斎藤は勝負しなければならなかった。もちろん勝負にはいっていたのだが、力みが出てしまったのか、最後はフォアボールで歩かせてしまう。それは一番やってはいけない結果だった。

プロ野球の勝負である以上、大前提として、ピッチャーは相手に得点を与えてはいけない。だからランナーを置いたこの場面、当たっている長野に対しては慎重に攻めた。その結果がフォアボールだというのは分かる。しかし、プロ野球選手には一人の男として、勝負師として、引いてはいけない場面がある。ここはそういう場面だった。監督が口にしてはいけないが、打たれてもいいから勝負しなきゃいけない場面だったと思うのだ。

ヒットを2本打たれて、ホームランも1本打たれて、この日の斎藤は長野にやられっぱなしだった。だが、もう一度、勝負するチャンスが巡ってきたのだ。やり返さなきゃいけない。前に進むためには、絶対に必要な勝負だった。ここで勝負しきれなかった自分を、その悔しさを絶対に忘れてはいけない。

野茂英雄という伝説の大投手がいた。日本人選手のメジャーリーグへの道を切り拓いたパイオニアで、アメリカでもその名は知られている。その彼が言っていた。

「メジャーでも、分かっていても真っ直ぐで勝負する。バッターが待っていても、真っ直ぐを投げなきゃいけないときがある」

真っ直ぐ勝負が正々堂々だ、なんて言うつもりはない。もちろんそこには、その後の対戦も含んだ駆け引きもあるだろう。でも、間違いなくそれは、勝負師としての自分のプライドをかけた勝負でもあるということだ。斎藤には、思いを持ち続けてほしいと思ってい

るからこそ、それができなくて悔しいゲームだった。

　負けが先行するなか、迎えた前半戦最後の登板は7月13日、Kスタ宮城でのイーグルス戦で、この試合は田中将大との投げ合いとなった。

　斎藤は6回を投げて、7つの四死球を与えた。決して球が走っていないわけではない。真っ直ぐはいいのに、勝負しないから頭にきて怒った。

　実はこの試合の前、斎藤はこんなことを聞いてきた。

「監督、大学の頃と比べて、どうですか？」

「大学の頃は困ったときに、上から見下ろして投げられたでしょ。おまえらになんか打たれないと思って投げていたでしょ。そこが、いまとは違う。フォームが違うとか、ボールのキレが違うとかそういうことじゃなくて、気持ちがあの頃とは違っているわけだから比較しないほうがいいよ。どうせ投げるんだから、同じ気持ちで投げればいいんだ。だから、打たれてもいいから攻めなさい。打たれたら、前に進むから」

　いま、プロ野球で調子がよかったら一番打ちにくいピッチャーはだれかといったら、それは田中将大だと思う。ライバル云々じゃなくて、そういうピッチャーと投げ合うのに、相手に7つも四死球を与えていたら勝負にならない。そもそも斎藤がチームで一番フォアボールが多いなんてありえない。それじゃ、結果なんて出るわけがない。

　そして後半戦がスタートし、7月29日のバファローズ戦、斎藤は4回途中、7安打6失点という内容でKOされる。試合後、二軍降格を決めた。

　吉井投手コーチが斎藤のことを、

「まだ２年目だから、しょうがないですかね」

と言ったことがある。吉井コーチは思慮深い男だ。何とか斎藤をフォローしてやりたいという思いがそう言わせたのだろう。

だが、違う。斎藤はまだ本気になっていない。尻に火がついていない。２年目云々じゃなくて、いましっかりしないと、本当に先なんてない。プロはそんなに甘い世界じゃないから。自分で気付いてやってくれないと、本当に「やばい」と思って必死になってやってくれないと、なんにも変わらない。

斎藤の話が少し長くなってしまった。

開幕投手に大抜擢したところから始まっているので、栗山監督は斎藤を特別扱いしている、とか言われることがあるけど、特別扱いしているわけじゃない。でも、忘れてはいけないのは、今シーズン、チームが優勝争いできているのは、あの開幕戦があったからこそだということ。あそこでやられていたら、こうはならなかったと思う。だから、なんとかしてやりたいという思いはある。そういう意味では、恩人だから。

ただ、またこういうことを書くと、やっぱり特別扱いしているじゃないか、と突っ込まれそうだけど、これだけは断言する。自分がなんとかしてやりたいと思っているのは、斎藤だけじゃない。選手全員に対してその思いを持って、毎日必死に考えている。なんとかしてやりたい、なんて言うとおこがましいけど、自分には考えてやることしかできないから。

【８月21・22日】大量得点、大量失点ふしぎなこと

やはり「飛ばないボール」の影響なんだろう。いまのプロ野球はなかなかホームランが出ない。だからこそ、ホームランバッターの価値は高まっているといえる。昔のシーズン50本に比べたら、中田のホームラン数なんてがっかりするほど少ない。でも、中田のホー

ムランは価値ある一発が多い。それは1本のホームランで決まる試合も多いからだ。

　1試合に両軍合わせて何発もホームランが飛び交っていた時代は、3ランホームランなんかもよく出ていた気がする。それがいまはどうだ。3ランが出ようものなら、これで勝ったと舞い上がり、逆に打たれたら、あぁ負けたと意気消沈する。それくらいいまのプロ野球は、戦っていても点が入らない感じがしているのだ。

　そんななかで、とんでもない試合があった。8月21日、旭川スタルヒン球場で行われたオリックスとの一戦だ。

　5回表を終わって2対1、1点リード。ここまではよくある試合だった。ところが5回裏、糸井嘉男から始まるファイターズの攻撃で、試合は大きく動く。3つのアウトを取られるまでの間になんと16人が打席に立ち、9本のヒットと4つのフォアボールで一気に11得点。46年前、東映時代につくられた1イニングの球団最多得点記録に並んだ。しかも不思議なことに、これだけ点数が入っているのに、ホームランは1本も出ていないのだ。

【5回表、打者16人の猛攻】

3	糸井嘉男	サード内野安打
4	中田翔	サードゴロ
5	稲葉篤紀	レフト線タイムリーツーベースヒット
6	陽岱鋼	フォアボール
7	ホフパワー	フォアボール
8	鶴岡慎也	レフト前タイムリーヒット
9	金子誠	左中間タイムリーツーベースヒット
1	田中賢介	レフト前ヒット
2	飯山裕志	見逃し三振
3	糸井嘉男	ライト前タイムリーヒット
4	中田翔	フォアボール

5	稲葉篤紀	センター前タイムリーヒット
6	陽岱鋼	センター前タイムリーヒット
7	ホフパワー	フォアボール
8	鶴岡慎也	センター前タイムリーヒット
9	金子誠	サードゴロ

　毎日、1点取るのにヒーヒー言っているのがウソのような、真夏の珍事だった。

　試合後、「明日の試合に今日の得点の半分もらえたらいいんだけどなぁ」と言っていたら、翌日はなんと、オリックスにそっくりそのまま13点を返される。

　終わってみれば、なんてことのない1勝1敗という数字だけが残ったが、なんとも不思議な旭川遠征となった。

【8月29日】キャプテンの負傷離脱、今季絶望
いまいるメンバーが、ベストメンバー

　日本のプロ野球では、ホームチームが1塁側ベンチを使用するケースが多い。規則があるわけではないのだが、慣例としてそれが一般的になっていた。だが、札幌ドームを本拠地とするファイターズは、いつも3塁側に陣取っている。理由はいくつかあって、スコアボードがライト側のスタンドに設置されているため、3塁側からだと真正面にあって見やすいというのもひとつだ。

　その3塁側ベンチの空気が一瞬にして凍りついたのは8月29日、ライオンズ戦でのことだった。

　チームはライオンズと激しい首位争いを繰り広げていた。この試合の前までファイターズは2位ではあったが、ライオンズとのゲーム差はわずか1。大事な天王山だ。

　1点リードの7回表、ノーアウト2塁という場面で、ライオンズの3番バッター・中島裕之は、初球、意表をついたセーフティバン

トを試みる。打球はファーストの稲葉篤紀が処理し、1塁ベースカバーに入った田中賢介に送球するが、次の瞬間、バッターランナーの中島と交錯した賢介があおむけに倒れた。ボールが転々とする間に2塁ランナーが生還し、1対1の同点に追いつかれる。しかし、そんなことよりも賢介が心配だった。激痛をこらえる様子から、事態が深刻だということは容易に想像がついた。

　札幌市内の病院で検査を受けた賢介は、「左橈骨頭骨折および左尺側側副靱帯断裂」と診断され、今季中の復帰は絶望という報告だった。4日前には、同じく中心選手の糸井嘉男が、左脇腹の筋挫傷で全治2～3週間と診断されたばかり。それに加えて、ここまでチームを牽引してきてくれたキャプテンの戦線離脱は、計り知れない痛手だった。

　なかなか当たりの出ない4番バッター・中田翔に、
「悲劇のヒーローになりきるな」
とはっぱをかけ、あるときは若手を呼んで、
「監督がやろうとしている野球を理解して、それに対応するのがプロ野球選手の仕事。それができなければ、この世界で長く生き残っていくことはできない」
そう諭してくれたという。ファイターズというチームにとって賢介がどれほど大きな存在か、それはともに戦う選手たちが一番よく知っていた。

　その賢介が、ちょうどペナントレースが残り30試合となった日、戦線を離脱した。いくらファイターズが大人の集団とはいえ、動揺するなというのが無理な注文だった。

　賢介がグラウンドを去った直後、ライオンズの主砲・中村剛也に2ランホームランを浴びて、2試合連続の逆転負け。これで首位・ライオンズには2ゲーム差をつけられ、3位のホークスは0・5ゲーム差に迫ってきていた。開幕からずっと思ってきたことだが、こんなときこそ、

「いまいるメンバーが、ベストと思って全員で戦うしかない」

そう自分に言い聞かせるしかなかった。

ベストメンバーとは、いま、最高の結果を望めるメンバーのことを言うと思っている。故障やアクシデントを言い訳にしてはいけない。そう信じることができずに、ベストを尽くすことはできない。

【8月30日】プロ2年目、西川遥輝が見せた勢い
カンフル剤を意識する

キャプテンの田中賢介は手術を要する大ケガで、今シーズン復帰は絶望という診断だった。翌日の試合前、賢介が訪ねてきて、

「申し訳ありません」

と言われたが、体を張ってチームを牽引してきてくれた結果の負傷であり、こっちのほうが申し訳ない気持ちでいっぱいだった。

しかもチームは今シーズン2度目の4連敗、苦境に立たされていた。糸井も故障で欠いており、こうなるともはや、いい意味で開き直るしかない。その思いをスタメンに込めた。

1番に、後半戦に入って何度か試してきた陽岱鋼を置き、2番にスイッチヒッターの杉谷拳士、そして3番には若手で期待の西川遥輝を抜擢した。1番から4番の中田翔まで、25歳、21歳、20歳、23歳という、とても優勝争いをしているチームとは思えない、若い上位打線となった。

なかでも西川はプロ2年目の内野手。僕が『熱闘甲子園』（テレビ朝日／朝日放送）というテレビ番組でナビゲーターを務めていたとき、智辯和歌山高校の中心選手として活躍していた男だ。脚が速く、潜在能力の高さはピカイチだが、去年は右肩の内視鏡手術を受けたこともあり、1年間をファームで過ごす。2年目の今年、開幕戦で一軍デビューを果たすと、その後はおもに代打や代走として経験を積み、6月末から時折スタメンにも名を連ねるようになっていた。

とはいえ、チームの底力が試されるこの大事な試合で、まだスタ

メン経験が10試合にも満たない20歳の若者を、いきなり3番で起用することができたのは、自分がまだ本当の意味での怖さを知らないルーキー監督だったからかもしれない。しかし、賢介の戦線離脱というあまりにも大きなショックを払拭するためには、チームを奮い立たせる、何かしらのカンフル剤が必要だと感じていた。

試合は3回裏、その上位打線が機能する。まずは1アウト2塁のチャンスに、1番・陽岱鋼がレフトにタイムリーヒットを放って1点を先制。その陽岱鋼が盗塁を成功させ、杉谷のセカンドゴロの間に3塁へ進むと、3番の西川がこれもレフトへタイムリーヒット。プロ初の3番抜擢に、見事に応えてくれた。

結局、この2点を最後まで守り抜く格好でライオンズに勝利。連敗を4でストップし、賢介を失ったチームに生気がよみがえった。

この苦しいときに、若い連中ががむしゃらさを見せてくれたことに、感じるものがあった。

月並みかもしれないが、やはり「ピンチはチャンス」と思えるかどうか、そこが重要なのだと痛感した。そう捉えてチャレンジできたからこその、実りある一日となった。

【8月31日】吉川光夫、防御率1・2位対決で圧巻の投球
自信を育てるためには結果を残させる

後半戦、投手陣の柱となったのは、期待以上の成長を遂げてくれた吉川光夫だった。

前半戦は15試合に登板して7勝4敗、防御率2・31という成績だったが、数字以上に内容の光るピッチングが多かった。開幕からわずか3カ月半という短い期間に、間違いなく吉川は前に進んだ。交流戦で優勝したジャイアンツの選手たちが、パ・リーグで一番よかったピッチャーはだれかと聞かれ、対戦した選手の多くが「ファイターズの吉川」と答えていたという。その評価には、自信を持っていいと思った。

そして、初のオールスターにも選ばれ、松山坊っちゃんスタジアムで行われた第2戦、マリーンズの成瀬善久のあとを受け、パ・リーグの2番手で登板した。打者12人と対戦し、ヒット3本で2点を失ったが、3つの三振を奪うなど存在感を示してくれた。

　実はこのオールスターの間、パ・リーグのある選手にこんなことを言われた。

「吉川はもちろん球はいいんだけど、クイックの速さとか、守りをきっちりやるとか、そういう投げること以外も一生懸命できるから、みんながあいつのことをイヤがるし、いいピッチャーだってみんなが認めるんですよね」

　彼は、ファイターズの監督である自分に、わざわざ吉川の素晴らしさを説明してくれた。深い意味はなかったと思うが、チームのなかにいる我々が思っている以上に、他のチームの選手が吉川のことを認めてくれているということ、つまりイヤがられているということが確認できた。これは思わぬ収穫だった。

　そして後半戦、吉川のピッチングは登板を重ねるごとにすごみを増していった。ひと言で言えば、ベンチから見ていて点を取られる気がしない、そんなピッチングである。

　第2章の最初にも書いた通り、開幕前から彼とは、打たれてもいいから、自分で納得のいくボールを投げること、それだけを約束してきた。しかし、予想通りというべきか、安定してそれができるようになると、吉川はまったく打たれなくなった。

　8月11日のライオンズ戦、ルーキーイヤーの7月以来となる、約5年ぶりの完封勝利で9勝目をあげると、次の登板であっさりと二桁勝利を達成。気付けば、吉川が投げる日は負けない、そういう存在になっていた。

　4連勝で勝ち星を11まで積み上げた吉川は、8月31日、福岡ヤフードームでのホークス戦に臨んだ。自分のなかでの吉川に対する評価は、この日、完全に固まったと言っていい。

ホークスの先発は、防御率1・73、パ・リーグ第1位の大隣憲司。

　一方、ファイターズの先発は、防御率1・85、パ・リーグ第2位の吉川。

　いま、一番点を取られない2人のピッチャーの直接対決は、そのデータが示す通りの緊迫した投手戦となった。吉川のことは、ここで大隣に投げ勝てたら本物だと思って見ていたが、結果、勝ち負けはつかなかったものの、吉川は投げ勝った。大隣はふらふらしていたけど、吉川はあのホークス打線を完全に力でねじ伏せた。これでもう大丈夫だと思った。

　一気に頭角を現した吉川だが、今シーズンの前半戦は、5回以降、少しでも不安が顔をのぞかせるとすぐに交代させていた。甘やかさないでもっと投げさせろ、という声はチーム内でも確かにあったが、この男にはまず自信をつけさせてやることが優先だと感じていた。このまま投げさせて負け投手になるんだったら、早めに降ろして、後ろのピッチャーには負担をかけるけど、なんとか吉川に勝ちをつけてやりたい。そうやって前に進んできた。目に見える、結果で自信をつけさせたい、と思ったのだ。

　そして後半戦に入ると、早くも吉川は後ろのピッチャーに恩返しを始めた。吉川が投げる日は必ず長いイニングを投げてくれるから、後ろが休める。

　それにしても、今年のうちに吉川をこんなに評価することになるとは思わなかった。吉川だけは一年間褒めない、そう決めて臨んだシーズンだったのに、後半戦が始まってしばらくすると、もうあちこちで褒めまくっていた。

　でも、できるだけ本人の前では褒めないようにしている。ああ見えておっちょこちょいなところがあるので、褒めて、天狗になるといけないから（笑）。

　余談だが、将来、吉川はどんなピッチャーになるか、そのイメージを尋ねられたことがある。僕は迷わず「江夏豊さん」と答えた。

オールスターで伝説の９連続奪三振を記録した頃の、全盛期の江夏さんだ。吉川が進むべき方向は、絶対にそっちだと思っている。

【9月2日】4番・中田翔、決勝ホームラン
立場が人を変える

　前半戦、なかなか当たりの出なかった中田翔を４番バッターに固定していなければ、ファイターズは首位を独走していたかもしれない、と言う人がいる。勝負の世界に「たられば」はないが、確かに中田に８番を打たせていれば、彼の成績は大きく違っていただろう。４番と８番では相手バッテリーのマーク、すなわち警戒の度合いがまるで違う。

　でも、８番を打って中田個人の成績がよかったからといって、それがどれだけチームの勝利に結びついたかというと、それは分からない。逆にいつも中田が４番にいてくれたからこそ、大きな連敗もせずに、チームは優勝争いできたのだと思っている。

　中田はいいバッターになってきた。というか、４番バッターらしくなってきた。特に後半戦、中田が打つと勝つという雰囲気がチームのなかにできてきたことがとても大きい。

　厳しい戦いが続くなか、勝つ形、勝てると思える形があるということは、大きな強みとなる。

　９月２日のホークス戦、４回表に飛び出した中田の第18号２ランは、試合をひっくり返す逆転のホームランとなった。今シーズン、高卒ルーキーとは思えない圧巻のピッチングを続けている19歳の武田翔太から放った、値千金の一発だ。

　その後、中村勝、増井浩俊、武田久という投手陣がわずか１点のリードを守り抜き、チームは引き分けを挟んで３連勝を飾った。

　この試合の中田は、ホームランが１本に、三振が３つ。まさにたったひと振りで決めた、そういう試合だった。

【９月５日】後半戦、忘れることのできない敗戦
勝てる試合を、勝ちきることの難しさ

　たくさんの嬉しい試合があって、たくさんの悔しい試合があって、いっぱいの感動をもらって、いっぱいの反省を重ねて、気付けばペナントレースも残り一カ月となっていた。

　オールスターを迎えた頃から、本当の勝負は残り20試合を切ったあたりからだと思っていた。こういう展開になると、おそらく最後の最後までもつれ込む。

　一方で残り20試合になれば、あとは選手に任せて大丈夫、そういう考えもあった。ラスト20のカウントダウンが始まるまで、しっかりとした戦いを続けることができれば、あとは必ず選手たちがやってくれる。

　そのラスト20のカウントダウンがまもなく始まろうという９月のはじめ、今年最後の東京ドームでの主催ゲームを、イーグルスを迎えて戦った。２連戦の初戦は、１点を追う８回、４番・中田翔に逆転のタイムリーツーベースヒットが飛び出し、３対１で勝利を飾る。これで引き分けを挟んで４連勝、貯金も最多タイの10となった。

　翌日、この日勝てば５連勝で貯金11、いずれも今シーズンの最多記録を更新する。

　そして試合は、やはり１点を追う５回、今度は中田が口火を切り、小谷野栄一のタイムリーヒット、ホフパワーの２ランホームラン、さらには杉谷にもタイムリーが出て、４点を奪った。

　５対２、３点リードで終盤を迎える。

　ところが６回、２番手のD・モルケンがつかまって２点を返されると、このあと送り込んだリリーフ陣もことごとく捉えられる。３番手の宮西尚生はレフト中田のバックホームに救われたが、４番手の増井が４失点、５番手の矢貫俊之が２失点と、火がついたイーグルス打線の勢いをだれも止められない。

激しい優勝争いのさなか、勝てばブレイクスルーのチャンスと踏んでいた大事な一戦は、痛恨の逆転負けとなった。

　前の日に出場選手登録したばかりの20歳、2年目の谷口雄也が、打点付きのプロ初ヒットとなるツーベースを打ったり、同点のピンチで中田が目を見張るスーパープレーを連発したりと、完全に流れはこっちにあったにもかかわらず、そこで勝利を拾うことができなかった。

　6回以降に投入したピッチャーは、みんな本来のピッチングができず、マウンドでもがき苦しんでいた。それをベンチで見ていながら、何ひとつ、有効な手を打つことができなかった、監督としての責任を痛感させられた敗戦だった。もし今シーズン、優勝を逃すようなことがあったら、そのターニングポイントとして思い起こされる試合になるかもしれない。そんなふうに思いながら、眠れない夜を過ごした。

【9月11日】初の貯金「11」
組織は、大将の器以上に大きくならない

　メディアはプロ野球のペナントレースを「ゲーム差」で表すのが一般的で、ファンのみなさんもその数字に一番なじみがあるのではないだろうか。事実、解説者時代の僕もゲーム差という考え方で順位争いを見ることが多かった。

　しかし、いざ現場に入ってみるとあまりゲーム差でものは考えなくなる。ゲーム差は争っている相手との差を数値化したものなので、自分のチームの勝ち負けだけでなく、ライバルの勝ち負けにも影響される。しかもそのライバルは1チームだけではないので、それをいちいち計算していると、どうしてもバタバタしてしまうのだ。

　そこで、現場では自然と「貯金」でものを考えるようになる。貯金はライバルの勝ち負けには左右されない。だから、自分の考えも落ち着きやすいのだ。

その貯金が、なかなか10を超えられないでいた。はじめて貯金11に挑んだ8月25日のイーグルス戦は2対1でサヨナラ負け。2度目は前頁にも書いたこれもイーグルス戦で、悔しい逆転負け。そしてその3日後、3度目の挑戦は延長戦の末、またしてもサヨナラ負けという結果に終わった。単なる巡り合わせかもしれないが、もやもやとしたものが残る。

　9月11日、今シーズン最後の9連戦が始まった。その初戦は、千葉でのマリーンズ戦だ。相手先発のS・グライシンガーの前に沈黙していた打線だが、5回表、中田翔の放ったチーム初ヒットが先制の第20号ホームラン。続く6回には、陽岱鋼、西川遥輝、糸井嘉男の3者連続ツーベースヒットで2点を追加し、試合の主導権を握った。

　投げては武田勝が8回途中まで5安打2失点の好投を見せ、結局、3対2で勝利。武田勝は球団史上初となる左腕の4年連続二桁勝利を記録し、チームはこの日敗れたライオンズと入れ替わり、18日ぶりの首位に返り咲いた。

　そして、実はこの勝利で、ファイターズの貯金は今シーズン最多の11となっていた。というのも、この日に限って、貯金のことはまったく頭のなかになかったのだ。これまで貯金が10になると、必ず11を意識してきた。11になれば、次にひとつ負けても二桁をキープすることができる。その気持ちの余裕ができれば、また思い切って若手を試すなど、勝負どころへ向けた新たなトライができる。だから11になったとき、そこから次なるスタートが切れると思っていた。変な欲が出ていたのかもしれない、といまは思う。

　4球団の監督を歴任し、リーグ優勝5回、日本一3回を経験した名将・野村克也さんが、

「組織というものは、大将の器以上に大きくはならない」

　と言っていたが、監督の「欲」もチームの邪魔をするのかもしれない、そんなふうに思った。

　とにかくひとつ勝つことだけに集中して臨んだこの一戦、試合終

盤の流れはおそらく向こうにあった。こちらには、反省すべき采配ミスもあった。だが、勝利という結果が残った。そして試合後は、嬉しさが込み上げてくるようなこともなく、ただホッとしただけだった。

はじめて「優勝」の二文字を意識した日

パ・リーグ全5チームとの対戦がラスト一巡となり、ファイターズはファンのみなさんと、

〈共に戦う！　FINAL　LAP〉

を合言葉に、長いペナントレースの最後の周回に突入した。

その皮切りとなった9月17日、地元・北海道でのバファローズ戦は、いわゆるローテーションの谷間だったこともあり、中継ぎで活躍してきた1年目の森内壽春をプロ初先発のマウンドに送り出した。また、スタメンマスクは19歳の高卒ルーキー・近藤健介。フレッシュなバッテリーで大事な一戦に臨んだ。

試合は、森内が3回をどうにか2失点で踏ん張ると、打線は4回、6安打を集中して一挙4点を奪い、逆転に成功する。継投でリードを守ってきた終盤の8回、2点を失い、一時は同点に追いつかれたものの、その裏、1アウト3塁のチャンスに、代打・杉谷拳士が決勝のタイムリーヒットを放ち、しびれる接戦をものにした。

正直に告白する。この勝利のあと、ふとした瞬間に、僕はあることを思った。

「あの時代なら、優勝じゃないか」

自分の現役時代、プロ野球は年間130試合制だった。そして、この日のゲームはちょうど今シーズンの130試合目。ここで首位にいるということは、あの時代なら優勝ということだ。バカバカしいことだと分かっていても、思い浮かんでしまったのだから仕方がない。

さらにその後、2位のライオンズが敗れ、ゲーム差が1・5ゲームとなったことを知らされた。それが、はじめて「優勝」の二文字

を意識した瞬間だったかもしれない。

それまで一試合一試合、勝利をつかみ取ることにこそ必死だったが、その先にあるものを具体的に想像することはなかった。というよりも、日々、一勝を追い求めることだけで精いっぱいだったのだ。

それが130試合目という節目に勝利を収め、ライバルとの差がわずかに広がったことで、ほんのわずかながら、これまでに味わったことのない感覚が芽生えていた。その正体こそ、きっとプレッシャーなのだろう。

【9月18日】131試合目、貯金13
勝率5割というハードル

ピッチャーがノーヒットノーランを意識した途端、次のバッターにヒットを打たれ、記録が途絶えるというのは、野球界ではよく聞く話だ。それを引き合いに出すのはふさわしくないかもしれないが、はじめて「優勝」の二文字を意識した翌日、ここで敗れると、いかにもプレッシャーに負けたようで、あとあと尾を引きそうなイヤな感じがしていた。

そんな絶対に負けられない一戦、見事なピッチングを見せてくれたのは武田勝だった。前の日、ブルペンを総動員して計7人のピッチャーをつぎ込んだ投手陣を気遣うかのように、安定感抜群の内容で完投勝利。チームの貯金は今シーズン最多の13となった。

実はこの貯金13という数字に、僕は胸をなで下ろしていた。

この試合が終わって、ペナントレースは残り13試合。その時点で13の貯金があるということは、万が一、この先ひとつも勝てなかったとしても、もう借金を抱えることはない。つまり、今シーズンの勝率5割以上が確定したことになる。勝率5割は目標に設定するような数字ではないが、それをクリアすることは自分に課せられた最低限の任務と考えていた。

それを達成して、思わず胸をなで下ろしたのだ。

ファンのみなさんには、志が低いと叱られるかもしれないが、実際のところ、そんな不安に押しつぶされそうになりながら、毎日命がけで戦ってきたのだ。

　こう言えば、もう少し分かってもらえるだろうか。少なくともこの時点で首位にいたファイターズでさえ、144試合中、131試合目を戦い終えるまで勝率5割以上は確定していなかった。つまり、シーズン終盤まで優勝争いしていたチームが、最終的には勝率5割を切る可能性もある、それがプロ野球のペナントレースというものなのだ。

　勝率5割は決して低いハードルではない。それもまた、現場に立ってはじめて実感したことだった。

　北日本の記録的残暑は、北海道も例外ではなかった。9月といえば例年、一気に秋めいてくる季節だが、月の半ばを過ぎても、まとわりつくような暑さがなかなか抜けない。

　そんななかで戦った最後の9連戦は、6勝2敗1分という望外の好成績で乗り切ることができた。これは、上出来だ。

　9連戦が終わった翌日は、移動日だった。

　2位ライオンズとの直接対決に備えて、千歳空港から羽田空港へ向かう。簡単な身支度を整え、外に出ると、前日までの湿気がウソのように、空気は乾燥していた。北海道は、いよいよ秋の訪れだ。

　迎えた敵地での3連戦は、1勝2敗という結果に終わった。

　2連敗のあと、3戦目は2点を追う苦しい展開になったが、その本当に苦しい場面で、中田が4番らしい働きを見せてくれた。6回、同点の2ランホームランを放つと、7回には逆転の2点タイムリーツーベース。もともと、それだけの力を持った男だ。

　一シーズン、負担を掛け続けてきたリリーフ陣は、シーズンが佳境に入っても変わることなく、みんな、毎日しっかりと自分の仕事をしてくれている。勝負事だから、やられることもある。たとえや

られても、強い気持ちを持って、次の日もまたマウンドに上がる。それが彼らの仕事だ。頭が下がる。でも、きっと明日もまた、僕は彼らの名前を告げる。

　本当の戦いはいよいよこれからだ。だが、正直なところ、これから先のことはまったく分からない。明日以降のことを計算しようにも、経験のない僕にはその計算の仕方が分からないのだ。

　ただ、今日の試合の戦略を練ることはできる。今日の試合を勝ち切るために、知恵を絞り出すことはできる。それはいままでと同じだから。いままでやってきたんだから、最後までそれを繰り返すしかない。

　毎日、自分にこう言い聞かせている。

「明日はいいが、今日だけは全力を尽くせ！」

終章：人と比べない
ファイターズの愛情と、監督への覚悟

チャンスを与えるためではなく
最高の結果を信じているからこそ起用する

「栗山監督はよく若い選手を使う」

　そんなふうに僕は言われているようだ。

「若い選手を使うのって、怖くないんですか？」

　そう質問されることもある。

　怖いと思ったことは一度もない。

　もし怖いとすれば、いったい何が怖いのだろう。ミスが怖い？そうだろうか。誰だってミスはするし、そのミスが次に活かせれば、それは本当の意味でのミスではない。むしろミスを恐れて勝負できなくなること、それが最大の敵だ。

そもそも僕は、チャンスを与えようという考えで若手を使うことがない。いつも、こいつなら必ずやってくれると思っている。この勝負に勝てると思って使っているのだ。だから、それを怖いと感じることはない。

　また、僕がベンチで不安に思っていたら、そのマイナスの波動は必ず選手に伝わると思う。不安が伝われば、それは結果にも影響する。もしバッターが打てなかったら、それはベンチの責任でもあるということだ。だからこそ、信じ切るのだ。

　もちろん、シーズンのはじめには不安もあった。選手を信じると決めて臨んだ開幕だったが、選手のことは信じられても、そう信じている自分のことが、まだ信じられない。

　そんないっさいの不安を拭い去ってくれたのが、岩舘学という男だった。自分の考えにブレはない、いま、そう言い切れるのは岩舘のおかげだといっても過言ではない。

　第3章でも触れたが、あれは開幕第2戦のことだ。1点を追う9回裏、1アウト1、3塁のチャンスをつかみ、代打に送ったのが岩舘だった。初球、ワイルドピッチで2、3塁となり、続く2球目、僕はスクイズのサインを送った。監督として、はじめて出したスクイズのサインだ。結果はファール、スクイズは失敗に終わった。なかなかチャンスに恵まれず、長年、下積みを重ねてきた苦労人の岩舘にとっては、まさに野球人生がかかったスクイズだったかもしれない。それが失敗に終わったのだ。

　スクイズの失敗は、それを決断した監督の責任である。だから気にする必要はない。そう本人に伝えたところで、おそらく岩舘は結果を重く受け止めたことだろう。僕がこの場面を後悔したとすれば、それはスクイズが失敗に終わったことではなく、彼に失敗をさせてしまったことだ。失敗させたのは、間違いなく監督なのだ。

　しかし、岩舘は僕にその後悔をさせなかった。5球目、真ん中のストレートを見事に弾き返し、センター前の同点タイムリーヒット。

開幕直後、不安でいっぱいだった監督を、ひと振りで救ってくれたのだ。

あの場面、スクイズの失敗を引きずらず、よくヒットを打ってくれた。あれは、これまで何十万回、何百万回とバットを振ってきた岩舘の、野球にかける一途な思いが運んでくれた打球だった。人間ってすごい。素直に、そう思った。そして、最後の一瞬まで選手を信じ切る、それでいいのだと岩舘が確信させてくれた。

人と比べるな

中島卓也という内野手がいる。中島はにごらずに「なかしま」と読む。

福岡工業高校時代、チームメイトにプロ注目のピッチャーがおり、ファイターズのスカウトがそのピッチャーを見に行ったとき、たまたま目に留まったのが中島だったという。

高校から入団して、今年でプロ4年目になる選手だが、キャンプではじめてその守備を見たとき、正直びっくりした。抜群にうまいのだ。いま、ショートを守らせたら、12球団ナンバーワンと言ってもいいかもしれない。全盛期の宮本慎也（東京ヤクルトスワローズ）と比べても遜色ない、そういったらそのレベルの高さを分かってもらえるだろうか。守備だけなら「超」のつく一流だ。

だが、いかんせんバッティングは、そのレベルには程遠かった。あまりにも打てないから、去年まではほとんど一軍でプレーする機会は与えてもらえなかった。

そんななか、チームの新監督に就任した僕が、一番思い入れを持った選手が中島だった。彼の野球に取り組む姿勢が、現役時代の自分自身にダブって映ったのかもしれない。もちろん選手起用に関してえこひいきするようなことは断じてないが、チームにどうしても必要な選手だと判断した。だから、中島を信じ続けた。そして、これからも信じ続けていく。

そう、いまの自分があるのは、僕のことを信じてくれた人たちがいたからだ。おまえなら大丈夫だと、あきらめずに見守ってくれた人たちがいたからだ。

　大学を出て、スワローズに入団した当時、プロのレベルにまったくついていけず苦悩していた僕に、目をかけてくれた人がいた。内藤博文二軍監督（当時）である。

　内藤さんはジャイアンツのテスト生第一号で、入団後は実力を発揮してレギュラーを取ったこともある人だ。他のコーチが僕に見切りをつけるなか、内藤さんだけは向き合ってくれた。あのときの内藤さんの愛情がなかったら、きっと１、２年でクビになり、いま頃何をしていたかなと想像もつかない。

　一番苦しかった時期に、その内藤さんに言われたひと言がいまも忘れられない。

「人と比べるな」

「プロ野球は競争社会だ。だが、そんなことはどうでもいい。おまえが人としてどれだけ大きくなれるかのほうがよっぽど大事だ。だから、周りがどうあろうと関係ない。明日おまえが、今日よりほんのちょっとでもうまくなっていてくれたら、オレはそれで満足だ」

　そう、内藤さんは言ってくれた。

　それがどれだけありがたかったか。どんなに感謝したことか。

　いまのファイターズには、本当に愛情のあるコーチがたくさんいる。清水雅治外野守備走塁コーチや三木肇内野守備コーチは、選手たちをいつも命がけで怒っている。僕がプロ野球史上最高の外野陣だと確信している中田翔、陽岱鋼、糸井嘉男の３人も、清水コーチにはいつも怒られているが、見ていると、その指導からは痛いほど愛情が伝わってくる。それは間違いなく、選手たちにも伝わっているはずだ。

　コーチに求められる一番大切な資質は何かと言われたら、それは愛情だろう。うまくしてやりたいという純粋な思いが、選手を一番

うまくする。そんな愛情のある指導者こそ、球団にとってかけがえのない財産なんだということを、改めて実感している。

少しでも自分のためを考えたら
それは覚悟ができていないということ

「覚悟に優る決断なし」

そう教えてくれたのは、僕の現役最後の年、新しい監督としてスワローズにやってきた野村克也さんだった。

覚悟するということは、結果をすべて受け止める心構えで、迷いなく勝負に臨むということ。それを持って前へ突き進めと、指揮官は選手たちに説いた。

あれから20年以上が経ち、思いも寄らなかった監督のオファーが僕のもとに届いた。そのとき、自分に「死ぬつもりでやれ」と言われているような気がした。世のなかには、自分を殺して、人のためだけに尽くす仕事というのがある。監督という仕事もそれなんじゃないかと思った。だから、監督を引き受けてくれと言われることは、「自分を殺しなさい」と言われているようなものだ。自分のためなんて、これっぽっちもなくなる。

思えば、それが自分にとっての「覚悟」だった。

少しでも自分のためを考えたら、それは覚悟ができていないということだ。

いま、監督である自分が言うと語弊があるかもしれないが、正直、監督なんて二度とやりたくない、とすら感じるときがある。それくらい毎日やり尽くしているし、自分にはもう何も残っていないと思えるくらい、出し尽くしている。もしやりたいと思う自分がいるとしたら、それはやり残したことがあるか、それとも気持ちのどこかで自分のためを考え始めているか、どちらかだ。

だから、監督なんて二度とやりたくないと思えているうちは、かろうじてまだ大丈夫だと思っている。監督という仕事は、自分のた

めを思ってやれるような仕事じゃない。

　ファイターズのユニフォームに袖を通したとき、栗山英樹は死んだ。

　チームのために、身を捧げると誓った。

　それがこのチームで、本当によかったと思っている。

　こいつらが選手でいてくれて、みなさんがファンでいてくれて本当によかった。

　　　2012年10月　北海道日本ハムファイターズ監督　栗山英樹

3
伝える。

（2013年3月26日刊行）

※データ、日付、表記は刊行当時のものです。

はじめに

批評家は、いつも対岸を歩いている

　北海道日本ハムファイターズが、北の大地に根を張ってちょうど
10年目となる、2013年シーズンのチームスローガンがこれだ。
「純　－ひたむきに－」
　ファイターズの純真な選手たちが、これまで以上に純粋に、ひた
むきに野球に打ち込めば、さらに質の高い、観る人を魅きつけるプ
レーが披露できるはず。その言葉に込められた思いを、僕はそんな
ふうに捉えている。
　スローガンの題字は、年末、テレビ番組の収録で対談させていた
だいたのがきっかけで、北海道富良野市在住の脚本家、倉本聰さん
に書いていただくことができた。
　その題字とともに球団に寄せられた倉本さんからのメッセージに
は、ファイターズを応援してくれるすべての人たちの気持ちが凝縮
されているようで、改めて身が引き締まった。
「富良野でも毎日〝今日は勝った？　負けた？〟という会話が交わ
され、チーム名を言わなくとも通じるほど、ファイターズが生活に
根付いています。ファンが見たいのは勝敗を超越した選手達のすが
すがしさ。栗山監督のもとで純粋に、ひたむきにプレーする姿を期
待しています」
　僕は以前から、倉本さんの代表作のひとつである『北の国から』
の大ファンで、去年も再放送されているのを目ざとく見つけ、何度
も見たシーンに、また感動していた。
　あのドラマの台詞は、ひと言ひと言が胸に染み入ってくる。
　脚本が素晴らしい、役者も素晴らしい、それはよくわかっている
のだが、つい自分の日常に置き換え、どうしたらこんなふうに、選
手たちに言葉を伝えることができるのだろうかと、ドラマを見なが
ら、考えてしまう。

対談させていただいた番組は倉本さんがホストで、扱いとしては僕がゲストということになるのだが、僕にしてみれば倉本さんの話を聞かせてもらうためにお邪魔したようなもので、実際のところ、勉強になることばかりだった。

　その中でも特に印象的な、キャンプ中、毎日のように思い出していた言葉がある。

「批評家は、いつも対岸を歩いている」

　批評家は、いつも川の流れの向こう側を歩いている。こちら側に立つ、創る側の我々とは、けっして重なることも、交わることもない。批評は誰にでもできるが、どこまでいっても彼らは批評するだけだ。

　ドラマや映画、舞台といった創作に命をかけてきた倉本さんの言葉は、胸にグサッと刺さった。

　倉本さんには、「監督1年目の君が、まさか優勝できるとは思わなかった」と言われた。

　20年以上、プロ野球を批評する立場にいた者、つまり対岸を歩いていた者に、そう易々と「創る側」を、野球でいえば「チーム」を率いることができるとは思わなかった、と。

　その点については、こう受け止めている。

　たしかに「野球評論家」という肩書きをいただくこともあったが、僕の中には評論しているとか、批評しているという意識はまったくなかった。現役時代、これといった実績を残すことができなかった、そんな引け目もあったのかもしれない。ただ一所懸命、取材者として得たものを、伝えることが自分の仕事だと思っていた。

　だから、立場や肩書きは川の向こう側の人に見えていたかもしれないが、現実の僕の意識はいつもこちら側にあった、きっとそういうことなのだ。

　その倉本さんの話を聞いていて、もうひとつ、思い出した言葉があった。

「批評家になるな。いつも批判される側にいろ」

もう6〜7年前になるが、NHKのドキュメンタリー番組『プロフェッショナル 仕事の流儀』で、北海道に住む脳神経外科の名医・上山博康さんが紹介されていた。その上山さんが、生涯の師にいただいた言葉だという。

医療の本質は、患者にとって何が必要かを考え、患者の求めるものを与えること。それを追求するためには、つねに現場に立ち続け、アクティブに仕事に取り組まなければならない。いつも批判される側にいるということは、そういうことだ。

2年目のキャンプを迎え、倉本さんと上山さんの言葉が、何度も頭の中でリフレインした。

右も左もわからずに臨んだ去年（2012年）は、ある意味、経験のないことがプラスに働いた。自分の目で評価することはできても、判断基準がないので批評することはできなかったからだ。

その結果、選手たちの頑張りと、ファンの支えと、そしていくつもの幸運に導かれ、優勝という美酒を味わわせてもらうことができた。それはかけがえのない財産となっている。

では、今年はどうか。

去年を成功体験とするならば、それが唯一の判断基準となり、無意識のうちに去年と今年の比較が始まって、気付けばチームや選手を批評するようになってはいないだろうか。

そうならないためにも、毎日、自分自身に言い聞かせている。

いつも批判される側にいろ。

第1章：監督ってなんなんだろう

監督ってなんなんだろう。

たった1年務めたくらいでは、その輪郭さえまだぼんやりとしたままだ。

それでも最初の1年間は、できるだけ「監督」というものを俯瞰から、客観的に捉えてみようと心掛けてきた。約20年間、取材者としてやってきた経験を活かし、取材者の栗山英樹が、対象者の栗山英樹を観察するのだ。

自分自身を見失ってしまうことがないよう、監視してきたといってもいいかもしれない。

その結果をしっかりと考察するのは10年先、20年先になってしまうかもしれないが、その中で感じたこと、気付いたことを、いくつか備忘録として書き留めておきたいと思う。

野球界はこうだという判断基準を捨てる

現役を引退したあと、ありがたいことに僕は、野球の取材や解説をやらせてもらうだけでなく、大学の教壇にあがらせてもらったり、ときにはバラエティ番組で料理を作らせてもらったり、野球界以外の人たちともたくさんお付き合いをさせてもらってきた。

だから、監督になったとき、そこでの経験から学ばせてもらった大切なことは、野球界にも持ち込んでやろうと思った。

野球界が普通じゃない、というわけではないが、そこにはやはり一般社会とは異なる価値観みたいなものも歴然と存在する。でも、社会の中の野球なんだから、野球界でしか通用しない常識っておかしいんじゃないか、と思うこともあった。当然のことながら、野球選手である前に、まずは人としてどうなのか、である。

せっかく現場に戻るチャンスをもらったのに、そこでまた、なにも考えずに迎合してしまったのでは、離れていた20年を否定することにもなりかねない。

そこで一度、「野球界はこうだから」という判断基準を、すべて捨ててみようと考えた。

教えてもできないのは、選手のせいだという考え方がある。だが、プロの門を叩くほどの選手は、誰もが優れた才能や素質の持ち主で

あるはずだ。それでも教えたことができないのは、できるように訓練させていないから、そう考える。

では、どうしたらできるようになるのか、その持っていき方を考えてあげるのが指導者の仕事なのではないか。世の中の指導者と呼ばれる人にはそういうイメージがあったから、僕もそれを実践してみようと思ったのだ。

はじめに、そうすると決めた。

それが正しいかどうかはわからないが、でも、決めたからには自分自身との約束を破るわけにはいかない。

あとは、とことん続けてみるだけだ。

一方通行で愛し続ける「片思い」のようなもの

ある外国の政治家が、自分の仕事をこんなふうに説明していた。

「政治家というのは、自分を殺して、人に尽くすだけの仕事である」

なるほど、と思った。目からうろこが落ちる感覚だった。

それから、その考えが自分の中のベースになった。指導者になるということは、自分のことはどうでもいいから、人のために尽くしきれるかどうかということなのだ。自分にとってプラスかマイナスか、そういった考えがほんの少しでも浮かぶようではいけない、と。

選手になにかを伝えようとするとき、その意図が正しく伝わっているのか、ということはやはり気になる。だが、それを言った自分はどう思われているのか、ということを考え始めては、間違った方向に行きかねない。

良く思われていようが、悪く思われていようが、そんなことはどっちでもいい。大事なのは、相手のことを思って伝えるべきことを伝え、より正確に受け止めてもらうこと、その一点に尽きる。

そのためにも、そこには「自分」という意識は、いっさい持ち込まないほうがいい。監督という仕事はチームの勝利がすべて、選手がよくなったらそれがすべてなのだから。自分にそれができている

かどうかはわからないが、そこに向かわなければならない

　いまだから言えるが、実は監督を引き受けてから、実際に現場に立つまで、正直、みんなの視線が少し怖かった。選手にどう見られているのだろうか、どう思われているのだろうか、と。20年も現場から離れていたので、いずれ選手たちがそのブランクに不満や、不信を抱くときが来るんじゃないかと思って、心のどこかでおびえていた。

　でも、それを気にして自分のやり方が変わってしまうのは、一番まずいと思った。だからいっそのこと、見返りを求めるのではなく、一方通行で愛し続ける「片思い」のようなものだと考えることにした。そうすれば自分も楽になる。

　そうしたおかげか、あんなに苦しかった1年なのに、不思議と選手に対して「この野郎！」などと思うことは、ただの一度もなかった。

　反対に、勝負の世界に愛情を持ち込んでしまったため、自分の子どもの活躍を見ているようで、すぐに感動してしまうのは、我ながらいかがなものかと思うのだが。

指導者は「馬」になれるか

「人になにかを教えるとき、心掛けていることはありますか？」

　そう、聞かれることがある。難しい質問だ。

　そもそも僕は、人になにかを教えようと思ったことがない。

　監督になったいまも、選手のためにしてやれることがあるとすれば、自分が持っているものに気付かせてやること、そして、それを引っ張り出してあげること、せいぜいそれくらいのものだ。それは、なにかを教えるということとは違う気がしている。

　〝Education〟という英単語があるが、これを「教育」と訳したのは誤りだという意見があるそうだ。本来の概念からすれば「開智」とすべき、つまり「知識を広くすること」と解釈すべきだ、というものである。

それを「教育」と訳してしまったがために、「指導」とも混合されがちだ。

「指導」は、〝coach〟である。

〝coach〟という英単語のそもそもの意味は「馬車」、すなわち乗り物であり、「大切な人を、その人が望むところまで送り届ける」という意味合いから派生して、「指導」にも使われるようになったという。

「教える」のではなく、「送り届ける」。これが僕にはしっくりときている。頭の中に漠然とあったイメージに、とても近い。

指導者が馬、背中の男が選手である。男にはまず手綱の存在に気付いてもらう。男は手綱を取って、馬を操り、まだ見ぬ目的地へと向かう。やがて目的地に到着した男は、その道程で得た自信を糧に、また新たな場所を求め、馬にまたがる。

どこへ向かうか、どう向かうか、その意思を持っているのは男である。馬は手綱から伝わってくる意思を感じ、そのままに道を進む。もし、その道の先に身の危険が待っていることを察知したならば、足を止めて「イヤイヤ」をすればいい。「イヤイヤ」をする馬の様子に、きっと背中の男はなにかを感じてくれるはずだ。

コーチたちにはそんな指導を期待しつつ、僕自身は心の部分で、選手のモチベーションを上げるためにできることをいつも考えている。それが自分の役割だと思っているから。

先入観は軽く、予備知識は重く

かつて5球団の監督を歴任し、優勝6回、西鉄ライオンズでは3年連続の日本一と黄金時代を築いた名将・三原脩さんは、先入観にとらわれない大胆な采配で、日本の野球界に革命を起こした。

その三原さんに学んだ「先入観を捨てる」という意識は、僕の1年目の采配にも大いに活かされていたと、そこだけは自負している。

そもそも監督1年目の僕には、先入観らしい先入観はほとんどな

かった。選手の内面的な部分や日常的な傾向といったデータに表れにくい情報は、熟知したコーチ陣に教えてもらってはいたが、それにもとらわれることはなかった。

あくまでも自分の目に映った選手の動きや調子から判断して、起用法や作戦を決めていく。それが功を奏した面も、多分にあったのではないだろうか。

「先入観は軽く、予備知識は重く」というのは、ヤクルトスワローズを常勝軍団に導いた野村克也さんの教えの基本でもあった。

ここでいう「先入観」と「予備知識」とは、いったいどう違うのか。

先入観は、誤った認識や、妥当性に欠ける評価の原因となる固定観念だ。

「このバッターは勝負弱い」とか、「こんな感じのときはいつもダメ」とか、根拠の乏しい決め付けをいう。この先入観によって選手の能力を評価するのは、危険極まりない。

一方の予備知識は、事前に知っておく必要のある知識や情報だ。「このバッターはファーストストライクから積極的に打ってくる」とか、「高めのボール球には手を出さない」とか、これらは対策を講じる上で非常に有効な場合が多い。できる限り、たくさん集めておきたいデータだ。

この両者はきっちりと分けて考えないと、いつか痛い目に遭うことになる。

「心のつながり」を侮ってはいけない

北海道移転以来、9年間でリーグ優勝4回、Aクラス7回。ファイターズは、なぜ常勝軍団になりえたのか。僕が監督になって一番感じたことは、選手がみんな、チームのことを第一に考えてくれているということだ。それなくして、去年の優勝はありえなかった。

それは、チームが築いてきた伝統なんだと思う。伝統はたやすく壊れる、ともいわれるが、ファイターズではそれを稲葉篤紀や金子

誠といったチームリーダーが率先して、体現することで、守られ、伝えられてきた。アメリカに行ってしまったけれど、1年間、キャプテンを務めてくれた田中賢介は、本当に愛情を持って若い選手たちを叱ってくれていた。

チームが苦しい時期、選手を集めて決起集会を開いてくれたのも賢介だった。

交流戦終了からオールスターまでの約1カ月間、負け越しが続いて、たちまち貯金が減っていった。長いシーズン、チームのモチベーションを高めるのが難しい時期もある。

そんなある日、賢介が、

「監督、僕が選手を集めます」

と、言ってきた。選手たちの間で、短期間の目標を設定して、達成したらみんなでパーッと飲みにいくのだという。

「だから監督、お金を出してください」

そんなことなら、もちろんOKだ。実際、そういった目標の達成がかかった試合では、必ずといっていいほど勝った。もちろん選手たちは毎日、必死に戦っているのだが、そういう話題がある日は、特にベンチの空気が明るく、勢い付いて感じられた。プロ野球選手でも、「勝ったら焼肉」みたいなことでチーム一丸となれるのだから、不思議なものだ。

そして、そんな選手たちにすごく教えられたこともある。

プロ野球というのは、例えばイチローが持っている技術とか、糸井嘉男が持っている身体能力とか、そういった絶対的なもの、圧倒的なものが支配する世界でもある。

だけど、やっぱり試合の勝ち負けには、昔からある「心のつながり」や「チームの魂」みたいなものが、すごく影響を与えている。青くさいと思われるかもしれないが、そういうことをファイターズの選手たちには教えてもらった。

評論家の順位予想が当たらないのは、そういった要素がチームの

成績を大きく左右するからなんだと思う。どんなに取材に足を運んでも、さすがにそこまで感じ取るのは難しい。

僕もチームの中に入ってみて、はじめてわかった。なるほどな、と。

いつも「凛として」いられるかどうか

「札幌ドームの監督室って、栗山監督にとってどんな場所ですか？」

そう聞かれて、しばらく考え込んでしまった。

シーズン中は遠征が続くことも多いので、それがひと区切りして、久しぶりに監督室のイスに座ると、「帰ってきた」という気持ちになる。そういう意味では、ホッとする場所だ。

だが、ホッとするといっても、リラックスする感覚とは違う。その日もまた試合はあるわけで、けっして肩の力を抜ける場所ではない。

前向きになれる場所、という感覚が近いだろうか。

少し話はそれるが、監督室で考えごとをしていると、いろんなことが頭に浮かんでくる。

ある日突然、こんなことが頭をよぎった。

「織田信長って、誰とどこで、どんな会話をして、いろんなことを決めていたんだろう」

監督室を信長の部屋に見立て、戦国時代、安土城ではいったいどんなやり取りがなされていたのか、想像してみた。魑魅魍魎じゃないけど、その密室で起こっていることは、ほかの誰にもわからないものの、実はそこで決まっていることが、なにかいろんなことを起こしていて、それが歴史になっている。

でも、歴史ってそれでいいのかな、とも思う。三原脩さんも言っていた。

「敗者には美談しか残らない。歴史を残すのは勝者のみ」

歴史は勝者によって紡がれるもので、そこに至ったいくつもの重要な決断は、残すも残さないも彼らの意思に委ねられる。きっと理不尽なことも、いっぱいあったんだと思う。

そんなことまで、ふと浮かぶ、監督室というのは不思議な場所だ。

　選手を監督室に呼んで、差し向かいで話をするというのは、かなりレアなケースだ。

　たいていはグラウンドで、練習中に適当なタイミングでつかまえて、というやり方をする。そのほうが選手も硬くならないので、ざっくばらんな感じで話せるから。

　わざわざ監督室に呼べば、当然、お互いに緊張感も出てくるし……。

　そんな場所だからこそ、この言葉には実感が伴う。

「凛として」

　監督室ではいつも襟を正し、背筋を伸ばして、ものを考えなければならない。そこでの決断は、人ひとりの人生を左右してしまう可能性もあるのだ。

　そこで自分が、いつも凛としていられるかどうか。監督室とはそういう場所である。

心はその場の空気に表れる

　札幌ドームのベンチはいつも３塁側と決まっていて、座る場所も一番バックネット寄りの後方と同じなのだが、そこから見える景色は、日によって全然違う。

　チームが連勝中なのか、連敗中なのか、相手は調子がいいのか、悪いのか、今日のお客さんの雰囲気はどうなのか。そんなさまざまな要素でまったく違って見える。

　広く感じたり、狭く感じたり、ではない。

　どちらかというと、暖かく感じたり、寒く感じたり、という感覚だ。

　きっと選手たちの心も含めて、なのだと思う。

　勝っているか、負けているかよりも、チーム全体が集中して、ゲームに入り込んでいるときは、なんとなく暖かく、熱く感じる。グワーッと燃え盛っている感じがある。

対照的に、どことなく冷めている感じもわかる。みんな必死にやっているんだけど、なにをやってもうまくいかなくて、いまにも誰かがヘルメットを叩き付けそうな雰囲気が漂っている。エンピツを指でへし折るような、紙をくしゃくしゃにして投げ捨てるような、そういう空気のときは、妙に冷めた感じがする。

あくまでも僕の感じ方なので、みんなが共感してくれるかどうかはわからないけど。

戦いに集中して、熱く感じているときは、イメージとは逆で、不思議と汗はかかない。これは、周りがよく見えている状態なのだと思う。コンディションがよくて、思考が働いているから、すごく冷静でいられる。

一方、試合中にダーッと汗をかくのは、「あ、失敗したっ」と思ったときだ。

エンドランのサインが出ていて、バッテリーに外されたりすると、一気に冷や汗が噴き出してくる。そういう感じは何回もあった。で、気付いたら、汗びっしょりになっている。

大げさではなく、こうして思い出すだけで、いまも冷や汗が出てきそうになる。

これはきっと、「監督あるある」だと思う（笑）。

一瞬たりとも気を緩めることのない必死な場所

選手が、札幌ドームのお立ち台でヒーローインタビューに応えているとき、3塁側ベンチのいつもの場所に座っている僕は、必ずといっていいほど、球場内のどこかのカメラに狙われているようだ。「また涙ぐんでいた」だの、「今日も感極まっていた」だの、翌日のスポーツ新聞にもいろいろと書かれているのは、もちろんよく知っている。

あのとき、なぜいつもベンチに出て、ヒーローインタビューの様子を眺めているのか。

札幌ドームでは、試合に勝つと、観客席にサインボールを投げ込むのがお約束になっている。そのため、結局ヒーローインタビューが終わったら出ていくことになるので、少し早めに出るようにしている、というだけの話だ。

　そうすれば、選手がなにを言っているのか、どんな表情で話しているのか、喜んでいるのか、疲れているのか、そういったことがわかりやすい。つまり、監督が知っておきたい情報収集の場でもあるということだ。

　ところで、あのベンチという場所は、皆さんの目にはどんなふうに映っているのだろうか。

　取材者時代、僕も試合前のベンチにはよく出入りさせてもらっていた。それが当たり前のようになっていたので、そのことについてあまり深く考えたこともなかった。

　それがいまは、はっきりと違う感覚を持っている。

　監督を辞めたら、おそらくもう僕は一生、ベンチの中には入らないと思う。

　現役時代はそれどころじゃなくて、あまり感じたことがなかったが、本来あそこは、戦っている者以外、なんぴとたりとも足を踏み入れてはならない、神聖な場所なのだと思う。

　人生を振り返ってみても、去年ほど必死に声を出したことはないし、あんなに仲間たちと感動を分かち合ったこともなかった。そんな選手一人ひとりの思いや、心のつながりがわかるから、ユニフォームを脱いだあとに足を踏み入れるのは、ためらわれる。

　毎日野球をやっていても、一瞬たりとも気を緩めることのない必死な場所。ベンチというのはそういうところなのだ。

伝えるには、命を削る覚悟がいる

　あんなに早い1年はなかったし、あんなに長い1年もなかったし、あんなにすごい1年もなかった。それが2012年という年だった。

シーズン序盤から、田中賢介にはよく言われていた。

「監督、それじゃ最後までもたないですからね」って。

現役時代の1年の労力を「1」としたら、去年は「100」だった。取材者として20年、それはそれで命懸けでやってきたつもりだが、その20年とイコールのような感じがするくらい、去年1年、本当にいろんなことがあった。

それくらい必死にやらないと、選手たちには絶対に伝わらないと思っていた。

札幌ドームでナイターがあった日は、試合後、まずはメディアの取材に応じ、落ち着いたら監督室でビデオをチェックして、それからシャワーを浴びる。帰宅はいつも深夜になるので、軽くなにかをお腹に入れて、「さぁ、休もう」とベッドに横になるのだが、そこからがいつも問題だった。

野球というスポーツは、1試合の中に分岐点となるシーンがやまほどある。「あのピッチャー交代、もうひとり前で代えていたらどうだったんだろう」とか、「あの2ボール2ストライクからのエンドラン、もう1球待っていたらどうなっていたんだろう」とか、どんなに考えても答えの出ない、架空の延長戦を繰り広げてしまう。

たとえ勝っていても、あまり深くは眠れない。明日勝てるかな、になってしまうので。

平均就寝時刻は、深夜2時といったところか。命を削るってこういうことなんだろうなと、はじめてそれを実感した。人間、どんなに頑張っても、そこからもう少し頑張れたりするものだが、さすがにこれ以上は無理だ、と。

だから、日本シリーズが終わったら、1カ月くらいは自分は使いものにならないんだろうと思っていた。そこまでやり尽くした感があったから。

ところが、だ。自分のことなんて、わからないものである。

日本シリーズの敗戦から1日経ったら、もう頭の中で、すぐにで

もやらなければならないことが、いくつもリストアップされていた。それほど悔しい負けだったということもある。しかし、それにしても、この驚くほどの再起動の早さはなんなのか。やり尽くしたんじゃなかったのか。まったく、監督という生き物はわからない。

　本人がわからないのだから、たぶん、誰にもわからない。

出し尽くすために、なにをすべきか

　球団にとって、「二軍」と呼ばれるファームのシステムを整備することが、いかに重要か。ファイターズはそれがよくわかっているからこそ、そこに力を入れてきた。

　11月の中旬、僕はファームの施設がある千葉県の鎌ケ谷にいた。球団の育成システムの一環で、3日間、若手選手を対象に講義を行うためだ。

　参加したのは、高校からの入団ならば5年目まで、大学・社会人からの入団ならば2年目までの選手たちで、少なくとも15人以上はいたと思う。

　秋季キャンプと位置付けられるこの期間、選手たちは、午前中は練習に取り組み、午後は合宿所に集合して、毎日約1時間、講義を受ける。

　昔であれば、「そんなことより走っていろ」とか、「四の五の言わずにバットを振れ」とか、そんなふうに言われていたような気もするが、いまのファイターズにそれはない。

　シーズンが始まるとどうしても勝ち負けや、打った打たないに意識が引っ張られてしまうため、原点を学ぶということが、なかなか難しくなってしまう。だから、集中して取り組める時期に、しっかりと学ぶ機会を設けておく必要がある。

　プロ野球選手である以上、野球の練習を頑張るのはもちろんだが、その前に人として、社会人として、人間力を高めておかなければならない。そして、その人間力を高めることが野球のレベルアップに

つながる。それがファイターズの考え方だ。

　個々の練習量については、こう捉える。北海道に本拠を構えるファイターズは、ほかの球団に比べて移動時間が長いため、いつでも自主的に練習ができる環境と、それを実践できる個々の意識がないと選手は伸びない。キャンプなのに全体練習は午前中だけというと、とても短く感じるかもしれないが、午後に講義を受けたあと、夕方からまた時間が空く。そこをどう過ごすかで大きな差が出てくるのだ。

　若い選手たちには、いつも「自分が持っているものを出し尽くしてほしい」と求めている。

　持っているものを出し尽くすというのは、実はそう簡単なことではない。出し尽くすために、いったいどれだけのことをやらなければならないか。

　しかし、だからこそ誰にでも可能性はあるのだ。

　どんなに潜在能力が高くても、それを出し尽くすことができなければ、価値は伴わない。選手の評価は、いわゆる才能だけで決まるわけではないということだ。

　スターになるチャンスは、誰にでもある。

本業から離れた思考や感性を伝える

　日本シリーズが終わったとき、このチームに足りないもの、これから必ず必要になる3つのものをはっきりと感じた。

　そこで僕の講義では、それらにつながる話を中心にした。その3つとは、

　一、さらに身体の強さを求めること

　一、野球脳をさらにレベルアップすること

　一、人間力を上げること

　ここにいる若い選手たちも、全員、十分に一軍でやれるだけの力は持っている。特に状態が良いときは、間違いなく活躍できる。

　では、実際にシーズンを通して一軍で活躍している選手と、彼ら

はどこが違うのか。

　それは状態が悪いときに、どういう結果を残せるか。一軍に定着している選手は良いときと悪いときの差が小さく、定着できない選手はその差が大きい。

　次に、状態が悪いのはどうしてかを考えてみる。その要因を探るとき、我々が第一にチェックするのが生活習慣だ。コンディションを維持するために、栄養、睡眠、休息……、あらゆる面に気を配ることができているかどうか。

　そしてもうひとつ、結果が伴わないときには、思考の方向性も重要になってくる。どんなことを意識してプレーするか、その方向性を変えるだけで、間違いなく結果は変わる。

　では、思考の方向性が適切ではないとすると、その要因はいったいどこにあるのか。それは人間力にある、そう我々は考える。思考を適切な方向に導くには、豊かな生活を送るための知恵を得て、人としてより成熟することが求められるのだ。

　と、導入は少しばかり小難しい話になってしまったが、具体的な内容としては、みんなが知っていそうな企業や商品にまつわる、失敗や挫折から生まれた成功のエピソードなど、野球とは直接関係のない話もたくさんした。

「使い捨てカイロ」を最初に販売したのは、日本の大手お菓子メーカーだった。

　袋詰めされたお菓子の酸化を防ぐための脱酸素剤の開発中、より効果の大きなものを作ろうとして、原料の鉄粉や活性炭の量を増やす実験をしていたとき、大きな熱が発生した。こんなに熱を持ってしまっては、残念ながらお菓子には使えない。

　しかし、開発者のひとりが、ひょんなことからその熱の使い道を思い付いた。それが「使い捨てカイロ」のはじまりだったという。

　また、アメリカの大手化学・電気素材メーカーでは、新しい接着剤の開発に取り組んでいた。ある研究者が実験を繰り返し、ようや

く開発に成功した試作品をテストしてみたものの、たしかによくつくが、簡単に剥がれてしまう。接着剤としては明らかに失敗作だった。

それから数年もの間、放置されていたが、ある日、仲間の研究者が聖歌本のしおりに使っているのを見て、メモ帳に接着剤を使うというアイデアがひらめいた。やがて商品化されたのが「ポスト・イット」である。

失敗や挫折をしたときほど、その経験の中から成功のヒントを得ることがある。だから思うように結果が出なくても、簡単にあきらめたり、投げ出したりしないでほしい。それを若い選手たちに伝えようと思ったら、たとえが「使い捨てカイロ」や「ポスト・イット」になっていた。

野球選手にも、野球から離れた思考や感性は必要である。彼らには、ぜひそのことを感じてほしい。

10年頑張らなきゃいけないと思わない

講義に出席していた中で、特に印象的だったのは、2011年に横浜高校から入団したキャッチャー、近藤健介だった。
「人間力を高めなければ野球はうまくならない、この考え方に疑問を持つやつはいるか?」

そう尋ねたら、たったひとり、近藤だけが手を挙げた。

19歳の若さで、たいしたものである。ここで手を挙げられるということは、彼には自分なりの考え方があるということだ。もし、まだその考えがまとまっていないとしても、考えようとする姿勢はうかがえる。意識レベルが高い証拠だ。

そんな近藤には、こう伝えた。
「近藤、そう思っていていい。ただ、もっといろんなことを勉強したら自分のプラスになるんだって、そんなふうに思ってくれればオレは嬉しい」

そして、3日間の講義の最後に、僕はある「禁句」を口にしてし

まった。

　思えば、1年前はみんなの前でこう言った。

「現役の10年、20年というのは長いシーズンで、オフは休みでもなんでもない、自分の好きな練習ができる期間だと捉えてくれ。野球人生が終わったらずっと休めるから」

　それに、今年はこう加えた。

「10年、20年、頑張らなきゃいけないとは思わないでくれ。2、3年頑張って、自分のポジションができたら、好きなことができる。ウチのレギュラーを見てくれ。オレは練習もさせないし、好きにさせている。でも、みんな自発的に練習に取り組んでいる。好きなように、好きなだけ練習ができたら、野球なんて楽しくてしょうがないんだから。稲葉だって、日本シリーズのあとに1日だけ休んだら、翌日にはもう練習に出てきた。楽しくてしょうがないから、出てくる。いま、頑張れば、将来が見えてくる。必ずいい人生になるはずだから」

　そして、ずっと必死に話していたから、少し興奮していたのかもしれない。最後に、絶対に言わないと決めていた、ある思いを口にしてしまった。

「いいか、野球は学問なんだ。野球学なんだ。だからプロは、野球学の教授にならなきゃダメなんだ」

　いまは「休職中」という扱いにしてもらっているが、縁あって、僕は大学の教授という肩書きをいただいている。そんな僕が「野球学の教授になれ」だなんて言い方をしたら、不遜に聞こえてしまうかもしれない。だから、その表現は使わないと決めていた。

　にもかかわらず、なんとか思いを伝えようとするあまり、勢いでそれが出てしまった。

　でも、たぶん嫌味な感じではなく、言葉通りに伝わった気がする。

　野球を学問だと思って勉強して、自分なりのセオリーを身に付けたら、それが人との差別化になって、自信も生まれる。

そしたら、野球がうまくできるようになるはずだ。そのきっかけを作ってあげるのが我々で、勉強するのは選手でしかない。

「過程は大事だ。しかし、結果がすべてだ」

若い選手たちと対話していて、改めて優勝という結果が、チームに、そして僕自身にもたらしてくれたものの大きさを実感していた。

プロセスが大切だということは、誰もがよくわかっている。しかしながら、結果が伴ったことで、はじめて大きな意味を持つものもいっぱいある。

かつて取材で訪れた東京ドームの監督室にあった、読売ジャイアンツの元監督、藤田元司さんが遺した言葉を思い出す。

「過程は大事だ。しかし、結果がすべてだ」

まったく、その通りである。

不思議なもので、一言一句、同じことを言っていても、1年前の僕の言葉と、優勝したあとの言葉とでは、おそらく説得力がまるで違っているのだ。

もちろん、言葉を発している僕自身のメンタリティが違うということも、それには影響しているのだろうが、それにしても周囲の受け止め方は明らかに変わっている。

そういえば、「栗山、なに言ってるの？」という懐疑的な論調も、随分と控えめになったように感じる。当の本人は、まだ疑わしく思っていることばかりだというのに（笑）。

去年、シーズン終盤に上梓した前著の『覚悟』（本書『2・覚悟』）で、僕はこう書いている。

取材する側は、いつも「答え」を求めている。答えを求めて質問をぶつけ、返答に耳をそばだてる。ところが、そう簡単に答えは見つからない。肝心なことはわからずじまい、というケースが大半だ。みんな答えを隠しているのか。いいや、そんなことはな

い。

　どんなに取材したって答えが見つからない理由も、実際に監督を経験してみて、はじめてわかった。そもそも、そこに答えはないのだ。なぜなら、みんな答えを求めて戦っているわけではなく、「結果」を求めて戦っているから。マスコミは「だからこうなった」という答えをほしがるが、当事者たちにとっては、そんな答えなどどうでもいい。監督や選手がほしいのは、いつだって結果だけなのだ。

　それは監督になって、はじめて気付かされたことだった。
　ところが、舌の根も乾かぬうちに、といった感じではあるが、僕はまた取材者の頃のように「答え」を見つけなければならない、そう考え始めている。
　まずは、優勝という結果が出た。
　だがその要因を、いまはまだはっきりと言いきることはできない。
　それが不安なのだ。
「結果オーライ」という言葉もあるが、それだけで片付けてしまっては、次の戦いに臨むにあたって、あまりにも心許ない。
　優勝という結果がもたらしてくれたものの大きさを感じているからこそ、いまはその答えがほしいのだ。

第2章：伝える言葉。伝える感覚。

　言葉より強い武器はないと思っている。
　たったひと言で、ものすごく前向きにもなれるし、
　反対にどうしようもないほど後ろ向きになってしまうこともある。
　言葉をどう伝えるか、それは僕にとって最大のテーマのひとつでもある。

選手とは仲良くしない

　監督なんだから当たり前だと思われるかもしれないが、僕は意識的に、選手と必要以上に仲良く接することは避けるようにしている。

　取材者時代、あまり構えずに本音を話してほしいという思いから、親子ほど歳が離れている若い選手にも、どこか友達っぽく接してしまうところがあった。それが染み付いているので、いまも普通に話していると、どうしても監督と選手の距離感ではなくなってしまうという心配があったからだ。

　選手にとっての監督は、それなりに怖さのようなものがあったほうがいい。

　チームにおいて監督は、選手に一所懸命やってもらうための大切なカードでもあるのだ。そのせっかくのカードが、本当は「ジョーカー」だったはずなのに、やや迫力に欠ける「ハートの3」みたいな存在になってしまったら、それはやっぱり残念だ。

　それでも周囲には、選手とよくコミュニケーションを図っている印象を持たれているようだ。これを話すと意外に思われるのだが、例えば中田翔、彼とはシーズン中、ほとんど会話らしい会話をしなかった。

　中田本人もインタビュアーからそのあたりのことを聞かれて、
「監督とはなにも話していません。監督はなにも言わない。でも、だから信用できるんです」
　と答えていた。

　実際のところ、シーズンを通して、中田に掛けた言葉といえば、
「さぁ行くぞ！　翔」
「頼むな！　翔」
　くらいしか思い出せない。

　中田には余計なことを考えさせたくないから、あまり言わないだけなのだが、もしそのことで、監督は自分のことを信用してくれて

いる、と彼が感じてくれているとすれば、それはとても嬉しいことだ。

毎朝、自分からあいさつをする

　選手とは仲良くしないといっても、あいさつをされても目を合わせないとか、そういった意味ではない。

　むしろあいさつは、自分からしようと決めている。

　どこの世界にも言えることだが、朝のあいさつはとても重要なものである。グラウンドに出ていったとき、できるだけ笑顔で、明るく「おはよう」と声を掛ける。それだけでなにかが前に進むような気がする。

　よく「あいつ、あいさつもなかった」などという話を耳にするが、「それ、自分であいさつすればいいだけのことでしょ」

　と僕は思っていて、自分はそれをやると決めている。

　なにより、その「おはよう」のひと言を発するだけで自分の心持ちが違ってくる。言葉を掛けた側も、掛けられた側もそれで前向きになれる。あいさつなんて、とても簡単なことなのに、それにはものすごい力がある。

　そういえば、長年一緒に、テレビ朝日の『GET　SPORTS』というスポーツ番組をやらせてもらっていたナンチャン（ウッチャンナンチャンの南原清隆さん）も言っていた。いわく、人間関係のトラブルの、実に６割はあいさつが原因らしい。あいさつがあった、なかったから関係がこじれ、トラブルに発展するケースがそれほど多いというのは、あながち大げさな話でもなさそうだ。

　考えてみれば、１年のはじめには「あけましておめでとうございます」と、みんな必ず新年のあいさつをする。なのに、１日のはじめの「おはようございます」は、ともすればおろそかになりがちだ。それはいかがなものだろうか。

　ファイターズの選手たちには、いつも、

「明日はいいから、今日だけは全力を尽くそう」

と言ってやっている。

そのためにも、毎日が開幕戦だと思って、元気に「おはよう」から1日を始めなければいけない。その短いひと言だって、必ずなにかのメッセージにはなるはずだから。

特に負けが続いているときは、明るく笑顔で練習してくれと、選手たちに言っていた。みんな苦しいのはよくわかるが、苦しがっていてもなにも変わらないんだから、だったら元気を出してやろう、明るく今日も頑張ろうぜって。

ケガ人が多くなってくると、眠れない夜が続いて、僕の顔もひどくむくんでいたと思う。そんな日は、無理をしてでも「おはよう」と声を張り上げる。

ただ、いつもと変わらずに、と思っているのは自分だけで、もしかしたら選手には、

「あれ、今日の監督のおはよう、いつもと感じが違うぞ」

と思われていたかもしれないけれど。

朝、グラウンドに出ていったとき、自分からみんなに「おはよう」と声を掛ける。なんということはない、簡単なことから始めてみようと思っただけなのだ。簡単なことなら、きっと続けられるはずだという単純な発想だ。

朝のあいさつくらい、毎日できる。

大切なことを、できることからきちんとやってみる。そうしていれば、やがてなにかが変わってくるかもしれない、そんなふうに考えている。

言葉にとって重要なのは「天」と「地」

クライマックスシリーズが始まる前日の練習で、稲葉に声を掛けられた。

「監督、明日、何か言ってくれるんですよね?」

選手を集めてなにか言うべきか、それとも特別なことをする必要

はないのか、まさしくそれを考えていたところだったので、ちょうどいいタイミングだった。
「言ったほうがいいかな?」
「お願いします」
　ピッチャーのクセを見破る稲葉の洞察力にはいつも感心させられるが、監督の雰囲気を察することにかけても相当なものだ。後日、偶然見掛けた北海道のテレビ番組で、そのときのことを稲葉はこう話していた。
「監督が一瞬迷っているような感じだったから、お願いしますって僕も言ったんです。そのほうが絶対にチームも、我々もやりやすくなると思ったから」
　シーズン中は、交流戦が終わったところで選手を集め、後半戦が始まるときにもう一度集めたが、それ以降は一度も集合させることはなかった。集めれば集めるほど、それに慣れてしまって効果がなくなるというのもあったし、みんな一所懸命やっているのはわかっていたから、だんだんとこっちが言うこともなくなってくる。
　稲葉のひと言で「よし、集めよう」となって、選手全員が一番集まりやすいという、ウォーミングアップ前の時間帯、スタッフに集合を指示してもらった。
　そして、いざ、全員集合したまでは良かったのだが、集まったところが記者にも丸聞こえの場所だった。よりによってこんな場所じゃなくても……、とは思ったものの、いったん集まった選手を移動させるのもなんだし、「監督、ビビッてる」と思われたら癪なので、そこで話すことにした。
「緊張するに決まっているので、緊張してやってくれ。結果は別にして思いきりやってくれ。その瞬間、瞬間で力を出しきってほしい。攻め続けよう」
　って、全部、記者に筒抜け……。
　それはともかく、なんでそう言ったのかというと、クライマック

スシリーズのファーストステージ、ライオンズ対ホークスの試合を見ていて、ある若手選手の様子が気になったからだ。

いつもは初球から打っていく積極的なバッティングが持ち味の男が、極度の緊張からか、明らかにバットが出ていなかった。あれだけは避けたかった。思いきってやっていい。緊張して、いつもできることができないなんて、ありえない。

もうひとつ、表現については、清水雅治外野守備走塁コーチに言われていたことがある。

「責任を取る、という言葉は使わないでほしい」

監督が責任を取るということは、つまり負けたら辞めるということにほかならない。それは選手たちも苦しめることになる。

たしかにそうかも知れないと思い、「結果は別にして」という表現を選んだ。勝敗はこっちが請け負う、というメッセージを伝えたつもりだ。

「攻め続けよう」というのは、ひるむなということ。それで負けたら本望だった。

このときは、事前に集合を伝えてあったが、あまりみんなに強く意識させると、言葉が重くなりすぎる可能性もあるので、さりげなくやったほうがいいケースもある。

言葉にとって重要なのは、まさしく「天」と「地」だと思う。

それをいつ言うか、どこで言うか。

天の与えるタイミングを得て、最もふさわしい場所で発する。それがものすごく重要な気がする。自分がうまくできたとは思わないが、そういうことが大きな影響を及ぼすくらい言葉というのは繊細で、力のあるものなのだと思う。

言葉に学ぶということ

10年ほど前から、車の中でいつも聞いていたCDがある。

青春の懐メロとか、流行歌とか、そういった類ではなく、僕がず

っと勉強したいと思っていた先人の知恵を、読み聞かせたり、わかりやすく解説したりしているものだ。

　本ならともかく、世の中にそんなCDがあるのかと、驚かれる方も多いかもしれないが、実際、売り物になっているということは、それなりに需要はあるということだ。

　具体的に例を挙げると、こんな感じだ。

『韓非子』……中国、戦国時代末の思想家である韓非の言説を集めた書。春秋戦国時代の社会、思想の集大成とされる。

『孫子』……中国、春秋時代の思想家である孫武の作とされる兵法書。古今東西の兵法書のうち最も著名なもののひとつ。

『菜根譚』……明の時代の末に著された古典のひとつ。中国では長く厳しい乱世が多くの処世訓を生んだが、その中でも最高傑作のひとつとされる。

『貞観政要』……唐朝の第2代皇帝で、中国史上最高の名君のひとりと称えられる太宗の言行録。古来より帝王学の教科書とされてきた。

　これらのCDは10年ほど前から聞いていたものの、所詮、車の中で流していた程度だから、それほど真剣に勉強しようとしていたわけではない。

　それを、集中して聞き直そうと思ったのは、やはりファイターズの監督を引き受けることを決心してからだった。

　車の中ではなく、部屋できちんと聞き直してみた。

　すると、これまで聞いていたものとはまるで別物に感じられるほど、先人の教えに何度となくうなずかされた。いままではあまり気になっていなかった、まったく気にもとめなかった言葉までもが、

どれも心に響いた。

中でも、いまや「座右の書」ならぬ「座右のCD」となっているのが『言志四録』だ。

『言志四録』は、江戸時代後期の儒学者である佐藤一斎という人物が、人生半ばから約40年にわたって記した4つの書の総称で、指導者のためのバイブルとされ、現代まで長く読み継がれている。愛読した指導者としては、あの西郷隆盛などが有名だ。

4書はそれぞれ、42歳から53歳までに執筆された『言志録』（全246条）、57歳から67歳までに執筆された『言志後録』（全255条）、67歳から78歳までに執筆された『言志晩録』（全292条）、80歳から82歳までに執筆された『言志耋録』（全340条）で、全1133条が収められている。

僕が所有しているCDセットは、「企業再建の名人」といわれた井原隆一さんの「言志四録に学ぶ経営学、人間学」と題した講義をもとに再構成されたもので、解説テキストも付いている。だが、車の中でそれを読むはずもなく、CDとテキストを照らし合わせてみるようになったのは、やはり本気で学ぼうという意識になってからのことだ。

ではここに、僕が心に留めている『言志四録』の中の言葉をいくつかご紹介しよう。

立志の功は、恥を知るを以て要となす。

（言志録七）

【意味】志を立てて成功するには、恥を知ることが肝要である。

恥をかいて、屈辱を受けることが、発奮を促し、自らを成長させるのだと解釈できるこの言葉だが、解説テキストの中では、井原さんがこんなヒントをくれている。

「人との約束は守るのが当たり前。しかし、自分との約束はなかなか守れない。自分との約束を破るのは、自分に恥じることです。しかし、この自分を恥じることが、自分を成長させてくれるのです」

　そこで僕は、自分との約束を破ることこそ一番の恥だと考え、それだけは守ろうと心に誓った。監督1年目の元日、自分との約束をノートに記したのは、そういう理由からである。

愛悪の念頭、最も藻鑑を累わす。

（言志録四〇）

　【意味】 好き嫌いという考えが頭にあると、人物鑑定を間違えるもとになる。

　僕が以前より、三原脩さんや野村克也さんに学んできた「先入観」に対するものの考え方は、「好き嫌い」という言葉に置き換えてみると、より日常生活にも当てはまりやすいのではないだろうか。

　客観的なデータは検討材料にすべきだが、そこに好き嫌いという感情的なものを持ち込んでしまうと、どうしても人を見誤るケースが出てきてしまう。人を起用し、配置する立場にある場合、特にそれは禁物だ。

　プロ野球では対戦相手の選手を評価するときにも、それは気を付けなければならない。選手の好き嫌い、つまりやりやすい相手か、やりにくい相手か、それを主観的に捉えていると、致命的な判断ミスの原因になりかねないからだ。

　ちなみに去年、ファイターズのスタメン（打順）は、実に93通りもあったらしい。その数字を聞いたときは、そんなにいっぱいあったのかと、さすがにちょっと驚いた。レギュラーシーズンの144試合で93通りだから、かなり頻繁に組み替えていたことになる。

　打順については、本当は固定したほうが前後のバッターの考え方

がわかりやすいので、選手はやりやすいはずだ。だが、打順が変わることで、良い意味での緊張感が生まれたり、役割が変わることで、なにかが打開できたり、メリットも少なくないと考えている。

　それらを踏まえた上で、この選手は1番タイプだとか、2番タイプだとか、そういった先入観を捨てて、積極的に組み替えた結果が、93通りという数字になったということだ。

およそ教は外よりして入り、工夫は内よりして出づ。内よりして出づるは、必ずこれ外に験し、外よりして入るは、まさにこれを内に原ぬべし。

（言志後録五）

　【意味】知識は外から入ってくるもので、工夫は自分の内から出るものである。内から出たものは外で試して、検証すべきであり、外から得たものは、自分なりに正否を検討すべきだ。

　解説テキストには、同義の教えがいくつか紹介されている。

　中国の春秋時代の思想家である孔子と、その弟子たちの言行を記録した『論語』には、「学びて思わざれば即ち罔し。思いて学ばざれば即ち殆うし」という言葉がある。「学んだことは考えてみる、自分で考えたことは知識を補いなさい」ということだ。

　また、明の時代の思想家である王陽明は「知行合一」を唱えた。「知識と行為は一体である。真に知ることとは、行うことである」というものだ。

　学んだら、考えてみる。考えたら、実行してみる。その先にしか答えはない。

春風を以て人に接し、秋霜を以て自ら粛む。

（言志後録三三）

【意味】春の風のような和やかさをもって人に接し、秋の霜のような厳しさをもって自らを規正する。

　これは、ファイターズという球団が選手に求める、人間力の一例だと思っている。
　自分の感情や気分を抑えて、人に和やかに接するにはどうしたらいいか。またその一方で、いかに自分を厳しく律するか。それには自己の形成や、人格を高めることが求められる。
　そして、それが野球の上達にも結び付くのだ。

少にして学べば、即ち壮にして為すことあり。壮にして学べば、即ち老いて衰えず。老いて学べば、即ち死して朽ちず。
（言志晩録六〇）

【意味】少年時代に学んでおけば、壮年になってから役に立ち、何事かを成すことができる。壮年のとき学んでおけば、老年になっても気力が衰えることはない。老年になって学んでいれば、知識も一層高くなり、社会の役に立つこともできるから、死後もその名が朽ちることはない。

　年齢を問わず、学び続けるのは大事なことだという言葉である。学問には限りがないので、ここまで学んだから十分だということがない。
　解説の井原さんは、学問を「頭の食事」と考えるといい、と教えている。胃袋を満たすために食事をする。それと同じように、頭の中を満たすため、知識を得るために学問をする。学問を続けていれば、頭が空腹にならない。また、老化防止にもなるし、生きがいにもなる、ということだ。

1年でも長くプレーしようと思えば、プロ野球選手も学び続けなければならないのだ。

人おのおの長ずる所あり、短なる所あり。人を用うるにはよろしく長を取りて、短を舎つべく、自ら処するにはまさに長を忘れて以て短を勉むべし。

（言志晩録二四四）

　【意味】人にはそれぞれ、長所と短所がある。人を使う場合、その長所だけを見て、短所は見ないようにするのがよい。しかし、自分がなにかをなす場合には、自分の長所は忘れ、短所を改め、補うように努力すべきである。

　人の長所と短所については、いつも考えさせられることが多い。
　ある人に、こんな言葉をいただいた。
「クソ生意気なやつの〝クソ生意気〟を全部否定してしまってはダメだ。〝クソ〟だけ取り除いてやればいい」
　〝クソ生意気〟は短所だが、そのクソを取り除いてやれば、〝生意気〟は長所にもなる。もし、クソが取れて化けたときには、チームを大きく変えられる存在になるかもしれない。
　〝クソ生意気〟なやつのポテンシャルは、えてして高いものだ。

教えてこれを化するは、化及び難きなり。化してこれを教うるは、教入り易きなり。

（言志耋録二七七）

　【意味】まず教えてから感化しようとしても、感化するのはなかなか難しい。しかし、最初に感化しておいてから教えるようにすると、容易に教え込むことができる。

プロ野球でいえば、コーチが身をもって範を示し、選手を自然と
その気にさせる。頭ごなしに指示するよりも、そのほうがはるかに
効き目があるということだ。

僕がコーチに、なによりも愛情や情熱といったものを求めるのは、
それが選手を感化するために最も必要な要素だと考えているからだ。
愛情をもって感化しておけば、技術や戦術を指導するのは、それか
らでもけっして遅くはない。

いま、読むべき本と偶然出会う確率は低い

ここから少し、「本」のことを書いてみたい。

僕は「本の確率の悪さ」というものをずっと感じてきた。年間、
何冊の本が世に出ているのかは知らないが、その中から、いま本当
に自分が読むべき本と出会う確率は、天文学的数字とまでいかなく
とも、かなり悪いと思っている。何かを学びたい、吸収したいと思
っていても、それらしき本を片っ端から読んでいったのでは、あま
りにも効率が悪すぎる。

一冊10分で読みきれるならまだしも、僕はそんな特殊な能力を持
ち合わせてはいない。だから新聞の書評欄など、その類の情報には
いつもアンテナを張っている。

雑誌の書籍特集などは、すぐに目が留まる。

特に『プレジデント』や『東洋経済』といった経済誌の特集はか
なり参考にさせてもらっていて、どこそこの〇〇社長の「私の一冊」、
などとあると、僕の購入率はぐっと高くなる。やみくもに手に取る
より、それぞれの分野でしっかりと実績を残してきた人たちが薦め
る本を読んだほうが、確率は高いに決まっているからだ。

人の育て方・接し方は、自然の法則に当てはまる

数年前、「100人の社長が薦めるこの一冊」といった感じの特集

があった。

　その中で、数人の社長が薦める一冊が気になった。

『木のいのち木のこころ』（新潮社）という本で、飛鳥時代に創建され、世界最古の木造建築とされる法隆寺の修繕、解体を代々受け継いできた「法隆寺大工」の最後の棟梁となった人物、西岡常一さんの著書だ。

　1934年から20年以上かけて行われた「昭和大修理」において、わずか27歳の若さで棟梁を務めた西岡さんは、その妥協を許さない仕事ぶりで「法隆寺の鬼」と呼ばれ、以降、法輪寺三重塔の再建や、薬師寺金堂の再建なども手掛けた。

　この本は、亡くなる3年前に語りおろしたものとされ、西岡さんの口調をリアルに想像させる話し言葉で、伝統の技と知恵の極意を伝えている。

　中でもとりわけ感銘を受けた箇所を、いくつか引用して、ご紹介したい。

『「木は生育の方位のままに使え」というのがあります。山の南側の木は細いが強い、北側の木は太いけれども柔らかい、陰で育った木は弱いというように、生育の場所によって木にも性質があるんですな。山で木を見ながら、これはこういう木やからあそこに使おう、これは右に捻れているから左捻れのあの木と組み合わせたらいい、というようなことを見わけるんですな。

　癖というのはなにも悪いもんやない、使い方なんです。癖のあるものを使うのはやっかいなもんですけど、うまく使ったらそのほうがいいということもありますのや。人間と同じですわ。癖の強いやつほど命も強いという感じですな。癖のない素直な木は弱い。力も弱いし、耐用年数も短いですな。

千年の木は材にしても千年持つんです。百年やったら百年は少なくても持つ。

　やっぱりたった一本の木でも、それがどんなふうにして種が播かれ、時期が来て仲間と競争して大きくなった、そこはどんな山やったんやろ、風は強かったんやろか、お日さんはどっちから当たったんやろ、私ならそんなことを考えますもんな。
　それで、その木の生きてきた環境、その木の持っている特質を生かしてやらな、たとえ名材といえども無駄になってしまいますわ。ちょっとした気配りのなさが、これまで生きてきた木の命を無駄にしてしまうことになるんやから、われわれは十分に考えななりませんわ。

　自分で育てたものは無駄にしませんし、植物は育てるのにえらく手間やら時間やらがかかるんです。また手をかけただけ大きくなるんですな。そして植物が育っていく、その一つ一つの段階にそれなりの歴史があるんです。』

　監督になる前に読んでおいて、本当に良かったと思う一冊だ。
　監督就任が決まってから、久しぶりにこの本を読み返し、「木」や「植物」を、「人」や「選手」に置き換えてみた。

「南で育った選手は細いが強さがある。北で育った選手は太いが柔らかさがある」

「癖が悪いものだとは限らない。癖のある選手を使うのはやっかいだけど、うまく使ったらそういう選手のほうがいいということもある。要は活かし方次第」

「生きてきた環境、持っている特質を活かしてやらなければ、素晴らしい才能を発揮させてやることはできない。ちょっとした気配りのなさが、才能を台無しにしてしまうこともある」

「人を育てるには手間や時間がかかる。また手をかけただけ大きくなる」

まったく同じじゃないか、そう思った。

「人」や「選手」の育て方、彼らとの接し方も、棟梁が伝える自然の法則にすべて当てはまる。「木」や「植物」と同じく、みんな自然の中で活かされているんだということに、改めて気付かされた。

以来、この『木のいのち木のこころ』は、僕の座右の書となっている。

ベスト10を大人買いする

2012年の年末だっただろうか。ある日届いたメールマガジンは、紀伊國屋書店からのものだった。僕は紀伊國屋カードを持っていて、アドレスを登録しているので、こういったメールが定期的に届く。その中に「キノベス」というあまり見慣れない単語があった。

読んでみると、「紀伊國屋書店スタッフが全力でおすすめするベスト30」。

それが「キノベス！2013」だという。

1位から順にタイトルを見ていくうちに、俄然、読書欲が沸きあがってきた。

1位 『ふくわらい』西加奈子（朝日新聞出版）／2位 『きみはいい子』中脇初枝（ポプラ社）／3位 『64』横山秀夫（文藝春秋）／4位 『楽園のカンヴァス』原田マハ（新潮社）／5位 『火山のふもとで』松家仁之（新潮社）／6位 『社会を変えるには』小熊英二（講談社）／7位 『式の前日』穂積（小学館）／8位 『屍者の帝国』伊藤計

劃×円城塔（河出書房新社）／9位　『きょうのごはん』加藤休ミ（偕成社）／10位　『137億年の物語』クリストファー・ロイド・著、野中香方子・訳（文藝春秋）

　さすがに30冊には手が出なかったが、とりあえずベスト10の作品はすぐにまとめて近所の書店に注文した。大人買いというやつだ（笑）。
　まずは、早速1位に選ばれていた西加奈子さんの『ふくわらい』を手に取った。キャンプインに向け、沖縄入りするまさに前日のことだ。まだ準備も少しだけ残っていて、状況的には、ゆっくりと本を読んでいる場合じゃなかったのだが、読み始めて間もなく、これは何かプラスになるかもしれないと感じ、それから数時間で一気に読み終えてしまった。
　この作品と出会えて良かった。
　随所にギョッとする描写が出てくるが、作品全体に横たわる深いメッセージに、とても考えさせられるもの、そして大いに感じるものがあった（もし、いったん読み始めたけど、ギョッとする描写にひるんでしまったという方がいらっしゃったら、ぜひ最後まで読んでいただくことをオススメしたい。ギョッとする描写にひるんで読むのをやめてしまうと、ただのゾッとした作品ということになってしまうので）。
　もしかしたら、こういったランキングの順位は、作者にとってはあまり重要ではないのかもしれないが、たしかに1位に選ばれるだけの作品だと、納得させられた。

本で伝える―田中賢介に渡した3冊―

　2012年、シーズンが始まってまだ間もない頃に、キャプテンの田中賢介に3冊の本を渡した。もし良かったら、くらいの軽いニュアンスだったが、どうやら賢介は全部しっかりと読んでくれたらしい。感想を聞いていると、僕の伝えたかったことはだいたい感じ取

ってくれている、そんな印象を受けた。

その3冊のうち一冊は、先ほど紹介した『木のいのち木のこころ』。

そして、それを知った雑誌の特集で一番多くの社長が推薦していた『論語と算盤』。

日本の資本主義の父といわれる渋沢栄一さんの著書で、「利潤と道徳を調和させる」という理念は、プロ野球の世界にも置き換えられるすべての原点のようにも感じた。そこで、チームリーダーに指名した賢介にも薦めたというわけだ。

さらにもう一冊、これはベストセラー小説で百田尚樹さんの『永遠の0』。戦時中の特攻隊をテーマに扱った作品で「家族を守る」ということを深く考えさせられる作品だった。

ここであらたまって申し述べることでもないが、僕は独身である。よって、奥さんとか子どもとか、人生の道中で得た、守るべき家族がいない。だから、家族のことを思う気持ちを忘れないようにしたい、そういう意識が人一倍強いように思う。

映画にしても、DVDにしても、僕は泣けそうな作品を積極的に選ぶ傾向にある。それも家族愛が描かれた作品が多い。それは、そういった理由からだ。きっと自分に欠けているものを補おう、補おうとする意識が働いているのだと思う。心のどこかに引け目のようなものがあるのかもしれない。

キャンプの休日前夜とか、少し夜更かしできるときは部屋でDVDを観ることもあるのだが、今年は『ALWAYS 三丁目の夕日'64』を観て、ひとりで感動していた。

「ああ、うちの親父もこうだったな～」って（笑）。

また、僕はああいった作品をフィクションとはとらえていない。それは長年、テレビ番組作りの現場の、末席に居させてもらった経験が影響しているのかもしれない。作りものなんだけど、どれも実際にあった出来事のように受け止めている自分がいる。

監督にしても、脚本家にしても、役者にしても、作品に携わる誰

かの実体験がベースにあって、そこから一番伝えたいメッセージを、一番わかりやすく表現してくれているだけなんだって、そんなふうに思っている。ある種、それはドキュメンタリーを観ているような感覚なのだ。

感覚を「言葉化」する

前にも書いたように、「人として、社会人として野球選手を成長させる要因」というテーマで、若手選手を対象に3日間にわたって講義をした秋季キャンプだが、野球の話をまったくしなかったのかというと、もちろんそんなことはない。

例えば、まだ記憶に新しい日本シリーズから、ひとつ話題を持ち出した。ジャイアンツがランナーを1塁に置いた場面で、3ボール1ストライクというカウントからエンドランを仕掛けてきた、その考え方についてだ。

「パ・リーグの野球には、あまりない考え方かもしれない」

という僕なりの所見を述べたら、2年目の西川遥輝がそこに引っ掛かったようだ。

「どうしてセ・リーグにはあって、パ・リーグにはないのだろうか」

いかにも素直な疑問だ。

そこで、ミーティングが終わったあと、西川を呼んで、さらに詳しく話をした。

パ・リーグにはあまりない、それはなぜか。

3ボール1ストライクは、バッターに有利なカウントである。ピッチャーは歩かせたくなければストライクを投げざるを得なく、一方のバッターには、黙って1球見送る余裕がある。

だが、そこでエンドランのサインが出たら、どうだろう。見逃せばフォアボールという明らかなボール球でも、バッターは振ってしまう可能性がある。3ボールからのエンドランには、そういうリスクがあるのだ。それを嫌ってか、パ・リーグでは2ボール1ストラ

イクからの仕掛けが多いような印象を受ける。

　では、それがわかっていながら、どうしてジャイアンツは、3ボール1ストライクからエンドランを仕掛けてきたのか。それにはおそらく原辰徳監督の感覚に加え、セ・リーグはピッチャーが打席に立つ、という背景も影響しているはずだ。

　指名打者制を採用しているパ・リーグと違い、セ・リーグでは下位打線に差し掛かったところでランナーが出ると、どうしてもピッチャーに打順が回ることを意識してしまう。ヒット1本でランナーが還ってこられる2塁は得点圏、いわゆる「スコアリングポジション」とされているが、ランナー2塁でピッチャーが打席に入ると、なかなか得点につながるイメージは持ちづらい。

　だから、ピッチャーに打順が回るまでに、できればランナーを3塁まで進めておきたい。そうすれば、2アウトでなければスクイズという選択肢も増える。

　それには、ランナー1塁から、成功すれば1、3塁と一気にチャンスが広がるエンドランは、非常に有効な作戦のひとつだ。

　そして、3ボールというカウントになれば、ピッチャーがストライクを投げてくる可能性は極めて高い。それに応じて、エンドランが決まる可能性も高くなると考えられる。リスクはあるが、けっして確率が悪い選択ではないというわけだ。

　そういった背景もあって、セ・リーグでは3ボールでも動きたくなるのだろう。

　西川には、最後にひと言付け加えておいた。

「でも、来年はウチもやるかもしれないよ」

　大切なやり取りだったと思う。

　野球というスポーツにおいて、どういう状況でなにを選択するかは、最終的には人それぞれだ。だからこそ、そこに疑問を持つことが大事なのだ。

　そして、その感覚を「言葉化」しておくことも重要だ。

「言葉化」しておかないと、自分が苦しくなったとき、感覚だけで
やっていたら戻れなくなってしまうかもしれないから。

感覚でしか伝えられない本質もある

　「言葉化することが重要」と言ったそばから、矛盾するように感
じられるかもしれないが、もしかしたら野球って、言葉で伝えよう
とするから、本質が伝えきれていないことって、いっぱいあるのか
もしれない。

　わかりやすい例が、ミスタープロ野球・長嶋茂雄さんの指導だ。
「ピシッとして、パーンと打つ」
「腰をグーッと、ガーッとパワーでプッシュして、ピシッと手首を
リターン」
「ビューと来たら、バーンだ」

　その感覚は、唯一、擬音でしか伝えられないものなのかもしれな
い。言葉で動きを説明しようとすると、聞いたほうが頭で理解しよ
うとして、身体がうまく反応してくれないということもある。感覚
をより正確に伝えるには、「カーン」じゃなきゃいけないことって、
やっぱりあるんじゃないだろうか。

　そう考えると、ミスターがどうしてすごかったのか、もっとわか
るようになる。

　世界の盗塁王・福本豊さんにスタートの極意を尋ねたときも、こ
んな説明をされた。
「パッと出る」

　わけがわからないと思いつつも、「そうか、パッと出ればいいのか」
と、妙に納得するところもあった。たしかにその感覚を、ほかのど
んな言葉で表現しろというのか。

　テレビで野球を伝える立場にあったときは、そんな長嶋さんや福
本さんのような超一流ならではの感覚を、一般になじみのある言葉
を使って、よりわかりやすい表現で伝えることを第一に心掛けていた。

だが、こうして野球の現場に戻ってきて、いま、当時とは違った感覚も持ち始めている。

プロセスは大切だとするその一方で、とにかく結果がすべてだという考え方もあるように、わかりやすく「言葉化」することはとても重要だが、頭ではちょっと理解に苦しむ、感覚的なものもこの世界には必要なのではないか、と。

アプローチの方法はひとつではない。

それもまた、大事な学びのひとつであった。

いつも感覚を研ぎ澄ませる

詳しいことはまたあとで述べるが、日本シリーズではジャイアンツに徹底的に分析し尽くされて、悔しい思いをした。そのことが物語っているように、データの重要性は年々高まっている。

プロ野球界では、よく「初モノに弱い」という言い方があるが、はじめて対戦するピッチャーを打ちあぐねるのは、ひとつにデータが不足しているということが理由に挙げられる。

当然、ファイターズにも膨大な量のデータの蓄積があり、スコアラーに聞けば、たいていのことには速やかに答えてくれる。判断を迷う場面では、ピッチャーとバッターの対戦成績を確認して、その相性を根拠に決断することもある。

数字はいつも客観的だ。だからこそ、頼りになる。

そんなデータに支えられながら、我々は日々戦っているわけだが、ときには「データはこう言っているが、さて、どうしたものか？」となることもある。

最前線にいる者だけが感じる、動物的な感覚とでも言えばいいだろうか。野生の動物が身の危険を察知して、天敵や天災から逃れるように、重要な局面になればなるほど、それは研ぎ澄まされていくような感じがする。

データは〝YES〟なのに、なぜだか胸騒ぎがするとか、逆にデー

タは〝NO〟なのに、バッターの目力がなにかを訴えているだとか。試合という実戦の場では、特にその感覚を大切にしたいと思っている。

選手が発するオーラや佇まい、空気感……。それらは総じて感覚的なものとして扱われるが、僕はそういったものにも、実はなにか科学的な根拠があるのではないかと思っている。

おかしなやつだと思われるかもしれないが、そういうものって、あと何百年かすると科学的に証明されるというか、この選手の〝パワーポイント＝365〟、みたいな計算ができる時代が来るんじゃないかという気がしている。

そう思っているから、大事な場面でそれを信じることができるのだ。

せっかく本能的にそれを感じることができているのなら、その感覚はさらに研ぎ澄ませていきたい。もっと試合に集中して、もっともっと選手たちのことを信じて。

自分の感覚は、グラウンドに伝わる

まるでオカルトのように思われるのは本意ではないが（苦笑）、感覚的なものについて、もうひとつ感じていることをここに書いておきたい。

ランナーを置いた場面で、バッターに送りバントのサインを出す。

このとき、僕がどれだけ成功を信じているか、または反対に、どれだけ不安に思っているか。これも、成否を分けるとても重要なことのような気がしている。

実際、僕が不安になると、失敗するケースが多いように思えるのは、単に成功した場面より、失敗した場面のほうが印象に残りやすいという、それだけの理由なのだろうか。

去年、はじめて一軍に定着した中島卓也にバントのサインを出したとしよう。

そのとき、無意識のうちに、僕がこんなことを思っていたとする。

「最近、タクってたまにバントを失敗するんだよな。バントって失

敗しだすと、不安になるし、プレッシャーが……」

　途中、自分でネガティブなイメージを持ち始めていることに気付いて、あっ、と思ったときには、案の定、失敗している。

　そうなると僕の中では、バントを失敗したのは中島ではなく、自分自身だという心境になって、自己嫌悪に陥る。そして、反省する。

　それが、不思議なもので、なんの気なしに、

「さぁ、タク、頼んだぞ」

　くらいに思えているときは、意外とあっさり成功したりするものなのだ。

　そこで、冷静なときは、少しばかり自分の中で演技がかってくることもある。

　この送りバントが決まるかどうか、本当は気になってしょうがないのに、失敗のイメージが浮かんでくる前に、無理にでもほかのことを考えるのだ。バントが決まったとして、次のバッターの打席を想像するとか、この回に点が入ったとして、次のイニングのピッチャーのことを考えるとか。

　これは野球に限ったことではなく、皆さんも似たような経験をしたことがあるのではないだろうか。

　そんなこともあるから、試合中、なにが怖いかって、自分の中に不安が芽生えることが一番怖い。どうやったら不安にならずにいられるか、それにはやはり普段からまっすぐに選手たちのことを信じるしかないのだ。

考えることで、感じる自分をコントロールする

　シーズン終了後も、想像以上に忙しかった。それも優勝させてもらったおかげだ。

　でも、オフはいい。どんなに忙しくても、試合に負けることはないから。今日も負けないし、明日も負けない。それだけで、どれほど気が休まることか。

265

オフになって少しだけ、また以前のように車を運転するようになった。といっても、栗山町のごく狭い範囲に限ってだが。その運転中は、こんなことを考えていたりする。

「さっき、なんであの道を通ったんだろう？」

走りにくい細い道は、しかし、信号待ちすることなく、目的地に辿り着くことができる。

走りやすい大通りは、しかし、必ず信号に引っ掛かる。

どちらも数年前から、僕の頭の中に刷り込まれている情報だ。だから、いつも「どっちにしようかな？」などと考えることはなく、無意識のうちにどちらかを選んでいた。

でもいまは、そのいずれかの道を選択した理由、無意識下の根拠が知りたいのだ。

どちらかが好ましく感じられたのか、それとも反対に、どちらかを嫌ったのか。

では、それが好ましく感じられた理由、あるいは嫌った理由はなんだったのか。

普通、そこまでは考えない。

だが、監督になって、ものすごく考えるようになった。

なんらかの理由で、僕は一方の道を嫌った。では、それをイヤだと感じない方法はないのだろうか、そんなことまで考える。

いったいなぜ、考えるのか。

それは試合を戦っていると、そういうことが大事になってくるからだ。つまるところ采配というのは、瞬間的にそのどちらを感じるか、で決断される場合がほとんどだからだ。

「考える」ことと、「感じる」ことは違う。

できれば考えることで、感じる自分をコントロールしたい。もちろん、良い方向に。

テレビを見ていても、あるシーンで一瞬、嫌悪感を覚えることがある。

266

「あれ、なんでいま、イヤな感じだったんだろう?」

　と考えてみる。好き嫌いも含め、その根っこの部分にある理由を求めて、どんどん記憶をさかのぼっていく。それが1時間前の出来事であるケースもあれば、子どもの頃のトラウマであるケースもある。

　食堂でなにげなく注文したときにも考える。いま、なんでこれを食べたいんだろうって。昨日、偶然おいしそうなその食材をテレビで見掛けたとか、最近食べていなかったから体が欲していたとか、きっとその答えはどこかにあるはずだ。

　いや、実際には、残念ながらその答えまで辿り着くことは、まずない。

　ただ、普段からそういうふうに考えるクセをつけておくと、なにか重要な決断をする前に、大事なことがふっと浮かぶような気がしている。いつも無意識にやっている作業を、確実に意識してやれるようになれば、感じる前に、考えてやれるようになるんじゃないか、と。

　感じることには、どこか「選択させられている」イメージがある。

　でも、考えてやれるということは、自らの意思で「選択している」ということである。

　習慣付けする。訓練する。わけのわからない思考の訓練だが、それで自分の感性、感受性をコントロールしようとしているのだ。考えるという行為が面倒くさくなることも、いまのところはない。そんなことで、試合での失敗が減るんだったら、毎日いくらでも考える。

　これが本当に意味のあることなのかなんて全然わからない。時間の無駄かもしれない。

　もし、仮にそうだったとしても、意味があるんじゃないかと思う自分がいるんだったら、思っていることを最後までやる。後悔しないようにちゃんとやる。

　これは誰かに対して、「こうですよ」と言っているのではない。そう思って、僕がやっているというだけのことだ。

　いまの結果に対して良い悪いではなく、そこに行き着くまでに、きちんと考えて選択肢を得られるようになれば、もっと選手にプラ

スになることをしてあげられるかもしれない。

　そこにヒントがありそうな気がしている。その微妙な、わけのわからないところに。

第3章：パ・リーグ優勝の真実

はじめて優勝への手応えを感じた日

　前著（本書「2・覚悟」）でも触れたが、2012年、僕がはじめて「優勝」の二文字を意識したのは、9月17日のことだ。オリックス・バファローズ戦で貴重な逆転勝利を収め、首位を守った日である。

　試合後、ふとした瞬間にこう思った。

「あの時代なら、優勝じゃないか」

　自分の現役時代、プロ野球は年間130試合制だった。（現在は144試合）そして、この日のゲームがペナントレースのちょうど130試合目だったこともあり、いま、ここで首位にいるということは、あの時代なら優勝じゃないかと、そう思ったのだ。

　しかし、あの時点で、本気で優勝できると思っていたかといえば、そうではない。優勝できるとかできないとか、そういった以前に、この先、いったい何がどうなったら決着がつくのか、それすらまったく想像がつかないでいた。ただただ毎日必死だった。

　では、優勝できると思ったのはいつか。オフに何度も聞かれた質問だ。

　正直に答える。

　ようやくマジック4が点灯した日も、その翌日、今季初の5連勝を飾ってそれが一気に2つ減っても、まだ確信は持てなかった。もし、ここから逆転優勝をさらわれたらどうしよう、という不安のほうが大きかった。それが偽らざる本音だ。

それが移動日の10月1日、2位のライオンズが敗れて、とうとう優勝マジックが1となった。そこではじめて、僕は優勝への手応えを感じていた。残り3試合、あとひとつ勝てば優勝が決まる。しかも、ライオンズはまだ5試合を残しており、その中のひとつでも落とせば、その場合もウチの優勝となる。かなり有利な状況だ。

遅い、と思われるかもしれないが、事実そうなのだ。それくらい遠い道のりだった。

優勝が決まった瞬間、泣かなかったわけ

10月2日、日程の都合で、この日も試合はなかった。

しかし、ナイトゲームを戦うライオンズが敗れた瞬間、ファイターズの優勝が決まるとあって、急遽、札幌ドームでの練習はファンの皆さんに公開されることになった。もちろん目的は練習を見てもらうことではない。優勝決定の瞬間をともに迎えようというものだ。

午後5時に始まった公開練習には、最終的には1万5千人を超えるファンが詰め掛けた。

選手たちは2時間ほど調整に汗を流し、その後はおもにロッカールームで西武ドームの戦況を見つめた。1、3塁の内野席を埋めたファンも、大型ビジョンで試合の行方を見守る。そして僕はひとり、監督室でテレビ画面を眺めながらデータの整理をしていた。

試合は2点を先制されたライオンズが、4回裏、ホセ・オーティズのホームランで同点に追い付く。やっぱりそう簡単にはいかないなと、翌日に気持ちを切り替え始めていたところ、5回表に再び千葉ロッテマリーンズが勝ち越し、6回に追加点を挙げると、部屋の外から大きな歓声が聞こえてきた。監督室の向かいは裏方さんたちの控え室になっており、居ても立ってもいられないスタッフが通路に飛び出し、ハイタッチを繰り返しているようだ。

7回表、勢いに乗るマリーンズが、5番・角中勝也のタイムリーヒットで3点差にリードを広げたときには、聞こえてくる歓声は泣

き声まじりに変わっていた。大の男たちが人目もはばからず涙を流しながら、歓喜に身を任せていた。

まだ優勝が決まったわけじゃないのに、みんな気が早いよ。そう思ったときには、テレビの画面がまるで見えなくなっていた。声が聞こえてくる裏方さんの顔を一人ひとり思い浮かべていたら、涙が止まらなくなっていた。

どれくらい泣いただろう。自分でも呆れるほど涙を流したあと、ようやく少し落ち着いてから出ていって、最後の場面はみんなと一緒にダグアウトで迎えた。だから、優勝が決まった瞬間にはすっきりとしたものだった。あとで記者のみんなには、

「監督、なんで泣かないんですか？」

と聞かれたけど。だってもうとっくに号泣しちゃったから。

最後はファンのために外野のフェアゾーンを開放してくれた球団の演出も嬉しかった。あれは試合がない日に優勝が決まるというレアケースならでは。ナイスアイデアだったと思う。生まれてはじめて経験する胴上げでは11回も宙を舞わせてもらったけど、おかげでファンの皆さんにも胴上げしてもらっているような気分が味わえて、本当に最高だった。

なぜか、ビールかけの会場に一番乗り

5、6、6、4、5、4、5。

なにかの暗号ではない。現役時代、僕が選手としてプレーしていた7年間の、スワローズの順位である。優勝どころか、実はAクラス入りの経験もない。もちろんビールかけにはまったく縁がなかった。というわけで、ドラフト外でプロ入りしたあの日から29年、夢にまで見たはじめてのビールかけだ。

胴上げと共同記者会見を終えたあと、スタッフにこのあとの段取りを説明された。マスコミ各社の囲み取材が済んだら、速やかに祝勝会の会場に移動するように、とのことだった。

取材には、あまり時間がかからなかった。すでにひと通りのこと
は共同会見で話していたし、僕の気持ちがはやっていたのもある。
みんなをあまり長く待たせるのもなんだろう。

　足取りも軽やかに、祝勝会の会場となる札幌ドームの地下駐車場へ。

　お待たせ！　と思ったら、選手たちはまだ誰もいなかった。まさ
かこんなに早く取材を切り上げてくるとは思わなかったのだろう。
監督が一番乗りだったのだ。年上なのに、自分が一番はしゃいでい
るみたいで、なんだか少し恥ずかしかった。

　すると、もう監督は会場入りしているという情報をいち早く聞き
つけたようで、ベテランの稲葉がやってきた。

　思えば半年前、3月30日の開幕戦で2番に起用した稲葉が、初回、
ノーアウト1塁から放ったセンターオーバーの2ベースヒット、あ
れがすべてのはじまりだった。

　どうしても手堅くいきたくなる開幕戦だが、今シーズンの戦い方、
その姿勢を示すためにも、たとえ先頭バッターが塁に出ても、2番
には絶対に送りバントはさせない、そう決めていた。しかし、いざ
そうなったとき、はたして迷わずに決断できるのか。そんな不安や
弱さを消し、自分の覚悟を決めるため、新人監督は18年目のベテラ
ンの力を借りたのだ。そんな稲葉の2番起用であり、それに見事に
応えた会心の一打だった。

　あそこから一気に畳みかけ、ライオンズのエース・涌井秀章から
3点を先制。試合の主導権を握るとともに、結果的にはペナントレー
スの主導権を握ることになった。

　祝勝会の会場にやってきた稲葉が、嬉しそうに声をかけてきた。
「今年、ウチが優勝するって、誰が思っていました？　監督、みん
な頑張りましたよ」

　そのひと言で、ふつふつと喜びが込みあげてきた。選手に総括さ
れて喜びを噛みしめているようでは、監督の威厳もあったものじゃ
ないが、でも、やっぱり嬉しかった。

271

めいっぱいやって、見極める

　長いペナントレースを必死に戦っているうちはわからないが、シーズンが終わって、振り返ってみれば、「あそこが分岐点だった」、あるいは「あの試合が肝だった」というポイントがわかるに違いない、そんなふうに思っていた。

　だが、実際に優勝が決まったあと、自分なりに振り返ってみたのだが、どれも意味を持つ試合ばかりで、それがどこにあったのか、どの試合なのか、絞り込むのが難しかった。

　だから、「あれが肝だった、という試合をひとつ選んでください」と言われて、困ってしまった。それが、わからないのだ。

　それでも、あえて挙げるならば、9月23日のライオンズ戦だろうか。

　天王山といわれた3連戦の3戦目だ。

　2位のライオンズに2・5ゲーム差をつけて、9月21日、我々は敵地・西武ドームに乗り込んだ。2・5ゲーム差といえば、もし3連敗すればひっくり返される、そういう差だ。

　3連戦の初戦、ファイターズの先発投手は、すでに13勝を挙げているエースの吉川光夫。2点を先制した直後の1回裏、吉川は1番の浅村栄斗に先頭打者ホームランを許し、すぐさま1点差に詰め寄られる。

　その後は7回までわずか2安打に抑える好投を見せた吉川だが、8回裏、ツーアウト2塁からまさかの3連打を浴び、無念のノックアウト。逆転負けで、大事な初戦を落とした。

「今年ダメだったら、オレがユニフォームを脱がせる」

　吉川にはそう伝えた、ということばかりがクローズアップされてきたが、ユニフォームを脱がせるとかそういうことより、本質的にもっと大事だったのは、「1年間めいっぱい投げてみて、何が残るか一緒に見よう」という約束だった。自分が持っているものがどんなものなのか、見極めようじゃないか。だから、勝っても負けても

関係ないから、ひたすら投げ続けてくれ、一所懸命やってくれって。吉川にはずっとそう言い続けてきた。

　それと同じ感覚で、シーズン終盤の僕は、この先チームがどうなっていくのか、チームが持っているものがどんなものなのか、見極めようじゃないかという心境でいた。こんなに最後までもつれるシーズンなんて、そうめったにあるものじゃない。だったら、こういうときは何が試合を決めるのか、何が優勝を決めるのか、しかと見届けてやろうじゃないか、と。

　さすがに、勝っても負けても関係ないとは言わない。ただ、やるべきことに変わりはないのだ。あのとき、ああしておけば良かったと後悔しないように、まさしく吉川に言い続けてきたように、めいっぱいやるだけのことなのだ。

　そんな思いで西武ドームに乗り込み、3連敗だけしなければいいと自分自身に言い聞かせて、戦いに臨んだ。ところが、初戦を吉川で落とすと、2戦目も4点のリードを守りきれず、痛恨の逆転負け。連敗で、ゲーム差はついに0・5となった。

　そして、僕が「肝だった」と感じている、あの試合を迎える。

勝ち負けを超えた4番・中田翔の価値ある一発

　3戦目、ライオンズの先発は10勝をマークしている岸孝之である。涌井が抑えに回った投手陣にあっては、エース格ともいえる存在だ。

　しかも、ここまで西武ドームでは、10試合を戦って2勝7敗1分け。球場との相性の悪さも、気持ちをさらにどんよりとさせる。3連敗だけしなければ……、だったはずが、その最悪の展開がちらつき始める。

　ファイターズの先発は、これが7試合目の登板となる3年目の中村勝。仮にやられたとしても、まだ若い20歳の中村にとって、この経験は絶対に大きな宝物になる、そう思って送り出したのだが、それでもやっぱり勝ちにはこだわりたい。3連敗だけは……。

273

1回裏、あっさりと先制を許した中村は、その後もピッチングのテンポが悪く、苦しい内容となったが、なんとか粘り強く投げ続け、5回2失点でマウンドを降りた。最低限の責任はまっとうしてくれたといっていいだろう。

　打線は5回までわずか2安打と、岸の術中にはまっている印象を受けた。

　迎えた6回表、先頭の3番・糸井嘉男がライトに2ベースヒットを放ち、送球が乱れてボールが転々とする間に、糸井はさらに進塁。ノーアウト3塁のチャンスが訪れた。そして、打席には4番の中田翔が向かう。

　この3連戦、中田は初戦の第一打席でタイムリーヒットを放っていたが、その後は9打席凡退が続いていた。本人としても、期するところがあったはずだ。

　中田の変化には、気付いていた。悔しがり方が変わってきていたのだ。いままでは自分が打てなくて悔しがっていたものが、自分が打てなくてチームが負けてしまうことを悔しがるようになっていた。その変化は、はたから見ていてわかる。

　ああ、変わってきたなと。

　そして、カウントが3ボール1ストライクとなった5球目、中田は狙い澄ましたようにバットを振り抜いた。打球はライオンズファンが陣取るレフトスタンドへ一直線。値千金の同点2ランホームランだった。

　岸が投じたのは伝家の宝刀ともいうべき、彼のウイニングショットであるカーブだった。つまりあの1球、中田はカーブを狙っていたということになる。これこそ中田翔という、稀代のスラッガーの進化を象徴する価値ある一発となった。将来、中田が球史に名を残す偉大な存在になったとき、あの打席がきっかけだったと思い出すような、そんなホームランだったのではないか。そんなふうに思っている。

相手バッテリーからすれば、中田はできればストライクゾーンでは勝負したくないバッター、言い換えればボール球を振らせたいバッターということができる。とはいえ、まったくストライクゾーンに投げないのでは、勝負の主導権を握ることは難しい。では、そこに投げるときは、どんな球種を選択するのか。

中田には、いつもストレートを待っていて、変化球がきたらそれに対応するという基本スタイルがある。よって、バッテリーが中田に対してストライクを取りにくるときは、必然的に変化球が多くなるのだ。

もちろん、それは中田自身が一番よくわかっているはずだ。だから、状況によってはストレート待ちにこだわらず、配球を読んで、変化球を狙えばいいのに、と周囲の我々は思うのだが、彼はストレート待ちをやめようとしない。おそらくスラッガー特有のこだわりがあるのだろう、そして、それは本人以外の誰かが口を挟むべきものではない。

その中田が、である。あの場面でカーブを待って、それを完璧に捉えたのだ。シーズンを通して我々が求めてきたものに対し、彼はあそこではっきりと答えを示してくれた。スラッガーのこだわりを、4番の誇りが凌駕した、そんな場面にも見えた。

さらに次の打席、2アウト1、2塁という勝ち越しのチャンスで登場した中田は、代わった2番手のサウスポー、ランディ・ウィリアムスから、レフトの頭上を越える2点タイムリー2ベースを放った。

1ボール2ストライクからの4球目、150キロを超えるストレートを、わずかに反応しただけできっちりと見極め、カウントを2ボール2ストライクとすると、勝負の一球、外角低めのスライダーを泳ぎながらもしっかりと捉えた。あのボールを、あの体勢で、あそこまで運んでいくのは、中田にしかできない芸当だ。

9回には、ダメ押しとなる糸井の2ランも飛び出し、勝負あった。同一カード3連敗を免れ、ライオンズとのゲーム差は再び1・5に

広がった。一気に呑み込まれなかった、あそこで押し返すことができたのは本当に大きかった。

　また、中田、糸井といった中心選手が打って試合を決めた、それも重要なポイントだった。ようやく彼らが、困ったときにチームを救ってくれる存在になってきてくれた。こういうことを積み重ねていけば、いつか大きな実を結ぶに違いない。そういう勝ち負けを超えた喜びというか、実感みたいなものがあの試合にはあった。本当に苦しいときに自分たちらしく勝ち切ることができたという、この結果には絶対に意味を持たせなければいけないし、必ず意味を持つはずだと感じていた。

　だから試合後、これで優勝できるとは思わなかったけど、万が一優勝を逃したとしても、この1年、意味があったと思えるシーズンになる、そのことだけは確信した。

部屋でひとり、ワインの栓を抜いた夜

　純粋に優勝の行方を左右したという意味では、2位ライオンズとの3連戦の直後、なんといっても9月25日からのマリーンズとの3連戦が大きかった。

　マリーンズは8月末から泥沼の9連敗を喫し、すでに優勝争いからは脱落していたが、ドン底から脱出したあとはチーム状態が上向き、あの時期、最も脅威を感じるチームだった。「いま、一番強いのはマリーンズ」、そう評価していたのは、きっとウチだけではないはずだ。だからこそ、ここをうまく乗りきることができたら、もしかしたら前進できるかもしれない、そんな思いを抱いて臨んだ3連戦だった。

　初戦は先発に武田勝を立てたが、延長10回を戦って決着がつかず、3対3の引き分け。これを「勝ちきれなかった」と取るか、「よく粘りきった」と取るか、その評価は2戦目以降の結果にも影響される、そんな格好となった。

2戦目、ヒーローになったのは1番の陽岱鋼だった。2対2の同点で迎えた7回裏、2アウト2、3塁の場面でセンター前への2点タイムリーヒット。この日、ふたつの三振を喫していた小野晋吾を、4打席目にしてついに捉え、チームに貴重な決勝点をもたらした。

　そして、3戦目は打線がマリーンズのエース・成瀬善久の攻略に成功。3対1で勝利を収め、勝負どころと踏んでいたこの3連戦を2勝1分けと、ひとつも星を落とすことなく乗り切ることができた。こういう結果になれば、後付けの評価にはなるが、初戦の引き分けも「よく粘りきった」と評価していいだろう。

　この3戦目を戦った9月27日の夜遅く、自宅に戻った僕は、ひとりでワインの栓を開けた。シーズン中、部屋でワインを口にしたのは、唯一、この日だけである。

　実はこの日の勝利によって、ファイターズの3位以内が確定、クライマックスシリーズへの進出が決まったのだ。

　ファンの立場からすれば、激しい優勝争いを繰り広げている中でのクライマックスシリーズ進出決定は、それほど特筆すべき出来事ではないのかもしれない。しかし、いまだから打ち明けられるが、僕は心底ホッとした。監督を引き受けたとき、それは自分に課せられた最低限の任務だと受け止めていたからだ。だから、祝杯をあげた。こっそりと、だったけど。

「計算できない力」が働かなければ、チームは前に進まない

　それにしても、144試合もある中から、「あれが肝だった、という試合をひとつ選べ」というのは、なかなかの難問だ。

　あえて挙げるならば、ということで、僕は「9月23日のライオンズ戦」と答えたが、はたしてチームのみんなはどう感じているのか。そう思って、僕が最も信頼を寄せる人物のひとりである、ある球団スタッフに尋ねてみた。

すると彼は、別のライオンズ戦を挙げた。

それは8月30日、僕が「肝」と感じた試合より、3週間以上も前の一戦だった。

いったい、どんな試合だったのか。

チームの根幹を揺るがしかねないアクシデントが起こったのは、その前日のことだった。7回表、意表をつくセーフティバントを試みたライオンズの中島裕之と、1塁ベースカバーに入ったセカンドの田中賢介が交錯。負傷退場した賢介は、検査の結果、今季中の復帰は絶望という重傷だった。

4日前には、左脇腹を痛めた糸井の登録を抹消したばかりである。勝負の9月を目前にして、相次いで中心選手が離脱するという緊急事態に、「いま、いるメンバーがベストと思って全員で戦うしかない」、そう腹をくくるしかなかった。

賢介がいなくなったのは非常に痛い。でも、すぐに頭を切り替えた。これは若手を使ってあげるチャンスなんだ。野球の神様が、そうしろと言っているに違いないんだと。

ウチには、セカンドを守れるバックアップメンバーは少なからずいる。33歳の飯山裕志、31歳の岩舘学、28歳の今浪隆博、25歳の加藤政義……、そういった経験のあるベテランや中堅をスタメンに起用しておけば、チームのバランスは保ちやすいのかもしれない。

しかし、漠然とではあるが、もしこの先ウチが優勝するとしたら、最後は実力プラスアルファみたいなものが求められるような気がしていた。そういった「計算できない力」が働かなければ、チームは前に進まないんじゃないかと。それには未知数の若手がガッと出てきて、計算以上の力を発揮してくれるのが一番なんじゃないかと、そう思ったのだ。

糸井のいないライトには、おもに4年目の21歳、杉谷拳士を起用していた。では、賢介がいなくなったセカンドには誰を起用するか。僕の選択は2年目、20歳の西川遥輝だった。

ペナントレースの肝だったと思う試合に、この8月30日のライオンズ戦を挙げた彼は、いつも僕に宿題を与えてくれる。

　こう思う、という意見はくれるが、その理由までは教えてくれない。それは「自分で考えてください」という、彼なりのメッセージなのだと、僕は受け止めている。

「それを考えることが、監督の財産になるんです」、きっとそんなふうに考えているのだろう。田中賢介という精神的支柱を失った翌日に、最大のピンチをチャンスと捉えた大胆な選手起用ができた、あの姿勢を忘れないでくださいと、彼は言いたかったのかもしれない。

無理をせざるを得ないクライマックスシリーズ

　クライマックスシリーズは実に難しい。

　ペナントレースの2位、または3位で進出してきたチームは、前提として「失うものはない」というスタンスで臨めるが、対照的にリーグ優勝チームには「絶対に負けられない」という強烈なプレッシャーがのしかかってくる。この「失うものはない」と「絶対に負けられない」の精神状態の差は、とてつもなく大きい。

　過去にもそういう例があるように、もし、1位チームがそこで敗れて日本シリーズ出場を逃すようなことになったら、死に物狂いで戦ってきたこの1年間はいったいなんだったのかと、自問自答せずにはいられない。気負わずに戦えというのが、無理な話だ。

　現在、クライマックスシリーズの日程は最大で、ファーストステージが3連戦、ファイナルステージは6連戦となっている。ファイナルステージから戦いが始まる1位チームは、順当にいけば初戦でエースを先発させる。そこから第6戦までもつれ込めば、最後はやっぱり中4日で再びエースを投入したくなるはずだ。無理をせざるを得ないという意味では、ある意味、日本シリーズ以上といえるかもしれない。

　そのクライマックスシリーズのファイナルステージの相手は、2

位ライオンズではなく、3位の福岡ソフトバンクホークスとなった。どちらがきても手ごわい相手であることに違いはないが、ホークスは特に投手陣が強力な印象がある。そこをどう攻略するか、1点を争う勝負になることが予想された。

涙が出るほど嬉しかった、
稲葉の「次はちゃんとやります!」

初戦、ホークスの先発は、ファイターズで最強外野陣の一角を担う陽岱鋼の兄、陽耀勲だった。

立ち上がりからこのヤンの出来が素晴らしく、4回までひとりもランナーを出すことができずにいたが、迎えた5回裏、先頭の中田が初球をレフト前に弾き返す。チーム初ヒットでノーアウト1塁、試合が動き始める。

続く5番・稲葉には、送りバントのサインを送った。どうしても先制点がほしいこの場面、たとえ稲葉といえども、ここは確実に送るという作戦に迷いはなかった。

しかし、これが決まらない。少ないバント機会ながら、いつも確実に決めてきた稲葉には珍しく、2球連続の失敗。いずれも高めのボール気味の球だった。

そして、1ボール2ストライクからの4球目、外角低め、ストライクからボールになる変化球に思わずバットが出て、3塁塁審はこれをスイングと判定、空振りの三振に終わる。

さらに、続く小谷野栄一のカウントが1ボール1ストライクとなった場面で、ヤンのけん制球に1塁ランナーの中田が誘い出された。セカンド手前でタッチアウトとなり、ランナーがいなくなる。

その後、小谷野もショートゴロに倒れ、結局、この回の攻撃は3人で終わった。

この回の稲葉のバント失敗にまつわるエピソードは、何かの記事でも伝えられていたようだが、実際はこんな感じだった。

ファイターズが陣取る札幌ドームの3塁側ベンチには、入り口が
ふたつある。いつも僕が座っている側、一番バックネット寄りの後
方と、その反対側、一番レフト寄りの後方だ。

　ベンチでは僕から最も遠い、レフト寄りの場所を定位置にしてい
る稲葉は、出入りする際、いつもそちら側の入り口を使っている。

　ところがあのバント失敗のあと、次の回の攻撃が始まる前だった
だろうか、珍しく稲葉が僕に近い側の入り口から入ってきて、突然、
みんなに聞こえるような大きな声で言った。

「監督、すみませんでした！　次はちゃんとやります！」

　あのひと言は、涙が出るほど嬉しかった。

野球の神様が降りてきて、耳元で「送りなさい」と囁いた

　一方、6回までほぼ完璧なピッチングを見せていた吉川が、7回
につかまる。2アウト2、3塁のピンチを招くと、6番の多村仁志
に2点タイムリーヒットを許す。ここまでの展開を思うと、あまり
にも重い2点だった。

　7回裏の攻撃は1番の陽から始まった。兄・ヤンとのこの日3度
目の兄弟対決は、初球をセンター前に運び、弟の陽に軍配が上がる。
先制点を奪われた直後だけに、貴重なランナーだ。

　2点差を追う7回、ノーアウト1塁、バッターは2番・杉谷とい
う場面。手堅く送って、まずは1点を取りにいくか、それとも様子
を見ながら、強行もあるのか……。と、普通ならば、あれこれ思い
を巡らせるところなのかもしれない。が、ここも迷いはなかった。
福良淳一ヘッドコーチが「監督……」と言ったときには、食い気味
に「送ります」と答えていた。

　しいて送りバントの根拠を挙げるとすれば、3番・糸井のダブル
プレーのリスクを排除して、なんとか4番の中田まで回したかった、
ということがいえるかもしれない。糸井は強い打球が打てる分、内
野手の正面に飛んだときにはダブルプレーのリスクを伴う。ランナ

ーを2塁に進めておくことでそれを避けて、たとえ糸井で2アウトになったとしても、ホームランの可能性を秘めた中田までは確実に回したかった。

だから、杉谷がバントの構えから2球選んで、カウントが2ボールになっても、そこで様子を見ようという気は起こらなかった。たしかに粘ってフォアボールを選んでくれれば、チャンスはさらに広がるが、不思議とそういう気にならなかったのだ。

あのとき、どうして迷わなかったのか。

「送る」以外の選択肢が、頭に浮かばなかったのか。

いい大人が、と思われるかもしれないが、僕は野球の神様はいると思っている。あの場面、野球の神様が降りてきて、耳元で囁いていたのかもしれない。「送りなさい」って。

2ボールからの3球目、杉谷はきっちりと送りバントを決めた。これで1アウト2塁となり、打席に3番の糸井が向かう。

このとき、ホークスの高山郁夫投手コーチがマウンドに足を運んでいる。ヤンは左投げのピッチャー、いわゆるサウスポーである。そして、3番の糸井が左打ち、4番の中田が右打ちであることから推測すると、ホークスベンチは「ヤンにはあとひとり、次の糸井まで投げさせて、中田のところでピッチャー交代」、そう考えていたのではないだろうか。だとすれば、高山コーチはマウンドでそれを伝え、「ホームランだけは気を付けろ」と注意を促したのかもしれない。

野球は怖い。そして、面白い。そういう場面で、ホームランが出るのだから。

ヤンが投じた3球目はすっぽ抜け、避けなければ当たっていた緩いボールを、糸井は本能的にうまくかわす。そして、2ボール1ストライクからの4球目、目の覚めるような当たりとは、まさにこのことだった。打った瞬間にそれとわかる同点2ランホームラン。会心の一撃は、あっという間にライトスタンドへ飛び込んでいった。

ピッチャー交代のあと、さらに中田と小谷野にもヒットが出て、2アウトながら1、3塁のチャンスとなり、そこで7番・マイカ・ホフパワーに代えて、代打・二岡智宏。さっきは野球の神様が降りてきたが、今度は代打の神様の登場だ。

神様はここでも最高の仕事をしてくれた。決勝点を叩き出す、ライト前へのタイムリーヒット。神様は珍しくファーストベース上で満面の笑みを浮かべ、試合後のヒーローインタビューでは「ちょっと喜びすぎた」と反省の弁を口にしていた。

ピッチャーは、迷う前に代えてしまうこと

いわゆる監督の采配と呼ばれるものの中で何が一番難しいか。答えは人によってさまざまだろうが、僕なら迷わず「投手交代」と答える。

僕も大学まではピッチャーをやっていたが、それはあくまでもアマチュアレベルの経験であって、プロに入ってからは最初が内野手で（意外に思われる方が多いかもしれないが、一軍デビューはショートだった）、2年目以降は外野手としてプレーしてきた。

そのためか、野手の感覚は比較的よくわかるのだが、ピッチャーのことはわかっているようで、実はわかっていないことも多い気がする。特に継投のタイミングは難しく、代えどきの判断にはいつも苦手意識がつきまとう。それこそ試合中はずっと、いや、シーズン中は1日中ずっと投手交代のことを考えているといっても過言ではない。

勝った負けたに関わらず、試合が終わるとすぐに、頭の中は次の試合へと切り替わる。そのとき、真っ先に考えるのが先発ピッチャーのことで、シャワーを浴びる頃にはもう交代のタイミングを考え始めているのだ。

前回の投球内容を振り返り、ここ最近の状態を想像してから、次に相手打線を思い浮かべてみる。5回までもったら2番手ピッチャ

ーは誰か、6回までもったらその先は計算が立つが、反対にもし4
回もたなかったら、さて、そこからどうやってつないでいこうか
……。そんなシミュレーションを繰り返していたら、時間がどれだ
けあっても足りない。

　いざ試合が始まれば、先頭バッターに第1球を投じたところから、
今日の状態はどうか、この調子なら何回までもちそうか、1球1球、
情報を更新しながら脳はフル回転している。

　しかし、そこまで考え尽くしても、残念ながら代えときの判断が
容易に感じられたことは一度だってなかった。

　ペナントレースを制し、これからいよいよポストシーズンに向か
おうというあるとき、森繁和さんに話を聞けるチャンスがあった。
長年、中日ドラゴンズで落合博満監督の参謀を務め、投手起用に関
する全権を委ねられていたというスペシャリストだ。また、聞いた
ところによれば、クライマックスシリーズというシステムが導入さ
れてから、12球団の中で最も高い勝率を誇るチームがドラゴンズだ
という。難しいとされる短期決戦におけるピッチャーの起用法を、
森さんがどのように考えていたのか、どんな意図をもって投手交代
を決めていたのか、非常に興味があったことを単刀直入に尋ねてみた。

　森さんの答えは、単純明快だった。

「面倒くさくなる前に、迷う前に代えてしまうことなんだよ」

　なるほど、そういう感覚か。だが、単純明快にして、実はそれが、
一番勇気がいる。

　自分もプロ野球中継の解説をやっていたときには、「早め早めの
継投が……」などと知ったふうなことを言っていたが、いざそれを
決断する側になると、まだ投げられそうなピッチャーを早めに交代
させるというのは、とても勇気がいることなのだ。

　森さんには、自分なりの考え方も聞いてもらった。すると、

「クリ、おまえの考えていることと俺は一緒だから、おまえの思っ
た通りにやってみろ」

このひと言には、力強く背中を押してもらった気がした。感謝である。

　と、すっかり前フリが長くなってしまったが、クライマックスシリーズの第2戦である。

　この試合は1点リードの7回、ホークス投手陣の切り札的存在だったサウスポーの森福允彦から、糸井が放った2試合連続となる2ランホームランの印象が強い。だが、それだけではない。6回まで3安打無失点の好投を見せた先発・武田勝のピッチングは見事だったし、その武田をわずか1点リードの7回頭でスパッと代えた、あの継投も連勝を引き寄せた要因のひとつだと思っている。

　なぜ、スパッと代えられたのか。

「迷う前に代えてしまうこと」なのだ。

　もちろん、後ろにも信頼できるピッチャーがいるからこそ、ではあるが。

肌感覚だけは、自分自身を一番に信じる

「迷う前に代えてしまうこと」には、まだ続きがある。

　翌日の第3戦、この日は先発のブライアン・ウルフが、前日の武田勝に負けず劣らずのナイスピッチングを見せてくれた。6回までホークス打線を2安打無失点に封じ、特に4回以降はひとりのランナーも出さない、ほぼ完璧な内容だった。

　それでも僕は、早めのスイッチで7回から継投に入ろうと考えていた。ところが、それを伝えたら、コーチ全員に反対された。「監督、まだ行けます」って。

　たしかに、ウルフにはまだ十分に行けそうな雰囲気もあった。しかも、1点差の前日とは違い、この日は6回終了時点で4点のリードがあった。そこで、「まぁ、みんながそう言うなら」と、続投を決めた。

　その7回表、1アウトを取ったあと、4番・ウィリー・モー・ペーニャへの2球目は、弾丸ライナーでレフトスタンド上段へ。もの

すごい当たりだった。

今度は誰にも相談しなかった。「代えるよ」、そう言って僕はベンチを出た。

野球は怖い。その怖さを敏感に感じ取る、そういった動物としての本能みたいなものは、不思議と監督には備わっているものだ。技術面をはじめ、戦略とか戦術とか、優秀なコーチ陣に頼りっぱなしの1年だったけど、肌感覚だけは自分自身を一番に信じた。それだけは、信じてやっていい気がした。

想像もしていなかった、ウルフからの嬉しいプレゼント

この試合、4対2で勝利を収めたファイターズは、ついにパ・リーグのクライマックスシリーズを制し、3年ぶりの日本シリーズ出場を決めた。

それにしても、ペナントレースでは9勝13敗2分けと負け越し、最も苦手としていたホークス相手に、この大事な局面で望外の3連勝。あんなに苦しめられて、正直、ユニフォームを見るのもイヤだったのに、まさかこんな勝ち方ができるとは夢にも思わなかった。

試合後はしばらく監督室にこもり、日本シリーズに向けての準備のことなど、スタッフとあれこれ打ち合わせをしていた。それが終わって、ドアを開けたときである。そこに、ウルフがいた。最後はペーニャに一発を浴びたが、そこまでは見事なピッチングでチームに勝利をもたらしてくれた、今日のヒーローである。

ウルフはボールを持っていた。なにかと思ったらウィニングボールだという。ウルフは僕に記念のウィニングボールを手渡すため、この時間まで待っていてくれたらしい。いつもポーカーフェイスのウルフがこんなことをしてくれたのは、はじめてだった。

シーズンを通して、ウルフには厳しいことを言ってきた。だが、片思いでもいいと思って僕が愛情を注いできたことを、なんとなくだとしても、彼は感じてくれていたようだ。そう思うと、喜びが込

みあげてきた。苦しかったけど、本当に良かった。

我々はライバルである以前に、球界の仲間である

このクライマックスシリーズ第3戦、最後のバッターとなったのは、ホークスのキャプテン・小久保裕紀だった。ショートフライに倒れ、ファイターズの日本シリーズ出場が決まった瞬間、彼の19年間に及んだ現役生活に幕が下ろされた。

取材者時代から数えると、彼とは長い付き合いになる。そして、この1年は立場こそ違えども、ライバルとして戦ってきた。だが、ライバルである以前に、我々は球界の仲間である。

試合後のセレモニーを終え、レフトスタンドのファンにあいさつしたあと、小久保には「お疲れさま」と「ありがとう」の言葉を伝えた。そして、ファイターズの選手も彼の胴上げに参加させてもらった。

ウチが勝っていて、相手選手を胴上げするのは失礼かな、と心配する声もあったけど、同じ野球人としては当然のことだから。一所懸命苦労して、長年、野球界を支え続けてくれた功労者を全員で送り出すことができて、僕は良かったと思っている。

第4章：日本一に足りなかったこと

日本シリーズで「全試合DH制採用」を提案した本当の理由

日本シリーズ開幕の3日前、コミッショナー事務局から連絡があった。ジャイアンツの原監督から電話があったという。「全試合でDH制を採用すると聞いたんだけど？」って。

たしかに前日、記者にその案を伝えたのは僕だった。朝、スポー

ツ新聞にもその記事が載っていた。記事の内容はこうだ。

> 日本ハム栗山英樹監督（51）が23日、原監督へ〝先制攻撃〟を仕掛ける策略を明かした。26日に行われる監督会議で「全試合DH制」を提案する構え。開催要項にはパの本拠地でDH制を採用することしか明記されていないが、両監督の合意があれば提案が通る可能性もゼロではない。実現すれば、全戦でパ主催試合と同じ戦い方が可能となり、日本ハムにとっては「普段着野球」が展開できる。　　　　　　　　　　（10／24付　日刊スポーツ）

　記事を読んだという知人には、「あの強力打線のジャイアンツ相手に、全試合DH制を提案するとは勇ましい」と突っ込まれた。

　先制攻撃とか、真っ向勝負とか、そういう意図はなかった。実はある不安があったのだ。

　通常であれば、セ・リーグの本拠地試合ではDH制は採用されず、ピッチャーも打席に入ることになる。もちろん、ヒットを期待することはしない。だがノーアウト、あるいは1アウトでランナーがいれば、当然、バントは選択肢に入ってくる。その慣れないバントを試みた際、ピッチャーが思いがけないケガをするのが怖かったのだ。

　記事では「ウチらしくやりたい。普段通り戦いたいし、普段通り采配をする。ウチはそうやって勝ってきたから」というコメントも紹介されていたが、「ウチらしくやりたい」という言葉の裏には、「ケガで戦力を失って、ウチらしい野球ができなくなることは避けたい」という、そんな思いも含んでいた。ピッチャーが打席に入って、ケガのリスクを背負うくらいなら、ジャイアンツさえOKならば、ウチは全試合DH制のほうがいいって。

　実際、26日の監督会議で、NPB（日本野球機構）側から「実行委員会の決定事項であり、両監督の合意では決められない」と説明があり、実現はしなかったが。

ジャイアンツファンの大合唱さえ
愛おしく思えた日本シリーズ

10月27日、日本シリーズ第1戦。

東京ドームに入り、控え室からベンチに出ていったときには、本当に涙が出てきた。

1988年にオープンした東京ドームでは、僕も3年間だけプレーをさせてもらった。ここで活躍したくて必死にやって、必死にやったけど一流にはなれなくて、引退から20年以上の歳月を経て、こうしてまた帰ってくることができた。そんな感慨にふけっていたら、ジャイアンツファンの大合唱さえたまらなく愛おしく思えてきた。

東京ドームのジャイアンツファンが、ああやってウチに対して必死になってくれているのは、ファイターズを認めてくれているということだ。それも嬉しかった。

メンバー表交換のとき、握手、そして短いハグをした。原監督にとっては、きっとごく自然な一連の流れだったんだと思う。

監督会議の日、記者会見が終わったあとに、原監督にこんなことを言われた。

「クリ、クライマックスシリーズには変なプレッシャーがあるけど、日本シリーズは違う。本当に野球に集中して、純粋に勝ち負けを争う勝負ができる」

そんな日本シリーズという最高の舞台で戦えることを素直に喜び、称え合い、そして健闘を誓う、そんなハグだった。

長い間、取材者という立場にいた僕は、現役時代の原選手とも、もちろんジャイアンツの原監督とも、WBC日本代表の原監督とも、さまざまな場面で接し、いろんな話をさせてもらってきた。ふたりの間には、ふたりにしかわからない空気感のようなものもある。だからこそ、ハグという原監督流のエール交換を、僕は喜びの気持ちで受け止めた。

ただ、僕の貫禄が足りなかったためか、その様子が、新人監督がベテラン監督に激励されているようにも映ったようで、ファイターズの選手たちの中には「ウチの監督だって負けていないぞ！」と憤慨していた者もいたようだ。そんな選手たちの気持ちも、嬉しかった。

正直、わけがわからなかった第1戦

思えば、前年14勝のボビー・ケッペルが4月に、3シーズンぶりに復帰したターメル・スレッジが6月に、そしてキャプテンの田中賢介が8月に、主力選手が次々と戦列を離れ、開幕の頃とは少し違った顔ぶれになっていた。

けれども、こうして日本シリーズの舞台にあがったチームを見ていて、いまが強い、1年を通じて一番強いと、自信を持って言えた。経験とか、そこで得た自信とか、そういうのはやっぱり大きい。みんな、いい意味で〝その気〟になってくれている。

だから、試合前には選手を集めて、あえて「ウチは強い！」、そう伝えた。「こんなことは言ったことがないけど、勝とう！」、だってウチは強いんだから。

しかし、そうやって自信を持って迎えたはずのシリーズ開幕だったが、第1戦は正直、わけがわからなかった。シーズン終盤、あれほど完璧だったエースの吉川光夫が、4回、とうとうつかまって一気に4失点。打線も内海哲也の前に沈黙し、まったく躍動しない。

終わってみれば8対1、完敗だった。日本中が注目する試合で、後半はハラハラも、ドキドキもしない、一番したくない試合をしてしまった。申し訳ない気持ちでいっぱいだった。

試合後、敗因に思いを巡らせた。

クライマックスシリーズを3連勝で突破して、この日まで中7日、1週間が空いた。そのブランクが、選手たちからゲーム勘を奪ったとは考えられないか。セ・リーグは第6戦までもつれ込み、ジャイアンツは中4日で初戦に臨んでいた。その差が出たのではないか。

それとも、冒険だとは思ったが、日本シリーズ出場が決まった直後、一度気持ちを切り替えさせるために連休を与えた。やはり、あの時期に2日間休ませたのは無謀だったのか。

はたまた、クライマックスシリーズのときには結果オーライで気付かなかったが、その直前、おもに二軍を対象とした教育リーグにあたる、宮崎のフェニックス・リーグで実戦調整をさせた。あの過ごし方が間違っていたのか。そこまで考えてしまった。

結果よりも、とにかくウチの選手が思いきりやってくれればそれでいいと思っていたのに、その肝心の思いきりが感じられない。どうして思いきったスイングができないのか。なんでなんだ、なんでなんだ、なんで思いきれないんだ、どこが悪かったんだ、って。

その原因にようやく気付いたのは、翌日、第2戦を戦っている試合中のことだった。

ふたつのデッドボールが気付かせてくれた
ジャイアンツの戦略

第2戦、試合開始早々、東京ドームは騒然とした空気に包まれた。1回表、先頭バッターの陽岱鋼、そして4番の中田翔と、1イニングでふたりがデッドボールを当てられたのだ。

あの澤村拓一のピッチングを見たとき、あっ、と思った。あれはたまたま当たったのではない。狙った、という意味ではなく、意図的に厳しくインコースを攻められていたのだ。

澤村のようにストレートに圧倒的な球威があるピッチャーは、バッター云々よりも、自分の球を投げればいいというタイプだったりする。アウトコース低めにきっちりストレートが決まって、それを活かす変化球が曲がってくれれば、そう簡単に打たれることはない。

ところが、あの日の澤村は違っていた。初回からあそこまで、ある意味えげつなくインコースに投げ込んでくる。バッターにとことんインコースを意識させるという、明らかな狙いを持ったピッチン

グだった。

そして、あっ、と思った。昨日の内海もそうだったのだ。

澤村ほどあからさまではなかったが、内海はもっと巧妙に、効果的にインコースを攻めていた。その結果、まんまと術中にはまり、特にウチの左バッターが崩れ始めた。インコースを意識するあまり、本来のバッティングができなくなっていたのだ。

あとで第1戦の配球を見直してみたら、やっぱりそう。ウチの選手たちの気持ちになにか問題があって、思いきったスイングが〝できなかった〟のではなかった。ジャイアンツの徹底した戦略の前に〝させてもらえなかった〟のである。

とはいえ、大敗した翌日に、いきなりふたつのデッドボールを見舞われて、さすがに感情的にもなった。あのあと、また誰かに当たりそうになって、思わず声を荒らげた。

たぶんベンチで僕がそんなふうになったのは、シーズンを通してはじめてのことだったと思う。あとで言われた。「監督、ブチ切れていましたね」って。

ベテラン稲葉が輝きを取り戻したきっかけ

東京ドームで連敗して、迎えた本拠地での第3戦。

帰ってきた我が家、札幌ドームでシリーズの流れを変えたのは頼れるベテラン、5番・稲葉篤紀だった。2回裏、ジャイアンツの先発、デニス・ホールトンの初球、カーブを捉えて、ライトスタンドに飛び込む先制ホームラン。3戦目にして、はじめて先手を取る。

稲葉は続く3回にも、1アウト1、2塁の場面で、右中間を破るタイムリー2ベースヒットを放ち、試合の主導権をグッと引き寄せる、最高の働きを見せてくれた。

実は稲葉、クライマックスシリーズの時点ではあまり調子がよくなかった。第1戦の送りバント失敗などもあり、第3戦の第2打席まで9打数2安打という成績。その数字以上に、〝らしくない〟内

容が続いていた。

　そして、第3戦の第3打席、ノーアウト1塁で打席に入った稲葉に、僕はここでもバントのサインを送った。3点リードの場面だったが、なんとしてもここでもう1点取っておきたいと考えていた。さらに、稲葉を追い込もうという狙いもあった。彼ほどの選手になれば、ちょっとしたきっかけでも劇的に状態が上向くことはある。そのきっかけがほしかったのだ。

　1球目は、バントの構えからバットを引いてボール。2球目、バントにいったが空振り。3球目は外れ、4球目はバントがファウルになって、ましたても失敗となった。

　ここで、バントのサインを消した。追い込まれて、稲葉にかけた。

　ひとつ外れ、フルカウントとなって6球目、稲葉は鮮やかにセンター前に弾き返し、ノーアウト1、3塁と大きくチャンスは広がった。そして、自らのプライドをかけてがむしゃらになったとき、稲葉は輝きを取り戻した。これで大丈夫だ、と思った。

　日本シリーズの第3戦、その稲葉が打って、チームはようやく息を吹き返した。僕の中では、あのクライマックスシリーズ第3戦の第3打席から、そこにつながっていた。長いシーズンを戦うプロ野球には、そういった流れや、つながりは確実に存在する。

チームを奮い立たせた、〝満身創痍〟金子誠の全力疾走

　7対3、待望のシリーズ初勝利を挙げた第3戦、稲葉が地元・札幌のお立ち台で冷やかしたのは、金子誠のことだった。

「今年一番の全力疾走だ、って言っていました」

　2回、稲葉のホームランで先制したあと、さらに2アウト1、3塁と追加点のチャンスをつかみ、打席にプロ19年目の金子が入った。

　フルカウントから、ひとつファウルを挟んで7球目、金子の打球は三遊間へ。ショートの坂本勇人が深い位置でこれを取ったが、全力疾走する金子を見て、ファーストへの送球をあきらめた。貴重な

2点目をもぎ取る、タイムリー内野安打となった。

全力でファーストを走り抜けた金子だが、そこからゆっくりとベースに戻る途中、左ヒザのあたりを押さえうずくまってしまった。駆け寄ると、金子はこう言った。

「監督、ちょっと待ってください。いま、はまりますから」

プレー中にヒザが外れるとか、はまるとか、いったい何事かと心配したが、本人が大丈夫だと言うから、しばらく様子を見ることにした。

たくさんの古傷を抱える満身創痍の金子は、5月に左ふくらはぎを、6月には左の後十字靭帯を痛め、2回登録を抹消されている。シーズンの後半も、もう一度ファームに落として、ゆっくりとコンディションを整えさせたほうがいいのではないか、そう思ったこともあった。

しかしある日、ふとつぶやいた金子のひと言が、腹を括らせてくれた。

「たとえ壊れても勝負しますから、監督、もう僕のことは心配しないでください」

それは金子誠という男の覚悟、そのものだった。けっして言葉数は多くはないが、いつも背中でチームを牽引してくれる。

「マコト、無理させるけど、最後までもたせるからね」

金子には絶対にチームにいてもらわなければ困る。だから、チームのためにも、本人のためにも、彼をシーズンの終わりまでグラウンドに立たせる責任が、僕にはあった。

そして、そんな金子の覚悟が全力疾走というプレーになって現れ、日本シリーズでもチームを奮い立たせてくれたのだ。

根拠があった「2番セカンド・今浪」のスタメン起用

そしてこの第3戦には、もうひとつ触れておきたいポイントがある。

ウチの場合、上位打線で選手起用が流動的になるのは、キャプテ

ン・田中賢介の故障で空いた〝2番セカンド〟の枠だった。

このシリーズ、第1戦は21歳の杉谷拳士、第2戦は20歳の西川遥輝と、特にシーズン後半に重用してきた若い選手を起用した。ある意味、それがウチらしい戦い方といえた。

しかし、第3戦ではその2人をいずれも起用せず、〝2番セカンド〟には28歳の今浪隆博を指名した。レギュラーシーズンの出場はわずか13試合にとどまり、うちスタメンは6試合。その7試合目が日本シリーズの大舞台となった。

起用の根拠はあった。今浪の状態がいいのは、クライマックスシリーズの頃からわかっていたから。バッティング練習を見ていても、悪いときとは全然違う。いまなら打てるなって。

でも、クライマックスシリーズでは、実はベンチにも入れていない。バックアップ要員ではなく、使うならスタメンで、と決めていた。どこかで必ずチャンスはくると思っていた。ここで、それがきたのだ。

その今浪にヒットが出た。貴重な追加点につながる送りバントも決めた。セカンドの守備でも、ピンチを救う好プレーがあった。今浪のように、ひたむきに頑張ってきた苦労人が、ああやって活躍してくれる。チーム力というのは、そういうところにこそ現れるのだと思う。

勝つ確率を求めて、格好悪くてもやるしかなかった

「延長回は、第7戦までの各試合では15回をもって打ち切りとし、第8戦以降は延長回の制限を設けない」

シリーズ開幕前日の監督会議で確認されたルールのひとつである。「15回をもって打ち切り」とあるが、裏を返せば、我々は延長15回まで戦うことを想定して試合に臨まなければならない、ということになる。ただ、もちろんそれはわかっているのだが、さすがに15回まで計算するのは難しい。

基本的な考え方として、試合は9回までと思って戦ったほうがいい。そして、万が一延長に入ったら、まずは10回まで、次に11回まで、12回までと、その都度更新していったほうがいいだろう。そう思ってやらないと、いいピッチャーをつぎ込めなくなってしまう。出し惜しみをしていたら、結果、負ける可能性が高くなってしまうから。

　あの日も9回が終わったとき、ベンチは「この先、どうするの？」という感じだった。

　1勝2敗で迎えた第4戦、7回まで5安打無失点という好投を見せていた先発の中村勝から、8回、石井裕也にスイッチ。0対0という先が見えない状況で、我々は継投に入った。

　いわゆる勝ちパターンのピッチャーは、宮西尚生、増井浩俊、武田久と、まだ3人残っていた。だが、試合が長引いた場合を想定すると、その中の誰かひとりには回をまたいで、2イニング投げてもらいたい。

　最初は、石井にいってもらおうと思っていた。シーズン終盤以降、彼の安定感は抜群で、あの時期は一番信頼できる存在だった。右バッター、左バッターの得手不得手がないのも、強みだった。

　だが、あの日に限って、その石井の状態があまりよくないように見えたのだ。これは、僕がよく言うところの「肌感覚」で、ある種の勘のようなものである。

　では、誰にいってもらうか。2イニングを投げさせたピッチャーは、さすがに翌日使うのは躊躇する。となると、やはり武田久は難しい。彼は抑えのピッチャーだから、翌日も使わなければならない状況は十分に考えられる。ここで無理させるわけにはいかなかった。

　そして、1イニング限定の武田久には石井の次、9回にいってもらった。

　ウチは後攻である。勝つとしたら、どうあってもサヨナラ勝ちなのだ。すなわち、もはや武田久で締めるという形にはならないわけで、順番を気にしていても仕方がない。

そこで、あの場面は打順で決めた。9回のジャイアンツの攻撃は3番の坂本から始まる。クリーンナップとの厳しい勝負になるから、武田久だった。

これを落として1勝3敗になったら、一気に押しきられてしまいそうな雰囲気になってしまうので、この試合は絶対に落とせない。武田久を投入した時点で、ベンチは「この回でケリをつける！」というムードが高まっていた。

9回表、武田久は2本のヒットとフォアボールで2アウト満塁のピンチを招いたが、レフト・中田のファインプレーにも助けられ、0点でしのいだ。

そしてその裏、2アウトから稲葉が2ベース、小谷野がライト前ヒットとつなぎ、ランナー1、3塁、代打・二岡という最高の場面を迎えた。札幌ドームの盛り上がりも最高潮に達する中、しかし、二岡は敬遠のフォアボールで歩かされ、最後は代打・杉谷がセカンドゴロ。この回も無得点に終わり、試合は延長戦に突入した。

中村、石井、武田久ときて、次は増井につないだ。結局、増井に2イニングを投げてもらうことになって、続く12回は宮西。正直、その後ろの継投のことは、あまり深く考えていなかった。いつものように、信頼するピッチャーをどんどん投入していくだけだ。

根底には「そもそもジャイアンツ打線に対して、15回も凌げるわけがない」という開き直りに近い感覚もあった。先のことを考えて、誰かを取っておこうとするのだけは、やめようと思った。

最後にピッチャーが足りなくなるのは格好悪い、という考えもあるのかもしれないが、バカな監督だって思われても構わない。そんな格好よりも、勝つ確率を求めて、格好悪くてもやるしかなかった。

飯山のサヨナラヒットを生んだ強攻策、その理由

12回裏の攻撃は、下位打線に回っていく打順で、正直にいえば、それほど期待の大きなイニングではなかった。ここは我慢だ、と。

そんな中、先頭の6番・小谷野が2打席連続となるライト前ヒットで出塁。続く中島卓也には、当然のように送りバントのサインを送った。ところが、これが失敗。ランナーが入れ替わって、1アウトで1塁に中島となった。

　次のバッターは、8番の大野奨太。ここもサインは、迷わず送りバントだった。2アウトになってもいいから、サヨナラのランナーをスコアリングポジションに送る。

　今度は、きっちりと決めてくれた。転がったボールをピッチャーの西村健太朗がさばき、ファーストのベースカバーに入ったセカンドの藤村大介に送球。なんでもないプレーに見えたが、これを藤村が捕り損ね、1アウト1、2塁、願ってもないチャンスが訪れた。

　ここから打順は9番の飯山裕志、そして1番に戻って陽岱鋼と続く。普通に考えれば確率が高いのは、「守備の人」の印象が強い飯山よりも、はじめて全試合フルイニング出場を果たし、153安打を記録した陽のほうだ。したがってこのケース、最も避けなければならないのはダブルプレーということになる。そういった理由から、飯山の送りバントを想像した人も多かったのではないだろうか。

　より専門的にいえば、こういう理由もある。いまの野球では、1点勝負になって2塁にランナーを置いた場面のシフトは、ライトとレフトを前に出し、あえて一二塁間と三遊間を空けるケースが多い。そうすることで、まずは必然的に二遊間が狭くなり、そこを破られる可能性は低くなる。そして、一二塁間や三遊間を抜かれても、ライトとレフトが前に出ているので、普通のヒットだったらそう簡単に2塁ランナーはホームに還れない、そういった狙いだ。まさに、飯山が打席に入ったケースがそうだった。

　打球が外野の頭を越えたり、その間を破ったりすれば話は別だが、どうせ普通のヒットを打ってもサヨナラ勝ちにならないなら、ゲッツーのリスクを回避し、2アウトにしてもランナーを2、3塁に進めて、次の陽で勝負、という考え方もあるんじゃないかと。

事実、福良ヘッドは、2回、僕に確認してきた。

「監督、いいですか、普通で？」

「いいです」

「いいんですか、普通に打たせて？」

「打たせてください」

　状況を見て、迷って、決断して、打たせるというのとは違う。こういう経験は何度かしてきたが、このときも不思議と、バントという選択肢がまったく浮かばなかったのだ。

　心の中では、ずっとつぶやいていた。

「ユージ、頼むぞ。行くぞ、ユージ。ユージ、思いきっていけ。いままで苦労してきたんだ。ここでいけ、ユージ」

　飯山でダメなら納得できる、そう思っていたところもある。

　結果、2球目のストレートを引っ張った飯山の打球は、低いライナーとなって左中間を破っていった。2塁ランナーの中島がホームを踏んで、サヨナラ勝ち。劇的な幕切れとなった。今年のファイターズを象徴するような試合でもあった。

　飯山は本当に苦労してきた。いつも最後までグラウンドに残ってノックを受けて、バットを振ってきた。どれだけ練習してきたかがわかるヒットだったと思う。それにしても、あんな飯山の打球は練習でも記憶にない。はじめて見た（笑）。

吉川が泣いて、そして僕も泣いた

　2勝2敗の五分に星を戻したとき、ここからは3連戦だと思っていた。

　プロ野球のペナントレースは同一カードの3連戦が基本になって、その積み重ねで日程が成り立っている。日本シリーズは第5戦と第6戦の間に移動日が挟まるが、要はあと3つ、2勝1敗で勝ち越せばウチが日本一なのだ。

　このシリーズが始まる前、ひとつだけ心に決めていたことがあっ

た。1年間、先発ローテーションの柱としてチームを支えてきてくれた吉川と武田勝には、絶対に無理はさせない。たとえどんな展開になっても、彼らを投げさせるのは第1戦と第2戦、第6戦と第7戦、そう決めていた。

シーズン中、ある意味、先発陣以上に負担をかけ続けてきた中継ぎ、抑えには、シリーズでも同じように頑張ってもらうことになるが、それでも4連投をさせるわけではない。シーズン中と変わらぬ仕事を求めるだけだ。そういった意味でも、吉川と武田勝に経験のない無理をさせるわけにはいかなかった。

いざ幕が開け、第1戦、第2戦と、その2人でまさかの連敗を喫したあと、吉井理人投手コーチがやってきて、彼らが「登板間隔を詰めていきたい」と言っているという。はじめは受け流していたが、その訴えの内容を聞いて、少し考え直した。

「このまま負けるわけにはいかないから」という彼らの気持ちは本当に嬉しかった。しかし、どうあれヒジに不安のある吉川は、間隔を詰めさせるわけにはいかない。しかし、武田勝の気持ちは買ってもいい。結局、ふたりの登板日を入れ替え、第6戦に中5日で武田勝、第7戦までもつれ込んだら中7日で吉川に託そうと決めた。

2人の意気込みを伝え聞いたコーチたちの間では、「本人がいけると言ってるんだから、中4日で勝負させよう」という声もあがっていたという。でも、日本シリーズで勝つことよりも、彼らの将来のほうが大事だという思いは譲れなかった。現役引退後、取材者として20年あまりを過ごしてきた僕は、一時的な無理がたたって、選手生命を縮める結果になったと思われる（本当の因果関係は定かではないが）ピッチャーを何人か見てきた。その現実を思い返しても、ファイターズの選手をそうさせるわけにはいかなかった。

コーチたちにも納得してもらうため、福良ヘッドを呼んで、おそらく僕だけが報告を受けていたリアルな吉川の状態を話した。そして方針を伝え、申し訳ないけど、みんなを納得させてくださいと頼

んだ。

　しかし、本人が吉井コーチを通じて、間隔を詰めたいと直訴して
きたのも事実である。方針を周知させる前に、もう一度だけ彼に確
認させてほしいということなり、岸七百樹チーフマネージャーに行
ってもらった。すると、岸は戻ってくるなり、
「絶対に投げるって言ってます。ヒジはなんともないって」
「そんなの言うんだよ、ピッチャーは。絶対に投げさせないから」
「でも、投げないと絶対に悔いが残るって言うんです」

　しばらくやり取りしていたが、埒があかないので、仕方なく吉川
を札幌ドームの監督室に呼んで、話をすることにした。第3戦の試
合前、僕が軽い食事をとったあとだったから、午後5時くらいだっ
たと思う。

　早速、肝心のヒジの状態を尋ねたら、第1戦でああなったのはフ
ォームのバランスが崩れていたからで、昨日、キャッチボールをし
ていてその原因がわかったからもう大丈夫だと、質問とは違う答え
が返ってきた。
「そういうことじゃなくて、オレは日本シリーズよりもおまえの将
来のほうが大事だから」

　吉川の頑張りがなければ、チームはここまで来ることができなか
った。本人がなんと言おうと、その男に、これ以上の負担を掛ける
わけにはいかない。

　だが、この日の吉川はまったく折れなかった。「チームのみんな
のおかげで、ここまで来ることができた。そのチームのために、い
ま投げないで、いつ投げるのか」と言うのだ。

　その熱い思いを来シーズンに向けてほしい、そう何度も頼んだが、
彼は引かなかった。

　吉川の目には光るものがあった。必死にこらえていたが、僕も最
後はダメだった。

　自分のことよりも、チームのことを第一に考えてくれている吉川

の心を、エースと呼ぶにふさわしいその魂を、受け止めるしかなかった。

「わかった。1日考えさせてくれ」

監督室での会話は、それで終わった。

そして2日後、2勝2敗で迎えた第5戦のマウンドに、僕は吉川を送り出した。

退場を覚悟してでも、
抗議しなければならないときがある

吉川光夫、雪辱のマウンドは、苦い経験となった。

2回表、第1戦でも3ランホームランを打たれているジョン・ボウカーに、先制2ランを浴びると、続く3回にも4安打を集められて計5失点。結局、9つのアウトも取れず、3回途中での降板を余儀なくされた。この交代については、あとで改めて触れる。

2番手には多田野数人を起用した。まだ回が早いこともあり、ここからある程度長いイニングを任せられるピッチャーが求められる場面だった。しかし、その計算に狂いが生じる。

4回表、先頭の寺内崇幸が出塁すると、この日、阿部慎之助に代わって先発マスクをかぶっていた9番・加藤健はバントの構えを見せる。

その初球、厳しい内角球だったが、加藤はのけぞり、それを避けたかのように見えた。しかし、倒れたまましばらく立ち上がらず、原監督がベンチから飛び出すと、球審は「デッドボール」と「多田野の危険球退場」を宣した。

これには納得がいかない。そもそも当たったようには見えなかったし、原監督が出てきて判定が変わったようにも見えた。当然、抗議に向かう。

まず、球審にはどう見えたのかを確認した。

「投げた瞬間に、危険球の軌道でボールが来ていた」

しかし、バントに行って空振りしたら、仮に当たっていたとしても空振りになるはずだ。

「いや、バントに行く前にもう危険球だった」

十分に納得のゆく回答ではなかったが、球審に、自分の目にはそう見えていたと言いきられてしまっては仕方がない。見解の相違と解釈して、一度はベンチに下がりかけた。

しかし、ベンチの前でコーチたちが「やっぱり当たっていない」と言う。

そこで、もう一度だけそれを確認しに戻った。判定が覆らないのはわかっている。ただ、納得のゆく説明が聞きたかった。例えば「バントの構え云々の前に、投げた瞬間からボールが頭に向かってきていて、バッターは避けられない感じだった」とか言ってくれれば、納得するしかない。それは、球審にそう見えていたということだから。いくら抗議してもしょうがない。

ところが、球審も興奮していたのか、今度はどう考えても説明におかしなところがあった。

それを聞いて、ブチッとキレた。判定が間違っていたとは言わないが、いま、言っていることは明らかに間違っている。

気付いたら、僕も興奮して、

「そんなの絶対に納得しないからな。絶対に引き下がらないからな」

しまいには、

「退場にしろ！」

とまで、口走っていた。

さすがにチームの士気にも関わるので、日本シリーズで退場はまずいだろうと思っていたが、僕もかなり頭に血がのぼっていたため、つい、その言葉が出てしまった。

正直にいえば、あのときは「お願いだからまっとうな説明で、オレを納得させてくれ」という心境だった。

そしたら、歩み寄ってきた1塁塁審が、

「監督、言い間違えです。興奮して、間違えることもあります」

　と言って、その場を収めようとする。

「だったら、間違いでしたってはっきり認めろ」

「言い間違えました」

「わかった。そう見えたんなら、それでいい」

　最後はそう言って、ベンチに下がった。

　当時、マスコミにも取り上げられたが、柳田浩一球審とは、かつてスワローズのチームメイトだった。年齢は５つ離れているが、入団は１年違いで、６年間同じユニフォームを着て、同じ外野手としてプレーした。かわいい後輩だった。

　現役最後の年、僕からセンターのポジションを奪ったのは、他ならぬ柳田だった。そんな彼が球審で、僕が監督で、しかも日本シリーズという大舞台で、判定を巡る言い争いをすることになるとは、なんとも不思議な因縁のようなものを感じる。

　昔から柳田は、真面目を絵に描いたような男だった。審判としても、１球１球、一瞬たりとも気を抜くことなく、正確なジャッジに努めるその姿には、いつも感心させられてきた。心の底から尊敬できる人物である。

　そんな男だからこそ、必死になればなるほど、我を忘れて、言葉を間違ってしまうこともあるだろう。それは、容易に想像できた。

　しかしながら、グラウンドの上では、相手の人間性に関わらず、監督として納得できないことには、断固とした姿勢で臨まなければならない。それだけのことだ。

　判定は覆らない。でも、あそこは選手のためにも、戦わなければならない場面だった。少なくとも自分が納得するまでは、引き下がるべきではない。

　監督が必死に怒っている、その姿勢は、選手たちにもきっと伝わるはずだから。

ここぞとばかりに審判を叩くのは論外

ただ、あの一件については、はっきりさせておきたいことがひとつある。

試合後、記者に質問されて、僕は「審判がそう見えたなら、それがすべてです」とコメントした。あんなに怒っていた監督が、なぜそのひと言で済ませようとしたのか。「それ以上、聞かないでくれ」とお願いしたその意図は、本当に野球に愛情があるならわかるはずだ。

だが、残念ながらその意図が伝わっていない記者がいたらしい。「なんで監督は文句を言わないんだ」と、事を荒立てようとしていたそうだ。それは論外だ。

選手や監督の評価は、おもに成績によって左右され、1年1年が勝負となる。

一方、審判にとっては経験の積み重ねこそが最大の評価であり、その経験を積んだ者に1年でも長く支えてもらうのが野球界の理想だ。

そして、そんな地道な仕事だからこそ、審判は心ない批判によって致命的な傷を負うこともある。だから、無防備な彼らをここぞとばかりに叩くマスコミには、それをわかって書いているのかと問いたい。

マスコミも含め、我々が生かされているこの野球界において、審判は必要不可欠な、いつもリスペクトされるべき存在である。そんな彼らの一所懸命さによって、我々はプレーさせてもらっているということを忘れてはいけない。

マスコミが、彼らを生かすために何かを発信することはあっても、殺すために発信することは絶対にあってはならない。

「シーズン中も必ずそうしてきた」に潜んでいた落とし穴

再び東京ドームに舞台を移して、第6戦。

3対3の同点で迎えた7回裏、結果的に、ここが勝負を分けたイ

ニングとなった。

　ピッチャーはこの回からマウンドにあがった4番手の石井。先頭の長野をフォアボールで歩かせ、続く2番の松本哲也に送りバントを決められ、1アウト2塁のピンチを招く。

　ここでの考え方は、続くクリーンナップの3人から、いかにして2つのアウトを奪うか。

　このあたりのレベルのバッターには、ボールが先行してカウントが悪くなると、やられる確率がかなり高くなる。フルスイングできるカウントでの無理な勝負は禁物だ。

　際どいコースに投げて様子を見ながら、うまく追い込むことができたら、最後は勝負すればいいし、ボールが先行してカウントが悪くなったら、歩かせて、次のバッター相手にまた一から組み立て直せばいい。

　3番は右バッターの坂本、4番は左バッターの阿部、そして、1塁ベースは空いている。

　この場面、坂本を歩かせて、次の阿部で勝負という考えもあった。阿部が一番怖い存在であることは間違いないが、石井が左ピッチャーであること（一般に左バッターとの対戦では有利とされる）や、阿部の調子が上向きではないということを判断材料にすれば、選択肢のひとつではある。

　だが、さすがに阿部の怖さは誰もが肌で感じている。コーチ陣とのやり取りの中で、坂本を歩かせるという考えはすぐに消えた。

　その坂本に対しては、1球目ボール、2球目ストライク、3球目ストライク、いい形で追い込むことができた。そして、4球目ボールのあと、5球目、低めに沈む変化球で空振りを奪い、三振。最高の結果で2アウトまでこぎつける。

　続く阿部には、1球目、2球目とボールが先行した。「カウントが悪くなったら、歩かせていい」、まさしくそういう状況だ。

　得点圏にランナーを置いて、日本球界No.1といってもいい強打者

相手に、このカウントからストライクゾーンで勝負を挑むのは、あまりにも危険だ。際どいコースのボール球に、バッターが手を出してくれて、ファウルでカウントを稼げたらラッキー、もし打ち取ることができたら最高、というケースである。

ところが3球目は、かなり甘いボールに見えた。かえって意表をつかれたのか、阿部はこれを見逃してストライク。肝を冷やした。

この一球で、もう本当にストライクゾーンには投げられなくなった。

4球目はアウトコースに外れて、3ボール1ストライク。あとは、シーズン中もこういうケースでは必ずそうしてきたように、もうひとつアウトコースに、できれば際どいコースにボール球を放って、阿部が手を出してこなければ、歩いてもらうだけだ。

だが、「シーズン中も必ずそうしてきた」というベンチの意識に落とし穴があった。「ここは歩かせていい。勝負は次のバッターで」という確認が徹底されず、次の一球が、日本一の行方を左右することになる。

運命の5球目、タイミングは全然合っていなかったが、阿部にはそれをヒットにする技術と勝負強さがある。打球はセンター前に抜けていき、ジャイアンツに決勝点が入った。

明確に「歩かせろ」と指示していれば、結果は違っていたはずだ。当然わかっているだろうと思い込み、肝心なところを徹底しきれなかったこれは、明らかに僕の責任だった。

「4番・中田翔」の本当のはじまり

少しイニングが戻るが、中田の同点3ランは本当に嬉しかった。1年間やってきて良かった、4番で使い続けてきて良かった、心の底からそう思わせてくれる一発だった。

しかし、彼が4番の覚悟を見せてくれたのは、あの打席だけではなかった。むしろ一番価値があったのは、あの次の第4打席だ。

6回表、自らのホームランで同点に追いついて、7回裏、また1

点を勝ち越されて、迎えた8回表、中田は先頭バッターとして打席に入った。ピッチャーはこの回からマウンドにあがったスコット・マシソン。その1ボールからの2球目だった。

中田はものすごいフルスイングを見せた。力強さだけを見れば、打球をレフトスタンドまで運んだ前の打席以上、魂のこもったひと振りだった。残念ながら打球は前には飛ばず、ファウルチップとなったが、あのスイングにこそ価値があったと僕は思っている。

第2戦、デッドボールを受けた中田の左手甲が、実は骨折だったという事実が判明したのは、シリーズが終わった2日後、札幌で精密検査を受けたときだった。だが、その診断結果を待つまでもなく、中田が相当の痛みを感じているであろうことは、我々にも想像ができた。

そんな状態にもかかわらず、あの打席、彼が見せてくれたフルスイングには、心が震えた。いかに心が身体を動かすか、そのことを証明してくれたのだ。そして、痛いとかそういうことではなく、気持ちが入ったら、自分自身がいけると思ったら、いつだってあのスイングができるんだということを、中田が肌で知ったことが、あの日本シリーズで一番の財産だった。

4番バッターは打席に立ち続けなきゃならない。チームを勝たせなきゃならない。シーズンのはじめ、開幕から20打席以上ノーヒットという苦しみを味わった男が、最後の最後に、本当の意味での4番としてのスタートを切った。

1年間やってきたファイターズらしい野球ができた

1点を追う9回表、1アウトから二岡を代打に送った。欲をいえば、ランナーのいる場面で彼の名前を告げたかったが、二岡という、とっておきのカードを、最後の試合でもきっちりと使いきることができた、そのことには意味があったと思っている。

「とっておき」というのは、いざというときのために、大切にしま

っておくことをいうそうだ。だが、大切にしまっておくだけでは意味がない。欲張りな僕は、できることなら毎試合、とっておきのカードを使いきりたい。

そんな監督の性格からか、ウチはかなり早いイニングで野手をほぼ全員使い切っているとか、そういう試合がよくあった。あとで勝負所が来るかもしれないと待っていても、それが必ず来るとは限らない。終盤に点差が開いてしまったら、勝負なんかできなくなる。僕はそれがイヤなのだ。とにかく、勝負ができるときに勝負をしてしまいたい。早めに勝負してしまって、コマが足りなくなるのはしょうがないと思っているから。

試合が終わったときに二岡が残っていると、僕はそれを後悔する。試合に勝っていればまだいいが、それで負けたなんてことがあると、後悔は100倍にも膨れあがる。あれほどのいいバッターを使わずに、代打の切り札をベンチに残したまま負けるなんて、絶対にありえない。「おまえ、なにやってんだ！」と自分を叱り飛ばしたい気分になる。

実際、シーズン中にはそういうケースが何回かあった。ゲームセットを迎えて、そこでようやく「あ、二岡を使えてない……」と。それは、僕が勝負所を間違っているということ。だから、いい場面で使ってあげられないのだ。

結果的に最後の試合となった日本シリーズ第6戦、二岡をコールして、すべてを出し尽くすことはできた。それがファイターズらしい戦い方なのだと思っている。

また、ファイターズらしいといえば、二岡がフォアボールで歩き、陽が三振に倒れて2アウトになったあと、しぶとくライト前に運んだ鶴岡慎也のバッティングも、ある意味、1年間やってきたことの集大成だった。最後まで絶対に諦めないという姿勢は見せられた。

それにしてもあのラスト。

糸井の打席は、打った瞬間、セーフだと思ったんだけどな……。

セレモニー終了後、東京ドームの食堂で
選手全員を前にして

　負けたら、いつも悔しい。でも、あんなに悔しかったのは生まれてはじめてだった。

　だから、誰とも目を合わせたくなくて。でも、原監督にだけは、目線で一礼して下がろう、と。それは誰かに見せるものではなく、2人だけがわかればいいものだから。

　と思っていたら、原監督が歩み寄ってきて、またハグをされた。

　原監督も現役引退後の数年間、僕と同じく、野球を伝える側にいた時期がある。その頃からいつも共有させてもらってきたのが、野球界のためになにができるか、それをしっかりと考えることだった。伝える立場にいたときは、きちんと伝えることが野球界のためになる、そう信じて取り組んできた。

　では、監督になったいま、僕は野球界のためになる、なにかができているのか。

　あの原監督のハグは、日本シリーズで野球界のためになる勝負ができた、それを認めてくれた密かなメッセージのようにも感じた。

　セレモニー終了後、選手をはじめチーム全員が食堂に集まって、大社啓二オーナー代行のねぎらいと激励の言葉に耳を傾けた。

　そして、「監督、ひと言お願いします」と声を掛けられ、

「みんな、よくやってくれてありがとう」

　そう言おうと思ってみんなの顔を見ていたら、感極まってしゃべれなくなってしまった。

　曲がりなりにもチームの指揮を執ってきた監督ともあろうものが、ここでしゃべれなくなるのは「なし」だなと自分でも思ったんだけど、ダメだった。

　あとでチーフマネージャーの岸に

「大丈夫かな。さすがにダメだよな」

と聞いたら、

「いや監督、気持ちは伝わっていました。どういう思いでやってきたのか、みんなわかったと思いますよ」

ありがたい。岸はいつも僕に優しい。

「悔し涙はダメだ」。そう僕はずっと言い続けてきた。悔し涙なんか流しているヒマがあったら、今度こそ勝負に勝てるように練習しろと。でも、感動の涙はいい。感動は推進力になる。力に変えられる。

だから言い訳するわけじゃないが、あのとき流したのは、悔し涙ではなかった。みんなの顔を見たとき、「本当によくやってくれた。ありがとう」という思いが込みあげてきて、そう、あれは感動の涙だった。

ただ、その一方で「勝たせてあげられなくて悪かったな。この悔しさを忘れないで、来年やろうな」という思いもあった。ということは、悔し涙も混じっていたということか。選手にはどう伝わったのだろうか。

岸は慰めてくれたけど、やっぱりあれは失敗だった。

運を引き込めなかったということは、
自分になにかが足りなかったということ

日本シリーズを振り返って、思うことはたくさんある。

忘れもしない第6戦の7回表、2アウト満塁のチャンスで糸井嘉男が放った打球は、打った瞬間、「行った！」と思った。それがライトの真正面に飛んで、フェンス直前、長野が頭上でこれを押さえた。

バットがボールを捉えたミートポイントなのか、打球の方向なのか、角度なのか、何かがほんの少しでもずれていたら、あの打球が勝利を呼び込んでいたとしても不思議ではない。

では、なぜそれが長野に好捕されたのか。きっと、単純な運なのだと思う。我々はその運を引き込むために、あらゆる手を尽くしてきた。だから、運を引き込めなかったということは、自分に何かが

足りなかったということになる。それを来年、絶対に足りなくならないようにしてあげなければならない、それが僕の仕事だ。

勝負事というものは、やるときは徹底的にやらなければいけない

　日本シリーズを戦っていて、ひとつだけ意外だったことがある。

　原監督に率いられたジャイアンツは、過去4回、日本シリーズに出場している。その戦い方を見てきて、対戦相手のウィークポイントを分析して臨むというより、自分たちの野球をやって力でねじ伏せる、そういった姿勢というか、印象を受けることが多かった。いつも、それだけの戦力が揃っていたし。

　ところが、実際に戦ってみると、ウチが「ここを、こういうふうにやられたらイヤだな」と思う攻め方を、ことごとく実行された。きっと徹底的に分析し尽くされていたんだと思う。データ収集と分析に長けた、橋上秀樹戦略コーチがいたことも大きかったのではないだろうか。

　自分の中では、データをどこまで重視すべきか、まだ少し半信半疑なところがあった。あまり重視しすぎると、選手のよさが消えてしまう危険性もあるからだ。たぶん、その考えは大きく間違ってはいないと思う。

　ただジャイアンツと戦っていて、勝負事というものは、やるときは徹底的にやらなければいけない、ということに気付かされた。それができないと、こういうふうにやられるんだって。

　〝いつも〟やるということではなく、〝やるとき〟はやる。いったんデータの示す通りに動くと決めたら、データがすべてと思ってやったほうがいい。あのジャイアンツがここまでやるんだったら、我々はもっとやらなきゃいけない。

　古今東西の兵法書の中でも、最も著名な『孫子』の教えに、

「彼を知り己を知れば、百戦して殆からず」

という有名な言葉がある。

敵についても味方についてもその情勢を知って、長短優劣を把握していれば、たとえ百回戦っても危機に陥ることはない、といった意味である。

この言葉はもちろんよく知っていたが、心のどこかで敵を知ることよりも、己を知ることに、より強く意識がいっていたような気がする。相手に左右されることなく、まずはしっかりと自分たちのよさが出せればと、そればかり考えていた。

ところが、やっぱり両方ないとダメだった。それがわかった。というか、ジャイアンツほどのマンパワーはないが、データ収集や分析にはもちろんウチも取り組んでいる。だが、もっと確認して、徹底して、気持ちをそこに集中させるところまで持っていかないと、やったことにはならない。そういうことなんだと思う。

これでもしウチが日本一になっていたら、どうだろう。やっぱり自分たちのよさを出せばいいんだという方向を、僕は強く訴えてしまっていたかもしれない。負けてはじめて、それだけでは勝てないんだということに気付かされた。

日本シリーズで負けて学んだことがあるとすれば、そういったことなのかもしれない。

マウンドに送り出した以上、
彼に試合を任せる責任があった

後悔はない。戦いだから誤算はあるが、後悔があるかと問われても、それはないと答える。

それでも、もしひとつだけ後悔に似た感覚があるとすれば、第5戦、吉川をもう少し早く代えてやったほうが良かったかもしれない、という一点だ。

吉川や武田勝といった先発ローテーションの柱となるピッチャーは、「どっちに転んでも、この試合はおまえに任せた」という気持ちで、

いつもマウンドに送り出している。だが、短期決戦となる日本シリーズにおいては、続投させるのは2〜3点取られるまで、というはっきりとしたイメージも持っていた。

　ただ、それと同時に、また別の考えも生まれていた。絶対に無理はさせないという決意を覆し、吉川を第5戦に先発させることを決めたとき、投げさせる以上、中途半端な代え方だけはしてはいけないと思ったのだ。例えば、イニングの途中でマウンドを降ろさせるような。それは彼の将来のためにも、やってはいけないと。

　2回に2点を失い、3回表、坂本のタイムリーヒットで3点目を失った。ここまでは我慢で良かったが、次の4点目はなんとしても食い止めなくてはならない。

　その後、1アウト1、3塁とさらにピンチを広げてしまうが、この場面、ブルペンのピッチャーと吉川を比較したとき、たとえこの状態であっても、外野フライを防ぐ確率は吉川のほうが高いと踏んだ。その判断は間違っていなかったと思う。

　だが、結果は次の矢野謙次に犠牲フライを許し、次、もうひとりランナーを出したら代えようと準備していたら、エドガー・ゴンザレスにまさかのタイムリー2ベースを打たれた。長打を打たれるイメージはまったくなかったので、正直、あそこで5点目を奪われるとは思っていなかった。

　あそこで試合を壊してしまったのは、僕の責任だ。なぜあそこで代えないんだと、批判もされた。私情を挟んだと指摘されれば、そうなのかもしれない。けれど、それでも後悔はしていない。

　2日前、吉川はこう訴えてきた。

「チームのみんなのおかげで、ここまで来ることができた。そのチームのために、いま投げないで、いつ投げるのか」

　たとえ、自分の将来をなげうつことになろうとも、いま、チームのために投げたいと直訴してきた吉川の思いに、心を打たれた。そして、あの日、マウンドに送り出したのだ。

だからこそ僕には、彼に試合を任せる責任があったと、いまでもそう思っている。

第5章：感謝をこめて

監督になって、気が置けない友人に冷やかされることがある。「あんな歯が浮くようなセリフ、よく言えるね」って。

友人が言うのは、「命懸け」とか、「泣きそう」とか、そういった僕の発言のことだ。

そう言われても、僕は本気で「命懸け」なんだし、本当に「泣きそう」なんだから、こればかりは仕方がない。気持ちをありのままに表現する言葉が、他に思い浮かばないのだ。

去年は、一生分の感動をした。最高に幸せな一年を過ごした。

いまは、「感謝」以外の言葉が見当たらない。

日本シリーズ終了後、辞表を提出しようとしたわけ

日本シリーズ終了後、最初に考えたのは「辞表を提出しよう」ということだった。

実はそれを書いたのは意外と早い時期で、10月17日、クライマックスシリーズの初戦が始まる前、札幌ドームの監督室で筆を執った。

辞表というものを書いたのは、生まれてはじめてのことだった。いままでは、自ら辞するというより、「お疲れさまでした」って、肩を叩かれた経験しかないから。

これが結構悩んだ。封筒の表に大きな文字で「辞表」と書くところまではイメージ通りだが、では、中に入れる便箋には、いったいなんと書けばいいものか。慣れている人に聞こうにも、辞表を書き慣れている人なんてそういるものじゃない。

結局、「チームに対して責任を果たすことができなかったので……」といった感じで、辞意を表す内容となった。どうしてその日に書いたのかといわれると、これといった理由があるわけではないのだが、いま思うと弱気になっていたんだと思う。

　前にも触れたが、クライマックスシリーズはある意味、不公平な戦いといえる。ペナントレースを制したリーグ優勝チームには、「絶対に負けられない」という大きなプレッシャーがのしかかり、対照的に2位以下で進出してきたチームは、「失うものはない」という楽なスタンスで臨むことができる。はなから、両者の精神状態がまるで違うのだ。

　しかも、ファーストステージから勝ち上がってきたのは、2位のライオンズではなく、3位のホークスだった。レギュラーシーズンの対戦成績は、ファイターズの9勝13敗2分け。ウチが最も苦手としていた相手で、シーズン中には何度か夢にまで出てきたものだ。

　そのプレッシャーと苦手意識で、どこか弱気になっている自分がいた。そこで、その弱気をすべて辞表に押し込めて、自信満々でグラウンドに出ていった。

　辞表は、もし日本一を逃したら提出するつもりだった。選手たちは勝つために一所懸命やってくれたのに、そこに導いてやれなかったのは誰の責任か。そういわれたら、ひとりしかいない。元々、すべての球団が日本一になるためにやっているわけで、その目標が達成できなかったら、現場の責任者である監督は、契約年数に関わらず、職を辞するお伺いを立てるべきだ、と。これは、あくまでも僕の価値観なので、監督全員がそうあるべきだとは思わないが。

　その価値観のもと、日本シリーズに敗れた直後、辞表を提出した。厳密には、提出しようとしたのだが、それはしまっておいてくださいと制されて……、いまも札幌ドームの監督室に保管してある。あのときの思いを忘れないように。

感激しっぱなしだった優勝パレード

11月24日、札幌市内の中心部で優勝パレードが行われた。オープンカーとオープンバスに分乗し、札幌駅前からススキノまでの約1・3キロを、1時間ほどかけてパレードした。実行委員会の発表によると、沿道には10万人以上のファンが集まってくれたという。

約1年前の12月4日、「ファンフェスティバル2011」にサプライズゲストという形で参加させてもらったとき、ファンの皆さんにこうあいさつさせてもらった。

「シーズンが終わったとき、ファンの皆さんと最高の祝杯をあげたいと思います。北海道のこの時期、空には雪が舞います。優勝して、優勝パレード、そして色とりどりの紙吹雪で北海道の大地を埋めたいと思います。応援のほど、よろしくお願いします」

日本一は逃したけれど、優勝パレードの約束が果たせて、本当に良かった。

この日の札幌地方は快晴。「雪ときどき紙吹雪」とはならなかったが、色とりどりの紙吹雪で祝福ムードを盛り上げてもらって、感激しっぱなしだった。

そして、もちろんはじめての体験だったので、少し驚いたこともあった。あんなに大勢、10万人以上もの人がいるのに、沿道からの声が、意外とよく聞き取れるのだ。

パレードが始まってまもなく、よく通る、年配の女性の声が聞こえてきた。

「監督、1年間ありがとう！」

奇をてらった言葉でもない、ごくありふれたひと言だったけど、それがものすごくストレートに伝わってきた。リーグ優勝が決まってから、面と向かって「ありがとうございます」と言ってもらうことはよくあったけど、パレードの真っ只中、沿道から届いたその声は、格別な響きに感じた。たくさんの声援をかき分けて、わざわざ

僕のところまでやってきてくれたような、そんな感じがして本当に
嬉しかった。

監督が優勝旅行に参加することの意味

　当初、優勝旅行に参加するのはやめようと思っていた。

　僕の場合、連れていって喜んでくれる家族がいるわけでもないし、
監督がいたんじゃ気が休まらないという者もいるだろう。せっかく
の機会だから、選手には家族サービスに徹してもらって、スタッフ
には思う存分、羽を伸ばしてもらいたかった。

　そんなある日、マリーンズへの移籍が決まった清水コーチから、
こんなことを言われた。

「監督、お願いがあります。僕が言える立場じゃないけど、優勝旅
行だけは来てください。僕も行きますから。選手が一番嬉しいのは
なにかって、監督にありがとうって言ってもらうことなんです。み
んなのおかげで勝ったって言ってもらうことで、みんな救われるん
です。そのためだけでも行く価値はあります。監督がいなかったら、
みんなつまらないですから」

　ありがたいアドバイスだった。

　もし、それでみんなが喜んでくれるというなら、絶対に行くべき
だ。清水コーチのそのひと言で、僕はあっさりと前言を撤回し、優
勝旅行への参加を決めた。

　なにかとはじめての体験が続いていたが、チャーター機というや
つに乗ったのもはじめてのことだった。これはものすごく感じるも
のがある。もちろんチームの関係者しか乗っていないし、食事のメ
ニューや、シートカバーにも、ファイターズのマークや優勝ロゴが
付いている。これはテンションが上がる。

　僕の横のシートは空いていた。そろそろ寝ようと思ったら、そこ
に酔っ払った岩舘学がやってきた。「監督、いいですか」って。

　岩舘はジャイアンツ時代に優勝を経験しているけど、本当の意味

で、優勝に貢献できたという実感があったのは、今回がはじめてだったようだ。

「今回、はじめて嫁さんが、心の底から優勝旅行を楽しめるんです」

それは良かった。ちょうど出発前のセレモニーでも「選手は楽しまなくていい。家族のために命懸けでこの6日間尽くしてください」とあいさつしたばかりだったから（笑）。

それにしても、3月31日の開幕第2戦、彼のあの一打がなかったら、ファイターズの2012年はいったいどんなシーズンになっていたのだろうか。

1点を追う9回裏、代打・岩舘の同点タイムリーが呼び水となり、続く田中賢介のサヨナラヒットが生まれた。あの劇的な開幕2連勝があったからこそ、チームは前に進めた。

7月頭、チーム事情から彼の登録を抹消した。よく練習するし、チームのためにいつも献身的にプレーしてくれる。本当にベンチに置いておきたい選手だっただけに、ファームに落とすときは心が痛んだ。そのときの話を切り出したら、

「監督、僕が思っていたより1カ月長く一軍にいました」

と、拍子抜けするような答えが返ってきた。控えめなところが、苦労人の岩舘らしい。

お酒の力も手伝い、機内の岩舘は饒舌だった。いつも寡黙にプレーする岩舘のそんな姿を見ていると、また優勝の喜びがじわじわと込みあげてきた。これは何度込みあげてきても、いいものだ。

優勝旅行先のハワイでは、普段はほとんど接することのない、たくさんの選手の家族たちと交流を図ることができた。僕はひたすら「ありがとうございました」と「ご迷惑をお掛けしました」を繰り返すばかりだったが。

特に印象的だったのは、貴重なセットアッパーとしてリーグ優勝に大きく貢献してくれた石井裕也の奥さんを紹介されたときのことだった。

最後のゲームとなった日本シリーズの第6戦、負け投手になったのは石井だった。負け投手といっても、彼に責任があるわけではない。マウンドを託したのは監督である僕だし、大切な指示が明確に伝わっていなかったのはベンチの責任だ。そしてなにより、そもそも石井の活躍がなければ、チームはあの舞台に上がることもできなかった。

　その数日後、ある話を伝え聞いた。石井は敗戦翌日の新聞を切り抜き、「石井で負けた」という見出しの記事を自分の部屋に貼っているという。

　ずっとそれが気に掛かっていた。彼がその悔しさを糧にしてくれるのであれば、それはそれでいい。だが、その切り抜きを、家族は毎日どんな思いで見ているのだろうかと。

　石井の奥さんを紹介されたとき、その思いを素直に伝えた。
「奥さん、本当にすみません。石井で負けたことは納得してるし、こいつのおかげであそこまでいったのに、最後は背負わせるようなことになっちゃって。悔しくて新聞記事を貼っているって聞いて、本当に申し訳なくて。逆に感謝してるんです。本当にごめんなさい」

　そしたら奥さん、泣き出しちゃって……。

　その姿を見ていて、家族も一緒に戦ってくれているんだということを実感した。奥さんは、打たれたことが、チームに申し訳ないというふうに純粋に思ってくれていた。そこには、自分の旦那がよければいいみたいなものが、まったく感じられなかった。

　だから、ウチは勝てたんだと思う。そんな家族に支えられていたからこそ、勝ちきることができたんだと思う。そして、やっぱり勝たなきゃダメなんだって、改めて強く思った。家族の皆さんの嬉しそうな顔を見て、こんなに喜んでくれるんだって。

　でもその分、少しだけ憂鬱なこともできた。みんなに家族を紹介されて、あぁ、これからファームに落とすときは、きっと家族の顔が思い浮かぶんだろうなぁ……。

軽トラに長靴姿で優勝パレード

　僕がはじめて北海道の栗山町を訪れたのは、1999年3月のことだった。ファイターズが北海道にやってくる5年前のことである。

　青年会議所（JC）から、栗山JC創設30周年記念イベントの一環として、栗山町の観光大使になってほしいという依頼を受けてのことだった。偶然、同じ名前だから、というそれだけの理由で、栗山英樹だったらしい。

　それがきっかけで、町の人たちとの交流が始まり、映画『フィールド・オブ・ドリームス』が大好きだった僕は、やがてそこに野球場を作ることになる。夢にまで見た天然芝の野球場は『栗の樹ファーム』と名付けた。

　当時、栗山町ではいつも長靴姿だったこの男が、それから10年以上を経て、北海道のプロ野球チームの監督になるだなんて、誰が想像しただろうか。

　そして、監督になってからも、栗の樹ファームでは相変わらず長靴姿で過ごしていたこの男が、1年目にいきなり優勝監督になるだなんて、いったい誰が予想しただろうか。

　2012年12月22日、栗山町の目抜き通りで、手作りの優勝パレードが行われた。13年前、僕のことをまるで町の人間のように受け入れてくれて、以来、いつも温かく見守り続けてくれた町の人たちが企画してくれたものだった。

　札幌でのパレードの日は快晴だったけど、この日の栗山町は雪。「雪ときどき紙吹雪」の夢がここで叶った。

　いつも農作業などに使っている軽トラの荷台に乗り、町の子どもたちにロープで引っ張ってもらった。長靴姿で沿道に手を振った最初の監督だと思う。

　人口1万3千人あまりの町に、6千人ものファンが集まってくれた。実際にはもっと多く感じたけど、みんな大わらわで、途中から

数えられなくなっちゃったのかもしれない。

　当日は、北海道在住のイラストレーターKinproさんに描いてもらった、栗の樹ファームオリジナルのリーグ優勝記念マグカップやTシャツなとを、JR栗山駅のイベントスペースで販売したが、マグカップなとはわずか10分足らずで完売してしまったという。こんなに来てもらえるとは思っていなかったから、計算が甘かった。

　友人が営む酒屋では「栗山監督優勝パレード特別記念酒」とやらを売り出し、その酒蔵にもひっきりなしに人が訪れ、のべ千人近くを数えたらしい。

　そして僕はというと、パレードのあと、約2千500人の人たちと記念写真を撮った。ざっと5時間半くらいかかった。その間、僕はずっと建物の中にいたから平気だったけど、長い行列に並んで、外で待っていてくれたファンの皆さんは大変だっただろう。あの時期の北海道にしては比較的暖かい日だったとはいえ、やっぱり寒かったと思う。

　地域のひとたちがつながる。スポーツによって人がつながって、町が元気になる可能性がある。本当に幸せな1日だった。

なぜ、栗の樹ファームを作ったのか

"If you build it, he will come."

「それを作れば、彼は来る」

　映画『フィールド・オブ・ドリームス』で、ケビン・コスナー演じる主人公のレイ・キンセラが、ある日、とうもろこし畑で耳にした〝声〟である。

　僕は映画館でその〝声〟を聞いて、それを作ってみた。そしたらやっぱり、信じられないようなことが次々と起こった。本当にファンタジー映画かと思うくらいに。

　映画公開からはもう随分経っていたが、そのロケ地を訪れたことがある。シカゴから西に、車で約3時間。アイオワ州のダイアーズ

ビルという小さな町だった。そのときの経験が、栗の樹ファームを作る、最後の後押しになった。

　外野をとうもろこし畑に囲まれた球場は、世界中からこの地を訪れる人々の寄付によって、きれいな状態で保存されていた。しばらく感慨にふけっていたら、たまたまそこにいたアメリカの子どもや、日本の子どもや、台湾の子どもが、みんな一緒に野球をやり始めた。環境さえあれば、こんなにすごいことが起こっちゃうんだ、と感心した。なにも言われなくても、言葉も通じないのに、自然と友達になってしまうんだもの。

　そういう光景を見たものだから、以来、夢を単なる夢とは思わなくなった。絶対に作らなきゃ、というわけのわからない使命感に燃えて、それで北海道に作り始めた。

　子どもたちが夢を持って、自然と向き合えて、いろんなことを感じられて、ひっくり返ったり転んだりができる場所、それが発想の原点だった。だから天然芝じゃなきゃダメだったし、外野のフェンス代わりに、映画にならってとうもろこしを植えた。子どもが突っ込んでもケガをしないように。とうもろこしならバサッと倒れるから。その後、連作はダメだとか言われて、ひまわりに変えてみたりするんだけど。

　そんな僕に付き合ってくれた、栗山町の人たちには本当に感謝している。

　運命的な出会いだったのかもしれない。偶然、同じ名前だから、という理由で引き合わせてもらって、実際に訪れてみたら、Jリーグのコンサドーレ札幌の練習場を1年で作ってしまうくらい、町民にパワーがある町だった。僕の夢を話したら、あ、ここだったらできるかもしれないって。

『フィールド・オブ・ドリームス』は、球場に向かう車の、途切れることのない長い列を俯瞰で捉えた、印象的なラストシーンで幕を下ろしている。

栗の樹ファームもリーグ優勝間近の頃は、そういう光景が見られたという。何台もの車が連なって、そこを目指してくる。あれは、まさしく映画の世界そのものだったと。

あの球場を作っていなければ、自分はきっと監督になっていない。
"If you build it, he will come."

監督業の原点は、
栗の樹ファームの自然が教えてくれたこと

この冬は、例年より早く雪が降ってしまったため、樹木を積雪や冷気から保護するための「冬囲い」が間に合わなかった。木は守ってあげないと、ネズミが木の幹を噛んで、水があがらなくなって枯れてしまう。このままではいけないと思って、急いで冬囲いの準備をした。

自然というのは、手を加えてやったら、加えた分だけ返してくれる。すぐには返してくれないけど、いつか必ず返してくれる。3年前に蒔いた種が出てきたりだとか、2年前に肥料をあげた芝がとてもよくなっていたりだとか。でも、やっぱり時間はかかる。

実はこれが、自分の監督業の原点になっている。選手を信じて、本当に尽くしていけば、いつか必ず反応してくれるはずだという信念は、栗の樹ファームで接してきた自然に教えられたことだった。栗山町に来て十数年、草木に向き合ってきたことが、間違いなく、いまの自分を作ってくれている。もし優勝の一因が自分にもあるとすれば、それは自然が教えてくれたことなのだ。土と一緒になったことが、僕を変えてくれた。

だからいま、一番気を付けているのは「慣れ」。本来、自然というのは慣れるものではなく、毎日どんどん変わっていくものだ。人間は、それに対応していかなければいけない。

選手に対してもそう、変に慣れないほうがいい。そのためにも、2年目は、1年目以上に緊張感を持って、初々しく取り組まなけれ

ばいけないのだが、それは意外と簡単なことではない。なぜなら、人は去年と今年を比べることができるから。

だったら、どうするか。もっと必死に選手に向き合う。それしかしかないと思っている。

わがままにならないようにと、自分と交わした約束

栗山町との出会いまで話題が遡ったところで、もう少し昔のことも思い出してみたい。

僕がいま、選手たちにもっと必死に向き合わなければいけないと思っているように、子どもの頃の僕と、いつも必死に向き合ってくれた人がいた。父である。

父は、野球だけはやることを許してくれなかった。だから、僕が野球に没頭しそうな環境を選ぼうとすると、ことごとく反対された。高校は、憧れの存在だった原辰徳さん（現在のジャイアンツ監督）の東海大相模高校に進みたかったし、大学は、伝統ある東京六大学で野球をやりたかったが、父はそれを許してくれなかった。

それは息子の将来を心配する、親心だったわけだが、当時の僕はそれを理解しようとはしなかった。逆にその抑圧された精神状態が、のちのプロ入りに結びついている。

高校、大学と希望通りに進学できなかったから、大学の卒業を半年後に控え、その溜まりに溜まった思いが爆発した。周囲の反対を押しきり、いいからやらせてくれとお願いして、プロ野球の入団テストを受けにいったのだ。

父はそれを許してくれた。教員免許を取得したことで、これでどうにか食いっぱぐれずに済みそうだ、とでも考えたのだろう。どうせテストに合格するわけがない、そう高を括っていたのかもしれない。

小さな頃は、とてもわがままな子だったという。気に入らないことがあるとすぐにふくれて、言うことを聞かなくなってしまう。そこで、このままじゃダメだと思った父が、僕に野球をやらせた。

50歳を過ぎたいまも、どこかしら、まだそのわがままな部分は残っている気がする。

　そんな自分のマイナス面は、ある程度自分でもわかっているから、監督になってはじめての正月、1月1日に、これだけは守ろうという自分との約束を書き出した。それは「口に出したことはやる」とか、そういうシンプルなことばかりなのだが、シーズン中も何回か見直す機会があった。自分との約束は守れているだろうかと。

　わがままにならないようにと、自分と交わした約束は、子どもの頃に父が僕にくれたプレゼントなのだと思っている。

　育ててもらった環境は大きいと、つくづく思う。

10個エラーしてもいい、明日9個になればいい

　父のほかに、僕の人生に大きな影響を与えてくれた、恩師と呼べる人がひとりいる。

　22歳でスワローズの一員になったとき、二軍監督だった内藤博文さんだ。

　1年目、年俸は360万円だった。月給に換算すると30万円。いまから約30年前に、それなりにもらっていたように映るかもしれないが、実はそんなことはない。

　税金を引かれて27万円、寮費を引かれて25万円、バットを買うと20万円くらいかかったからあっという間に5万円になって、さらに手袋を買うと、手持ちが2万円を切っていたということもざらにあった。当時はよっぽど活躍しないとメーカーからも道具はもらえなかったので、早く一軍に上がらないと生活はどうしようもなかった。

　しかも昔は、球団が獲得した選手が10人いるとして、その中からふたりを一軍に送り込めれば、名指導者と言われた時代があった。

　そうすると二軍の指導者は、素材のいいふたりをはなから特別扱いするようになり、彼らに時間を割くために、全体練習の時間は必然的に短くなる。全体練習が終わって、僕みたいな選手に声を掛け

てくれる人は誰もいなかった。自分でやって、みたいな感じだ。

そんな中、二軍監督の内藤さんだけが、僕のことを気に掛けてくれた。

現役時代、ジャイアンツの選手だった内藤さんは、テスト入団からレギュラーの座を勝ち取った、球団史上最初のひとりだった。だから人一倍、テスト生への愛情が強かったのかもしれない。あとから聞いた話だが、僕がテストを受けたときも、「栗山を獲ってもいい」と言ってくれたのは内藤さんだけだったそうだ。

二軍とはいえ監督という立場なのに、全体練習が終わると、内藤さんは僕を連れ出し、ノックを打ってくれたり、ボールを投げてくれたりした。そして、なんとしてもその思いに応えようと、毎日、死に物狂いで頑張った。だが、周囲とのレベルの差は、そう簡単には埋まらなかった。

開幕は二軍で迎えた。一方でその年、一軍の開幕投手に抜擢されたのは、同期入団のルーキー・髙野光だった。新人の開幕投手は彼以降、もう30年近く出ていないと説明したら、その価値をわかってもらえるだろうか。同年齢の髙野が、僕にはとてもまぶしく見えた。

その一軍の開幕の日、内藤さんに呼ばれた。そして、たったひと言、
「クリ、人と比べるな」

内藤さんの言葉には、何度も救われ、何度も励まされた。
「プロ野球は競争社会だ。だが、そんなことはどうでもいい。おまえが人としてどれだけ大きくなれるかのほうがよっぽど大事だ。だから、周りがどうあろうと関係ない。明日おまえが、今日よりほんのちょっとでもうまくなっていてくれたら、オレはそれで満足だ」
「ほんのちょっとでもいいから一軍に行ってみようや。いいところだぞ」

とても温厚な人だったが、一度だけものすごい剣幕で怒鳴られたことがあった。

こう質問されたときのことだ。
「例えばプロに0しか力のない選手が入ったとしよう。もうひとり、

最初から80を持っている選手が入ってきた。80が85になってレギュラーになる。ゼロが60になって、一軍と二軍を行ったり来たりするようになる。どっちがえらい？」

プロは勝負の世界である。なので、そこは迷わず、

「レギュラーがえらいです」

と答えた。

そしたら、「ふざけんな、出ていけ！」って。

「おまえは、そいつが60も頑張ったことを評価できないのか。そんな人の評判とか、周りのことばかり気にしているようなやつは、この世界、どうせ通用しないから出ていけ！」

それまで見たこともないような、ものすごい剣幕だった。

プロの厳しさは、内藤さんのほうがはるかによくわかっている。現実は、レギュラーが評価される世界だということを十分に理解した上で、僕のために、0から頑張ろうとしている僕のために、あんなにも声を荒らげてくれた。

次の日から、野球をやるのがものすごく楽になった。10個エラーしてもいい、明日9個になればいい、そう思えるようになった。

あの人に会っていなかったら、僕はきっとあのまま1年でクビになっていたんだと思う。

内藤さんにはどんなに感謝しても、それで十分ということはない。

第6章：大谷翔平という夢

選手の人生を大きく左右するドラフト、だからこそ……

ドラフト当日の朝、東京都・原宿の東郷神社にお参りに出掛けた。

シーズン開幕の朝も、日本シリーズ開幕の朝も、お参りには行かなかった。自分が監督として勝負に挑むということは、その結果に

ついても自ら責任を取ることができるということだ。それを神頼みすることはしない。

　だが、ドラフトの指名によって選手の人生を左右するということに関しては、あまりにも責任が重たすぎる。だから効果があるのかないのかは別として、神頼みであってもできることはやっておこうと思った。縁あって指名させてもらうことになる選手たちの今後の人生が、必ずや良き方向へと導かれるように。そして、意中の選手と結ばれるように。

　東郷神社の勝守を購入したのは、是が非でも大谷翔平の交渉権がほしい、その思いからだった。4日前、すでに彼はメジャーリーグ挑戦の意思を表明していたものの、交渉権さえ取ることができれば、入団の可能性はゼロじゃないと思っていた。

　それはファイターズのためであると同時に、日本プロ野球界のためであり、そしてなによりも大谷という輝かしい未来ある若者にとって最良の導きになるという確信があった。

交渉権確定のあと、
インタビューで涙ぐんでしまったわけ

　ドラフト当日は、花巻東高校のスクールカラーである紫のネクタイを締めていった。

　まもなく入場という段になって、12球団の出席者は、全員、いったん控え室に入る。そこでみんながあいさつを交わしながら、あちらこちらでお互いの1巡目指名選手を探り合っている雰囲気が伝わってくる。

　周囲の様子をうかがう限りでは、もしかすると単独でいけるかもしれない。緊張感が高まる。

　指名順がラストのファイターズは、会場への入場も最後だった。着席し、パソコンを開き、いざ始まるとなったところで、大渕隆SD（スカウトディレクター）が最後の確認をする。

「１位大谷でいきます。いいですね」

「お願いします」

　大渕SDは、早速、大谷翔平の名前をパソコンに入力すると、なにやらカバンの中から取り出した。ビニールのプチプチに包まれた小さなビンだった。

「大渕、何それ？」

「これ、花巻東のマウンドの土です」

　そう言って、テーブルの真ん中にポンと置いた。

　そんな願掛けみたいなことをやりそうなタイプには見えなかったので、少し意外だったが、彼がどれほどの情熱を持って大谷獲得に心血を注いできたか、それは十分に伝わってきた。

　彼らスカウト陣は、年に一度のドラフト会議で最高の選手を獲得するために、365日を費やしている。このチームには絶対に大谷が必要なんだというみんなの思いが、テーブルの中央に置かれた小さなビンに詰め込まれているのだ。そう思ったら、自然と熱いものが込みあげてきた。

　だから、単独指名で交渉権が確定したとき、もっと素直に安堵と喜びがあふれてくるかと思っていたが、スカウト人生をかけた男たちのためにも、なにがなんでも大谷を獲得しなければならないという使命感が優っていた。

　そこであの記者会見になってしまった。あまりにも暗い、悲愴感が漂う会見だと言われたが、みんなの命懸けの思いを感じていたから、まだ入団が決まったわけでもないのに、あそこで明るく振る舞うことはできなかった。もし、これで獲れなかったら、「監督、辞めなくちゃならないかもしれない」、それくらいに思っていたから。

ファイターズという球団の礎を作りあげてきた原動力

　入団交渉は、一にも二にも、とにかく誠心誠意を尽くすしかなかった。

言葉が悪く聞こえるかもしれないが、僕の中では「どんな手を使ってでも」という思いもあった。ただ現実には、誠意を尽くすということ以外、これといって有効な「手」は思い浮かばなかったのだが。

　では、なぜそこまで思えたのか。それはファイターズ入団という選択が、彼の野球人生にとって100％プラスになるという確信があったからだ。そこに一点でも曇りがあったら、いきなりアメリカで野球をやるという選択肢に賛同できる部分があったら、そこまでは思えなかったかもしれない。

　ドラフト翌日、まずは学校への指名あいさつを経て、翌週、山田正雄GM（ゼネラルマネージャー）と大渕SDが彼の自宅を訪問。両親と大谷本人へのあいさつと、育成方針の説明などを行った。

　「大谷君へ。夢は正夢。誰も歩いたことのない大谷の道を一緒につくろう」

　これはその際、僕が山田GMに託したメッセージである。それを書き記したサインボールは同席者しか見ないと思っていたら、山田GMが記者に説明していて少し戸惑った。

　次の入団交渉の席では、「大谷翔平君　夢への道しるべ〜日本スポーツにおける若年期海外進出の考察」と題した30ページに及ぶ資料を用意し、両親に、高校から直接メジャーを目指すことの厳しい現状、そのリスクなどを説明した。

　これはその日のために、大渕SDが準備したものだった。後日、彼に時間を作ってほしいと言われ、丁寧に資料の全容を説明してもらった。おそらく交渉の席でもそんなテンションだったのだろう、そのあまりにも熱のこもったプレゼンテーションに、まるで僕が説得されているかのような気分だった。

　大渕SDの説明からは、思わず「おまえは、父親か！」と突っ込みたくなるほど愛情が感じられた。僕自身も、こと愛情や思い入れに関しては誰にも負けないという自負があったが、この男も相当なものだ、と。それは、まさしくファイターズという球団の礎を作り

あげてきた原動力、そして魅力、そのものだと思った。

情熱で人を変えることはできない

「情熱で人を変えられるか？」と問われたら、僕は「変えられない」と答える。

人というものは信念を持っていればいるほど、他人の情熱でなんて変わるわけがない、そう思うのだ。

ただその一方で、人を動かすのは真心でしかない、というのも感じている。

2012年12月9日、大谷翔平が北海道日本ハムファイターズへの入団を表明した。

それまでに2度、僕も交渉の席に着かせてもらったが、僕の情熱が彼を変えたわけでもなんでもない。というよりも、彼はなにも変わっていないのだ。

大谷は「メジャーでやりたい」と言った。そのためにはアメリカに行くべきだと、本人は考えていた。ただ、いま、アメリカに行くことは、メジャーでやることとイコールではない。おそらくはそのプロセスとして、マイナーリーグという過酷な環境で、厳しい争いを強いられることになるのだ。

では、メジャーでやるために、それもベストな環境でやるために、最も確率の高い選択はなんなのか。それは日本で、ファイターズで野球をやることである。それが終始一貫していた球団の主張である。それは絶対に間違っていないと、確信していた。

そして、彼はメジャーでやりたいという信念を貫き、そこへ辿り着くための最良の選択をした。我々のプレゼンテーションによって、それまで雑然としていた夢へのロードマップが整理されたのだ。

それとは別次元で、自らの言動によって生じた責任を、ひとりの大人として重く捉え、決断には躊躇せざるをえない面もあっただろう。だが、口憚られる言い方にはなるが、そこには我々の真心が届

いたと信じている。

そう、大谷翔平はなにも変わっていないのだ。

どんな言葉で口説いたのか、と何度も聞かれた。

しかし、交渉の席では、「一緒にやろう」とも、「ファイターズに来てくれ」とも、僕は一度も言っていない。それらは、あの状況で伝えるべき言葉ではないと考えたからだ。言葉はとても大事なものだからこそ、あえて言葉にしないほうがいいこともある。

「水をザルですくう」
アメリカ・マイナーリーグの厳しい現実

直接、アメリカに行ってメジャーを目指すことのリスクは少なくない。

アメリカは契約社会である。どんなに高い評価を口にしてもらったところで、契約に反映されていないそれは、ある意味、実行されない約束、つまり空手形と一緒だ。

どうあれ、マイナーからのスタートは必至となる。

人種のるつぼであるマイナーには、少なからず差別的な扱いが存在するという。

そして、その過酷な環境で生き残っていくことや、そこからさらにステップアップしていくことの難しさは、「水をザルですくう」とたとえられることがある。そのほとんどはザルの目からこぼれ落ちてしまうのが現実だ。

それでもなんとか生き残ろうと、選手たちはみな、無理をする。無理をするから、ケガをする。ケガをしたら、残念ながらそこで脱落だ。基本、マイナーにケガの回復を待つという発想はない。誰かがケガをしたら、どこからか別の誰かを呼んでその穴を埋めるだけだ。

あまりにも確率が悪すぎる。

そこで培われる、いわゆるハングリー精神こそが大事だとする向きもある。だが、アメリカのマイナーリーグが若い選手の育成に最

も適したシステムかといわれると、それには賛同しかねる。彼らが築き上げてきた文化に敬意は表しつつも、その点においては日本の野球界を大いに推したい。

偉そうに思われるかもしれないが、我々は、アメリカのマイナーでプレーする選手が、まずは日本で学んで、それからメジャーを目指して勝負するという時代が来ることを目指している。メジャーで活躍するためには、まず日本に行くべきなんだという形を作りたい。けっしてそれはありえない話ではないと思っている。

日本の野球が、世界に誇れるもの

日本の野球が、世界に誇れるものはふたつある。

ひとつは、高校野球という文化によって育まれてきた精神性。「魂」と言い換えてもいい。

日本の場合、プロ野球選手は、ほぼ全員が高校野球を経験してきている。全国どこにいても、誰もがみな、甲子園という唯一無二の舞台を目指し、1日でも長く同じ仲間たちと野球をやるために、全身全霊を傾けてきた。

そして、そのまま大人になる。そのまま大人になった選手がプロ野球をやっているから、そこには死に物狂いになってやる、高校野球の精神がしっかりと息づいている。そういうプレーというものは、観ている人たちの心に、必ずなにかを訴えてくれるはずだ。

もうひとつは、日本のオリジナルといってもいい世界最高峰の技術である。強く振れなくても、柔らかくバットをコントロールして、芯と芯とをぶつける能力だったり、捕った瞬間に素早く投げる動きであったり、そういった技術は間違いなくメジャーより上だと思う。

ただ、パワーに代表される身体能力は、相対的に見てメジャーが上回っているので、向こうにはすごい選手がいるんだというふうに見えているだけだ。

すべてが一番だとはいわないが、日本には世界に誇れる技術があ

る。そこには自信を持っていい。

　だから、これはあくまでも僕の野球観だが、本当に野球がうまくなりたいなら、絶対に日本で学ぶべきだと思う。最後にどこでプレーするかは自分で選べばいい。ただそこまでは、日本のお家芸である野球の技術を身に付けてほしい。

「エースで4番」、夢のようなことができるのがプロ野球

　1968年、近鉄バファローズに永淵洋三という26歳のオールドルーキーがいた。

　4月16日の東映フライヤーズ戦、2回裏に代打で登場した永淵が、鮮烈なプロ入り初ホームランを放つと、続く3回表、三原脩監督は選手の交代を告げた。

「ピッチャー、永淵」

　この試合、永淵は2回3分の2を投げ、2安打1失点。見事な二刀流デビューを飾った。

　そもそも永淵さんは、ピッチャー登録の選手だった。だが、キャンプの紅白戦で見たバッティングが忘れられず、三原監督はバッターとしても使うことを決めていた。人気、実力ともに劣るチームに目を向けさせようとする、三原監督の話題作りの側面も強かったようだ。

　結局1年目、ピッチャーとしては12試合で0勝1敗という成績に終わったものの、バッターとしては74本のヒットを放ち、ホームランが5本、打点30という数字を残した。

　そして、バッターに専念した2年目には、打率3割3分3厘を記録し、あの安打製造機と呼ばれた張本勲さんと首位打者のタイトルを分け合っている。

　という選手が、昔はいたわけだ。

　そしていま、大谷翔平にやらせてみようと、僕は本気で思っている。

　はじめ、二刀流育成プランを提案したとき、大谷はこうコメント

していた。

「自分の中で（ピッチャーとバッターの）どちらでやりたいのか……、やりたいほうはピッチャーなんですけれども、どちらで、というのが自分の中ではっきりしていない。どちらでもやってみたい。すごく嬉しかった」

　プロ野球で「エースで4番」というのは、まさに夢のような話だ。それでいい。プロ野球はそうじゃなきゃいけない。現実の世界で、夢のようなことができるのがプロ野球なのだ。

　とはいえ、キャンプイン前から、大谷の二刀流挑戦については、いろんなところから否定的な声も聞こえてきていた。そんな要らぬ声で本人を惑わせたくはない。そのためには全コーチ、スタッフにも迷いを捨ててもらう必要があった。

　だから、あえて宣言した。

「大谷翔平の二刀流、オレはやります」

　本気でやるから、聞こえてくる否定的な声から彼を守ってやってくれ、そう頼んだ。

「なぜ、二刀流なのか」という質問には、「どっちがいいのかわからないから。だったら両方やって、自然にどっちかに行ったほうがいい」、そういう答え方もある。

　大谷ほどの才能を持った選手を、はじめからプロ野球の枠にはめ込んで、固定観念で決め付けるようなことをしてはいけない。我々ごときの判断で、彼の人生は決められない。自分で結果を残しながら、自分が行きたい方向に進んでいけばいいのだ。

　良い土壌さえ作っておけば、良い種は植えるだけでいい。みんなで丁寧に作った土壌に、一番の種を蒔いたら、それにはもう手を加える必要はない。勝手に伸びる。

　その種が、選手なのだ。だから、大谷をいじる必要はない。

336

第7章：戦うためになにを準備すべきか

　もし去年、ウチがダントツの力を持った、ライバルを力でねじ伏せられるようなチームだったとしたら、もっと楽に優勝することができただろうか。

　いや、逆に勝てなかったかもしれない。

　心身ともにすり減らす、厳しい競り合いの中に置かれていたからこそ、日々、気付かされることがたくさんあり、最終的にはそれがチームを優勝に導いてくれた。

　おかげで、本当に大切なものを見失わずに済んだような気もする。

　力でねじ伏せたり、反対にねじ伏せられたり、そんな結末を迎えていたら、なにはなくとも強大な戦力を整えなくては、と、僕の思考はあらぬ方向へ向いていたかもしれない。

　ファイターズで野球をやったみんなが、将来、一番大切なものを自分の言葉で伝えられるように、野球の神様が、そのためのシナリオを書いてくれたのだと思う。

　そして、今年もまた、熱く激しい日々が始まる。

野球の神様が思い出させてくれた、齊藤諒くんのこと

　キャンプイン前日の2013年1月31日、一軍の宿舎となるホテルの大広間に、二軍の選手やスタッフも含めたチーム全員が集まり、全体ミーティングを行った。

　そのとき、僕は一通の手紙を読んだ。それを聞いてもらうことが、純粋に野球をやろうというメッセージになると思って、読んだ。そして、そのメッセージはきっとみんなに伝わったと信じたい。

　その手紙が僕のもとに届いたのは、まさにキャンプイン直前のことだった。

1月のある日、かけがえのない経験をさせてもらった去年1年間のことを思い返し、冷静になって頭と心を整理していた。この感謝の気持ちを伝えるべき人たちに、僕は礼を尽くしただろうか。次のシーズンが始まるまでに、しておかなければならないことを、やり残してはいないだろうか、と。

　そのとき、ふと、ある顔が浮かんだ。

　2009年、僕が『熱闘甲子園』（テレビ朝日／朝日放送）というテレビ番組に携わらせてもらうことになった最初の年、スタッフとの最初の打ち合わせで番組宛てに届いた手紙を見せられた。それはある球児の父親から送られてきたものだった。

　『実は昨年秋、息子も正捕手として活躍させていただき、秋季大会終了後は練習試合でも本塁打などを重ね、調子が上向きになり、春も夏も楽しみだと期待をしていました。

　ところが不運にも10月28日に通学途中、自動車にはねられ、首の骨を折る重傷をおいました。

　一時は命も危ない状況でしたが、今はようやく落ちついて来ました。

　しかし、首から下が動きません。首を骨折した原因で病名は第4、第5頚椎脱臼骨折、そのため両手両足（四肢麻痺）、医者は治る見込みはないとの診断、現在、人工呼吸器も一生外せない状態です。

　本人も家族もがく然とし、日々悲しみにくれていました。浜松の医療センターから兵庫県尼崎市にある病院にヘリコプターにて転院、そこの病院は全国屈指のリハビリテーション施設があり、そちらで首の安定を良くするためのリハビリをするために移りました。本人も病状の重さを大分理解してくれて、少し明るくなったような気がします。幸い甲子園球場が近いという事もあり、早

く野球がしたいと毎日言っております。

　チームメイトの支え、クラスメイトの支えもあり、そして野球という支えがあって、今日までがんばって来れたと思います。

　夏の県大会にはスタンドで応援したいという事で、6月末の退院に向け、とにかくできる事をやろうと努力しております。チームメイトは試合前必ず円陣を組み、手をつなぎ、その間には背番号2のついたユニフォームを持ち、天を見上げていっしょに戦うぞと毎試合やってくれています。私はそれを見た時、涙が止まりませんでした。子供達の友情はこんなにも厚いのかとあらためて感動しました。

　治る見込みのない現在ですが、奇跡を信じて親子共々がんばって行くつもりでございます。全国には息子よりも苦しんでいる方々が多々いらっしゃると思いますが、いつか自分の足で歩く事ができることを夢見て、がんばりたいと思います。』

　彼、齊藤諒くんの高校は、静岡県立浜松商業だという。僕が高校2年生のとき、春のセンバツで全国制覇を成し遂げた名門だ。

　まずはスタッフが彼のいる病院を訪ねた。その後、6月24日に退院、自宅に戻ったという報告を受け、我々は夏の県大会1回戦を取材することにした。

　7月20日、場所は浜松市営球場。諒くんが応援できるよう、学校が特別に用意してくれたバックネット裏の部屋で、一緒に観戦させてもらった。諒くんは人工呼吸器を着けているため不自由ではあるが、話をすることはできる。そこで聞かせてくれた「振り返っていてもしょうがないから」という前向きな言葉には、胸を締め付けられるようだった。

　試合は1回に2点、2回に4点、3回に2点と、序盤から毎回失点を重ねる苦しい展開となった。4回、ホームランで1点を返したが、結局、9対1、まさかの7回コールド負け。浜松商の短い夏は

終わった。

　思えばあれが、取材者として高校野球の試合に足を運んだ、最初だった。

　そして今年1月、ふと浮かんだのは諒くんの顔だった。3年半前、これから高校野球の取材を始めようという僕に、野球をやるということの意味や、当たり前のようにそれができることの幸せを教えてくれた諒くんに、改めてお礼の言葉を伝えなければいけない、そう思った。

　そこでファイターズの優勝記念グッズと一緒に、彼に手紙を送った。だが、まさかすぐに返事をもらえるとは思っていなかった。キャンプ地の沖縄県に出発する直前、届いた封書には、「諒が自分で書いたものです」というお父さんの言葉が添えられていた。

『僕は今、通信制のサイバー大学に在学しています。

　大学で学んでいるITビジネスは、野球とは全く違う分野ですが、しっかり学び習得して、必ず立ち上がり社会復帰する日に備えて頑張っています。

　交通事故の怪我によって、この世の医療に見捨てられた僕は、イエス様に出会い救われ、以来、家族みんなで聖書を学んできました。

　聖書に、

　マルコ10：27

　人にはできないが、神にはできる。神はなんでもできるからである。

　ヨハネ11：40

　もし信じるなら神の栄光を見るであろうと、あなたに言ったではないか。

　とあります。

　この御言（神様イエスキリストの言葉）を信じて僕と家族みんな

はクリスチャンになりました。

　交通事故にあったのも相手の運転手が悪いのではなく、サタンという悪霊が引きおこしたもの（聖書に書かれている真理です）だと教えて頂きました。

　だから加害者を許さないといけないと言われ、当時入院していた病室で、「許しの祈り」をして加害者を許すことができました。

　そして、その事実が加害者親子をも救い、今では毎週日曜日に同じ部屋に集い、同じ机で聖書を学ぶことができる仲（兄弟）になりました。

　必ず、再び自分の足で立ち、もう一度野球をやり、栗の樹ファームに会いに行けることを楽しみにしています。』

　出会った当時から、すでに彼は首から上を動かして、パソコンのキーボードを叩くことができた。この手紙もそうやって書いてくれたのだろう。

　監督になってから、彼と連絡を取ったのはこれがはじめてだった。あのタイミングで諒くんの顔が浮かんだのは、僕が次のシーズンに向かうにあたって、野球の神様が「もう一度、諒くんと話をしなさい」と言ってくれたとしか思えない。

　何度も、何度も手紙を読み返した。

　感心した、という表現ではあまりにも軽すぎる。いま、諒くんが歩んでいる日常と、それを伝えようとする確信に満ちた言葉に、僕は激しく衝き動かされた。彼という存在を通じて、栗山、おまえは本当にまっすぐな生き方をしているのかと、誰かに問われているような気さえしてくる。頑張ってね、と伝えるつもりが、逆にものすごいパワーをもらって、原点に立ち返らせてもらっていた。

　キャンプイン前日の全体ミーティングで監督がこの手紙を読んで、選手たちにどう伝わったか、どう響いたかはわからない。

　選手たちには、こうお願いした。

「信仰云々の話とは捉えないでほしい。そうではなく、こういうふうに頑張って生きている人がいるんだということを、純粋に受け取ってほしい」

　いつかもう一度野球をやりたい、そう心の底から願っている彼のような人のためにも、我々は絶対に言い訳しちゃいけないんだというメッセージは、きっとみんなに伝わったのではないかと思っている。

「捨てられるもの」が増えた2年目のキャンプ

　1年目の去年と2年目の今年、キャンプの感じ方がどこか違ったかといわれれば、なによりも自分自身のゆとりがまるで違っていた。具体的な例をあげれば、わかりやすく体調が良かった。

　キャンプ中は、『報道ステーション』（テレビ朝日）を見終わってから寝るのが日課のようになっていたが、いつも番組の後半にあるスポーツコーナーまでもたず、気付いたら眠っていたことも何度かあった。去年は毎日ぐったりするほど疲れていたのに、神経がピリピリしていたせいか、なかなか寝付けないことや、夜中に目が覚めてしまうこともよくあったが、今年は自分でもびっくりするほどよく眠れた。2年目になって、少しは成長したということか。

　なによりも1年目の経験で、「勝負はまだ先にある」ということを実感できたのが大きい。キャンプの段階で「勝負はまだ先にある」なんて、野球少年にもわかりそうなことだが、去年の僕にはそれがわからなかった。いや、頭ではわかっていたのだが、不安とか焦りとか、そういったものがごちゃ混ぜになって、結果、それがわからなくなっていた。だから、キャンプイン初日からそれこそ必死で、「毎日、こんな調子でやっていたら開幕前に倒れちゃうかも」と本気で思っていた。

　その「倒れちゃうかも」が、今年はなかった。捨てられるものが増えた、という感覚はわかってもらえるだろうか。キャンプ前半は、去年ならいちいち気になっていた細かなことが、ほとんど気になら

なかった。雑になったのとは違い、いまはまだそこを指摘すべき時期ではないということが、わかり始めてきたのだ。

去年はあれもやらねば、これもやらねばと、毎日課題をたくさん抱えてグラウンドに出ていたが、今年はその大部分を宿舎の部屋に置いて出られるようになった。捨てられるものが増えた、というのはそういう感覚だ。

そういった意味では、今年は他球団のキャンプが気にならなくなった、というのも捨てられたもののひとつかもしれない。

取材者時代は毎年、12球団すべてのキャンプを見て歩くのが習慣になっていて、それを比較して、分析する作業は体に染みついたルーティーンのようになっていた。

だから去年、突然チームの一員となって、各地に足を運ばなくなると、逆に他の球団のことが気になって仕方がない。自分のことで精いっぱいなはずなのに、去年は頭のどこかでいつもライバルのことが気になっていた。夜、なかなか眠れなかったのは、そんなことまで気になっていたからかもしれない。

それが今年は違った。周りがどうだという前に、まずは自分のチームをどうするかだ。田中賢介が抜けて、糸井嘉男もいなくなった。その中でどう戦力を見極め、ベストな状態に持っていくか、それがすべてだった。そうなると、不思議と他球団のことなど気にならなくなるものだ。

選手と会話する機会は、去年も今年もあまり変わらなかった気がする。

ただ、話す内容は違っていた。去年はこっちが新入りだったので、まずは選手との人間関係を作る必要があった。そこで会話の内容云々よりも、とにかく積極的に声を掛けて、コミュニケーションを取ることに重点を置いていた。それが今年は、ものの考え方を伝えたり、相手の考えていることを尋ねたり、もう一歩踏み込んだ会話になっていたように思う。そこも、わずかな進歩のひとつといえるかもし

れない。

コーチに求められるのは技術指導だけではない

　そんなキャンプ中、なにかと気に掛かっていたのは、新コーチ陣のことだった。

　優勝した年のオフに、コーチ陣の顔ぶれがガラッと変わるのは、異例のことかもしれない。だが、リスペクトする存在だからこそ尊重しなければならない決断もある。また、結果を残したときにこそ、一歩先を見据えた中・長期的な戦略が必要になる、という球団の考え方にも大いに賛同できた。

　今年、一軍の新コーチとして迎えたのは、高校野球の監督からの転身となった阿井英二郎ヘッドコーチ、現役時代から「ジョニー」のニックネームで知られる黒木知宏投手コーチ、そして、「V9巨人」以降では最強といわれるあのライオンズの黄金時代を知る大塚光二外野守備走塁コーチの3人だ。いずれもプロ野球の指導者を務めるのは今年がはじめてということで、どうしても、去年の自分と重なって見えてしまう部分がある。

　選手を伸ばすためにコーチに求められるもの、それは技術指導だけではない。

　そもそも、なによりも大事なのは選手自身が気付くことである。気付いて、危機感を持って、やる気になって、勉強をして、つかんでいくしかない。コーチの最も大切な役割は、その手伝いをすることだと思っている。

　だとすると、技術論はもちろん重要だが、本当に愛情を持ち、まるで自分の子どものように選手のことを思って接することができる、そんな人間性の持ち主でなければコーチは務まらない。人を動かすということは、そういうことでしかないのだ。そして、そういった人材が集まらなければチームは成長しない。1年間やってきて、つくづくそう思った。

去年のファイターズには、そういうコーチたちがたくさんいた。今年、マリーンズに移った清水コーチなどはその典型だ。また監督が泣いたと、僕のことばかりよく取り上げられたが、よく泣いていたのは清水コーチのほうだ。言っておくが、僕は涙が出ているだけで泣いてはいない（苦笑）。

清水コーチだけではない。ウチのベンチには、いつもそういう空気があった。

そして、その伝統を守るべく、新コーチも人柄を重視した人選になった。極論すれば、技術論や指導術はあとからいくらでも勉強できるが、そういった人柄を作りあげるのは難しい。心の部分とか、魂の部分とか、そういった部分はあとから着火しようと思っても、なかなか火は着いてくれない。だから、そういう人間を集めるしかないのだ。

黒木、大塚両コーチに共通する「熱」

人間誰しも、はじめてのときは必死になる。がむしゃらになる。それは指導者であるコーチも一緒だ。そして、そういうのはやっぱり大事なんだと思う。

黒木コーチは、なんといっても現役時代の姿が印象深い。チームのためになら死ねる、そんな気持ちを前面に押し出し、たとえ自分がボロボロになってもマウンドに立ち続けたその姿に、どれほど多くの野球ファンが勇気づけられたことか。

ピッチャーとしてプロ野球の世界までのぼり詰めてきた選手は、子どもの頃からグラウンド上でのあらゆる争いに勝ち続けてきた、いわゆる勝ち組がほとんどだ。言葉は悪いが、数えきれないほどのライバルたちを蹴落とし、そこに辿り着いた。その分、プライドも高く、チームのためにというよりも、ただ純粋に、ほかの誰にも負けたくないという強い思いで勝負を挑むタイプが多い印象を受ける。逆にいえば、そこまでできる選手でなければ、あのマウンドという

特別な場所を守り続けることはできないのだろう。

そんな中、自分を捨ててでもチームのために身を粉にすることができた黒木知宏というピッチャーは、実に希有な存在といえる。彼が「魂のエース」と呼ばれた所以だ。

それは誰かに教わって身に付けられるものではないのかもしれない。大人になって、しかもプロの世界に入ってからはなおさらだ。それでも、黒木コーチの人間性に触れ、その言葉に耳を傾けることで、選手たちには少しでも大切な何かを、熱い何かを感じ取ってほしい、そう願っている。

大塚コーチの印象は、底抜けに明るく、周囲にいつも笑顔がある典型的なムードメーカーだ。不真面目というのとは違う。どこまでも真面目に、何事にも真剣に取り組み、それを楽しんでしまう才能があるのだ。そして、本人が心の底から楽しんでいるからこそ、その明るさは周りにも伝わる。これは簡単なようで、なかなか真似のできない才能だ。

プロ野球は華やかに見える半面、非常に厳しい世界でもある。選手からすれば、その一投一打に生活がかかり、人生がかかっているのだ。しかし、だからといって、いつも悲壮感を漂わせ、険しい表情で取り組んでいれば必ず結果が伴うというものでもない。息が詰まってしまっては、かえって本来の力が発揮できないということもあるだろう。

では、そうならないようにするには、普段から何を、どう心掛けていけばいいのか。成功を導き出すためのポジティブなものの考え方や練習への取り組み方、試合への臨み方など、選手たちが大塚コーチから学ぶべきことは多い。

なぜ、高校野球の指導者を新ヘッドコーチに迎えたのか

40代後半とは思えない、子どものような笑顔が印象的な大塚コーチとは対照的に、阿井ヘッドは、めったに表情を崩すことがない。

阿井ヘッドとは1984〜90年の7年間、ヤクルトスワローズでチームメイトだった。僕の現役生活は7年だから、つまりずっと一緒だったということになる。

特に仲が良かったということもなく、正直、当時のことを思い返してみても彼の笑顔はあまり思い浮かばない。ややナーバスな印象もあり、ひと言でいえば、愛想がない男ということになるのだろうか。

引退後、僕は取材者の道を歩み始め、やがて高校野球の現場にも足を運ぶようになる。そこで彼と再会した。

僕の2年後、92年に引退した彼は、その後、医療機器メーカーで会社員として働く傍ら、日本大学の通信教育部で学んで教員免許を取得。茨城県のつくば秀英高校の教員となり、その2年後にはプロ野球出身者のアマ指導資格の認定を受け、野球部の監督となった。埼玉県の川越東高校に移ってからは、チームを県大会ベスト4に導き、県高野連から春の選抜高校野球大会の21世紀枠候補校に推薦されたこともある。

再会した彼は、昔の印象とはガラッと変わって、立派な教育者になっていた。彼とて、ピッチャーとしてのプライドの高さは相当なものだったと思う。それをすべてかなぐり捨て、人としての誇りを持って、道なき道を歩んできた。現役時代以上に、あらゆる努力を惜しまなかったその頑張りには、素直に頭が下がる。

就任記者会見が行われた1月11日、たくさんの報道陣に囲まれた新ヘッドコーチは、「選手」のことを思わず「生徒」と言いかけ、訂正した場面があった。無理もない。彼は16年間、生徒を預かる立場の教育者だったのだ。

それにしても、長年取材者であった僕と、高校野球の指導者であった彼が、よもやプロ野球の世界で同じユニフォームを着ることになろうとは、想像もできなかった。球団からはじめて新ヘッドの候補者の名前を聞いたときには、自分の耳を疑った。まったく頭になかった名前だったからだ。しかし、チーム編成を司るフロント陣の

説明を聞かされて、改めて自分なりに思考を整理してみた。

　ヘッドコーチというポジションは、プロ野球の世界では当たり前のように置かれているが、ファンの皆さんはその役割をどのように理解されているのだろうか。

　もし僕が理想とするヘッドコーチ像を尋ねられたら、きっとこう答える。

「すべてをまとめてくれる人。技術も、作戦も、コーチのまとめ方も、選手の叱り方も褒め方も、全部ができる人」

　そんなヘッドコーチがいれば、監督は細かなことを気にせずに、自分がイメージする野球を貫くことができる。こうやりたいと伝えたら、ヘッドがアレンジしてくれるのだ。全体像を描くのが監督で、その組織を機能させるのがヘッド、そう説明すればもう少しわかってもらえるだろうか。

　そして去年、ともに戦った福良ヘッドは、極めて優秀で、限りなくその理想に近い存在だった。それほどの人物がチームを去り、次にまた同程度の経験と能力を備えた後任を探そうと思っても、そう簡単に見つかるはずがない。

　だったら異なるアプローチで、まったく別の可能性を秘めた人材に託すというのも、ひとつの考え方である。そういった意味では、これまでのプロ野球界の常識を覆す阿井英二郎という教育者へのオファーというのは、実に魅力的なものに思えた。

　高校野球などは、野球を教えるだけでなく、親との関係を含めた組織作りも求められる。アマチュアには良い指導者が多い。それは取材者としてさまざまな現場を見てきた僕の持論でもあった。

「プロ野球選手と高校球児の力はもちろん違うが、内面的な成長がないと持っている技術を引き出せないという点では、プロもアマも関係ない。打って、投げて、走ってだけでは、野球はうまくならない。知識や教養の引き出しは多いほうがいい。選手には、野球をやっている間に（現役の間に）そのことに気付いてほしい」

記者会見の席で阿井ヘッドが語ったこの言葉には、まったく同感だった。

　アマチュアの現場でやってこなかったことがあるなら、これから覚えていけばいい。周りの経験者がフォローしていけば、どうにでもなるだろう。それよりも、反対にもしプロの現場がおざなりにしている大切なことがあるなら、先入観抜きでそれを指摘し、堂々と持ち込んでもらいたい。プロ野球界の将来のためにも、そのメリットは計り知れないと思っている。

　ちなみに阿井ヘッドの就任が発表される約2週間前、アメリカではコロラド・ロッキーズの新監督が発表され、ちょっとした話題を呼んだ。ウォルト・ワイス新監督は88年、ア・リーグの新人王に輝いた経歴を持ち、ロッキーズを含むメジャーリーグの4球団で、14年間にわたってプレーをした。だが、今回スポットを当てられたのは、むしろ彼の引退後のキャリアだった。一時期、球団のフロントで働いたことはあるが、プロの監督やコーチとしての経験はなく、最近はデンバー近郊のハイスクール、つまり高校で野球の指導をしていたという。つまりこのオフ、奇しくも日米両国で、高校野球の指導者がプロの現場に立つことになったのだ。同じタイミングというのは単なる偶然なのだろうが、とはいえ、そんな時代なのかと、少しだけ必然のようなものも感じさせられた。

　ということで、3人の新コーチには大いに期待を寄せている。

　1年前の自分を思い起こせば、彼らが必要以上に気負っているであろうことは容易に想像ができる。

　去年の僕は、いつも誰かに試されているような気がして、四六時中、肩肘を張っていた。もっと楽に、とアドバイスをされても、力の抜き方がわからなかった。新コーチたちも、まだしばらくはその状態が続くだろう。それでいいと思っている。きっとチームには、全身が強張るほど力みまくった、必死な形相の人間も必要なのだ。

攻撃のサインミーティングにピッチャーも参加させた理由

　キャンプ2日目、野手を集めて攻撃のサインミーティングが行われた。これは例年、早い段階で行われるものなのだが、今年はひとつだけ、いつもと大きく違うことがあった。ピッチャーにも出席してもらったのだ。攻撃のサインミーティングにピッチャーが出席したのは、少なくともファイターズが北海道に移転して以来、はじめてのことだという。

　ピッチャーにしてみれば、ある意味、まったく覚える必要のないサインである。その時間を利用して、ほかにやりたいことがあったかもしれない。でも、あの空気を共有してもらうことで、みんなで戦うという意識を高めてもらいたかった。

　今年、大谷翔平の二刀流挑戦で話題になったが、ピッチャーと野手は、なすべき準備がまったく異なるし、意識の上でもおそらくファンの皆さんが想像している以上に大きなギャップがある。

　だから、ピッチャーにそのギャップを感じてもらい、野手がすべき準備の一端を知ってもらうだけでも、意味のあることだと感じていた。

　あるピッチャーに感想を尋ねてみた。
「バッターってあんなに考えて、一所懸命、点を取ろうとしてくれているんですね」

　また、別のピッチャーはこう言っていたそうだ。
「これで点が取れなきゃ、しゃあないな」

　そのひと言が聞けただけでも、出席してもらって良かったと思える。今年はもう一歩前に進める、そういう手応えがあった。

　では、このような試みがなぜ実現したのか。そこにはひとりのキーマンの存在があった。阿井ヘッドである。
「全員に聞かせておいたほうがいいんじゃないですか」

　そう進言してくれたのは、阿井ヘッドだった。

攻撃のサインミーティングにピッチャーは参加しない、それはプロ野球界の慣例であり、長年現場にいる者にとっては常識ともいえるものだ。

しかし、14年間、高校野球の指導をしてきた阿井ヘッドは、そういった先入観を抜きにして、早速、よりよき変化のひとつとしてそこを指摘し、提案してくれた。それは実に高校野球的な発想だったといえるかもしれない。もちろん、良い意味で。

選手各々に構築してほしい、
自分に最も適した「内角球論」

今年のキャンプでは、選手全員を集めて、「野球を考える」というテーマでミーティングを行った。WBC組がチームを離れる前に、ということでスケジュールを調整したところ、結局、2回しか行えなかった。

僕は「内角球論」をテーマに取り上げた。

内角とはバッターに近い、いわゆるインコースのことを指し、ピッチャーがそのあたりに投げるボールを内角球という。そして野球界には、昔から言い伝えのように「内角は禁物」という考え方があって、一方では「内角を攻めろ」という指導も存在する。それらは矛盾しているようにも感じられ、選手が混乱しかねない。

では、ピッチャーはどういう目的で内角球を投げるのか、どういうときに投げてはいけないのか。反対にバッターは、内角球をどう考えればいいのか。それが「内角球論」だ。

これは選手の誰もがベースに持っているもので、プロ野球の世界では一般論といってもいいものだ。それをあえて確認するために、ミーティングでは資料も配った。

なぜ、一般論を確認する必要があると考えたのか。それは選手各々に、自分に最も適した仕様にカスタマイズしてほしかったからだ。

まず、基本となる理論がある。それをもとに試行錯誤を繰り返し

ていくことで、自分なりのスタイルが見つかる。その感覚を言葉化
することで、自分に最も適した「内角球論」が構築されるのだ。

　では、プロ野球選手の頭の中には、いったいどんな理論が入って
いるのか。その一般論にあたる部分、ミーティングで選手たちに配
った資料の概要をここに記しておく。

　アマチュアで野球をやっている皆さんには、もしかしたらプレー
や指導をする際の参考になるかもしれない。また、このあたりがわ
かってくると、いつものようにプロ野球中継を観ていても、何気な
い場面がよりいっそう興味深く感じられるということもありそうだ。

　注釈を加えて、できるだけわかりやすい表現にしたつもりだが、
それでもかなり専門的な内容になってしまっているので、ピンとこ
ない、退屈だという方は、どうかさらっと流していただきたい。

【内角球論】

　［基本的にバッターは……］

・バットの根っこで打つ、詰まることへの羞恥心、やられた感を
　持つことが多い（統一球＝飛ばないボールの導入によって、バッ
　ターの意識の中で、この傾向がより大きくなっている可能性あり）。

・タイミングが大きく崩れ、空振りすることへの恐怖心、避けよ
　うとするプライドなどがある（バッターの心理的要素は、動きに
　大きな影響を与える可能性あり）。

・ホームランを打ったとき、バッターは打った球を「インコース
　甘め」と感じる傾向があるが、実際に打った球がそうではない
　ケースも多い。そういった意味でもインコースの考え方は整理
　しておく必要がある。

　バッターは、ピッチャーが内角＝インコースへ投げる恐怖心を
大きくさせ、投げづらい、投げられない状況を作らなければならな
い。

ピッチャーは内角球の使い方がうまくならなければならない（一流のバッターは、打つ瞬間、身体が一瞬緩むかどうか、踏み込めるかどうかが勝負。その意味を考えれば、自分を活かすために自分の中での「内角球論」を作らなければならない）。

［内角球の目的］
・勝負をするのか、ファウルでカウント（ストライク）を稼ぐのか、バッターの意識するゾーンを広げるために投げるのか、はっきりと目的を持って投げる。
・次の球との関連を考えて投げる。
・バッターが外角意識、変化球意識があるとき。
・配球上、外角攻め、逃げの雰囲気を作ったとき（左ピッチャーが右バッターに意表をついて投げる内角ストレート、右ピッチャーが右バッターに投げる内角スライダーなど）。
・バッターの狙いを読み取ることを目的として、内角ややボール気味の球を使って、バッターの反応を見る。
・基本的に内角は、ストライクを投げるコースではない。何か投げる根拠を持つ場所（バッターが内角に弱点を持っている、球威で優っている、意表をつく、など）。
・内角球はけっして甘くなってはならない。だからこそ、絶対にデッドボールは避けなければならないケースなどでは難しい球で、投手に大きなプレッシャーがかかることもある。
・かなりリスクを背負っているということを念頭に（当てたらデッドボール、当ててはいけないという意識から甘くなりやすい、甘くなると長打の確率が高まる）。

（注）バッターとすれば「壁」は命（壁＝身体の開きを抑えるために、前側の肩の後ろに壁があるように意識すること）。だが、内角球を意識しすぎたり、それを打ちたいと思うだけで、身体が開いたり、

フォームが崩れる可能性もある。

[内角を攻める条件]

・バッターの「壁」を崩して、外角でまとめたいとき。

・絶好調のバッターを崩す（歩かせてもいい）。

・内角球を見せるととても効果のあるバッター（内角球を必要以上に意識している、いわゆる「こわがり」と言われるバッター）。

・内角に弱点があったり、内角に投げておけばほとんどファウルにしかならないバッター。

・ヤマを張る（狙い球を絞る）バッターの読みを外したいとき。

・ボールにしていいときに使い、そのときのバッターの反応を見る。

・逆方向（右バッターならライト方向、左バッターならレフト方向）へ打たれたくないとき、逆方向へ打ってくると読んだとき。

・内角へ2球続けるときは、捕手の洞察を信じ、2球目は勝負するつもりで。

・3ボール2ストライク、3ボール1ストライクのときの内角要求は、フォアボールでもいい、1塁が空いている、次のバッターとの勝負のほうがいい、何でも手を出してくるがファウルになる、内角に弱点がある、などのケース。

[内角へ攻めるのを、気を付けなければならないケース]

・内角打ちが上手い、内角を好み、つねにストレート系しか待っていないバッター。けっしてこういったバッターには甘くならないこと。

・球威、コントロールに不安あるとき、あるピッチャー。得点差があれば別。

・ボールになるとカウントが苦しくなるケース、コントロールに不安があり、カウントが苦しくなると困るピッチャーの場合には、状態をしっかりと見極めて。

・球威、コントロールに自信のあるピッチャーはいかなる状況で使ってもいいが、その日の調子、バッターとの力関係を考えて使う。

　どうだろう。やっぱり少し難しかっただろうか。もう少しわかりやすく表現できると良かったのだが、そこはどうかご容赦いただきたい。

　ところで、なぜキャンプイン直後のタイミングで、この「内角球論」をミーティングのテーマに選んだのか。それはこのタイミングだからこそ、ということもできる。

　去年の日本シリーズ、ウチはジャイアンツの投手陣に徹底した内角攻めをされて、バッティングを崩された選手が少なくなかった。それは、彼らの記憶にもはっきりと残っているはずだ。だからこそ、その記憶がまだ鮮明なうちに、各々に「内角球論」を考えておいてほしかったのだ。

　たくさんの経験を積み、思考を重ねてきた選手たち、ファイターズでいえば、稲葉には「稲葉篤紀の内角球論」があり、二岡には「二岡智宏の内角球論」がある。

　陽岱鋼や中田翔といったあたりは、ご存じのようにとても能力の高い選手だが、若さゆえ、そのバッティングにはまだ天性に頼った部分が多い。彼らに「陽岱鋼の内角球論」「中田翔の内角球論」が備われば、まさしく鬼に金棒だ。

　その準備として、まずはみんなで思考を整理するためのミーティングだったというわけだ。

　プロ野球選手のみならず、アスリートには身体で覚えなければならないことがたくさんある。しかし、同時に頭で理解していなくては、いざ不調に陥ったとき、その原因を特定し、修正することが難しくなる。

　やはり頭で理解し、身体に覚え込ませる。その両者が必要なのだ

と思う。

おわりに

プロ野球選手はなんのためにプレーするのか

　オフになって、一通の手紙が届いた。差出人は、かつて阪神タイガースの外野手として活躍し、2005年、59歳の若さで亡くなった池田純一さんの奥さんだった。

　V9を目指すジャイアンツと優勝争いを繰り広げていた1973年、8月5日の直接対決で事件は起こった。

　2対1、タイガースの1点リードで迎えた9回表、2アウト1、3塁という場面で、続くバッターの打球はセンターへ。平凡なフライに、誰もがゲームセットだと思った。

　しかし、次の瞬間、捕球しようとグラブを差し出したセンターが、そのまま仰向けに転倒。ふたりのランナーが相次いでホームインし、タイガースはまさかの逆転負けを喫した。

　この時期、甲子園球場の外野の芝はひどく荒れていて、はげた芝に足をとられたのが転倒の原因だった。公式記録も「エラー」ではなく「3塁打」。だがこの年、タイガースは最終的に0・5ゲームという僅差で優勝を逃したため、そのプレーは「世紀の落球」として揶揄され、大きく取り上げられた。

　そのセンターが、池田さんだった。

　池田さんは、それで野球が嫌いになったそうだ。

　32歳で引退してからは野球との接点を断ち、洋品店を経営していたが、40歳を過ぎて、ある出来事が池田さんに勇気を与える。

　1986年、メジャーリーグのワールドシリーズは、ボストン・レッドソックスとニューヨーク・メッツの対戦となった。

　3勝2敗でレッドソックスが王手をかけ、迎えた第6戦、延長10回表にレッドソックスが勝ち越すものの、その裏、負ければシリー

ズの敗戦が決まるメッツは、執念で同点に追いつき、なおも2アウト2塁という一打サヨナラのチャンスが続く。

この場面、バッターはよく粘ったが、10球目を打って、結果は緩い当たりのファーストゴロ、さらに延長戦は続くかと思われた。だが、一塁手のビル・バックナーがそれをまさかのトンネル、メッツが劇的な逆転サヨナラ勝ちを収めた。

本拠地で勢いに乗ったメッツは、翌日の第7戦も勝利し、17年ぶり2度目のワールドチャンピオンに輝いた。

これがアメリカのスポーツ史上、最も有名な悲劇のひとつとして語り継がれている「世紀のトンネル」である。

池田さんは自らの落球（正確には転倒）と、このトンネルを重ね合わせた。

そして、戦犯扱いされ、悲劇の主人公となったバックナーのコメントにハッとさせられた。

「このエラーを、これからの人生の糧にしたい」

このひと言を聞いて、あのプレーをプラスに考えていこうという前向きな気持ちが芽生えた池田さんは、以来、再び野球と向き合い、指導するようにもなったという。

そんな姿を見つめ、支えてきた奥さんからの手紙には、「選手を信じて、ファンを信じて、という栗山監督の信念は、生前、池田が言っていたこととまったく一緒でした」とあった。

池田さんは1972年のオールスターゲームに出場し、第3戦でMVPを獲得している。手紙にはそのときのカードが添えられていた。

すぐに僕は、御礼の手紙を書いた。

僕たちはたくさんの野球界の先輩たちのおかげで、いま、こうして野球をやらせてもらっている。その大切な先輩のひとりである池田さんに感謝を。そして、きっと一度は、野球で心に深い傷を負ったはずの奥さんが、旦那さんが亡くなったいまも、変わらず野球を応援してくれていることに感謝を。

奥さんに、池田さんと結婚して良かった、プロ野球選手と一緒になって良かったと、これからもずっと思い続けてもらえるように、後輩である僕たちは頑張らなければならない。ファイターズというチームが、そういう存在になれればと思っている。

　プロ野球とはなんなのか。

　プロ野球選手はなんのためにプレーするのか。

　野球を好きでいてくれる、野球を愛してくれている人たちの生き甲斐のため、そういう人たちに喜んでもらうためにプロ野球はある。1年間現場に立って、強くそう思った。

　すなわちそれは、自分自身のためでもある。

　少しでも喜んでもらえた、そう思えることが僕の幸せだ。自分が頑張ってきたことで、喜んでくれる人がいる、それを感じることほど嬉しいことはない。そう思わせてくれる人がいるということが、なによりのやりがいだ。

　脚本家の倉本聰さんに、こんなことを教えてもらった。

　「人間という生き物は、感動を共有できる唯一の動物だと思う。感動する動物は他にもいる。馬なんか子別れすると泣くし。でも、感動を共有して、見知らぬ人同士が一カ所に集まって泣いたり笑ったりする、これは人間にしかない。だから野球場ができる、映画館ができる、芝居小屋ができる」

　人が同じ時間に、同じことを感じるからこそ生まれるものがある。そして、それは共鳴して、増幅する。人は感動を分かち合うことができる動物なのだ。

　一試合一試合、優勝という唯一の目標に向かって、みんなでハラハラドキドキして、喜んで、泣いてというのが、チームの一番のモチベーションだと思う。そういうものをみんなが理解していれば、進む方向は絶対に間違わない。

　いま、ファイターズはそれができている。だから強いんだ、そう信じている。

4
未徹在

（2015年11月21日刊行）

※データ、日付、表記は刊行当時のものです。

はじめに

いつの世も、時代に人が選ばれていく

　監督という仕事にはやはりリーダーのイメージがあるのか、最近、「理想のリーダー像」を尋ねられることがある。

　古今東西、数多いるリーダーのなかで、最も理想に近い人物は誰か？

　質問者の期待に沿う答えでなかったら大変申し訳ないが、リーダーといわれてパッと思い浮かべるのは、やっぱり戦国時代の三大名将、織田信長、豊臣秀吉、徳川家康の3人である。とやかくいわれようが、形を作ってあげるのがリーダーだと思うからだ。

　有名な句がある。

「織田がつき　羽柴がこねし天下餅　座して喰らうは徳の川」

　この句は、3人の戦国武将が天下統一にどのように関わったのかを見事に表現したものとされている。

　織田信長が準備し、豊臣（羽柴）秀吉が成し遂げた天下統一を、じっと待っていた徳川家康が手に入れたという流れだ。

　本当のところは分からないが、それぞれに大義はあったと思う。この国から戦をなくして、民をなんとかしようと思ったから、トップになろうと思ったはずだ。それは3人とも一緒なんだと思う。きっと時代が彼らを求め、そうさせたのだ。

　最初に壊す人がいなければ何も生まれないので、壊す役を担わされたのが信長。

　それをうまくまとめなければいけなかったので、まとめ役を担わされたのが秀吉。

　さらにそれを長期的に継続させなければいけなかったので、安定させる役を担わされたのが家康。

　その役目に合う人が選ばれていただけなんだと思う。もし、家康が信長より30年早く生まれていたら、家康はなんでもなかったのか

もしれない。いつの世も、時代に人が選ばれていくのだ。

ちなみに、この3人のなかで一番好きなのは誰かと問われたら、自分と最も違うタイプに思える信長の名前を挙げる。僕に一番足りないものを彼は持っているような気がする。だから、憧れる。

それでは、いまはいったいどんな時代なのだろうか。

いろんなものが流通して、溢れて、裕福になって、贅沢になって……。ひと通り何かが生まれて、それが新しく生まれ変わらなきゃいけない時期にきているような気がする。本当に大切なものは何なのか、人としてどう生きるべきなのかを、みんなが問われている時代だ。

そもそも時代に寄り添っていなければ、何事も長続きはしない。時代とかけ離れてしまったものは淘汰されるのみ、それが世の常だ。

そして、野球界もまったく同じなんじゃないかと思っている。

野茂英雄というパイオニアが海を渡って、今年でちょうど20年になる。あれから次々と日本人メジャーリーガーが誕生し、ある程度やれることが分かり、思うようにならないことも分かり、いろんなことがひと通り起こった。

そういった流れを経て、これからプロ野球はどこへ向かうべきなのか。アイスホッケーのような組織化されたアジアリーグを発足させるべきなのか。それともアメリカと融合して、ワールドシリーズの勝者と日本シリーズの勝者が真剣勝負を繰り広げる、真の世界一決定戦をやるべきなのか。

また、100年の節目を迎え、高校野球も見直されている。変わらないでいることと、変わらなきゃいけないことの、両方の責任を問われている。

「さぁ君たち、次は何を見せてくれるんだい?」って、野球の神様に試されているような気がしてならない。

本書は僕がファイターズの監督になって３冊目の著書になる。１年目（2012年）にリーグ優勝を果たし、２年目に最下位。去年と今年はクライマックスシリーズで敗退してしまった。天国と地獄を味わいながら、悩みに悩み、考えに考え続けた。そうしたなかで、いま、見えてきた「監督」というもの——皆さんの考えるところの「リーダー」のようなものだろうか——について記してみたい。

第1章：「負け」は99を教えてくれる

「未徹在」であることを忘れない

　毎年、１月１日の恒例としていることがある。自分との約束事を記すことだ。これは監督１年目の元日から続けてきた。たとえ大きな目標は達成できなくても、自分と交わした約束だけは必ず守らなければならない。

　ある意味、これを続けることは心の弱さの表れともいえる。自分は弱い人間だということを知っているから、しっかりと書き記すことで固く約束させようとしているのだ。

　そして、その内容はほかの誰も知らないはずなのに、それがブレ始めるとなぜか不思議とネガティブな空気が伝わり、周囲にまで不安な気持ちを抱かせてしまっているような気がしてしまう。

　吉田松陰はこう言っている。

「人間たる者、自分への約束を破る者がもっともくだらぬ」

　松陰の言う、そのくだらない人間にだけはなりたくない。

　今年はその最初の一行に「未徹在」と記した。未だ徹せず、つまり未熟だということを自分自身に言い聞かせる言葉だ。

　監督になって４年間、いかに未熟であるかを意識し続けなければならない、ということを痛感してきた。そもそも、いつまで経って

も徹して到達することなどありえず、己の未熟さに気付くからこそ、助力を得て人生を深めることができる。「未徹在」であるがゆえに、また頑張れるのだ。

未熟であることを意識し続けること、それは「負け」に学ぶことにほかならない。
「勝ち」は1を教えてくれ、「負け」は99を教えてくれる。
まずここでは、監督として過ごした4年間を振り返り、そこで学んだこと、そして2015年シーズン、特に印象的だった教訓について記していく。
自分への約束を果たすためにも、だ。

監督1年目
【2012年　74勝59敗11分　勝率5割5分6厘　1位】

緊張は、即断即決の触媒になる

監督になった最初の年のことは、いま思い出しただけでも汗ばんでくる。

29歳で引退してから、まったく現場経験のなかった自分が、22年ぶりにユニフォームを着ることになった。しかも、監督として。現役時代、一流選手でもなかったことを考えると、普通はありえない話だが、それがどういうわけか現実となってしまったのだ。

チームには、ダルビッシュ有という絶対的なエースが抜けた穴をいかにして埋めるか、という大命題があったが、選手たちにとっては、それよりもむしろ「うちの監督、大丈夫か?」が心配のタネだったかもしれない。

実際、新監督は大いにテンパっていた。選手にアドバイスをひとつ送るにしても、本当にこれでいいんだろうかと不安がよぎり、い

つも怖かった。試合では、サインを出すにもいちいち緊張していたし、ピッチャー交代の決断に至っては毎回が人生の一大事、といった調子だった。監督がそんなことじゃいけない、と頭では分かっていても、自分ではどうすることもできなかったのだ。

だから、本当に最後の最後まで優勝できるとは思っていなかった。とにかく選手には迷惑をかけたくなかったので、自分が監督であることによってチームが勝てないとか、成長できないということだけは起こらないよう、ただただ必死になっていた一年だった。

そんななかで、ひとつ感じたことがある。試合中、つねに緊張していたから、そのせいで重大な判断ミスが度々あったかというと、実はそんなことはない。緊張して、血液が全身を駆け巡っていたからこそ、ベンチのなかではいつも「火事場のバカ力」みたいな状態でいられた。おかげで一球ごとに目まぐるしく戦況が変わる難しい場面でも、頭のなかは研ぎ澄まされたクリアな状態で、情報の処理能力は高まっていたような気がする。一般的に緊張するとミスしやすくなると言われるが、次々と即断即決を迫られる状況においては、かえって緊張が絶好の触媒になるということだ。

「現場」と「フロント」は時間軸が違う

3年ぶりのV奪還を果たした2012年のオフ、最大のトピックは大谷翔平の獲得だった。必然的に話題はそこに集中したが、その一方で球団は大胆な改革に着手した。

右も左も分からない新監督を支えてくれた、実績ある一軍コーチが一挙に3人もチームを離れ（福良淳一ヘッドコーチ、吉井理人投手コーチ、清水雅治外野守備走塁コーチ）、コーチ初経験となる3人が新たに加わった（阿井英二郎ヘッドコーチ、黒木知宏投手コーチ、大塚光二外野守備走塁コーチ）。これには、経験豊富なコーチ陣へ、ある意味一年間おんぶにだっこの状態だった監督に、もっと自分自身で考えさせ、成長を促そうとする球団の狙いがあったのかもしれな

い。加えて、球界全体を俯瞰した、指導者の育成という観点もあったと思う。

　また、選手もオリックス・バファローズとの間で、2年連続ベストナイン、4年連続ゴールデングラブ賞の糸井嘉男を含む2人対3人の大型トレードを成立させ（糸井嘉男、八木智哉⇔大引啓次、木佐貫洋、赤田将吾）、球界をあっと驚かせた。

　普通、勝って組織は壊さない。優勝という結果は、組織が有効に機能した何よりの証だ。次も勝とうとするには、それをキープするのがまずは近道というものだろう。

　だが、ファイターズは勝ったから壊す、そういう球団だ。勝つと、時間的な余裕が生まれる。それをチャンスと捉え、あえて壊す。スクラップ・アンド・ビルドだ。そうしなければ長いスパンで見たときの次への準備が遅れてしまう、そういう考え方が根っこにある。

　チームの現場と球団のフロントでは、実は価値観の時間軸が異なっている。我々現場はいま優勝するために戦っている。そのために大事なのは、今日勝つことだ。

　一方のフロントは、もちろんいま優勝することも重要だが、それと同時に優勝を狙えるチームを継続的に作り続けていくことを最優先に考えていかなければならない。そしてそのチームは、ファンに愛される魅力的なチームでなければならない。そういった5年先、10年先を見据えた明確なビジョンを持っていなければ、あえて壊すという発想は出てこないはずだ。

　組織を壊すと、余計なことがいっぱい起こる。でも、余計なことが起こらないと、何がよくて何が悪いのか、何が必要で何が必要じゃないのか、そういったものが見えてこない。それを得るためには、多少の混乱や犠牲もやむなしという姿勢だ。

　監督という立場は、現場とフロントの間に立つ中間管理職ともいえる。ゆえに、壊すことの意義を理解し、壊される現実を受け入れたうえで、いかにして今日勝つかを考えていくしかないのだ。

「優勝した、壊された」。そんな最初の一年だった。

監督2年目
【2013年　64勝78敗2分　勝率4割5分1厘　6位】

自分で納得しない

　1年目に勝てたことには、それ相応のプラスと、大きなマイナスもあった。

　まずプラスは、誰もが懐疑的な目を向けていた現場未経験の監督に対する逆風が、いったん収まってくれたこと。言うまでもなく優勝は監督の手腕によるものではなく、選手たちの頑張りがすべてだ。これには選手たちへの感謝しかない。ただ、その頑張りに結果が伴わなければ、そんな監督を起用した球団は批判に晒され、少なからず戦いにくくなっていたことだろう。それが一時的とはいえ解消されたのは、個人的にもチームとしてもメリットがあったといえる。

　一方、大きなマイナスとなったのは、最初に勝ってしまったことで、2年目ははじめから「勝てる前提」になってしまっている自分がいたことだ。昨年（2012年）、ああいうことができたんだから、大谷加入のプラスアルファがある今年（2013年）も必ず勝てる、本当に連覇できると思っていた。

　でも、現実は厳しかった。開幕戦こそ、まずは8番ライトで野手デビューした大谷の、2安打1打点という活躍もあり、埼玉西武ライオンズに勝利したが、その後は投打の歯車がまったく噛み合わず、失速。5月には約半月もの間、勝利から遠ざかる屈辱の9連敗を喫し、借金は二桁にまで膨れ上がった。

　いまになって思うが、あのとき、次第に借金が増えていく現実を、どこか受け入れてしまっている自分たちはいなかっただろうか。こういうこともある、と妙に納得してしまっている自分はいなかった

と言いきれるだろうか。

人間は弱い生き物だから、自分を楽なほうに理由付けしてしまう。「去年勝ったんだから、今年は成長する時期だ」といったように。

第三者がそう評価するのは間違いではないが、自分がそう納得してしまったら、それは逃げだ。最後の最後まで1ミリたりとも受け入れずに、何とかしなければいけなかった。そんなことに気付かされたのも、シーズンを終えてからのことだった。

ファイターズが北海道に本拠地を移してちょうど10年目、はじめての最下位という結果は、ファンの皆さんに本当に申し訳なかった。そしてそれは、ある意味、なるべくしてなったものだったのかもしれない。我々には足りないものが多すぎた。それくらいの屈辱を味わわなければおまえたちは変われない、そう野球の神様に言われていたのだろう。

選手のことを本当に愛しているんだったら、とことんやらせなくちゃいけない。やらせないんだったら、使っちゃいけない。そういう覚悟みたいなものをさせられた最下位だった。そうしないと、こんなふうになっちゃうんだよ、と。

ただ、てっぺんととん底を見られたことには大きな意味があった。その落差があったことで、選手には無理を言えたし、彼らもその自覚があるから聞き入れざるをえない。

悪いことは、悪いだけではない。

何事も表裏一体で、それをどう生かすかがすべてになってくる。

ネガティブがポジティブを生む

この2013年は、9月28日にバファローズに敗れBクラスが確定した。137試合目、残すところあと7試合だった。裏を返すと、あくまでも数字的にはということになるが、そこまではAクラス入りの可能性があったということなる。

それにもかかわらず、最終的に6位という結果に終わった戦力的

な要因はどこにあったのか。やはり痛かったのは、中田翔の戦線離脱だ。

　8月21日の東北楽天ゴールデンイーグルス戦、中田は左手の甲にデッドボールを受け途中交代。検査の結果、左第5中手骨の亀裂骨折で、ペナントレース中の復帰は絶望的という重傷だった。この時点でリーグトップのホームラン数、28本を記録していたが、初のホームラン王のタイトルも露と消えた。

　あの年の中田は、疲れていた。前年、はじめてシーズンを通して四番を務め、チームを優勝に導いた。そして、球界を代表するスラッガーとして、2013年は3戦行われたオールスターゲームにも、全試合出場した。

　おそらく疲れが抜けず、ストレスを溜め込んでいたのだろう。決して調子が悪いわけじゃないのにバットは湿りがちになり、そんな自分に納得がいかずもがいているうち、気付けばすっかり本来のバッティングを崩していた。そういった心のほつれを、うまくもっていってやるのが我々の仕事なのに、それができなかった。

　そして、そのストレスからくる集中力の欠如が、あの骨折につながったと思う。心身ともに研ぎ澄まされているベストコンディションの彼であれば、最悪の事態は回避することができたはずだ。

　スポーツの世界に「たられば」は禁物だが、もし中田の離脱がなければ、クライマックスシリーズに進出していた可能性は十分にあったと思っている。実際には、主砲を失ったファイターズは踏みとどまることができず、それ以降14勝24敗1分けと一気に下降線を辿った。

　ただ、球団があえて組織を壊したことにも通じるが、中田にあのアクシデントがなく、ボロボロの状態でもどうにかAクラス入りを果たしていたとしたら、チームの改革はものすごく遅れていたかもしれない。実は彼が戦列を離れた翌日、2年目の近藤健介を1番ライトで先発起用し、次の日には、プロ初スタメンとなる同じく2年

目の石川慎吾を8番ライトで使っている。不動の4番がいたら、あそこまで思いきった若手の起用はできなかっただろう。状態云々を度外視してでも、中田翔という存在に頼っていたはずだ。

　ちなみに、この2年後（2015年）の今シーズン、近藤はチームでダントツの打率を残し、石川慎も貴重なサウスポー・キラーとして大きな働きを見せてくれるまでに成長した。ネガティブをポジティブに変換するきっかけは、こんなところにもある。

監督3年目
【2014年　73勝68敗3分　勝率5割1分8厘　3位】

ベテランが健在であるときこそ若手を育てる

　2年目の最下位は、もうひとつ別な手応えも残してくれた。はたから見ていると、AクラスとBクラス、特に上位と最下位とでは大きな戦力の差があるように映るけれど、現場の感覚的にはそうでもない。

　イーグルスが日本一に輝いたあの年（2013年）、24勝0敗という大記録を打ち立てたエース・田中将大に、8つもの白星を献上してしまったのは我々ファイターズであり、早い段階で一度でも彼を攻略することができていれば、シーズンの流れはまったく違うものになっていたかもしれない。

　いずれにしても、全員が持てる力を発揮して、一年間気持ちをひとつにして戦うことができるかどうか、それによって順位が決まってくるのが長いシーズンを戦うプロ野球であり、そもそもの戦力にはそんなに大きな差があるものではない。最下位を経験したことによって、改めてそれが実感できた。だから、1年目に優勝、2年目に最下位ときた3年目は、絶対にまた優勝してやろうと思っていた。

　その一方で、チームは大きな世代交代の過渡期に差しかかってい

た。この年で42歳になる稲葉篤紀、39歳になる金子誠、ファイターズの象徴とも言うべきふたりには、確実に引退のときが近付いていた。それを考えても、急務なのは能力のある若手選手を、いかに一軍で結果を出せるように育てるかだ。できればベテランが健在なうちに、彼らに経験を積ませておきたい。その時間を一番短縮して前に進めようとしたのが、2014年のシーズン前半だった。

　7月16日、オールスター前のラストゲームは、旭川でライオンズを破り、42勝40敗1分けと貯金を持って前半戦を終えることができた。

　3日前、左膝にデッドボールを受けた中田がラインナップから外れたこの試合、スタメンは次の通りだ。

1番ライト・西川遥輝　22歳
2番セカンド・中島卓也　23歳
3番サード・近藤健介　20歳
4番センター・陽岱鋼　27歳
5番指名打者・ミランダ　31歳
6番ファースト・稲葉篤紀　41歳
7番ショート・大引啓次　30歳
8番レフト・谷口雄也　22歳
9番キャッチャー・大野奨太　27歳
ピッチャー・大谷翔平　20歳

　西川、中島、近藤、谷口、そして大谷と、20代前半の選手がズラッと並んだ。こういった陣容でひとつでも多くの勝利を積み重ねていくことが、自然な形でチームを若返らせることにつながる。

　この年、前年は332打席だった西川が637打席に、同じく272打席だった中島が461打席に立ち、ともにはじめて規定打席を突破、シーズンを通して戦えることを証明してくれた。彼らがこれからプロ

の世界で生き抜いていくための、自分なりの方向性みたいなものを見出し始めた、そんなシーズンだったといえた。

強いとき、意識付けは勝手に行われる

ペナントレースを首位と6・5ゲーム差の3位で終え、クライマックスシリーズのファーストステージは、優勝した福岡ソフトバンクホークスを上回る80勝を挙げながら、勝率わずか2厘の差で2位となったバファローズと対戦することになった。

シーズン終盤には、9月2日に稲葉が、27日に金子が、それぞれ現役引退を表明していたため、チームが敗退した日が、彼らがユニフォームを脱ぐ日になる、そんな状況を迎えていた。金子はメンバー登録こそされていなかったものの、サポート役として最後までチームに帯同していた。

長年チームを支えてきてくれたふたりのためにも、何がなんでも負けられない、勝ち進んで一日でも長く一緒に野球をやっていたい。そのみんなの気持ちが、期せずしてチームの一体感をさらに強固なものにした。

いまさらながらではあるが、プロ野球選手がいかに野球が楽しいか、いかに勝つことが嬉しいか、ということまで感じながらプレーしていたはずだ。

チームの中心選手となった陽岱鋼や中田翔も、2年前に優勝したときはまだ「させてもらった」という感覚だったと思う。それこそ稲葉や金子といった経験豊富な先輩たちに引っ張られ、気が付いたら頂点まで登りつめていた。

それがこの年は、明らかに違っていた。フレッシュな顔ぶれを牽引していたのは紛れもなく彼らであり、自分たちがチームを勝たせるという感覚がはじめて大きな喜びになっていったのではないだろうか。

そして、京セラドームでのファーストステージ、第1戦はバファ

ローズのエース・金子千尋から３点を奪い、その後も追加点を重ねて先勝する。先発の大谷は決して満足のゆく出来ではなかったが、６回３失点でポストシーズン初勝利を挙げた。

　続く第２戦は、１点リードで迎えた８回裏、３番手の谷元圭介がふたりを歩かせたあと、そこまで３三振だった４番・Ｔ－岡田によもやの３ランホームランを浴び、痛恨の逆転負けを喫した。

　これで勝ったほうがファイナルステージ進出となる第３戦、６回に代打・稲葉の同点タイムリーで追いつき、１対１の同点で迎えた延長10回表、先頭の中田が放った打球は、センターのバックスクリーン左に飛び込む決勝ホームラン。４番のひと振りで決着をつけた。試合後、「まだユニフォームを着ることができて嬉しい」と語った稲葉の言葉が印象的だった。

　選手たちの間で勝手に意識付けができている。ああなると、強い。監督は何もしなくていい。

　インターバルなく、翌日から始まったヤフオクドームで始まったホークスとのファイナルステージも、激戦の連続となった。そのなかでも、驚異的な集中力を見せつけたのが、稲葉から引退会見で後継者に指名された中田だった。

　第１戦、７回に同点ソロホームラン。第２戦、６回に突き放す２ランホームラン。第３戦、６回にダメ押しの３ランホームラン。第４戦はひと休みとなったが第５戦、８回に値千金の同点ソロホームランを放り込み、４点差をひっくり返す劇的な逆転勝利を演出した。５試合でホームラン４本、しかもすべて６回以降の価値ある一発で、圧倒的な勝負強さを示した。難しいボールをなんでもホームランにしてしまう、そんな印象すら与える活躍だった。

　リーグ優勝したホークスのアドバンテージ１勝分を加え、３勝３敗のタイで迎えた第６戦、最後は惜しくも力尽き、日本シリーズ進出はならなかった。だが、クライマックスシリーズをフルに戦い抜いたこの９試合は、若い選手たちにとって何ものにも代えがたい貴

重な経験となった。また、引退する稲葉、金子へも最高のはなむけとなったことだろう。

シーズン終盤に左すねを痛め、満身創痍の状態ながら、要所で見事な火消しを見せてくれた最強のセットアッパー・宮西尚生の目にはうっすらと光るものがあった。チームはこれで一歩前に進んだ、そう確信したファイナルステージ敗退だった。

ホークスの秋山幸二監督の胴上げが終わり、我々もファイターズ応援団が陣取るレフトスタンドへあいさつに向かった。すると、稲葉のもとにホークスナインが駆け寄ってきて、両軍入り乱れての胴上げが始まった。さらに、ずっとチームに帯同していた金子も輪の中心に招かれ、背番号と同じ8回、宙を舞った。

プロ野球人の誇りは、こうして受け継がれていく。そう感じた瞬間だった。

「できること」ではなく「やらなければならないこと」をする

あっという間に3年が過ぎた。「石の上にも3年」というのは、本来、「冷たい石も3年座り続けていれば温まる。転じて、我慢強く辛抱していれば、いつかは必ず成功する」といった意味合いで、まだ何も成し得ていない者が言うのもおかしな話だが、そのことわざが伝えようとしているものを、実感させられた3年だった。

3年続けてやってみて、はじめて気付くことはいっぱいある。監督を3年やらせてもらって、はじめて自分の置かれている位置が分かってきた。

ファイターズがパ・リーグのなかでどういう位置にいて、どういうチームで、そのなかで自分はどういうポジションにいて、何をしなければならないのか。そういったことがようやくわかってくるのだ。いままでは自分に何ができるのかを一生懸命考えて、それを必死にやるだけで精いっぱいだったが、これからは「できること」で

はなく、「やらなければならないこと」をやっていく。それが冷たい石に3年座り続けて、得たものだ。

監督4年目
【2015年　79勝62敗2分　勝率5割6分0厘　2位】

勝つために戦ってはいない

　2015年、優勝できると確信して臨み、最後まで勝てると信じて戦い抜いた長いシーズンが終わった。

　開幕前、周囲の評価は厳しかった。ファイターズの象徴ともいえる存在だった稲葉篤紀、金子誠のふたりが現役を引退。また、内野の要だった大引啓次、小谷野栄一もFA権を行使しての移籍でチームを去った。

　一方、主だった新加入といえば、3年ぶりにアメリカから復帰した田中賢介と、ドラフト1位で4球団が競合し、抽選で引き当てた即戦力ルーキー・有原航平といったところ。単純な足し算、引き算だけでいえば、他球団と比べ見劣りのする戦力に映ったのかもしれない。

　評論家の順位予想は軒並みBクラスで、中には最下位予想まであった。前年までユニフォームを着ていた、身内といえる稲葉ですら、開幕前夜の『報道ステーション』（テレビ朝日）で、「ファイターズは3位」と予想していた。稲葉にとっては解説者になってはじめての順位予想である。正直、どうしても当てたい本音の予想だったはずだ。球団への気遣いもありつつ、それでもせいぜい3位止まりという評価だったわけだ。

　では、そんななか、そのチームを率いる監督はいったいどう思っていたのか。なんて楽観的なやつだと笑われるかもしれないが、一点の曇りもなく、心の底から絶対に勝てると思っていた。開幕前に

あれほど思いを強く持ったのは、4年目にしてはじめてのことだった。だからこそ、何がなんでもという気負いも相当なものだった。

気負うからには、それなりの覚悟も決めていた。今年は長いシーズンになるぞ、と。ところが、これが意外や意外、気が付けばあっという間のシーズンだった。毎日めちゃくちゃつらかったから、その分、早く感じたのかもしれない。この4年間で一番早いシーズンだった。

はたして今年（2015年）、ファイターズは79勝62敗2分けという成績でペナントレースを終えた。順位は2位だった。

優勝した2012年は、74勝59敗11分けだった。74回しか勝てなくても、優勝したあの年は最高に嬉しかった。79回勝っても、優勝できなかった今年は本当に悔しかった。つまり、我々は試合に勝つためではなく、優勝するために戦っているということだ。

元日、自分との約束に「未徹在」の3文字を記し、いかに未熟であるかを意識し続けることを自らに課した。プロとプロがしのぎを削るこの世界、年間140試合を超える真剣勝負を繰り返していくなかで、そのすべてに勝利することなどありえない。つねに負けから学びを得ることが次の勝利につながる。その積み重ねが優勝という結果なのだ。だからこそ、未熟さを謙虚に受け止め続けることができれば必ずそれは結実する、そう信じていた。

そこでここでは今年の戦いのなかから、そんな敗北の苦い記憶だけを拾い集めてみた。ファイターズファンの皆さんには思い出させるのも心苦しい内容だが、長いシーズンを戦うプロ野球の世界、ここから目を背けていては決して前には進めない。あえて、書かせていただく。

「絶対に負けてはいけない」試合はひとつではない

| 6月16日　甲子園　対阪神タイガース　4対11

テレビのスポーツニュースなどを観ていると、「天王山」という言葉をよく耳にする。

この「天王山」とは、京都の南部にある山の名前で、1582年の「山崎の戦い」の際、ここを占領した羽柴（豊臣）秀吉が明智光秀を破った故事から、勝負を決める分岐点や、運命の重大な分かれ目を「天王山」と呼ぶようになったそうだ。

プロ野球の世界では、おもに1位と2位の首位攻防戦を「天王山」とすることが多い。

優勝争いも佳境を迎えるペナントレース終盤、その「天王山」は一気に熱を帯びてくるわけだが、実はシーズンを通して、そこに至るまでにも「天王山」並みに絶対に負けられない戦いというのは、いくつもあるものだ。

そこでいくつ取れたか、いくつ落としたかで、後半戦から終盤にかけての立ち位置は大きく変わってくる。

今シーズンを振り返ったとき、優勝を逃す大きな要因のひとつとなったある敗戦があった。

敵地・広島で広島東洋カープに、本拠地・札幌で横浜DeNAベイスターズに、いずれも3連勝を飾るなど好調だった交流戦のこと。そのラストゲームとなった甲子園での阪神タイガース戦は、勝てば優勝という大一番となった。

交流戦は今年からリーグ対抗戦に重きをおいたシステムに変更され、優勝は決めないことになったが、最高勝率という扱いで表彰されることから、現場では実質的な優勝という捉え方をしていた。また、勝ち越したリーグの1位球団に1000万円、最高勝率球団に500万円が贈られるということで、あとひとつ勝てば計1500万円の賞金を手にすることができる。ファイターズでは、こういった賞金は選手だけでなく、裏方さんを含めた全スタッフにボーナスとして支

給されることになっており、選手からすれば、日頃からお世話になっている裏方さんやその家族の皆さんへのお礼の気持ちを形にできる絶好のチャンスだ。

　そして何よりも、ここで優勝がかかった試合を経験できるのは大きかった。しかも、優勝を争っているのは、リーグでも最大のライバルとなるホークスである。いやが上にもモチベーションは高まるというものだ。

　先発のマウンドには、ここまで3勝をマークしているルーキーの有原航平を送った。だが、その有原が2回裏につかまり3点を失うと、1点返した直後の4回裏、まさかの一挙7失点。勝敗の行方は早々に決してしまった。

　2度、雨天順延となったこのカードは交流戦全日程の最終戦だったため、この日行われた唯一の試合だった。しかも、優勝がかかった一戦である。ファイターズファンでなくても、全国の野球ファンが注目していてくれたかもしれない。そんな整った舞台で、絶対に見せてはいけない、ありえないワンサイドゲームだった。

　試合後、「これ、日本シリーズだったとしてもこんな試合になってるのか？」とコーチに尋ねた。ピッチャーのつなぎ方も含めて、こんなふうになっているわけがない。これが日本シリーズの最終戦だったら、たとえどんなに点差が開いても、もっと必死に食い下がったはずだ。

　コーチからすれば、長いシーズンの途中で、選手に無理をさせるところじゃないという意識が働いたのかもしれない。それは分かる。

　でも、僕は絶対に負けられない戦いと捉えていたからこそ、わざわざ「裏方さんに賞金を渡そうよ」というメッセージまで送ったつもりだ。結局、それが伝わっていなかったというのは監督の責任なのだが、なんともやるせない、振り返ってみれば致命的な敗戦だった。ここをひとつ取れていれば、その後のシーズンの流れは大きく変わっていたに違いない。それは負けたからこそ思い知らされた一

勝の重みだ。

感情のままに伝えたほうがいいときもある

| 7月22日　札幌ドーム　対東北楽天ゴールデンイーグルス　6対19

　例年、オールスターブレイクが明けると、勝負の後半戦が始まる。今年は札幌ドームにイーグルスを迎えての3連戦が最初のカードとなった。

　その緒戦、先発のルイス・メンドーサは7回2失点の好投を見せたが、則本昂大、松井裕樹の両投手を攻略できず、1対3で黒星スタート。

　さらに、第2戦も打線が沈黙、6回以降はノーヒットに抑えこまれ、前日と同じ1対3というスコアで連敗を喫する。

　そして翌日、後半戦の開幕早々、同一カード3連敗だけは避けたい大事な一戦だったが、約1カ月ぶりの登板となった浦野博司が2回途中、よもやの9失点で降板すると、2番手のミッチ・ライブリーも8点を失い、3回までに大量17点を奪われる。

　こんなとき、いったいどう振る舞うべきなのだろうか。監督になって4年、これまで試合で敗れたあとに選手たちを集めたことは一度もない。負けたから監督に怒られる、そんなムードのなかで話したところで、大切なことが伝わらないような気がしている。同じことを話すにしても、次の日の試合前、これから戦うにあたって伝えたいと思っているからだ。

　ただ、さすがにこの日はマズイと思った。この3連敗を引きずってしまうと、ここまで必死に戦ってきたシーズンの流れをすべて失いかねない。そこで、翌日が移動日だったこともあり、試合後、はじめて選手たちを集めた。おそらく選手は怒られると思ったはずだ。

　でも、怒る気はなかった。ただ、戦えって伝えたかった。

「攻めていない。苦しいかもしれないけれど、攻めろ。オレ、納得

がいかない。優勝争いしてなきゃ、面白くもクソもないんだよ」

言葉を選ぶよりも、いまは感情のままに思いを伝えたほうがよいと思った。

「明日一日あげるから、ちゃんと準備をして、明後日からちゃんとやろう」

はたして、思いが伝わったかどうかは分からないが、あそこは伝えるべきタイミングだったと信じている。

そして、移動日を挟んで、西武プリンスドームでのライオンズ3連戦、ファイターズは3連勝を飾った。しっかりとプレーで示してくれた選手たちに感謝している。

1人が喜ぶよりも、1万人が喜んだほうが大きな力になる

| 8月15日 コボスタ宮城 対東北楽天ゴールデンイーグルス 4対5

誤算を言いだしたらキリがないが、今シーズンの投手陣に関する誤算をあげるとすれば、やはり浦野と上沢直之の不調が痛かった。

昨年（2014年）は、浦野が20試合に登板して7勝、上沢が23試合に登板して8勝と、ともに先発ローテーションをしっかりと守り、クライマックスシリーズも経験しただけに期待は大きかった。

しかし、今年はいずれも不本意な状態で、浦野は7月22日、上沢は7月28日を最後に先発の機会はなし。猛暑の8月、ふたりを欠いたローテーションのやりくりは、苦肉の策を余儀なくされた。

いつかこういうときがくると思って、しばらく中継ぎで起用していた斎藤佑樹を早めに一度ファームに落とし、調整に専念させてきた。

8月8日、札幌ドームでのイーグルス戦、満を持して先発のマウンドに送り出した斎藤は、今シーズン最長の5回を投げ、2失点とまずまずの内容だったが、勝ち負けはつかず。次の登板も、この時点では微妙な状況だった。

ただ、僕はもう一度、斎藤で勝負するつもりだった。一週間後、今度はコボスタ宮城に舞台を移しての同じくイーグルス戦、厚澤和幸投手コーチに「アツ、もう一回オレに勝負させてくれ。斎藤を使わせてくれ」と頭を下げ、起用を決めた。

　斎藤にこだわったのには、自分なりの根拠がある。

　8月14日時点で、首位ホークスと2位ファイターズのゲーム差は9・5。盤石のホークスを追撃するには、大きな連勝で流れを作るしかない。その流れを作るためには、誰が勝ったらチームが「よっしゃ、行くぜ！」となるのか。その答えが斎藤佑樹だった。

　人の姿や思いというのはすごく大切なもので、同じひとつ勝つのでも、1人が喜ぶのと1万人が喜ぶのでは、1万人が喜んだほうが絶対に大きな力になると思っている。だとしたら、その1万人に喜んでもらえる可能性にかけるのも勝負の考え方であり、それこそがプロ野球の魅力だ。

　温かい声援も、叱咤激励も、中に混じっている冷やかしの声まですべて含めて、斎藤にはいつも相当量のエネルギーが注がれている。だからこそそれに応えたとき、大きなプラスアルファが生まれると信じている。

　8月15日、再びイーグルス戦に先発した斎藤は、前回の登板を上回る出来で6回途中まで2失点、勝利投手の権利を持ってマウンドを降りた。しかし、8回裏、タフな4連投のマウンドを託した宮西が同点2ランホームランを浴び、最後はマイケル・クロッタが打たれてサヨナラ負け。シナリオ通りの勝利とはならなかった。

　当然ながら、監督だからといって好き放題にやらせてもらえるわけではない。

　ただ、そこに根拠と信念があるのであれば、周囲の反対を押しきってでもやってみる価値はある。それが勝ち負けを超えて、プロ野球の魅力を伝えられるものならば、なおさらのことだ。

大きなものを背負う者には、使命がある

| 8月29日 ヤフオクドーム 対福岡ソフトバンクホークス　4対5

　8月28日からの敵地・福岡での首位ホークスとの直接対決、第1ラウンドはブランドン・レアードに2ラン、田中賢に満塁ホームランが飛び出すなど、打線は12安打11得点、投げては先発の吉川光夫から5人のリレーで1失点と、申し分のない内容で先手を取った。

　だが、ダメ押しの5点を奪った最終回の攻撃、レフトに2点タイムリー2塁打を放った中田が、2塁に滑り込むのをためらったことで足をとられて転倒し、右足首を痛めた。トレーナーいわく「明日の状態を見てみないと分からない」とのこと。ひとまずは様子を見ることにした。

　シーズン中、中田には全試合フル出場を課している。チームの顔として、プロ野球界の大看板として当然の責務、使命と考えているからだ。大量得点差がついた試合の終盤、もう打席が回ってこないという状況であれば、休ませるという考え方もあるのかもしれない。本人だって「少しは休ませてくれ」と言いたくなるときもあるだろう。でも、中田翔はいつもグラウンドにいなければならない、そういう存在だと思っているからこそ、そこだけは譲れない。

　翌日、コーチに確認してもらったところ、本人は「DHだったら行けるんじゃないか」と出場の意思を示しているという。何がなんでも3連勝がほしい大事な局面、自分が外れるわけにはいかないという責任感が伝わってきた。たしかに守備に就かなければ、体への負担を最小限にとどめながら、バッティングでチームに貢献することができる。しかし、中田が誰よりも肉体を酷使していることは重々承知のうえで、打って走ることができる状態であるならば、冷静な判断をも超越した確固たる覚悟をもって「大丈夫（ファーストで出る）」と言ってほしかった。

彼をDHに回したら、チーム打率トップの近藤をスタメンから外さなければならないという事情もある。だがそれ以上に、中田翔という男が真に唯一無二の存在なのだということを、いま一度彼自身に感じてほしかった。それゆえに、あえてスタメンから外す決断をした。外れることでその意味を、もっともっと強く感じてほしかった。

使おうと思えば使えたはずの4番バッターを、自分の一存で外した監督の責任は重い。ただ、たとえそれが勝ち負けを左右することになったとしても、信念をもって決断しなければならないことはある。

そうして迎えた第2ラウンド、4点ビハインドの劣勢から8回表、先頭の代打・大谷がフォアボールを選んで出塁すると、ノーアウト満塁とチャンスを広げ、田中賢と近藤、2本のタイムリーヒットで1点差に迫る。

なおも、1アウト1、3塁という場面、ここが勝負と見て、代打に中田を送った。今年初めて、ずっとベンチから戦況を見守っていた主砲は、ホークスの守護神デニス・スコット・サファテが投じた3球目を弾き返し、レフト前への鮮やかなタイムリーヒット。意地の一打だった。

前日から、彼とはひと言も言葉は交わしていない。だが、魂のやり取りはたしかにあった。その答えがこのひと振りだった。

この試合、結果は5対4で敗れ、残念ながら連勝とはならなかった。夜のスポーツニュースはホークスの勝利を伝える。しかしながら、一方のファイターズの敗北のなかにも、大切なものはあった。大きなものを背負う者には、使命がある。それを改めて、極めて重要な戦いのなかで示せたことだ。

最大のリスクこそ、最大のチャンス

| 8月30日 ヤフオクドーム 対福岡ソフトバンクホークス　2対2

　2対2の同点で迎えた9回表、先頭の7番・レアードがレフト前ヒットで出塁し、代走に杉谷拳士を、さらにこの場面、ピンチヒッターというよりピンチバンターといってもいい飯山裕志を代打に送る。すると、サファテがけん制悪送球、杉谷は労せずして2塁へ進んだ。

　さらに送りバントが決まれば、1アウト3塁となるところだったが、飯山が珍しく失敗、ファウルフライに倒れ、ランナーを進めることができない。

　1アウトとなり、杉谷は2塁のまま、ここで勝負に出る。9番・市川友也に代えて、右足首を痛めて前日からスタメンを外れている中田を打席に送る。杉谷が3塁に進んでいれば外野フライでも1点という場面だったが、1アウト2塁、中田には前夜に続くタイムリーを期待する場面だ。

　サファテと中田の力勝負、誰もが固唾を呑んで見守っていた。

　ただ、ファイターズベンチは別のことを考えていた。この3連戦が始まる前、とにかくリスクを恐れず、全部勝つためにどんどん仕掛けていくとコーチたちには伝えていた。何かを起こすには、攻めまくるしかない。

　2日前、11対1で大勝した1戦目でも、初回、ノーアウト1塁で、バッター・中島に、今シーズン一度もサインを出したことのなかったバスターエンドランをやらせた。結果、その回は得点につながらなかったが、いずれにしてもタネをまいておかなければいろんなことが起こらない。動かせば何かが起こる。それはリスクでもあるが、そのリスクを背負わなければ何も起こらないのだ。覚悟していくしかない。

2対2の同点、9回表1アウト、2塁にランナーの杉谷、バッターボックスには代打・中田。この場面、3塁コーチャーズボックスからサインを出す白井一幸作戦担当コーチには、あらかじめ「行けたら、行かせて（杉谷を走らせて）」と指示を出していた。

　2塁にランナーを置いてバッター・中田という場面、盗塁を仕掛けることは常識的には考えにくい。考えにくいから、相手に油断が生まれると思っていた。99％ありえないからこそ、仕掛ける価値はある。

　杉谷がスタート、キャッチャーが送球した時点ではアウトのタイミングだった。しかし、リスクを背負って勝負に出れば何かが起こる。さすがにありえない場面での盗塁に慌てたのか、サード松田宣浩が捕球し損ない、結果はセーフ。1アウト3塁とチャンスは広がった。

　走ったときは、こっちもしびれた。その緊張感がなければ、やっている意味がない。あれが野球。うちはあれをやらないと、いまのホークスとは五分に戦えない。確率では向こうに分があるかもしれないが、リスクを背負って勝負すれば五分に戦える可能性はある。

　野村克也さんは、「奇襲は、普通に戦っていたら勝てないから奇襲なんだ」と言っていた。まさにその通りだと思う。普通に戦って勝機が4対6なら仕掛けないが、3対7なら奇襲はある。4対6はちょっとした流れの変化で5対5にもっていける数字だが、7対3を五分五分に持ち込むのは容易ではない。そういうときこそ、奇襲の意味は出てくる。

　あそこは、バッターが代打・中田ということにも意味はあった。大きなリスクを背負ってまでランナーを3塁に進めなくても、2塁にいればヒット1本でホームに還ってこられる可能性は十分にある。それでも走らせるということは、バッターにしてみれば「監督は自分を信用していないのか？」という不信感にもつながりかねない。プライドをもって4番を守ってきた中田ほどのバッターであれば、

なおのことだ。そこまで考えると、さすがに盗塁という選択肢はないだろう、そう相手が決め付けているところを狙って仕掛けた。最大のリスクこそ、最大のチャンスということだ。

あの場面、中田と、続く西川がともに三振に倒れ、決勝点を奪うことはできず、結局、延長12回、2対2の引き分けとなった。追う立場の我々にとっては、敗北同然の引き分けだ。しかしながら、クライマックスシリーズにつながるホークスとの戦いで、何をしてくるか分からないと思わせる仕掛けにはなったと思っている。

「先付け」を怠らない

| 9月2日　東京ドーム　対千葉ロッテマリーンズ　2対4

今シーズン最後の東京ドームでの3連戦、初戦を取って迎えた千葉ロッテマリーンズとの第2戦は、先発の大谷が初回、いきなり角中勝也に2ランホームランを浴び、2点を追う展開となった。

その後、お互いに2点ずつを挙げ、2対4で迎えた8回裏、先頭の8番・市川がヒットで出塁し、続く中島はフォアボール、ノーアウト1、2塁という大きなヤマ場を迎える。

中島の打席、林孝哉打撃コーチに、ある指示を与えていた。
「卓（中島）が歩いたら勝負だからね。岱鋼（陽）に言って」

ノーアウト1、2塁となれば、送りバントという選択肢もあるわけだが、あそこは迷わず勝負と決断した。手堅く岱鋼に送らせ、万が一、失敗した場合のダメージ、また成功して1アウト2、3塁となり、次の西川に託した場合の得点イメージなど、瞬時にいろんなケースをシミュレーションし、出した結論が岱鋼で勝負だった。彼は前の打席に、この試合、チーム初ヒットとなるホームランを打っていたが、その印象に引っ張られたということはない。たとえ前の打席の結果が違っていたとしても、指示は変わらなかった。

中島がきっちりとボールを見極めて1塁に歩くと、打席に向かう

岱鋼を林コーチが呼び止め、それを伝えた。

このタイミングでの岱鋼への指示、我々の用語でいうと「先付け」が重要だと考えている。送りバントのサインが出るのか、それともヒッティングか、両面を想定しながら打席に立つのと、あらかじめバントはないということを伝えてやるのでは、本人の気持ちの持ちようがまるで違ってくる。高いレベルで紙一重の勝負を繰り広げるプロ野球の世界では、この準備の差が明暗を分けることも少なくない。

岱鋼は、2球続けて空振りしてあっさりと追い込まれるが、そこから粘って値千金のフォアボール、期待に応えてくれた。この試合、ここが監督の一番大きな仕事だったといっていい。ノーアウト満塁となり、打順は2番・西川、3番・田中賢、4番・中田と続く。もうベンチが動くことはない。あとは黙って見ていれば、必ず得点は入る。少し肩の荷が降りた心境だった。

ところが、つくづく野球は難しい。フルカウントから西川が放ったファーストゴロは、一塁ランナーの岱鋼を足止めさせるアンラッキーな打球となり、本塁と二塁で封殺される変則のホームゲッツー、最悪の結果となった。

まさかのプレーではあったが、えてして負けるときはそんなものである。やるべきことをやっても、負けるときは負ける。

一生懸命さ、頑張り方が違うことがある

| 9月3日　東京ドーム　対千葉ロッテマリーンズ　2対3

前日、大谷で落として、1勝1敗で迎えた第3戦、この日は東京ドームでのラストゲームということで、勝敗にかかわらず、試合後は東京のファンの皆さんに挨拶をするセレモニーが予定されていた。なんとしても、勝って笑顔で臨みたいものだ。こう見えても、すぐには気持ちの切り替えができないタイプで、負けた直後に出ていく

ことだけは絶対に避けたい。行きたくないと、駄々をこねてしまうかもしれない。

だが、そんなときに限って、「一番納得のいかない負け方」をしてしまうのは、いったいどういうわけなんだろう。

2点を追う9回裏、2アウトランナーなしから粘って1点を返し、なおもふたりを塁に置いて、バッターは5番・近藤という一打同点の場面に、球場はこの日一番の盛り上がりを見せた。結果、近藤はショートフライに倒れてゲームセットとなったが、スコアは2対3の惜敗で、試合内容だけを見れば、監督が「一番納得のいかない負け方」というのは、皆さん、あまりピンとこないかもしれない。

では、何が納得いかなかったのかといえば、選手の一生懸命さが違った気がしたのだ。当然、みんな一生懸命やってはいるのだが、その頑張り方が違うというか、気持ちの表し方が違うというか。

具体的に言うと、例えば打てなかった選手が悔しさのあまりヘルメットを放り投げたりしている。大事な頭を守ってくれているヘルメットに八つ当たりするのは絶対に間違っている。ファイターズらしくない。

度々、そんな様子をベンチで目にすると、打てなかったことよりもその態度にカリカリしてくる。この試合は、なぜかずっとそんな調子だったのだ。さすがにこれは選手を注意しなければいけない、そう思ったが、この場面は感情的な物言いになってはいけないと思ったから、どうにかこらえた。それくらい、久しぶりに怒っていた。

だから、試合後のセレモニーに参加するのは本当にイヤだったけれど、ファンの皆さんに感謝の気持ちを伝えたい思いはもちろんある。怖い顔にならないよう、なんとか表情を作りながら、ライトスタンドの応援席前に向かった。

負けて気付くことはたくさんある

| 9月8日　旭川　　　　対福岡ソフトバンクホークス　5対8

9月9日　札幌ドーム　対福岡ソフトバンクホークス　2対13
9月10日　札幌ドーム　対福岡ソフトバンクホークス　3対7

　9月、マジックナンバーを12としている首位ホークスとの3連戦は、逆転優勝に最後の望みをつなぐためにも絶対に落とせないカードだった。

　しかし、旭川での第1戦、メンドーサが序盤につかまり痛い星を落とすと、札幌ドームに移っての第2戦はやはり吉川が4回途中9失点で降板、連敗を喫する。第3戦は大谷を先発に立てて臨んだが、大きな流れを変えることはできず松田に先制3ラン、柳田悠岐にダメ押しの2ランホームランを浴び、一矢を報いることもできなかった。

　結局、これがペナントの行方を決定付ける3連敗となってしまったわけだが、試合でやられたこと以上に、絶対に負けてはいけないことが別にもあった。今年のホークスはたしかに強かった。あの巨大戦力が機能し、いったん勢い付いてしまうと、それを止めるのは容易ではない。だからこそ、そこに立ち向かっていくためには、必ずやらなければならないことがある。それは声を出すことだったり、ファーストまで全力で走ることだったり、そういった普段から当たり前のこととしてやっていることだ。

　あの3連戦、ホークスのほうが明らかに元気があった。それを向こうは勝っているから元気がいいんだと片付けてはいけない。劣勢だからこそ大きな声を出し、元気に戦っていかなければならない。何がなんでもそこで負けてはいけないのだ。それがファイターズというチームの姿勢なんだから。

　どうあれ3連敗は肯定できるものではないが、敗戦によってもう一度できていないことを洗い直そうというきっかけにはなった。自分たちがやれることをやらなかったせいで戦力以上の大きな差ができてしまったとすれば、その要因は徹底的に調べなければいけない。

負けたから、悔しいから、何かに気付くということもいっぱいある。本当は勝っていても、できていないことはしっかり洗い出さなければいけないのだが、勝ってしまうとそれが消えてしまうことが多い。分かりにくくなってしまう、と言ったほうが適切だろうか。本人はできていないことに気付いているのに、勝ってしまうと本当になんとかしなければならないという本気度のパーセンテージが下がってしまうのだ。それを上げるのが我々の仕事だ。

　今年は「負けの理由」を知らなければいけない負けが多かった、そんな気がする。
　負けの意味はいろいろある。本当のことを言えば80勝したかった。シーズン終盤、80勝して優勝できなかったのなら少しは納得がいくかなと思っていたが、きっと野球の神様に、まだ80勝しちゃいけないと言われているんだと思う。あと1勝が届かなかったことには何か意味があるはずだ。その意味をこれからもう少し考えてみたい。

第2章：監督の役割とは何か

監督は組織において「偉い人」ではなく「中間管理職」である

　プロ野球の監督とはどんな仕事なのか。いくつかのたとえを用いて、この4年間実感してきたことを皆さんにお伝えしたい。
　まず大前提として、絶対に「そうじゃない！」と言いきれるのは、監督が偉いわけではないということだ。この国にはこれだけの野球人口がいて、野球ファンも合わせればそれこそ数千万人という規模になるだろう。その頂点に位置するプロ野球の監督は、日本中に12人しかいない。一野球人としてこれほど光栄で、これほどやりがいのあるポジションはない。だが、だから偉いという論法は成り立た

ない。

　球団という組織内の役割で言えば、会社組織における中間管理職が一番近いような気がしている。先にも書いたが、チームの現場と球団のフロントでは価値観の時間軸が異なっている。我々現場はいつも「今年」優勝するために戦っているが、フロントはこれから5年先、10年先も優勝を狙い続けることができるチームを作ることが仕事だ。いま結果がほしい現場と、いまを長いスパンにおける一地点として捉えているフロントとでは、同じ方向を見ていても映る景色が違っているはずだ。カメラで言えば、現場はズームした寄りのサイズで、フロントはより広い範囲が映り込んでいる引きのサイズといったところだろうか。

　そんななか、もちろん監督は現場の一員としているわけだが、その一方で現場とフロントの間をとりもつ役割も担わさている。ときには現場の声をフロントに伝え、ときにはフロントの方針を現場に反映させる。それも重要な仕事のひとつになっている。

　ただ監督が、フロント同様に5〜10年先を見通すことができるかと言われると、さすがにそれは現実的ではない。どんな名監督でも、せいぜい2〜3年のスパンといったところだろう。「去年優勝したから、今年はある程度次世代の育成に力を入れてもいいが、来年はまた必ず結果を残さなければならない」、そういったビジョンだと思う。

　僕の場合は、もともと監督経験がゼロだったこともあり、自分に求められている役割をひとつずつ確認するところから始まっているので、時間軸の差にそれほど違和感もなかった。そういうものだという前提でいたので、きっとそれが自分の仕事なんだろうなと感じたからだ。

　だから、毎年優勝を狙うのは当たり前のこととして、5年後に結果が出れば、自分がやった意味はあるのではないかと思ってやっている。

監督はチームにおいて「指導者」ではなく「マネージャー」である

　監督は偉いという誤った認識と同様、もうひとつ誤解されていることがある。それは、監督は指導者であるというものだ。

　大学以下の若い世代のアマチュア野球であれば、監督が指導者であるケースは多いと思う。だがプロ野球は、そもそもアマチュアでやっていたトップレベルの選手たちが集まってくる世界であり、彼らを技術的に指導しようと思えば、もっとカテゴリーを細分化したエキスパートが求められる。だからこそ、より専門性の高いコーチが必要不可欠なのだ。

　もちろんプロの世界に指導者たる監督はいないのかと問われれば、歴代の名監督にそういった方々はいたことと思う。だが、自分に関していえば、少なくとも現状、指導者を名乗れる状況にはない。いや、この先もおそらくないと思う。

　ニュアンスが近いのは、芸能プロダクションのマネージャーかもしれない。芸能界と言うと口幅ったいが、キャスター時代にはそういったマネージャーの方々ともお付き合いをさせていただく機会が少なからずあった。彼らは担当するタレントをマネージメントする人であり、プロデューサーでもある。その役割と同様に、我々はこの選手をどうプロデュースしていけばいいのかをつねに考えている。どのように努力させたら伸びるのか、どのように起用したら輝くのか、そんなことしか考えていない。これって、芸能界のマネージメント業と似ている気がする。

　そういえばアメリカでは、監督のことをフィールドマネージャーと呼ぶ。球団経営の権限を持つのはゼネラルマネージャー、俗にいうGMであり、フィールドマネージャーの権限は文字通りフィールド内に限られる。簡単に言えば、GMの決めた方針に沿ってチームを運営し、試合における選手起用や勝敗に関する責任を負う立場ということだ。

いずれにしても、実態は指導者とは程遠い。僕のような人間が、自分を指導者と思った瞬間に間違いが起こるんじゃないだろうか。自分を指導者と思えば、「こうしろ」などと言いたくなる。選手が明らかに間違った方向に向かっていると感じたときにはあえて言うようにしているが、監督というのは一番、「こうしろ」と言いやすい立場だからこそ、それは言ってはいけないと思っている。

「生きた統計」は監督しか知らない

札幌ドームの監督室に設置してある大きなホワイトボードには、そのときどきで大切にしたいと感じた言葉を書き留めている。それは自分自身へのメッセージと言ってもいい。1年目からずっとそうしている。

そのスペースに、2015年の今年、最初に書いたのはこの言葉だった。

「まず、隗より始めよ」

だんだん慣れてくると、人に何かを言いたくなる。そうではなくて、自分が変わらなきゃ、自分がやらなきゃ、自分がきちんとしなきゃと、今年はもう一度原点に立ち戻り、自分にそう言い聞かせるところから始まった。

これらの言葉はあくまでも自分自身に向けて記したものなので、出典に忠実ではないものもあるが、備忘録としてここに書き留めておく。

「至誠にて動かざるは未だ之あらざるなり」
「負けの99％は自滅である」

「見切りは予めルールを作っておかなければいけない」

「一をもってこれを貫く！」

「志は気魄と学問によって成り立つ！」

「できる人こそやってはいけない」

「血戦に向かい〝練習常善〟」

「球を打った者は何をおいても一塁まで向かって突進しなければならない」

「夢なき者に理想なし　理想なき者に計画なし　計画なき者に実行なし　実行なき者に成功なし　ゆえに夢なき者に成功なし」

「我が命、我が物と思わず……、死して屍拾うものなし」

　監督室というこの場所で今年もたくさん悩み、いくつもの決断をしてきた。

　やるかやめるか、それで言えば、やめるのは一番簡単な決断だ。難しいからやめよう、不安だからやめよう、そうしていればたしかにリスクは回避できるかもしれない。でも、決して前には進めない。だから、「やめるのは簡単だけどやれる努力をしよう」「困難な選択肢を選んで、無理してでもやれる形を作るのも我々の仕事なんだから」と、いつも自分に言い聞かせている。

　また、監督室は自分にとって平常心を確認する場所でもある。平常心を保つために心掛けていることはただひとつ、選手を信じるということだ。「こいつ、大丈夫かな？」と不安になることが平常心を失わせる。だから冷静な采配をするためにも、せめて自分だけは選手をとことん信じ抜く。結果、選手が前に進めばよし、結果が出ればなおよし。

　そんななか、監督という仕事についてある発見があった。それは、このプロ野球という世界で生きた統計が取れるのは監督だけ、ということだ。

　こんな性格で、こういう能力の選手に、こういった準備をさせて、こう使ったら、こうやって成功した、あるいは失敗した。

こんな状況で、こういった選択肢のなかから、これを選択したら、こういう結果になった。

　その結果というか、そこで起こった現象は誰にでも確認することができるが、肝心のなぜそうしたかという根拠の部分はそれを決めた監督にしか分からない。つまり、根拠と結果の因果関係を知り得るのはただひとり、監督だけということだ。よって、その結果を正しく検証できるのもまた監督のみということになる。

　もう少し分かりやすくいうと、どういう理由で決めたかはほかの人には分からないけれど、監督だけには分かっている。こういう理由でこうしてみたら結果はこうなった。これは良し、これはダメ、それがプレーごとに繰り返されているのだ。

　監督というのはそういう職業なのだ。ほかの誰も知り得ない統計を取らせてもらっている。だからこそ、それをチームや選手にフィードバックしなければいけない。

　それは監督の義務だ。

大切なのは気付かせてくれる存在

　野球を取材する立場から一転、取材される監督になった自分にとって「右腕」と呼べる存在だったのは１年目のヘッドコーチ、いま、バファローズ監督の福良淳一さんだ。

　福良さんのことはファイターズで一緒になる前からよく知っていたが、仕事をするのは初めてだったので、いざ一緒にやってみると意外だったことはいっぱいある。何よりも驚かされたのは、いい意味で表裏一体なところ。あの温厚そうな顔をしていて、イメージ通りの優しさと想像もできない怖さを併せ持っているところは本当にすごい。真の勝負師といった感じだ。

　福良さんは、それこそ何から何までやってくれていた。監督はきっとこう思ってるからこういうふうにしようとか、こういう準備をしておけば必ず監督は生かしてくれるはずだとか、いつも先回りし

て、知らないうちにみんな裏でやってくれていた。

　こちらは自分の好きなようにやっているつもりなんだけど、実は監督が好きなようにやりやすいよう、用意周到に整えてくれている。だから、基本的に「ノー」とは言わない。こちらの言うことに「イエス」と答えて、「イエス」になるような作業をする。あるいは、すでに準備している。

　いまになって感じることだが、ああいう人のことを「右腕」と呼ぶんだなとつくづく思う。

　ただ、ある日、試合中に「ノー」と言われたことがあった。外野手を前に出させる前進守備を指示した場面、「センターだけは定位置に下げてほしい」と伝えたら、「監督、それはダメです」と拒否された。絶対にダメというものは福良さんのなかにもあって、「センターだけを後ろに下げると選手たちを迷わせてしまう、それはダメ、どっちかにしましょう」と、それだけは譲らなかった。

　たしかに説得できるだけの根拠は持ち合わせていなかった。センターに飛ぶような予感がする、それはある意味、勘でしかない。それをやっていると、いつも中途半端な感じになって、いつかは監督の感覚だけでは成り立たなくなることが出てくる。前に出してイチかバチかの勝負をするか、それとも後ろに下げて安全策を取るか、それをはっきりさせないと形なんか作れない。勝負に両方取るなんてありえない。それがあのとき、福良さんがくれたメッセージだと受け取っている。そうか、やっぱり勝負事には表か裏か、○か×かしかないんだって。

　実は結果を言うと、僕の勘は正しかった。打球は前進守備のセンターの頭上を越えて、それが決勝点となった。監督の勘というのは意外と当たる。誰よりも一番勝ちたいと思っているから、第六感みたいなものが働きやすいのかもしれない。

　ただ、それではダメだということもよく分かった。

　結果ではなくプロセス、的中率の高い勘よりもみんなを納得させ

られる根拠が、組織を動かしていくためには重要だということを学ばせてもらった。

ともに優勝を味わった翌年、福良さんはライバルチームに移った。プロ野球の世界ではよくあることだ。

その年のファイターズはなかなか波に乗れず、低迷を続けていた。そんななか、福良さんのいるバファローズ戦で久しぶりに自分らしい采配で勝ったとき、彼からメールが届いた。そこには短く、「久しぶりに監督らしかったですね」と書かれていた。そのとき、ふと我に返り、「最近、勝ちたくて大事になりすぎていたな」と反省した。きっと「右腕」って、気付かせてくれる人のことを言うのだ。

理論は実績をもしのぐ

2015年シーズンをともに戦ったコーチのことにも触れておきたい。

まずは、厚澤和幸投手コーチ（来シーズンからベンチコーチ）。彼には投手陣の管理から育成まで全般を任せてきたが、特に頼りにしているのはピッチャー交代に関する的確な判断だ。身内のことをあまり褒め過ぎるのはどうかと思うが、彼はその道の天才だと思っている。

ピッチャー交代は本当に難しい。投手出身の監督は感じ方が少し違うのかもしれないが、野手出身の自分にとってはそれが最も難しい仕事だと断言できる。キャスター時代に考えていたよりも、数倍、数十倍考えなければならないことが多く、それを考えているとほかのことにまったく意識がいかなくなってしまう。

シーズン中は負けたら反省、勝っても反省という日々を送っているが、夜、改めて試合を振り返っていて眠れなくなるのは、必ずピッチャー交代のことだ。ヒットエンドランが失敗しようが、ここ一番で送った代打が打てなかろうが、攻撃に関することで眠れなくなることはまずない。いつもどこか開き直っていて、「なんであそこで打たないんだよ！」くらいな感じだ。

だが、それがピッチャー交代のことになると、まずは「あそこで代えたから負けた」「代えなかったから負けた」という後悔の念に駆られ、「もし違う選択をしていたらどうだったのか」というひとり検討会が始まり、最後は「本当にごめん。みんな、ごめんなさい」と、どうしようもなく申し訳ない気持ちが溢れてくる。気が付いたら外が明るくなっていた、なんてこともしょっちゅうだ。慣れない１年目などは本当にどう気持ちの整理をしようとしてもダメだった。どうやったら忘れられるのかが分からない、そんな毎日だった。チームを負けさせてしまうというあの重圧は、ピッチャー交代をやったことがある人にしか分からないだろう。

　それが最近いくぶんマシになったのは、厚澤コーチがいつも的確に選択肢を与えてくれるからだ。ピッチャー交代が難しい場面になればなるほど、彼が選択肢をくれるという安心感は大きい。そこに全幅の信頼を寄せているからこそ、試合に入り込んで集中することができる。それがなければプレイボールの瞬間からずっとピッチャー交代のことばかりが気になってしまい、「攻撃のほうは適当にやっておいて」と、そんないい加減な調子になりかねない。決して大げさじゃなく、それくらいピッチャー交代は難しいのだ。

　準備という点では、同点になったらこのピッチャーとか、逆転したらこのピッチャーとか、あらかじめいくつか基準を決めておくことが重要だ。それも厚澤コーチから教わった。きっと彼も投手コーチの経験を積みながら、そういったことを学んでいったんだと思う。

　彼のキャリアは、僕に似ているところがある。国士舘大学からドラフト２位でファイターズに入団し、1995年から2003年まで９年間プレーをした。通算成績は42試合に登板して０勝４敗。ファームでは1997年と1999年に２度、イースタンリーグの最多勝に輝き、2002年にはノーヒットノーランを達成するなど活躍したが、一軍では未勝利のまま現役生活を終えている。

　その後、二軍の投手コーチを３年間務め、2007年から一軍に異動。

途中、スコアラーも経験し、2013年に再び一軍の投手コーチとなった。僕のように現役時代これといった実績もなく、しかも現場未経験の者が監督となるのは非常に稀だが、厚澤コーチのようにプロ未勝利で投手コーチになるケースも珍しい。ファイターズのフロントには、それをさせる何かしらの根拠があるのだろう。

「名選手、名指導者にあらず」という言葉もあるが、それにしても投手陣を預かる厚澤コーチの苦労は相当なものだったはずだ。未勝利のコンプレックスもなかったと言えば嘘になるだろう。だが、それをバネにして、彼は誰にも負けない理論と方法論を身に付けていった。

　名投手が感覚的に理解していることを、それが得られなかった彼はすべて理論に落とし込んでいった。そこに落とし込まなければ、指導できないからだ。だからこそ、彼の判断には根拠がある。ゆえに信頼できるのだ。

　ピッチャーの交代のタイミングを見極めるとき、厚澤コーチは主にある特定の球種の球筋を判断材料にするという。ある者はストレートが上ずりだしたらそろそろ厳しい、ある者はこの変化球がワンバウンドし出したら限界が近いなど、一人ひとりのピッチャーにそれぞれの基準をもっている。それらを材料にしてここで交代と判断したら、「監督、お願いします」ときっぱり言ってくる。まだ少し迷いがあるときは「監督、こうしたいんですけど」と相談してくる。この信頼関係が、いまは理想的だと思っている。

最も高い確率の選択肢は、突き詰めた思考が生む

　中島卓也がファウルを打つコツ、いわゆる超広角打法の感覚を覚え始めた頃、白井一幸コーチには「ミーティングでしつこいくらい褒めてやってほしい」とお願いしていた。それでいいんだ、ということを中島に感じてもらうためだ。

　そういった選手へのメッセージを伝えてもらうときは、白井コー

チに頼むことが多い。彼の2015年シーズンの肩書きは「内野守備走塁コーチ兼作戦担当」で、作戦に関するものの考え方を選手たちに深く理解してもらうため、ミーティングはひんぱんに行っている。いつも厳しく、たまに優しく、毎日ガッツンガッツンやってくれているはずだ。

　夏場まで長いスランプに苦しんでいたレアードと、しっかりコミュニケーションを取っていてくれたのも白井コーチだった。もちろん厳しいことも言うが、そこはアメとムチの要領だ。新外国人選手には慣れない環境に慣れてもらうためにも、まずは日本のことを知ってもらわなければならない。そこでなんとか日本を好きになってもらおうと、気分転換の意味も含めて寿司屋に連れて行ってくれたそうだ。それがきっかけで大の寿司好きになったレアードが、ホームランを打ったときにやるようになったのが、札幌ドームでは有名なあの寿司を握るポーズだ。

　ベンチからの指示を受け、選手たちにサインを送るのは三塁コーチャーズボックスに立つ白井コーチの役目だが、あるとき、打席のレアードに寿司を握るポーズという斬新なサインを送っていたのには笑った。すなわち、「ホームランを打て」という無茶なサインだ。実際、レアードはその次の球をホームランにしたことがあり、なんというふたりかと呆れるやら驚くやら……（笑）。

　彼とは同学年で、思えば長い付き合いになる。彼は駒澤大時代、大学日本代表のキャプテンも務めた野球エリートで、ドラフト1位でファイターズに入団すると、ルーキーイヤーの開幕戦に先発出場し、いきなり初打席初ヒットを記録するなど輝きを放っていた。その後、プロ13年目にオリックス・ブルーウェーブ（現バファローズ）に移籍し、35歳で引退したのち、ファイターズの球団職員としてニューヨーク・ヤンキースにコーチ留学するなど、日本の野球とアメリカのベースボール、どちらにも精通しているのはその貴重な経験があってこそだ。

レアードとのエピソードからも分かるように人間味あふれる白井コーチだが、球界屈指の理論派でもある。野球のことは、彼に聞けばたいがい答えてくれる。「ボールは体の正面で捕りなさいって言われるけど、体の正面ってどこですか?」と質問されたとき、「体の正面はグローブを持っている、ここ。(右利きであれば、グローブをはめている左手の位置)ここにボールを置いたら、捕りながらスローイングに行ける」と即答していた。この答え、聞けばそうかと納得するが、意外とみんな体の正面が分かっていない。そういう、分かりそうで分からないことまで彼は勉強している。本当にプライドをもって野球漬けの人生を送ってきたんだと思う。ほぼ同じ年月を生きてきたのに、この差はいったいなんなんだろうと自分を恥じたくなるほど、彼は突き詰めて野球を考えている。

そんな白井コーチだから、作戦でもなんでも彼に相談すると、すぐさま最も確率の高い選択肢を提示してくれる。確率的に言えば間違いなくこれ、と自信をもって示してくれる。あとはその確率にかけるか、確率を超越した何か別の要素にかけるか、それを自分が決めるだけだ。

コーチには「自分を説得してくれ」と言う

コーチにはいつも自分を説得してほしいと思っている。「こうやらせろ」と説得してほしい。コーチが意欲をもって監督を説得する、そういう組織になったら確実に前に進める。

前に進んでいるのかどうか。

これが自分にとっては最大のテーマと言ってもいい。それに取り組んだら選手は前に進むのか。それができるようになったらチームは前に進むのか。前に進むんだったら何をやってもいい。前に進まないんだったらやる意味はない。これが口グセだ。

負けてもいい。でも、後退はしたくない。最初から最後までずっと負けないチームなんて存在しないわけで、チームにとって大事な

のはその負けが前に進むために生かされているかどうかなのだ。

2012年に優勝したときのチームと比べて、思ったようには進んでないけど、どうにか最低限のところまではきているように思う。

今年は140試合目から4連敗を喫し、80勝にあとひとつ届かず、貯金17という数字でレギュラーシーズンを終えた。優勝した年が貯金15だったので、それを2つ上回る成績ということになる。貯金2つ分、前に進んだ。少なくともこの若いチームで貯金20を狙えるところまで来たということは、一応、形にはなってきたのかなと思う。たぶんチーム作りは間違っていない。

ただ、優勝したホークスは実に41もの貯金があった。ファイターズとの差は24、もっともっと前に進まなければ、ライバルとの差は縮まらない。

任せないと必死に考えてくれない

監督1年目に優勝した。2年目に最下位になった。そのてっぺんからどん底まで落ちた要因には、自分自身のことも挙げられる。

新人の年は必死にやろうとしていたけれど、あまりにも分からないことが多過ぎて、結局はコーチたちに頼らざるを得ない状況だった。監督はお飾りみたいなもので、経験豊富なコーチの言うことに「そうしてください」とゴーサインを出すばかりだった。

それが2年目になると、少しばかり周囲のことも見えるようになってきて、すべてを自分でやろうとした。コーチングスタッフが大幅に入れ替わり、未経験のコーチが増えたことも、気負いに結びついたのかもしれない。ピッチャー交代から守備位置の指示まで全部やろうとしていた。それでも自分としてはなんとかこなしているつもりだったが、きっと試合の展開に追いついてなくて、ことごとく判断が遅れていたんだと思う。野球というスポーツは、そういった指示のわずかな遅れが致命傷になるケースも少なくない。それで落としたゲームもひとつやふたつじゃなかったはずだ。

実は取材者の立場だったキャスター時代には、全部監督がやっているものだと思っていた。長嶋茂雄さんも、野村克也さんも、星野仙一さんも、みんな自分でやっているように見えていたし、落合博満さんは「ピッチャーのことは分からないので、すべて投手コーチに任せている」と公言していたが、それは例外だとばかり思っていた。

　ところが、いざ自分がやってみると、一球一球戦況が変わっていく目まぐるしい展開の連続に、毎日「差し込まれる」ような感覚を覚えていた。「差し込まれる」という表現では伝わりにくいかもしれないが、要するに間に合わない。「監督、どうしますか？」「えっ、ちょっと待って」みたいな感じで、ずっと時間に追い立てられている感じがする。

　この程度の能力しかない監督は、考えること、選ぶこと、決めること、そういった項目をできるだけ少なくしなければチームは勝てない。あの頃はそれが分かっていなかったから、自分で言うのもなんだが、残念なことになってしまったわけだ。

　最近、チーフマネージャーと当時の話になって、こう言われた。「あのときはそもそも無理でしたね。監督、ひとりで全部やろうとして。そりゃ、無理だわ」って。こっちからしたら、いまさら言うなって感じだけど（苦笑）。

　1年目は自分で考えなきゃと思っていたが、余裕がなくてそれができなかった。2年目は自分ひとりで考えるようにしてみたが、そしたらチームは最下位になった。3年目はひとりで考えることに疑問を持ちつつも、もう1年やってみた。そこでようやく分かった。やっぱり任せるべきなんだって。たったそれだけのことに気付くのに3年もかかった。自戒の念を込めていうが、やっぱり人にはどこかに驕りがあるんだと思う。

　そんな経験を経て、いまはピッチャー交代であれば厚澤コーチに、守備位置であれば白井コーチに、といった具合にほとんど任せてい

る。勝負ところと踏んだ場面で、珍しく意見が割れたときなどは「悪いけど、こうさせてくれ」と押し切ることはあるが、それもそうめったにあることではない。

そして、「任せないと、人は必死に考えてくれない」ということもよく分かった。

ここ一番というところ以外は口を出さない、そう決めて我慢する。そうやって任せていると、本当にみんなが一所懸命考えてくれるようになる。どうせ監督が決めるんだから、と思っていたらなかなかそうはならないが、自分のせいで負けるかもしれないと思うからこそ必死になる。人間ってそんなものだと思う。

コーチが「ピッチャーを代えましょう」と言った。代えたピッチャーが打たれて負けた。

コーチが「守備位置をこうしましょう」と言った。変えた守備位置が裏目に出て負けた。

その結果はコーチの責任ではない。それで行こうと決めたのは、監督なんだから。

でも、それを提案してくれたコーチは、きっと自分のせいで負けたというくらい重く受け止めているはずだ。結果に対してそう感じるほどに必死に考えてくれることがチームとしては大切なのだ。

自分に合ったヒントをもらったとき、人は変わる

そうやって突き詰めて考えていくと、よく言われるコーチングの鉄則にふと疑問を抱くようになった。「人には褒められて伸びるタイプと、怒られて伸びるタイプがいる」というやつだ。あれには最近、大いに疑問を持っている。

一人ひとり置かれている状況によって、ときには褒めたり、ときには怒ったりしないとダメで、結局どちらも必要なんだと思う。

全体的な印象で言うと、最近の若者は結果が出ていないときにあまり怒られるとダメになる傾向が強いかもしれない。どうせ怒るな

ら、結果が出てからにしたほうがいい。

　それから、選手への技術指導に関しても、常々思っていることがある。

　こう言うと誤解を招くかもしれないが、選手は指導によって伸びるのではなく、自分でうまくなるんだと思う。一流になる選手は、自分に必要なものとそうじゃないものを的確に見分けている。そして腑に落ちないものは捨て、必要なものだけを取り入れてうまくなる。彼らは賢い。

「選手にとっていい監督とは、自分を使ってくれる監督」という言葉があるが、それにならっていえば、「選手にとっていいコーチとは、自分に合ったヒントをくれるコーチ」なのかもしれない。自分に合ったヒントをもらったとき、選手は変わる。

教えるのではなく、気付ける選手を作る

　中島卓也はファウルを打つコツを覚えて、大きく成長した。このファウルを打つ技術は自分なりに理解しているつもりだが、第三者にそれを伝えようと思うと、論理立てて説明するのはなかなか難しい。

　ファイターズでは、バッターは2ストライクに追い込まれたら、最低限できることを精いっぱいやってチームに貢献する、具体的にはそこからなんとか粘って相手ピッチャーに少しでもダメージを与える、その意識付けを徹底させている。2ストライクアプローチという考え方だ。追い込まれたらヒットを打つことだけを考えていてはダメ。その可能性を高めるためにも厳しいボールはファウルにして粘ることが求められる。ファウルを打っているうちに、いつかヒットを打てるような球がくるから。

　しかも最近は大きく変化するのではなく、バッターの近くにきて小さく動くボールが増えているので、なおさらバットの芯で捉えるのは難しくなっている。だからこそのファウル打ちだ。

しかし、そうしなさいと言われて、はいそうですかと簡単にできるものではなく、現実は苦戦している選手も多い。できるのは田中賢、中島、近藤といった実際に数字を残している選手で、2ストライクアプローチが打率にも直結することを物語っている。逆にそれができない選手は、追い込まれてからボールに飛びつくようなスイングで三振するケースが目に付く。

そんななか、シーズン中にあるテレビ番組を観ていて、ハッとさせられた。キャスター時代、僕も出演させてもらっていた「GET SPORTS」（テレビ朝日）という番組で、現役時代、2000本安打を達成した元ヤクルトスワローズの古田敦也さんが独自の打撃理論を解説していた。その理論が、そのままファウル打ちの極意にもつながる内容だったのだ。

簡潔にまとめると、以下のようになる。一般的にボールを捉えるヒッティングポイントというのは、内角球だとやや前め（ピッチャー寄り）、外角球だとやや後ろめ（キャッチャー寄り）といったようにコースによって少しずつ変わってくる。それをすべて真ん中のボールを打つときのポイントと同じ位置で捉えることができたら、スイングを始めるタイミングはいつも一緒でよくなるので確率は上がる、というものだ。

ファウルを打つコツもそれとまったく同じ理屈で、バットに当たる確率が上がるということは、ファウルになる確率も上がるということになる。しかも、内角球はバットの根っこでやや窮屈に、外角球はバットの先っぽでやや早めに捉えにいくことになるので、それもファウルになりやすい要因のひとつだ。ああ、こうやって練習すればいいんだ、というヒントをもらった気がした。

それにしても、さすが古田さんだと思った。自分で実践できるだけでなく、他者にも分かりやすく伝えることができる。しかも、それは誰かに教えられたものではない。あるとき、ふとした瞬間に自分自身で気付いたものなのだ。そこが肝心だ。

野球を教えていてはダメだ。教えていてもキリがない。ただ、自分で気付ける人を作るというのはアプローチがまったく異なるので、もっと幅を広げてあげられるかもしれない。それがいまの仕事だ。もし我々に選手が作れるならば、徹底的に教えこんで技術が上達した選手よりも、古田さんのように自分で気付ける選手、感じられる選手を作っていかなければならない。

トップの仕事とは人に任せること

「任せる」ということは、ある意味、ファイターズの伝統なのかもしれない。

球団の創設者である初代オーナー、大社義規さんは誰よりも野球を愛するオーナーとして有名で、自ら足繁く球場に通っていただけでなく、まだ携帯電話やインターネットがなかった時代、毎試合、球場に本社職員を派遣させ、試合経過を電話で報告させていたという。また、監督やコーチ、選手たちのことは全員を家族のように思い、毎年、元日にはみんなを家に招いていたそうだ。

オーナーは何事も一番でなければ気がすまない性分だったそうで、そう聞くと、さぞかし現場にも口を出す人だったのだろうと思われがちだが、実は「金は出すが、口は出さない」という主義でチームのことはすべて現場に任せ、いっさい口を挟まなかったという。ただ心から野球を愛し、本当にチームの優勝を楽しみにしていた人だったそうだ。まさに「ファイターズをつくった男」と呼ぶにふさわしい人である。

熱心なファンの方はご存じかと思うが、ファイターズにはひとつだけ永久欠番がある。初代オーナーの100番だ。それは1981年の初優勝の際、胴上げのときにオーナーが着ていたユニフォームの背番号で、亡くなられたのち、球団がそれを永久欠番とした。

今年（2015年）は初代オーナーの生誕100周年にあたる年、何としても墓前に日本一の報告を届けたかったのだが……。

その初代のあとを継いだのが、義規さんの甥で養子でもある大社
啓二さん（現オーナー代行）だ。あれほど野球を、そしてファイターズというチームを愛し尽くした人のあとを継ぐのは、本当に大きなプレッシャーだったそうだ。先代がこれほど大切にしてきたものは絶対に守らなければならない、それは人生をかけた仕事だと思ったという。

　大社オーナー代行とは一緒に食事をさせてもらう機会もあるが、すべて現場に任せるという初代の考えをそのまま受け継がれていて、僕がチームのことで何かを言われたことはない。というより、そもそも野球の話はほとんどしない。よもやま話をしながら、いろんなことを学ばせてもらっている。

　そんな大社オーナー代行から、あるとき小さな新聞記事のコピーを受け取った。そこにはサッカーの名門クラブ、イングランドのマンチェスター・ユナイテッドを長年率いたアレックス・ファーガソン元監督のことが書かれていた。要約すると、「それまで全部自分で指示していたものを、コーチに任せて一回引くようにしたら、それによっていろんなものが見え出した」という内容だった。なるほどなぁ、と思った。

　その記事を送ってもらったのは、たしか監督3年目に入る頃だった。必死になるのはいいが、あまり入り込み過ぎると見えないものがある、そんなことを教えてもらった気がして、それがコーチに任せてみようと考えるきっかけとなった。

　いかにトップは人に任せなければいけないか。それができている球団という意味では、おそらく世界のプロスポーツ界を見渡しても、ファイターズは奇跡的な例なのだと思う。任せたその先に、チームの未来はある。

判断基準は「能力」ではなく「愛」

　ユニフォームを着ている者だけがチームの一員ではない。球団は

ユニフォームを着ていないたくさんの裏方さんたちによって支えられている。

岩本賢一という球団スタッフがいる。いまの肩書きは、チーム統括本部副本部長だ。

彼との出会いはアメリカで、キャスター時代にニューヨーク・メッツを取材したとき、そこで活躍していた小宮山悟さんに「僕の通訳なんですけど、こいつ将来、絶対日本の野球を変えますから」と紹介されたのが岩本賢ちゃんだった。

北海道の旭川出身の彼は、2002年、ファイターズの北海道移転が発表されると、いても立ってもいられず球団に履歴書を送り、その熱意が通じたのかヒルマン新監督の専任通訳となった。それからヒルマン監督退任後も広報兼通訳として活躍し、現在に至る。

この岩本賢ちゃん、旭川に行けば球場の名前にもなっているスタルヒン（1934年から1955年まで活躍した投手）の像にパンと牛乳を供え、函館に行ったらそのスタルヒンとバッテリーを組んだ伝説のキャッチャー、久慈次郎さんのお墓参りに足を運ぶ。一回ならともかく、スタルヒン像のパンと牛乳などは、旭川滞在中、毎日供えられている。365日、野球への感謝に始まり、感謝に終わる、まさにそんな男なのだ。

僕も野球は相当好きなほうだけど、彼はきっとその何倍も好きだ。断言してもいい。

札幌ドームでナイターが行われる日、岩本賢ちゃんは、どうやら朝7時半に球場に来ているらしい。デイゲームではなく、夕方6時プレイボールの日に、である。いくらやることはたくさんあるといっても、毎朝7時半出勤はすごい。食事はお蕎麦をほんの10秒程度でたいらげる。なんでそんなに早食いなのか、呆れるほどに早い。要するに、彼は仕事がしたいのだ。

そして、もちろん試合後もすぐに帰れるわけではない。むしろ、最後まで球場に残っている人の部類に入る。おそらく彼は日本一長

時間球場にいるフロントの人間だと思う。

　ファイターズが一緒に仕事をしてくれる人を選ぶとき、その判断基準はどれだけ野球を愛しているか、そこに尽きる。これは極端な言い方になるが、本当に野球を愛しているんだったら仕事ができなくてもいい。本当に野球が好きだったら、野球のことは必死に考える。そうすれば必ず解決の糸口は見つかるはずだ。だから能力のあるないなんてどうでもよくて、野球を愛してくれてさえいれば大丈夫、と考える。実際のスタッフはみんな仕事をさせてもとても優秀な人たちばかりだけれど。

　このチームには、ほかにもそんなスタッフがたくさんいる。彼らのような人たちと一緒に野球ができるということが、何よりも幸せである。

人はたいてい「態度」しかみていない

　岩本賢ちゃんは、大学時代、旭川市内のクレイジースパイスというカレー屋さんでアルバイトをしていた。その彼の後輩というべきか、同じ店で4年間、住み込みのアルバイトをしながらトレーニングと勉学に励み、その後2年間、BCリーグ（独立リーグ）の石川ミリオンスターズでプレー、今年から一軍用具担当としてファイターズの一員となったのが枳穀涼介だ。

　2月の沖縄・名護キャンプのとき、枳穀を食事に誘った。遠慮がちなタイプに見えたので、なんの気なしに「遠慮なく食えよ」と言ったら、彼は「うっす」と応えて黙々と食べていた。翌朝、真っ青な顔をしている彼を見かけて、心配したチーフマネージャーが声を掛けたら、どうやらひと晩中吐いていたらしい。「すみません、実は生モノ食べられないんです。でも、監督の前だし絶対に食べなきゃと思って……」って、まさかそんなことになっているとは思わなかった。

　本当に生真面目な性格で、キャンプ中は準備のために毎朝3時半

起きだったそうだが、シーズンが始まってからの出勤時間を聞いて
さらに驚かされた。枳穀にとって、年齢は離れているものの同じカ
レー屋でアルバイトしていた岩本賢ちゃんは絶対的な存在で、先輩
より遅くなるわけにはいかないと、札幌ドームには必ず朝7時半の
前には到着しているそうだ。寝る時間はあるのか、心配になる。

　そんな枳穀が、シーズン中に一度だけ遅刻したことがある。神戸
から札幌に移動してのナイターが予定されていた日、我々は午前10
時半の飛行機でも間に合うが、スタッフは先に戻って準備をしなけ
ればならないため、朝イチの便で飛ぶ。彼はその集合時間に遅れた
ようだ。

　どうにか予定通りの飛行機には乗れたので、中には遅刻したこと
に気付いていないスタッフもいたようだが、それでも枳穀は全員に
「僕、遅刻しました」と謝って回ったらしい。気付かれてないなら
そのまま済ませてしまおうと考えてもよさそうなものだが、彼は自
分のミスを隠さなかった。

　そういう素直さが、人を信用させる要因なんだと思う。こいつの
ためだったら、なんでもやってやろうと思わせる。

　プロ野球の現場でも、なんだかんだいって一番困るのは隠される
こと。早く言っておいてくれれば打つ手はあったのに、隠されてい
たばっかりに手遅れになることもある。できれば隠したいミスも、
そのときに「すみません」と言ってくれたら、なんとでもなるのに。

　結局のところ、枳穀のような潔い態度をとれる者、そういう人間
性の持ち主しか、最後の最後は信用されない。周りが人の何を見て
いるかといったら、そういうところしか見ていなかったりするもの
だ。

「志」をともにする仲間にこそ救われる

　球団スタッフのなかには、「監督付」を任命されている男もいる。
チーフマネージャーの岸七百樹だ。彼はチーム全体の動きに目を配

り、マネージメントの手腕を発揮しながら、そのなかで監督が仕事をしやすいよう、つねに先回りをしてあらゆる環境を整えてくれている。彼とはお互いの思いや考えを共有する機会も多く、最大の理解者のひとりでもある。まさしくいまの自分にとっては、なくてはならない存在だ。

　選手が監督と個別に話をしたいと思ったとき、ほとんどの場合は岸を通じて打診がある。その手前で彼自身が若い選手の話を聞いてやり、相談相手となることもあるらしい。また、気掛かりなことがあれば自ら積極的に選手とコミュニケーションを取り、ときに優しく、ときに厳しく、対等な立場で意見を述べることもする。選手と彼との間にも、特有で、絶妙な距離感というものがあるようだ。そういった点においても、チームにとっては余人をもって代えがたい存在といえる。

　そんな岸から、忘れられないメールが送られてきたことがある。翌朝の出発時間を確認するいつもの内容に続けて、そこには珍しく個人的なメッセージが添えられていた。実はその数日前、どうしても腑に落ちないことがあり、僕は現場でも口を閉ざしがちだった。その様子を察し、彼なりのストレートな思いを伝えてきたのだ。それはチーム愛に溢れた、涙が出るほどありがたく、勇気付けられるメッセージだった。

　そしてそのなかには、まさにファイターズの一員にふさわしい力強い言葉があった。

　「必ず世界一の球団にしたいです。そのためには何でもします」

　そこにはやはり、何よりも大切な「志」があった。

「監督とコーチ」は「小学校」である

　ここには到底書ききれないが、ほかにもたくさんの愛情に溢れたスタッフや、優秀なコーチたちがいて、ファイターズはチームとして戦うことができている。

その組織の在り方やそれぞれの役割について改めて考えてみると、イメージに最も近いのは小学校におけるクラスの係活動ではないだろうか。多くの人が経験していると思われる、生き物係とか図書係とか、あの係活動だ。そのなかで自分が担当しているのは「決める係」。実際、全国の小学校にそんな係があるかどうかはともかく、プロ野球の監督の仕事は最後に「決める係」なのだ。

　監督はチームを勝たせるのが仕事だ。そのためにはどうすればいいか、とにもかくにも決断する。試合中、いったい何回「決める」ことを繰り返しているだろうか。

　それでいうと、コーチの担当はいろんな言い方ができる。「野球を教えてあげる係」「野球をうまくしてあげる係」「結果を出しやすくしてあげる係」などなど。もちろんメンタル面も含めてではあるが、特に技術的な要素が強いのがコーチといえるだろう。ある意味、彼らは技術者だ。例えば、内野守備走塁コーチであれば、内野手の守備と走塁をうまくさせてやってください、「内野守備係」と「走塁係」でお願いします。投手コーチであれば、ピッチャーが結果を出せるよう面倒を見てやってください、「投手係」でお願いします。万事がそういった具合だ。

　どの球団にも言えることだが、コーチには野球指導のスペシャリストが集まっている。ファイターズの陣容も、12球団ナンバーワンと言っても過言ではない優秀な顔ぶれだ。そんな能力のある人たちに集まってもらっているわけだから、監督は彼らがその能力を一番発揮しやすい環境を作ることに専念すればいい。ただ、それだけだ。

　実を言うと、はじめの頃は自分も選手に何かを教えなければならないのではないかという気負いのようなものがあった。だが、優勝を経験して、最下位を経験して、本当にいろんなこと経験させてもらって、あぁ、本当に自分は「決める係」なんだと、そう感じていまに至っている。

第3章：監督はプレイヤーとどう距離をとるのか

　選手たちとの距離感というのは微妙なもので、近すぎてもダメ、遠すぎてもダメ、これがなかなか難しい。

　自分の場合、根が人好きだからか、無意識にしているとつい近づいていく傾向にあるので、基本的にはあえて距離を置くよう心掛けている。いざというとき、緊張感を与えられる存在であるには、選手たちのなかで監督というものが軽くなりすぎてはいけない。ここ一番、本当に叱らなければならないとき、厳しいことを伝えなければならないときに、普段から距離が近すぎると効き目がなくなってしまう。本来、そういうことはあまり得意なほうではないのだが、苦手だからこそやらなきゃいけないと思っている。

　ところが、長い選手とはもう4年の付き合いになるわけで、自然と慣れが出てきて、お互いの距離も以前より縮まってしまっているのが現実だ。

　そこで、いままで通りの距離を保つために、さらに半歩下がる。この半歩分で、ちょうどいい距離が保てる。

　こういったことも含めて、すべては選手にベストパフォーマンスを発揮してもらうため。そのためなら、なんでもできる。

天下を取るためにどういう生活をしなければいけないか
〜大谷翔平〜

　選手とは、日頃からある一定の距離を保つよう心がけているが、ひと言ふた言、こちらから声をかけることも珍しくはない。といっても、たいていの場合、あいさつの延長線上のどうってことないやり取りだが。

　でも、中にはふらっと近寄っていくと、それを敏感に察知して遠

ざかっていく選手もいる。大谷翔平だ。

　大谷の一挙一動には、いつも周囲の視線が注がれている。だから監督と会話している姿を目撃されると、必ずあとでそのことを記者に質問されるのだろう。それが面倒なのか、あるいは単に僕のことが苦手なのか、いずれにしても人前ではよっぽど話しかけられたくないと見えて、彼だけはいつも決まって逃げていく（笑）。

　だからというわけじゃないが、「普段の大谷選手ってどんな感じですか？」と質問されても、正直、よく分からない。今年９月にお笑いコンビのナインティナインが司会のスポーツ特番が放送され、そのなかで大谷が取材を受けていた。コンビニで売っているクレープが大好きという意外な一面などが紹介されていたが、僕も「へぇ、そうなんだ」と驚かされることがたくさんあった。

　意外に思われるかもしれないが、本当のことを言えば僕にも大谷翔平という男の本質は見えていない。もしかしたら、ファイターズの選手のなかでも一番分かりにくいタイプかもしれない。

　ファンの皆さんに愛されるあの屈託のない笑顔も、マウンドやバッターボックスで見せる負けん気の強さも、もちろんみんな大谷翔平の一部なんだけど、じゃあ本当の彼がどういう人なのかと言われると……。全部大谷なんだけど、全部大谷じゃない。

　なぜ、それが分かりにくいのか。実は彼自身も、まだ本当の自分のことが分かってないんじゃないだろうか。いわゆる「演じている」というのとは少しニュアンスは違うが、きっと本人にも、自分は大谷翔平でいなきゃならない、苦しいけどみんなが喜んでくれるんだったら、それを絶対にやってやるんだ、という強い気持ちがどこかにあるんじゃないだろうか。そのために、ただがむしゃらに感じたことをやっているだけなんじゃないかって。

　このことは、いつかぜひ本人に尋ねてみたい。僕がユニフォームを脱いだあとに、いつの日か必ず。

　ただ、これだけは言える。「本当に誰も歩いたことのない道を歩

きたい」という彼の言葉は、紛れもなく大谷翔平の本質を示す真実の言葉であり、これからも堂々とその道を歩いてゆくに違いない。こっちはこっちで、そのために全力を尽くすだけだ。

　ところで、若い西川遥輝や中島卓也を使いはじめるとき、これだけは約束してほしいとお願いした。
「最後まで一塁に全力疾走してくれ。もう、それだけでいい」
　一方、大谷翔平にはいきなりこう言った。
「天下を取れ」
　もちろん天下なんて、そうやすやすと取れるものじゃない。だからこそ、天下を取るためにはどういう生活をしなきゃいけないのか、どういう練習をしなきゃいけないのか、それを必死に考えてほしかった。それを考えたら、若いときに遊び歩いている暇なんてないだろって、そういう意味で。
　当時はまだ18歳だったけれど、「責任があるんだ」という話もした。自分の好きなことをやらせてもらうからには、責任も果たさなきゃいけない。夜、食事で外出するときは、必ずメールで報告するように約束させたのも、管理しようということではなく自覚を促すためだった。当時、その言葉をどう受け止めたかは分からないけど、彼はそういうことに気付く男だから。
　大谷と交わした約束は、彼との約束というよりも、むしろ自分との約束だったのかもしれない。「責任があるんだ」という言葉は、そのままこちらに返ってくる。いろんな夢があるなかで、絶対にまずはファイターズでやるべきだと信じていたし、そうさせたわけだから、本当にファイターズに来てよかったと言わせないと、それは嘘をついたことになる。
　これは記者にも内緒にしてきたことだが、今年、先発の大谷が崩れ、試合を落とした日の夜、彼からある意思表示があった。悔しくて悔しくて、どうにも我慢できなかったんだろう。「もしチャンス

がもらえるなら、明日も使ってほしい」と。二刀流で勝負している大谷だが、それを続けていくためにも登板した翌日は完全休養日と決めている。それはチームの決め事であり、当然、本人も認識していることだ。それが分かっていながら、ピッチャーとしてやられた分、明日、すぐにでもバッターとしてやり返したい、チームに貢献したい、という気持ちの表れだった。気持ちは分かるが、それはできない。理由は、チームの約束事だからというだけではない。

　今年の前半戦、指名打者としてスタメン出場した際の成績は思いのほか振るわなかった。それはそれで正当に評価しなくてはいけない。そして、何よりも天下を取らせるために、いま、彼には我慢を経験させられる最後のチャンスだと思っている。大谷翔平だから、出たいときに試合に出られるとは思わせたくない。自分の思った通りにすべてはならないということを伝えておかなければいけない。

　いつかこちらが頭を下げて、投げた次の日に「出てくれ」と頼む日がくるかもしれないが、いまはまだその時期じゃないと判断した。

　監督にとってもちろん勝ち負けは重要だ。しかし、選手のことを思えばこそ、ときには優先順位を入れ替えてでもしなければならないことはある。

気付ける。考えられる。周囲が見られる。
～田中賢介～

　監督・栗山英樹の初采配となった2012年、ライオンズとの開幕戦、メンバー表の一番上に名前を書き込んだのはチームのキャプテン、1番セカンド・田中賢介の名前だった。

　初回、その田中賢介が選んだフォアボールがきっかけとなり、ファイターズは幸先良く3点を先制、それが会心の開幕戦勝利につながった。

　さらに翌日、2対3の1点ビハインドで迎えた9回裏、同点に追

いつき、なおも1アウト1、3塁という場面で、田中賢が劇的なサヨナラタイムリーヒットを放ち、チームは2連勝を飾る。不安でいっぱいだった新人監督の目に、背番号3がどれほど頼もしく映ったことか。

　その年のオフ、海外FA権を行使して念願のアメリカに渡った賢介は、サンフランシスコ・ジャイアンツなどで2年間プレーしたのち、日本球界復帰を決意し、古巣であるファイターズに戻ってきてくれた。

　昨シーズン限りで稲葉篤紀、金子誠という、長年チームを牽引し続けてきてくれたふたりが引退し、より一層若返ったチームにとって、プロ16年目を迎えるベテランの加入は大きかった。しかも、ブランクがあるとはいえ、誰よりもファイターズのことを知り尽くした男である。

　結果的に、彼の復帰なくして、今シーズンの成績はありえなかったといって差し支えないだろう。

　この田中賢介という選手からは、たくさんのことを学ばせてもらった。そして、いまなお学び続けている。監督が選手から学ぶ、というと違和感を覚える方もいらっしゃるかもしれないが、実感をそのまま伝えようと思ったら、どうしてもそういう表現になってしまう。

　その学びの最たる例が、一流になるための条件だ。田中賢の姿を見ていると、成功するためのいくつもの条件がはっきりと浮き彫りになってくる。

　まず、気付ける。

　考えられる。

　周囲が見られる。

　もっとよくなりたいという思いが強い。

　自分の力を過信しない。

　そして、最後は自分を信じられる。

これらの条件をすべて満たしてこそ、プロ野球選手は初めて一流たりえる。いや、おそらくこれは野球選手だけに限ったことではない。あらゆる世界に共通していえる、一流になるための条件なのだと思う。

　自分の現役時代を思い返してみると、正直、こんな発想はまるでなかった。体力を付けて、技術を磨けば必ず一流になれると信じ、がむしゃらに練習をこなすだけで精いっぱいだった。いまさらながら、つくづく未熟な選手だったことを痛感させられる。

　さらにもう一点、田中賢介という選手を表すとき、非常に特徴的なのが無類の頑固さだ。誰が何を言おうと、自分が納得するまではまったく聞き入れようとしない。先輩やコーチ、監督のアドバイスさえもさらっと聞き流してしまう頑固さ、よい意味での図太さが彼には備わっている。

　こちらからしてみれば、そんな田中賢のようなタイプのことを、言うことを聞かないやつだとレッテルを貼ってしまうのか、それとも納得させたらとことんやってくれるやつだとポジティブに評価するのか、そのあたりが分かれ目といえそうだ。

　後者のスタンスを取ってしまえば、納得させるためにこっちも必死になるし、そういう選手は正しいことを伝えたら必ず反応してくれる。ある意味、そこはとても分かりやすい。

　今シーズン、少し調子を落としていた時期に、田中賢が話しかけてきた。何かと思ったら、「いま、読んでおいて勉強になる本はないですか？」って。そんな選手、ほかにはいない。頑固で、図太くて、貪欲で。どうやら一流になる選手の欲は尽きることがないようだ。

特別扱いしているからこそ、自分で気付く
〜中田翔〜

　僕は中田翔のことを特別扱いしている。

　それは彼を甘やかしているとか、特例で許していることがあるとか、そういった意味ではない。金髪だって、ネックレスだって、ガムのことだって、彼に許していることはみんなに許している。ただ、チームのなかにそれを好んでやる者と、そうでない者がいるだけだ。

　では、いったいどこが特別扱いなのか？

　選手たちは、みんなバラバラの環境で生まれ育ってきたのだから、何かひとつのことを理解するにしても人によって感じ方は異なるだろうし、成長の仕方だって違うはずだ。それを凝り固まった考えで縛り付けて、大切な素材を殺すことだけはしたくない。だからこそ、決して差別はすべきではないが、状況によって区別することは必要になってくる。チームのルールは守らなければならないが、扱いは人によって違う。つまり、みんなをそれぞれに適した形で特別扱いしているということだ。

　もう一度、中田の個性的な髪型やネックレスのことを例に挙げてみよう。

　彼は、プロ野球界を代表するスター選手たる者、もう少し身なりをきちんとすべきだ、という苦言を度々頂戴してきた。

　ただ、彼は決してルールを破っているわけではない。ファイターズには、「チームでの移動の際には必ずスーツを着用すること」といった、身だしなみに関するチーム内の約束事はいくつか設けられているが、そこに髪型やネックレスなどのアクセサリーを制限するものは含まれていない。そこまで縛り付けるべきではない、というのが球団の基本的な考え方だ。

　例えばの話だが、もし髪型を制限したらもっとアクセサリーが奇抜になるかもしれない。そこでアクセサリーまで制限したら、また

別なところに反動が出てくるかもしれない。つまるところ自分で気付き、自分の意思で変えていかなければ、まったく意味がないのだ。最終的には、本人の自覚の問題ということになる。

もしあの個性的なスタイルをファンの皆さんが不快に感じて、中田のことを応援しなくなったらどうなるだろうか。それでもきっと彼は自分を変えようとはしないだろう。戸惑い、もがきながらも己のスタイルを貫くに違いない。決して周囲の反応を窺っているわけではないからだ。中田翔が中田翔らしくあるためにどうあるべきか、いまはまだそれを模索している段階にある。そして、その答えが本人のなかにしかない以上、時間をかけて待つしかないのだ。

ただ、組織である以上、「ダメなものはダメ」とされるものは必ずある。ファイターズの場合、全力疾走を怠ったら、それはダメ。悔しさあまってバットやヘルメット、グローブに八つ当たりしようものなら、それは絶対にダメ。確実に注意される。

選手たちには、なぜそれがダメなのか、どうか自分で気付いてほしい。そういったことに自分で気付ける選手を育てることが、監督である僕に与えられた最大のミッションだと思っている。

数字以上の、進化の証
～吉川光夫～

今シーズン、嬉しかったことはいくつもある。吉川光夫が輝きを取り戻してくれたのも、そのひとつだ。

監督1年目の2012年は、ダルビッシュ有が抜けた穴をどう埋めるか、というのが最大のテーマだった。ダルビッシュは入団2年目から6年連続で12勝以上をマークしており、ファイターズでのラストシーズンとなった2011年は、12球団ナンバーワンの232イニングを投げ、18勝6敗というまさに不動のエースだった。

「エース（ピッチャー）と4番（バッター）だけは出会いなんだ」と

教えてくれたのは、野村克也さんだった。エースは作れないのだとすれば、まずはエース格になりうる素材を見つけなければならない。春季キャンプでそれに値する選手を探したとき、真っ先に目に止まったのが6年目のサウスポー、吉川光夫だった。

過去の通算成績は6勝18敗という、いわゆる鳴かず飛ばずのピッチャーだったが、ひと目で「絶対に二桁勝てる」と確信した。本人には「自分で納得のいくボールさえ投げてくれれば、たとえ打たれても構わない」「今年ダメだったら、オレがユニフォームを脱がせる」と覚悟を促した。

そして、2012年シーズン2試合目の登板となった4月8日のマリーンズ戦で1438日ぶりの白星を挙げると、覚醒した吉川はシーズンを通して堂々たるピッチングを続け、最終成績は14勝5敗、最優秀防御率のタイトルも獲得し、見事パ・リーグのMVPに輝いた。

あの年のことで、いまだから書けることがある。

読売ジャイアンツとの日本シリーズ、東京ドームで連敗し、札幌ドームに舞台を移した第3戦の試合前のことだ。第1戦に先発し、次の登板は第6戦以降と決めていた吉川が、第5戦に投げさせてほしいと直訴してきたのだ。その時点で仮に王手をかけられていたとしても、ヒジに不安を抱える彼を中4日で行かせるわけにはいかない。それは覆らない大方針だった。

そのときのことには前著（「伝える。」）でも触れているが、彼とのやり取りを詳細に書くことは控えさせてもらった。それをつまびらかにすることがその後のさまざまなことにどんな影響を及ぼすか、はかりかねたからだ。

あのとき、監督室でヒジの状態を尋ねると、吉川はそれには答えず、ピッチングの修正点は分かったから第5戦に投げさせてほしいと訴えてきた。

「そういうことじゃなくて、オレは日本シリーズよりもおまえの将来のほうが大事だから」

「でも、僕、投げないと絶対に後悔します」

「無理して潰れたピッチャーはみんなそう。そのときは大丈夫だと思って、無理して投げて、あれおかしいなと思ったときにはもう投げられなくなっている。オレはそれを見てきたの。オレはおまえを潰すわけにはいかないから。次、第7戦ね」

　すると珍しく吉川が、ものすごくムッとした顔をした。

「なんだよ、それ。おまえ、怒るの?」

「怒ります」

　そこから、せきを切ったようにまくしたててきた。

「投げて壊れたりしない。絶対に壊れませんから。そんなことを言ったら、いまよりシーズン中のほうがよっぽど不安でした。壊れるなら、もう壊れています。だから、絶対に大丈夫です。投げて壊れたなんて、絶対に言いませんから」

「その熱い思いがあるなら、来年のシーズンに向けてほしい」、そう頼んだが、まるで聞く耳を持ってくれなかった。

「でも、監督、もしここで投げなかったら絶対に後悔して、来年うまく投げられないです。僕、ダメになっちゃいますから」

「だから、よく聞け。そういうことじゃない。オレにはおまえを守る責任がある。だから、おまえには投げさせられない。第7戦まで我慢しなさい」

　彼の目には、涙が浮かんでいた。

「でも僕、チームにも、監督にも、まだ恩返しできていないんです」

　その言葉を聞いた瞬間、それまでは必死にせき止めていた感情のダムが決壊した。

「バカ野郎。オレの言っている意味がおまえには全然分かってない。一番大切な人のために、家族に喜んでもらうために野球をやろうって言ったよね。オレのことなんて全然関係ないから。オレは十分感謝しているから」

「でも、将来って言うけど、いま頑張らなくていつ頑張るんですか、

僕は」

　自分の将来のことよりもチームの勝利を願う、紛れもないエースの魂の叫びだった。それが、絶対に覆らないはずだった大方針を覆らせ、彼は2日後、2勝2敗で迎えた第5戦の先発マウンドにあがった。

　そこでチームが勝利し、日本一に輝いていれば、これはちょっとした美談になったかもしれない。しかし、残念ながら現実は違った。捲土重来を期した第5戦、吉川は3回途中5失点でノックアウトされ、結果、この日本シリーズが彼の苦境への入口となったのだ。

　誰しも急激に環境が変われば、体のことだったり、心のことだったり、周囲の捉え方だったり、自分が置かれている立場に対する責任だったり、そういった難しい面が次々と出てくる。真のエースとしての活躍を期待された翌年、開幕投手を務めると、最後まで先発ローテーションを守り抜いたが、7勝15敗という成績でチームは北海道移転以来初の最下位を経験した。

　さらにその次の年には、開幕直後の不振から二軍降格も経験し、登板数はわずか13試合にとどまった。

　プロ野球は一年活躍すればいいという世界じゃない。継続することの難しさを痛いほど味わい、それを我々に教えてくれたのが吉川だった。

　今年のキャンプ中、ミスタープロ野球にあやかろうと、長嶋茂雄さんの誕生日である2月20日に大谷翔平の開幕投手を発表した。吉川を呼んで話をしたのはその前の日のことだ。2年前、彼には一通の手紙を渡している。そこには、「オレが監督をやっている間はずっとおまえが開幕投手だ」、そう書いた。その約束を破るからには、直接彼に断っておかなければならないと考えたのだ。

「悪い。分かってくれると思うけど、今年は、大谷で行く」

　不思議なもので、その日を境に彼とはしょっちゅう会話をするようになった。そうしようと決めたわけではないのだが、内容が良く

ても悪くても、登板後には必ずふたりで話をする。それはシーズン
中、ずっと続いた。

　そして、開幕投手の座を後輩に譲った勝負の年、メンドーサと並
ぶチーム最多の26試合に先発した吉川は、見事に二桁勝利をマーク
した。11勝8敗は3年前の数字には及ばないものの、それだけでは
比較できない進化の跡も見せてくれた。それがあの頃の彼にはでき
なかった、継続をもたらしてくれるものだと信じている。

自分の仕事を遂行することだけに集中する
～増井浩俊～

　いま、ファイターズの勝利の瞬間、最後のマウンドにいるのはい
つも増井浩俊だ。

　彼には本当に頭が上がらない。本来、クローザーには1イニング
限定で任せるのがベストなのだが、チーム事情がそうもさせず、8
回途中からゲームセットまで、いわゆる「イニングまたぎ」をお願
いすることも一度や二度ではなかった。いつも無理をさせている。
でも、いまこのチームにそれを託せるのは、増井しかいないのだ。

　大学、社会人を経て、25歳でプロ入りした増井は、1年目の
2010年、先発として13試合に登板し、3勝4敗という成績だった。
その翌年、セットアッパーに配置転換されると、いきなり56試合に
登板し、武田久という抑えの切り札へとつなぐ中継ぎ陣の一員とし
てブルペンに欠かせない存在となる。

　そんななか、彼にクローザーを経験させるきっかけとなったのは、
2012年、シーズン序盤の武田の故障だった。守護神の戦線離脱と
いうチームの危機を救ってくれるのは誰か。ブルペンを見渡したと
き、150キロを超えるストレートと、フォークボールというウイニ
ングショットを武器とする増井は、理想的な資質を備えたピッチャ
ーに映った。

また中継ぎは、試合展開や打順の巡り合わせによって出番はまちまちだ。いつもは8回に登板することが多くても、状況によっては6回、7回でも行かなければならないことはある。その点、抑えがマウンドに上がるのは最終回とほぼ決まっているため、そういう意味では準備しやすい面があるともいえる。だから、セットアッパーとして経験を積んできた増井ならば、より集中できるクローザーは十分にやっていけると考えた。

　ところが、当初はなかなかすんなりとはいかなかった。原因は、おそらく力みだった。もともと、つねに全力投球を信条とするタイプなのだが、クローザーを任されたことによる戸惑いと責任感から、余計な力が入り過ぎて本来のピッチングができなかったのだ。他人事っぽく聞こえるかもしれないが、いかにも生真面目な増井らしい一面だ。ここはコントロールだけ注意してとか、ここは絶対に振ってくるから何も考えずにワンバウンドになるフォークでいいとか、相手を見ながら組み立てるピッチングができるようになるまでには少しばかり時間が必要だった。

　その後、抑えの仕事に慣れてからの彼の仕事ぶりは、野球ファンなら誰もが知るところだ。セーブ数はチームの成績にも大きく左右されるため、今年、ぶっちぎりで優勝したホークスのサファテには及ばなかったものの、シーズン39セーブは堂々たる数字といえる。頼もしい限りだ。

　そんな増井だが、実はここだけの話、彼とはあまり野球の話をしたことがない。今年は特に抜群の安定感だったが、その秘訣を尋ねるようなことも一度もなかった。キャスター時代であれば、間違いなく取材を申し込んで根掘り葉掘り聞き出したい選手のひとりだが、いまの立場ではその欲求も湧いてはこない。万が一、増井でやられても納得できる、その全幅の信頼がすべてだ。

　ここ数年、常々感じているのは、チームで何も気掛かりな点がない選手というのはまずいないということだ。一人ひとり、何かしら

の不安要素があって、監督はいつも心配している。だが、今年の彼にはそれがまったくなかった。そんな選手はほかにはいない。いま、監督に一番心配をかけていない選手、考える時間を奪わない選手、それが増井なのだ。

彼のことを見ていると、他人に左右されない芯の強さのようなものを感じる。いつもチームの勝利のために、自分の仕事を遂行することだけに集中して野球をやっているように見える。もしかすると、クローザーの第一条件とはそういうことなのかもしれない。

そういえば、そんな彼が札幌ドームでいつもと違う一面を見せてくれたことがあった。ある日、ふたりのお子さんと手をつないでロッカールームにやってきたのだ。あのときのいかにも優しそうなお父さんの表情が忘れられない。そして、マウンドに立ちはだかる増井がどうしていつもあれほど頼もしいのか、その理由が分かった気がした。愛する者を守るために、選手たちには譲れない場所があるのだ。

戦う気持ち、心の在り方は能力、技術をも支配する
～宮西尚生～

今年、勝利の方程式を担うセットアッパーのひとり、宮西尚生をチームのキャプテンに指名した。プロ野球チームのキャプテンはレギュラークラスの野手が多く、ピッチャーが務めるのは異例だそうだ。

たしかに野手は全試合に出場することが可能だし、出ていないときもずっとベンチにいられるので、チーム全体のことを把握しやすいのは間違いないだろう。だが、野球はベンチにいる選手だけで戦っているわけではない。試合中、ブルペンと呼ばれる投球練習場には、いつ訪れるか分からない出番に向け、毎日スタンバイし、肩を作っているリリーフ投手陣がいる。そのブルペンのまとまりが勝敗

に及ぼす影響はとても大きい。少し離れた場所にいるからこそ、チームが一丸となるためには彼らの意識付け、方向付けが重要になってくる。プロである以上、誰でも自分の評価は気になるところだが、それよりも何よりもチームの勝利のために戦うという意識付けを日々徹底する。その役目を彼に期待し、結果、それは大正解だった。

宮西はプロ8年目を迎えた30歳で、学年でいえば増井のひとつ下にあたる。ルーキーイヤーから8年連続で50試合以上の登板を果たしている現代の鉄腕だ。

彼にキャッチコピーを付けるとすれば、シンプルに「魂のピッチャー」がふさわしい。もちろん素晴らしい球も持っているが、とはいっても150キロを超える豪速球があるわけではなく、手も足も出ないほどの決め球、伝家の宝刀を携えているわけでもない。それでも長い間、毎年50試合以上に登板して、きっちりと結果を残している。しかも、厳しい場面になればなるほど彼の特長が出る。それは何かと言えば、絶対にこのバッターを打ち取ってやるという強い気持ちであり、ひと言でいえば「魂」ということになる。そういった戦いの原理原則、必要不可欠なものが彼の生命線であり、最大の武器なのだ。

シーズン中には公表できなかったが、この本が出版されている頃、おそらく彼は手術を受けているはずだ(10月20日に手術)。左ヒジのネズミ(遊離軟骨)含めていろいろあって、今年の宮西は普通であれば全然投げられないような状態だった。そこそこのレベルのピッチャーだったら途中で登録を抹消され、シーズンの半分も投げられていなかったと思う。その痛みをこらえながらチームのために投げ続けてくれた。最後までファイティングポーズを取り続けてくれたことのすごさを、いま、改めて感じている。

あれは打たれた翌日だっただろうか、宮西が「この場所(勝ちパターンのセットアッパー)で投げていていいんですか?」と涙ながらに聞いてきたことがあった。自分でも納得のいくボールが投げら

れないことに相当なジレンマを抱えていたのだろう。「僕が投げるとチームに迷惑をかけてしまう」と訴えてきた。「本当に投げられない状態だったら考えるけど、行ってもらっている以上、宮西で負けるんなら仕方がないと思って使っている」、それは気遣いでも励ましでもなんでもない、心からの本音だった。

それからヒジの状態がよくなったわけではないものの、彼はシーズンのラストまでしっかりと仕事をまっとうしてくれた。プロの戦いはその能力や磨き上げた技術をぶつけ合うものではあるのだが、戦う気持ちや心の在り方がそれらをも支配するということを宮西は示してくれている。ブルペンでともに日々を過ごしている若手たちは、それを感じ、成長の糧としてくれているはずだ。

自分にしかできない役割を作る
～谷元圭介～

2015年、チーム一の登板数を記録したのは谷元圭介だ。自己最多となる61試合に投げた。身長は167センチとチームで最も小柄だが、実はものすごい筋肉をしている。じゃなかったら、あれだけのボールは投げられない。

彼の最大のストロングポイントは、勝っていても負けていても、早い回でも遅い回でも、短いイニングでも長いイニングでも、どんな展開でもいつも変わらず、淡々と自分のピッチングができるところにある。これは、すごいことだ。年々、分業化が進むプロ野球の世界にあって、万能であることの価値はむしろ高まっているともいえる。それだけで十分に商売道具になるということだ。

そして彼自身、それがオンリーワンなんだということを分かってきてくれたように思う。ファイターズには自慢のリリーフ投手がほかにもいるが、谷元の仕事が誰にでもできるかというとそれは難しい。あれほどの能力があればもっと後ろのイニング、8回や9回を

任せることもできると思うのだが、そこに回したとき、彼のいまの役割を果たせるピッチャーはほかにいないのだ。いま、彼だけの場所というのが確実に存在する。そして、球団がその価値を正当に評価していかなければ、本当に強いチームを作ることはできない。

リリーフのなかではゲームの最後を締めるクローザーが花形のように思われている。実際、それをやりたいと思っているピッチャーは多いのかもしれないが、チームからすれば先発とクローザーだけで試合に勝つことはできない。その間をつなぐ中継ぎ陣がいてくれてこその勝利への道だ。そう考えると重要なのはやはり適材適所ということになる。選手には自分にしかできない役割を作る強さみたいなものが求められる、そんな時代だ。

どんなシチュエーションでも変わらず自分の力が発揮できる谷元は、過去に流行語にもなった「鈍感力」が高いと言えるのかもしれない。大事な試合だから、大事な場面だから、そういったことを意識し過ぎない。だから、必要以上に力むこともない。前に増井のことを書いたが、彼とはまったく逆のタイプなのかもしれない。

谷元のような選手が自分の形を作ってくれると、ほかの選手へのメッセージにもなる。そういう意味でも彼の活躍は大きかった。

失敗からしか得られない財産がある
〜陽岱鋼〜

ファイターズには、陽岱鋼という男がいる。

台湾出身の彼は、野球留学でやってきた福岡第一高校で3年間を過ごし、2005年の高校生ドラフト1位で入団した。

ひと言でいえば、天真爛漫。思うままに振る舞い、思うままにプレーすることがチームに勢いを与える、そういったほかの選手とは明らかに違うものを持っている。いつも自分らしくいてくれることがチームの勝利につながる、そういうタイプの選手だ。

それでいて打つだけでなく、3年連続ゴールデングラブ賞を受賞した超一流の外野守備はもちろん、バントや走塁などのいわゆるチームプレーでも力を発揮する。ベンチの要望にすべて応えられるという意味では、選ばれた特別な人という印象もある。

　そんな岱鋼が、ひどく落ち込んでいたことがある。昨年（2014年）のクライマックスシリーズのときのことだ。

　バファローズと対戦したファーストステージ、岱鋼は不振を極めた。14打数1安打、三振の数は8つを数えた。

2014　CSファーストステージ　対バファローズ
第1戦　三振　一ゴロ　三振　三振　四球
第2戦　三振　遊ゴロ　右飛　三振　中安
第3戦　三ゴロ　三振　三ゴロ失　三振　三振

　さらに、ホークスとのファイナルステージでも第2戦まで快音は響かず、いつも陽気な岱鋼からついに笑顔が消えた。

2014　CSファイナルステージ　対ホークス
第1戦　三振　中安　二ゴロ　三振
第2戦　三振　三振　遊ゴロ失　死球

　昨年、ペナントレースでの岱鋼の活躍は素晴らしかった。決して打撃好調とは言えなかったチームにあって、チームトップの打率2割9分3厘、ホームランの数でも中田翔に次ぐ、25本を記録した。岱鋼の存在なくして、Aクラス入りは難しかったかもしれない。

　そのクライマックスシリーズ進出の立役者が、大勝負の舞台でスランプに陥った。短期決戦には往々にしてあることだ。一度調子を崩してしまうと、わずか数日の間にそれを取り戻すのは難しい。

　責任を感じた岱鋼は「自分が打てないせいで……」と頭を下げて

きたが、彼を外して戦うという選択肢はまったくなかった。決して「おまえのおかげでここまで来られたんだから……」といったような精神論ではない。どうあれ、岱鋼抜きで勝てるとは到底思えなかったのだ。失敗を恐れず、ただ自分らしくプレーしてほしい、願いはそれだけだった。それがチームの勝利につながる選手だということはよく分かっていたから。

1勝1敗で迎えた第3戦、岱鋼は2打席連続ホームランを含む、3安打5打点の大活躍で勝利に大きく貢献した。

2014　CSファイナルステージ　対ホークス
第3戦　右本　中本　三振　左安　三振

しかし、最終戦までもつれ込んだファイナルステージは、最後に競り負け、残念ながら日本シリーズ進出を果たすことはできなかった。試合後のベンチには、珍しく真っ赤に目を腫らせている岱鋼の姿があった。

2014　CSファイナルステージ　対ホークス
第4戦　三振　三振　遊ゴロ　三ゴロ　三振
第5戦　三振　二ゴロ　三振　三振　四球　三振
第6戦　三振　遊ゴロ　左中二　遊ゴロ

彼ほどの実績を残してきた選手が、あそこまでの悔しさを味わう機会はそう多くはない。負けてよかったとは言わないが、負けなければ経験できないこと、失敗からしか得られない財産というのは間違いなくある。問われるのは、それを次に生かせるかどうか、だ。

「志」があるから耐えられる
～杉谷拳士～

　杉谷拳士というのは、なんとも不思議な雰囲気を持った選手である。

　誤解を恐れずにいうと、小学生みたいな感じ。杉谷と接していると、なんとも言えず、小学校の先生になったような気分になるときがある。

　ある日、プロ野球選手になることを夢見て、それから夢中になって野球を楽しんで、こんなふうになりたい、あんなふうになりたいって夢をどんどん膨らませて、そのピュアな気持ちを抱いたまんま中学生になって、高校生になって、そして気付いたらプロになっていた。今年で24歳になったけど、言ってみれば小学18年生って感じだろうか（笑）。

　いつも元気に大声を出している印象があるけど、ただ無邪気で子どもっぽいだけかといったら、そんなことはない。すごくナイーブだし、繊細な一面も持ち併せている。その繊細さに自分が飲み込まれてしまわないよう、努めて騒いでいるようなところがある。

　それから、いつも周囲の目を気にしている。ここで初球から手を出していったら、打ち急ぎだって怒られるんじゃないかとか、手を出さずにたちまち追い込まれたら、積極さが足りないって叱られるんじゃないかとか。そういうときは必ず指摘するようにしている。「おまえ、また周りのことを気にしている」「人がどう思おうと関係ないんだ」って。

　考えてみれば、試合中に選手を呼んで直接アドバイスするのは、杉谷くらいのものかもしれない。アドバイスと言えば聞こえはいいが、ときには「あれこれ考えないで、初球からストレートにヤマを張って、1、2の3で振れ！　バーカ！」などと、叱咤激励とも罵声ともつかない感情的な言葉をぶつけたりする。それを言わせるの

は、彼の特長だ。杉谷には、人に何かを言わせる純粋さ、言ってもらえる環境を作る才能がある。

8月のある試合で、そのキャラクターを象徴するような場面があった。この日、杉谷は1番ライトで先発出場したのだが、試合前からみんなにいじられ、ベンチには笑いが起こっていた。前日、悔しいサヨナラ負けを喫したにもかかわらず、重苦しいムードは微塵も感じられない。

先輩から、「おまえ、1打席目で打てなかったら、すぐ交代だからな！」と突っ込まれた杉谷は、「オレ、絶対打ちますから！」と言い放って颯爽と出ていった。その結果は……、一球も振らずにあっさりと三球三振。「ふざけんなよ、おまえ！」って心のなかで舌打ちをしていたら、監督の心中を察してか、みんなが「交代、交代！」って大声で突っ込んでくれていた。そういう選手なのだ。

ただ、そんな杉谷のことを、僕はとても買っている。

スタメン出場の機会こそそんなに多くはないが、それにも理由がある。どんな試合にも、終盤になれば必ず一度や二度、勝負どころは訪れる。そんなとき、スイッチヒッター（左右両打ち）の杉谷は代打でもいける、脚が速いから代走でもいける、少ない得点差を守りきりたい場面では守備固めでもいける。つまり、あらゆる場面を想定して、なんとしてもベンチに置いておきたい選手なのだ。ファイターズには脚を使える選手はたくさんいるが、ここ一番の盗塁や走塁で思いきった勝負ができるのは、やっぱり杉谷拳士ということになる。ああ見えて、実は何かを持っていると思わせてくれる。

あるとき、たまたま早い便で移動しようと思ったら、空港で杉谷と一緒になった。「拳士、いろんなことあるけど心配するな」って声を掛けたら、「監督、僕、モノになりますかね……」と言ってきた。たぶん、それが彼の本音なのだろう。子どもの頃から夢見てきたプロ野球選手になって、いま、成功を目指して必死にもがいているんだけど、やっぱり不安でしょうがないんだと思う。

そんな彼には、こう伝えたい。一番大事なものは「志」。自分はこうするんだというものがはっきりしていれば、いろんなものに耐えられるし、頑張れる。単純に、最後はそこに尽きるのだ。その「志」を、杉谷拳士は持っている。

うまくいかないものがあるから得られるものがある
～近藤健介～

　今シーズン、最も成長した選手をひとり挙げろといわれたら、おそらく近藤健介の名前を挙げるだろう。高校野球の名門・横浜高校からドラフト4位で入団して4年目の選手だ。

　今年、パ・リーグにはふたりの化け物がいた。ひとりは打率3割以上、ホームラン30本以上、盗塁30個以上のトリプルスリーを達成したホークスの柳田悠岐、もうひとりは歴代3位タイとなる31試合連続ヒットを記録したライオンズの秋山翔吾だ。このふたりの首位打者争いがあまりにもハイレベルだったため、やや霞んでしまった印象はあるが、近藤の打率3割2分6厘は、例年ならばタイトルを獲得してもおかしくない堂々たる数字だ。張本勲さんに代わって、監督から「あっぱれ」を送りたい（笑）。

　しかし、そもそも近藤は、第一にキャッチャーとしての守備力が高く評価されて指名された選手だった。今年、ある野球雑誌の特集でうちの若手選手の対談が企画され、そこで近藤自身も「僕はバッティングがよくてプロに誘われたんじゃなくて、肩がよかったら声を掛けてもらえたんです」と語っていたそうだ。それほど、高校時代から彼の強肩は魅力的だった。

　ところが、その近藤がまさかのスローイング難に苦しめられることになる。

　3月27日、イーグルスとの開幕戦、7番キャッチャーとして先発出場を果たした近藤は、今シーズン、正捕手の座を目指すはずだっ

た。

　だが、試合を重ねるにつれ、スローイング難に端を発する守りのミスが目に付き始め、休養の意味も含めた欠場も増えていった。

　札幌ドームのブルペンはベンチの裏にあり、スタンドからファンの皆さんがその様子を見ることはできない。実はあの頃、近藤はベンチに戻るとすぐブルペンに入り、キャッチボールを繰り返していた。ファイターズの攻撃中、打順が回ってくるまでずっとボールを投げ続けているのだ。

　彼はプライドが高く、責任感が強く、野球に対する思いも人一倍強い。自分に対する苛立ちはピークに達していたことだろう。しかも、よりによってその苛立ちの原因は、絶対の自信を持っていたスローイングなのだ。その苦悩は想像に難くない。

　さらに、ある日の遠征先のホテルでのこと。夜中にトントンと部屋のドアをノックする音が聞こえる。誰かと思ったら、近藤だった。選手が部屋を訪ねてくるのは珍しいことだ。しかも、まずは球団スタッフを通じて、監督に話したいことがあると打診してくるケースがほとんどで、夜中に、しかも直接というのは記憶にない。

　部屋に入ってきた彼は、「監督、僕、みんなに迷惑かけて、これでいいんですか……？」とだけ言うと、あとはずっと黙っていた。30分くらい、黙って僕の話を聞き、頷いているだけだった。もしかしたら、もうキャッチャーを辞めたい、と弱音を吐きたかったのかもしれない。でも、最後までそれを口にすることはなかった。大変なのは分かっている。でも、ファイターズは日本一のチームを作るために、日本一のキャッチャーを作ろうとしている。だから、いまは歯を食いしばってでも頑張ってもらうしかないのだ。

　ただ、彼は転んでもただでは起きない男だった。どうしたらチームに貢献できるのか、それを考え抜いた末、思い通りに投げられないコンプレックスをバネに、プライドをかけてバッティングに磨きをかけていったのだ。以前から、打つほうでも非凡なセンスを見せ

ていた近藤だが、スローイング難の苦しみが深まれば深まるほど、打席での集中力は研ぎ澄まされていった。

どんな球種、どんなコースにも対応できて、とにかく思いきりバットを振れるのが彼のバッティングの最大の特長だ。思いきり振れるから、強い打球が打てる。その一方で、昨年まではバットを振りすぎてファウルになってしまうケースも目立っていた。また、思いきり振りたいから好球ばかりを待ってしまい、結果、追い込まれて空振り三振ということもある。

それが今年は、「早めに仕留める」ということができるようになった。強い打球を打つことにこだわらなければ、さらに広いゾーンのボールに対応することができる。たとえ守りでミスがあっても、状況に応じたバッティングでそれを取り戻す。7月になると、クリーンナップの一角を担う、5番指名打者が近藤の定位置となった。

彼は守りで苦しんだ分だけ、打つことができた。人間ってすべてがうまくいってしまうと、そのせいでうまくいかないことも出てくるのかもしれない。逆にうまくいかないことがあるから、得られるものもある。苦しいこと、苦手なものがあるからこそ必死になれるし、努力もする。そういった、本来あるべき人の姿、在り方みたいなものを近藤は教えてくれた。

何本も道があると、どの道を進めばよいか分かりにくい
～西川遥輝～

もうひとり、今シーズン、苦い成長痛を経験した男がいる。昨年、43個の盗塁を成功させ、自身初のタイトルとなるパ・リーグ盗塁王に輝いた5年目の西川遥輝だ。

智辯和歌山高校時代、1年生の夏も含め、甲子園に4度出場した野球エリートで、プロの世界でもそのセンスは際立っている。紛れもなく一級品と呼べる素材だ。だが、彼の場合、その類い稀なセン

スが、成長痛の原因になったと考えられる。

　初めてシーズンを通して活躍した昨年、開幕当初はセカンドを守っていたが、チーム事情もあり、夏場以降はおもにライトを定位置とし、今年も外野手としてのレギュラー獲得が期待されていた。ファイターズには同世代の有望な外野手が多くいるが、そのなかでも西川は頭ひとつ抜けた存在と見られていた。

　そして、2015年、開幕当初こそ当たりが出なかったが、4月後半から次第に調子を上げ、5月後半には打率を3割2分近くまで上げてきた。西川ならば、これくらいはやれて当然、そんな思いで見ていた。

　ところが、そこから数字は緩やかな下降線を辿り、いわゆる粘りの感じられない三振も目に付くようになってきた。6月末から打順を1番から9番に変えてみたが、残念ながら目立った変化は見られなかった。

　監督になってからというもの、それこそ四六時中、野球のことばかり考えている。それはおもにチームのことだったり、選手のことだったりするわけだが、中でも今年、一番長い時間考えていたのは西川遥輝のことだったような気がする。それは本人にも度々言ってきた。「おまえのおかげで、どんだけ時間を使っていると思ってんだよ！」って。

　今年、連続試合ヒットの日本記録に迫ったのは、ライオンズの秋山翔吾だった。先を越された、という気持ちだ。というのもここ数年、近い将来、ああいうふうになるのは西川遥輝だと思っていたからだ。なぜ、先を越されたのか。秋山と西川、ふたりの差はどこにあるのか。

　その答えを、こう考えている。ズバリ、西川遥輝は本気になっていない。もちろん一生懸命やってはいるのだが、本当の自分が本人にも分かっていないから、どこに向かって本気になればよいのかが分からないのだ。

「やればできる」という言葉があるが、彼の野球人生は、それこそいつも「やればできる」の連続だったはずだ。うまく打とうと思えば流して左方向にヒットが打てるし、強く打とうと思えば引っ張って右方向にホームランだって打ててしまう。走ることも、守ることも、いつだってやれば必ずできてきたに違いない。それが才能であり、センスというものだ。

　それは目の前に何本もの道が続いている状態ともいえる。たくさんの可能性があるという意味では素晴らしいことだが、何本もあるがゆえに、いったいどの道を進めばよいのかが分かりにくい。

　仮にほかの道がすべて閉ざされていて、進める道が1本しかなければ話は簡単だ。自ずとそこを進むしかないのだ。だが、彼の場合はそうではない。どれを進めば自分は本当に光り輝くことができるのか、その道が見えてこない。それを探し続けているのが、いまの西川だ。

　その一本道が照らされたとき、比類なき才能は必ずや大輪の花を咲かせるに違いない。

できないことを認めたときに道は開ける
～中島卓也～

　監督就任まもない頃、ファイターズの若い選手たちがとてもまぶしく見えた。

　自分にまだ人の評価をできるような経験も力量もなかったときに出会った選手ほど、彼らが心のなかに持っている真っ白な部分が見えやすかったのかもしれない。その混じりっけのない白さが、まぶしく映ったんだと思う。彼らはきっと輝く、絶対に輝かせるんだというふうにそこで抱いた信念みたいなものは、その後の大きなモチベーションになった。

　中でも、特に印象的だった4人がいる。それが当時4年目の杉谷

拳士、2年目の西川遥輝、1年目の近藤健介といった面々だ。この3人は、いずれも高校野球の名門校出身で、キャスター時代、甲子園でそのプレーを見たことがある選手たちだった。

ただ、もうひとりは、正直あまり見覚えのない顔だった。杉谷と同期の4年目、福岡工業高校からドラフト5位で入団した内野手、中島卓也だ。

今年、初めてオールスターのメンバーにも選ばれるなど、球界を代表するショートストップのひとりに成長しつつある中島だが、当時、周囲に彼の評価を尋ねると、「守備は一軍でもそこそこやれるが、絶対に打てない」「レギュラーになるようなタイプの選手ではない」といった厳しいものが多かった。それでも印象に残ったのは、やはり守備が抜群にうまかったからだ。いますぐにでも使ってみたい、そう思わせるレベルだった。

みんながあまり目をかけていない分、こういう選手がアピールできるようになったときのプラスアルファは、組織にとって絶対に大きなものになる。そんなふうに思って、キャンプ中、中島には時折アドバイスを送った。たしかに話はちゃんと聞こうとする。ただ、実際にそれを試している様子はない。

それがあるとき、アドバイスを聞き入れ、一心不乱に取り組んでいる彼を見かけた。あとから思ったのは、田中賢介によく似ている、ということだ。自分が納得しなければ絶対に動かないが、納得すればとことんやる。その強さは、人としての信頼につながる。

最近では、試合前にこんな光景もよく見かける。向こうで試合前のセレモニーをやっているのに、ひとりだけ目の前で素振りを続け、自分のルーティンを繰り返している。周りが見えなくなるくらい、自分がやらなきゃいけないことをしっかりやろうとする。誰にどう思われようと、全然関係ない。自分がやらなきゃいけないことを、しっかりやるということだけに集中する。そういうところも田中賢介そっくりだ。

その後、期待通りに守備でアピールしてポジションを勝ち取った中島だが、その地位を不動のものとする決め手となったのは守備ではなく、彼が手に入れたもうひとつの武器だった。

　その武器とは、名付けて「超広角打法」だ。一般的に野球の広角打法といえば、一塁側と三塁側のファウルラインの内側、つまりフェアゾーンとされる90度の角度内に広く打ち分けるバッティングのことを指すが、中島の場合はその角度が180度を超える。だから「超広角打法」だ。

　当然、90度を超えてフェアゾーンの外側に飛んだ打球はファウルとなるが、中島はそれも含めて自分のバッティングと考えている。ファウルは直接野手に捕球されない限り、2ストライクまではストライクとしてカウントされ、それ以降は何度打ってもやり直しとなる。そこがポイントだ。

　プロのピッチャーは、そういつもヒットにできそうなボールを投げてくれるわけではない。そのため、難しそうなボールはファウルにして、何度もやり直しを繰り返しながら甘いボールがくるのを待つ。彼の狙いはそれをヒットにするか、はたまたボール球をしっかりと見極めてフォアボールを選ぶか。

　中島はそのスタイルを確立したことで、勝負の主導権を握ることに成功したのだ。しかも、これを繰り返していれば、必然的にピッチャーの球数は増えていく。チームにとって、これほどありがたいことはない。

　では、なぜそのような技術を身に付けることができたのだろうか。そもそも彼は、初めからファウルを狙って打っていたわけではない。前に飛ばそうと思って必死にスイングしていたけれど、打っても打っても横に飛んだり、後ろに飛んだりと、ファウルにしかならなかったのだ。そうこうするうちに、だんだんスイングの形ができあがってきて、それが自分の特長になっていった。そして、ヒットは打てなくてもファウルにできたら試合に出られる、それに気付いた中

島はとことんその技術を磨きあげ、いつしかヒットも打てるようになっていた。

打てもしないのに、いつでも打てると思っていたら、たぶんそれには取り組まない。このスタイルを習得できたのも、本人が簡単には打てないことに気付き、それを認めたからだ。

あれは、今年のオールスターゲーム第2戦のこと。中島が左打席に入ると、3塁側のパ・リーグベンチにいたホークスの松田宣浩やイーグルスの嶋基宏がグローブをはめて、ニヤニヤしながらファウルボールが飛んでくるのを待ち構えていた。「来るよ、来るよ！ でも、3ボールから絶対にボール球は振らないからね！」という温かいヤジを耳にしたとき、彼が一人前になったんだということを改めて実感した。本当に認められたんだなって。そういうみんなの対応が、ものすごく嬉しかった。

「失敗したあとの姿を大切にしてください」
～飯山裕志～

今シーズンの8月30日のホークス戦で、めったに見られないシーンがあった。

両チーム無得点で迎えた6回表、先頭の西川がレフト前ヒットで出塁した。さらに、脚を警戒したピッチャー、ジェイソン・スタンリッジのけん制が悪送球となり、西川は難なく2塁に進む。

続くバッターの中島には送りバントのサインを送った。どうしても先制点がほしいこの場面、1アウト3塁という状況を作り、勝負強い3番の田中賢につなぎたい。しかし、試みたバントはキャッチャーフライとなり、ランナーも戻りきれずよもやのダブルプレイ。ノーアウト2塁のチャンスは、一瞬にしてついえてしまった。

中島はつなぎ役とされる2番を打つことが多いため、バントが上手な選手だと思われているかもしれない。でも、実はそうでもない。

彼を一軍で使い始めた頃はむしろ下手くその部類だった。それでも、彼のようなタイプの選手は、最初に最低限バントの精度を高めなければ、プロの世界でやっていくことは難しい。それゆえ中島はひたすらバント練習を繰り返し、ベンチからもサインを出し続けた。

その技量も分かってバントさせているのだから、失敗しても半分はサインを出した監督が悪い。どうしても成功させたければ、もっとバントのうまい選手を代打に出して、より確実に送らせればいいのだ。

だからいまのままでいいよ、とは言っていない。当然のことながら、もっとうまくなるためにプロとしてレベルを上げる努力はすべきだ。

ただその一方で、受け入れなければいけないのは、誰にでも失敗はあるということだ。だから、選手たちにはいつもこう伝えている。

「失敗したあとの姿を大切にしてください」

例えば、送りバントが2球続けてファウルとなり、2ストライクに追い込まれたとする。そこで凹んでいても、プラスになることは何ひとつない。そこから3バントのサインが出れば、もう一度冷静に試みればいいし、ヒッティングにサインが変われば、気持ちを切り替えて状況に応じたバッティングを心がければいい。どんな形であれランナーを進めることができれば結果オーライだし、進められなくてもそこから粘ってピッチャーに球数を投げさせることができれば、それでもチームに貢献することはできる。そこでもしヒットでも出ようものなら、結果的には送りバント以上のプラスアルファが生まれたことになる。そういった方向にすぐさま失敗を生かすためにも、失敗を本当の失敗にしないためにも、くよくよしている時間などないのだ。

それと同じで、アウトになったあとも絶対にうつむいていてはダメだ。その次の姿を大事にしてくれと、選手にはずっとお願いしている。だが、これは言うほど簡単ではないということも実は分かっ

ている。失敗したときになんら変わらぬ戦う姿勢を示すには、それなりの経験も必要だ。

　さて、そこで送りバントを失敗した中島である。ダブルプレイという最悪の結果に終わり、戻ってきた彼は何も言わず、ベンチに座り込んだはずだ。こんなときに思うことはいつも一緒だ。失敗してしまったものは仕方がない。ただ、その影響でベンチのムードまで暗くなってほしくない。

　そして、冒頭に書いためったに見られないシーンというのは、このあとのイニングに起こる。両チーム、7回に2点ずつを奪い合い、同点で迎えた9回表、先頭のレアードがレフト前ヒットで出て、代走に杉谷、バッターの佐藤賢治には代打の飯山裕志を送った。バントの成功率ではチームで1、2を争うプロ18年目、36歳のベテランにチャンスメイクを託した。

　ところが、さすがの彼にもプレッシャーがあったのか、バントは小フライとなり、キャッチャーがファウルグラウンドで捕って1アウト。大事な場面でランナーを送ることができなかった。

　バントをするために出ていって、決められずに帰ってくる選手の胸中は想像に難くない。そんななか、戻ってきた飯山は、ベンチ中に聞こえるような声で「すみません！」とひと言発して席に着いた。その姿が大事なのだ。潔く言ってしまえば、次につながる。それを格好つけてヘルメットを投げつけてみたり、ふさぎ込んでいたりしたら、ズルズルと引きずるだけだ。チームにも悪影響を及ぼす。

　飯山のことを付け加えておくと、彼の練習量は尋常ではない。体力のあり余っている20歳前後の選手たちに引けを取らないところか、いまだにその誰よりもよく練習をする。毎日それを見ているチームメイトの、いったい誰が彼のバント失敗を責めるだろうか。ファイターズは若いチームだからこそ、プロ野球選手のあるべき姿を示してくれる飯山のような存在が絶対に必要なのだ。

明るくて元気があるから我慢もできる
～ブランドン・レアード～

　助っ人外国人の野手には、なんといっても打力が期待される。大事なところで打ってくれれば、いくつ三振しても構わないし、守りも多少のことには目をつぶる、そんな評価基準になることが多いように思う。

　今年、ファイターズにやってきたブランドン・レアードも、ファーストとサードを両方こなせて、その守りもなかなかうまいという評判だったが、とはいえ、やはり一番期待されていたのはバッティングだった。昨年、アメリカでメジャー昇格の機会はなかったものの、AAAで打率3割、ホームラン18本。27歳ということでまだ若く、日本の野球にも順応できそうだ、と好意的な報告がたくさんあがってきていた。

　6番サードで先発したイーグルスとの開幕戦、第1打席こそ空振り三振に倒れたが、第2打席以降、いきなり3安打の固め打ちを見せ、上々のデビュー。さらに3戦目、4戦目には2試合連続ホームランを放ち、シーズンを通しての活躍を期待させた。

　しかし、わずか数日で打率3割を切ると、そこからどんどん下降線を辿り、5月下旬にはとうとう1割台に突入。たまに大きな当たりは出るのだが、6月などはホームランが4本、ホームラン以外のヒットが5本という、なんとも厳しい状況を迎えていた。

　記者からは「どうしてそこまで我慢するんですか？」と何度も質問されたが、答えはいつも同じだった。サードの守備が安定していて、何よりいつも明るくて元気があったから。それだけで起用する価値があると考えていたので、スタメンから外すつもりはなかった。

　ただ、ひとつだけ気持ちをごまかしていた点がある。それは記者の質問に「我慢なんかしていない」と答えていたことだ。たしかに多少は我慢もしていた。だが、外すならともかく、どうせ使うなら

我慢して使うとは言いたくなかった。だからそう言うしかなかったのだ。

　で、その後、レアードはどうなったか。ファイターズファンの皆さんならばよくご存じのことと思うが、7月に7本、8月に6本、9月には9本のホームランを打ち、最終的に中田翔を押さえ、チームトップのシーズン34発を記録した。打率も7月以降に限ると2割7分8厘と大幅に回復し、何度もチームを救い、ファンを喜ばせてくれた。

　彼がホームランを打った際に見せる寿司を握るポーズはファンの心をつかみ、いまや札幌ドームの名物のひとつになった。プロ野球はファンが見たいと思う選手を作ることも重要だ。レアードはそう思われる人気ものになった。その功績は大きい。

　慣れない異国の地で、なかなか結果を出すことができず、さすがに精神的に落ち込んでも不思議じゃない状況になっても、彼はつねに前向きだった。あのポジティブなエネルギーはチームを動かす推進力になる。本当に使い続けてよかったと思う。

　助っ人外国人といってもスーパーマンではないので、日本の生活にも野球にも慣れるまでにはそれなりの時間がかかって当然だ。でも、期待が大きいだけに、慣れる前に見切られてしまうことがある。

　どの選手も綿密な調査を経て、数字的な根拠をもって獲得しているはずだ。つまり、誰もが十分に通用するだけの力があるといっていい。そう考えると、レアードのようにあともう少しだけ使い続けていれば、一気にブレイクしたかもしれない選手は過去にもたくさんいたはずだ。その可能性を彼から学ばせてもらった。

「ずっと頑張れ」とは言わない
〜白村明弘〜

　皆さんがこの本を読まれる頃には、今年の表彰はすべて終わって

いるだろうか。

今年のパ・リーグは、シーズンを通して活躍した新人王の資格を持つ選手があまり多くなく、15年ぶりに「該当者なし」の可能性も……などと囁かれているようだが、そんななか、ファイターズのふたりが有力候補として名前を挙げられているらしい。

ひとりは早稲田大学から入団したドラフト1位ルーキーの有原航平だ。終盤、思ったように白星を積み重ねることができず、二桁勝利は逃したが、5月15日のプロデビュー以来、しっかりとローテーションを守り、大器の片鱗を見せてくれた。

そしてもうひとりは、慶應義塾大学からドラフト6位で入団した2年目の白村明弘である。もともと身体能力は抜群で、当初は大谷と同じく二刀流をやらせてみたいと思ったほどだ。今年、ライバルチームの選手たちが「体感（速度）は大谷より上」と、白村のストレートをかなり意識していたという話も耳にした。ありがたい評価だ。

2年目の今年は、夏場以降、勝ちパターンの継投の一角を担い、リリーフ投手陣に欠かせない存在に成長してくれた。白村にはいまどきの若者には珍しい、いい意味での荒くれ者の雰囲気がある。テレビ中継を観る機会があったらぜひ注目していただきたい。マウンド上で目深にかぶった帽子のすき間から見える目つきがなんともいえず鋭いのだ。

僕がニックネームで呼ぶ選手はあまりいないが、ここだけの話、彼のことは勝手に「以蔵」と呼んでいる。作家・司馬遼太郎さんのファンの方にはお分かりいただけるかもしれないが、小説のタイトルにもなっている『人斬り以蔵』（幕末の世を震え上がらせた人斬り・岡田以蔵の生涯を追った作品）から取ったものだ。これを告白すると、幕末の人斬りの名前で選手を呼ぶとはなんて失礼な監督だと怒られそうだが、あくまでも自分にとっては褒め言葉で、その姿を想像させるくらい勝負どころでの白村の目力はハンパじゃないのだ。

こういうタイプの選手は、舞台が育ててくれる。緊張する場面で投げる、結果を残す、みんなが喜んでくれる。その喜びの体験が、どんどんポテンシャルを引き出していく。緊張する場面であればあるほど、力を発揮し、それをまた力にしていく、そういう男だ。

と、ここまで持ち上げておいて、ここからはあえて厳しいことを書かせてもらう。周囲がどう高く評価していようとも、監督という立場からすれば今年の内容は大いに不満の残るものだった。

彼のことは昨年のクライマックスシリーズでも大事な場面で起用している。そこで及第点の結果を出してくれた。そうなると、2年目の飛躍は誰もが期待するところだ。

しかし、キャンプから開幕にかけての白村には、まったくもって期待を裏切られた。本人にも「おまえ、去年より後退してるからね」と、何度も言い続けてきた。おそらく1年目のラストにそれなりの満足感を得て、気が緩んだのだろう。間違いなく、オフの過ごし方が悪かったはずだ。自分はプロの世界でやっていくんだ、ということへの本当の意味での覚悟がまだできていない。

若い選手たちにはいつもこう言っている。

「ずっと頑張れとは言わない。2、3年だけ死に物狂いでやれ。自分のポジションができたらこんなにいい世界はないから」

彼には、それこそ口が酸っぱくなるほど言った。なのに、白村は出遅れた。オフも彼なりに練習は頑張ったはず。それでも練習、休養、遊ぶことのバランスがうまく取れなかったのだろう。それもしっかり自分の形が作れなければ、劇的な成長にはつながらない。自分の居場所をつかみ取るまでの最初の数年、すべての時間を野球にかけることができた者だけが前に進めるのだ。

そんな白村が、おそらく本人も記憶にないほどの屈辱を味わったゲームがあった。9月20日、札幌ドームでのライオンズ戦、4点リードの8回に登板した白村は、ヒット、デッドボール、ヒット、ヒットで2点を失い、ひとつのアウトも取れずにマウンドを降りた。

その後、増井の見事な火消しによって試合には勝ったが、無残な KO を喫した本人の落ち込みは相当なものだった。失敗したあとの姿が大切なのは分かっているが、どうにも感情をコントロールすることができない、そんな様子だった。

　彼のように素直さとやんちゃな面を持ち併せているようなタイプは、特に失敗したときほど明るく振る舞ったほうがいい。「すみません！　次、頑張ります！」。そんな単純明快さが、人間関係を円滑にさせる秘訣でもある。後日、本人にもそれを伝えた。

　そして、マリーンズとのシーズン最終戦、1対1の同点で8回のマウンドに上がった白村は、3点を失いプロ初黒星を喫した。試合後、記者の囲み取材を受けていると、背後から「お疲れ様でした！」という大きな声が聞こえてきた。引き上げていく敗戦投手の声だった。それでいいのだ。

選手と向き合うとき大切なのは「方向性」と「覚悟」

　本書では戦いの日々にあって、特に「監督」と「選手」の関係について深く考えさせてくれたメンバーを紹介したが、そのほかにもファイターズにはたくさんの魅力的な選手たちがいて、彼らはいろんなことを教えてくれている。

　そんな選手と向き合うとき、大切にしていることがふたつある。「方向性」と「覚悟」だ。

「方向性」とはどういうことか。歩いている選手の姿がよく見えていても、彼がどこに向かって歩いているのか、その道が見えていないようではダメだ。向かう先が見えていればどんな歩き方をさせてもいいが、見えていないのであれば、まずはそれを見つけてやらなければならない。

　その道、向かう先はできるだけ具体的に示してやる。野球はチームが勝つためにやっている。選手は勝つことに貢献すれば試合に出られる。給料はあとから必ずついてくる。

では、チームの勝利に貢献するためにはどういう選手になればいいのか。そうなるためにはどういう生活をして、何を勉強して、どんなトレーニングをして、どういった練習をすればいいのか。その逆算ができれば、自ずと答えは見えてくるはずだ。

　プロの世界で活躍できる選手とできない選手の差は、単純な能力差というよりも、それが分かっているかどうかにかかっているように思う。

　それが分かったうえで、次は「覚悟」だ。向かう先が見えたら、今度は「その道を進まなければ自分はこの世界で生き残れない」ということを覚悟できるかどうかだ。

「隣の道を行けばもっと楽に成功できるのではないか」というような邪念は振り払わなければ障害にしかならない。

　プロ野球選手にとって、本当の意味での「覚悟」とは何か。それができなければ、明日ユニフォームを脱がなければならないかもしれないと本気で思えるかどうか、野球ができるのは今日が最後かもしれないと本気で思えるかどうか、そういうことだ。

　口ばかりで覚悟が決められない人間は、絶対にそうは思っていないはずだ。明日もあるし、3年後も野球はできると思っているからそれができない。今日が最後かもしれないと思っていれば、必ず最後までやり尽くそうとするが、明日があると思えばそれすら難しくなってくる。

　我々の日々の作業は、そういう意味ではすべて選手に覚悟させるためのものだ。怒ってもいいし、褒めてもいい。結果、それで覚悟させられるなら手段はなんでも構わない。

第4章：監督に答えは存在するのか

いつも見られていることを意識せよ

　まだ肌寒い春に開幕して、暑くて長い夏を越え、冷え込みも厳しくなる秋にようやく日本一が決まる。プロ野球の長いシーズンは、季節の移り変わりとともに進んでいく。

　そうすると春から夏、夏から秋と最低2回は衣替えするのが普通だが、ことアンダーシャツに関しては、実はシーズンを通して同じものを着ている。ハイネックの長袖だ。

　特にこだわりがあるわけではなく、1年目は半袖も試してみたりしたのだが、夏になればどんな形にしても、どんな素材にしても、暑いものは暑いし、そういう意味では何を着ても大差がない。ならばそう敏感になっていちいち変えることもないだろうと、いつも同じものを着ている。

　それが今年、一番暑い時期に西武プリンスドームにいったとき、試合前からどんどん蒸れてきてさすがに我慢できなくなって、せめて気休めにでもと襟なしの丸首を着てみた。そうしたら暑い涼しい以前に、みんなに次々と「監督、痩せましたね」と冷やかされて、バツの悪いことといったら……。50代も半ばに差し掛かると首筋あたりに年齢が出るのか、いつもはハイネックで隠れていただけに、それがかえって目立ってしまったようだ。

　しかも、球団スタッフやコーチ陣だけならいざしらず、バレないだろうと思っていた選手たちにもすぐに気付かれて、そのときにハッとさせられた。選手は自分のことなんて見ていないだろうとどこかで思っていたが、やはり見られているのだ。自分の仕草や表情、行動ひとつでチームに何かしらの影響を与えることは十分に考えられる。監督という立場の者はいかにちゃんとしていなければならな

いか、痛感させられた一日だった。

走攻守で最も大事なのは「走」

　監督になってから特に、改めて「野球」というものについて考えることが多くなった。ここからは、監督・栗山英樹が学んだ「野球」について書いてみたい。

　野球にはほかの球技と大きく異なる点がある。それは、「人」が得点になるということだ。

　サッカーにしても、バスケットボールにしても、バレーボールにしても、テニスにしても、ほとんどのスポーツは「球」が得点になる。球を決められた場所＝ゴールに入れると得点になる（サッカー、バスケットボールなど）か、あるいは球を相手のいないところに打ち込むと得点になる（バレーボール、テニスなど）。

　それに対し、野球は攻撃側の選手が、1塁、2塁、3塁を経て、ホームに還ってくることで得点になる。これはほかの球技には見当たらないルールだ。

　そこで、ひとつお考えいただきたい。走・攻・守という、野球というスポーツにおいてとても大切な3つの要素がある。「走」は走塁、「攻」は攻撃、「守」は守備を指している。では、このなかで最も重要なものは何か。

　答えは「走」である。それは、なぜか。野球の得点は、例外なくランナーがホームに還ってくることで認められる。ということは、「走」が最も得点に直結する要素になってくるからだ。「攻」の攻撃は、打撃＝バッティングと言い換えることもできるが、それはランナーを出したり、進めたりする手段に過ぎない。また、「守」の守備は、こちらもピッチングを含め、すべてランナーを出さないため、進めないための手段に過ぎない。野球の唯一の目的は、ランナーを塁に出し、進め、ホームに還すこと。ここに尽きるということだ。

はじめに、ランナーを出すためにはどうしたらいいかを考える。ヒットでもいいし、フォアボールでもいいし、相手のエラーでも構わない。とにかく、まずはランナーが出なければ始まらない。次にランナーが出たら、どう進めるかを考える。ヒットが続けばいいが、打てなくても進めることはできる。送りバントや盗塁など、方法はいくつもある。そして、３つのアウトを取られる前に、ランナーがホームに還ってきたら得点だ。

　守備側は、いつもランナーを進めさせないためにはどうすればいいかを考えている。どこに守ったらいいか、捕ったらどこに投げたらいいか、そういった考え方は、すべて走塁から逆算されているのだ。

　投げたり、打ったり、捕ったりするそれぞれの技術は別として、野球の作戦という意味においては、ランナーをどうやってホームに還すか、どうやって還さないか、その工夫がすべての基本、原理原則だ。

　イーグルスが日本一になった2013年、あのときは大エース・田中将大の印象があまりにも強すぎたので、田中頼みのチームに見えたかもしれないが、実はあの年のイーグルスは走塁に対する意識が明らかに違っていた。ランナーが溜まった場面でヒットが出て、外野からバックホームすると、その間にほかのランナーは確実に次の塁を狙っていた。みんな当たり前のようにやっているから、特筆すべきことだと気が付かないだけ。

　そういうところの意識付けが、チームを変える。野球で勝つというのは、そういうこと。逆に勝ち慣れていないチームというのは、ほとんどの場合、その大事なところに意識がいっていない。だから勝てないのだ。

野球を学ぶ、それは走塁を学ぶということ

　ファイターズのチームカラーのひとつに「全力疾走」がある。

全力疾走と言えば、昨年（2014年）引退した稲葉篤紀のイメージが強いが、長年彼がそれを率先してきてくれたことによって、チームカラーとして認識されるまでになった。それも彼の大きな功績のひとつだ。

　では、なぜ全力疾走することが重要なのか。全力を出し尽くすってどういうことなのか。それは、決して精神論ではない。

　つねに全力疾走することで、相手には確実にプレッシャーがかかる。ひとつ先の塁を狙おうとする姿勢を見せただけで、相手野手にミスが出るかもしれない。それは勝つために求められる、とても大切なことと言える。

　また、1塁に全力疾走するのは、打ったら走ればいいだけの話だが、2塁、3塁、さらにはホームを狙うとなると、しっかりと野球が理解できていないとできない。野球を学ぶということは、すなわち走塁を学ぶということなのだ。

　ありがたいことに、「いまのファイターズは走塁の意識が高い」と言っていただくことがある。それは白井内野守備走塁兼作戦コーチが徹底的に伝えてくれているおかげで、普段から意識付けができているということだ。たまたま、脚を使える選手が多くなっているのもあるし、それを売りにしない手はない。

　野球を知るという意味において、守備を学ぶこともとても重要だが、それ以前にまずは走塁がありき。野球はそういうスポーツだから。

走塁ミスは最も「流れ」を変える

　例えば、2アウト2、3塁から、1番の岱鋼がタイムリーヒットを打ったとしよう。2点入って、なおも1塁に岱鋼が残った。押せ押せムードでもう1点ほしいところだが、続く2番の中島には長打はあまり期待できない。だったら、岱鋼に盗塁させてみてはどうか。

　いかにもありそうな場面だが、こういうときはあえて走らせない

こともある。走塁ミスは、試合の流れを変える危険性があるからだ。せっかく2点取ったのに、勢いでいかせてアウトになったら、こちらに傾いていた流れを自ら手放してしまうことになりかねない。それではダメだ。

　無理してでも、イチかバチかでいかせていいケースか、それともここは自重するべきか、実はそういうところに野球の本質が見え隠れしている。それを選手に感じてもらうのは我々の作業だ。

　そして試合中、最も流れが変わりやすいのがこの走塁のミスだと思う。それは現場で痛いほど感じさせられている。

　ボーンヘッドを蒸し返すようなマネはしたくないので、あえて名前は伏せておくが、ある試合でのこと、2アウト1塁という場面で大きな当たりが出て、ランナーはホームランだと思ったのかゆっくりと走っていた。結果、打球はフェンス直撃となり、ランナーは慌ててスピードを上げてどうにかホームに生還することができた。還ってこられたからいいようなものの、もし3塁ストップとなり得点が入っていなかったら大問題だった。

　いや、得点が入ったからいいというものではない。その緩慢な走塁は、チームのみんなが見ている。全員で必死に作った試合の流れを、たったひとつのプレーがすべてぶち壊してしまうかもしれないのだ。失敗は誰にでもあるが、それと怠慢や緩慢はまったくの別物だ。それだけは、絶対に許してはいけない。

　では、なぜ走塁のミスは流れが変わりやすいのかといえば、これまでも述べてきたように、野球というスポーツにおいてそれだけ走塁が重要なものだからだろう。大事なポイントでミスをしたら流れが変わる、それは当然の成り行きだ。

　ほかに試合の流れが変わりやすいのはダブルプレイ、いわゆるゲッツーだ。いっぺんにアウトカウントがふたつ増えるだけに、これは分かりやすく流れが変わる。ただ、走塁ミスと違って、ゲッツーにはミスとは呼べないものが多い。おもにランナーを置いて、強攻

という選択をした結果のゲッツーであり、必ずしも打った選手が責められるべきものではない。とはいえ、ゲッツーを食らうと痛いことに違いはないが。

また、守備側に目を向けると、最も流れが変わるのは無駄なフォアボールだ。これはピッチャーのエラーといってもいい。

野球はそもそも打たせるスポーツとして始まったものなのに、フォアボールは打たせない。打たせないで歩かせる。野球で最も重要なのは走塁だと繰り返し述べてきたが、走らせもしないで塁を与えるなんて最悪だ。それを野球の神様が許すわけがない。フォアボールで歩かされるくらいなら、ヒットを打たれたほうがまだマシだ。

もちろん、守りやすいように塁を埋めるとか、当たっているバッターとの勝負を避けるといった戦略的なフォアボールは少し話が変わってくるが、ストライクが入りませんでしたという無駄なフォアボールは、確実に試合の流れを変える。ピッチャーは、これだけは肝に銘じなくてはならない。

野球の原点は、1塁まで全力で突進すること

今年、QVCマリンフィールドの監督室で夏の甲子園の決勝戦を観ていて、いろんな思いが込み上げてきた。

45年前、ジャイアンツの前監督原辰徳さんのお父さん、原貢さんが率いた東海大相模高校が優勝した。昨年、その原貢さんが亡くなられて、今年、東海大相模高校が決勝の舞台に上がった。一方、仙台育英高校は悲願の全国制覇へ、東北勢としてはこれが11度目となる甲子園の決勝だ。

試合は6対3、東海大相模高校の3点リードで迎えた6回裏、仙台育英高校に2アウト満塁から同点タイムリー3ベースが飛び出し、試合は振り出しに戻る。高校野球100年目の節目の夏、いったい何が勝負の決め手となるのだろうか……。

そんなことを考えながら、40年前のことを思い出していた。中学

生だった僕が東海大相模高校のセレクションを受けたのは、あの頃だった。小学生のときに東海大相模高校の優勝を観て、あの縦縞に憧れて、セレクションのときにはユニフォームを着させてもらって、本当に嬉しかった。結局、入学することはなかったけれど、胸踊ったあの日の記憶が薄れることはない。

　勝ったことも、負けたことも、楽しかったことも、つらかったことも、高校野球を巡る思いはすべてのプロ野球選手に共通するものだ。仙台育英高校が6対6の同点に追いついたとき、監督室の外で大きな歓声があがった。どちらを応援するともなく、劣勢のチームが同点に追いつくことによってみんなが盛り上がる。野球人の魂を揺さぶる大熱戦に、選手もスタッフも全員がのめり込んでいた。みんながそれを感じてくれる人たちであるというのは、とても嬉しいことだ。こういうチームでやれてよかったと、つくづく思った。

　今年の夏、札幌ドームでの試合前、ファイターズはビジョンに選手たちの高校時代の映像を流した。高校野球の映像をプロ野球の現場で流すというこの試みは、ほとんど前例のない画期的なことらしい。そして、これはファンサービスの一環であると同時に、チームの士気高揚という意味でも絶大な力を発揮した。なんせ次々と映し出される初々しい姿に、選手たちがいちいち盛り上がる（笑）。

　監督からしたら、選手たちがみんな高校時代の心の熱さを思い出してくれるのが一番だ。我々がどんなことを言うよりも、やんちゃな連中が涙を流すくらい野球をやった、あの頃の気持ちに一瞬でも戻ってくれたらそれ以上のことはない。

　ちなみに映像を流すだけでなく、全員、高校時代のユニフォームを着てシートノックを受けようという企画もあったらしいが、これは各方面の許可が得られず、実現しなかったようだ。でも、いつか必ずやってみたい。間違いなく大盛り上がりだ。

　ところで、先に紹介した球団スタッフ、岩本賢ちゃんに教えてもらったのだが、100年前に高校野球が始まったとき、大会初日の新

聞には野球のルールが載っていたそうだ。みんな、まだ野球がどんなものか分かっていなかったので、そこから知ってもらう必要があったわけだ。そして、そこには「球を打った者は何をおいても一塁まで向かって突進しなければならない」と書かれていた。「突進」という言葉が使われるともっと荒々しく感じられるが、これぞまさしく全力疾走だ。100年前から、球を打った者は何があろうとも1塁まで全力疾走しなければならないのだ。このことを知って、我々がやってきたことはやっぱり正しかったんだと、改めて確信することができた。これからもずっと、この精神だけはつねにチームのベースに流しておかなければならない。そうしないと、いつか間違った方向に行ってしまう。

　それから、野球の原点を知った話をもうひとつ。あの決勝の日、BS朝日の中継では、この夏を最後に横浜高校の監督を勇退された渡辺元智さんが解説をしていらっしゃった。その渡辺さんによると、元々野球を通じた教育というのは、勝つということを教えるのがベースになっていたそうだ。しかし、それが最近では勝利至上主義の弊害みたいなことが言われ始め、だんだん高校野球で勝ちにこだわることをやや否定的に捉える向きも出てきた。そんななか、今年の決勝に勝ち進んだ両校は、どちらも勝つために戦っていることを堂々と公言していて野球の原点のような感じがする、そんなふうにおっしゃっていた渡辺さんの言葉が非常に胸に響いた。そうか、やっぱり勝つことだったんだって。勝つために何をしなければならないか、それを徹底的に追求するのが野球なのだ。

　その勝ちにこだわり、全国制覇まであとひとつのところまでやってきた仙台育英高校は、もう1イニングだけ我慢できればサヨナラ勝ちの可能性は十分にあったと思う。9回表、あそこでまさか先頭の9番バッターにホームランを打たれるとは思わなかったはずだ。まさに野球の怖さと面白さが凝縮されたシーンだった。きっと野球の神様が彼らに何かを伝えようとしたに違いない。

あの決勝を見ながら、「明日からは昼間、もう高校野球が見られないんだ……」と思ったら、なんだか悲しくなってきた。この歳になって、まだ毎日野球をやらせてもらっているのに、年々そんな思いが強くなってくる。野球には本当に感謝しなくちゃいけない。

守備がうまい選手は必ず打てるようになる

ボールを捕る、投げる、打つ。このなかで最も難しい作業は、投げることだと思う。

投げるという動作には、感覚的な要素が強い。最後にボールが離れる瞬間というのはまさに感覚そのもので、指先は無意識のうちにミリ単位の微調整を行っているはずだ。

現役時代、名ショートとしてならした解説者の宮本慎也さん（元ヤクルトスワローズ）が、「ボールを投げることだけは親からもらったもの」と言っていたのが印象に残っている。捕ることや打つことは練習でうまくなるけれど、投げるセンスだけは先天的なもので、なおかつ一度うまく投げられなくなるとそれを直すのはなかなか難しい。歩くことと一緒で普段は無意識にできていることだから、意識し過ぎると余計にうまくできなくなってしまう。

一方、捕ることと打つことに関しては、非常に多くの共通点があると思っている。

守備がうまい選手は必ず打てるようになる。これは僕の持論である。特に脚が速くて、守備範囲の広い選手はその可能性が高い。

ボールに対するアプローチは守備だと「捕る」、打撃だと「打つ」と、それぞれ異なる表現になるが、これを「捉える」と言い換えるとどちらにも当てはまる。グラブを扱うか、バットを扱うかの違いだけで、ボールを捉えにいく感覚には共通するものがある。

特に、フィールディングの感覚が優れた選手は、それをバッティングに応用する能力にも長けている。

うちで言えば、中島卓也が見事にそれを証明してくれたひとりだ。

守りは一級品、でも打つほうは絶望的（？）とも言われていた選手だったが、今年は一年間フルで働き、打率2割6分4厘、出塁率は3割5分ちょうどという数字を残した。ショートというポジションの負担の大きさを考えると及第点と言える数字だ。ただ、将来的にはメジャーリーガーの川﨑宗則（かわさきむねのり）になれる選手だと思っているので、それからするとまだまだといったところだが。

　念のため、この持論は、逆のケースには必ずしも当てはまらないということも付け加えておく。打てる選手は必ず守備がうまくなるのか、と言われると、これはなかなか難しい。ひと口に打てる選手といってもタイプはさまざまなので、どうかあしからず。

何が起こるか分からないと思わせる責任がある

　今年のペナントレースは、残念ながらホークスに大差をつけられ、9月17日、リーグ史上最速のおまけ付きで優勝を決められてしまった。

　その時点でファイターズは18の貯金があり、かつまだ13試合を残していた。それだけに、これからどんなに頑張ってももう優勝はできない、という現実がなかなか受け入れられず、翌日、記者たちに「本当にもうダメなの？」としつこく聞いて回り、うっとうしがられた。「監督、実は計算が間違っていて、まだ可能性がありました！」って誰か言ってくれないか、そんなバカげたことまで考えていた。

　思えば8月5日、直接対決でサヨナラ負けし、ホークスに優勝マジックが点灯してから、一度もそれを消すことができなかったのも悔しかった。今日うちが勝って向こうが負けたらマジックが消えるというチャンスがあり、もしそういう流れになったら何かが起こるかも……、という空気になったことはあったけど、結局、その日はホークスも勝って、カウントダウンを止めることはできなかった。

　プロ野球である以上、我々には最後まで何が起こるか分からないと思わせる責任がある。いまはクライマックスシリーズというシス

テムができたおかげで、リーグ優勝を逃したチームにも日本一の可能性は残される。それも含めて、ファンの皆さんに最後まで信じてもらえる戦いを続けることが一番の仕事だと思っている。

　そのためには、まず我々自身が心の底から何かが起こると信じて戦っているという、その姿勢を示さなくてはならない。それができなければ、一緒に戦ってくれているファンの皆さんに失礼だ。

　毎日必死にやっていると、まるでノックアウト方式のトーナメント戦を戦っているかのような文字通りの総力戦になることがある。もうほとんどの選手を使いきってしまい、これ以上使うと、誰かがケガでもしたら選手が足りなくなってしまう、そんな状況だ。たとえそうであっても、もしリードを許す展開になってしまったら、追いつくためには最後のひとりを使いきってでも勝負に出たほうがよいと思っている。それが実って追いついて、その後、誰かに何かがあって選手が足りなくなってしまったら、その時点でギブアップもやむなしだ。それでも、追いつかないよりはマシだ。邪道だと怒られるかもしれないが、僕にとっていつも全力を出し尽くすというのはそういうことなのだ。

勝っていても負けていても考えることは同じ

　今年は開幕直後の4月頭に7連勝を記録した。連勝が7まで伸びたのは2009年以来6年ぶりのことだ。

　一方、今年最大の5連敗は、6月と9月に2度あった。そのいずれにも対ホークス戦の3連敗が含まれており、それがペナントレースの行方を決定付けてしまったと感じている。

　連勝と連敗、長いシーズンを戦っていれば何度かはあることだが、実はどちらにしても監督が考えていることにはあまり変わりがない。

　連勝していると「いま状態がいいんだし、勝てるときに勝っておかなきゃ。さて、明日、どうやって勝とうか」。

　連敗していると「勝てないときはこういうもんだけど、これ、ど

うしたら止まるんだろう。さて、明日、どうやって勝とうか」。

結局、どちらにしても同じ、明日の勝ち方を考えている。どんな百戦錬磨の名監督も、なりたての新人監督も、考えることといえば「明日、どうやって勝とうか」、それしかないのだ。

また、連勝中は、それが止まったときに反動が出るんじゃないかとビクビクし、連敗中は、このまま一生止まらないんじゃないかとビクビクしている。この得体のしれない何かにおびえている感じも同じだ。

しいて違いを挙げるとすれば、連勝中はちゃんとご飯が食べられるけど、連敗中は食事が喉を通らなくなる。胃が痛いし、夜も眠れない。それを除けば、考えていることはいつも同じだ。

言葉は氷山の一角

2013年の3月、監督になって2冊目の本を上梓した。無我夢中のうちに監督1年目のシーズンを終え、年が明けて2年目のキャンプを迎え、当時感じていたことをそのまま綴らせていただいた。その題名が『伝える。』(本書「3・伝える。」)。副題は『言葉より強い武器はない』だった。

言葉の持つ力をつくづく感じさせられた1年で、それは心境に偽りのないところだったのだが、いまになって、改めてその言葉というものの難しさに直面している。

言葉は氷山の一角だ。言葉で伝えられることなんてほんの少しで、本当はその底のほうにもっともっと伝えたいことはたくさんあるのに、それを伝えようとして言葉を駆使すると、かえって大切なことが伝わらなくなる。誠意を尽くそうとすればするほど、軽くなってしまう感じがするのだ。なんとかうまく言い訳しようとするとき、言葉を重ねれば重ねるほど余計に言い訳がましくなってしまう感覚に似ている。言葉を操ろうとすると、言葉が滑るのだ。

だから最近はできるだけ遠回しな表現を避け、言葉を選ばずはっ

きりと言うようにしている。言いにくいことを伝えなければならないときはなおさらそうだ。ある選手をファームに落とす決断をしたとき、自分が本当にその選手のことを思っているかどうかだけ、まずは自分自身に確認する。そして、必ず選手のためになると思ったら、取ってつけたようにチーム事情云々などと下手なフォローをしたりせず、「こういうところが足りない。下でやってきてくれ。頼む」と単刀直入に伝える。

　その手の通達はコーチに任せるというやり方もあるようだが、そういうことから逃げてはいけないという思いもあって、必ず自分で伝えるようにしている。中には、不満げな顔をする選手もいる。それを口に出したりはしないが、一瞬の表情の変化はよく分かる。つらいけど、仕方がない。

　そういうときは、なるべく素の自分に戻すこと、そして本当の自分でぶつかることを心掛ける。

いろんなことが分かってしまうことの弊害もある

　自分の人生、監督をやる前の50年と、監督をやらせてもらった4年を比べたら、後者のほうが100倍頑張れたと自信を持って言える。やっぱり自分のためにやるよりも、自分を捨て、ほかの誰かのためにやるほうがパワーが生まれるし、一生懸命になれる。すべてチームのため、選手のためにとシンプルに考えると、志がしっかりとして、前に進みやすい。

　それでは、チームにとって同じ監督が4年務めることが長いのか短いのか。それはどちらとも言えない。ただ、決していいことばかりではなく、4年やっていろんな経験を積ませてもらったことによるマイナス面もある。それは感じている。

　4連勝がかかった8月15日のイーグルス戦、2点リードで迎えた8回裏、好リリーフを見せた谷元から誰にスイッチするか。このリードを絶対に守りきろうと思ったとき、選択肢は絞られた。4連投

になる無理を承知でキャプテンの宮西をマウンドに送る。

　その宮西は先頭バッターをフォアボールで歩かせてしまったが、続く3番の後藤光尊、4番の松井稼頭央を抑えて2アウトまでこぎつける。上位打線のこのイニングをしのげば最終回も乗りきれる、そう思った矢先、代打のゼローズ・ウィーラーにまさかの2ランホームランが飛び出していた。

　チームは3連勝中だったが、その3試合すべてで宮西をはじめ、白村、増井といった勝ちパターンのリリーフ陣を投入していた。だからこの日は、なんとかこの3人を使わずに勝ちたいと思っていたのだが、8回、2点リードという展開で、絶対に落としたくないという気持ちが強くなり過ぎ、禁を破って宮西にいってもらった。その結果の同点弾だった。

　3年前であれば、絶対に宮西は使っていなかった。3連投になった時点で、翌日は試合展開にかかわらず休ませた。それはピッチャーを守るためでもあり、長いシーズンを戦い抜くために決めた自分のなかのルールだった。そこで勝ち試合を作るには、その日、コンディションのいいピッチャーをどんどんつぎ込んでいくしかない。万が一それで負けても、4連投となるピッチャーを使わなかったことは後悔しない。それが自分との約束だから。

　しかしあの日、一勝の重みが分かれば分かるほど、ピッチャーの適性が分かれば分かるほど、宮西以外の選択肢は消えていった。それが監督を長くやってきたことの弊害だと思う。シーズンの流れが読めるようになってきたことで、無理させちゃいけないと分かってはいるんだけど、それ以外のことも分かってきているから、ほかのピッチャーが使えなくなっている。

　結局、試合はサヨナラ負けを喫した。その最終回の守りでは、明らかにストレスを感じている自分がいた。意図していることが選手に伝わっていないことに苛立っていた。そんなふうに感じていることも、長くやってきたことのマイナスなんじゃないだろうか。きっ

と1年目だったらそんなことは思いもせずに、ひたすら祈り、心の
なかで必死に選手を応援していたはずだ。経験を積んだことで芽生
え始めているこのネガティブな感情が、自分のことを邪魔してしま
っているのかもしれない。

　ただ、ファイターズは純粋な心を持ったチームだから、自分が間
違った方向に進んでいることに気付かせてくれる。間違った方向に
進んでいると、どこか居づらい空気を作ってくれる。「監督、本当
にそれでいいって思わないでくださいよ」って。まだやれるかな、
と思うのは、そういうチームだからだと思う。

すべての間違いは「分かった」と思ったところから

　シーズン中、こんなこともあった。

　ある重大なテーマについて、球団スタッフと意見交換をしていた。
これは何度も話し合ってきたテーマなのだが、なかなかベストな方
向性が見出せないでいた。すると、彼はこう言った。

「結局、全員間違っているんです。やっていることが」

　はじめは、何を言い出したのかと思った。全員やっていることが
間違ってるとは、いったい何事か。しかし、だんだん彼の言わんと
するところが理解できるようになってくると、それは正しいと思え
るようになってきた。

　自分は分かっていると思ったところから、すべての間違いは始ま
っている。これが正しい、これが一番いいんだと思ってしまうと、
そこからおかしな方向に走ってしまう。

　そもそも正解があるものじゃないんだから、自分は間違っている
と思っていたほうがいい。間違っていると思えば、もっと勉強する
し、死ぬほど考える。そうやって一生懸命やっていると、中には答
えらしきものが見えてくるものもある、それくらいに思っていてち
ょうどいい。

　こう考えてみた。ファイターズには、西川遥輝という非常に能力

の高い選手がいる。ただ、彼は残念ながらその能力を十分に発揮することができずにいる。大きな武器のひとつである脚を生かせるよう、1番や2番、9番など、いろんな打順を試してみた。しかし、いまだに本当はどこが向いているのか、適性が見えてこない。もしかしたら、いままで試してきた打順は、どれも間違っていたのかもしれない。もし、彼を4番で使ってみたらどうだろう。4番でとにかく全球フルスイングするよう指示をしたら、その才能は大きく花開くかもしれない。

やはり、これにも答えはない。答えはないけど、そこに信念や執念みたいなものがあれば、必ず何かしら方向性は見えてくる。

理想は「全部分かっていて、でも決めた役割しかやらない」

全部分かっていて、でも決めた役割しかやらない。監督として、そんなふうになれたらどんなに素晴らしいだろう。

まず、全部分かっているということ。投手コーチが言うことも、打撃コーチが言うことも、守備走塁コーチが言うことも、トレーニングコーチが言うことも、みんな分かっているから本当は選手に教えようと思えば教えられるけど、教えない。それはコーチに任せているから、自分は決めた役割しかやらない。それは例えばコーチが指導しやすい環境を整えることとか、選手が吸収しやすい状況を作ることとか、そういった役割に徹している。これがひとつの理想像だ。

これは、そうなろうと目指すことに意味がある。肝心なのは全部分かろうと思って努力すること、勉強することだ。分からないことがなくなるなんてありえないし、勘違いして全部が分かったと思った時点で成長は止まってしまう。そうなったら終わりだ。一生なれないからこそ理想なのだ。

また、監督という立場をいただくと、自分でやろうと思うとある程度やれてしまうことが多い。だからこそあらかじめ役割を明確に

し、つねに自分を律していないと、よからぬ方向に行きかねない。選手に対して自分が何かをしてやっているという考えがほんの少しでも芽生えたとすれば、それは大きな間違いだ。我々は選手のやろうとしていることがうまくいくようサポートしているに過ぎないのだ。

そして、適切にサポートするにはどうしても知識が必要となってくる。だから、勉強するのだ。

今年、帽子の裏側、ちょうどてっぺんのあたりに「敬」の文字を記して戦いに臨んだ。いつも「選手を敬うんだ」という気持ちがなければ、感情的になったときなど上から目線になってしまうかもしれない。それを自分にさせないため、試合中にその文字を見て自戒してきた。

僕のような監督は、きっとそれくらいでちょうどいい。

答えがないから面白い

今年の8月、ちょっとしたアクシデントがあった。

19日のマリーンズ戦、予告先発のメンドーサが急性へんとう炎のため、急遽登板を回避せざるを得なくなった。トレーナーからの報告によると「宿舎で静養させるが、2～3日様子を見て、熱が下がり次第、練習に参加させる」とのこと。ひとまず、本人の心配はなさそうだが、さて、代役に誰を立てるか。厚澤投手コーチと相談した結果、ファームから新垣勇人を呼び寄せることになった。

当時29歳の新垣は、大谷翔平と同期入団の3年目で、プロ入り以来まだ白星がなく、今シーズン初先発となった前回の登板でも、バファローズ相手に3回途中3失点という内容で、黒星を喫していた。

この日、午後1時プレイボールのイースタンリーグのゲームに登板予定だった彼に、一軍での先発が伝えられたのは午前10時頃。ロッテ浦和球場でストレッチ中だったそうだ。そこから荷物をまとめて、急いでQVCマリンフィールドにやってきた。

このような緊急登板では、たとえ満足なピッチングができなくても新垣が責められることはない。言い訳ができる状況だ。開き直って投げてくれたら、案外、いいピッチングをしてくれるんじゃないか、そんな好投の予感はあった。ピッチャーのなかには、そういうときのほうが思い切って投げられるというタイプもいる。

　そして、その予感は的中する。新垣は5回を投げて4安打2失点という上々の出来で、しかも6回表に打線が勝ち越してくれたため、勝ち投手の権利まで転がり込んできた。朝、起きたときには想像もしていなかったプロ初勝利だ。

　実はこの日、夏場の疲れを考慮し、キャッチャーの市川友也を休ませてはどうかという意見もあった。だが、予告先発変更のアクシデントを受け、調子のいい彼を外すわけにはいかないと、引き続きマスクをかぶってもらった。その結果、好リードに加え、打っては2安打3打点、逆転打と勝ち越し打を放つ大活躍だ。あとで知ったのだが、新垣と市川は同い年で、中学時代、同じシニアリーグのチームでプレーしていた仲なのだそうだ。この勝利は、なんとか未勝利のピッチャーを勝たせてやりたいと、選手たちみんなが心をひとつにして戦ってくれた結果なのかもしれない。

　新垣の勝利を「まさか」といっては彼に失礼にあたるが、メンドーサの先発回避が誤算だったのは間違いない。だが、メンドーサが投げていたら勝てていたかと言われたら、こればかりは誰にも分からない。

　いままでしっかり準備させたら勝てなかった新垣が、急に呼び出したらいきなり勝った。休ませようと思っていた市川を使ったら、ヒーローになった。ただ、それらはあくまでも結果論であって、はじめからそこに正解があったわけではない。

　つまり、野球に答えはないということだ。答えがないから面白いんだと思う。答えがあるんだったらそれを探せばいいが、もしあったら、きっと毎日こんなに必死になって考えたりはしないだろう。

答えを手に入れたら、はい、おしまい、だ。それで年間140試合以上もやれるだろうか。

　現場にいると、そういうことが勉強になる。やればやるほど、分からないものなんだということが分かりだす。

第5章：栗山英樹の使命とは何か

　4年の経験を通して、監督の役割を果たすためには何をどう考えるべきなのか、その立場にある者はどう振る舞うべきなのか、ということの自分なりの答えを書いてきた。少しは何かしら皆さんにも伝わるものはあっただろうか。

　最後にここから、ファイターズというチームの監督だからこそ僕に与えられた使命について、どう考えているのかを書いてみたい。

人は天に与えられた役目、使命を果たすだけ

　まえがきに書いたように、いつの世も時代に人が選ばれていく。そしていま時代に求められて登場したのが大谷翔平だ。では、出会った我々はいったい何をすべきなのか。

　まず肝に銘じるべきは、何もすべきではないということだ。そもそも、自分の意思で何かを動かそうだなんておこがましい。人はいつも、与えられた役目を果たすだけだ。

　大谷翔平が高校3年生の春、ちょうどセンバツが終わった頃、球団スタッフと「大谷を使うなら、（ピッチャーかバッターか）どっちですかね？」みたいなことをよく話していた。その結論は「どちらでも成功すると思う。でも、誰かが決めちゃいけない。それは野球の神様しか決められない」と、いつも決まってそこに落ち着いた。

　ただ、ドラフト戦略を固めていく段階になると、そうとばかりも言っていられない。大谷に限らず、指名を検討しているすべての選

手について、もし獲得できたらという仮定のもと、具体的な育成法、起用法を話し合う。

どうすることが、その選手にとって最良の選択なのか。彼のためになることがチームのためになる、というのがファイターズの基本的な考え方だ。

大谷翔平の場合、そのなかで二刀流という話はごく自然に出てきた。本人が望むのであれば、両方やりながら時間をかけて本質を見極めていく。僕が素直にそう思えたのは、自分が監督だからだと思う。我慢することも含め、現場の決断はさせてもらえる立場だから。

そういったことを話し合っていく過程において、本当にすごいと思ったのは球団幹部やスカウト担当者のことだ。ピッチャーとバッター、両方やらせてみたらどうだろうという漫画みたいな話を、獲得する前から本気で考えて、その具体的なプランをみんなで真剣に議論している。できるかできないかではなく、彼なら絶対にできるという前提でどんどん話が進んでいる。こんな大人たちって……、最高だなって心から思った。

これが20年前だったら、もちろん二刀流なんてありえないし、まず投げ方を直されて、ファームで必死にやってるうちに、こちんまりとまとまってしまったかもしれない。それでも、最終的にはいいピッチャーになっただろうとは思うけど、少なくともいまとはまるで違っていたはずだ。

ということは、やっぱり二刀流は誰が差し向けたものでもない、時代のうねりがそうさせたとしか思えない。

2013年6月1日、札幌ドームでの中日ドラゴンズとの交流戦、大谷翔平が2度目の登板で待望のプロ初勝利を挙げた。

試合後、フロントの面々はいつもコーチ室の前で我々が引き上げてくるのを待っている。あの日、そこにいたひとりと「ナイスゲーム」と握手をしたとき、「これが分かってもらえるのは50年後ですけど、必ず歴史になりますから。50年後に」と言われた。あのひと

言は一生忘れない。二刀流への挑戦が本当の意味で評価されるのは、きっとまだまだ先のことだけど、それは必ず歴史になる。それを信じて、前に進むだけだ。

人にはそれぞれ天に与えられた役目があり、使命がある。だからこそ、大谷翔平にはやるべきことがあるんだと思う。

「ピッチャー大谷」対「バッター大谷」

いろんなところで、よく尋ねられることがある。

「もしも、ピッチャー大谷とバッター大谷が対戦したら、どっちが勝つと思いますか?」

これはプロ1年目であれば、答えは簡単だった。「間違いなく、バッター大谷の勝ち」

大谷翔平という野球選手は、元々バッターなんだと思う。性格とか、感覚とか。いい意味で鈍感だから、思いっきりやれる。野球界では、ピッチャーには繊細なタイプが多く、バッターには大胆なタイプが多いと言われるが、だとすれば、やっぱり彼はバッタータイプ。爪や指先をいつもしっかりケアしておかないと気がすまない、そういったピッチャー特有の神経質なところがあまり見受けられない。それをなんとかピッチャーにしようと思ってやっているから、自分のなかにジキルとハイドみたいなふたりが共存していて、わけが分からなくなってしまう。それで、たまに自分とぶつかっている。

入団時のピッチャー大谷の完成度は、せいぜい10%といったところだろうか。じゃなかったら、あれほどのボールを持っていて、同じ高校生に打たれるのはおかしい。普通に考えて、160キロを投げるピッチャーが県予選で簡単に負けたりはしない。ひと言で言えば、まったく技術がなかったんだと思う。故障して、思うように練習ができなかったという面もあるけど、いずれにしてもピッチャーとしての完成度は低かった。

一方、バッター大谷の完成度はズバリ80%。念のため補足してお

くが、これは高校生のバッターとしてという意味ではなく、プロの
バッターとしての評価である。それくらい、バッター大谷は素晴ら
しかった。大きな欠点はひとつしか見当たらなかった。これは驚く
べきことだ。

　伝説のスラッガーに失礼を承知で、あえて引き合いに出させてい
ただくが、入団時の松井秀喜さん（星稜高校→巨人）よりも間違い
なく上だった。高校出身で、あんなに完成度の高いバッターがほか
にいたかと言われれば、僕が見た限りでは、１年目に打率３割４厘、
ホームラン31本を記録した清原和博さん（PL学園高校→西武）、ある
いは立浪和義さん（PL学園高校→中日）といったところだろうか。

　というわけで、その頃、ピッチャー大谷とバッター大谷が対戦し
ていたら、きっと広い札幌ドームの一番深いところ、左中間スタン
ドに軽々とホームランを叩き込まれていたに違いない。マウンドで
悔しがるピッチャー大谷の表情が目に浮かぶようだ（笑）。

　それほど圧倒的な完成度の差を見せつけられたら、普通はバッタ
ーとして使いたくなる。球団としても、毎日試合にフル出場させら
れるバッターのほうがファンサービスの観点からもベターだったは
ずだ。誰よりも大谷自身が一番よくそれを分かっていたから、前例
のない二刀流挑戦を思い描いたとき、本人はピッチャーにこだわる
発言を繰り返していたのだ。そうでもしないと、そのままバッター
にさせられちゃうかもしれないから。

　ただ、野球というスポーツにはピッチャーのほうがチームに貢献
しやすい、勝利に直結しやすいという面もあるため、完成度には少々
目をつぶってでもピッチャーとして育てようという方針が固まり、
二刀流への挑戦が現実のものとなった。そして、それは大谷翔平と
いうプレイヤーの将来を考えたとき、最良の選択だったと信じてい
る。

「義」を通すためにも結果は必要だ

　花巻東高校時代、ピッチャーとして最速160キロを記録し、バッターとしては通算56本のホームランを打っている大谷翔平だが、残念ながら日本一には縁がなかった。

　甲子園初出場は２年生の夏、帝京高校に敗れて１回戦敗退。３年生の春には、緒戦でこの大会優勝した大阪桐蔭高校と対戦し、藤浪晋太郎（現阪神タイガース）からホームランを放つものの、マウンドでは11四死球で９失点と崩れ、早々と姿を消した。そして高校最後の夏は、岩手県大会準決勝の一関学院高校戦でまさかの５失点、甲子園出場を逃している。

　ちなみに、小・中学校時代も全国の舞台には立ったものの、やはり日本一には届かなかったと聞いている。いったい、どうしてなのか。

　彼がプロ入りまで優勝してこなかったことには、きっと意味がある。あれほどの才能を持った選手がもし早い段階で頂点を極めていたとしたら、はたしてどうなっていただろう。大谷に限って、日本一によって得た自信が過信になることはなかった、そう言いきれるだろうか。いままで自分はこうやって勝ってきたんだという意識が、さらなる成長を妨げていたかもしれない。聞く耳を持たない、鼻持ちならないまでの自信がなかったとは言いきれない。

　そう考えると野球の神様は、彼にもっともっと上を目指させるために、勝つことの喜びよりも負けることの悔しさを味わわせてきたのではないだろうか。優勝してこなかったからこそ、それをバネに前に進んでくることができたに違いない。

　日本ではジャイアンツ、アメリカではヤンキースと、日米を代表する常勝軍団でプレーした松井秀喜さんは、引退に際し、現役生活をこう振り返った。

　「長い間、好きな野球をやらせてもらうなかで、ずっとチームが勝つことだけを考えてプレーしてきた。最後までそれができたことを

誇りに思います」

　彼が誰よりも尊敬される選手であり続けた最大の要因はここにある。

「チームが勝つために努力してきた」

「打つことより、勝つこと。勝つために自分は何ができるか、それ以外にない」

「いい数字を残しても、チームにとってためにならない、そういう選手にはなりたくない」

「もともとチームが勝つためにやっているのに、個人の記録を比べても仕方ない」

　印象に残る彼の言葉は、いつもこうだった。勝利を宿命付けられたチームを長年支え続けた男の真の姿だ。

　大谷翔平は、ファイターズが最後にリーグ優勝した年（2012年）の冬、チームの一員となった。だから、優勝を知らない。投げても投げても、打っても打っても、まだ頂点には手が届かずにいる。

　彼は何事もないかのように二刀流への挑戦を続けている。いったいなんのための二刀流か。それが自分のためになったら、挑戦することの意味はなくなる。チームが勝つための、優勝するための二刀流でなければ価値はない。

　この世の中、たとえやっていることに「正義」があっても、結果が出なければ「義」が通らなくなってしまうことがある。だから、「義」を通すためにも結果は必要だ。プロ野球の世界の結果とはただひとつ、優勝のことなのだ。

　大谷の価値、二刀流の価値は、チームが優勝したときにはじめて証明される。

「この選手がダメだったらしょうがない」

　ファイターズにはもうひとり、間違いなく時代に選ばれた選手がいる。

　前に紹介した「エースと4番だけは出会い」という野村さんの言

葉が強く印象に残っていたせいかもしれない。中田翔にはまさしく「出会った」というふうに思った。

初めてのキャンプのとき、打撃練習を見ていてある選手のスイングに目を奪われた。期待のスラッガーは、これまでレギュラーに定着していないのが不思議なほどの豪快なバッティングを見せていた。

だが、その後、中田がバッティングケージに入ると、インパクトを残したスラッガーの印象は一瞬にして薄れてしまった。前年（2011年）、4番や6番、7番といったように打順は転々としたものの、18本のホームランを放ち覚醒の兆しを見せた当時22歳の大砲は、やっぱりモノが違った。スイングを見れば見るほど、そのすごさは際立っていった。あの野村さんでも作れなかったという、これが4番なんだ、と。

時代は中田翔に何を求めたのか。彼はなぜ選ばれたのか。きっと改めて4番バッターの存在や意味、意義を世の中に問うているのだと思う。

「つなぐ4番」というフレーズが注目された時期があった。4番はただ4番目に打つバッターというだけであり、ほかの打順同様、次につなぐ役目を担っているというものだ。チーム事情により、それを余儀なくされるケースもあるかもしれない。だが、本来あるべき姿はそれとは違うはずだ。歴史がそう伝えている。

中田の4番起用をいつ決めたのかは自分でも覚えていないが、もしかしたらそれは監督になる前だったような気もする。というのも、キャスター時代から「日本の4番は誰なのか？」というテーマは念頭にあって、そこにはいつも中田の顔が浮かんでいたからだ。

だから、ファイターズを任されたときも、中田のことを単にチームの4番とは見ていなかった。なんとしても、この男を日本の4番にしなければならない。日本の4番と言えば、それは過去に遡ればやっぱり長嶋茂雄さん、王貞治さんということになる。だから、長嶋さん、王さんがやってきたことを、彼はやらなければならない。

4番バッターには、人間性も問われる。

　その人間性をより具体的に言えば、「この選手がダメだったらしょうがない」と、みんなに思わせられるかどうかだ。

　打って当たり前、勝負強くて当たり前、それでいて打てなかったときにこそ真価が問われる、それが4番バッターは特別だと言われる所以なのかもしれない。

　若い4番バッターが能力だけで結果を残しているうちは、なかなかそこまでの信頼は得られない。

　はたして、いまの中田翔はどうだろう。まだ能力が上回っているだろうか。だが、いつか必ず彼の人間性が、能力を超える日はやってくる。

　この4年間、中田にはいつも同じ言葉しかかけてこなかった。ひと言だけ、「頼むな」と。

　中田の返答も、決まって「はい」のひと言だ。その実直なひと言に、彼の人間性が見て取れる。

新しいニーズに応えていかなければならない

　札幌ドームで試合を戦っていて満員のスタンドを見上げたとき、感謝の気持ちとともに、いつも浮かんでくるある思いがある。

　いつも球場に足を運んでくれるファンの皆さん、そしてテレビの前で応援してくれている大勢の皆さんにとって、ファイターズってどういう存在なんだろうか、ということだ。

　北海道に移転したのは2004年、今年で12年目のシーズンを終えたことになる。いまの中学生以下の世代にとっては、物心がついたときにはすでにファイターズはそこにいたということだ。

　一方、高度経済成長から続く日本の発展をこれまで支えてきてくださり、いま老後と呼ばれる世代を迎えている皆さんにとって、ファイターズは日々の楽しみのひとつになっているのだろうか。いま、その世代の人々にどんな楽しみを提供できるか、そういったことが

求められている時代でもある。だから、プロ野球の球団もそういう存在にならなければ、今後成り立ってはいかない。それはとても意味のあることだ。

だいたい、監督である僕のことすら息子と思ってくださるような皆さんが、このチームを支えてくださっているのだ。自分の孫、ひ孫みたいな選手を応援することが、一時代を頑張った方々の違う楽しみになる。そのためにプロ野球が存在している。だから若い選手たちを成長させなければいけない。それが、いまのファイターズのひとつの形だ。それはすごく意識している。

野球をやっていればいいんだ、と思っていてはダメなんだと思っている。若い選手はそれでも構わない。いいプレーをするために100%やってくれればそれでいい。そのなかで、我々すべてのプロ野球関係者はいつも新しい時代のニーズに応えていかなければならない。それはある意味、進化していくということだ。いつも進化が求められ、それに応えていこうと必死にやっているからこそ大谷翔平のような選手も現れてくる。

そういった魅力的な選手をどう演出して、どう魅せていくか、プロ野球は時代に寄り添い、発展していく。

誠を尽くせば、人は必ず心を動かされる

いつも時代に人が選ばれていく、という自分なりのテーマに関連して、今年ずっと追いかけてきた人物がいる。追いかけてきたというのは少し違うかもしれないが、彼のことを知れば知るほどますます興味が湧いてきて、片っ端から文献を読み漁った。

その人物とは幕末の思想家、吉田松陰である。今年は松陰ばかり、いったい何冊読んだだろうか。

2015年1月からNHKで、松陰の末の妹にあたる久坂美和を主人公とした大河ドラマが放送されていたが、その影響というわけでもなく、はたして自分が野球に対して抱いている思いは正しいのか、

向き合い方は間違っていないのか、その確証みたいなものがほしくてあれこれ模索しているうち、スーッと腑に落ちたのが松陰が大切にしていた孟子の言葉だった。

「至誠にして動かざる者は、未だ之れ有らざるなり」

誠を尽くせば、人は必ず心を動かされるということ。あまりにも有名な言葉だが、すべてはそこに尽きる。

松陰の没後150年以上経ったいまなお、書籍などを通じて彼の生き様に触れながらそこに込められた信念を思うと、本当に動かせないものなんてないんだ、という気持ちに改めてさせられる。そして、もし動かせなかったとしたら、「この上ない誠の心を尽くしきっているのか？」という自分への問いとなって返ってくる。

1859年、安政の大獄（江戸幕府が尊皇攘夷派に対して行った弾圧）により、松陰は満29歳の若さで刑死を遂げる。その処刑前日に書き終えたとされる遺書『留魂録』を手に取ると、これは本当にしっかり読み込まないと失礼だという思いにさせられる。

僕などは気持ちを伝える手段として「覚悟してやる」「命がけでやる」といった言葉を日常的に使ってしまっているが、あの人たちは本当に自らの命をかけて日本という国を変えようとした。国のために死のう、自分が死んだら何かが変わるきっかけになるかもしれないと本気で考えた。そういう時代だったといってしまえばそれまでだが、どうしてそんな境地に立てるのか、それが知りたくてしょうがない。

もちろんそんな彼らとは比べるべくもないのだが、何冊もの本を読み込んでいくうちに「おまえにその覚悟はあるのか？」と魂を揺さぶられている感じがしてくる。「自分に嘘をつくやつほどくだらないやつはいない」「自分でやろうとしたことをやれないやつほど、人間としてくだらないやつはいない」、そんな松陰の言葉が、自分に向けられているような気がしてくるのだ。

吉田松陰はそういう時代に生まれた。そしていま、この時代に生

まれた我々が誠を尽くす相手は野球だ。野球に対して誠を尽くさなければ、やっていることに意味はない。

だからといって、松陰の言葉をそのまま若い選手たちに伝えようとは思わない。その言葉を通じて自分が感じたことを伝えていかなければいけないと思っている。野球を分かったふりをするとか、野球はこういうものだと頭から決めつけてかかるとか、そんな態度をとっていては野球に失礼だ。それは誠を尽くしていない典型だ。まずはそういったことから、一つひとつ。

きょう一日の苦楽も自分次第

まだファイターズが北海道に移転する前のこと、名前が同じという縁で北海道の栗山町に天然芝の野球場を作らせてもらった。そこを栗の樹ファームと名付け、以来、僕の第二の故郷となっている。

いま思えば運命的な、その直接的なきっかけをくれたのは栗山町の青年会議所の面々だったが、そもそも栗の樹ファームのような場所を作りたいと考えるようになったバックボーンにはひとりの女性の存在があった。

ターシャ・テューダーの名前をご存じだろうか。2008年、92歳で亡くなったアメリカの絵本作家で、彼女の作品は「アメリカ人の心を伝える絵」と称された。また、50代後半になってバーモント州の山奥で日常のほとんどを手作りでまかなう生活を始め、広大なイングリッシュガーデンで暮らすそのライフスタイルは日本でも話題となった。

「人生は短い。だから一日一日楽しみなさい」

「どんなに平凡な一日でも、こんなに素晴らしい一日はない」

そんなターシャの生き方に感銘を受け、いまから13年前に栗の樹ファームという夢をひとつ実現させてもらったが、彼女がくれたメッセージはプロ野球の監督になったいまの自分にも大きな力を与えてくれている。

「野球ができる喜びを見出せば、きょうも必ず素晴らしい一日になる。そうじゃなければやっている意味がない」

また、西鉄ライオンズなど3球団を優勝に導いた名将、三原脩さんの座右の銘「日々新なり」も、ターシャのメッセージ同様、日々の心の在り方を教えてくれる。

きょう一日を楽しくするのも苦しくするのも自分次第。この苦労を本当の意味で喜びに感じ、まずは自分自身をキラキラさせなければ、選手を輝かせることはできない。毎朝、「日々新なり」を唱え、そのことを強く意識している。

第6章：プロとして、人として大事なこととは

高校を卒業してすぐに飛び込んでくる者もいれば、大学、社会人を経て、30歳近い年齢になって門を叩く者もいる。プロ野球とはそういう世界だ。そして、一軍で活躍する選手にはいつもまばゆいばかりのカクテル光線が照らされ、ファームで苦労している選手にはキャリアにかかわらず厳しい環境しか用意されていない。

そんな華やかで心もとない場所だからこそ、選手たちにはどうしても伝えておかなければならないことがある。少なくともそれを伝えようとすることは自分の義務だと考えている。

野球選手である前に、ひとりの社会人として、もっと言えば人としてどうあるべきか。

「いま、よければいい」はダメ

前年のリーグ優勝から一転、最下位に沈んだ2013年の秋、プロ1年目のシーズンを終えたばかりの大谷翔平ら、若手選手を集めたミーティングで、『論語と算盤』を題材に話をした。みんな露骨に態度には表さないものの、正直なところ、「ろんごとそろばん？？？」

といった感じで、頭の上にいくつも「？」を浮かべていたことと思う。

　同書は、日本の資本主義の父と言われる実業家・渋沢栄一さんの著書で、日本人必読の書として紹介されることの多い名著だが、野球選手にとっては少しばかり縁遠い書物と言えそうだ。実のところ、僕も監督になるまでは「タイトルは聞いたことがあるけれど……」という程度の認識で、きちんと読んだことはなかった。

　では、なぜその『論語と算盤』を題材に話をしようと考えたのか。

　監督になって、それを読んでみようと思ったのは、経済誌の特集がきっかけだった。企業の経営者が座右の書を紹介する特集で、そこで最も多くの方々に挙げられていたのが『論語と算盤』だったのだ。

　気になって読んでみたら、これを座右の書とする社長さんが多いのも納得の、実に興味深い一冊だった。

　その頃、人間としての成長がなければ野球選手としての成長もありえない、と強く感じ始めていたので、勝手に「算盤」を「野球」に置き換えてみた。人のために尽くすこととお金を稼ぐことが一致するならば、それは野球選手として成功することとも必ず一致するはずだ。

「そうだ、『論語と野球』だ」って。

　プロの世界で一日でも長くプレーし、成功を収めるためにはいったいどうすればよいのか。そのためにも、まずはプロ野球選手が陥りやすい弊害を解消したいという考えがあった。その弊害とは、例えばこういったものだ。

「いま、よければいい」「今日、ヒットを打てればいい」「今日、勝てればいい」

　ヒットを打つにも、その結果を持続させるためには根拠が必要となるが、プロ野球は毎日のものなので、どうしても「いまさえよければ」というところに陥りやすくなる。長続きさせるためには本当はこういうアプローチじゃダメなんだって分かっているのに、たまたま結果が出るとそこに引っ張られてしまう。そして、結果が出る

とチヤホヤされる。そうされると勘違いする。そう、陥りやすい弊害は「慣れ」や「勘違い」と言い換えてもいい。

それを考えたときに、普遍的なものの考え方を学ぶことがその弊害を解消するヒントになるんじゃないかと思った。人を騙しちゃダメだとか、ズルいことをしちゃダメだとか、子どもの頃、そんなことをしたら神様に怒られるよって言われたような教えはやっぱり大事で、そういう正しい生き方をすることが、プロ野球選手として成功するためにも必要なんじゃないか、と。

一番大切なのは人として正しいか、間違っているか。だから、『論語』なのだ。

それは選手たちに伝える以前に、自分自身に言い聞かせていることでもある。そういうものをちゃんと勉強しろよって、人に言いながら自分に聞かせている。自分に当てはめてみて、その考え方に沿っているかどうかを確認しているのだ。

また、『論語と算盤』を書いた渋沢さんは、決して利益を独占しようとせず、他人の富のために自分の持てる力をすべて出し尽くし、多くのことをやり遂げた人だった。私心がないこと、つまり自分のためにやっていないことが原動力だ。

それはプロ野球選手も同じだと思っている。「人のために尽くしきれるか」こそが最大のテーマだ。みんな最初は自分のためにプレーする。それがやがて自分を離れて、家族のために、ファンのために、チームのために、そういった気持ちが勝るようになり、気付けば誰かに喜んでもらうということが大きな原動力となっている。

いつかは「ファイターズの野球ってそういう野球だよね」とファンの皆さんに言ってもらえるようになればいいなと思っている。

さて、『論語と算盤』を題材にした秋のミーティングだが、そこで選手たちに配った資料を大幅に加筆修正して次のページから掲載してみた。皆さんにうまく伝わるかどうかは分からないが、選手たちに伝えようとしたことの断片でも感じてもらえたらと思う。

あなたにとって相棒とは？

☐ ここでいう相棒とは困ったときや迷ったとき、あなたにヒントをくれる存在です。人でも、物でも、言葉でも構いません。

☐ 人であれば家族？　恩師？　友人？　物であればバット？　グラブ？　シューズ？

☐ 社会で多くの人に貢献、活躍している人たちに相棒を尋ねたら、みんながその題名をあげる一冊の本がありました。

☐ それは人間力を高めるためのヒントがぎっしり詰まった一冊だといいます。

↓

人間力っていったい何？

☐ そもそも人間力っていったい何でしょう？

☐ ファイターズが貴重な時間を使ってまで、こうして人間力を高めることに力を注いでいるのはなぜでしょう？

☐ それは、誰もが成長するためにとても大切なものだから。

☐ それは、誰もが絶対的に必要なものであることを知っているから。

↓

例えばこんな場面、あなたならどう考える？

☐ 0対1、1点リードされて迎えた5回表の守備、フォアボールとエラー絡みでさらに2点を失いました。

☐ 3点を追うその裏の攻撃、フォアボールと2塁打で無死2、3塁のチャンスをつかみます。

☐ベンチからはバッターに任せるというサインが出ています。

☐もちろん思い切って打ってもいいのですが、あなたがバッターならどんなことを考えますか？

↓

より確実に1点を取るためには、どんなアプローチが適切か？

☐とにかく最低でも1点は返しておきたい場面です。

☐では、より確実に1点を取るためには、どんなアプローチが適切なのでしょうか？

☐ここでヒットが出る確率は？　犠牲フライになる確率は？　内野ゴロで1点が入る確率は？

☐そういった選択肢の中から最も確率の高いものを選ぶためには、何を判断材料にしていけばよいのでしょう？

↓

選択肢の中から、最も確率の高いアプローチを選ぶための判断材料は？

☐ここまでの展開を振り返ると、試合はどんな流れでしたか？

☐過去のデータを分析すると、どんな傾向と対策が見えてきますか？

☐この状況でいま、味方チームはどんな気持ちで、相手チームはどんな気持ちであると想像できますか？

☐さぁ、この場面で最も確率が高いと思われるアプローチは選べましたか？

↓

総合的に状況判断するために必要なもの、
それが人間力

- ☐試合中に起こり得るシチュエーションは何千、何万通りもあり、どんなに記憶力がよくてもそのすべてを暗記することはできません。
- ☐しかも、状況判断にはケーススタディだけでなく、現場の生の情報を読み取る洞察力も要求されます。
- ☐それは野球の反復練習では決して身に付きません。
- ☐そこで必要になるのが、実は人間力なのです。

チームとして成果を出すために、
さらに人間力を磨く

- ☐ほかのことはよく分からないけれど野球だけはできる、というのは思い上がりです。
- ☐高いレベルで野球をするには、必ず高い人間力が求められます。
- ☐そして、チームとして成果を出すためには、みんなの思考の方向性をある程度一定にする必要があります。
- ☐それには、さらに人間力を磨いていかなければなりません。

↓

人間力を磨く責任が果たせなければ、
チームを去らなければいけない

- ☐もうひとつ、プロ野球選手には人間力を磨かなければならない理由があります。
- ☐多くの野球少年に憧れられる存在であり、たくさんのファンに応援してもらい、支えてもらっている立場だからです。

- [ ] 影響力が大きい以上、人間力を磨くことは最低限の責任であり、ある意味それは給料に含まれていると考えなければいけません。
- [ ] それは当然のことであり、それができなければユニフォームを脱ぎ、チームを去らなければいけないと考えてください。

人間力を磨くために、
人生の先輩たちの座右の書を開いてみる

- [ ] では、人間力を磨くにはいったいどうすればいいのでしょうか？
- [ ] 図書館の膨大な本の中から、それを学べる教材を見つけだすのは大変な作業です。
- [ ] そんなとき、社会的責任の大きい人生の先輩たちがみんな座右の書にしているという一冊を開いてみてはどうでしょう。
- [ ] それが、『論語と算盤』です。

↓

図書館に戻りたくなければ、
まずひとつでいいから理解できるところを探してみる

- [ ] そこには、いったいどんなことが書かれているのでしょうか？
- [ ] 実際に『論語と算盤』を手に取ってみたけど、読みづらいし、まったく意味が分からない………。
- [ ] でも、それを読みづらい、分からないで捨ててしまってはあまりにももったいない。あなたはまた図書館に戻りますか？
- [ ] それよりも、まずひとつでいいから理解できる、共感できるところを探してみましょう。

そもそも『論語』とは？

☐野球選手の場合、ほとんどの人が現役時代と引退後で、異なるふたつの人生を送ることになります。

☐そういった意味でも、できるだけ早くどう生きるべきか、どう振る舞うべきか、自分なりの指針を持ったほうがよいといえるでしょう。

☐価値観は人それぞれで、選手として進むべき道はこの価値観によって大きく変わってきます。

☐その基本的な教科書が『論語』です。

↓

『論語と算盤』を、
『論語と野球』だと思って読んでみる

☐侍ジャパンの小久保監督は、「毎日１センチでも遠くへ飛ばせ！」と王さんから言われたことを毎日ひたすら続けたそうです。

☐王さん自身はティーバッティングのときから、ほかの意識を持つ練習以外はつねに120％の力でバットを振り続けたそうです。

☐長嶋さんはヘルメットの飛ばし方など、自分のイメージを大切にするためか、間違いなく王さんよりもたくさんバットを振ったといいます。

☐結局は人としての価値観が、野球選手としての行動を支配するのです。そのヒントが『論語』の中にあります。

☐プロ野球は優勝するために戦うものですが、チームが最下位でも個人成績によっては給料が上がることがあります。

☐それは決して悪いことではありません。ひとつの大切な評価です。

☐ただ、その欲望が暴走してしまっては、野球選手として長くプレーすることの妨げとなってしまう恐れがあります。

- 欲望の暴走を抑制し、その力をどの方向に向かわせれば最も価値あるものになるのか。そのヒントが『論語』の中にあります。
- 『論語と算盤』に、「孝は強うべきものにあらず」とあります。
- 親が子に孝行しなさいと強いても、かえって不孝の子にさせてしまうと説いています。
- 野球に置き換えれば、コーチや監督が選手に何かを強制しても、かえってやらない結果を招くことになるといえます。
- たとえ良かれと思って伝えたことであっても、選手が心から納得して取り組まなければ、成就する可能性は低いということです。
- 『論語と算盤』に、「それただ忠恕のみ」とあります。
- 「忠恕」とは思いやりがある真っ直ぐな心という意味で、それこそが人の歩むべき道にして立身の基礎と説いています。
- 選手は活躍すればヒーローインタビューを受けられますが、名ジャッジをした審判がお立ち台に上がることはありません。正しくて当たり前で、間違ったときだけ大きくクローズアップされる審判の仕事は、それだけプレッシャーも大きいことでしょう。
- そんな彼らに対し、どう接し、どう振る舞うべきか、その考え方がしっかりしていれば行動もブレたりしないはずです。
- 『論語と算盤』に、「論語と算盤は一致すべきものである」とあります。
- 一見相反して見える道徳と利益は一致するもので、正しい道理の富でなければ、その富は完全に永続することができぬと説いています。
- プロ野球もファンに楽しみや喜び、生きがいを与え、社会に健全な影響を与える存在でなければ、長くは続きません。
- 勝つことはもちろん、道徳的にも正しいチームスタイル、プレースタイルでなければ、その使命を果たしているとは言えないのです。
- 自分が信じるものを踏みつけようとする、正しいことをねじ曲げ

ようとする、そういう者とは戦わなくてはいけないこともあります。

☐ただ、人は正しいことをしようと頑張っていると、知らず知らずのうちに頑固になってしまっていることもあります。

☐その思いが本当に引いてはならないものなのか、それとも自分の頑固さからきているものなのか、その判断がとても大切になってきます。

☐その思考の過程を考える意味でも、うまくこの『論語』の教えを生かすといいでしょう。

☐自分の努力で変えられるもの、向上させられるものには頑張りようがあります。

☐ただ、自分にはどうすることもできない逆境もあります。まずは、それが自分の本分であると受け入れ、覚悟することです。

☐例えば試合に使ってもらえなかったとき、恨んでみても何も解決はしません。

☐誰よりも努力をして、結果につながる技術を習得することは大切ですが、それ以上のことは考えても無駄です。そこに労力を使ってしまっては心が荒み、自分らしくなくなってしまいます。

↓

和魂漢才

☐『論語と算盤』の中で、菅原道真の精神を表したとされる「和魂漢才」という言葉が紹介されています。日本特有の大和魂を根底としつつ、より長い歴史のある中国の文物学問も習得して才芸を養わなければならないという意味です。

☐この言葉をモチーフとして著者の渋沢栄一さんは「士魂商才」を提唱しています。武士的精神が大切なのは言うまでもないが、商才がなければ経済の上からも自滅を招くようになる。士魂にして

商才がなければならないという意味です。

□これを野球に（ファイターズに）置き換えると、どんな言葉になるのでしょうか。

□「闘魂智才」、「武魂尽才」、「和魂諦才」……、あなたならどう考えますか？

↓

ファイターズの選手が目指すものとは？

□球団がひとつの組織である以上、人として大切な価値観や道徳観は全員に備わっていなければなりません。

□何事も誠実さを基準とすることをみんなが学び、組織にひとつの方向性をもたらすための教科書として『論語』が必要なのです。

□ただこれから教科書を開くまでもなく、この話をここまで聞いてきただけで、なんとなく大切なことが分かり始めているのではないでしょうか。

□そういった発想こそがまさにファイターズが目指すものなのです。

↓

『論語』に学ぶ、
プロ野球の世界で活躍するために必要なもの

□戦う気持ち、極端ですが、死ぬ思いでやる覚悟はありますか？

□相手を思いやりながら、正々堂々と立ち向かう姿勢はありますか？

□ただがむしゃらにやるだけでなく、より効率的で、より理にかなうものはありますか？

□それをやり尽くす強さ、思い、そしてできるまで諦めない気持ちはありますか？

ミーティングで若い選手たちに伝えた『論語』の話は、やはり彼らには少し難解だったかもしれない。でも、知らないことを学ばなければ人は成長できない。自分が知っていることを人に話すより、知らないことを人から聞いたほうが絶対にプラスになる。

勉強しようとは思わなくてもいい。そう思うと、なかなか続かないので。それよりも自分がどうなりたいのかを具体的にイメージすること。すなわちそれが志を持つということ。そういう人になりたいという思いをより強く、よりはっきりさせれば、自然と勉強するようになるはずだ。本当にそうなりたいんだったら、勉強しなきゃおかしいから。

そもそも勉強という言葉がよくないのかもしれない。要するに成長するための食事をたくさん摂りましょう、ということだ。本を読むという行為は脳の食事みたいなもので、たくさん食べないと、脳に栄養が行き届かなくなってしまう。特に若いうちは、こっちの食事もモリモリ食べたほうがいい。

おわりに

なぜこの時代に、なぜ監督という仕事に就かされたのか

現役時代、選手としての自分は494試合しか出場していない。それが監督としては、ポストシーズンも含めるとすでに600試合以上を戦ってきたことになる。引退した25年前、こんなことが現実になるなんていったい誰が想像しただろうか。

まえがきで「いつの世も、時代に人が選ばれていく」ということを書かせてもらった。では、もし自分自身もそうだとするならば、いったいなぜこの時代に、なぜ監督という仕事に就かされたのだろう。それは監督の在り方、もっといえばプロ野球の在り方が、ちょうど見直されなければならない時期にきていたからかもしれない。

野球を専門的に学んできたという意味では、プロのOBからアマ

チュアの指導者まで含めれば、それこそ数えきれないほどいるはず
だ。しかし、その中でプロ野球の監督やコーチの候補に名前が挙げ
られるのは、ほんのひと握りもいない、ひとつまみほどだと思われ
る。少なくともこれまではそうだった。それは名前や実績がもたら
す説得力、あるいは求心力を重視する傾向が強かったからだ。

だが、これからはその選択肢も広がってくるのではないかと密か
に期待している。新人選手獲得のために行われるドラフト会議では、
毎年のように他球団はノーマークという状況で指名される「隠し玉」
が話題にのぼるが、同じように監督やコーチに「隠し玉」がいても
いいように思う。各球団がチーム事情に応じて強化に必要な人材を
見つけてくる。それが異ジャンルのエキスパートでも面白い。

そういった変革のきっかけのひとつとして時代に選ばれたのが自
分だったとすれば、それは素直に受け入れられる。そう考えると1
年目、選手たちのおかげでいきなり優勝監督にさせてもらったのも
天の配剤だったのかもしれない。

誰よりも監督が熱く、必死に

2015年、クライマックスシリーズで敗退した翌週、来年もチー
ムの指揮を執らせていただくことが正式に決まった。ファイターズ
は3年続けて優勝を逃してきたわけだが、自分から身を退くことは
考えていなかった。責任をとることと監督の座を辞することはイコ
ールではない。いったん身を預けた以上、自分に関する判断はすべ
て球団に委ね、それを受け入れ、まっとうすることでしか責任は果
たせない、そう考えているからだ。いま自分がやるべきことは、ま
たもう1年、最後の最後まで選手のため、チームのために全力を出
し尽くすことだけだ。

そして、それをまっとうするためにも、いま一度自分自身に厳し
く課さなければならないことがある。それは「1年目よりも熱く、
必死に」ということだ。

数年同じチームにいると、選手のデータや人となりといったことがひと通り分かってくる。そういうものを一回すべて断ち切って、もっと単純にこの選手をなんとかしてやろうという気持ちにならないと、さらなる成長はなかなか望めない。

　長く続けることの弊害のひとつである「慣れ」をどう消すか。耳にタコができるくらい、自分自身に「慣れるな」って言い続けなきゃいけない。

　本来は野球も確率のスポーツなので、熱さや必死さなんて関係なく、一番確率の高いものを求められるのがいい監督なんだと思う。でも、自分の性格としてはそれくらい入り込んでしまったほうが、つねに勝負感をもって攻めまくれる。

　つねに新陳代謝を繰り返すファイターズは、既存の戦力の足し算で優勝を狙うチームではない。若手の成長だったり、魂のプラスアルファでそれを引き寄せてくる。それを生み出すためには、まずは自分が冷静になり過ぎていたら話にならないということだ。

　熱くなって間違えるのは攻めの姿勢だからまだ納得がいくが、冷めた状態で間違えるとどこか他人事な感じになってしまう。それは自分らしくない。みんなにどんなイメージを持たれているかは分からないが、熱く燃えていなかったら栗山英樹らしくないのだ。だから監督をやっている以上、絶対にそれだけは失ってはいけない。

5
最高のチームの作り方

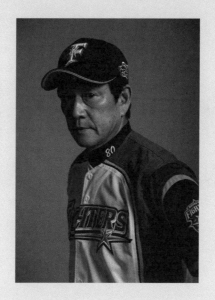

（2016年12月21日刊行）

※データ、日付、表記は刊行当時のものです。

はじめに

日本一と二刀流

　2連敗からスタートした日本シリーズだったが、北海道のファンのみなさんの熱い声援に後押しされ、札幌ドームでは3連勝。3勝2敗といよいよ日本一に王手をかけて、再び広島に戻ってくることができた。

　広島では、朝、ホテルから広島城までランニングをするのが日課だった。すれ違う人は僕に気付くと、「頑張れよ」と気軽に声を掛けてくれた。みんな本当に試合を楽しみにしてくれている、野球を愛してくれているということが伝わってきて、心からうれしい気持ちになった。

　第6戦の試合前、チームのリーダー的存在であるが宮西尚生やってきて、「声出しをやってください」といってきた。

　ベンチ前で円陣を組んで、選手たちにはこう伝えた。

「オレもここからははじめてだ。日本一になってみなければ見えない景色があるはずだから、みんなでその頂に行ってみよう。そこから何が見えるのか、みんなで行って見てみよう。今日、絶対に行くぞ！」

　そして、ファイターズは日本一になった。

　胴上げをしてもらって、優勝監督インタビューに上がったとき、もしかしたら僕がどこか冷めているように感じられた方もいらっしゃったかもしれない。

　それは、そこから見えた景色が、想像していたものとはあまりにもかけ離れていたからだ。

　見えたものは頂からの絶景などではなく、野球で勝つために必要なもの、いまのチームに足りないもの、そういった山積した課題ばかりだった。そこで、ハッとさせられた。

「だから、日本一を経験すると強くなれるのか」と。

選手として７年、取材者として21年、監督として５年、いろいろ
な角度から野球を見てきて、日本一を経験したチームと、経験して
いないチームには、見えない大きな隔たりがあることを感じていた。
その隔たりの正体はなんなのか、それが日本一になってみて、はっ
きりとわかった気がする。過去、常勝軍団と呼ばれたチームは、そ
こで見えた課題を一つひとつクリアしていくことによって、確固た
るものを築き上げていったに違いない。

　頂に立ってはじめて得た気付きだった。

　そして、チームが日本一という結果を残したことで、大谷翔平の
二刀流もようやくその真価を示すことができた。

「二刀流はチームの優勝のためでなければ意味がない」

　常々、彼に言い続けてきたことだ。

　ただ、二刀流の使命はそれだけにとどまらない。

　野球ってこんなにすごいんだ、こんなに面白いんだと、たくさん
の人たちに感じてもらうため。つまりそれは「野球のロマン」を体
現することであり、そうでなければあんなに大変な思いをしてまで
取り組む価値はない。

　思えば、大谷翔平の二刀流挑戦にはいつも批判がつきまとってき
た。前例がないのだから、無理もない。しかし、どんなに批判され
ようとも、僕も大谷もそれから逃げようと思ったことは一度たりと
もない。批判があるということは、真剣に見てくれているというこ
との証しだ。批判はバネになる。

　以前も書いた（『伝える。』2013年刊／本書「３・伝える。」）ことが
あるが、ドラマ『北の国から』などの作品で有名な脚本家の倉本聰
さんが、こんなことをおっしゃっていた。

「批評家は、いつも対岸を歩いている」

　批評家は、いつも川の流れの向こう側を歩いている。こちら側に
立つ、創る側の我々とは、決して重なることも交わることもない。
批評は誰にでもできるが、どこまで行っても彼らは批評するだけだ。

また、北海道に住む脳神経外科の名医・上山博康さんは、あるテレビ番組で生涯の師にもらった言葉をこう紹介していた。
「批評家になるな。いつも批判される側にいろ」
　医療の本質は、患者にとって何が必要かを考え、患者の求めるものを与えること。それを追求するためには、つねに現場に立ち続け、アクティブに仕事に取り組まなければならない。それが、いつも批判される側にいるということだ。
　尊敬するおふたりの言葉は、困難な二刀流への挑戦をいつも心の中で支えてくれた。
　今年、大谷を1番・ピッチャーで起用した日の試合前、本人を呼んで話をした。
「オレも翔平も、負けたら相当批判されるからな」
　彼は何も答えず、「わかってますから」とでもいうような感じで部屋を出ていった。
　そして、プレイボール直後、先頭打者初球ホームラン。
　まるで漫画のひとコマのようなシーンを現実世界でやってのけ、批判を寄せ付けなかった。

　今年のような1年をもう一度やってみろといわれても、それは絶対に無理だろう。すべての出来事、すべての決断、すべての言葉に意味があり、それらが複雑に絡まりあって、一生の宝となる貴重な経験をさせてもらうことができた。
　本書では、それを短い一生で絶えさせてしまうことのないよう、記憶が薄れるその前に、いったんできる限り丁寧に、絡み合ったひもを解いてみたいと思う。

　簡単に本書の構成について記しておく。
　タイトルを『「最高のチーム」の作り方』とさせてもらった。拙著には分不相応だと自覚しつつも、本書の冒頭に記した素直な思い

を、タイトルにも用いさせていただいた。

第1章では、ペナントレースを振り返っている。「奇跡の大逆転」といわれたが、監督としてはそもそも「なぜ11・5ゲーム差も離されてしまったのか」を考えなければいけない。必死に戦う中で生まれてきた知恵とともに、ファイターズというチームに起きた変化に注目してもらいたい。

第2章は福岡ソフトバンクホークスとのクライマックスシリーズ・ファイナルステージを、第3章では広島東洋カープとの日本シリーズを振り返る。ある意味で監督5年間の集大成といえるこのシリーズは、本当に野球の難しさばかりが心に残った。頂から見えた景色は想像していたものとはまったく違っていたけれど、登頂の過程で選手やコーチたちが見せてくれた戦う姿は、これまで5年という時間をかけてやってきたことの答え合わせのようだった。

そして第4章。2016年を踏まえた上で、この5年の間に書き記してきた自らの言葉と向き合っている。1年目に感じたことといま感じていること。経験によって何が変わり、何が変わっていないのか。人を成長させ、輝かせるために、監督には何ができるのか。監督とはどうあるべきなのか。そういったことを改めて自分自身に問いかけてみた。

そして第5章では、今年、「日本一」という形で野球の神様に祝福された、ファイターズの選手、コーチたちのことを記した。彼らがどのような姿勢で野球への誠意を示してきたか。そして、どのような形でチームとしてつながってきたか。その一端を紹介したい。

本書が、「最高のチーム」の魅力を伝える一助となり、また手に取っていただいた方々の何かしらの気付きになれば、こんなにうれしいことはない。

第1章：シーズン回顧
真に信ずれば、知恵が生まれる

「絶対にこうなる」という前提が発想を変える

　首位に最大11・5ゲーム差をつけられたペナントレースだったが、シーズン中、その差を必要以上に意識したことはなかった。

　11・5ゲーム差だろうが、20ゲーム差だろうが、そんなことは関係ない。それ以前にチームも選手たちも、みんな自分らしくなかったことが、最大の問題だった。ファイターズらしくない、大谷翔平らしくない、中田翔らしくない、増井浩俊らしくない。

　選手と向き合うときは、いつも「○○らしい」というものを作ってあげられたら、必ず前に進むと思ってやっている。だからそれを見失っているときは、「らしさ」を取り戻させようということを、第一に考える。

　そうしてチームが「らしさ」を取り戻したとき、はじめて相手を見始める。ゲーム差なんて、そのときに考えればいい。もしそのとき20ゲーム差あったら、「20連勝すればいいんだ！」くらいの気持ちで戦っていくだけだ。試合数が残っていれば、自分たちらしくなりさえすればなんでも起こる。

　実際、今シーズン、チームがようやくいい流れになってきて、前に進み始めたとき、あれっと思って上を見上げたら、11・5ゲーム差をつけられていた相手が、少しずつ迫ってきていた。そんな実感だ。

　尊敬する経営評論家の井原隆一さんの言葉に「真に信ずれば、知恵が生まれる」とある。

　「こうなったらいいな」ではなく、「絶対になる。こうなる」と考える。

「こうなる」という前提があってはじめて、いったいどうすればそうなるんだろうと考えられるようになる。「こうなったらいいな」と思って考えるのと、「こうなる」と信じて考えるのではまったくプロセスが変わってくる。「そこにたどり着くために、今日自分は何をすればいいのか」といった具合に発想も変わってきて、そこに知恵が生まれるのだ。

「今年は無理」と思ったら、作戦自体が変わってしまう。「絶対に追い付く」と思って考えなければ、知恵が生まれてこないからだ。

選手に対しても同じだ。「こうなってほしい」ではなく、「必ずこうなるんだ」と思って考える。そうすれば、思考も行動も違ってきて当たり前だ。みんなそれぞれが、優勝するためにはこれが必要だということがわかれば、「だったら、いま何をするの？」という発想に変わる。あとは、そこに向かうだけ。向かってもできないかもしれないけれど、向かうことは誰にでもできる。

そういうことがいかに大事か。絶対にそうなると信じて前に進んだときに何か知恵が生まれてくる、ということを身をもって教えてもらったシーズンだった。

第1節（序盤）
なぜ、11・5ゲーム差もついてしまったのか

続いた誤算、有原航平に救われた

11・5ゲーム差をひっくり返してのリーグ優勝。では、逆になぜ開幕からわずか2カ月半で、二桁を超える大きなゲーム差をつけられてしまったのか。シーズンの序盤を振り返るには、このことを検証するのが一番わかりやすいだろう。

もちろん3年連続日本一を狙うホークスの充実ぶりには、目を見張るものがあった。3、4月に14勝8敗3分けで6つの貯金を作る

と、5月は18勝5敗1分けで13もの貯金を加え、一気に独走態勢に入った。その間、直接対決では5勝5敗1分けと五分の成績を保っていたが、5月末時点で貯金19のホークスに対し、ファイターズは26勝24敗1分けと貯金はわずかに2つ。その差は明らかだった。

　シーズン序盤、ファイターズにとっての誤算はなんだったのか。開幕から5試合勝ち星がなかった投手・大谷と思われる方が多いかもしれない。

　しかし、実際にはもっと大きな誤算があった。開幕2戦目に先発したルイス・メンドーサの調子がなかなか上がってこなかったことである。それが大きな誤算であったということは、いかにメンドーサが計算できる投手であるかということの裏返しでもある。

　メキシコ出身のメンドーサは、バッターの手元で動く多彩なボールが持ち味で、ゴロの山を築くピッチングが十八番だ。また、シーズンを通じて確実にローテーションを守ってくれて、台所事情が苦しいときには中5日で先発できるタフさもある、頼りになる男だ。

　そのメンドーサが勝ち運に恵まれず、4月末時点で6試合に先発して1勝3敗。ローテーションの中心としての活躍を期待していただけに、耐える時期が続いた。

　そんな中、チームがどうにか勝率5割前後で持ちこたえることができたのは、間違いなく前年の新人王・有原航平の踏ん張りのおかげだった。負けると開幕3連敗という絶対に落とせない一戦で、8回無失点という快投を見せたシーズン初登板はその象徴だ。この試合、クローザーの増井と完封リレーを完成させ、チームに今シーズン初勝利をもたらした。嫌な流れの中で臆することなく投げ、本当によく頑張ってくれた。

　そこからも先発投手陣はみんな良かったり悪かったりで、チームが勝ち負けを繰り返す中、ひとり、有原だけが好投を続けた。腰を痛め、登板間隔が空いた時期もあったが、結果だけを見れば無傷の開幕5連勝。彼の序盤戦の活躍がなければ、大逆転の優勝も現実の

ものとはならなかったはずだ。

深刻だった絶対的クローザーの不振

もうひとつの誤算、それは絶対的クローザーだった増井の不振だった。

大谷が先発した4月17日の千葉ロッテマリーンズ戦、1点ビハインドの9回裏、近藤健介のタイムリーでようやく追い付き、試合は今シーズン、札幌ドームでは初となる延長戦に突入した。10回表、同点ながら2番手の高梨裕稔に代え、クローザーの増井を投入。その増井がマリーンズ打線につかまる。2ベースを含む3安打と2つのフォアボールで、まさかの3失点を喫し、痛い星を落とした。「そういう日もある」と切り替えようと思ったが、守護神の不振は想像以上に深刻だった。

続く埼玉西武ライオンズ戦から3連続セーブを挙げ、立ち直ったかに見えた増井だったが、24日のホークス戦、同点の9回裏にマウンドに上がると、1アウトから4番・内川聖一に痛恨のサヨナラホームランを浴びてしまう。7回途中まで投げた先発の大谷が最少失点に踏ん張ったものの、中継ぎ陣が崩れ、4点差を追い付かれるという厳しい試合展開。決して増井は責められないが、クローザーとしては「敗戦」という結果を背負わざるを得ないシチュエーションとなってしまった。

さらに27日の東北楽天ゴールデンイーグルス戦、2点リードの9回表、不運な内野安打もあったが5安打を許し、同点とされてしまう。その裏、4番・中田翔のサヨナラヒットが出て、チームは劇的な勝利を収めたが、増井にとっては「悔しい」勝ち投手となってしまった。

今年、増井がクローザーとして結果を出せなかった原因は、その責任感の強さにあると感じている。

昨年は56試合に登板し、球団タイ記録となる39セーブをマーク

した。もはや絶対的な存在となり、周囲も「抑えて当たり前」という感覚になり始めていたのは事実だ。

　昨シーズン終了後に刊行した『未徹在』（本書「４・未徹在」）の中で、僕は彼のことをこんなふうに書いている。

　　ここ数年、常々感じているのは、チームには何も気掛かりな点がない選手というのはまずいないということだ。一人ひとり、各々に何かしらの不安要素があって、監督はいつも心配している。だが、今年の彼にはそれがまったくなかった。そんな選手はほかにはいない。いま、監督に一番心配をかけていない選手、考える時間を奪わない選手、それが増井なのだ。
　　彼のことを見ていると、他人に左右されない芯の強さのようなものを感じる。いつもチームの勝利のために、自分の仕事を遂行することだけに集中して野球をやっているように見える。もしかすると、クローザーの第一条件とはそういうことなのかもしれない。

　皮肉なものでこう書いた次のシーズン、増井に考える時間を奪われた。監督就任以来、はじめてのことだ。
　もともと増井は、ランナーをひとりも出さず、いつも３人で完璧に封じ込めるようなタイプのクローザーではない。ランナーを出すことはあっても、落ち着き払ったマウンドさばきで得点だけは与えない、それを毎日淡々と繰り返すことのできるピッチャーだ。だからこそ、チームの誰もが全幅の信頼を寄せてきた。
　それが今シーズンは、なぜかランナーを出すだけで力みまくるようになっていた。決して調子が悪いわけではない。責任感が強すぎるがゆえ、その人の良さが原因で自分本来の形を崩している、そんな印象だった。
　そして、「悔しい」勝ち投手となった６日後、次の登板となった

5月3日のホークス戦、1点リードの9回裏、増井は2アウトまでこぎつけたものの、ランナー1、3塁から4番・内川に同点タイムリーを打たれ、またもや救援に失敗。翌日、出場選手登録を抹消した。

再登録後もクローザーとして登板を重ねたが、試合を締めくくることができずに「悔しい」勝ち投手となること二度。6月19日、交流戦の中日ドラゴンズ戦では、9回裏、3点リードの場面で登場したが、1点差に迫られ、なおも2アウト1、2塁というピンチを迎え、マウンドを降りた。

その後、クリス・マーティンが後続を断ち、どうにかチームは逃げ切ったが、この時点で首位ホークスと3位ファイターズのゲーム差は、今シーズン最大の11・5。翌日、増井は二度目の登録抹消となり、ファームでの再調整に取り組むことになった。

勝利の方程式が完全に崩れたチームにとっても、正念場となっていた。

大谷翔平が楽しそうじゃなかった

メンドーサらしくない、増井らしくない……、序盤にはもうひとり、らしくない選手がいた。それが大谷だ。

プロ3年目の2015年、最多勝、最優秀防御率、勝率第1位の投手三冠を達成した大谷だが、先にも少し触れたとおり、今シーズンは開幕からしばらく勝利の女神に見放されていた。

2年連続の開幕投手を務めた3月25日のマリーンズ戦、初回に3点を奪われ、悔しい黒星スタート。それからも、6回1失点、8回1失点、8回2失点、6回3分の2を3失点と、先発投手の責任は十分に果たすピッチングを続けたが、4月末時点で0勝2敗という成績。大谷が投げると勝てない、そんな試合が繰り返された。

一方、バッターとしては素晴らしい働きを見せていた。3月29日のオリックス・バファローズ戦、野手初出場の試合で第3打席にホームランを放つと、翌日も第3打席にホームラン。さらに、5月4

日のホークス戦から17日の同じくホークス戦まで、打席に立った試合では5試合連続ホームランという、1981年にトニー・ソレイタが達成して以来、球団史上35年ぶりとなる快挙をやってのけた。

ただ、それでもどこかしっくりこない。投げるのがダメとか、打つのがダメとか、そういうことではない。野球をしている大谷の姿が、楽しそうに見えてこないのだ。もちろん、つねに全力プレーの姿勢は伝わってくるのだが、本人が楽しそうかというと残念ながらそうは見えない。

強いホークスに勝つためには何か手を打たなければならない、本気でそう思った。

勝負手だった大谷翔平の「限定解除」

「こうなる」と必死になって考え、そこからさらに考え抜いた末、いよいよ「限定解除」を心に決めた。

それはつまり、DH制を採用しているパ・リーグの公式戦で、指名打者を使わず、ピッチャー・大谷翔平を打順に組み込むということだ。せっかく「DH」という打撃に専念する選手を起用できる制度があるのに、そこでわざわざ投手を打たせるなんてことは、客観的に考えればあり得ない。大谷翔平という「二刀流」ができる選手がいなければ、成り立たない発想だ。

それをやれば、チームの柱である彼への負担は確実に増す。それは十二分に理解した上で、その禁をあえて解いた。

5月29日、敵地・仙台でのイーグルス戦。

「6番・ピッチャー、大谷」

スタメン発表のとき、Koboスタジアム宮城（当時）の観客席から大きなどよめきと歓声が起こった。

これはチームにとって、ある意味、優勝するための勝負手だった。大きく（この時点で7・5ゲーム差）引き離されてしまっている以上、ホークス追撃には、大型の連勝が必要不可欠になってくる。そのた

めには二刀流の大谷が、本当にどんな形でも使えるという状態になってくれなければ始まらない。

DH解除というと大げさに聞こえるが、交流戦では起こり得ることだし、打順はともかくセ・リーグのピッチャーはいつも普通にやっていることだ。そう考えれば、それほど特別なことではない。

そしてこの試合、大谷は期待に応えて躍動した。打っては3安打1打点、投げては7回1失点で3勝目。

何よりも久しぶりに、楽しそうに野球をやっている姿が見られて、こちらもうれしくなった。純粋に楽しんでプレーしなくては、100%のパフォーマンスを発揮することは難しい。ようやくその心を、大谷が取り戻してくれた。体力的には大変だと思うが、シンプルに考えて前に進んでいくしかない、そう決意した。

球場全体を支配するということ

「らしさ」を取り戻した大谷が、ついにネクストステージへの扉を開けたと確信したのは、6月12日の阪神タイガース戦だった。

5番・ピッチャーで出場し、本拠地・札幌ドームではじめて投打二刀流を披露することになったこの日、いつもは相手の出方を探る感じのピッチングから入るところを、まるで少年野球のエースのように、初回から「打てるものなら打ってみろ！」と言わんばかりの勢いでボールを投げ込んできた。

1回表の投球内容は、次のとおりである。

［1番　鳥谷敬]
①ボール　160キロ　ストレート
②ボール　161キロ　ストレート
③ストライク　158キロ　ストレート
④ファウル　159キロ　ストレート
⑤空振り三振　145キロ　フォーク

［2番　西岡剛］

①ファウル　161キロ　ストレート

②ボール　118キロ　カーブ

③ストライク　163キロ　ストレート

④ファウル　163キロ　ストレート

⑤空振り三振　143キロ　フォーク

［3番　マウロ・ゴメス］

①空振り　163キロ　ストレート

②ストライク　140キロ　スライダー

③ファウル　141キロ　スライダー

④空振り三振　162キロ　ストレート

　この時点で日本最速記録だった163キロを連発、圧巻の3者連続三振だった。

「オレたちがやってきたことは間違いじゃなかった」

　はじめて心の底からそう思った瞬間だ。

　さらに、その実感には続きがある。

　直後の1回裏、ファイターズの先頭バッター・陽岱鋼はファウルで粘り、3ボール2ストライク、フルカウントからの9球目、低めのボールをうまく捉え、センターの頭上を大きく超える先制ホームランを打った。

　これは球場全体を包み込んだムードが打たせたホームラン、そんな印象を受けた。プレイボール直後の3者連続三振で、完全に球場は大谷翔平に支配されていた。その興奮に満ちたざわめきや、高揚したムードをうまく味方につけた陽がものの見事にスタンドまで運んでいった完璧な一打だった。

　そしてこの日、勝ち投手となった大谷は5勝4敗となり、今シー

ズンはじめて勝ち星が先行した。

　ところで少し余談になるが、1回表を終えたとき、実は一抹の不安もあった。初回の3者三振は勝利に結びつかないというイメージがあるからだ。

「今日は抜群に調子がいい」というあまりにもできすぎた手応えが、ピッチャーを勘違いさせてしまうのかもしれない。その後、必ずどこかで崩れる印象がある。

　だから、相手ピッチャーにそれをやられると、「今日は絶対に勝負できる」と思えてくる。本当に不思議なものだ。

　過去5年、そこから勝利を挙げたケースはこれが二度目で、前回も大谷だった。

　3者三振スタートから勝ち切ることができるのは、ある意味、彼が圧倒的な力を備えたピッチャーであることの証明ともいえる。

第2節（中盤）
「次の一手」を打っていった15連勝

「1番・ピッチャー、大谷翔平」の理由

　誤算が続いた序盤ではあったが、その中で考え抜いたことがいくつかいい結果として表れていたことは、中盤以降の巻き返しに大いに役立った。そして、怒濤の追い上げを見せる中で、これまでだったら躊躇していたようなことも、確信を持ってトライできるようになっていく。

　そのひとつ目が、大谷翔平の打順だった。

　DH解除に始まり、先発ピッチャーにクリーンナップを打たせるというハードルも難なくクリアしてみせた彼を見ていて、宿題が大きくなればなるほど「大谷翔平」らしくなる、ということを改めて感じさせられていた。

　7月3日、首位ホークスとの直接対決、同一カード3連勝がかか

ったこの試合は特に重要な一戦になると捉えていた。試合前の時点で両チームのゲーム差は7・5。ここで差を詰めておかなければ、この先、勝負にならない。

　だからこそ、ずっと考えてきた次の一手を、ここで打ってみようと考えた。

「1番・ピッチャー、大谷」

　ピッチャー・大谷には、ひとつの負けパターンがある。立ち上がり、自分の感覚をつかむ前に点を取られ、それが命取りとなるパターンだ。あのホークス戦は、どうしたらそれを避けられるかが大きなカギだった。

　だが、ビジターゲームでは、1回表、先に攻撃が回ってきてしまう。DHを解除し、彼をバッターとしても使おうと思うと、どうしても先にバッティングのことを意識させることになり、ピッチングに集中させるのが難しくなる。たとえ下位打線に置いたところで、ランナーが溜まってくれば、なんとなく打席のことが気になってくるはずだ。

　であれば、打席に立たせるのはあきらめるか？　それも考えたが、打線に入っていれば相手は絶対に嫌がるし、得点力も確実にアップする。となると、やはり外すという選択肢は消える。

　なおかつ、ホークスに3連勝するというのは決して簡単なことではなく、普通に組み合ってはなかなかできない。それを成し遂げるには、どれだけのプラスアルファを生み出せるかが重要になってくる。それがなんなのかを必死に考えた。

　そこで浮かんだのが、「1番」だった。打順が何番にせよネクストバッターズサークルで待たせるくらいなら、先に打たせて、ピッチャーの準備をさせるほうが逆に楽だろうという、そんな発想だ。

　もちろん塁に出て、3アウトまでランナーとして残ってしまうリスクもあったが、大きなリスクを背負わなければ、こんな大事な試合は取れるわけがないという覚悟もできていた。塁に出たら、絶対

にホームまで還ってくる。いや、ホームランを打ってすぐに還ってくる、そんなふうに思い込んでいた。

はっきりとした記憶ではないが、たしか本人にも「ホームランを打って還ってきたら、その1点で勝つよね？」みたいなことを言ったはずだ。

始球式のボールを空振りする試合開始前の役目を果たし、改めて打席に立った1番・大谷は、ホークスの先発・中田賢一が投じた初球を力強く打ち返した。打球は一直線に右中間スタンドへ。

起用した僕も、さすがにこれには驚いた。先発ピッチャーによる先頭バッターとしての初球ホームランは、間違いなくすべての野球ファンの度肝を抜いたことだろう。これぞ野球のロマンといってもいい、衝撃のシーンだった。

打った直後、スタンドインを確信した大谷は走るスピードを極端に落とし、ゆっくりとゆっくりとダイヤモンドを一周してきた。決してホームランの余韻を楽しんでいたわけではなく、1回裏のマウンドに向け、少しでも体力の消耗を避けようと、冷静に考えていたという。興奮していなかったといえば嘘になるだろうが、そんな中でも当たり前のようにそういう行動ができてしまう、大谷翔平というのはそういう男だ。

ただ、そのシーンを見て、ただ興奮しているわけにはいかなかった。

実は、過去5年を振り返ってみても、ペナントレースの試合中にあれほどプレッシャーを感じたことはない。

ピッチャー・大谷を1番バッターで起用した。そしたら、本当に先頭打者ホームランを打った。でも、自分も打たれた。負けた……。それでは、誰も歩んだことのない「二刀流」という道を、彼があんなに大変な思いをしてまで進んできた意味がない。この試合だけは、絶対に勝ち投手になってもらわなければいけない。そしてそれがチームに与える効果を最大限に生かせなければ、チームの優

勝は見えてこない。

だから打った瞬間、驚きや喜びよりも先に、かつて経験したことのないプレッシャーが襲ってきた。ベンチの僕の表情が少しこわばって見えていたとすれば、それが理由だ。

しかし、その心配は杞憂に終わった。

大谷は投げても8回無失点という、投打ともに非の打ちどころのないパフォーマンスで、敵地・福岡での同一カード3連勝を飾った。

「死にイニング」を作らない

先発ピッチャー・大谷の、先頭打者初球ホームランという歴史的な一発が飛び出したのは、ちょうどチームの10連勝にあたる日だった。

ファイターズはその後も連勝を伸ばし、球団新記録となる15連勝をマークしたが、その間、チームは何もかもがうまくいっていたかというと、決してそんなことはない。

本当にこのチームが優勝するためには、一戦必勝、今日負けたら明日はないトーナメント方式の「高校野球」をやらなければいけないと思っていた。昨日のことも明日のことも関係ない、とにかく今日の試合を命がけで勝ちに行く、その積み重ねでしかない。

だから、その期間に限ったことではないが、打順はひんぱんに入れ替えた。慣れた並びにこだわらず、今日一番勝ちやすい形で行くんだという一念でやってきた。

打順を決めるときは、もちろん選手個々の状態、調子の良し悪しは考慮している。相手ピッチャーとの相性も考える。ウチの先発ピッチャーも念頭に置き、どういう展開になったら勝ちやすいのかを考える。先制して追い付かれるパターン、逆に先制されて追い付くパターン、そういった試合展開をシミュレーションしていくと、イニングや打順のこのあたりが肝になるというイメージがぼんやりと浮かんでくる。

このイニングの打順の巡りでは点が入りにくいと感じる、いわゆる「死にイニング」を作るのはあまり好きではない。基本的にはどのイニングも相手が気を抜けないようにしておきたい。調子のいい選手の間に、うまく調子の悪い選手を配置しながら、どのイニングでも点が取れるようなイメージで組み立てる。

　その中で特にありがたかったのが、岡大海の存在だ。今シーズン、右足首痛で出遅れた岡は、連勝が始まった2日目の6月20日にようやく一軍に合流してきた。連勝の間、50打数20安打6打点、打率4割ジャストという活躍をみせたが、打順はめまぐるしく動かした。

［岡大海の打順］（6月20日〜7月11日）
1番→1番→7番→7番→1番→1番→1番→9番→7番→7番→9番→9番→9番→1番

　もちろん選手たちには戸惑いもあっただろうし、負担をかけたと思うが、いつも「何がなんでも勝ちに行くよ」というメッセージは発信していたので、きっと理解してくれていたと信じたい。

　どんなに連勝が伸びても、浮かれる気持ちなどこれっぽっちもない。みんな毎日、とにかく必死だった。

4番・中田翔に代打を送った本当の理由

　どんなに前後を入れ替えても、ここだけは絶対に動かさないと決めている打順がある。

　言わずと知れた、4番・中田翔だ。

　野球というスポーツにおいて、4番という打順は極めて重要だ。単純に4番目を打つバッター、というだけではない。試合の行方を左右する大事な場面には不思議と4番に回り、そこで一打出るかどうかで勝敗が決するケースは多い。また、4番バッターの成績がシーズンのチーム成績に直結していることも少なくない。

なぜ、4番が重要なのか。明確な根拠をもってそれを説明するのは残念ながら簡単なことではないが、100年以上の歴史を誇るアメリカのメジャーリーグでも、戦前から続く日本のプロ野球でも、長く4番バッターは特別な存在とされてきた。我々はその歴史に学んできたといっていい。

　その4番・中田の様子に見過ごすことのできない異変が見られた。連勝中、何もかもがうまくいっていたわけではないと書いた、象徴的なことがそれだった。

　チームが4連勝と勢いに乗って迎えた6月27日のライオンズ戦、3対7と4点差を追う7回裏、大嶋匠の犠牲フライと相手のエラーで2点を返し、さらに2アウト1、2塁というチャンスで打順は4番に回った。

　ここで4番・中田に代え、代打・矢野謙次を送る。

　中田は直近の10試合で38打数4安打、打率1割0分5厘。この日も3打席ヒットがなかった。

　ただ、たとえどんなに打てなくても、「結果」を理由に中田を代えるつもりはなかった。4番バッターとして「相手をやっつけるんだ」という戦う気持ち、強い気持ちを持って必死になっていてくれさえすれば、それだけでも〝そこ〟にいてもらう理由はある。

　だが、残念ながらそれが感じられなかった。

　どんなに不振でも、強い気持ちを持ち続ける。言うのは簡単だが、シーズンをとおしてやり遂げるのはなかなか容易ではない。だからこそ、それができる中田が不動の4番なのだ。

　その中田の気持ちが、あのときばかりは折れかかっているように見えた。

　チームの4番は、誰よりも「今日の試合を命がけで勝ちに行くんだ」という戦う姿勢を体現する存在でなければならない。

　そんな思いで、あえて5連勝がかかった試合の終盤、逆転のチャンスで、彼に代打を送った。

代打の矢野は、一度もバットを振ることなくフォアボールを選んで満塁とすると、田中賢介の同点タイムリー、ブランドン・レアードの逆転タイムリーとつながり、逆転勝利を呼び込んだ。

そして翌日は、中田をスタメンから外した。

抱えていた腰の張りもきっかけのひとつではあるが、本当の理由は中田翔の最大の武器である闘志を取り戻してもらうためだ。

それによって４番のプライドをひどく傷付け、信頼関係にヒビが入るようなことになったとしても、チームが優勝するためにはいまのままの中田ではダメだ、この決断は必ず中田のためになる、そう信じて決断した。

シーズン中は、「本当にこれでいいのか？」という自問自答の連続だ。だから、自分がやっていることはいつも間違っていると思ってやっている。自分は正しいと思ってやっていると、必ず間違った方向に進んでしまうからだ。自分は間違っているという前提で、感じたことを感じたようにやってきた。

でも、正直、あれが本当に正しいやり方だったのかどうか、その答えはいまもわからない。

野球の神様が授けてくれた知恵、増井の先発転向

優勝するためには、ホークスに追い付き、追い越すためにはどうすればいいのか。序盤にあった誤算、「らしさ」を取り戻すことは不可避だった。

増井に今シーズン二度目の登録抹消を告げたのも、15連勝が始まった翌日のことで、あの頃の増井は、完全に「らしさ」を見失っていた。

細身ながら抜群の身体能力を誇る増井の持ち味は、しなやかなフォームから繰り出される素晴らしいストレートとキレのある変化球だ。だが、クローザーとして相手に付け入る隙も与えてはいけないという責任感の強さから、ランナーを出すと次第に力むようになり、

しなやかさを失っていった。

　そんな状態のときに、「力まず、もっとゆったり投げろ」と言ってみたところで、できるわけがない。

　どうしたら増井に、「らしさ」を取り戻させることができるか、ぼんやりとしたイメージはあった。

　一方で、ここから優勝するという前提で考えたとき、チームにはなんとかしなければならない明らかな課題があった。それは先発投手陣の充実だ。

　長いシーズンを戦うペナントレースで優勝するためには、安定した先発投手陣が絶対条件となる。その点でいつも理想的なチームとしてイメージしているのは、グレッグ・マダックス、トム・グラビン、ジョン・スモルツのメジャーリーグ史上に残る先発三本柱を擁し、1990年代から2000年代にかけ、14年連続の地区優勝を果たしたアトランタ・ブレーブスだ。

　そこを目指し、しっかりと準備してきたはずなのに、シーズン序盤はなかなか結果が伴わなかった。

　優勝するためには、いったいどんな手を打てばいいのか。考えに考え抜いた末、ある知恵が生まれた。もしかしたら先発投手陣にもう一枚、強力な戦力を加えることができるかもしれない。

　それが増井浩俊だった。

　あれだけ力みまくっている増井をリラックスさせるには、長いイニングを投げることしかない。それがぼんやり抱いていたイメージだった。クローザーの出番はほとんどの場合、最終回の１イニングだけだから、そこで100％の力を出し切って抑えにいく。だが、長いイニングを投げるとなれば、自ずとスタミナ配分が必要となり、いつも全力というわけにはいかない。

　本人は試合を締めくくるクローザーから、中継ぎ役を担うセットアッパーへの配置転換を受け入れるつもりでいたようだが、クローザーと同じように１イニングのみの登板となるケースが多いセット

アッパーへの転向は、有効な解決策にはならないと考えていた。

そこにきてチームはあとひとり、ローテーションを守れる先発投手がどうしても欲しい。野球の神様が授けてくれた知恵だった。

「優勝するために、先発をやってくれ」

増井を呼んで最初に伝えたとき、一度は「無理です」と言われたが、こちらは土下座をしてでもやってもらう覚悟だった。

先発に転向した増井は、球数をたくさん投げなければならないから、力みたくても力めない。たちまち増井らしいしなやかさを取り戻し、あれよあれよという間に勝ち星を積み重ねていった。

そして、4度目の先発となった8月25日のマリーンズ戦ではわずか1失点の完投勝利、続く9月1日のイーグルス戦では完封勝利まで記録してみせた。先発での起用を考え始めたときから、5〜6イニングは投げられると踏んでいたが、正直、あそこまでの完投能力を持っているとは思わなかった。うれしい誤算とは、まさしくあのようなことを指すのだろう。

15連勝の間、増井不在で戦ったチームだが、その分、帰ってきたときの上積みは想像以上に大きかった。あれが優勝への大きな弾みになったことは間違いない。

選手を本気にさせるのは、「言葉」だけではない

増井にファーム行きを命じ、先発転向を頼んだこともしかり、中田に代打を送り、さらにはスタメンを外したこともしかり、今年は厳しい使い方で選手たちにメッセージを送ってきたつもりだ。

選手を本気にさせるのは、「言葉」だけではない。どうやってメッセージを送れば、本当に危機感を感じてもらうことができるか。それはあえて大きな負担をかけることだったり、試合に出さないことだったりする。選手は不愉快に思ったり、「この野郎」と監督を憎んだこともあるだろう。

でも去年、ホークスにあれだけやられて、徹底的に叩きのめされ

て、あんなに悔しい思いをするなら、先に悔しい思いをさせて勝た
せてあげなきゃいけないと思った。

　本当の愛情とはなんなのか。徳川家康が愛読したとされる『貞観
政要』に、こんなことが書いてある。

　唐朝の第2代皇帝・太宗が治めた貞観の時代、城の門のところに
は石段が2段しかなかった。王（皇帝）のところまでたった2段。
でも、本当に愛情を持って民に尽くしている王は、それで十分守る
ことができるという。民が守ってくれるからだ。

　何かを達成するためには、人のために尽くすこと。それは歴史が
証明している。

　人を守るには、人に尽くさなければいけない。選手たちを自分ら
しく輝かせるにはどうしたらいいのか。どうなったら一番いいのか、
選手にとって一番いいことだけを考えた。その結果、選手たちが輝
いてくれたからこそチームは前に進むことができたのだと思う。

優勝したシーズンには必ずミラクルな勝利がある

　143試合を戦うペナントレースの中でも、特に記憶に残る劇的な
試合がある。

　前日まで13連勝と勢いに乗って迎えた7月10日、本拠地でのマ
リーンズ戦。

　0対5の劣勢から、7回裏に一挙4点を返したものの、もう一本
が出ず、1点リードを許したままいよいよ9回裏2アウトまで追い
詰められた。連勝ストップまであとアウトひとつとなり、ランナー
なしで打席には5番の田中賢介が入る。

　球界屈指の技術を誇り、つねに状況に応じたバッティングを見せ
てくれるベテランは、絶体絶命のこの場面、したたかにホームラン
を狙っていた。なんとか塁に出て次につなぐという選択肢もあった
が、球場全体のムードを敏感に感じ取り、イチかバチかの勝負に出
たのだろう。技術的には、狙えばホームランも打てる選手だが、シ

ーズンを通じて狙う打席はほとんどない。そんな田中賢介が、ここ
で狙った。その勝負勘には舌を巻いた。

フルカウントからの６球目、鋭いスイングから放たれた打球は低
い弾道のライナーとなってライトスタンドへ一直線。これがチーム
を救う、起死回生の同点ホームランとなった。

2007年に達成した球団記録の14連勝を経験している、ここ一番
で頼りになる男が本当によく勝負してくれた。

そして、ファイターズが８人、マリーンズが９人のピッチャーを
つぎ込む総力戦に決着をつけてくれたのはレアードだった。延長12
回裏、先頭で打席に立ち、レフトスタンドに飛び込む劇的なサヨナ
ラホームラン。札幌ドームに満開の笑顔がはじけた。

優勝したシーズンを振り返ると、必ずひとつやふたつ、ミラクル
な勝利があるものだ、とよくいわれるが、球団記録に並ぶ14連勝を
マークしたこの試合は、まさしくそんな一戦だった。やっているほ
うが感動する試合だ。

また、これが北海道日本ハムファイターズとして、ホーム通算
500勝というメモリアルが重なる勝利となり、本当に忘れられない
一勝となった。

大谷翔平の右手中指のマメが破れた

そんな劇的な幕切れを迎えた試合の中で、チームの行方を、命運
を左右しかねないアクシデントは起こっていた。

先発ピッチャーの大谷に異変が見られたのは、７回表のことだっ
た。１アウトから７番・鈴木大地をデッドボールで歩かせ、続く８
番・田村龍弘にフォアボールを与えたところで、マウンド上の本人
から交代を求める合図があった。

右手中指にできたマメが破れていた。続投は不可能だ。

５月半ばまで８試合に登板して１勝４敗と勝ち星に恵まれなかっ
た大谷だが、以降は７連勝と大いに存在感を見せていた。そのエー

スを失うのは、言うまでもなくチームにとって大きな痛手となる。一日も早いピッチャーとしての復帰を目指すならば、ファームに行かせて回復と調整に専念してもらうのが近道なのかもしれない。だが、二刀流の大谷の場合、バッターとしてもチームには欠かせない戦力だ。そうなると、DHで試合に出場してもらいながら、ピッチャー復帰への準備を進めてもらう、その難しい宿題に取り組んでもらうしかなかった。

その後のバッターとしての成績は、次のとおりである。

［大谷翔平・先発回避の間の打撃成績］

7月

　　12日　●　対バファローズ　　4打数1安打0打点

　　13日　○　対バファローズ　　3打数0安打0打点

　　18日　○　対イーグルス　　　4打数1安打1打点

　　20日　○　対イーグルス　　　3打数1安打3打点　　1本塁打

　　22日　○　対バファローズ　　3打数2安打0打点

　　23日　○　対バファローズ　　（※翌日の登板準備）

　　24日　●　対バファローズ　　（※2番手で1イニング登板）

　　26日　○　対ライオンズ　　　4打数3安打1打点

　　27日　○　対ライオンズ　　　4打数2安打1打点

　　28日　●　対ライオンズ　　　2打数1安打0打点

　　29日　●　対ホークス　　　　4打数3安打1打点　　1本塁打

　　30日　○　対ホークス　　　　3打数0安打0打点

　　31日　○　対ホークス　　　　4打数1安打2打点　　1本塁打

8月

　　2日　●　対マリーンズ　　　3打数0安打0打点

　　3日　○　対マリーンズ　　　6打数3安打3打点　　1本塁打

　　4日　●　対マリーンズ　　　3打数0安打0打点

　　5日　●　対ホークス　　　　4打数3安打0打点

6日	○	対ホークス	5打数2安打4打点	2本塁打
7日	○	対ホークス	4打数2安打0打点	
9日	●	対ライオンズ	3打数1安打0打点	
10日	○	対ライオンズ	4打数1安打0打点	
11日	●	対ライオンズ	4打数0安打0打点	
12日	●	対イーグルス	4打数0安打0打点	
13日	○	対イーグルス	3打数1安打0打点	
14日	○	対イーグルス	4打数1安打2打点	1本塁打
16日	○	対バファローズ	3打数1安打0打点	
17日	○	対バファローズ	3打数2安打2打点	1本塁打
18日	○	対バファローズ	3打数1安打0打点	
19日	●	対ホークス	4打数1安打0打点	
20日	●	対ホークス	4打数1安打2打点	1本塁打
21日	○	対ホークス	5打数3安打1打点	
23日	○	対マリーンズ	4打数1安打1打点	
24日	○	対マリーンズ	5打数1安打0打点	
25日	○	対マリーンズ	4打数0安打0打点	
26日	●	対ライオンズ	（※欠場）	
27日	○	対ライオンズ	（※代打出場）1打数1安打1打点	

1本塁打

28日	●	対ライオンズ	3打数1安打0打点	
30日	●	対イーグルス	5打数0安打0打点	
31日	●	対イーグルス	4打数1安打1打点	

9月

1日	○	対イーグルス	5打数1安打1打点	
2日	●	対バファローズ	3打数0安打0打点	
3日	○	対バファローズ	5打数3安打1打点	
4日	△	対バファローズ	5打数0安打1打点	

こうして列記してみると、いかに長期間に及んでいたかを改めて実感させられる。

この間、大谷はバッターとして40試合に出場し（代打含む）、151打数47安打29打点ホームラン10本、打率3割1分1厘。出塁できなかった試合は、わずかに3試合しかなかった。

もちろん先発ピッチャーとして早く使いたいという思いはつねにあったが、絶対に「壊さない」というのが最優先だ。それを確信できるタイミングをずっと待っていた。

またそこには、チーム事情も絡んでくる。

ある程度、大谷の状態が良くなってきた頃、本人から「ファームで調整させて欲しい」という申し出があった。優勝を目指して戦っている一軍での調整登板はタイミングが難しい。それを考慮し、いったんチームを離れて、先発復帰への準備を整えたい、というのだ。

でも、残念ながらそれは受け入れられなかった。「優勝する」という大前提に立ったとき、ファームへの移動で1日でも1試合でも、大谷の打席を減らすことはさせられない。あの時期、打線が苦しい状態だったこともあり、チームから大谷を欠くことは考えられなかった。

先発復帰のギリギリまで、バッターとして計算させてもらう。それはこちらからのお願いだった。

反動を吸収してもらった幸運

15連勝に象徴される奇跡的な試合の連続だった中盤。それでも堪えなければならない試練はたくさんあった。そんな中で、例年であれば非常に頭を悩ませる時期が今シーズンはポジティブに働いた。

ファンのみなさんがそれを感じられているかどうかはわからないが、長いペナントレースを戦う上で、とても難しい時期がある。

交流戦が終わってから、オールスターブレイクを迎えるまでの約3週間だ。

交流戦はその期間だけの順位が意味を持ってくることもあり、特別なモチベーションを持って臨むことができる。それが終わると一息ついて、次は通常のリーグ戦再開に向けて再び気持ちを高めたいところなのだが、そこからしばらくするとオールスターゲームが行われるため、そこでまたリーグ戦は一時中断となってしまう。その間、約3週間の15試合あまりをどう戦い、どう乗り切るかは、毎年悩みのタネだ。

もちろんシーズン中に気持ちが途切れるということはないが、プロ野球といえども人間のやっていることなので、やはり気持ちに多少の波は出てくる。それを短い期間に何度もピークに持っていこうとする作業はなかなか簡単ではない。そういう意味で、とても難しい時期なのだ。

実は、そのタイミングが今年は大きなプラスに働いた。

15連勝が始まったのは、当初の試合日程では交流戦の最終戦にあたるドラゴンズ戦だった。雨天順延となった横浜DeNAベイスターズ戦がひとつ残っていたが、それも勝って2連勝で交流戦を締めくくり、通常のリーグ戦に戻った。

例年は戦い方が難しくなるこの時期に、今年は連勝というビッグウェイブがやってきた。明日、また明日と、選手たちは連勝を続けるんだという明確なモチベーションを保ちながら、その期間を一気に乗り切ることができた。

そして、連勝がストップしたのは、オールスターブレイクまであと1試合を残すのみの7月12日だった。

次の日、前半戦のラストゲームをものにして、連勝ストップのイヤなムードもたった1日で払拭した状態で、チームは数日間の休みに入った。すべてがまるで図ったかのような、これ以上ない最高のタイミングだったといえるだろう。

もし、連勝を継続したままで前半戦を終えていたら、オールスターに流れを遮られたようで少し嫌な気持ちになっていたかもしれな

い。反対に連勝がストップして、そこから連敗した状態だったら、後半戦のスタートへは少なからず不安が芽生えていたはずだ。結果、そのどちらでもなかった。それが幸いした。大型連勝には得てして反動がつきものだが、それをオールスターブレイクに吸収してもらった格好だ。

第3節（終盤）
「らしさ」を取り戻し始めた選手たち

すべては9月後半、ホークスとの首位決戦のために

　最大11・5ゲームあった差を、オールスターまでのわずか一カ月足らずの間に5～6ゲーム差まで縮めることができた。この差であれば、うまくやれば終盤勝負に持ち込むことができる。

　後半戦、最大のポイントは9月後半に用意された首位ホークスとの最後の2連戦だと考えていた。

　7～8月、ホークスとの直接対決は金・土・日の3連戦という日程で計4度も組まれていた。それが9月以降にはたったの2試合しかない。そこが大きな勝負どころになるとすれば、大谷の先発復帰への青写真もやはりそこからの逆算となってくる。

　9月21日のホークス戦で大谷が最高のピッチングをするという前提でものを考え、先発復帰のマウンドはその約2週間前、9月6日のマリーンズ戦に決めた。

　しかし、プランはすべて思い描いたとおりには運ばない。旭川のスタルヒン球場で予定されていた6日の試合が雨天中止となり、大谷の登板は翌日の札幌ドームでのゲームにスライドせざるを得なくなった。

　9月7日、59日ぶりとなった先発のマウンドは、8人のバッターと対戦し、被安打2、奪三振2、失点1という内容だった。2イニングのみというのは予定通りで、先制点こそ与えたものの、しっか

りと前に進んでいる印象を受けた。翌日に、久しぶりの実戦マウンドの影響がなく、普通の状態でいてくれれば問題はない。

次の登板は、9月13日のバファローズ戦を予定していた。通常、登板前日は調整に専念させるため、試合には起用しないと決めているが、前日の12日はそもそも試合の予定がなかったため、DH欠場という穴を開けることもなく登板を迎えることができた。

先発復帰後、二度目の登板となったこの日は、初回、先頭の糸井嘉男を見逃し三振に斬って取ると、続く2回には、4番・T−岡田、5番・中島宏之、6番・西野真弘を3者連続三振に仕留めてみせた。3回に2点を失ったが、5イニングを投げ、奪った15のアウトのうち9つが三振というピッチングだった。

あの時点で日本最速となる164キロをマークしたのがこの試合で、その球をかつてファイターズで活躍した糸井がヒットにしたのには、さすがに苦笑いが出た。

なんにせよ、ここが勝負とにらんだ一戦に向け、大谷は「らしさ」を取り戻しつつあった。やろうとしていることが、少しずつ結果に表れている。

そしてその8日後が、最大のポイントと捉えていた首位決戦、ヤフオクドームでのホークスとの直接対決だった。

思えば昨年、ホークスとの対戦成績は9勝15敗1分け、6つの負け越しを喫した。最終的に2位という結果だったとはいえ、首位に12ゲームもの大差をつけられ、独走を許してしまった最大の原因は、やはり直接対決の結果にあるといわざるを得なかった。

それを肝に銘じ、命がけで倒しに行くと心に誓ったこのシーズンの直接対決は、そこまで13勝9敗1分けという成績で、すでに勝ち越しは決めていた。しかし、ゲーム差なしで迎えた天王山、この2連戦を落とせばすべては水泡に帰す、そんな大一番だった。

前々回の登板は2イニングで38球、前回は5イニングで87球と実戦での球数は増やしてきたが、不安がまったくなかったといえば

嘘になる。先発ピッチャーとしては約2カ月のブランクがあり、その間、バッターとしての出場を続けてきた前例のない挑戦だ。三度目の登板で、果たしてどこまでMAXの状態に迫れるか。

ただ、眼前に立ちはだかるホークスという最強の敵が、大谷のポテンシャルを最大限まで引き出してくれるのではないか、そんな期待もあった。

大谷は、立ち上がりにフォアボールでふたりのランナーを許し、4番・内川という大ピンチを迎えるも、その場面をセカンドゴロでダブルプレーという最高の形で切り抜けると、そこからはランナーを出しながらも要所を締め、しっかりとゲームを作っていった。

2回表、レアードの先制2ランホームランでもらったリードを守り、被安打4、奪三振8、失点1という内容で8回を投げ切った。数週間前からここと決めたターゲットを寸分違わず捉え、エースの完全復活を示してくれた見事なマウンドだった。

ザ・キャッチ

この試合では、勝敗はもちろん、ペナントの行方まで左右するようなビッグプレーが飛び出した。

肋骨の痛みから3試合欠場していた陽を、7回表、代打に送り、そのままセンターの守備位置につかせた。たとえコンディションが万全ではなくても、彼の守備力は群を抜いている。なんとしても1点のリードを守り抜きたい試合終盤、守備固めに行ってもらうことに迷いはなかった。

するとその回、先頭の8番・今宮健太がいきなり左中間を襲う大飛球を放つ。その落下地点へ一直線に向かっていった陽は、フェンスに激突しながらこれを好捕した。

そもそも8月に肋骨を骨折したのは、同じようなプレーでフェンスに激突したのが原因だった。その痛みがまだ癒えぬ中、勇気を持って突っ込んでいってくれた。もし抜けていればノーアウト2塁か、

あるいは3塁か。いずれにしても同点は覚悟しなければならない、苦しい場面を迎えていたところだった。先発の大谷が8回112球を投げ切れたのも、このプレーに救われたところが大きかった。

そして1点リードで迎えた最終回、マウンドに上がったアンソニー・バースは、6番の長谷川勇也に2ベース、7番・吉村裕基にデッドボールを与えると、続く今宮に送りバントを決められ、1アウト2、3塁という絶体絶命のピンチを招いてしまう。

増井に代わるクローザーとして絶対的な安定感を見せてくれていたクリス・マーティンは、9月4日のバファローズ戦の登板後、左足首を捻挫して戦列を離れていた。大事なシーズン終盤にきての守護神不在に、とにかくブルペン総動員で臨むしかなかった。

この大ピンチでバースを代え、最後を谷本圭介に託した。谷元は過去2年、50試合以上に登板し、今年もこれが55試合目となるブルペンの要。火消しからロングリリーフまで万能でこなしてくれる頼もしい存在だ。前日も2点リードの最終回、2アウト満塁の場面でマウンドに送り、ゲームを締めくくってもらっていた。

だが、シーズンの最終盤、ゲーム差なしで迎えた敵地での首位決戦で1点リードの9回裏、1アウト2、3塁という状況は、百戦錬磨のリリーバーにとっても酷なシチュエーションであることは間違いない。外野フライも許されないのだ。

しかし、そこで谷元は、9番・高谷裕亮をフルカウントから空振り三振に仕留め、勝利まであと1アウトとこぎつける。

そして、続く1番の江川智晃に投じた1ボール1ストライクからの3球目、前進守備のセンター・陽の頭上に高々と大飛球が舞い上がった。打った瞬間、球場を埋め尽くした超満員のホークスファンの誰もが、逆転サヨナラを確信したに違いない一打だった。

そのボールを、陽岱鋼がもぎ取った。

前進守備を敷いていたため、打球を見ながら追いかけたのでは間に合わない。瞬時にそう判断し、見失うリスクを覚悟の上で、イチ

かバチかいったん打球から目を離して全力で落下地点を目がけて走った。そこからフェンス目前で背中越しに見上げ、再び打球を視界に捉えた。ほかの誰にも真似することのできないスーパーキャッチだった。

1954年のワールドシリーズ第1戦で、ニューヨーク・ジャイアンツ（現サンフランシスコ・ジャイアンツ）のセンター、ウィリー・メイズが見せた背面キャッチは、「The Catch（ザ・キャッチ）」としていまも語り継がれている。そのスーパープレーでピンチをしのいだジャイアンツは、延長戦の末、サヨナラ勝利を収め、そのまま勢いに乗って4連勝でワールドチャンピオンに輝いた。

あの伝説を彷彿とさせる、日本プロ野球史に残る「ザ・キャッチ」だった。

直接対決での勝利はプラスアルファを生む

翌日、ホークスとの最終戦は有原を先発に立てた。

7月22日、ホークスの和田毅、マリーンズの石川歩とともに、リーグ10勝一番乗りを果たした有原だが、その白星を最後に勝利から遠ざかり、6連敗を喫していた。でも、本来能力の高いピッチャーだし、悔しい思いを重ねてきた分、この大勝負で爆ぜてくれると信じていた。

試合は、初回に2アウトから3番・中村晃の一発で先制を許したが、直後の2回表、2アウト満塁の場面で1番の西川遥輝が逆転タイムリーを放ち、たちまちひっくり返してくれた。

そこからは息詰まる攻防となったが、1点リードで迎えた7回表、1アウトから3番・大谷がライト前ヒットで出塁すると、4番・中田が値千金の2ランホームラン。試合の流れを完全に引き寄せることができた。

その裏、有原から宮西へとスイッチし、8回はバース、9回は谷元とつないで敵地での首位決戦に連勝、ついに優勝マジックが点灯

した。

プロ野球の世界では、とりわけ直接対決が大事だといわれる。数字の上では、どのチームに勝っても1勝は同じ1勝で、どちらかが勝ってどちらかが負ければゲーム差1にあたることに変わりはない。だが、順位を争っているチームと直接対決したときに、そこで相手をやっつけて奪う1ゲーム差は大きなプラスアルファを生み出す。それだけに、この2連勝は本当に大きな意味をもっていた。

いまだから言えるが、正直、戦う前は「最悪1勝1敗でも、まだまだ先があるんだ」と自分に言い聞かせていた。それは、なぜか。

絶対に連勝しなければいけないという思いが強すぎると、選手たちにもその空気が伝わり、もしひとつ星を落としてしまったら、その時点で「シーズンが終わった」とみんなが感じてしまい、緊張の糸が切れてしまうリスクがあった。それが最悪のシナリオだ。

絶対に連勝しなければいけないのと同時に、絶対にここで戦いが終わってはいけない。だから、1勝1敗でもいいと無理矢理、自分自身に言い聞かせていた部分もあったのだ。

でも、きっと1勝1敗だったら優勝することはできなかった。終わってみて、はじめて強く思う。あそこでの連勝はそれほど重要だった。

終盤の8連戦で大谷翔平をどう使うか

この時期、シーズン終盤の流れには、もうひとつ大きなポイントがあった。ホークスとの直接対決を迎えた9月21日から28日にかけて、シーズン最終盤にきて8連戦が組まれていたことだ。

二刀流の大谷翔平は投打でチームに欠かせない存在だが、その分負担も大きく、どこかで2試合は休ませなければいけないと考えていた。

その初戦に先発して8回を投げたことを考えると、普通は翌日に休ませ、しっかりと回復に充てさせるところだ。だが、そこが天王

山の第2戦とあっては、そうもいってはいられない。無理は承知で強行出場に踏み切った。

　結果、3番・DHで出場した大谷は4打数2安打、フォアボールも1つ選び、チームの勝利に貢献した。

　翌日、福岡から札幌に移動してのゲームとなったイーグルス戦は休ませ、残念ながらこの日は星を落とした。不思議なもので残り6試合、まだ首位に立っているし、優勝マジックがついているというのに、1つ負けるだけで逆に追い込まれた気がしてくる。ホークスに連勝した貯金を一気に吐き出してしまった感覚だ。

　次の日は大谷を3番・DHに戻したが、当の本人は4打数ヒットなし。だが、4回裏に中田の先制タイムリーと陽の3ランホームランが飛び出し、この回奪った4点で勝負を決めた。先発として6連勝を飾った増井の我慢のピッチングも光ったゲームだった。

　一夜明け、翌日は大谷が4打数3安打1打点と気を吐いた。1点を追う8回裏、貴重な同点タイムリーで試合を振り出しに戻すと、延長11回裏、先頭バッターとして2ベースを放ち、1アウトから田中賢のショートゴロの間に3塁に進むと、続くレアードの打席、ピッチャーのワイルドピッチでサヨナラのホームを駆け抜けた。

　この日、ホークスが敗れたため、マジックは2つ減って3となった。

　さて、悩みに悩み抜いたのはその日の晩だ。残り4試合でマジック3、ここにきてはじめて1つ余裕ができた。3日後に登板予定の大谷を、投げさせる前に2日間休ませるべきか、それとももう一試合DHで使うべきか。打線にいなければ、相手が楽になることはわかっている。だが、翌日は大阪に移動してのゲームということもあり、移動の疲れも考えると答えは簡単には見つからなかった。

　大谷という男はどんなに疲れていても、いざ休ませると、「どうして出してくれないの？」みたいな雰囲気を醸し出してくるようなところがある。だったらいっそのこと、本人が休ませて欲しいといってくるまで使い続けるか。それとも、やっぱり休ませるところは

休ませるべきなのか。

一晩中悩んだ。

そして、京セラドームでのバファローズ戦、大谷を3番・DHで起用した。「もう、行け！」という感じだった。

陽のホームランで先制したこの一戦、貴重な追加点は大谷のバットから生まれた。6回表、ノーアウト2塁の場面でタイムリーヒット。さらにこの回、2者連続の押し出しフォアボールを奪い、4点差をつけて完全に試合の主導権を握った。

その後、1点差まで詰め寄られはしたが、最後は接戦をものにした。

試合後、ホークスがマリーンズにサヨナラ負けしたという情報が入り、いよいよ優勝マジックは1となった。

でも、過去に経験したことのないようなプレッシャーが襲ってくるのは、そこからだった。

マジック1になってはじめて味わったプレッシャー

翌日は、大阪から埼玉・所沢への移動となった。距離はともかく、新幹線とバスを乗り継ぐこの移動は意外としんどい。

ここは大谷の起用に関する悩みはなかった。明日の先発に備えて、調整に専念させる。

ただ、勝つか、負けてもホークスが星を落とすとリーグ優勝が決まる。となると、いわゆる「優勝スタンバイ」というものが発生し、出場予定がない選手も球場で待機させておく必要がある。大谷も例外ではない。

その9月27日、試合はライオンズの先発・岸孝之の前に手も足も出ないような状態だった。

マジック1になって、選手たちも勝ちたくなってしまって、がんじがらめになっていた。一所懸命やりすぎてしまって、みんな力みまくって、何がどうなっているのかわからない。点を取れる感じがまったくしなかった。

残り3試合でマジック1なんだから、1つ落としてもまだ余裕はあるはずなのに、「これでは優勝できないかもしれない」と本気で思ったゲームだった。

　この試合、3点を追う7回表、2アウト1塁の場面で代打に大谷を送った。左中間への2ベースヒットでチャンスを広げたが、得点には結びつかなかった。使うつもりのなかった大谷を使ったのは、優勝スタンバイで最後まで残らせなければいけなかったから。どうせ残っているなら、逆転勝利へのわずかな可能性にかけて使ってみようと考えた。

　マネージャーに聞いたところ、本人はやはりこの日も出る気満々だったらしく、ここまできたら、その気持ちを大事にしてあげたいという思いもあった。

　結局、3対0で敗れ、試合後もホークス戦の結果が出るまでしばらく待機していたが、ホークスが勝って優勝は持ち越しとなった。「プレッシャーにがんじがらめになっていた」と選手たちのことだけを書いたが、実は、生まれてはじめて本当に追い詰められていたという意味では、僕も選手と一緒だった。

　シーズン中、毎晩悩みは尽きないし、試合中は緊張もする。でも、あの日はそれどころではなかった。試合前、簡単な食事さえ喉を通らないのだ。

　いざマジックが1になって、「優勝して当たり前」となったときの感覚は、怖いというのとも違う、居ても立っても居られないというか、何かに急かされている、そんな感じだ。心の準備はしていたつもりでも、想像していたものとはまったく違っていた。

「翔平が0点に抑えれば勝つんだ」

　マジック1で残り2試合、最後に本拠地・札幌ドームでのマリーンズ戦を残してはいるが、その前に、何がなんでもこのライオンズ戦で決めてしまいたい。ここで決められなければ、逆にやられてし

まうかもしれない、そんな不安がどうしても拭いきれなかった。

悩んだのは、先発の大谷を打席に立たせるかどうかだった。計り知れない重圧がかかる一戦だけに、ピッチャーに専念させたいという気持ちは強い。だが、前日の試合を見る限り、正直、いまのチーム状態ではそう簡単に得点は奪えないだろう。DHを解除して大谷を打席に立たせれば、得点力はアップするが、果たしてそれは得策なのか……。

「今日、勝つんだ」

勝つことを大前提として考えたとき、どうやって勝つのか、ようやく具体的なイメージが浮かんできた。

―真に信ずれば、知恵が生まれる―

それはシンプルなイメージだった。

「翔平が0点に抑えれば勝つんだ」

そこに自分の心を落とし込んだ。今日はピッチャー一本で勝負する。それも自分で決めているという感覚はあまりなかった。そう決めざるを得ない状況に自分が持って行かれている、そういう感じだった。

9月28日、西武プリンスドーム。

あの日の大谷のピッチングを、「神がかっていた」と表現する人がいた。

だが、僕に言わせれば「これが大谷翔平」だ。

大谷翔平が、大谷翔平らしいピッチングをすれば、こういうことになる。それを彼がはじめて見せてくれたのが、あの日だった。

結果論だが、もしDHを解除し、打席に立たせていたら、最後まで投げ切ることはできなかったかもしれない。そして、もし途中でピッチャーを代えていたら、あの試合、負けていたと思う。次にどんなピッチャーが出てこようとも、交代した瞬間、相手は「しめた」と思うはずだ。それほどまでに、あの日の大谷は素晴らしかった。

あのピッチングの前で数字はあまり意味を持たないが、ここにも記録として残しておく。

29人のバッターと対戦し、球数125、被安打1、与四死球1、奪三振15、失点0。

こちらが奪った得点は、レアードのホームランによる1点だけ。

大谷翔平の完封勝利で、ファイターズは4年ぶりのパ・リーグ制覇を果たしたのだった。

第2章：クライマックスシリーズ回顧
勝つために打つべき手を打つ

勝つために、はまらなければならない手を打った

日本シリーズ進出をかけたホークスとのクライマックスシリーズ。「人生の運」を全部使っている感じ、とでも表現すればいいだろうか。

試合中は、とにかく後手に回らないことだけを心掛けていた。そして、「どういう手を打ったら勝てるのか」ではなく、「勝つとしたらどういう手を打つべきなのか」をつねに考え、感じたことを感じたようにやった結果が、客観的に見れば「はまった」ということになる。

ただ、「打つ手が、はまったから勝った」というのは少し違っていて、「勝つために、はまらなければならない手を打った」だけなのだ。

なんだかややこしいことを言い出したな、と思われるかもしれないが、このニュアンスの違いを汲み取っていただきたい。

勝てば日本シリーズ進出が決まるクライマックスシリーズ・ファイナルステージの第5戦、故障によって戦列を離れていた主力メン

バーが再び揃い、ベストメンバーに戻っているホークス相手に、序盤から4点差をつけられた。追う展開で勝ち切るというのは、それこそ打つ手がすべてはまらなければ勝てるわけがない。

　0対4から勝つことを前提に、ここから勝つにはどういう展開になるのか、そのためにはどんな手を打てばいいのか、それだけを考えていた。

　思い切った手でもなんでもない。勝つための手を打っただけなんだから、それは普通のことだ。そうなれば勝つし、そうならなければ勝てない。

　だから、「はまった」というギャンブルが的中したような感覚はあまりなく、勝つんだったらこうなるしかない、と思ったことが実際にそうなっただけ、というふうに受け止めていた。

　当たり前のことだが、野球は選手がやるものだ。投手が抑えて、野手が守って、打者が打てば、それだけで勝つ。

　でも、毎日試合をやっていれば、それだけでは勝つのが難しいケースも出てくる。そんなとき、勝つとしたらどういう手を打つべきなのかを考える。それは監督の仕事だ。

　それがそのとおりになったら、勝つことがある。だったら、監督は手を打たなきゃいけない。

　そして、もしそのとおりになって勝ったら、それは選手のおかげ。だって、やったのは選手なんだから。

　あの第5戦、1回表にいきなり4点を取られた。なのに、中盤からは完全にこっちのペースになっていた。

　あれをもう一回やれと言われても、たぶん無理だ。

　勝つときというのは、そういう流れができているものなんだと思う。野球の神様は、はじめからこちらが勝つと決めている。それを邪魔しないように、邪魔しないように持っていくしかない。

　自分が決めているんじゃない。野球の神様がそうなるようにしているのだ。

人は余計なこととか、欲が出てきたときに間違ったことをする。そうしないようにするだけだ。

何も学んでいない、一年前のクライマックスシリーズ

このシリーズのことを書く前に、思い出さなければならない試合がある。

ホークスに独走で優勝を許してしまった2015年、ファイターズは2位でシーズンを終え、本拠地・札幌ドームでクライマックスシリーズのファーストステージを迎えた。相手は3位のマリーンズだ。

第1戦は、最多勝、最優秀防御率、勝率第1位の投手三冠を達成した大谷翔平を先発させたが、1点先制した直後に逆転されると、次の回にも2アウトから3連続2ベースを打たれ、シーズン中には一度もなかった3回途中での早すぎる降板。先発投手が、しかもエースが早々に崩れてしまうと、さすがに挽回は難しい。完敗だった。

第2戦、1点ビハインドで終盤を迎えたゲームの流れを引き寄せてくれたのは、3番手として7回からマウンドに上がったルーキーの有原航平だった。プロ初の中継ぎ登板にもかかわらず、テンポの良いピッチングで2回を抑え、逆転に結びつけた。8回表にファインプレーでチームを救った矢野謙次が、打席でも決勝点となる2点タイムリーを放つなど、ベテランの活躍も光った試合だった。

勝ったほうがファイナルステージ進出となる勝負の第3戦、初回に中田翔のタイムリーで先制したものの、その後はマリーンズのエース・涌井秀章の巧みな投球術の前にあと一本が出ず、スコアボードに0が並んだ。

そして、6回からは連投となる有原を投入したが、1対1の同点で迎えた7回表、先頭のデスパイネに一発を浴び、最終的にはこの1点がシーズンの終わりを告げる結果となった。

去年ははっきりいって、クライマックスシリーズで何も学んでいない。

「1年目の有原にいい経験をさせてあげられて良かった」と思うくらいだ。

もともとシーズン2位で臨んだファーストステージは、勝ち負けもさることながら、若い選手たちの成長を第一に考えていたところがある。

もし、若い選手たちが化けてくれれば、そこから続くファイナルステージ、日本シリーズでもいい勝負ができる。反対に、彼らで勝ち切ることができなければ、その先に進んだところで結果は見えている、そう考えていた。

結局、大谷も、有原も、まだまだ全然ダメだったので、負けたとしても、そうした若い選手たちに経験をさせなきゃいけない、というクライマックスシリーズになった。

そういった意味では、彼らは本当に悔しい思いをしたから、一番やりたかったことはできたともいえる。

では、野球を学ぶ以前に、選手たちを成長させることばかりを考えていたのはなぜか。

それは、独走を許したシーズン中の苦い経験を糧に、強いホークスと本当の勝負ができるようになるため、その一点だったかもしれない。

短期決戦の準備

優勝した今年は、シーズン終了からクライマックスシリーズ初戦まで、11日間空いた。

監督1年目で優勝を経験した4年前は、その間、選手たちを宮崎で行われているフェニックスリーグに送り込んだ。実戦感覚を鈍らせないためだ。

でも、結果的にそれはあまり得策ではなかったと感じている。

そもそもフェニックスリーグは、主に若手選手たちの成長を促す場として開催されている、いわゆる教育リーグであり、日本一をか

けた重要な試合を控えている選手たちが調整の場とするには、あまりにも空気感が違いすぎる。

あの年も、クライマックスシリーズを勝つには勝ったが、万全の準備ができていたかと問われれば、答えはノーとなるだろう。

短期決戦の準備は難しい。

誰かに正しいやり方を教えて欲しいという気持ちはあるが、それに正解があるのであれば、きっと誰もこんなに苦しまないのだろう。

準備の段階では精いっぱいやるが、そこに答えはない。

勝つために、絶対にはまらなければならない最初の手

現在のクライマックスシリーズでは、リーグ優勝したチームには1勝のアドバンテージが与えられる。

ファイナルステージは先に4勝したチームの勝利となるが、今年優勝したファイターズは、第1戦を1勝0敗の状態からスタートすることができる。これは文字通りのアドバンテージ＝優位性だ。

ただ、もともと戦力の層の厚さやチームの経験値などあらゆる面において、プロ野球界全体を見渡してもホークスは図抜けた存在である。

そのホークスが、失うものがない、というと語弊があるが、ある意味（リーグ2位という意味において）、精神的には楽な状態で戦いを仕掛けてくる。

これほど厄介な相手はいない。

決戦を前に、たしか初戦の3日ほど前に、先発投手陣には第6戦まで、全員に登板日を言い渡した。

第1戦　大谷翔平（4年目＝22歳）

第2戦　増井浩俊（7年目＝32歳）

第3戦　有原航平（2年目＝24歳）

第4戦　高梨裕稔（3年目＝25歳）

第5戦　加藤貴之（1年目＝24歳）
第6戦　ルイス・メンドーサ（3年目＝33歳）

　あれこれ憶測が飛び交っていたようだが、はじめから大谷は、先発ピッチャーとしては一回しか使うつもりはなかった。

　その代わり、先発翌日の第2戦からDHでバッターとして使っていく。

　周囲はもはや、それを驚きもせずに受け止めている印象すらあるが、この先発翌日のDH起用は、使う側からしてみれば「ウルトラC」といってもいい、かなり難易度の高い選択である。大谷の肉体的な負担を考えると、それだけ大きなリスクを伴う起用法なのだ。

　さらに、いまだから書けるが、大事な第1戦、最初から大谷を完投させるつもりはなかった。

　だからこそDHを解除し、8番バッターとして打席にも立たせたのだ。

　リーグ優勝を決めたライオンズ戦は、最後まで大谷に任せるつもりで、打席に立たせずピッチングに専念させた。

　逆にクライマックスシリーズの初戦は、打席にも立たせ、投げるほうは7回くらいまでというイメージで臨んでいた。

　ホークスに勝つために、絶対にはまらなければならない最初の手が、それだったということだ。

【第1戦】はじめからアドバンテージはふたつあった

　ホークスと雌雄を決するクライマックスシリーズ・ファイナルステージ、大事な初戦はある意味、思い描いていたプラン通りの展開となった。

　相手の先発ピッチャー、好投手の武田翔太から何度もチャンスを作るのは難しい。ワンチャンスをどうものにするか、というイメージの中、ようやく打線がつながったのは5回のことだ。

下位打線で（といっても7番・レアード、8番・大谷、9番・大野
奨太というラインナップだが）ノーアウト満塁のチャンスを作り、1
番・西川遥輝のタイムリーで2点を先制すると、中島卓也がバント
でつなぎ、近藤健介のタイムリーで2点を追加。さらに4番・中田
の2ランホームランが飛び出し、一挙6点を奪った。

　9本のヒットのうち5本をこの回に集め、まさしく集中力でもぎ
取ったビッグイニングとなった。

　そして、先発の大谷は7回を投げ、102球、被安打1、失点0と
いうほぼ完璧な内容で、8回は谷元圭介、9回はクリス・マーティ
ンとバトンをつないだ。

　この一勝でシリーズの主導権を握れたのは間違いないが、大事な
初戦に「勝った」という意識はあまりなかった。

　我々がシーズンを頑張ったから、はじめからアドバンテージをふ
たつもらっていた。このクライマックスシリーズは2勝0敗から始
まるんだ、という感覚だ。

　いまのファイターズがホークスと戦うと、優勢から劣勢に、劣勢
から優勢にと、目まぐるしく戦況は変わる。「勝負は下駄を履くま
でわからない」とはよくいったもので、本当に決着がつくまで不安
を消し去ることはできない。

　だから、勝ってもまたゼロからのスタート、そういつも自分に言
い聞かせていた。

　そして翌日、案の定というべきか、このいい流れは完全に一転す
る。

【第2戦】言い訳を作り続けた夜

　今年のファイターズは、特に中盤以降いわゆる勝ちパターンに持
ち込んだ試合はほぼ勝ち切ってきた。リードを奪って終盤の継投に
入れば、まずひっくり返されることはない。だから、優勝できたのだ。

　それがこのクライマックスシリーズを迎えて崩れるのだから、や

はり野球は難しい。

　4対3と1点リードの9回表、抑えのマーティンは1アウトから9番・福田秀平にデッドボール、1番・中村晃にはフォアボールを与えると、続く本多雄一への2球目、ダブルスチールを決められ、2、3塁の大ピンチを迎える。

　走られたのはたしかに痛いが、それよりも頼みのマーティンが平常心を失ってしまったことがもっと痛かった。

　シーズン中から彼には、ランナーを出してもあまり気にせず、とにかくバッターとの勝負に集中して欲しいと伝えてきた。たとえ走られても、次のバッターをきっちりと抑えれば失点は防げる。それだけの力があるピッチャーなのだから、どうか冷静に投げて欲しいと。それがこの場面は、ランナーを気にするあまり完全にマーティンらしさが消えていた。

　前日、6点のリードがありながら最終回に投げさせたのは、実は本人が志願してきたという背景もあった。シーズン終盤、故障で戦線離脱したマーティンは、1カ月以上実戦から遠ざかっていた。その久しぶりの登板がいきなり最少得点差のマウンドでは、さすがにプレッシャーが大きい。本人も不安があったのだろう。何点差あっても投げさせて欲しいと自ら申し出てきたのだ。

　そういう意味では、6点差のマウンドは理想的だった。最終回のホークスの攻撃は1番から始まる好打順だったが、マーティンは余裕のピッチングで3者連続三振に斬って取った。

　ただ、そこでランナーを出さなかったことが、逆に翌日、1点差という緊迫した状況で久しぶりにランナーを背負い、我を見失う結果に結びついてしまったのかもしれない。

　1アウト2、3塁とされたマーティンは、そこから2番・本多、3番・柳田悠岐に連続タイムリーを打たれ、チームは痛恨の逆転負けを喫してしまう。

　アドバンテージを含め2勝1敗と、数字的にはまだ有利な状況だ

ったが、精神的には一気に追い詰められていた。

　どう表現していいのかわからないが、敗戦の瞬間からずっと「本当にヤバい」という切迫感が続き、抱えているさまざまな問題が迫ってくる感じがして、何をしていても絶望的な気分になる。

　だから、それをどうにか振り払いたくて、自分の中で言い訳を作り続けている。

「勝ち負けよりも、選手のためになることを考えよう」

　そうやって、負けてもいい言い訳を作り続けている。

　翌日の試合が始まる少し前まで、頭の中はそんな状態だった。

大事なのは本音をぶつけ合い検証すること

　ところで、ふたつの四死球とダブルスチールで１アウト２、３塁になったとき、白井一幸コーチと、あるやり取りがあった。

　１点リードのあの場面、僕は１点もやらないという覚悟のもと、リスクは承知の上で、内野手に前進守備をとらせるよう指示をした。

　前進守備で内野ゴロを処理すれば、３塁ランナーはストップするか、突っ込んだとしてもアウトにできる可能性が出てくる。その分、内野の間を抜かれる確率は高くなり、ヒットとなるリスクは増す。

　それに対し、白井コーチは内野手を通常の守備位置に下げようと提案してきた。

　この場面、１点を取られるのは仕方がない。同点までは良しとして、逆転されないために備えようという考え方だ。

　作戦担当コーチとしては当然の提案で、本当に正しいと思った。

　ただ、あの試合展開で９回に抑えの切り札を投入したにもかかわらず、「同点OK」という攻めない気持ちで臨んでは、このシリーズは勝ち切れないと思い、腹を決めた。

　ちなみにダブルスチールを決められる前、ランナー１、２塁の時点では、ヒットを打たれたら同点までは仕方がないと、外野手を後ろに下げさせている。長打警戒を優先した判断だ。

ただ、2、3塁になって、内野ゴロで1点取られるというケースだけは何がなんでも避けたかった。次のバッターに「とにかく転がせばなんとかなる」と思わせてしまったら、その時点で気持ちの上では勝負に負けている。

　その結果はどうだったか。次のバッター、本多の打球は前進守備の三遊間を抜け、同点タイムリーとなった。

　通常の守備位置に就いていても結果は同じだったかもしれないが、自分の考えを押しとおし、試合を落としたのは事実だ。

　翌日、白井コーチがやってきて、考え方を確認する意味であの場面を振り返った。

　白井コーチは「あのケース、そのあとのいろんなことを考えると、確率的に1点はあげてもいいんじゃないですかね」とした上で、あの時点で両チームのブルペンに残っていたピッチャーの兼ね合いなど、さまざまな状況を細かく分析していくと、同点をOKとする考え方がいかに勝利に結びつく可能性が高かったか、ということを丁寧に整理してくれた。

　そして、「あそこですべて説明できなくてすみません」と謝ってきた。

　「最後は監督が決めたら、我々はそのために尽くします」と言って、いつもそのとおりにやってくれる白井コーチらしい気遣いだ。

　それにも、こう答えた。

　「それが正解だと思う。でも、ごめんなさい。本当に申し訳ないんだけど、もう一回同じことがあっても、あのシチュエーションは勝負しなければならないとオレは思う」

　それは野球の根拠ではなく、自分の根拠。人としての在り方といってもいいかもしれない。勝負に行って、最後に試合を締めくくるクローザーが出てきているのに、そこで同点までOKみたいな仕事の仕方は、自分だけは絶対にしてはいけないと思っている。

　結果云々よりも、勝負すべきところでは勝負しなければいけない。

リスクを背負わなければ、大きなものは得られないから。

　もともと僕は、野球とは違うところに根拠を持っている。だから野球のことは専門家であるコーチにある程度任せる。でも申し訳ないけど、自分で決めるところはどんなにイヤな顔をされてもお願いする。

　大事なのは、そういった一つひとつのシーンを、本音をぶつけ合って検証して、もっといいやり方はなかったのか、そういう会話ができることだ。

　それが白井コーチをはじめとするコーチたちへの、絶対的な信頼につながっている。

【第3戦】初回、西川が11球粘ってフォアボールを選んだことの意味

　前日の逆転負けのショックを引きずる中、マーティンにアクシデントがあり、もう使えないとわかったとき、監督室でマネージャーに向かって大声を出した。

「絶対、勝たせるからな。絶対に日本シリーズに行くぞ！」って。

　逆にそれで吹っ切れた感じがあった。

　監督が「困ったな」という表情をするとみんなに伝わると思い、いつものように笑ったり、ヘラヘラしたりしようとする。でも、それが少し不自然で、かえって選手を緊張させてるんじゃないだろうかとか、いろんなことを考えながら。

　とにもかくにも、こっちはただ必死にやるしかない。

　試合前、選手たちには具体的な目標設定をしてあった。ホークスの先発・千賀滉大に、5回までに90球以上投げさせようというものだ。打ち崩すのが容易ではない難敵に球数を投げさせて、こっちのペースに持ち込みたいという狙いだった。

　そして1回裏の攻撃、先頭バッターの西川はファウルで球数を稼ぎ、11球粘った末にフォアボールで出塁。言葉ではなく、プレーでチームの方向性を明確に示す、これ以上ない見事な仕事を見せてく

れた。

その後、2アウト1、3塁となり、5番の近藤がレフトへ運ぶタイムリーヒットを放つと、続く6番・レアードが2試合連発となる3ランホームラン。前日の逆転負けの嫌な流れを断ち切る初回の4得点となった。

また、千賀には1回だけで31球を投げさせ、5回終了時の球数は98球。狙い通り、流れを引き寄せることができた。

データに騙されてはいけない

この試合、8回表に大きなヤマ場が訪れた。

1失点の先発・有原航平に代わってこの回からマウンドに上がった石井裕也は、ヒットとフォアボールでノーアウト1、2塁のピンチを招いたが、続く2番・本多が試みた送りバントを自ら処理して3塁でランナーを封殺する。これで1アウト1、2塁となり、打席には3番の柳田が向かう。そこで動いた。

前日、7回に登板し、3人でピシャリと抑えた石井だが、この日は最初のバッター、代打の吉村裕基にヒットを打たれたときから、完璧だった前の日とは明らかに違うということを感じていた。昨日のようなボールがきていない。

シーズン中であれば、昨日良かったんだからもう少し我慢してみようかと考えるところかもしれないが、短期決戦ではその様子見が命取りとなる。

打順の並びを見て柳田のところで代えるということは、その時点で決めていた。

もうひとつ、シーズン中と違うのは、つねにブルペンでふたりのピッチャーを用意させている点だ。右ピッチャーの鍵谷陽平と左ピッチャーの石井とか、右の谷元と左の宮西尚生とか、左右ワンセットで準備させている。

いつも以上にプレッシャーのかかるマウンドで、もしかしたら緊

張が原因で本来のピッチングができないかもしれない。また、刻一刻と戦況が変化していく中、予定よりひとり前倒ししてスイッチするなど、直前のプラン変更はままある。そんなときにまだ次のピッチャーの準備ができていないということがないよう、ダブルスタンバイさせるのだ。

　本当だったら、シーズン中もそれができるに越したことはないのだが、長いシーズンでそこまで強いると、さすがにピッチャーが壊れてしまう。

　クライマックスシリーズや日本シリーズになれば、残りの試合数も限られてくるので、多少の無理もきくという考えに基づいた戦い方だ。

　さて、1アウト1、2塁、バッター・柳田という場面に戻ろう。

　柳田は左バッターだ。「左対左はピッチャー有利」という野球のセオリーを信じるならば、左の宮西を投入するところだ。

　だが、ここでマウンドに送り出したのは右の谷元だった。

　いまの柳田のバッティングの状態だったら、左ピッチャーが投げる外角に逃げていくボールよりも、右ピッチャーが投げる内角に差し込まれるボールのほうが打ちにくいはずだ、それがベンチの中で100％一致した見解だった。

　なおかつ、ピッチャーが宮西であれば、柳田は狙い球を外角に絞り、長打を捨てて、より確率がアップするヒット狙いでくる可能性が高い。柳田クラスのバッターになると、どんなに難しいボールを投げても、狙いを絞らせてしまうことでかえって打ちやすくさせてしまうことがある。

　それが右の谷元になると、内角へのボールが少しでも甘いコースに入ってくれば、バッターは強く打とうとする。そのため、ホームランのイメージを頭から完全に消すことがしにくくなる。そうやってあえて幅を広げておいたほうが、少し強引になってくれるかもしれないし、こちらの攻め方のバリエーションも増え、アウトになる

確率は高くなると考える。

それがデータの読み方。データに騙されるなとよくいうのは、そういうことだ。

谷元対柳田は3ボール2ストライクからの7球目、セカンドゴロとなってダブルプレーという最高の結果に終わった。

ただ、これもすべては状況次第といえる。状況によっては、それでも左ピッチャーを使ったほうが確率が高いというケースもたくさんあり、そこをその都度判断していくのがベンチの仕事ということになる。

【第4戦】チームに無言のメッセージを送る

第4戦は、勝てば日本シリーズ進出が決まるゲームということもあり、札幌ドームは4万人を超える大観衆で膨れ上がった。

しかし、勝ちたいという気持ちが空回りしたのか、なかなか流れを引き寄せることができず、試合は苦しい展開となった。

3点を追う8回裏の攻撃、先頭の西川がヒットで出塁すると、2番・中島のところでピンチヒッターの岡大海を送った。

ピッチャーが左腕の森福允彦ということを考えると、左バッターの中島から右バッターの岡への交代は、セオリー通りの代打策ともいえる。だが、中島は今年のファイターズでただひとり、フルイニング出場を果たした選手だ。シーズン中、一度も代えなかった中島に代打を送った攻めの姿勢は、少なからず無言のメッセージとしてみんなに届いたことと思う。

この前日には、田中賢介の打順を9番に下げるなど、大幅に打順を入れ替え、刺激を与えた。チームを前に進めるためには、そういった方法でファイティングポーズを示していくことも必要だ。

ただ、その刺激が強ければ強いほど、よほど信念を持ってやらなければ、信頼関係にヒビが入り、チーム内の不協和音にもつながりかねない。

今年はベンチをざわつかせるような選手の起用も少なくなかったので、厚澤和幸コーチに「大丈夫か、選手は?」と尋ねたことがある。

そしたら、「もう今年は監督が何をやっても、誰も何も驚かないです」と返され、さすがに苦笑いがこぼれた。

結局、中島に代えて岡を送った代打策も実らず、この日は悔しい敗戦となった。

対戦成績は、アドバンテージを含めて3勝2敗。あと2試合のうちひとつ取ればいいという考え方はあるものの、もし明日も落とすようなことになると勢いは完全にホークスのものとなってしまう。

残念ながら、とてもじゃないが有利な状況とは考えづらい、重たい一敗となった。

【第5戦】直感的だった「打つなら、岡」

1回表、先発の加藤貴之がホークス打線につかまり、1点を失い、なおも2アウト1、3塁という場面、一瞬、2日前のことが頭をよぎった。

2日前の第3戦、初回に近藤のタイムリーで1点を先制したあと、ランナーふたりを置いて、レアードが3ランホームランを放ち、一挙4点を奪った。

あの日のウチと同じようなシチュエーションで、バッターは一発のある松田。イヤな感じだなぁ……、と思っていたら、松田宣浩の打球はあっという間にレフトスタンドに飛び込んでいった。悪い予感は当たるものだ。

このまま連敗して最終戦にもつれ込んだら、どう考えても分が悪い。何がなんでも勝ちに行く。今日、決めに行く。

いきなり4点取られてそう思ったら、スーッと頭の中がクリアになって、冷静なのに自分の中にメラメラと燃え上がるものを感じた。

その段階で、まだ1回裏の攻撃中であるにもかかわらず、代打の切り札・矢野謙次には「いつでもいけるよう準備しておいて」と指

示をした。自分が「攻めダルマ」になったような、不思議な感覚だった。

高校野球ファンにはおなじみの「攻めダルマ」というのは、かつて徳島県の池田高校を率い、甲子園で春・夏通じて3度の優勝を飾った名監督・蔦文也さんの異名で、チームが圧倒的な攻撃野球で勝ち進んだことから、そう名付けられた。その尊敬する蔦さんにあやかり、「攻めダルマ」になってなりふり構わず攻めて、攻めて、攻めまくる。

そこから2回と3回に1点ずつを返し、迎えた4回裏、ヒットとふたつのフォアボールで1アウト満塁のチャンスを作り、8番・大野に打順が回ったところで、迷わず「代打・岡」を告げた。

ホークスのピッチャーは先発の摂津正から、2番手の東浜巨に代わっていた。

代打の選択肢は矢野をはじめ、ほかにもあったが「東浜を打つなら誰か?」と考えたとき、直感的に「打つなら、岡」とひらめいた。

まだ4回という早いタイミングでキャッチャーの大野を代えたことに、「驚いた」という声も多かったようだが、こちらとしては思い切った策でもなんでもなく、ごく普通の感じだった。

キャッチャーは大野のほかにも、市川友也と清水優心がいる。そもそも、どうしてベンチにキャッチャーを3人も入れているのか。こういう場面で攻めていくために、わざわざ3人入れているのだ。はじめから代えるつもりがないんだったら、もうひとりピッチャーを入れておいたほうがいい。

この試合、勝つんだったら絶対5回までに追い付かなきゃダメ。そうなるためには、ここで東浜を打たなきゃダメ。打つなら、岡。単純な発想だ。

もちろん、1アウト満塁という大チャンスだったからこそ勝負に出たわけだが、ここだけの話、もし前のバッターがアウトになって、2アウト1、2塁になったとしても、僕は岡で勝負したいと考えて

いた。

　でも、コーチにそれを伝えたら、「監督、さすがにそれは……」と止められ、「そうかなぁ……、いきたいなぁ……」とあきらめきれずにいたところ、陽岱鋼がフォアボールを選んで満塁になった。こうなれば、迷わず勝負だ。

　岡は、見事に期待に応えてくれた。センターオーバーのタイムリー２ベースでついに４対４の同点、試合は振り出しに戻った。

監督５年で「ベストゲーム」と振り返ったわけ

　代打・岡の２点タイムリーで同点としたあと、なおも１アウト２、３塁とチャンスは続き、打席には９番の中島が入る。

　実はここで、初球にスクイズのサインを出していた。

　しかし、ホークスのピッチャーが東浜から森唯斗に代わったため、いったんサインを取り消した。

　そして初球、中島は思い切りスイングしていったが、これが空振りとなって１ストライクとなる。

　おそらく中島は、スクイズのサインを取り消したこちらの意図をしっかりと理解していた。

　まずはベンチにスクイズの考えがあることは、最初のサインが出た時点で伝わっている。それを取り消したのは、ピッチャーの代わりばなであれば、初球、ストライクを取りにくるストレートだけを狙って、「１、２の３」のタイミングで打てる可能性があると考えたからだ。

　もし打てなくても、迷わず振っておけば、そのあとでベンチはスクイズのサインが出しやすくなる。中島はそこまで汲み取っていた。

　結果、その初球は空振りとなったが、まだ回が浅いこともあり、さすがに相手もスクイズの布石だとは思わないだろう。

　あとはいつ仕掛けるか、そのタイミングだけだ。

　おそらくすべての監督に共通するものとして、スクイズは早めの

カウントで仕掛ける傾向にある。追い込まれてしまうとほぼチャンスは消えてしまうため、それまでにサインを出したい。

初球ファウルで1ストライクとなったこの場面は、追い込まれる前に、2球目で仕掛けるのが常套手段だ。だが、当然それは相手もわかっている。

だからというわけではないが、ここはもう一球待とうと決めた。

「絶対にボール！」

そう心の中で叫んだ2球目は、インコース低めに外れてボールとなった。カウントが1ストライク1ボールとなり、ここでスクイズのサインを出す。

スクイズのサインだけは、何度出しても慣れることがない。いつもサインを出すと、怖くて仕方がない。

ところが、このときだけはまったく怖さがなかった。「ここ、行くよ」くらいの普通な感じでサインを出していた。

「ゾーン」に入っていたというと大げさに聞こえるかもしれないが、完全に「攻めダルマ」になりきって、「絶対に点を取ってやる」ということしか考えていない。ああいう感覚は、監督になってはじめてのことだ。

3球目、中島は鮮やかにスクイズを決めた。3塁ランナーの陽が生還して、5対4、勝ち越しに成功した。

試合後、「監督になってベストゲームかもしれない」と語ったのは、これまであれほど怖かったスクイズのサインを出しても、怖さを感じる余裕もないほど点を取ることに、そして勝つことに集中できていた、それを振り返ってのことだ。

勝つんだったらこうなると、思い描いたイメージ通りだった。でも、それくらいイメージ通りに運ばなければ、いまのホークスには勝てない。

DHの大谷翔平をマウンドに送り出すまで

　大谷にDHからピッチャーとして登板する可能性があることを伝えたのは、第3戦に勝って、日本シリーズに王手をかけたときだった。「4戦目、最後あるからな」って。

　ただ、その第4戦は一度もリードを奪えないまま敗れ、この第5戦を迎えていた。

　4回裏、逆転に成功したとき、そこからの継投を考えた。

　2回から投げているバースにもう1イニング、5回まで行ってもらい、相手の打順との兼ね合いもあるので順番はわからないが、6回、7回は谷元と宮西に託す。そして、8回から大谷を投入し、最後の2イニングを任せる。

　そう、この時点では大谷に2イニング行かせるイメージを持っていた。

　そこで厚澤コーチに、本人のコンディションを確認してきて欲しいと頼んだところ、「翔平」と呼んだ瞬間に、「行きますよ〜」といった軽い感じでオッケーポーズを作ってきたという。こちらが伝える前から、「2回なら行けます」って。

　まるでこの大一番の、この展開を楽しんでいるかのような反応に、いよいよ腹が決まった。こうなると、もう何がなんでも今日、勝負を決めなければダメだ。

　続く5回、大谷のヒットと中田の2ベースで1アウト2、3塁のチャンスとなり、打席には5番の近藤が入った。

　もしこのまま1点差で進んでいけば、大谷の出番はあまりにもプレッシャーの大きなマウンドとなる。だから、とにかく追加点の欲しい場面、いつもは祈ることなどほとんどないが、このときばかりは心の底から祈った。

「ここが最大の勝負どころだよ。コンちゃん（近藤）、外野フライでもいいから、ここだけは打って」って。

その祈りが通じたのかどうかはわからないが、近藤は打ってくれた。しかも犠牲フライではなく、貴重な2点タイムリー2ベースで、リードは3点差に広がった。この追加点が本当に大きかった。

そんな中、ベンチ裏のトイレから出てきた大谷と目が合った。偶然なのか、目線を送ってきたのかは定かではないが、普段、試合中に目が合うことなんてめったにないのに、そこで目が合った大谷は「行けますよ〜」といった感じのアピールをしてきたように見えた。声には出さないが、「いつでも大丈夫ですよ〜」みたいな雰囲気だ。

だからこちらも、「面倒くさいやつだなぁ〜」みたいな雰囲気を出してみたりして。

その頃までは、本気で8回から行ってもらうつもりだった。

ところが、6回の攻撃が8番のキャッチャー・市川から始まることになり、7回に3番の大谷に打順が回る公算が大きくなった。それではマウンドに上がる直前の準備ができなくなる。そういった形で無理をさせるわけにはいかない。

結局、6回を3人で抑えた谷元にもう1イニング行ってもらって、8回は宮西が無失点でつないでくれた。

そして、7対4、3点リードで迎えた最終回、満を持してDHの大谷をマウンドに送り出した。

大谷を出して、「今日、ここで決めるんだ」という球場の空気を作ってしまう、そういう狙いもあった。相手をあきらめさせるといっては言いすぎかもしれないが、3点差があって大谷が登場すれば、球場は「フィナーレ」という雰囲気になるはずだ。

いずれにしてもここで投入した以上、明日はもう絶対に使えない。ここですべてを終わらせなければいけない。

大谷翔平が異次元の領域に踏み込んでしまうことが怖かった

大谷のピッチングで心配だったのは、力みまくってフォアボールを連発してしまうことだけだった。

ただそれも、先頭の松田に対する初球を見たとき、どうやら大丈夫そうだと安心した。

　初球のストレートは球速こそ163キロ出ていたものの、大谷のフォームから力みは感じられなかった。おそらく、力んでいないのではなく、力むことができなかったのだ。では、どうして力むことができなかったのか。答えは簡単、疲れていたのだ。

　この日までの5連戦、大谷は初戦に先発して7回を投げ、2戦目からはDHとして出場。そしてこの日は、DHから最終回のマウンドに上がった。いくら規格外の男とはいえ、ここまでやってきて疲れていないわけがない。

　そんなに疲れているピッチャーに165キロのボールが投げられるのかと、いぶかしがる方もいるかもしれないが、彼は100%の力を発揮しなくてもそれくらいのボールは投げられてしまう、そのレベルのポテンシャルの持ち主なのだ。

　実はあの日、一番不安だったのは、大谷が168キロとか169キロとか、そういった異次元のスピードを出してしまうのではないかということだった。すべての舞台が整ったことで、もう一段階ギアが上がるようなことがあれば、きっと彼ならその領域に踏み込むことはできる。ただ、いまの状態でそこまで腕を振ってしまったら、たぶん壊れてしまう。正直、それが怖かった。

　だから、疲れていて良かったと本当に思った。

　それにしても、ホークスに勝つのは大変だった。

　どれくらい大変だったかというと、言葉にできないくらい大変だった。今年はホークスに勝つことが目標だったので、ペナントレースで勝って、クライマックスシリーズでも勝つことができて、ようやくひとつだけ目標が達成できたような気がする。

　そして、個人的にはこのクライマックスシリーズが一番緊張した。

　パ・リーグの優勝チームとして何がなんでも勝ち抜かなければい

けないというプレッシャーと、選手たちになんとか最後まで野球をやらせてあげたいという両方の気持ちからだった。

だから、日本シリーズ進出を決めたときには「勝ってうれしい」よりも、「勝ててホッとした」が正直な心境だった。

前日、一足先に進出を決めていた広島東洋カープと、リーグ優勝チーム同士で日本シリーズを戦えることに安堵した。

勝っても負けても最後まで野球ができることで、選手たちは確実にうまくなる。どんな厳しい練習をするよりも、うまくなるためにはそれが一番なのだ。

第3章：日本シリーズ回顧 結果を委ねる

「勝つ理由」がある日本シリーズ

2016年という年、春から野球熱の中心地はいつも広島で、真っ赤に染まったスタジアムは今年を象徴するシーンになった。一年間、野球界の流れを作ってくれたカープには、いち野球人として心から感謝している。

だから、優勝を意識し始めたシーズン終盤、チームのみんなには「勝って広島に行くぞ」と、ずっと言い続けてきた。

そして念願叶い、そのカープと日本一をかけて戦うことができた。

今年の戦いは、どちらが勝っても「勝つ理由」がある、そんな日本シリーズだった気がする。

プロ野球は時代そのものだ。その年、一年間を象徴するものにならなければプロ野球じゃない。

では、今年はどんな年か。2016年はカープと大谷の年。もっといえば、黒田博樹と大谷翔平の年といえるだろう。

大谷翔平はぎりぎりのところで間に合った。黒田博樹という偉大

な野球人が現役のユニフォームを脱ぐ決意をしたその年の最後に、ぎりぎりのところで間に合った。

こうして先人から受け継がれてきた大切なバトンは、未来へとつながっていく。

そんな日本シリーズだからこそ、結果は野球の神様に委ねて、やるべきことをしっかりやるだけ、そう考えて臨んでいた。

セ・リーグの本拠地から始まる幸運

今年の日本シリーズには、ひとつ幸運なことがあった。

先に4勝したチームが日本一となる日本シリーズは、お互いの本拠地を行き来し、各2試合、3試合、2試合を行うのが慣例となっている。

どちらから先に始まるかは、毎年交互という決まりがあり、今年はセ・リーグの優勝チームの本拠地から始まることになっていた。

この広島から始まるという点が、二刀流の大谷翔平を擁するファイターズには幸運だった。

ペナントレースでDH制を採用していないセ・リーグのホームゲームでは、日本シリーズでもそのルールが適用され、DH制は採用されない。

そのため、第1戦に先発する大谷は、普通に打席に入ることができる。さらに、翌日は代打として待機させ、一日移動日を挟んで、第3～5戦はDHでの出場が可能だ。

もし、その逆で札幌から始まっていたら、第1戦はバッター・大谷をあきらめるか、それともいきなりDH解除の強硬手段に出るか。また、第2戦は同じく代打待機させたとしても、第3～5戦はDHが使えないため、現実的にはここもやはり代打の準備をしてもらうことになる。いまや投打いずれもチームに欠かせない存在となっている大谷がそれでは、正直、大きな戦力減となってしまうことは否めない。

そんな幸運に恵まれ、大谷翔平には限りなくフル稼動に近い働きが期待できる条件で、10月22日土曜日、カープとの日本シリーズは幕を開けた。

【第1、2戦】好調な選手がひとりもいなかった打線

敵地でスタートした日本シリーズは、チーム全体が精彩を欠き、ファンのみなさんには申し訳ない連敗スタートとなってしまった。

その広島での2試合を振り返って、まずはバッターのこと。

ホークスを倒したクライマックスシリーズだが、選手一人ひとりの状態をよく見ると、残念ながら好調といえる選手はひとりもいなかった。大まかに調子が「良い」、「悪い」、「普通」の3つに分かれるとすれば、確率的には9人の中にそれぞれ3人ずついても良さそうなものだ。ところがあのシリーズ、実はチームには「良い」選手が誰もいなかった。

それでも勝ち切ることができたのは、投手陣の踏ん張りと、みんな調子が良くないなりに、得点に結びつきそうな場面で集中力を発揮してくれたおかげだ。

それから日本シリーズの第1戦までは中5日あったが、残念ながら劇的な復調は見られず、そんな状態ではなおのこと、ほぼカープレッド一色に染まったあのマツダスタジアムの雰囲気の中で、チームが機能するのは難しい。

とにかく自分たちの形さえ作れればなんとかなると思って戦っていたが、その自分たちの形がまったく作れなかった。

第2戦のカープの先発は、セ・リーグの最多勝に輝いた野村祐輔だった。打てそうで打てない、打っているようで打たされている、バッターとしては一番イヤな形で凡打のヤマを築いてしまった。まさしく、野村らしさにやられてしまった格好だ。

手を尽くして負けるのは仕方ない。でも、手を打つところまでも行っていない。そんな広島での2試合だった。

想定外は、初戦ではなく第2戦

一方、ピッチャーのこと。

戦前から「ファイターズは初戦を大谷で落とすと厳しくなる」という評論家の解説が多かったようだが、実は大谷が投げる第1戦は、「絶対に負けられないゲーム」というよりも、「勝てば一気に勢い付くゲーム」という捉え方をしていた。

すでに大谷が、このチームの絶対的なエースであることは間違いない。だが、それでいてまだ発展途上にいる彼は、意外なもろさを見せることともある。普通にやってくれれば無敵なのだが、時折、その普通ができなくなるのだ。

あれほどのポテンシャルを秘めた男が、少年時代から優勝や日本一とは縁がなかったことも、そのもろさと関係があるのかもしれない。

それがわかっているので、広島でやられたときもみなさんが思われるほどにはダメージは受けていなかった。

むしろ想定外だったのは、第2戦に先発した増井浩俊が、彼らしくない自らのミスもあって失点を重ね、連敗を喫してしまったことだ。

シーズン途中、先発に転向してからの増井の安定感は群を抜いていた。さすがにいつも完璧というわけにはいかないが、大崩れする感じはまったく見受けられない。後輩たちが「増井さんの粘りのピッチングをみならって」と口を揃えていたのもうなずける。

だから、大谷・増井で臨む2連戦は、悪くても必ずどちらかは取れるという目論見があった。大谷で初戦を落としても、次に増井が控えている。その目算が外れた格好だ。

虎は虎のまま使え

心の師と仰ぐ名将・三原脩さんの言葉に、「虎は虎のまま使え」

というのがある。

　三原さんが率い、3年連続日本一を成し遂げた西鉄ライオンズは、個性的な選手たちが集まっていたことから「野武士軍団」と呼ばれた。

　そんなチームを率いる心得を、三原さんはこう語った。

「いろんな考えを持った野武士のような野球選手たちが、ひとつの考えにまとまるなんてありえない。ただ、ひとつの方向に行こうとは言える」

　虎とは、野武士のような選手たちのこと。虎は無理にまとめようとするのではなく、ひとつの方向さえ示してやれば黙っていても力を発揮してくれる。

　いきなり連敗を喫したとき、思い出したのはそんな三原さんの言葉だった。

　連敗して悔しい、焦る、なんとかしなければいけないと、そうやってただやみくもに自分たちを追い込んでいくのではなく、これまでやってきたことを信じて、まずは一つひとつのプレーを全力でやってみよう。いままでだってその積み重ねで勝ってきたんだから、みんなでひとつの方向に進めれば、必ず勝てるはずだと。

「虎は虎のまま使え」

　その言葉が、原点回帰の道しるべになった。

　このシリーズ、どちらかが最初のふたつを取れば、そのままノンストップの4連勝で決まってしまう可能性もあるのではないかと感じていた。いずれもシーズン中は、勢いに乗ったら止められない、そんな印象を与えたチームだからだ。

　もしそうなるとすれば、敗れ去るのはファイターズということになってしまう。

　しかし、追い込まれれば追い込まれるほど、知恵は生まれる。どれだけ苦しむか、苦しみを味わうことに意味がある。そう思うと、ゾクゾクと身震いするものがあった。

　ここからいったい何ができるのか。むしろ、「いよいよ」という

気持ちで第3戦の舞台となる札幌に向かった。

【第3戦】4番の中田でやられたらしょうがない

1点リードを許して迎えた8回裏、2アウト2塁で打順は3番の大谷に回った。2塁ランナーは俊足の西川、ヒットが出れば同点という場面だ。

ここでカープベンチが取った策は敬遠。大谷を歩かせ、4番・中田との勝負を選択した。

大谷に4球が投じられる間、ネクストバッターズサークルでバットに頭をつけ、じっとしゃがんでいた中田の姿は、屈辱の光景から目を背けているようにも見えた。しかし、実は冷静に集中力を研ぎ澄ませ、ピッチャーのジャクソンの配球をイメージしていた。

その証拠に初球のスライダー、2球目のストレートと、いずれも誘うような際どいボールを中田は見切った。ただ熱くなっていただけであれば、つい手が出てしまっても不思議ではないボールだ。

それをしっかりと選び、2ボールと有利なカウントに持ち込むと、3球目、外角低めのスライダーを見事に捉えた打球は、レフトへの2点タイムリー2ベースとなる。これが3対2と試合をひっくり返す、値千金の一打となった。

4番の中田でやられたらしょうがない、ずっとそう言い続けてきた。こっちは信じて、いつも待っているだけだ。

それにしても、あの場面は本当によく打ってくれた。

大谷が空振りをした理由

試合中、僕がどんなことを感じながら戦っていたか。

いまだから言えるが、やはり打線全体の状態は上向いておらず、この日は正直、3番の大谷か、4番の中田でしか点を取れない感じがしていた。

そうなると考えることは、いかにふたりが歩かされない状況を作

れるかということだ。

　8回は大谷が敬遠で歩かされたが、中田が打ってくれた。結果オーライだ。

　だが、大谷が歩かされたことによって得点の可能性が半分に減ったという意識はあった。

　試合がもつれ、延長戦に入ればなおさらだ。打順が一周してくるのに2〜3イニングはかかってしまう。あと一回、回ってくるかどうかという状態で、どちらかひとりが歩かされてしまったら確率が悪くなる。

　できれば、ふたりとも勝負をしてもらえる状況を作っていきたい。

　そんな中、10回裏に2アウト1塁でバッター・大谷という場面を迎える。

　こちらの考えは、こうだ。1塁ランナー・西川の脚だったら、長打が出れば一気にホームまで還ってくることができる。もし勝負をかけて盗塁させても、成功してランナー2塁となれば、空いた1塁に大谷が歩かされてしまう可能性が高い。それは避けたい。

　対する向こうの考え方は、おそらくこうだ。2アウト1塁で、サヨナラのランナーをスコアリングポジションに進める敬遠の手はない。ここは大谷で勝負。

　勝負してもらえる状況を作ることはできた。

　初球、インコースのストレートを打ってレフト線へのファウル。2球目、高めのストレートが外れてボール。カウントは1ボール1ストライクとなった。

　そして3球目、ここで1塁ランナーの西川がスタートを切る。盗塁は成功、このタイミングが絶好だった。

　普通に考えると、1塁が空けば、大谷が歩かされる可能性は高くなる。だが、その時点で大谷が2ストライクに追い込まれていれば、つまりバッテリーが有利な状況であれば、そのまま勝負してもらえるケースも出てくる。

あのボール、大谷は盗塁を援護するかのようなスイングで空振り
した。おそらく見逃していてもストライクのコースだったと思うが、
あれが明らかなボール球だったとしても、間違いなく空振りしてい
たはずだ。それは盗塁を援護する意味もあったが、絶対に「２スト
ライクに追い込まれなければいけない」という狙いもあったのだ。
　大谷は２ストライクに追い込まれると、落ちるボールを投げられ
て、空振りの三振を喫する場面も少なくない。相手にもそのイメー
ジがあるから、１ボール２ストライクというカウントになったとき、
バッテリーは「振ってくれればラッキー」というボール球で、あと
３球勝負できると考えたはずだ。明らかに外して敬遠するのではな
く、ボールになる球で勝負に行って、振ってくれなければフォアボ
ールでもいいという考え方だ。もうストライクを投げる必要はない。
　４球目、バッテリーが選択したのは内角低めのストレートだった。
見逃していれば、やはりボールだったと思う。
　それをうまく打った大谷の打球は、１、２塁間を抜けた。３塁側
のベンチから見ていると、抜けたのはすぐにわかった。
　ランナーの西川がセカンドから悠々と還り、劇的なサヨナラでよ
うやくこのシリーズ初勝利を手にすることができた。

「黒田博樹と勝負」という純粋な気持ちが生んだ好循環

　この試合で改めて思い知らされたのは、黒田博樹という選手の圧
倒的な存在感だ。
　広島での２試合、まったく自分らしさを発揮することができなか
ったファイターズの選手たちを目覚めさせてくれたのは、地元・北
海道のみなさんの熱い思いだった。ファンのみなさんのおかげでこ
ういう試合ができるということを、はっきりと証明した勝利になっ
たと思う。
　そして、もうひとつの大きなきっかけとなったのが、「黒田さん
と勝負するんだ」という純粋な気持ちを取り戻せたことだった。

いきなりの連敗で、これを落とせば一気に王手をかけられるという第3戦、普通であれば、絶対に負けられないというプレッシャーが大きくのしかかってくる局面だ。

ところが、それまでがんじがらめになっていた選手たちも、あの日は「黒田さんと勝負するんだ」という純粋な気持ちで野球に入って行くことができた。

勝ち負けはもちろん重要だが、それ以上に、誰もが憧れるピッチャーとの対戦を強く意識することで、自然と自分の打席に集中することができていたように思う。

そういう空気になったおかげで、少しずつ流れが変わり始めた。

本当にすごい選手というのは、味方だけでなく、球場全体を巻き込んで野球というゲームそのものにいい流れを作ってくれる。その影響力は絶大だ。

【第4戦】最強セットアッパーの驚くべき思考回路

クローザー不在で戦ったこの日本シリーズは、これまで中継ぎとして実績を残してきたピッチャーたちに、展開次第で臨機応変に行ってもらった。

第4戦、2点リードの9回表にマウンドへ送り込んだのは宮西だ。

前の試合、1点ビハインドの8回表を無失点に抑え、その裏の逆転を呼び込んだセットアッパーに、ここではクローザーの仕事を託す。

その宮西が、ゲームセットまであとアウトひとつとしてから、大きなピンチを迎えた。9番の會澤翼にフルカウントからフォアボールを与えると、続く田中広輔、菊池涼介に連続ヒットを許し、2アウト満塁。一打同点、長打が出れば逆転というシチュエーションだ。

ここで打順はクリーンナップに回り、3番の丸佳浩が打席に入る。

初球、スライダーがアウトコースに外れて1ボール。

2球目、ストレートが真ん中高めに決まって1ボール1ストライク。

3球目、低めぎりぎりのスライダーも球審の手は上がらず、ボー

ルがひとつ先行する。

　4球目、外角低めのスライダーを丸が空振り、2ボール2ストラ
イクに。

　5球目、またスライダーが外角に外れ、ついにフルカウントとな
った。

　2点差の9回、2アウト満塁でフルカウントとなり、ベンチの僕
は「フォアボールでもいい」と考えていた。押し出しで1点までは
与えてもいいから、最後の勝負球も厳しいコースに投げ切って欲し
い。あの場面は、勝負を焦って、ストライクを取りにいったボール
が甘いところに入るのだけが怖かった。

　だが、マウンド上の宮西の考えは、さらにその上を行っていた。

　3球目が外れて2ボール1ストライクになったとき、彼は「ここ
でストライクが取れたら、次は外して、あえてフルカウントにしよ
う」と考えていたというのだ。

　2ボール2ストライクからでは、ボール球には手を出してこない。
でも、3ボール2ストライクになれば、外角のボールになるスライ
ダーにも手を出してくる可能性は高い。そこで勝負しようと決めて
いたのだ。

　まさしく、百戦錬磨の男の考え方だ。2点差があることを念頭に
置き、押し出しのフォアボールを恐れずに、いったん追い込んでか
らあえてボール球を投げて、相手が手を出してきやすいフルカウン
トに持ち込む。そして、勝負球は得意のスライダー。左バッターの
アウトコースに逃げていく、ボールになるスライダーで空振りを狙
う。

　押し出しで同点となる1点差であれば、バッターにもよりボール
を見極めようとする意識が働くが、2点差があるとどうしても自分
のバットで決めようとする意識が強くなってくる。バッターが打線
の中軸であれば、それはなおさらだ。宮西はそこまで読んでいた。

　シナリオは完璧だった。

しかもそのシナリオ通り、最後の一球を思い描いていたコースに寸分違わずきっちりと投げ込み、しびれる戦いに決着をつけてくれた。

あの最後の一球の完璧なコントロールもさることながら、そこに至るまでの、ピンチになればなるほど精度が上がる驚くべき思考回路が一流の証明だ。

この1勝で星を2勝2敗の五分に戻し、いずれにしてももう一度、広島で試合ができることが決まった。

【第5戦】サヨナラ満塁ホームランは、なぜ生まれたのか?

9回裏に飛び出した、日本シリーズ史上2人目となる西川のサヨナラ満塁ホームラン。

あの球史に残る一発は、なぜ生まれたのか。

プロ6年目の今シーズン、西川はリーグ2位の打率3割1分4厘という好成績を残した。「長打よりも塁に出ること」という意識付けがはっきりとし、2ストライクに追い込まれたあとでもファウルで粘れるようになり、その結果、フォアボールも増えて、出塁率は4割を超えた。今年、チームでもっとも成長した選手のひとりといって間違いない。

だが、このシリーズでは第1戦こそ2安打を放ったものの、それからあのホームランまで18打席ヒットなし。わずか数日間のこととはいえ、ペナントレースの数日間とはわけが違う。日本シリーズという短期決戦ならではの焦りが迷いを生み、その迷いがさらに焦りを生む。厳しい試合が続いていたこともあり、きっと想像以上の苦しみだったことだと思う。

1番だった打順を、第4戦から2番に変更したのも、ケースによってはバントのサインを出してやったほうが、少しは楽になるのではないかと考えたからだ。そのほうがチームも勝ちやすくなる。

ベンチから見ていて、西川の状態が良くないと判断した根拠は、その数字だけではない。バッティングの内容にもその兆候は表れて

いた。

　シーズン中は、左バッターにとって「逆方向」とされる、レフト
の方向を意識して打つバッティングが目立っていた。その意識はさ
まざまな相乗効果をもたらし、飛躍的な成績アップにもつながった
と思われる。

　それがこのシリーズに入って、なかなか調子が上がってこないこ
とが原因か、強く振りたいという雰囲気が見え始め、以前のように
ライト方向に引っ張ろうとして、結果、ポーンと上がる内野フライ
になるシーンが見られるようになった。

　引っ張らせて、西川のバッティングを崩そうとするのは相手の戦
略だから、それにはまってしまったら結果は出ない。「なんとかう
まくやってくれ」ということはコーチにも伝えていた。

　だからあの打席、本人にもそれだけは気を付けようとする意識が
あったのだと思う。

　大事な場面で失敗を繰り返してきたことが、本当に一番大事な場
面で生きてくれた。

　同点の9回裏、2アウト満塁、打席に立った西川は、初球のスラ
イダーが外れた時点で、狙い球を絞っていたはずだ。

　カープの守護神であるピッチャーの中崎翔太は、自分のミスもあ
ってピンチを招いていた。そこにきて初球、変化球が外れてボール
になったとなると、次はストレートでストライクを取りにくる可能
性が高い。おそらく西川は、それを狙っていた。

　2球目、真ん中高めのストレートをお手本のようなスイングで捉
えた西川の打球は、割れんばかりの大歓声の中、たくさんのファン
が待つ右中間スタンドへ飛び込んでいった。

　結果はホームランになったが、いわゆる一発狙いの大振りとはま
ったく違う。西川らしくコンパクトに振り抜いた完璧なスイングだ
った。

　真ん中高めのあの球は、決して簡単なボールではなかった。あの

高さのストレートは、ひとつ間違えるとポップフライになってしまうことが多い。

だが、引っ張ってポップフライになる失敗があったからこそ、西川はあのボールを完璧に打ち返すことができた。もし、あの悔いの残る打席がなかったら、ああいう結果にはなっていなかった気がする。逆説的な表現になるが、今年、西川が長打を捨てたからこそ打てたホームランだった。

自分が率先して感情をむき出しにする

西川の劇的なサヨナラ満塁ホームランだが、実は打球が右中間スタンドに飛び込んだ瞬間を僕は見ていない。

打った瞬間、ボールがどこまで飛ぶかまではわからないが、少なくとも外野の頭を超えるということは確信した。間違いない。サヨナラだ。

と思ったそのときには、すでに両手高くバンザイをしていて、ボールの行方を確認する前に、いつ現れたのか気付くと目の前にいた城石憲之コーチと右手を強く合わせ、歓喜を分かち合っていた。

このときのバンザイはほとんど無意識のうちに出たものだが、このシリーズ、リアクションを大きくしようということはつねに心掛けていた。

苦しかったペナントレースとクライマックスシリーズを勝ち抜いてきて、ここまでくれば、あとは日本一を目指してがむしゃらに行けると思っていたが、いざ始まってみると予想以上の重圧があって、まったく自分たちらしさを出せないままに2連敗。

ここまで選手たちが緊張していたら、もう「リラックスしろ」なんて言葉は通用しない。

だったらここは、自分が率先して感情をむき出しにしてやろうと思った。より単純に気持ちを表現してやったほうが、選手たちは素直に野球に入れるのではないかと考えたのだ。

普段はめったにしないバンザイとか、大きなリアクションを連発したのはそういう理由だった。

能力がある人はほかのところで勝負しようとしない

最初に言っておくが、僕は泣いてはない。いろんなところで、「監督が泣いた」と書かれていたようだが、泣いてはいない。ただ、たしかに涙ぐんではいた。

あのとき、お立ち台の上ではいろんな思いが込み上げてきていた。

あれは2014年、4年目の西川は43個の盗塁を決め、自身初のタイトルとなるパ・リーグの盗塁王に輝いた。

翌年も4月後半から次第に調子を上げ、一時は打率を3割2分近くまで上げてきたが、そこから数字は緩やかな下降線を辿り、いわゆる粘りの感じられない三振も目に付くようになってきた。

超一流のポテンシャルを持った男に、本当に超一流の選手になってもらうためには、決してこのままにしていてはいけない。どうすれば気付いてくれるのか、どうすれば変わってくれるのか、悩み抜いた末、ある決断をした。

シーズン終盤の9月半ば、そこまで単独トップの29盗塁を決めていた西川の登録を抹消。ファーム行きを命じたのだ。

もちろん、タイトルは取らせてやりたい。ただ、そのためだけにプレーさせていては、大切なものを見失ってしまう。西川は、あんな数字で終わるような選手じゃない。

結局、西川はチームメイトの中島に盗塁数を抜かれ、タイトルを譲る格好となった。

でも、彼にはどんなに嫌われても、一生恨まれても構わないと思った。あるのは絶対に超一流の選手にしてやるんだという、その思いだけだった。

そして今年、ギリギリのところで西川は、自分自身で気付いてくれた。

粘りの感じられない三振が極端に減ったのも、価値観の変化だと
思う。

　もともと能力は高いわけで、突然技術が向上したわけでもなんで
もなく、価値感が変わったことによって、自らの方向性を定めるこ
とに成功したのだ。

　以前は、追い込まれてからもフルスイングをして、カキーンと会
心の当たりで右中間に3ベースを打つのが格好いいと思っていたの
かもしれない。それが今年は、がむしゃらに粘って、相手をとこと
ん苦しめる自分の姿も、「オレ、意外と格好いいじゃん」って。

　要するに、価値観が変わったのだ。

　能力がある選手は、そうやって気付いてくれさえすれば、あとは
周りが黙っていても自分の道を進んで行ってくれる。

　そういえば、いつからか記憶はないが、西川は髪の毛の色も黒く
なった。

　本当のことをいえば、野球を頑張ることと髪の色は全然関係ない
んだけど、そういうところに出てくるものはある。ファッションで
格好をつけている場合じゃないというのがわかってくる。

　だから気のせいかもしれないが、チームが強いときは、髪を染め
てくる選手が少ないように感じる。

　少なくとも野球選手にとってファッションは、ある意味、言い訳
作りだと思う。

　本当に能力がある人は、ほかのところで勝負しようとはしない。
能力がないから、ほかのものを飾り立てたくなる。本当にひとつの
ことに集中しようと思ったら、そんなことに関わっている暇はない。
勝負するのは野球なんだから。

　話が少し横道に逸れてしまったが、そうやって西川が頑張ってき
たことを、野球の神様は見ていてくれた。必死に努力してきたやつ、
頑張ってきたやつはやっぱり認めてくれるんだ、そんなふうに思っ
ていたらお立ち台で込み上げてくるものがあった。それが勝利監督

インタビューのとき、少し涙ぐんでしまった真相だ。

でも、そこで涙はこらえたので、決して泣いてはいない。

まだ、日本シリーズの戦いが終わったわけじゃないんだから。

【第6戦】日本一へ、投手起用を間違えないこと

2連敗からの3連勝で、再び広島へ。ここからは投手起用を間違えないことが、日本一へのカギとなる。

第6戦は、決して大谷を温存したわけではない。

総動員してでも一気に決めたいという思いは当然あったが、大谷の使い方に関しては、慎重にならざるを得ないことがいろいろとあった。

クライマックスシリーズでは第1戦に先発させ、7回を投げた翌日からDHとして起用した。本当は回復のために、「これくらい空ける」と決めている時間があるのだが、それを無視して使い続けた。

なぜ、そうしたのかというと、パ・リーグの優勝チームとして、野球界全体のためにも絶対に勝ち抜かなければならないという固い決意があったからだ。

ここだけは何がなんでも突破する、そうみんなに言ってきたし、もちろん大谷にも言い続けてきた。「ここは無理してもらうよ」って。

その思いでチーム一丸となり、どうにかパ・リーグ代表の座を射止めた。

さぁ、次はいよいよ日本シリーズだ。

大谷には、もうこれ以上の無理はさせられない。壊れてしまっては身も蓋もないのだ。

そこでシリーズの開幕前は、第1戦の先発から十分に間隔を空けて、次の登板は中7日で第7戦というプランを立てていた。それが理想だ。

ただその前に、第6戦が行われるということは、その時点で星取りが3勝2敗か、2勝3敗のいずれかになっているということにな

る。もし2勝3敗という王手をかけられた状態で敵地に乗り込むとすれば、あの真っ赤に染まったスタジアムのムードを打破するためには、なんらかの起爆剤が必要になる。そうなると予定を一日繰り上げ、中6日で大谷に先発させるという選択肢も出てくるのか。

そのあたりも踏まえつつ、増井と大谷のふたりには、どちらにも第6戦の可能性があるということを伝えていた。

ただ、シリーズ中にもいろいろなことがあったので、大谷の次の登板まではできるだけ時間が欲しかった。ここで本音をぶっちゃけると、先にも書いたように温存したのではなく、使いたくても使えなかった感が強い。

そういった意味でも、3勝2敗で広島に戻れたのは本当に大きかった。あれが2勝3敗だったら、はたして自分はどんな起用をしたのか……、もう終わったことなのにそれを考えるだけでも胃が痛くなってくる。

そして、ありがたいことに増井の状態が非常に良かった。この感じなら、中5日でもきっちり投げてくれる。そう信じて送り出した第6戦のマウンドだった。

短期決戦で貫いた早めの仕掛け

勝てば日本一が決まる第6戦は、初回、この日3番に起用した岡大海のショートへの内野安打がタイムリーヒットとなり、1点を先制した。

しかし2回裏、1アウト2、3塁から増井のワイルドピッチで1点を献上すると、サードへの強烈なゴロをレアードが後逸し、逆転を許してしまう。

らしからぬミスが続き、たしかに嫌な感じはあったが、この回を2点でしのげたことで、まだまだいけるという気持ちの余裕があったのも事実だ。

今年のファイターズは初回の得点が一番多かったが、次いで7回、

さらには5回と、中盤以降に試合を動かせるイメージを持っていた。だから、1点ビハインドくらいまでは大丈夫というふうに考えるのが普通の感覚になっていた。

　中盤まで1点ビハインドで大丈夫ということは、先に1点を取っておけば、そのあと2点取られても大丈夫ということになる。楽観的といわれればそうかもしれないが、実際にいつもそんな感じで試合に臨んでいた。

　だからこそ、最初は欲をかかず、しっかりと1点を取りに行く。その1点で試合が決まるわけではないのだが、取っておくことにはそういう意味もあるのだ。

　そして、落ち着いた試合運びをしていれば、いざチャンスを迎えたときには、一気に爆ぜるための集中力にもつながる。

　4回表、7番・田中賢介のタイムリーで追い付くと、1アウト2、3塁となったところで9番・ピッチャーの増井に代え、矢野謙次を代打に送る。ここも早い継投にはなるが、短期決戦は相手のペースに合わせるのではなく、こちらのペースで早めに仕掛けて行くと決めていた。

　結果、矢野は空振り三振に倒れたが、続く1番の西川がライトオーバーの3ベースヒットを放ち、ふたりのランナーが還ってきた。先発ピッチャーをたった3イニングで代えてまで勝負を仕掛けた攻めの姿勢が、この逆転の一打で実った形だ。

大谷翔平を使わずに勝つ理想的な終わり方

　その後、5回に3番・丸のソロホームラン、6回には下水流昂のタイムリー内野安打で同点に追い付かれ、ここでも嫌なミスが出てしまったが、どうにか後続を断ち、4対4で試合を終盤勝負に持ち込んだ。

　そして、いよいよ運命の8回表を迎える。

　この回はいずれも途中出場の杉谷拳士、市川友也が倒れ、簡単に

2アウトになったが、そこから打線がつながった。

　上位打線の西川、中島、岡の3連打で2アウト満塁のチャンスを作ると、続くバッターは中田。ここはもちろん、4番にすべてを託すだけの場面なのだが、せめてものサポートに、少しでも相手がプレッシャーを感じてくれればいいと思い、ネクストバッターズサークルには大谷翔平を立たせた。

　2アウト満塁のあの場面、もし次のバッター（バース）に打順が回るとすれば、そこまでに少なくとも1点は入っていることになる。1点入れば、前の回を3人で抑えたピッチャーのバースには、もう1イニング行ってもらおうと思っていた。つまり、大谷を打席に立たせる考えはゼロだった。

　それでも野球はベンチにいる全員で戦うものだ。そこにいるだけでプレッシャーをかけられるならば、その役目に使わない手はない。

　少し慌てたのは、中田が押し出しのフォアボールを選んで1点が入ったあと、ふと目をやると、大谷がネクストから打席に向かおうとしていた。必死に呼び戻したけど、ベンチに戻ってくるときの表情は少しだけ不満げに見えた。ちゃんと説明してあったはずなのに、こんな試合でも隙あらば出ていこうとする、本当にあきれた男だ。

　さらに、打席に入ったバースのタイムリーで追加点を挙げると、このシリーズ、MVPに輝いたレアードの満塁ホームランが出て、2アウトランナーなしからの一挙6得点。10対4と大きくリードを奪った。

　この試合、「大谷に投げさせることはない」と、あらかじめコーチ陣にも伝えてあった。クライマックスシリーズの第5戦のように、最終回のマウンドに立たせることはない。出番があるとすれば、本当に追い込まれたときの、ここ一番の代打くらいだ。

　ただ、「そんな展開になることは考えられないけど」と前置きした上で、「もし5〜6点リードがあって、どう転んでも絶対勝つという状況になったら、最後の翔平はあるよ」と、あり得ない前提で

話していた。そしたら、その6点のリードを奪ってしまった。

　しかし、いくらリードを奪ったところで、「どう転んでも絶対勝つ」などということは、それこそ絶対にあり得ない。

　大谷は本当に疲れていたので、最後は使わずに勝ち切ることができた、そういう意味では理想的な終わり方だった。

みんな大谷翔平を勘違いしている

　巷では、黒田博樹VS大谷翔平の投げ合いが予想されていた第7戦を観たかったという声があふれていたようだが、申し訳ないけど戦っている我々にはそんな余裕はまったくなかった。

　もし第6戦で日本一を決めていなければ、なにせあの球場の雰囲気だ、きっと第7戦もやられていたことだろう。カープファンの声援は、それくらい大きなプレッシャーだった。

　そして、あれほどまでに野球を愛してくれているカープファンの前で最後まで野球をやらせてもらえたことに、心から感謝している。

　その戦いを終えて、改めて日本シリーズを振り返ってみたとき、最大のポイントはやはり第3戦にあったような気がする。

　大谷翔平のサヨナラヒットで試合が決まり、みんな口々に「やっぱり決めるべき人が決めるよねぇ」と言っていた。

　でも、それを聞いて僕は、こんなふうに思っていた。「みんな勘違いしてるなぁ」って。

　実はいままで、ここ一番でことごとく決められなかったのが大谷翔平という選手だ。

　高校時代、最後の夏も甲子園に出場できなかったし、プロ入りしてからも、肝心なところで投げてダメ、打ってダメ、去年のクライマックスシリーズなどはその典型で、勝負弱さみたいなものがトラウマになりかけていた。

　それがまず、投げるほうではリーグ優勝を決めたライオンズ戦、計り知れない重圧の中で、ようやく結果を出すことができた。

さらに、打つほうでは日本シリーズの第3戦、これまで本当に一番大事な場面で決められなかった男が、ついに決めた。

あの打球が1、2塁間を抜け、2塁ランナーの西川が生還した瞬間、自分がチームを勝たせたんだというはじめてに近い実感とともに、野球選手・大谷翔平はひとつ階段を上り、同時にシリーズの流れがファイターズにきたんだと思う。

黒田博樹から大谷翔平へ

そして、大谷にそのきっかけを与えてくれたのは、黒田博樹という球界の大先輩だった。

2010年5月15日、今年の日本シリーズと同じ対戦となった交流戦で、ファイターズのダルビッシュ有が打席に立ったカープの前田健太に対し、すべての球種を見せたというエピソードがある。

それは実力を認める2歳年下の後輩に送った、「全身で感じ取って欲しい」という先輩からのエールだった。

あれから6年、今度は日本シリーズという大舞台で、今シーズン限りでユニフォームを脱ぐ41歳の偉大な野球人から、成長を続ける22歳へ、無言のメッセージが送られた。

あの試合、黒田は6回途中、大谷の打席を終えたところでマウンドを降りている。こちらの勘違いかもしれないが、大谷の打席を迎えた時点で黒田はすでに体のどこかに異変を感じているように見えた。でも、その対戦を終えるまで、しっかりと投げ切ってくれた。

試合後に「ほぼ全球種を打席で見ることができた。間合いやボールの軌道が勉強になった」というコメントを残した大谷だが、彼自身がそのメッセージを「受け取った」と思うことが大事だ。

日本シリーズは時代を映すもので、今年のプロ野球を象徴するふたりの対戦で得たこの経験を、これからどうプラスに変えていくのか。大谷翔平が自分の進むべき道を感じたとすれば、大きな意味がある。

野球界はそうやって前に進んできた歴史があるのだから。

試合中に「楽しい」と感じた、はじめての体験

個人的にはこのシリーズで、これまでに経験のないはじめての感覚があった。

忘れもしない第5戦の7回裏、岡が気持ちで運んだセンターフライと田中の好走塁でようやく追い付き、1対1の同点で試合は終盤、8回に突入した。

突然、ゾクゾクしてきたのはその頃だ。病的な悪寒のゾクゾクではなく、楽しくてゾクゾクしている。こんな舞台で野球をやらせてもらって、本当に幸せだなぁと思っていたら、だんだん楽しくなってきちゃって……。

試合中、これまでにも「幸せだなぁ」と感じたことは何度もあるけど、「楽しい」と思ったのはあれがはじめてだった。

札幌ドームではいつも3塁側のベンチを使わせてもらっているが、そこから見える1塁側からライトにかけての観客席には、結構な数のカープファンが詰め掛けていた。見た目がはっきりと赤いから、わかりやすいのだ。

広島からわざわざやってきたのだとすれば、彼らは飛行機の中でも赤いユニフォームを着てきたのだろうかとか、そんなふうに思っていると、野球を楽しもうとするファンのみなさんの気持ちが球場全体にあふれている感じがして、こっちまで楽しくなってくる。

そして、第5戦くらいになると、相手のことも少しずつわかってくる。それまではスタッフが集めてくれたデータ頼みの部分が大きかったが、試合を重ねていくと、だんだん相手ベンチの出方が読めるようになってくる。「ここは、こうくるかな?」「いや、そうじゃないかも?」って、必死に考えながら野球をやるのはやっぱり楽しい。あんな経験は、本当にはじめてだった。

さらにその試合、最後の最後にあの西川のサヨナラ満塁ホームラ

ンが飛び出した。できすぎの結末だ。

日本一は、目標だが目的ではない

それにしてもカープと戦った6試合は、すべてどっちに転んでもおかしくない試合ばかりだった。

そういう意味でも、野球の難しさばかりが心に残った、あっという間の一週間だった。

でも、そういうところでやらせてもらってこそ野球はうまくなる。何物にも代えがたい経験をさせてもらって、たくさんのことを勉強させてもらって、本当に感謝の言葉しか出てこない。

そして一戦一戦、たくましく成長していく選手たちの姿を実感できたことを、心からうれしく思う。

でも、ファイターズにとって、ここはまだ通過点にすぎない。というか、ここがスタート地点と言い換えてもいいかもしれない。

日本一は目標だが、目的ではない。

若い選手たちにとっては、その後のオフの過ごし方がとても重要になってくる。

あの日本シリーズを経験し、みんなが一丸となって勝ち切ったことは、ここからさらに前へ進んでいくことではじめて価値を持ってくるのだ。

もっといいチーム、世界一のチームになるために。

第4章：過去の自分との対話
監督の仕事は選手を輝かせること

過去の自分と対話する

人を成長させる、そして輝かせる。そのために監督には何ができ

るのか。

　考え、悩み抜いて導き出した「もしかしたら、こういうことなのかもしれない」というものをグラウンドで落とし込んでみる。同時に、それを「言葉」にしてみる。そんな5年間だった。

　1年目、ただがむしゃらだった。チームのみんなに勝たせてもらったリーグ優勝。日本シリーズでは2勝4敗でジャイアンツに敗れた。

　2年目、振り返ってみれば一番つらかった1年。前年の優勝から、一転、最下位を経験した。

　3年目、若い選手の成長を肌で感じた。3位。クライマックスシリーズをフルに戦い抜いた10試合が、貴重な財産になった。

　4年目、優勝できると確信して臨み、最後まで勝てると信じて戦い抜いた。2位。クライマックスシリーズはファーストステージで敗退した。

　5年目、はじめての日本一。夢にまで見た日本一の頂からは、勝つための課題だけがはっきりと見えた。

　では結局、監督には何ができるのか。監督とはどうあるべきなのか。その答えを一般論に落とし込むのは、まだまだ自分には難しい。

　それでも、この5年間に自分が発した「言葉」を追って行くことで、何かが見えてくるのではないかと思い、振り返ってみた。

　すると、「過去の言葉」は発した瞬間に見せた色と違う色になっているものが多いことに気付かされる。いつもその瞬間は「こういうことなのかもしれない」と覚悟を持って口にしているのだけれど、時間を経て、より濃い確信の色となったり、新しい考えが加わってより深い色になったり、まったく違う色になったものある。

　そこで、自分がずっと大切にしてきたいくつかのことについて、過去の自身の言葉と比較し、いまの「色」を記してみたい。

■ 勝利のためにどう戦うか

【過程に貪欲にならなければ結果はついてこない】

『過程は大事だ。しかし、結果がすべてだ』
　という一文があった。藤田元司監督が遺した言葉だそうだ。もちろんプロセスは大事だが、結果がダメならその過程にも意味はない。反対に、どんなチグハグなプロセスをたどっても、結果がよければすべてがOKになってしまうこともある、それが勝負の世界というものだ。　　　　　　　　　　　　　　　（2012年『覚悟』）

「過程は大事だ。しかし、結果がすべてだ」
　その藤田さんの言葉の意味がよくわかるからこそ、過程ではとにかく貪欲にならなければならないと思っている。野球というゲームは、本当にいろんなところに勝てるチャンスが落ちていて、それをとにかく拾えるものはすべて拾っていかないと、なかなか勝たせてはもらえない。
　第1章で紹介した陽岱鋼の「ザ・キャッチ」にも、それを象徴するかのような機微が潜んでいた。
　まさしく天下分け目の決戦となったホークスとの直接対決で彼が見せた、優勝を引き寄せるビッグプレー。実はその直前、1アウト2、3塁のピンチでマウンドに上がった谷元圭介が、最初のバッターから三振を奪って2アウトにすると、極端な前進守備を取っていた陽には後ろに下がるよう指示を出そうとしていた。
　もちろん根拠もあったが、ここは下げて勝負したほうがいいという直感的なニュアンスが強い指示だった。
　ただしこの場面、センターの守備位置は、二遊間の守備位置とも密接に絡んでくるため、セカンド、ショートに指示してからでなければ、センターだけを下げるというわけにはいかない。

しかも、僕がその指示を出すタイミングが一瞬遅れてしまったため、川名慎一コーチは慌てて各選手に伝えようとしてくれたが、短い時間にすべての指示が行き届かず、センターを想定していた位置まで下げ切ることはできなかった。

　実際、陽岱鋼は2、3歩下がるだけにとどまり、やや中途半端になってしまった感は否めない。だが、もしその2、3歩がなければ、おそらくあの打球には届いていなかった。

　中途半端な指示にはなったが、意思を持って動かそうとしたからこそ、陽のスーパーキャッチは生まれたのだ。

　くれぐれも誤解なきように、僕はそれがベンチの隠れたファインプレーだったと言っているわけではない。ベンチは当たり前のことを、当たり前にやっただけだ。

　むしろいまだに思うのは、自分の大きなミスで優勝を逃すところだったという紛れもない事実だ。

　センターを下げなければいけないと感じていたにもかかわらず、指示のわずかな遅れで十分に下げることができなかった。もしあの打球が抜けていたら、一生後悔するところだ。

　野球の判断や決断で一番難しいのは、実は「スピード」だと思っている。じっくり考えれば、だいたいこういうケースはこうすれば確率が高いということはわかる。

　だが、いくら事前に「次はこうなるだろうな」とシミュレーションしていても、実際に打球が飛んだ瞬間、まずはそこで起こったことを確認し、状況を把握し、それから想定していたものと現実のギャップを埋め、修正し、次に打つ手を決めなければならない。その一連の作業を限られた時間内にできるかどうか、それが難しい。そこで悩んでいたら、試合は進んでしまうのだ。

　あのケースは、それがギリギリ間に合った。実際にはイメージしていた位置まで下げられなかったわけだから、「間に合った」というと語弊があるかもしれないが、かろうじて2、3歩下げられたこ

とも一因となり、どうにか命拾いした。

　シーズンが終わったいまも、あのときに感じた怖さは引きずっていて、思い出すたびに背筋がゾッとする。

　ただ漫然と野球をやっていたのでは、絶対に勝たせてはもらえない。選手もベンチも、目を皿のようにして勝てるチャンスを探し、それをすべて拾って行ってはじめて結果はついてくる。

　そのためにも過程には貪欲になれ。これが藤田さんのメッセージではないかと思う。

【長いスパンで考えたら、戦略を間違ってしまう】

　監督になってみてわかったことがある。現場の空気、というものだ。

　プロ野球のペナントレースは3連戦という単位が基本となって、その積み重ねで成り立っている。ある3連戦を2勝1敗と勝ち越したとする。勝ち越せれば、上出来だ。でも、次の3連戦で1勝2敗と負け越せばプラスマイナスはゼロ、貯金は貯まらない。

　必死にやって2勝1敗が2回続くと、ようやく貯金はふたつ貯まる。でも、次に3連敗でもしようものなら、あっという間に借金1だ。この繰り返しが、いかに消耗するか。

　やるか、やられるか。風が吹いただけで勝敗はどっちにでも転ぶ、そんな試合がほぼ毎日のように続くのだ。

　解説者時代、3連戦の初戦は「今日やられても、明日あさって取ればいい」などと随分簡単に言っていたような気がするが、実際に戦ってみると、そんなに甘いものではなかった。だれがなんといおうと、絶対に「今日やられてはダメ」なのだ。

(2012年『覚悟』)

　このときは、「だからこそ、3連戦の初戦は大事だ」ということを書いたのだが、その発想はより進化した。それは、今シーズンの

「11・5ゲーム差からの大逆転」を果たす上で、欠かせない考えだったかもしれない。

今年、ホークスに11・5ゲーム差をつけられて、それでもどうなれば優勝できるのかを必死に考えて、そこから実際に優勝争いをさせてもらって、その中でいろいろなことがわかってきた。

それはなんとなく勝ったり負けたりしていると気付かない、大切なことだ。

試合中は、いつも必死に「今日」のことを考えている。でも、試合も後半になると、自然と流れて行く感じも出てくるから、少しだけ「明日」のことを考え始める。考えることはそれだけだ。

少なくとも15連勝の間は、ずっとそんな毎日だった。

プロ野球のペナントレースは3連戦という単位が基本となっているため、チームは2勝1敗をOKとする考え方が根付いている。ゆえに勝ち越すため、3連戦をどう戦うかを考えるわけだが、本当に追い詰められたときには、その考えをきっぱりと捨てないと戦略を間違ってしまう。

3連戦などという「長いスパン」でものを考えていたら、絶対に大きな連勝にはならない。おかしな日本語になってしまうが、3連戦ではなく、毎日が「1連戦」の連続なのだ。

そのことに、11・5ゲーム離されたとき、はじめて気付かされた。

あれがもしホークスにくっついたままだったら、2勝1敗ペースとか、5割キープとか、きっと普通にそういう考え方をしていたはずだ。それは本当の意味での一戦必勝の戦い方とはいえない。口では一つひとつ死にものぐるいで勝ちに行くといっておきながら、実はそれができていない。そういうことになってしまう。

あそこまでの大差をつけられたことと、そこから15連勝できたことは、これからの野球人生に必ず生かされる、ものすごく大きなプラスになった。

【今日やれることは、すべてやり尽くす】

「1連戦」の連続と考えるに至って、つくづく自分は「いま」を大事にしているのだと思う。振り返ってみても、それは変わらない。

今日やれることは、すべてやり尽くす。

野球というゲームの性質上、どうしても先の備えというのは必要になる。9回で必ず終わるならともかく、延長戦に突入することも考えられるからだ。だが、備えを優先して、使える有効なカードを切らずに、試合を終えることはしたくない。負けていれば、だれもがそう考えるかもしれないが、僕の場合、勝っていてもその考えに変わりはない。

(2012年『覚悟』)

就任1年目に書いたこの言葉は、特に今シーズンのクライマックスシリーズ、日本シリーズと厳しい短期決戦を通じて、必要性を再認識した。

先発の加藤貴之が1回4失点でKOされたクライマックスシリーズの第5戦、ここから勝つために、2回以降どうやってピッチャーをつないで行くか、僕と投手コーチの継投イメージは、はっきりと違っていた。

コーチは最大延長の12回までを想定してプランを描いている。

それに対し、僕の野球は9回で終わっている。10回になってピッチャーがいなくなってもいいから9回までにベストを尽くす。先発投手が初回に降板した時点で、12回までと考えるとかなり厳しいのは間違いないが、9回までと思えばブルペン陣でどうにか戦える。

だから、プランは9回までしか立てない。

もし延長戦に入ったら、それはそのとき考える。弾を残して負けるくらいなら、弾切れになって白旗を上げるほうが潔い。

ただ、誤解なきように伝えておくが、これは決してコーチの考え

方が間違っているというわけではない。投手コーチの仕事は12回まででを考えることであって、むしろそうでなければ困る。

　それを9回まででいいと言い切れるのは、僕が監督というポジションだからだ。コーチと監督は役割が違う、それはここで明言しておく。

　加藤のあと、2回からマウンドに上がったアンソニー・バースも、最初は3イニング行けるかなぁ、というところからスタートしている。その3イニングをほぼ完璧に抑え、4イニング目となる5回も行ってもらおうとなったとき、もう明日は絶対にバースを使えない、という覚悟が必要となる。

　もし第6戦までもつれ込んだら、バース抜きで戦うのは大変だけど、それくらいのリスクを冒さなければこの試合は勝ち切れない。

　今日、100％を尽くして、明日になったら出られる選手だけで戦えばいい。

　その後、バースは5回もホークス打線を封じ、追加点を与えなかった。あの力投がなければ、結果は違うものになっていたかもしれない。

【負けて「仕方ない、また明日」と監督が思うようになったら終わり】

　この5年間で変わらなかったことに、反省を欠かさないことが挙げられる。監督就任1年目、パ・リーグ優勝をしたときにこう書いている。

　プロ野球は毎日試合があるから救われる、そう思うことがある。負けても、反省して、次の日になればまた試合があるから忘れられる。忘れられるというか、目の前に集中しなければならないことがあるから、忘れざるを得ない。けじめをつけなければならない。それで少し救われる。

　ところが、この函館シリーズは、交流戦前の最後のカードだっ

たから、次の試合まで丸2日空いてしまった。試合がなければ、頭の中でひたすら反省会が続く。

　　　長い反省会だった。　　　　　　　　　　　　（2012年『覚悟』）

　はじめのうちは、日々の反省を仕事の一部、ルーティンとして捉えていたような気がする。義務感とまではいわないが、自分との約束事として必ずしなければいけないもの、そんな感覚だった。

　それがいまは、感情に突き動かされるように自分自身の一部になってしまっている。

　負けると、すぐには普通の状態には戻れない。

　シーズン中も、「ひとつの負けであんなに怒っているのは栗山監督くらいだ」と周囲から言われるほど、抑えることのできない感情が表に出てしまっているらしい。試合後、球団広報のスタッフも、「囲み取材の記者さんたちが待ってます」と言い出せないくらい、怒り心頭の様子でいることもあるようだ。

　たとえ負けても、ベンチから引き上げるときには必ずグラウンドに一礼する。頭を下げるのは野球の礼儀だから当然のことだが、平静を装っていても心の中は全然違う。敗戦の怒りにいつも打ち震えている。誰かに怒っているということではなく、チームを勝たせてやれなかった自分に怒っている。

　あまりそう見えないのは、負けるとすぐに一礼して、ベンチ裏に引っ込んでしまうからだろう。

　監督室に戻ると、もうそこからしばらくの間はダメだ。

　なぜか。

「まぁ、仕方ないな。また明日、明日」

　そう思う自分がイヤ。

　こんなに必死にやっているのに、負けて、仕方がないなんて思えるとしたら、それは必死にやっていないということになる。

　本当に大事なことというのは、ダメだったけど良かったなんて思

えるわけがない。そう思ったら終わりだと、心のどこかで思ってい
る。

「今日は相手が良かった」とか、「負けたけど内容は良かった」と
か言われると、「それでいいと思うなよ」と思ってしまう。

たしかに長いシーズンを戦っていると、相手のピッチャーが素晴
らしくて、「今日は手も足も出なかった」と感じることはある。でも、
相手が良ければ打てないと認めてしまったら、自分のチームの選手
を下に見ていることになってしまう。それでは選手たちに失礼だ。

ただ、コーチにはそういうふうに考えていて欲しい。ピッチング
やバッティングの内容が良ければ、選手に「今日は素晴らしかった。
結果は気にするな。また明日」と声を掛けてやって、翌日もその状
態をキープさせるのが仕事であり、こちらがお願いしていることだ
からだ。

でも、監督はそういうわけにはいかない。勝ち負けの責任を背負
うのが監督の仕事なんだから、「仕方ないな、また明日」では許さ
れないのだ。

監督をやっているうちは、反省し続けなければいけない。そう思
っている。

【意見がぶつかることを恐れ、主張を取り下げることはチームにマイナス】

1年目は自分で考えなきゃと思っていたが、余裕がなくてそれ
ができなかった。2年目は自分ひとりで考えるようにしてみたが、
そしたらチームは最下位になった。3年目はひとりで考えること
に疑問を持ちつつも、もう1年やってみた。そこでようやくわか
った。やっぱり任せるべきなんだって。たったそれだけのことに
気付くのに3年もかかった。自戒の念を込めていうが、やっぱり
人にはどこかにおごりがあるんだと思う。

そんな経験を経て、いまはピッチャー交代であれば厚澤コーチ
に、守備位置であれば白井コーチに、といった具合にほとんど任

せている。勝負どころと踏んだ場面で、珍しく意見が割れたとき
などは「悪いけど、こうさせてくれ」と押し切ることはあるが、
それもそうめったにあることではない。

　そして、「任せないと、人は必死に考えてくれない」というこ
ともよくわかった。ここ一番というところ以外は口を出さない、
そう決めて我慢する。そうやって任せていると、本当にみんなが
一所懸命考えてくれるようになる。どうせ監督が決めるんだから、
と思っていたらなかなかそうはならないが、自分のせいで負ける
かもしれないと思うからこそ必死になる。人間ってそんなものだ
と思う。

　コーチが「ピッチャーを代えましょう」と言った。代えたピッ
チャーが打たれて負けた。

　コーチが「守備位置をこうしましょう」と言った。変えた守備
位置が裏目に出て負けた。

　その結果はコーチの責任ではない。それで行こうって決めたの
は、監督なんだから。でも、それを提案してくれたコーチは、き
っと自分のせいで負けたというくらいに重く受け止めているはず
だ。結果に対してそう感じるほどに必死に考えてくれることがチ
ームとしては大切だ。　　　　　　　　　　　（2015年『未徹在』）

　今年、4年ぶりに吉井理人コーチが帰ってきてくれた。

　昨シーズン日本一になったホークスの投手コーチとして主にブル
ペンを担当していた吉井コーチは、今シーズン、ファイターズでも
日本一となり、おそらくただひとり、2年連続日本一になった男と
いうことになる。

　その実績だけでもすごいのだが、実際に現場でともに戦っている
と、投手コーチとしての確固たる考え方には本当に勉強させられる
ことが多い。

　2012年のオフ、彼がチームを離れることになった際、監督との

確執が原因と報じられた。たしかにお互いの意見がぶつかり合うことはシーズン中から何度となくあったが、不仲だったかというと決してそんなことはない。

　だからこそ、こうしてチームに帰ってきてくれたのだろうし、こう言うのもなんだが、意見のぶつかり合いは今年も白熱した。

　つねにピッチャーの立場でものを考えるのが投手コーチであり、いまの戦力を生かしてチームを勝たせることを考えるのが監督だ。優勝のためにという思いは一緒だが、立ち位置が違えば当然のことながら考え方や主張も少しずつ異なってくる。それをすり合わせるために日々議論がなされ、ときには意見がぶつかり合うことも出てくる。

　むしろ意見がぶつかり合うことを恐れ、みんなが簡単に自分の主張を取り下げるようになってしまったら、それこそチームにとっては大きなマイナスだ。

　あえてケンカという表現を使うとすれば、現場でケンカが起こるということは、それだけお互いが真剣に、必死になって考えているということの証しでもある。絶対に自分が正しい、主張は曲げないと強く思えば思うほど、それだけ徹底した精査が必要になる。

　そして、真正面から意見をぶつけ合い、最終的には「決める係」である監督が決断する。

　では、そうやって大ゲンカした翌日はどうか。普通は少しギクシャクしてしまうものなのかもしれないが、それがまったくなかった。もちろん普通にしゃべるし、また別の議題で議論もする。

　それをできるのが大人の集団であり、勝てる組織なのだと思う。

　コーチとは絶対に馴れ合いになってしまってはいけない。そういった意味では、明確なポリシーを持ち、いつも譲らない強さを感じさせる吉井コーチが帰ってきてくれたことで、チームはいい刺激をもらった。そして僕自身、少しは成長できた気がする。

　それが日本一になれた大きな要因のひとつであることは間違いな

い。

■　伝えることと距離感のこと

【言葉から逃げない】

　2013年の3月、監督になって2冊目の本を上梓した。無我夢中のうちに監督1年目のシーズンを終え、年が明けて2年目のキャンプを迎え、当時感じていたことをそのまま綴らせていただいた。その題名が『伝える。』、副題は「言葉より強い武器はない」だった。

　言葉の持つ力をつくづく感じさせられた1年で、それは心境に偽りのないところだったのだが、いまになって、改めてその言葉というものの難しさに直面している。

　言葉は氷山の一角だ。言葉で伝えられることなんて氷山の一角で、本当はその底のほうにもっともっと伝えたいことはたくさんあるのに、それを伝えようとして言葉を駆使すると、かえって大切なことが伝わらなくなる。誠意を尽くそうとすればするほど、軽くなってしまう感じがするのだ。なんとかうまく言い訳しようとするとき、言葉を重ねれば重ねるほど余計に言い訳がましくなってしまう感覚に似ている。言葉を操ろうとすると、言葉が滑るのだ。

（2015年『未徹在』）

　大げさではなく、言葉というものは、自分にとって永遠のテーマといえるかもしれない。去年はとにかく言葉の難しさに直面した1年だった。

　言葉だけじゃ伝わらないこともある、言葉にしちゃいけないこともある、そんな思いを抱いて、365日葛藤し続けた。

　そして、それは今年も同じだった。

5月から6月にかけて、また言葉の難しさにぶつかっていた時期、偶然、一冊の本を手に取った。ベストセラーになっていた原田マハさんの『本日は、お日柄もよく』という文庫本だ。

　これはスピーチライターが主人公のストーリーなのだが、最初に出てくる結婚式のスピーチから最後の一行まで、読みながらずっと泣いていた。その時期、本当にいろんなことがあったので、言葉に悩む自分と主人公を重ね合わせていたのかもしれない。

　言葉って難しいんだけど、使い方を考えればもっと価値を持たせることができるかもしれないと、その本を読んで思った。言葉から逃げるな、もっと考えろって言われている気がした。

　言葉では表現できないものってやっぱりあると思う。人の魂とか、そういう言葉にできない熱いものは必ずある。

　それを言葉にしようとすることで、自分が伝えようとしているものがだんだん軽くなってきているような感じがして、それが葛藤の原因になっていた。

　でも、あの本に出会って、それが吹っ切れたような気がした。

　最後はやっぱり言葉にしてあげなければ相手にはわからない、伝わらないということもある。魂で感じていることを、あえて言葉にするから余計にその魂が伝わるということもある。

　はじめからそう思ってやってきたはずのに、あまりにもいろんなことがありすぎて、いつしか言葉なんかじゃ伝わらないくらいすごい世界なんだって割り切ろう、逃げようとしている自分がいた。それに改めて気付かされた。

　また、今年は黙ること、あえて言葉を発さないことの効果を感じた場面もあった。

　あることで意見が対立して、自分は絶対にダメだと思っているんだけど、相手もなかなか引き下がらない。さすがにそこまで言ってくるんだったら、こっちが妥協してやらなきゃいけないのかなと思って、僕にしては珍しくしばらく黙っていた。

すると向こうが、「じゃあ、わかりました。監督のいうようにやります」って突然納得してくれたことがあった。そのときは、それを狙っていたわけではなく、本当になんと答えていいか悩んで黙っていただけなんだけど、それを見ていてこれ以上困らせちゃいけないと思ってくれたのかもしれない。

　あれは黙ることの強さみたいなものを感じさせられた出来事だった。

　ケース・バイ・ケースという考え方もある。言葉でなければ伝わらないこともあるし、言葉にしてはいけないこともある。それも踏まえて、これからも言葉とは向き合っていかなければならないと思っている。

【自然と努力するように、人間力を高める】

　日本シリーズが終わったとき、このチームに足りないもの、これから必ず必要になる３つのものをはっきりと感じた。
　そこで僕の講義では、それらにつながる話を中心にした。その３つとは、
　一、さらに身体の強さを求めること
　一、野球脳をさらにレベルアップすること
　一、人間力を上げること　　　　　　　　　　（2013年『伝える。』）

　４年前、日本シリーズでジャイアンツに敗れた年のオフ、千葉県の鎌ケ谷にあるファームの施設で、３日間、若手選手を対象に講義を行った。
　参加したのは、高校からの入団ならば５年目まで、大学・社会人出身であれば２年目までの選手たちで、いまやチームの主力として活躍している中島卓也や西川遥輝、近藤健介らもそこにはいた。
　その講義の中で、ここに記した３つの課題を選手たちに伝えた。
　振り返ってみると僕自身、当時はまだ大まかにこの３つが必要だ

ということしかわかっていなかったような気がする。そのためには選手たちに何をさせなければいけないのか、いまはそれがより具体的に見えている。

そして、この3つの重要性をより強く感じている。

ひとつ目の、「さらに身体の強さを求めること」。

ハードな二刀流をこなし、誰よりも身体の強さを感じさせる大谷翔平ですら、まだ目指す場所には到達できていない。

たしかに今年は投打で目を見張る成績を残したが、こちらが慎重に使い方を考えなければいけなかったということは、それなりに体力は上がっていても、それを使い切れるところまで、無理ができるところまではまだ達していないということだ。

体力的に無理をするためには、それをうまく使うための技術が必要となる。ムダな動きが少なくなればなるほど、無理はきくはずなのだ。

大谷の体力は年々確実に上がっているが、それを使いこなすための技術が伴っていないから、せっかくの体力を生かしきることができない。

どうしても、そのあたりの課題は残ってくる。

ふたつ目の、「野球脳をさらにレベルアップすること」。

実は日本シリーズでも、いくつかのサインミスがあった。

そこでサインミスが起こるのは、やはり野球の流れがわかっていないからだ。

流れがわかってくると、どうしてエンドランを仕掛けるのか、だったらどのタイミングで仕掛けるのか、そういったことが具体的にはっきりしてくる。

それを身に付けるためにも、つねに野球脳のレベルアップを心掛けることは重要だ。

3つ目の「人間力を上げること」。

プロ野球選手としてどうあるべきかを問われる前に、まずは人と

してどうあるべきか、そこを必ず問われることになる。

そして、人としての規範は、間違いなくプロ野球選手としての規範に通じる。

「人間力」はもっとも根源的で、かつ何よりも重要なテーマだ。

日本シリーズの第5戦、西川のサヨナラ満塁ホームランには心から感動した。

感動の理由はいくつもあるが、そのとき、あることが頭に浮かんだ。難敵ホークスを破って日本シリーズ進出を決めた日、西川はその余韻にひたることなく、みんなが帰ったあともひとり居残りをして、一時間以上バッティング練習を続けていた。チームは勝ったが、西川自身の調子は少し下降気味だった。ここまできたら、なんとしても日本一になりたい。そのためにチームに迷惑はかけたくない。絶対にみんなのためにやってやるんだ。きっとそんな思いが彼を衝き動かしていたんだと思う。

それはプロ野球選手である前に、人としての純粋な思いだったに違いない。

自分が進むべき道、方向性が見えてくると、自分がいま、行かなきゃいけないところに行けていないということもわかってくる。そうなると、誰に言われたわけでもなく、自然と努力ができるようになる。

そういうふうにさせるのが、すなわち人間力だ。

自分が投げた、打った、守った、結果が出た、それだけだったらそうはならない。人としてどうあるべきかというものが根本にないと、決してそういうふうにはならないのだ。

そういう意味では、少しは前に進めたかなと思う。

【「ひとつだけお願い」と言えば、聞いてくれる】

シーズン中は、交流戦が終わったところで選手を集め、後半戦が始まるときにもう一度集めたが、それ以降は一度も集合させる

ことはなかった。集めれば集めるほど、それに慣れてしまって効果がなくなるというのもあったし、みんな一所懸命やっているのはわかっていたから、だんだんとこっちが言うこともなくなってくる。
（2013年『伝える。』）

「まえがき」で、日本シリーズ第6戦、試合前に円陣を組んで選手たちの前で「声出し」をしたことは書いた。

いまのプロ野球で、試合前、監督が円陣の中心に入って声出しをするチームがほかにあるのかどうかは知らないが、今年はリーグ優勝がかかってきたあたりから、何度もそこに引っ張り出された。

ありがたいことに、選手たちの中には「やっぱり監督で優勝を決めたい」という思いがあったようで、そういった試合になると必ず宮西尚生が「今日はお願いします」と言ってくる。

2、3回目にもなると、「"今日は"って言いながら、何回引っ張り出すつもりだよ！　オレがやってもなかなか勝てないのに……」と内心は思っていたが、いつも試合で無理をさせている分、それくらいはやってやらなきゃなと思っているうちに、結局、5回もやらされるはめになった。

最初は、ついに優勝マジックが1になって迎えた9月27日のライオンズ戦で。

「みんなつらいか！　苦しいか！　オレは苦しい！　オレを助けろ！」

笑わせて、少しはリラックスさせようと思ったけど、みんな表情は硬く、試合が始まったら案の定ガチガチで、散発の5安打で完封負け。優勝は持ち越しになった。

次は翌日、28日の同じくライオンズ戦で。

この日は、いよいよ大谷をピッチャー一本で立てての大勝負。さすがに笑わせている場合じゃないと思っていたら、ちょうど頭を丸めてきた中田翔が目に入ったので、

「翔、それ坊主になったのは、絶対今日勝つってことだよね？　そ

の表れね？」

　と問いかけたら、中田も「はい」と素直に答えてくれた。そして、そのとおりにチームは勝って、4年ぶりのパ・リーグ制覇を決めた。

　次は日本シリーズ進出に王手をかけて臨むクライマックスシリーズの第4戦で。

　みんなの前に出て、宮西が「じゃあ、監督お願いします」と言ったら、西川が「いっつもおいしいとこ取りだもんなぁ～」とちゃちゃを入れてきた。西川らしい雰囲気作りだ。そこで、

「今日はひとつ、個人的なお願い。新人王のチャンスは1回しかないから、高梨に取らせてやりたい」

　この日先発の3年目の高梨裕稔は、シーズン10勝を挙げて、新人王の有力候補のひとりだった。クライマックスシリーズの成績は評価に反映されないということはわかっていたが、とはいえ人が投票するものだから、ここで勝たせてやれればさらに印象も良くなるかなと思って、そう話した。

　そしたらまた西川が、「個人の話はしないって、監督言ってたじゃん」って。おかげで、空気が和んだ。

　しかし、残念ながら試合はホークスに敗れ、一気に決着をつけることはできなかった。

　ちなみに選手の前に出ると、どうやら僕は「ひとつだけお願い」というのが口グセらしい。チーフマネージャーに指摘された。たしかに心当たりはある。

　どこかで宮西が、「今日の監督の〝ひとつだけお願い〟、何かな？」ってギャグにしていたらしいが、ということは「ひとつだけお願い」と前フリをすれば、みんな何を言うのか興味を持って次の言葉を聞いてくれるということだ。それはそれで、ありがたい。

　さて、今年4回目の声出しは、翌日のクライマックスシリーズ第5戦。

「もう1試合負けられるけど、明日があると思わないでくれ。悪い

けどプレッシャーかけるよ。いままでやってきたことを、もっと真剣にやってくれ。今日で野球が終わると思って、一瞬一瞬もっと集中してやろう。一球一球、もっと大事に。明日はないよ。絶対勝つからな！」

　これがみんなの胸に刺さったのかどうかはわからないが、この試合、チームは４点差をひっくり返しての逆転勝利。見事な集中力を見せて日本シリーズ進出を勝ち取ってくれた。

　ついでに、日本シリーズ第６戦の声出しのとき、また西川がちゃちゃを入れてきたこともファンのみなさんには報告しておきたい。

　シーズンの最後も、クライマックスシリーズのときも、最初の声出しの日には負けて、２試合目に勝つというパターンが続いていた。そしてあの日も、仮に負けてもまだ第７戦が残っているという状況だったので、僕がみんなの前に出ていったら、すかさず西川が「一発だよ、一発。一発で決めるよ」って。

「お前ら、うるさい！」の一言から始まった試合だったけど、今度はようやく一発で決めることができて、次の日の声出しがなくて本当に良かった。

　１年目は、「集めれば集めるほど、それに慣れてしまって効果がなくなるというのもあったし、みんな一所懸命やっているのはわかっていたから、だんだんとこっちが言うこともなくなってくる」なんて書いたけど、選手たちからこうやって「伝える」機会を作ってもらえるようになったことは、チームが前に進んだことを実感できるシーンでもあった。

【威厳がなければ、相応しい距離をとる】

　監督なんだから当たり前だと思われるかもしれないが、僕は意識的に、選手と必要以上に仲良く接することは避けるようにしている。

　取材者時代、あまり構えずに本音を話して欲しいという思いか

ら、親子ほど歳が離れている若い選手にも、どこか友達っぽく接してしまうところがあった。それが染み付いているので、いまも普通に話していると、どうしても監督と選手の距離感ではなくなってしまうという心配があったからだ。

選手にとっての監督は、それなりに怖さのようなものがあったほうがいい。

（2013年『伝える。』）

就任した頃、強く意識していたのが、この「選手と仲良くしすぎない」だった。

いま、12球団を見渡すと、現在のチームの監督を務めた年数では、自分が一番長くなってしまったという事実に改めて驚かされる。今年の主力選手たちとともに戦った最初の年、中田翔が23歳、中島卓也が21歳、西川遥輝が20歳、近藤健介はまだ19歳だった。

はじめの頃、選手との間には意識的に一定の距離を置くように心掛けていたが、さすがに5年もやらせてもらうと、選手たちもだんだんこちらに慣れてきて、円陣の声掛けで西川が何度もちゃちゃを入れてきたように、どちらかといえばお互いに気心が知れた関係になってきてしまう。

こればかりは、ある程度仕方がないと思っている。僕のようなタイプに近寄りがたい威厳のようなものを求められても、こればっかりは一朝一夕で身に付くものでもないし、かといってやはり友だちのようになってしまうわけにはいかない。いまは付かず離れず、監督と選手にふさわしい適度な距離感を保てるように努力している。

■ 勝つために監督はどうあるべきか

【監督っぽくなってはいけない】

自分が監督としての本当の怖さを知らないということを、僕は

自覚していた。

　怖さを知らないからこそ、できることもある。

　そういった意味では、確信犯だった。前の年、二桁勝利を挙げた投手が3人残っている中、たった6勝しか挙げていない、2年目のピッチャーを開幕投手に指名できるのは自分しかいないだろう。でも、これに勝てれば、大エースが抜け、戦力ダウン必至とも言われていたチームに必ず勢いが生まれると思ったのだ。

（2012年『覚悟』）

　監督1年目の開幕投手は、斎藤佑樹に託した。

　大エースのダルビッシュ有が抜けた穴はとてつもなく大きい。その穴をどう埋めるかと考えても、容易に答えが見つかるはずもない。

　だったら穴を埋めるのではなく、そこからプラスアルファを生み出す可能性にかけてみようと思った。

　実績のある選手には前年のまま、しっかりと自分の立ち位置を守ってもらい、あとは思い切った起用で最大のピンチをチャンスに変える。

　そう考えて投手陣を見渡したとき、もっともその可能性を秘めたのが斎藤だったのだ。

　その結果、彼はチームに開幕戦白星をもたらし、優勝への足掛かりを作ってくれた。

　では、いま自分に、果たして同じ決断ができるだろうか。

　それには、「できる」と答えたい。

　あの頃より少しは監督としての知恵もついたはずだが、いまでも「監督っぽくなってはいけない」ということだけは、つねに自分に言い聞かせている。

　僕のようなタイプの人間が監督っぽくなってしまうと、ほかの人が考えないようなことができなくなってしまう。だんだん普通になっちゃう。それじゃ、ダメ。普通になってしまったら、能力のある

監督にはかないっこない。

　あるとき、ファイターズのGMにこんなことを言われた。

「監督、勝ちたがっていないですか？」

　当たり前だ。どこの世界を探しても、勝ちたがっていない監督なんているわけがない。

　でも、彼の言葉の意図は違っていた。

　勝利にこだわるあまり、純粋に野球を愛する思いが薄れてはいないか。野球ってこんなに素敵なんだ、プロ野球ってこうあるべきなんだと夢中になって語っていた栗山英樹の情熱が、薄れてはいないか。彼はそう言いたかったのだ。

　正直、あのひと言にはハッとさせられた。

　勝ちたがりすぎると、どうしても監督っぽくなってしまう。それでは、僕がやらせてもらっている意味がない。

【「やらなければいけないこと」をやる覚悟を持つ】

　あっという間に3年が過ぎた。「石の上にも3年」というのは、本来、「冷たい石も3年座り続けていれば暖まる、転じて、我慢強く辛抱していれば、いつかは必ず成功する」といった意味合いで、まだ何も成し得ていない者がいうのもおかしな話だが、そのことわざが伝えようとしているものを、実感させられた3年だった。

　3年続けてやってみて、はじめて気付くことはいっぱいある。監督を3年やらせてもらって、はじめて自分の置かれている位置がわかってきた。

　ファイターズがパ・リーグの中でどういう位置にいて、どういうチームで、その中で自分はどういうポジションにいて、何をしなければならないのか、そういったことがようやくわかってくるのだ。いままでは自分に何ができるのかを一所懸命考えて、それを必死にやるだけで精いっぱいだったが、これからは「できるこ

と」ではなく、「やらなければならないこと」をやっていく。それが冷たい石に3年座り続けて、得たものだ。（2015年『未徹在』）

　激しい優勝争いを繰り広げていたシーズン終盤、ある方からメールをいただいた。

　1968年のメキシコ五輪、1972年のミュンヘン五輪、1976年のモントリオール五輪、3大会で金メダル8個、銀メダル3個、銅メダル1個、計12個のメダルを獲得した体操界のレジェンド、加藤澤男さんだ。

　加藤さんとは同じ白鷗大学で教鞭をとらせていただいた間柄で、これまでも折りに触れ、貴重なアドバイスを頂戴してきた。

　その加藤さんからのメールには、こうあった。

「ここ一番、本当に大事なときには基本なんだ。基本がすべてだ。と、僕の経験からは感じられています」

　この一言が、背中を押してくれた。

　終盤の10試合くらいは、エンドランなどのいわゆる「動く」作戦をとっていない。送りバントとか当たり前のことしかやらなかった。

　大事なときこそ基本がすべて。やらなければならないことを、きちんとやり続けることでしか、本当に苦しい局面は乗り越えられない。

　シーズン中ずっと、ファイターズはいろんなことをやりますよという、種まきはしてきた。だからここにきて当たり前のことしかやらなくても、相手が次は何かやってくるんじゃないかと少しは警戒してくれる。警戒してくれるから、当たり前のことをやれば当たり前に決まる。そうやって、乗り越えてきた。

　その中で大事にしてきたのが、やらなければならないことを、やらせなければいけない――そう、「冷たい石の上に3年座り続けて」得たものだった。

　みんな頑張ってきたんだから、選手に任せようかと思う場面もあ

る。でも、選手たちは何より勝ちたがっているんだし、自分も勝つためにやると言っているのだから、嫌でも代打を出すし、動かすところは動かす。

やらなければならないことは、こっちがやらなきゃいけないという覚悟を持って臨んだシーズンだった。

【「勝ちたい病」を克服せよ】

> 「前に進んでいるのかどうか」、これが自分にとっては最大のテーマといってもいい。それに取り組んだら選手は前に進むのか。それができるようになったらチームは前に進むのか。前に進むんだったら何をやってもいい。前に進まないんだったらやる意味はない。 　　　　　　　　　　　　　　　　　　　（2015年『未徹在』）

プロ野球はなんのために戦うのか。

もちろんそれは勝つためなのだが、なんでもいいから勝てばいいというのは絶対に違う。

僕はよく「何がなんでも勝つ」という表現を使うが、それと「なんでもいいから勝てばいい」というのは意味合いが大きく異なる。

そもそもそんな発想で野球をやるなんて断じてあってはならないことだし、そんなことでは前に進めるものも進めなくなってしまう。

プロ野球に必要なもの、それは相手を敬い、高いレベルの凛とした気持ちを持って、ファンのみなさんに喜んでもらうために正々堂々と戦うこと。そこにプロとしての命がけの知恵とか工夫とか、そういった心のやり取りをしながら、勝負をしなければいけない。

例えば10対0の大差をつけて、プロ野球だったらあとは多少いい加減にやっても勝ちそうなものだが、そうではない。そういうときにどういうプレーができるのか、それがすべてなんだと思ってやっているつもりだ。

野球に対する誠意というのは、そういうことだと思っている。

また、前に進むという意識よりも、勝ちたいという気持ちだけが強くなりすぎると、余計なことも起こる。「勝ちたい、勝ちたい」が、思わぬ落とし穴になるのだ。今年、それを「勝ちたい病」と表現した。

「勝ちたい、勝ちたい」ではなく、勝つためにやるべきことをやるから勝つ。やるべきことさえしっかりやっていれば、自然に勝つ。「勝ちたい、勝ちたい」という気持ちも、そのときはいいかもしれないが、そういうふうに思ってやると絶対に長くは続かない。

野村克也さんの言葉に「勝ちに不思議の勝ちあり。負けに不思議の負けなし」というのがある。

現場で戦っているとよくわかるが、そのとおり、本当に「不思議の勝ち」というのはあるものだ。野球というゲームは相手があるものだから、こっちが勝ったというよりも、あっちが負けてくれたと感じる試合がまれにある。

そんなときは必ず、「たまたま今日は勝ったけど、勝つためにやるべきことはできていましたか？」と自分自身に問うてみる。勝つためにやるべきことだけに集中していれば、自然と「勝ちたい、勝ちたい」という気持ちは治まってくれるはずだ。

【何かひとつを決めるというのは、何かひとつを捨てる作業】

　1年目の去年と2年目の今年、キャンプの感じ方がどこか違ったかといわれれば、なによりも自分自身のゆとりがまるで違っていた。具体的な例を挙げれば、わかりやすく体調が良かった。（中略）

　捨てられるものが増えた、という感覚はわかってもらえるだろうか。キャンプ前半は、去年ならいちいち気になっていた細かなことが、ほとんど気にならなかった。雑になったのとは違い、いまはまだそこを指摘すべき時期ではないということで、わかり始めてきたのだ。

去年はあれもやらねば、これもやらねばと、毎日課題をたくさん抱えてグラウンドに出ていたが、今年はその大部分を宿舎の部屋に置いて出られるようになった。捨てられるものが増えた、というのはそういう感覚だ。

　そういった意味では、今年は他球団のキャンプが気にならなくなった、というのも捨てられたもののひとつかもしれない。

（2013年『伝える。』）

　以前、「捨てられるもの」というキーワードで、こう書いた。

　これについては、さまざまな「捨てられるもの」が、年々増えてきているような気がする。

　キャッチャーのことを例にあげてみよう。

　正直、以前の僕はキャッチャーのことがよくわかっていなかった。わからなくて不安だから、野村克也さんや古田敦也さんの本を読んだり、話を聞いたりして、一所懸命勉強した。詰め込むだけ詰め込んで、頭でっかちになっている状態だ。

　その頃は、経験がないのだからそうやって学ぶしかない、教わるしかないと思い込んでいた。

　ところが不思議なもので、監督という仕事をやっていると、だんだん自分の中に「キャッチャーはこうあるべき」というものができてくる。

　実際、自分でキャッチャーをやるわけではないのだが、そのキャッチャーに指示を出さなきゃならないと思ったら、本当に自分がなったくらいのつもりで、毎試合、必死にキャッチャーのことを考えるようになる。

　それを続けているうち、頭でっかちになっていたものが少しずつクリアになっていき、本当に大事なものだけが浮かび上がってくるのだ。

　すると、そこでようやく「捨てられるもの」が出てくる。

勉強の成果で、大事なものは10個あると覚えていたが、そのうち本当に大事なものは3個なんだということがわかってくると、残りの7個は捨てられる。

　要不要が自分の中で整理できて、より必要なものがはっきりとしてくる感覚だ。

　こういう「捨てられるもの」は、経験を積んできたからこその賜物だろう。

　また、もう一方で、捨てなければならないというものもある。

　何かひとつを決めるというのは、何かひとつを捨てる作業だ。

　ふたりいる選手のどちらを起用するか迷ったとき、勝つために最善と思われる選択をする。それは当然のことだ。

　でも、本当にふたりとも使ってやりたかったとすれば、チームの勝利のために、一方の自分の考えを捨てたということになる。

　ある意味、監督である僕が、自分の考えを捨てていかなければ、すなわち決断していかなければチームは前に進むことができない。いつもひとつしか選択できないわけだから、捨てるものはその度にどんどん増えていく。

　選手一人ひとりのためになんとかしてあげたいと思うし、みんなの人生を豊かにしてあげたいと思うが、そればかり考えていたら監督の仕事は務まらない。本当に監督の仕事とは、捨てる作業だと思う。

　だから考えを捨てるときも、その選手のためになると信じてそうするようにしている。使うのも選手のためだし、使われなくて悔しい思いをするのも選手のため。選手のことだけを考えて決断すれば、それは必ずチームのためになる。今年はその信念みたいなものが、確信に変わった年でもあった。

「選手ためにはならないかもしれないけれど、チームのためにこうする」、その考え方は間違っている。「選手のため」と「チームのため」はいつも一緒だ。そこがブレることは絶対にない。だから捨て

なければならないものを、信じて捨てることができるのだ。

【信じるとは考えること、ブレないとはプランニングを変えないこと】

　監督ってなんなんだろう。

　たった１年務めたくらいでは、その輪郭さえまだぼんやりとしたままだ。それでも最初の１年間は、できるだけ「監督」というものを俯瞰から、客観的に捉えてみようと心掛けてきた。約20年、取材者としてやってきた経験を生かし、取材者栗山英樹が、対象者の栗山英樹を観察するのだ。

　自分自身を見失ってしまうことがないよう、監視してきたといってもいいかもしれない。

　その結果をしっかりと考察するのは10年先、20年先になってしまうかもしれない（以下略）　　　　　　（2013年『伝える。』）

　こう書いたのが３年前。

　監督にとって一番大事なことはなんなのか、改めて考えてみて、おぼろげながら見えてきたことがある。

　ひとつは信じること。

　今年、シーズン前半に早くも11・5ゲーム差をつけられて、その数字自体を意識することはあまりなかったけれど、大きく離されてしまったという現実はさすがに受け止めざるを得なかった。

　でも、絶対に優勝する、優勝するにはどうならなければいけないのか、ということだけをひたすら考え続けた。

　結果が伴ったから言うのではない。監督は、たとえどんな結果が待っていても、それだけはやらなければいけない気がする。

　自分がチームを最後まで信じてやれなければ、いったい誰が信じてくれるというのか。

　もうひとつはブレないということ。

　これは少し難しい話になるが、現象が変化することと、考え方が

ブレることはイコールではない。

　例えば、ファイターズの4番はこの男しかいないと言い続けてきた中田に代打を送ったことは、考え方がブレたということになるのか。それはブレていないと断言することができる。

　好調なときも、不調なときも、どんなときでも4番にふさわしい姿であり続けられるのが中田翔という男だ。だからこそ、打率やホームランの数など二の次で、4番はこの男しかいないと使い続けてきた。

　でもその中田自身から、中田翔であり続けようとする気持ちが薄れ始めていると感じたとき、それを取り戻してもらうために手を打たざるを得なかった。

　考え方がまったくブレていないからこそ、現象としては不動の4番に代打を送るということになったのだ。

　もし、気持ちが薄れつつあるように感じられた中田をあのまま4番で使い続けたら、それこそ自分がブレたということになるだろう。

　その考え方がブレ始めると、きっと選手たちにも伝わってしまうのだと思う。

　いつも同じ思考で、根拠を持ってある答えに行き着く。そのときどきで行き着くところは違うんだけれど、思考の仕方はまったく変わっていない。それがブレないということだと思っている。

　また、ブレないことに通ずるものの考え方として、プランニングを変えちゃダメということもある。

　クライマックスシリーズ第5戦、田中賢介に代えてスタメン起用した杉谷拳士の例がわかりやすい。

　杉谷にとっては荷の重い代役だったと思うが、ファインプレーあり、貴重なタイムリーありと、試合序盤から素晴らしい活躍を見せてくれた。しかし、逆転に成功して迎えた6回表、セカンドを杉谷からベテランの飯山裕志に交代させた。

　交代のタイミングは最初からプランニングしている。リードした

ら5回終わりで代える、それがそのプランだった。たとえ1点差だったとしても、その1点を守り切るためのベストの布陣で後半戦に臨む。それには守備のスペシャリストである、飯山が必要だと考えていた。

たしかに野球には流れがある。勢いのある選手、ノッている選手にかけるというのはひとつの考え方だ。

ただこちらには、勝つんだったらこうなるという、あらかじめシミュレーションした形がある。それは勝つという前提で考えられたものだから、プランニングしておいて、そのとおりにならなかったら勝たない。ましてや自らそれを破ってしまったら、勝てるものも勝てなくなってしまう。

5回裏、前の打席にタイムリーを放っている杉谷がバッターボックスに入ったとき、コーチから「監督、ここで打っても代えるんですか?」という質問があった。

「代えるよ」

あの時点ですでに3点差はあったが、そこで欲を出して、プランニングを変えると墓穴を掘る。

もし負けていたら、そのまま杉谷で行った。流れを持っている選手で勝負を仕掛ける。博打を打たなきゃいけない状況だから。

でも、プランニング通り、5回までにリードを奪ったわけだから、流れ云々はそれを変える理由にはならない。

プランニングを変えない、これは監督にとってとても大事なことのひとつだと思っている。

【大切な誰かのために頑張ることは、チームのために必死になること】

「チームのために戦わなくていい。それぞれの夢に向かって、家族のために、自分の大切な人のために戦ってほしい。それが自然とチームのためになる。そしてシーズン終了後、その人たちと喜びを分かち合ってほしい」

人はもっとも身近なだれかのためにこそ、最大限の力を発揮することができる。それは家族かもしれない、恋人かもしれない。そこで思い浮かべる顔がより鮮明であればあるほど、生み出されるパワーは大きい。チームはそれを結集させればよい。そう思ってのことだった。　　　　　　　　　　　　　　（2012年『覚悟』）

　選手はみんな自分自身のためにプレーしているが、それだけでは頑張り切れないときがある。

　知らず知らずのうちに自分に対する厳しさが薄れつつあるとき、あるいは出口の見えない迷路に迷い込んだとき、はたまた心が折れそうになったとき、大切な誰かのためにという思いがあれば、もう少しだけ頑張ることができる。

　だから選手たちには、家族を守ってくれ、自分の周りの人たちを幸せにしてくれっていつも言っている。そのほうが絶対に頑張れるから。

　そして、その大切な誰かの中には、必ずチームメイトも入ってくる。一緒に苦労してきた姿を、すぐそばで見てきたわけだから、そんな仲間のために頑張れないわけがない。

　結局、大切な誰かのために頑張ることは、チームのために必死になることとイコールなのだ。

　象徴的なのは、今年の大谷かもしれない。

　大谷は規定投球回にわずか3イニング足りず、最優秀防御率のタイトルを逃した。最終的に1位の防御率が2・16、大谷は1・86だから、あと3イニング投げていれば文句なしの受賞となったはずだ。

　もちろんそのことに気付いていなかったわけではない。ベンチの我々もよくわかってはいたのだが、個人タイトルのために起用プランを変更することはせず、ただチームのことだけを考えて、優勝するためにやるべきことをすべてやり尽くしてきた。

その結果、大谷からタイトルをひとつ奪うことになってしまった。

普通は最後に帳尻合わせをしてでも、獲らせようとするものなのかもしれない。でも、大谷本人も何よりチームの優勝を望んでいるはずだと、こっちはそう信じてやってきた。

優勝を決めたライオンズ戦、あの1安打完封という見事なピッチングも、大谷がチームのために必死になってくれたからこそ、最後まで投げ切ることができたに違いない、そう思っている。

【リーダーに「私」はいらない】

飛田穂洲さんのお名前はご存じだろうか。

日本の学生野球発展に多大な貢献をされたことから、「学生野球の父」と呼ばれる人物で、有名な「一球入魂」という言葉は、飛田さんが野球に取り組む姿勢を表したものとされている。

飛田さんが遺された言葉はほかにもたくさんあるが、特に印象深いひとつに「野球とは〝無私道〟なり」というものがある。

無私道、つまり「私」を無くす。

まさしくそのとおりで、監督をやっていて、ほんの少しでも自分のためにという打算があったら、途端に野球の神様の声は聞こえなくなる。

それはずっと思い続けていることで、だからこそ『伝える。』（本書「3・伝える。」）にそれを書いた。

指導者になるということは、自分のことはどうでもいいから、人のために尽くし切れるかどうかということなのだ。自分にとってプラスかマイナスか、そういった考えがほんの少しでも浮かぶようではいけない、と。

選手に何かを伝えようとするとき、その意図は正しく伝わっているのか、ということはやはり気になる。だが、それを言った自分はどう思われているのか、ということを考え始めては、間違っ

た方向に行きかねない。

　良く思われていようが、悪く思われていようが、そんなことはどっちでもいい。大事なのは、相手のことを思って伝えるべきことを伝え、より正確に受け止めてもらうこと、その一点に尽きる。

　そのためにも、そこには「自分」という意識は、いっさい持ち込まないほうがいい。監督という仕事はチームの勝利がすべて、選手が良くなったらそれがすべてなのだから。

（2013年『伝える。』）

　いかに「私」をなくして、野球に取り組むことができるか。そのテーマは少しの経験を積んだいまも、変わることはない。

【最後は「魂」、命がけでやる】

　だけど、やっぱり試合の勝ち負けには、昔からある「心のつながり」や「チームの魂」みたいなものが、すごく影響を与えている。青くさいと思われるかもしれないが、そういうことをファイターズの選手たちには教えてもらった。

　評論家の順位予想が当たらないのは、そういった要素がチームの成績を大きく左右するからなんだと思う。どんなに取材に足を運んでも、さすがにそこまで感じ取るのは難しい。僕もチームの中に入ってみて、はじめてわかった。なるほどな、と。

（2013年『伝える。』）

　監督を5年やらせてもらって、この思いにもまったくもって変化はない。

　くだらないと思われるかもしれないけれど、本当に最後は「魂」。

　命がけでやってやろうと思わなかったら、大事なところで結果なんて出ない。

【幸せなことをやらせてもらって、人のために尽くさないなんてあり得ない】

　こうして振り返ってみると、監督としてどうあるべきか、それを示すのはやはり簡単でないことを痛感する。ただひとつだけ、確信を持っていえることがある。4年前の自分は、それに気付いていなかった。

> 　いま、監督である自分が言うと語弊があるかもしれないが、正直、監督なんて二度とやりたくない、とすら感じるときがある。それくらい毎日やり尽くしているし、自分にはもう何も残っていないと思えるくらい、出し尽くしている。もしやりたいと思う自分がいるとしたら、それはやり残したことがあるか、それとも気持ちのどこかで自分のためを考え始めているか、どちらかだ。
> 　だから、監督なんて二度とやりたくないと思えているうちは、かろうじてまだ大丈夫だと思っている。監督という仕事は、自分のためを思ってやれるような仕事じゃない。　　（2012年『覚悟』）

　本当に監督1年目は、親しい人に会えば、「監督なんて二度とやりたくない」「いつ辞めてもいい」と漏らしていた。自分でいうのもなんだが、毎日よほど疲れ切っていたのだろう。

　ただ不思議なもので、少し年齢を重ね、疲れは年々確実に取れにくくなっているのに、いまの心境はあの頃とは明らかに変わっている。

　監督をやるやらないを決めるのは球団なので、自分にはどうすることもできないが、いま自分から辞することはない。それだけははっきりと言える。

　こんなに野球が好きで、こうして野球のど真ん中にいさせてもらっている、こんなに幸せなことはない。

　もし監督の仕事が選手に尽くすことだとすれば、人に自慢できる

特別な能力があるわけでもない僕が、いま、こんなに幸せなことをやらせてもらっていて、人のために尽くさないなんてあり得ない。選手のために尽くすのは当然のことだ。

　試合に負けて、「勝たせてあげられなかったこっちが悪い」と話すと、まるで選手をかばっているかのように思われることがある。

　たしかに、きれいごとに聞こえるかもしれない。

　でも、負けたところから遡っていけば、その選手を使ったのはこっちの責任だし、選手に進むべき道を示してあげられていないのもこっちの責任だ。監督は最終的に責任をとるためにいるんだから、その考え方は間違っていないと思う。

　そう、監督の仕事は選手に尽くすことと、責任をとることだ。

　ここにいさせてもらえる幸せにまだ気付いていなかったとすれば、4年前の自分を呼びつけて説教してやりたい気分だ。

■　野球観

【理想の野球はあるが、やりたい野球はない】

> 正直いって、いま、やりたい野球なんてない。
> ただ勝ちたい。
> なんでもいいから勝ちたい。　　　　　　　　（2012年『覚悟』）

　これは、監督1年目の偽らざる本音だ。

　その思いは、いまも変わらない。

　ただ、ぼんやりとだが、「やりたい野球」ではなく、「理想の野球」みたいものはある。

　一年間、監督が一度もサインを出さないで優勝しちゃう、そんな野球をやってみたいという気持ちはある。

　みんなが野球を必死に勉強して、チームの方向性を共有して、試

合中どんな場面になっても、いまここで自分が何をすべきか全員が
わかっていて、当たり前のように毎日それができちゃう。だから、
監督はベンチに座っているだけ。サインなんて出す必要がない。

きっとあり得ないんだけど、それが理想の野球。

そういうのはあっても、やりたい野球はない。

もしやりたい野球があるとすれば、それはいまの野球かもしれな
い。

選手らしさを生かしてあげられる野球。それで勝ちたい、ただそ
れだけ。

そして、勝てばその分、余裕が生まれる。余裕が生まれれば、そ
の間にチームは前に進める。チームを前に進めるためには、勝つこ
とが必要だ。

【考えさせるベースを作る】

「これだけ結果が残っているチームなので、とにかく結果を残さ
ないと納得してもらえないということを意識したい。とは言いな
がら、優勝するチームでも10回のうち4回は負ける。仮にその4
回のときに球場に来た人にも、『あー、こういう試合を観ること
ができて良かったな』、そう思ってもらえるような野球をやれる
よう全力を尽くします」

ファイターズは守り勝つ野球も、打ち勝つ野球もできる、基本
がしっかりしたチームである。まずは、そういったところをさら
に安定したものにしていかなければならない。

それから、その次が大事なポイントだった。ここ一番でイチか
バチかの勝負が仕掛けられる、観ていてワクワクするようなチー
ムにならなければならない。ファイターズにはそれができる、肉
体的にも精神的にもタフな選手がいっぱいいる。自分自身、この
チームにもっとも魅力を感じていたのはそういったところだった。

(2012年『覚悟』)

イチかバチかの勝負ができる、観ていてワクワクするようなチームの話をする前に、なぜ守り勝つ野球を掲げるのか、そこを整理しておきたい。

　今年、遠藤良平GM補佐に、こう尋ねられたことがある。

「監督、〝守り勝つ野球〟って意識していますか？」

　たしかにチームは守り勝つ野球を掲げてはいるが、守り勝つことが重要なのではない。野球にはたくさんの要素があるが、中でも守備や走塁をきっちりやろうと思うと、頭を使って考えなければならないことがたくさんある。

「この次、相手はこうしてくるだろうから一歩前に守っておこう」とか、「盗塁のスタートを切るにはカウントを待って変化球まで待たなきゃいけない」とか、野球の中で考える作業や確率をより高めるためのメッセージは、打つことよりも守ることや走ることに隠れている。

　野手にとって一番楽しいバッティングには、実はあまり隠れていない。

　でも、守備や走塁でしっかり考えることをやっておくと、それは打席にも生かされて、狙い球を絞り込む材料になったりする。

　その材料は、バッティングのことだけを考えているとなかなか手に入らない、そういうものなのだ。

　ぶっちゃけてしまえば、守り勝つも打ち勝つもなくて、そこにいる戦力を生かして勝つことしか考えていない。

　だからこそ、つねに守り勝つ野球を掲げることによって、野球を考えさせるベースを作っているのだ。

　そして、その基本ができた上で求められるのが、イチかバチかの勝負ができる、観ていてワクワクする野球だ。

　プロ野球である以上、それが求められるのは当然ともいえるが、「守り勝つ野球」と「イチかバチかの勝負」は相反するようで、実

はそうでもない。

　イチかバチかの勝負を仕掛けるヒントは、細かく野球のことを考えていく中にあったりするものだ。ただの勘だけでは、なかなかみんながアッと驚くような勝負はできない。そこには少なからず、何かしらの根拠は必要なのだ。

　さらに、観ていてワクワクする野球ができるかどうかという点においては、これはいわゆるベンチワークよりも、選手たちの素材感に左右される面が大きいのではないかと感じている。

　まだ荒削りで、海のものとも山のものともわからないんだけど、はまったら何かをしでかしそうな選手が何人かいるだけで、「ワクワク」は自然と湧いてくる。いまのファイターズには、そんな不思議なパワーを持った選手たちが揃っていると個人的には思っているのだが、さてみなさんはどう思うだろうか……。

第5章：選手・コーチたちのこと
いつも全部間違っている

最高のチームの最高の選手、コーチたち

　日本一になったからというわけではなく、ファイターズは本当にいいチームだと思う。

　このチームのベースは、野球に対する愛情だ。選手も、コーチも、スタッフも、みんな野球に対して絶対的に敬意を持っている。

　野球に対する愛情は、野球をここまで繁栄させた先人たちへのリスペクトでもある。

　前著『未徹在』（本書「4・未徹在」）の中でも紹介したエピソードだが、球団スタッフ（チーム統轄副本部長）の岩本賢一は、旭川に行けば球場の名前にもなっているスタルヒンの像にパンと牛乳を

供え、函館に行ったらそのスタルヒンとバッテリーを組んだ伝説の
キャッチャー、久慈次郎さんのお墓参りに足を運ぶ。スタルヒン像
のパンと牛乳は旭川滞在中、毎日供えられている。

　そして、そんな野球を愛する男たちが、力を合わせ、日本一の頂
点に上り詰めた。

　現役時代、ファイターズ一筋で20年を過ごしたコーチが、リーグ
優勝が決まったあと、こんなことを言っていたらしい。

「ファイターズ史上、2007年のチームが一番強いと思っていたけど、
今年のほうが強い」

　最高の褒め言葉だ。

　この章では、そんなファイターズの選手、金子誠コーチたちのこ
とを記しておきたい。残念ながら全員のことは書けないが、今年、
特に印象深かったエピソードをいくつか、思いつくままに。

　では、背番号の順に。

2　杉谷拳士
「期待の杉谷選手の規格外の打球には十分ご注意ください」

　ここ数年、西武プリンスドームのビジターゲームになると、選手
やコーチたちも楽しみにしていることがある。

　打撃練習で杉谷拳士が打席に入ったときのアナウンスだ。

　例えば、こんな調子だ。

「お客さまにお願い申し上げます。ただいま、その人気はすでに侍
ジャパン級！　ファイターズの杉谷選手がさりげなくバッティング
練習を行っておりますが、練習中、杉谷選手の思いのほか鋭い打球
がスタンドに入る場合がございます。期待の杉谷選手の規格外の打
球には十分ご注意ください」

「みなさま、本日はお暑い中、早くからご来場くださいまして誠に
ありがとうございます。ただいま、この夏、球界大注目の杉谷選

手が大変ポジティブにバッティング練習を行っております。杉谷選手、渾身の打球がまれにスタンドに飛び込む場合がございます。また気温が大変上昇しておりますので、本日は熱中症と杉谷選手に十分ご注意ください」

「ひとりはみんなのために、みんなはひとりのために。この日、このときが最善の瞬間になるように。このパシフィック・リーグも最後まで熱い夏に。帝京高元キャプテン・杉谷拳士選手、打撃時間あと10分です」

「ただいま、女性人気も沸騰中のファイターズの杉谷選手が、ご覧のようにさわやかにバッティング練習を行っております。この夏の杉谷選手の打球が劇的にスタンドに飛び込む場合もございます。その瞬間をお見逃しなく。本日も全力の杉谷選手にご注意ください」

「ご案内いたします。ただいま、先日、今シーズン1号を見せました杉谷選手が打撃練習を行っております。大きな打球がスタンドに入ることがございます。まれに入らない場合がございますが、みなさま、すべての打球にご注意ください」

杉谷本人がウグイス嬢の方に直接お願いしたのがきっかけだったらしいが、それ以来、去年、今年と、まるで恒例のイベントのように球場を盛り上げてくれている。（鈴木さん、いつもありがとうございます！）

ビジターなのに、こんなに盛り上げてもらっていいのだろうかと心配になることもあるが、どうやらライオンズファンのみなさんも面白がってくれているようなので、その点は一安心だ。

みんなで優勝の喜びを分かち合った祝勝会の席で

その杉谷だが、こんなことがあった。

リーグ優勝を決め、移動日を挟んで、チームは最終戦を札幌ドームで戦った。

優勝を決めた日はビールかけを行っただけで、腰を落ち着けての

祝勝会は控えていたので、最終戦を終えた夜、札幌でそれが行われることになった。

そのとき、大騒ぎしている選手たちの輪の中から、酔っ払った杉谷の大きな声が聞こえてきた。

「ひとこと、言います！　オレ、あんなにセカンドを練習したのに、一回もスタメンで使わないってどういうことなんだ〜！」

立ち上がって「聞こえてるよ！」と言うと、杉谷は、

「監督、勇気を持ってください！」

「そんなこと言っても、おまえ、シートノックのとき、セカンドに入らないじゃないか！」

杉谷はミスするのが怖くて、シートノックのとき、なかなかセカンドに入ろうとしない。いつも外野でノックを受けている。

「本当にそう思ってるなら、セカンドに入ってるだろう！」

そんなやり取りがあった。

大一番、杉谷を2番・セカンドで使う

クライマックスシリーズの第5戦、調子を落としていた田中賢介に代えて、セカンドに杉谷を起用することを決めた。

そのときは杉谷を呼んで、言ってやった。

「拳士、オレは勇気を持ったからな。おまえも勇気を持てよ」

そもそも、このときのチーム状態で一番点が取れるのは、杉谷を2番に入れる形だと思っていた。

実は、クライマックスシリーズが始まる前の紅白戦では、とても調子が良かったのだ。

とはいえ、セカンドを守らせたら守備のことでいっぱいいっぱいになって、期待したバッティングでも結果が残せないかもしれない。

実は前の晩、夜中の3時くらいまで、慣れないポジションにつかせたことで、焦りなどからくるミスでチームが大ピンチになり、例えばそれで負けてしまったりしたらどうやってみんなに謝ろうとか、

そんなことばかり考えていた。

最初はマイナスイメージしか湧いてこなかった。

でも、このままじゃ何も変わらないと思っているから、チームが勝つためだったらそれくらいのリスクを背負えと、朝になってようやく開き直れた。

打順も、前の日まで2番を打たせていた中島を9番に下げ、杉谷を2番に入れた。

1点勝負で点を取りに行くんだったら2番は中島、ある程度まとまった点を狙いにいくなら2番は杉谷。

そして、あのときの状況でホークスに勝つとしたら、選択は後者だ。

杉谷を活躍させてくれたものは、なんだったのか

その杉谷が、大舞台で躍動した。

4点のビハインドから中田翔の一発で1点を返した直後の3回表、ホークスの先頭バッター・柳田悠岐の打球はセンター前へ抜けようかというライナーになったが、これを杉谷が横っ飛びでダイビングキャッチ。抜けていればノーアウトのランナーになっていただけに、流れを食い止める大きなプレーとなった。

ああいうプレーが出ると、いつもの杉谷だったら、ベンチに「ヨッシャー！」みたいなテンションで帰ってくるが、あのときは何事もなかったかのように淡々とした様子で帰ってきた。

それはそうだろう。本当に集中して必死にやっていたら、いいプレーをしても「ヨッシャー！」なんてやっている暇はない。活躍したときほど謙虚に野球をやれというのは、ずっと杉谷に言ってきたことだ。

さらにその裏、2アウト2塁で打席に立った杉谷は、2ボール2ストライクからの5球目、外角のストレートを弾き返しセンター前ヒット。これもチームに勢いを付ける大きなタイムリーとなった。

このときも、あのお調子者の杉谷が1塁ベース上で表情ひとつ変えなかった。きっと、そんなこともできないほど緊張していたんだと思う。ただ結果が出てホッとするだけだ。

　クライマックスシリーズや日本シリーズのような試合が選手をうまくさせてくれるというのは、そういうこと。それくらい追い込まれて必死にやらないと、野球なんてうまくならない。

　それにしても、起用しておいてこういうのもなんだが、失礼ながら「ここで杉谷が活躍するか？」「この大事な場面でタイムリーを打つか？」というのが正直な思いだった。「何がこうさせているのかな？」って……。

　きっと杉谷も、彼なりに一所懸命頑張ってきたから、そのご褒美だったんだろうなって思う。プロ野球の監督が「ご褒美」とかいうとバカにされるかもしれないが、本当にそう思っているんだから仕方がない。

3　田中賢介
ベテランの大スランプ

　5月に35歳になった田中賢介は、いわゆるチームリーダーというタイプではない。でも、みんな困ったら彼のところに相談に行く。貴重な存在だ。ほかに代わりはいない。

　その頼れるベテランが、思わぬスランプに苦しんだ。

　プロ15年目の今シーズン、7月末時点までは打率3割ちょうどと相変わらずの「らしさ」を見せていたが、8月は月間打率が1割8分7厘と、夏場に疲れが出たのか急激に調子を落とした。

　それでも、若いチームには欠かせない存在で、田中賢なくしてチームの優勝はあり得なかったが、彼ほどの選手にしてみれば、個人的にはやはり不本意なペナントレース後半戦だったのではないかと想像する。

だが、ポストシーズンは一戦必勝の連続となる。そんな短期決戦になれば、必ずやベテランの経験がものをいうはずだ、そう確信していた。

迎えたクライマックスシリーズ、その期待とは裏腹に、田中賢は後半戦から続くスランプを抜け出せずにいた。

5番・セカンドで出場した初戦、1回裏に2アウト1、2塁のチャンスで打席を迎えたが、レフトフライで得点に結びつけることはできず。

その後も3打席凡退し、4打数ヒットなし、三振2つという結果に終わった。

続く第2戦、この日もバットから快音は響かず、4打数ヒットなし、三振3つにダブルプレーがひとつという内容だった。

正直、田中賢の状態があそこまで落ちて行くとは思わなかった。

どんな状況でも、いつも淡々としている男が、明らかに苦しんでいる。元気も感じられない。はじめて見るそんな姿がとても気になった。

短期決戦に「待っている」余裕はない

短期決戦は、選手の調子が上向くのを待っていられるほど時間に余裕はない。

第3戦、意を決してオーダーを組み替えることにした。田中賢介の打順を5番から9番に、9番の中島卓也を2番に、2番の近藤健介を5番に。さらに、6番の陽岱鋼と7番のレアードも入れ替え、前の日とはまったく違うスタメンで試合に臨んだ。

この日の田中賢は、最初の打席で送りバントを決めたが、その後の2打席は凡退。めったに三振しない男が、11打席で6三振というこの数字だけを見ても、普通の状態でないことは明らかだった。

田中賢は非常に能力の高いプレイヤーである。野球の技術に関しては、僕などにはアドバイスできる余地もないほどに、すべてにお

いてレベルが高い。それだけに、長い野球人生でここまで打てなく
なったことはなかったんじゃないかと思う。おそらく人生最大のス
ランプだったに違いない。

次の日も3打数ノーヒット、残念ながら復活の兆しは見えてこな
かった。

実はその第4戦、3点ビハインドの9回裏、ひとり塁に出れば9
番に打順が回るという状況があった。2アウト1塁で、バッターボ
ックスに代打・矢野謙次という場面である。

あのとき、ネクストバッターズサークルには谷口雄也を立たせて
いた。もし矢野が出たら代打を出す、本人にもそう伝えてあった。

結局、矢野が倒れてゲームセットとなったため、ファンのみなさ
んの中でそれに気付かれた方は少なかったかもしれない。ただ、僕
が田中賢に代打を送る準備をしていたことを、選手たちはよくわか
っている。

彼には怒って欲しかった。怒ってもなんでもいいから、打てても
打てなくてもいいから、田中賢介らしく野球をやって欲しかった。

そして第5戦、いよいよ手を打った。これに勝てば日本シリーズ
進出が決まるという一戦で、田中賢をスタメンから外し、セカンド
に杉谷を起用した。

杉谷には申し訳ないが、ふたりは選手としての格が違う。田中賢
のプライドは傷付いたはずだ。

それまで、本人とは何も話していなかったが、スタメンから外す
あの日だけは監督室に呼んで、直接伝えた。ひとこと、素直に謝っ
た。

ただ、田中賢介という選手のためにも、チームのためにも、絶対
にこのほうがいいと思ってやったことだ。

彼はすべてを受け止め、「わかりました」とだけ答えて部屋を出
ていった。

代役の杉谷が活躍したとき、
日本シリーズでは田中賢介が輝くと確信した

　あるコーチに聞くと、最初はやはり疲れが原因だったらしい。若い頃は疲れともうまく付き合うことができたが、年齢を重ねるにつれ、本人も「疲れ切ったら最後、状態が上がってこないんですよ」と漏らしていたという。

　でも、自分があきらめてしまったら、もう二度と上がってくることはない。

　だから、心を鬼にして手を打とうと思った。憎まれようが、どうなろうが関係ない。そうでもしないと、再び田中賢が燃え上がってこないと思った。

　このままクライマックスシリーズを突破することができたら、次はいよいよ日本シリーズの大舞台が待っている。そこではまた必ず彼の力が必要になる。10年前の日本一を経験している田中賢が元気じゃなければ、日本シリーズは勝てない。日本一にはなれない。

　また、彼に刺激を与えるのと同時に、不動の存在をスタメンから外せば、ほかの選手が気持ちの上で守りに入らないだろう、がむしゃらにならざるを得ないだろうという計算もあった。この試合を落としてもまだ一試合あるとはいえ、追い込まれるのは確実にこっちなのだ。

　結果、田中賢をスタメンから外して臨んだクライマックスシリーズ第5戦は、代役の杉谷が大活躍した。守っては、慣れないセカンドの守備でファインプレーあり、貴重なタイムリーヒットあり。これは書いたとおりだ。

　あのとき、杉谷の活躍に安堵したのと同時に、改めてやっぱり田中賢はこのチームに必要なんだと感じていた。野球の神様は、代わって出場した杉谷に活躍させ、ベテランの闘志に火をつけてくれようとしているに違いない、と。

だから、日本シリーズはもう一度、田中賢介で行くと決めていた。

あの杉谷の活躍を見て、日本シリーズは田中賢で勝つ、ベテランの力で日本一になると信じることができたから。

普通、勢いを買うなら杉谷なのかもしれない。初戦の相手ピッチャーが左腕のジョンソンだとわかっていれば、左打ちの田中賢ではなく、スイッチヒッター（左右両打ち）の杉谷を起用する選択肢もあるのかもしれない。だが、そこに迷いはなかった。

日本一のウイニングボールは、田中賢介のもとへ

迎えた、カープとの日本シリーズ初戦、6番・セカンドで起用した田中賢は、第4打席にセンター前ヒットを放った。クライマックスシリーズでは14打席ヒットがなかったので、これがこのポストシーズン初ヒットとなった。

第2戦は3打数無安打も、札幌に舞台を移し、DHが使えることから7番に打順を下げた第3戦、5回裏の先頭バッターとして打席に入り、カープの大エース・黒田博樹からレフト前ヒットを打って出塁する。このあたりから、彼本来の姿を取り戻しつつあった。

第4戦も1安打、第5戦でも1安打を記録し、7回と9回に粘り強く選んだフォアボールは、いずれも貴重な得点に結びついた。

特筆すべきは同点に追い付いた7回の走塁だ。1アウト1、3塁でバッター岡大海という場面、打球はセンターへの浅いフライとなったが、3塁ランナーの田中賢はパーフェクトなスタートと走りを見せ、ホームを陥れた。打った瞬間、タッチアップは難しいかと思わせるような浅いフライだったので、まさしくチームを救う起死回生の走塁となった。

そして、日本一を決めた第6戦は、第1打席に2ベース、第2打席にライト前ヒット、第3打席も先頭バッターでフォアボールを選び、チームを勢い付けた。

万が一、この試合を落とすようなことがあっても、田中賢がこの

状態に戻ってくれれば、必ず最後は勝ち切ることができる。そう思わせてくれるような、いつもの頼もしい背番号3がそこにはいた。

カープの最後のバッターとなった2番・菊池涼介の打球は、奇しくも田中賢が守るセカンドへのフライとなった。ウイニングボールが彼のグラブに収まったのは、やはり何かの意味があったに違いない。

「誰も傷付けない」楽な選択をしない

思えばこの1年、こんなに野球を勉強したことはなかった。

リスクを背負って手を打ってみないと、答えはわからない。

普通、ポストシーズンの短期決戦で田中賢がああいう状態になっても、シーズンを彼で勝ってきたんだから彼と心中しよう、そう考えるものなのかもしれない。それが一番誰も傷付けないし、一番楽な選択だ。

でも、それが本当に田中賢のためになるのか。

本当に選手のためになることを思って、勇気を持ってやれるかどうか、それをいつも自分に課している。そういう価値観なのだ。

この決断は、ものすごく怖い決断だ。下手をすると、すべてが崩壊してしまうかもしれない。決断というより、覚悟と勇気に近いかもしれない。

「おまえは覚悟ができているのか?」と、自分に突き付けている感覚だ。

田中賢は将来、絶対にコーチや監督になる男だ。それまでにこういういろんな経験をしておいたほうが、彼のためになるんじゃないか。あのとき、監督はこうしたなって。いまはわからないかもしれないけれど、いつかわかってくれる。

そう思うと、やっぱり何も手を打たないことのほうが、申し訳ないことのように思えてくる。

自分にできることを、とにかく手伝ってあげたい。そのためだったら、多少嫌な思いをさせてもしょうがないと思っている。そう思

っているのにやらないのはズルいよって、今年は自分に言い聞かせてやってきたつもりだ。

でも、残念ながらその答えはすぐにはわからない。だから、自分のやっていることはいつも全部間違っていると思ってやっている。長いスパンで見なければ、本当に良かったのかどうかはわからないから。

そんなことを考え続けた1年だった。

5　ブランドン・レアード
レアードには一番ホームランを打ちやすい打順で打たせている

ブランドン・レアード。彼はすっかり全国区の有名人になった。いまや「寿司ボーイ」はプロ野球界を代表する人気者だ。

もうファンのみなさんの記憶もかなり薄れているかもしれないが、来日1年目の去年、前半戦は慣れない日本の野球に大いに苦しめられた。

5月下旬には打率が1割台に突入し、それでも起用し続けることに、「どうしてそこまで我慢するんですか?」と何度も記者に質問されたが、サードの守備が安定していて、何よりいつも明るいレアードは、それだけでも使い続ける価値があった。

もちろん、まったく我慢していなかったと言ったら嘘になる。でも、この元気があればいつかなんとかなると、彼のことを信じていた。

その結果、7月以降だけで22発の「花火」を打ち上げ、中田を超えるチームトップのホームラン34本を記録した。

そして2年目の今年、日本の野球への対応を覚えたレアードは、もう長いスランプに悩まされることはなくなった。

去年を上回る39本のホームランを放ち、ホームラン王のタイトルを獲得。日本シリーズではホームラン3本、7打点の大活躍を見せ、MVPに輝いた。

そんなレアードだが、打順は主に6番、7番あたりに入れることが多かった。クリーンナップに入れると、相手バッテリーの攻め方もより厳しくなってくるので、結果が出にくいと考えているからだ。

でも、その打順について、冗談半分でレアードが直接言ってきたことがある。

「なんでオレはホームラン王なのに、あの打順なんだ？」って。

答えは「ホームランを打って欲しいから」

こっちは前後のバッターも含め、レアードが一番ホームランを打ちやすい打順に入れているつもりだ。あのホームランはチームに絶対必要なものなので。

とにかく明るいレアード

レアードはお気に入りの寿司屋や焼鳥屋のことを「あの店を知ってるか？　あそこはこんな店で……」とよく説明してくる。

それにしても、あの明るさはなんなんだろう。

シーズン終盤から、何度か試合前に円陣を組んで、選手たちの前で話をする機会があったが、レアードはいつも一所懸命聞こうとしている。そのときは横に通訳もついていないので、意味はわかっていないはずなのに、ウンウンと頷きながら聞いている。

そして、話が終わって目が合うと、いつも必ずニヤッと笑って「グッジョブ！」とか言ってくる。

なんなんだろう、あの明るさは。

レアードのサードの守備はとても安定しているが、実はライン際の打球はあまり追わない。それには理由はある。

アメリカの球場はファウルゾーンが狭く、ラインの外側には間近にフェンスが設置されているところが多いため、そちらに飛んだボールはあまり追わない傾向にある。レアードは典型的で、少し極端な例といえるかもしれない。

クライマックスシリーズで、ライン際に打球が飛んでファウルに

なったことが2回くらいあった。そのときも打球を追いもせず、「ファウル」という3塁塁審のジェスチャーを真似て、ケタケタ笑いながらこっちを見てくる。だから「おまえは審判か！」って、こっちもジェスチャーで返してやった。

　緊迫した試合中に、一瞬、ベンチのみんなの力が抜けた。

　本当になんなんだろうな、あの明るさは。

6　中田翔
なぜ、4番は中田翔なのか

　クライマックスシリーズの第5戦、いきなり4点を追う苦しい展開の2回裏、チームを目覚めさせてくれたのは中田の一発だった。ガツンといってくれて、ベンチの雰囲気がガラッと変わった。

　ホームランバッターのすごさってこういうことなんだろうなって、改めて感じさせられたシーンだった。

　では、ファイターズの4番は、なぜ、中田翔なのか。

　大谷翔平と比較すると、わかりやすいかもしれない。

　今年22本のホームランを打った大谷は、ご存じのようにその飛距離もハンパじゃない。フリーバッティングのときなど、札幌ドームのライトスタンド上方にある大型ビジョンを直撃するんじゃないかと思うことも度々だ。

　いま、日本で一番飛ばすバッターといっても過言ではない。

　でも、いまの大谷には明らかに苦手なボールがあり、残念ながら打てないピッチャーは打てない。

　もちろん、彼のポテンシャルをもってすれば、そのための練習さえしていけば、それもきっと克服してしまうだろう。ただ、二刀流を続ける大谷には、そのための練習に時間を割く余裕はない。普通にやっていても、ほかの選手の倍、時間が必要なんだから、それに取り組ませるのは無理な注文だ。

一方の中田はどうか。

打点王のタイトルこそ獲得したが、振り返ってみれば苦しい時期のほうが長かったシーズンといえるかもしれない。

だが、彼のすごみは状態が上がってきたときにある。状態が上がり、本当に集中すると、中田は打てないピッチャーがいなくなる。相手との力関係でどうしても打てないということがなく、どんなピッチャーのどんなボールでも打つことができる。

大谷が呆気なく三振してしまうピッチャーの決め球も、中田は見切ることができる。だから、大事な場面でフォアボールを得ることもできるのだ。

それが、中田を4番で起用し続ける最大の理由だ。

どんなに調子が悪くても、思い切りバットを振れて、誰が投げていても、なんとかしてくれる可能性をいつも感じさせてくれる選手。その可能性がないと、4番としてチームを背負うことはできない。

もちろん大谷もいいバッターだが、一方でもろさも感じている。中田のように、いつも期待できる選手じゃないと4番は張れないということだ。

ファイターズは中田が打てば勝つし、打てなければ簡単に負けてしまうこともある。

そんな中で、彼にはつねに4番としての存在感を求め続け、特にクライマックスシリーズや日本シリーズといった短期決戦では、みんなが打てなくて苦しんでいるチームにあって、それをしっかりと示してくれた。

今年、4番として日本一を経験したことで、中田翔もまた一歩前に進んだはずだ。

7　西川遥輝
進むべき道を照らし続けたコーチの存在

　西川遥輝は、プロ6年目にしてようやくスタートラインに立った。才能が開花したという人がいるが、それは違う。

　桜に例えるなら、まだほんの一分咲き程度で、つぼみが開花の兆しを見せた状態だ。西川の才能は、決してこんなものではない。本当に開花したらトリプルスリーも狙える選手だと、僕は本気で思っている。

　はじめから生き残る道はひとつしかないと自覚できていれば、方向性は自ずとはっきりする。だが、才能あふれる彼にはたくさんの選択肢があったため、いつも迷いが付きまとい、行ったり来たりを繰り返していた。

　そんな西川が方向性を見出すきっかけをくれたのは、城石憲之コーチだった。

　現役時代の城石コーチは、選手会長も務めた東京ヤクルトスワローズの印象が強いが、プロ入り時の入団チームはファイターズで、4年目にスワローズに移籍した経歴を持つ。そのスワローズのコーチを経て、去年はファイターズの二軍打撃コーチ、今年は一軍打撃コーチを務めてくれた。

　柔和なイメージを持たれている方が多いかもしれないが、仕事に関しては頑固で、妥協を許さない厳しさを持った男だ。

　その城石コーチと西川が、今年、徹底した二人三脚に取り組んだ。

　練習での向き合いはもちろん、顔を合わさない日でも動画のやり取りなどをしながら、コミュニケーションを取ることを欠かさなかったという。城石コーチはつねに西川の状態をチェックしながら、野球選手として進むべき道を照らし続けた。

　その道をともに歩むうちに、西川は自ら方向性を見出してくれたのだ。

コーチの仕事は技術的な指導だけではない。心から選手のことを思い、人と人、一対一でとことん向き合うことがいかに重要か、ふたりの成果が改めてそれを教えてくれた。

　ビールかけのとき、テレビのインタビューで西川は「今年は城石さんのおかげ！」と連呼していたという。心からの感謝の表れだったんだと思う。

何日も前から、試合のイメージができているということ

　クライマックスシリーズが終わり、一日だけ練習を見て、ドラフトのためにいったんチームを離れた。

　その間、城石コーチからこんな報告があった。

「（西川）遥輝が、日本シリーズ、2番あるかな？ って心配してました」

　11・5ゲーム差からの逆転優勝にはいくつもの要因があったが、西川が1番バッターに定着し、出塁を重ねてくれたのは本当に大きかった。

　打順はいつも臨機応変に組み替えてきたが、1番・西川遥輝が基本形となっていたのは間違いない。

　その西川が、日本シリーズの初戦は自分の2番起用もあるのではないか、とコーチに尋ねてきたのだ。

　カープの初戦の先発ピッチャーは左腕のジョンソンに違いないという想定のもと、1番に右バッターの岡大海を入れ、2番の自分には送りバントを求められることもあるのではないか、というシミュレーションだ。

　バントに若干の不安はある。でも、その心の準備はできている、と受け止めていいだろう。

　何日も前から試合のイメージができている、これはとても重要なことで、西川の成長を物語る出来事といえた。

城石コーチには「90%ないけどちょっとだけ考えといて、と言っとおいて」と伝えた。

ちなみにその第1戦、1番で出場した西川は、初回、サードへの内野安打で出塁し、2番・中島卓也の送りバントで2塁に進んだ。

8　近藤健介
チームメイトのデッドボールに、真っ先にベンチから飛び出す

去年、チームトップの打率3割2分6厘を記録した近藤健介は、今年、悩み多き1年を過ごした。

もともとキャッチャーとして球界トップクラスの能力を持つ近藤だが、スローイングに不安を抱え、外野手やDHでの出場が増えるなど、なかなか定位置を奪うことができずにいる。今年はキャンプ前に痛めた左膝の状態が思わしくなく、バッティングの状態もなかなか上がってこなかったため、中途半端に使うくらいならばと腹を決め、5月末に登録を抹消した。

去年、あれだけの成績を残した近藤をファームに行かせたことで、チームはキュッと締まったような印象を受けた。中心となるべき選手の苦しさが、チームを生かすということもある。

二度の登録抹消を経て、8月半ばにチームに戻ってきた近藤は、貴重な戦力として日本一に貢献してくれた。

近藤にはムードメーカー的な一面もある。

クライマックスシリーズの第5戦、初回に4点を失い、選手たちがベンチに戻ってきたとき、絶対にあきらめさせちゃいけないと思って、「さぁ、行くぞ！」とみんなに声を掛けた。それに大きな声で「行け〜！」と反応してくれたのが近藤だった。

その後の打席でも、4回に逆転し、なんとしても一気呵成に畳み掛けたかった5回のチャンス、1アウト2、3塁の場面でタイムリー2ベースを放ち、セカンドベース上で今年一番のガッツポーズを

見せた。

　日本シリーズの第5戦、デッドボールを受けた岡がピッチャーに歩み寄ろうとしたとき、真っ先にベンチから飛び出して行ったのも近藤だった。

　日本一を決めた瞬間も、一番乗りを狙ってベンチの最前列で待ち構えていたようだが、そこは先を越されたと残念がっていた。

　一年間、近藤が笑顔でいてくれれば、来年もファイターズは必ず優勝争いをすることができるはずだ。

9　中島卓也
力を入れるのは簡単だが、抜くのは意外と難しい

　何かで紹介されていたが、今シーズン、中島卓也が打ったファウルの数は758本だったそうだ。

　ヒットを打てそうな球が来るまでファウルで粘り、その間もしっかりボール球は見極めて、打たなくてもフォアボールでも出塁する。高い技術の持ち主だ。

　そして、もうひとつ中島の代名詞になったのが「バント」である。

　ランナーをひとつ先の塁に進める送りバントを62個決め、リーグタイ記録を樹立した。たしかに今年、その安定感は際立っていた。

　だが、中島がもともとバントの上手な選手だったかというと、実はそんなことはない。イメージは逆かもしれないが、西川のほうがよっぽどうまかった。はっきり言えば、ヘタクソな部類だったのが中島だ。

　実際、去年までの犠打数を見てみると、

2012年　11個

2013年　26個

2014年　35個

2015年　34個

このように、イメージほど多く決めているわけではない。

　では、なぜ今年、飛躍的にその数字が伸びたのか？

　それが成長なのかもしれない。

　バントは技術よりも、精神的な要素が強い。決まる決まらないは、気持ち的なものに左右されるケースがとても多いのだ。

　具体的には、腕を柔らかく使えるかどうか。人間、力を入れるのは簡単だが、抜くのは意外と難しい。

　今年の中島は、どういった状態でバントをすると決まりやすいのか、その感覚をつかんだのだと思う。それは精神的にも技術的にも、彼が一歩前に進んだ証しといえるかもしれない。

　同じ時期に守備のスローイングも安定してきた。余計な力みがなくなり、ムダな動きが削れてきた。そういうのが一番の進化だと思う。

11　大谷翔平
手渡されたウイニングボール

　大谷が最後のマウンドに上がり、日本シリーズ進出を決めた試合後のことだ。

　監督室に戻って、少しの間、安堵感にひたっていたら、ほどなくして大谷がやってきた。

「監督、これ」

　差し出してきたのは、ウイニングボールだった。

「いいよ、いいよ」と一度は遠慮したが、それでも「監督、どうぞ」と言うから、ありがたく受け取った。

　大谷は、周りに誰かがいるといつも変な反応しかしないけれど、そういう場面ではとてもピュアな野球少年に戻る。

　だからこっちも、「翔平、大丈夫か？　ちょっと無理させたけど、本当に感謝してる」と、そのときは素直に言えた。

そういう、なんてことのない瞬間が、僕にとっては宝物だ。それ以上はない。

実は、彼から受け取ったボールはこれひとつではない。

リーグ優勝を決めた試合のウイニングボールも、はじめて165キロを投げたボールも、全部球団の金庫の中に大切にしまってある。

ファーストに全力疾走する姿にファンは感動する

日本シリーズでは、バッター・大谷が全力疾走でファーストベースを踏むとき、足をひねったように見えたシーンがあった。

どのくらいひねったのか、痛みはどの程度なのか、本当のところは本人にしかわからないが、症状の軽い重いに関わらず、試合中にそういったことがあると、心のどこかで恐怖心が芽生え、次から無意識のうちに少しブレーキをかけてしまうのが人間心理というものだ。

しかし、彼にはそれがまったくなかった。最後まで全力疾走を貫き通した。

実は冗談半分か本当か、試合後に「今シーズン、終わったと思った」と漏らしていたというから、本当は相当痛かったんだと思う。それでも、大谷は走った。

どうして今年の日本シリーズを、たくさんのファンのみなさんがテレビで観て、大谷を応援してくれたのかというと、実は二刀流とかではなく、彼のああいう姿だったんじゃないかと思っている。毎打席、ファーストに全力疾走するその姿に、ファンのみなさんは心を打たれたに違いないと。

それを伝えたくて、日本一を決めた翌日、スポーツ新聞に寄せた大谷への手紙に、こう記した。

いつも厳しいことしか言いませんが、今日は一つだけ伝えます。

翔平の道がどこにあるのか、翔平のファーストへ向かう姿、走塁にあると思っています。

投手であっても常に全力で絶対にセーフになってやろうとする姿。

　シリーズでも初戦でベースを踏む際、足首を軽く捻り心配しましたが、最後まであの全てをかけてファーストを駆け抜ける姿を貫きました。

　常に全力を出し尽くす魂。

　そんな姿にしか野球の神様は微笑みません。

　野球の神様に愛されなければ天下は取れないのです。

　二刀流もその最も必要な魂があるからこそ成り立っていると思っています。

　正直、監督がひとりの選手に宛てた手紙を新聞に寄せるのはどうかと少しためらったが、依頼に応えたのには、僕なりの狙いがあった。

　大谷翔平という選手の姿をとおして、このチームが一番大切にしてきたものを、改めてみんなに確認しておきたかったのだ。

　4年前の日本シリーズのとき、まだいまのような立場にはなかった若い中島や西川を試合に使ったが、そこで彼らにはあることをお願いした。

「とにかく最後まで全力疾走してくれ」

　それは彼らとの、たったひとつの約束でもあった。

「それさえ続けてくれれば、これからも絶対に使い続ける。だからどんな一流選手になっても、それだけはやめないでくれ。それが野球のすべてなんだ」と。

　彼らはいまも、その約束を守ってくれている。

　もちろん同じことは大谷にも伝えていて、ただ彼の場合、自分がピッチャーとして出場していてもつねに全力で走るから、よりその姿は印象に残りやすい。

　だからこそ、あの手紙でそれに触れることによって、「来年からも変わらず、これだけはやって行くよ」というメッセージを、チームのみんなに伝えたつもりだ。

634

というわけで、あの手紙は大谷個人に向けて書いたつもりはなく、彼の姿を通じてチームのみんなにメッセージを伝えようとした、それが依頼に応えた真相だ。

ただ手紙の文面には「まだまだありがとうとは言いません」と書いたが、その姿を最後まで見せてくれたことには本当に感謝している。

13　石井裕也
敗戦翌日の新聞を部屋に貼るベテランの覚悟

投手陣では武田久、武田勝に次ぐベテランが、7月に35歳になった石井裕也だ。

4年前、ジャイアンツと戦った日本シリーズで、最後のゲームとなった第6戦の負け投手になったのは石井だった。

あのとき、一番信頼していたピッチャーだったからこそ石井で勝負したわけで、使ったこちらに責任がある。でも、彼はその結果を背負い、敗戦翌日の新聞を切り抜き、「石井で負けた」という見出しの記事を自分の部屋に貼ったという。

以来、あの悔しさをバネにする石井は、いまも変わらず左腕の貴重なセットアッパーとして、ブルペンには欠かせない存在だ。

今年は、自主トレ中に負った左ふくらはぎの肉離れが影響し、一軍に合流したのは7月26日と大きく出遅れたが、その後は16試合連続無失点を記録するなど中継ぎ陣を支える活躍を見せてくれた。

しかし、9月13日のバファローズ戦で、今度は右太ももの肉離れを起こし、わずか5球で緊急降板。幸い症状は軽そうだったが、激しい優勝争いをしている大事なシーズン終盤に、痛いアクシデントとなった。

このとき、彼を呼んで「まだシーズンは残りがあるから、ファームでちゃんと調整しよう」と登録抹消の考えを伝えた。

すると、石井は「監督、ダメ。もう時間がない」と、はじめて食ってかかってきた。

一度登録を抹消すると、最短でも再登録できるのは10日後となる。14日に抹消すれば、復帰は早くて24日。ペナントレースは残り6試合となっている。それではチームに迷惑をかけてしまうから、多少無理してでも早く投げさせて欲しいというのだ。

でも、こちらの考えは変わらなかった。

「必ず10日で上げるから、ファームでしっかりやってきて」

10日後に戻ってきた石井はその日からいきなり3連投し、すべて無失点に抑え、チームの勝利に貢献した。

頑張る覚悟があれば、その魂に最後の勝負をかけられる。そんなベテランが若いチームには必要なのだ。

14　加藤貴之
1回4失点KOの苦い経験を、今後の野球人生にどう生かすか

昨秋、ドラフト2位で入団したルーキーの加藤貴之は、一軍に帯同したキャンプを順調に過ごし、メンバー入りの切符を勝ち取ると、開幕2戦目の3月26日、4番手としてプロ初登板を果たした。

さらに、4月9日のイーグルス戦でプロ初先発、16日のマリーンズ戦では先発で6回無失点。早々とプロ初勝利を挙げた。経験を積んだ社会人出身の加藤には即戦力として大いに期待していたが、4月の段階での初勝利は期待以上ともいえた。

その後、シーズン前半戦は先発と中継ぎの併用となったが、7月後半からは先発ローテーションの一角を担い、勝ち星を重ねていった。

一年目の成績は、30試合に登板し、7勝3敗、防御率3・45。

その安定したピッチングの内容を高く評価し、クライマックスシリーズでも先発を任せることを決めた。

クライマックスシリーズのファイナルステージは、日本シリーズ同様、どちらかが先に4勝した時点で決着がつくため、加藤に任せる第5戦はあるかどうかわからない試合で、もしあった場合は必ずどちらかが王手をかけた状態での重要なゲームとなる。そういう意味では、非常に難しい準備といえた。

そして、第5戦は行われた。

1勝のアドバンテージを加え、ファイターズの3勝2敗、王手をかけた状態での大一番。だが、前日は負けており、万が一連敗するようなことがあれば一気に形勢逆転の、絶対に負けられない一戦だ。

1回の表、加藤は自らのエラーも絡み、6番・松田宣浩に3ランホームランを浴びるなど、一挙に4点を失った。続く7番の吉村裕基にもフォアボールを与え、ピンチは続いたが、心が折れそうになるのをこらえ、どうにか3つ目のアウトを取った。

ベンチに戻ってきた加藤は、あまりにもショックが大きく、続投させられる状態ではなかったが、あのマウンドの上で必死に耐える姿には感じさせられるものがあった。

プロ野球でプレーするようなピッチャーが、1回を投げ終えただけで続投できないほど精神的に打ちのめされる経験など、これまでの野球人生では一度もなかったはずだ。だから、少し変な言い方になるが、「これでいい」と思った。これほど追い詰められて、責任を感じて、みんなに申し訳ないという気持ちでいっぱいになって、この経験は必ず加藤を成長させてくれると思えたから。この純粋さがあれば、絶対に野球はうまくなれる。

そんな思いがあったからか、いきなり4点のビハインドという状況にも、不思議とあまり悲観的にはならなかった。

絶対なんとかしてやる、絶対逆転してやる、絶対勝ってやる、それだけだった。

このままで終わったら男じゃない

　先発の加藤が、1回4失点KOを味わった試合で、ファイターズは日本シリーズ進出を決めた。チーム一丸となっての逆転勝利だった。

　そして、その試合が終わったあと、日本シリーズでもう一度、加藤に先発させることを決めた。特に若い選手には、シーズンの最後にあのような終わり方をさせては絶対にダメだという強い思いがあった。勝つことはもちろん大事だが、それ以上に僕には彼らを成長させる責任がある。これで日本シリーズに使わないのは、自分らしくない。

「このままで終わったら男じゃない。先発するよ」

　彼には、そう伝えた。

　加藤のことを思う気持ちはもちろんだが、チームにとってもそれは最良の選択だと思えた。クライマックスシリーズで誰よりも悔しい思いをした男のリベンジのマウンドは、必ず勝利に結び付くと信じていた。

　その11日後、同じ札幌ドームで、加藤は日本シリーズ第5戦に先発した。

　結果は、思い描いたようなリベンジを果たす力投とはならなかった。

　10人のバッターと対戦し、打たれたヒット4本、与えたフォアボールはふたつ。初回に1点を失い、2回には1アウト満塁というピンチを残し、マウンドを降りた。球数は45球を数えた。

　この10月、加藤は得がたい経験をした。それは必ず次のマウンドに生かされるはずだ。

　ルーキーのストーリーは、まだ始まったばかり。「このままで終わったら男じゃない」は、来年に続く。

　ちなみにこの試合、2番手以降のピッチャーが完璧なリレーでつ

ないでくれて、最後は西川のサヨナラ満塁ホームランでチームは劇的な勝利を飾った。加藤が投げた2試合、いずれもチームは負けなかった。最後にそのことだけは付け加えておきたい。

15　ルイス・メンドーサ
いつもとは違う、与えられた役割をどうこなすか

　日本シリーズ第5戦、2回途中、1アウト満塁という大ピンチでマウンドを託したのはルイス・メンドーサだ。

　実はあの場面、満塁になるひとつ手前、2、3塁となった段階で交代させたかったが、さすがにメンドーサの準備ができておらず、一手遅れてのスイッチとなった。

　出ていくピッチャーとしては、フォアボールもデッドボールも許されない満塁と、ひとつ塁が空いている状況とでは、精神的なプレッシャーがまるで違う。メンドーサにとっては、負担の大きな登板だったはずだ。

　そもそも彼は先発ローテーションの一員で、少なくとも来日以来、特殊なケースを除いて中継ぎでの起用はほとんどない。

　クライマックスシリーズでは、第6戦があった場合の先発を言い渡してあったが、その機会はなくなり、なおかつクローザーのクリス・マーティンが戦列を離れたこともあり、日本シリーズではアンソニー・バースとともにブルペン待機してもらい、役割を限定せずにユーティリティーな働きを期待することになった。

　先発ピッチャーのプライドを考えると、メンドーサへの伝え方は難しいと感じていたので、彼には直接話すことにした。それを伝え終わったときの表情は、こちらの意図をしっかりと理解してくれていたように映った。

　そして、あの第5戦である。

　1アウト満塁のピンチを見事な火消しで切り抜けると、結局、7

回までピシャリ。17のアウトのうち11個を内野ゴロで奪うという、これぞメンドーサというピッチングで、外野に飛ばされた打球はレフトへのヒット1本だけというほぼ完璧な内容だった。

　おかげでチームは勝利を収め、もちろんメンドーサには感謝の言葉を伝えたが、そこにひと言だけ付け加えた。

「でも、本当はいつもああいうピッチングをしてくれるイメージなんだけどね」

　頼りにしているからこそ、ジョークっぽい口調でチクリ。笑顔で聞き流してくれて良かった。

16　有原航平
絶対に落とせない試合のマウンドには、いつも有原航平がいてくれた

　有原航平は、今年、メンドーサと並ぶチーム最多の22試合に先発し、ただひとり、規定投球回をクリアした。

　4月後半以降、先発投手陣の柱としてしっかりとローテーションを守り続けてくれた、その貢献度は非常に高い。

　ただ、前半戦に5連勝が2回あったのに対し、夏場以降は6連敗も経験しており、勝ち負けという意味では大きな波のあった1年ともいえる。

　6連敗のはじまりとなった7月29日、8回途中5失点で降板すると、珍しく有原が荒れた。大事なホークス戦で結果を残せなかったことが、よほど悔しかったのだろう。札幌ドームのベンチ裏の壁に八つ当たりし、蹴って穴を開けた。

　その後、我を取り戻した有原は、修繕費を払って、平身低頭、みんなに謝罪して回った。

　彼は一見穏やかそうに見えて、実はめちゃくちゃ負けん気が強い。

　だからこそなのか、ここ一番では本当に頼りになる存在だ。

　2連敗で迎えた開幕3戦目、8回無失点のピッチングで今シーズ

ン初勝利をくれたのは有原だった。

前日、まさかの逆転負けを喫し、逆に追い込まれる展開となった クライマックスシリーズ第3戦、7回1失点の好投でチームに王手 をもたらしてくれたのも有原だった。

また日本シリーズでも、2連敗で迎えた第3戦、7回2失点でし っかりとゲームを作り、サヨナラ勝ちへの流れを作ってくれたのは やはり有原だった。

そう思うと今年、ここは絶対に落とせないというマウンドにはい つも有原航平がいてくれて、必ずそこに立ちはだかってくれた。

もしかすると、優勝するというのはこういうことなのかもしれな い。

こういうピッチャーが出てきてくれるから、チームは優勝できる。

25　宮西尚生
チームを牽引してくれた戦う気持ち、心のあり方

去年、宮西尚生には、球団が北海道に移転して以来、ピッチャー では初となるチームのキャプテンを務めてもらった。

試合中、セットアッパーである宮西がベンチにいる時間は決して 長くはない。主にリードしている展開で、試合の終盤にかけてマウ ンドに上がり、登板後にようやくベンチに腰を下ろし、アイシング をしながら仲間たちに声援を送る。

そんな宮西に期待したのは、ベンチではなくブルペンのまとめ役 だ。

ベンチの中は我々の目も届くが、少し離れた場所にあるブルペン はそういうわけにもいかない。それでいて、ブルペンのまとまりが 勝敗に及ぼす影響は非常に大きいと考えていた。だからこそみんな が一丸となり、何よりもチームの勝利のために戦うという意識付け を日々徹底するため、ブルペン陣の中でもとりわけ責任感が強く、

適任と思われる彼にキャプテンの重責を担ってもらうことにした。

　そして、その効果は大きかったと、いま振り返っても声を大にして言うことができる。

　そのオフ、クライマックスシリーズ敗退が決まるとすぐに宮西は、左肘のクリーニング及び神経移行術を受けた。ゲーム復帰は術後5カ月の見通しと伝えられており、まずは手術した左肘をしっかりと治し、開幕に向けて集中してもらうことがチームのためと判断し、キャプテンの交代を決めた。

　年が明けて、アメリカ・アリゾナキャンプには帯同せず、一軍に合流したのは沖縄・名護でのキャンプ打ち上げの前日。そこから実戦復帰へのメニューは順調に消化していったが、結局、3月25日の開幕には間に合わず。宮西にとって9年目となるシーズンは、2週間遅れのスタートとなった。

　しかし、入団以来、8年連続50試合登板を達成した鉄腕は、肘にメスを入れてなお健在だった。5月14日のライオンズ戦で、史上2人目となる通算200ホールドを達成。シーズンが終わってみれば、50試合登板の記録を9年に伸ばし、42ホールドポイント（救援勝利3＋39ホールド）をマークして自身初となる最優秀中継ぎ投手のタイトルを獲得した。

　また、そういった数字以上に、戦う気持ちや心のあり方を、身をもって示してくれる宮西の魂がチームを牽引してくれた。

　最後の見せ場、日本一の胴上げ投手は谷元圭介に譲ってもらう格好となったが、この球史に残る偉大なセットアッパーの存在なくして、ファイターズに歓喜の瞬間は訪れなかった。

27　大野奨太
立場が人を作り、環境が人を育てる

　今年、宮西からキャプテンを引き継いでもらったのは、キャッチ

ャーの大野奨太だ。

キャプテンの交代を決めたとき、後任候補選びは人格的にも、チームの中での存在感という意味でも、迷う余地がなかった。

去年、国内FA権を取得しながら、それを行使せず、チームに残留することを決めた大野には、みんなが北海道への愛情を感じていたし、それくらいの覚悟があるならば、必ずやってくれるに違いない。選手会長との兼任となるが、必要以上に重荷に感じることなく、チームへの深い愛情や魂をかけてプレーする姿はそのままに、大野奨太らしくやってもらえればそれでいいと考えていた。

結果的にその任命は、大野自身のポテンシャルを引き出すことにもつながったように思う。

ドラフト1位で入団して8年目となる大野は、もともと能力が高く、それを支えるプライドも持ち合わせた選手だが、ときとして必死さが力みにつながったり、一所懸命になりすぎて空回りしたりする、そういう感じが本人の中にもあったんじゃないかと思う。

特にキャッチャーは感性が大事なので、うまくいっているときはすべてがプラスに働くけれど、結果が出ないと一所懸命になりすぎてそれがマイナスに働くこともある、そんなポジションだ。

それが今年は、キャプテンマークをつけたことで自分の結果よりもチームのことを優先して考えられるようになり、いつも全体を見渡すことで、自分自身の心のバランスも取れるようになっていった気がする。我々が大野奨太はこういう選手だと思っている、そのイメージ通りのプレーを、今年はシーズンをとおして見せてくれた。

もうひとつ、プロ入り時にファイターズの主力選手だった高橋信二コーチがチームに加わってくれたことも、大野にとっては大きかったはずだ。キャッチャーの先輩でもある高橋コーチとうまくコミュニケーションを取りながら、いろんなことを吸収してくれた。

立場が人を作り、環境が人を育てる。本当にそうだなぁと、今年の大野を見ていて改めて実感させられた。

31 岡大海
徹底マークされる、絶対にノセたくない選手

　今シーズン、右足首痛で出遅れた岡大海は、ちょうどあの15連勝が始まる時期に戻ってきて（初スタメンは2連勝目の6月20日）、いきなりの大活躍を見せ、チームのラッキーボーイ的な存在となってくれた。

　あのとき、岡のことを「勝利の女神」ならぬ「勝利の男神」と呼んでみたが、あれはイマイチだったらしくあまり定着しなかった。

　と、それはさておき。

　プロ野球を戦っていると、どのチームにも「こいつだけはノセたくない」という選手がいるものだ。その選手に打たれて、いったん調子にノセてしまうと、それに呼応するかのようにチーム全体がノッてしまう、そんなタイプの選手だ。

　今年のファイターズでいうと、岡がそうだった。

　日本シリーズでも岡は、何度か厳しいインコースのボールにのけ反らされるシーンがあった。あれはカープが、短期決戦でこの選手だけはノセてはいけないとマークしていた表れだと思う。

　岡はそれまで何度もやられていたから、第5戦の9回裏、今度は本当にデッドボールを当てられ、一瞬、カーッとなり、起き上がりざまピッチャーに向かって詰め寄りかけた。

　岡にしては珍しく、感情を露わにしたシーンだった。

　だが、相手からしてみれば、絶対にノセてはいけない選手を徹底マークするのは当然のことだ。岡はそういう選手なのだ。

　岡大海は漫画『エースをねらえ！』の主人公と同じ名前であることから（主人公は女性の岡ひろみ）、打席に入るときの登場曲にそのアニメ版のテーマ曲を使っている。

　札幌ドームにあの曲が流れると、条件反射的に相手が嫌な気持ちになる、これからはもっとそういう選手になっていって欲しい。

37　矢野謙次
ファーストまで全力で走らない野球はやったことがない

　思えば去年、マリーンズと戦ったクライマックスシリーズのファーストステージで、チームに貴重な1勝をもたらしてくれたのは、シーズン途中に加入したベテランの矢野謙次だった。

　1点を追う7回に代打で出場した矢野はそのままレフトの守備につき、8回表、2アウト1塁という場面で、抜ければ確実に1点を失う左中間への打球を、全力疾走でもぎ取った。

　そしてその裏、1アウト2、3塁のチャンスで二度目の打席が訪れ、値千金の2点タイムリー。それが決勝点となった。

　なぜ、あの打球を捕ることができたのか。なぜ、あの場面でヒットを打つことができたのか。矢野謙次という選手には、能力さえも支配し、技術さえも凌駕する気持ちの強さを感じずにはいられない。

　野球への愛情の示し方という点で、若い選手たちにとっては生きた教材となるような選手だ。

　その矢野が、今年は古傷を抱える右膝の状態が悪く、開幕に出遅れた。

　それでも、代打の切り札的存在としてチームにはどうしても必要な戦力だったので、満足に走れる状態ではないことは承知の上で、一軍に上げる旨を本人に伝えた。

　すると、矢野はこう言ってきた。

「僕はファーストまで全力で走らない野球はやったことがありません」

　いまの状態では、代打で打つことはできても、打ったあとにファーストまで全力で走ることができない。そんな男に野球をやる資格はない、そう言うのだ。

　矢野謙次がこれまでどんな環境で、どんな姿勢で野球に取り組んできたか、すべてを物語るひと言だった。

でも、だからこそ、そんな選手だと十分に理解しているからこそ、我々には矢野謙次が必要なのだ。

「悪い。これはそういうことじゃない。打つだけ打って、ケガしないように走る。ウチのチームにはお前が必要なんだ。気持ちはわかっているから、やれ」

そう言って、半ば無理矢理に矢野を一軍に引き上げた。

切り札は打率が高いとは限らない。

今年は35回打席に立って、29打数6安打8打点、打率2割0分7厘。

でも、たった一本のホームランは、交流戦のベイスターズ戦。0対0で迎えた9回表、ここぞという場面で放った見事な代打2ランだった。

7月30日、首位ホークスを迎え撃った大事な一戦では、同点の9回裏、2アウト満塁で打席に立つと、あっさり2ストライクまで追い込まれながら、ひとつボールを選んだあとの4球目、ピッチャー・五十嵐亮太の抜けたナックルカーブを身体で受け止め、デッドボール。矢野のボールに対する執着心が大きな大きなサヨナラ勝ちを呼び込んだ。

だから、切り札なのだ。

彼に教えてもらいたいことは、まだまだたくさんある。

38　武田勝
自分のためでなく、大切な誰かのために戦う

自分のためでなく、大切な誰かのために戦う、そのシンボル的な存在になってくれたのが、9月23日に今シーズン限りでの現役引退を発表した武田勝だった。

「俺のために優勝しろ」

彼がしたためたそのフレーズは、チームの合言葉となり、シーズ

ンの最終局面で優勝への大きな原動力となった。

　また、最終戦を残して優勝を決めることができたのも、先輩に最後の登板機会を用意したい、そんなチームのみんなの思いが通じた結果なのかもしれない。

　9月30日、慣れ親しんだ札幌ドームのマウンドから最速128キロのストレートを投げ込んで、武田勝はユニフォームを脱いだ。

　そして、試合後の引退セレモニーでの挨拶は「俺のために日本一になれ！」と締めくくり、後日、それも後輩たちが現実のものにしてみせた。

　大切な誰かのために戦えば、人はもっと頑張れる。それをみんなが証明してくれた、そんなフィナーレだった。

39　高梨裕稔
シーズン終了後、一番うれしかった報告

　シーズン終了後、一番うれしい報告だったのは、高梨裕稔の新人王受賞だ。

　プロ3年目の今シーズン、6月からローテーションの一角を担い、救援を含めて37試合に登板し、10勝2敗という見事な成績は、まさしくタイトルにふさわしい活躍だった。

　プロ野球の世界には、毎年、さまざまなキャリアの選手たちが入ってくるが、大卒の選手は年齢的にもキャリア的にも、1年目から即戦力として期待されるケースが多い。

　そんな中、山梨学院大学からドラフト4位で入団した高梨は、過去2年間、一軍での登板はわずかに2試合と、その期間のほとんどをファームで過ごし、必死に準備を続けてきた。

　そして、25歳になった今年、その才能は一気に花開いた。

　真面目で、いつも一所懸命な彼のような選手が、苦労を重ねた末にこういった結果を出してくれると、ファームで頑張っているすべ

ての選手にとって大きなモチベーションとなる。

ファイターズというチームが目指す形、それを体現してくれたのが今年の高梨で、球団のフロント含め、みんなが何よりも喜んだタイトルだった。

48 谷元圭介
人間は極限状態に放り込まれたとき、
何かを突き破る可能性を秘めている

今年、チームで一番成長した選手は誰かと問われたらこの選手、谷元圭介の名前を挙げたい。

では、彼が大きく前に進んだ最大の要因はなんだったのだろうか。

それはもしかしたら、増井のことなのではないかと思っている。

僕の監督としての歩みは増井、谷元、宮西、この3人のピッチャーとともにあった。それはこれまでも公言してきたことだ。

その中のひとりである増井を、今年は2回ファームに行かせた。あの増井でも平気で落とされる、そう谷元が感じたとすれば、これまでには覚えたことのない危機感につながったはずだ。

また、増井不在のブルペンは、どうしても慌ただしくなる。いつ、どんな局面で声が掛かってもいいよう、みんなが覚悟を強いられたに違いない。

そんな環境下で、谷元は確実に変わり始めていた。

去年までの彼は、どちらかというと使う場所を考えさせられるピッチャーだった。

厳しい場面は何度となく経験しているが、チーム事情で急遽、最終回の抑えに行ってもらうなど、必要以上の精神的な負荷をかけてしまう場面で使わざるを得なくなったとき、本来のピッチングができなくなることがある。

だから、そういった場面では極力使わないよう、十分に力を発揮

してもらえるシチュエーションで起用するよう心掛けてきた。

それが今年、もっとも追い込まれた場面で谷元に行ってもらわざるを得なくなり、それを乗り越えたとき、何かが変わった。

9月、ホークスとの最後の2連戦、その初戦のことだ。

1点リードの9回裏、そこまでに112球を投げていた大谷からバースにスイッチしたが、そのバースがつかまり、1アウト2、3塁という大ピンチを迎えてしまう。

クローザーのマーティンが故障し、代役に指名した吉川光夫も、残念ながら慣れない配置で結果を出すことはできなかった。

となれば、あとは従来のブルペン陣でどうにかやりくりしていくしかない。

あの場面、バースをあきらめた時点で手詰まりとなり、最後は谷元に行ってもらうしか選択肢は残されていなかった。

ペナントの行方を大きく左右する直接対決で、外野フライでも同点、ヒットを打たれたらサヨナラ負けという、まさに崖っぷちのマウンドだ。

そこで谷元は、9番・髙谷裕亮を外角低めのフォークボールで空振り三振に仕留めると、続く1番の江川智晃をセンターフライに打ち取り、絶体絶命の大ピンチをしのぎ切った。

人間は極限状態にポンと放り込まれたとき、そこで何かを突き破る可能性を秘めている。

最後のセンターフライは、陽岱鋼の球史に残るスーパーキャッチに救われた格好だが、なんにせよここを勝ち切ったことで、谷元は大きく前に進んだ。

日本シリーズ第6戦、日本一まであとアウト3つという最後のマウンドに谷元を送った理由は、主にふたつある。

ひとつはカープの左バッターが左ピッチャーをまったく苦にしない、むしろ得意としている印象を受けていたため、右の谷元か、左の宮西か、という選択を迫られたとき、彼だったということ。

もうひとつは、谷元に感謝の気持ちを伝えたかった、その素直な気持ちだ。

　勝ちパターンの中継ぎ陣の中でも、試合状況によっていつ出番がやってくるかわからない、もっともハードな役割を彼にはずっと担ってもらってきた。チームの勝利のためには絶対的に必要な存在だが、その貢献度は数字には残りにくい。

　そんな誰よりも献身的なピッチャーにこそ、日本一の胴上げ投手はふさわしい。

52　アンソニー・バース
最後にもっとも輝いた男

　シーズン中は先発に、中継ぎに、抑えに、チーム状況に応じて、嫌な顔をひとつ見せずにあらゆる場面で投げてくれたアンソニー・バースだが、やはり最大のハイライトはポストシーズンだ。あの厳しい短期決戦での彼のピッチングは、ちょっと神がかっていた。

　だからひと言、本人には聞こえないところで「そんなピッチングができるなら、前からしてよ」って。

　来年、バースは日本シリーズ3勝を手土産に、アメリカ球界に復帰する。ますますの活躍を期待したい。

コーチ、スタッフたちのこと

　この章のおしまいに、コーチやスタッフのみなさんにも感謝の気持ちを伝えたい。

　ここまでもいくつかエピソードを紹介してきたが、今年はコーチが陰になり日向になり、本当によく選手たちを支えてくれた。

　シーズン終盤の1カ月半ほど、責任を背負い込んで苦しんでいた中田と、徹底的に向き合ってくれたのは金子誠コーチだった。

ジャイアンツの前監督・原辰徳さんが、よくこんなことを言っていた。

「野球選手にはものすごく強いときと、ものすごく弱いときがある」

　どんなに超一流の選手でも、ものすごく弱い面が出てきてしまって、何をやってもうまくいかないときは必ずある。そんなときに本音で話せる、たまには愚痴も聞いてもらえるような相手がそばにいてくれるだけで、それは心を支える大きな力になる。

　野球選手だから、コーチだからということではなく、「人と人」として誠心誠意向き合うことの大切さを改めて教えてもらった1年でもあった。

　高橋信二コーチは、コーチであると同時に、田中賢をはじめとするベテラン選手に対しては、かつてのチームの先輩としても接してくれた。状況に応じて、コーチが選手に掛ける言葉ではなく、先輩が後輩に掛ける言葉でチームを盛り立ててくれる、ありがたい存在だ。

　川名慎一コーチは、長くファームで選手たちと接してきた経験の賜物か、本当によく選手のことを見ていてくれた。その観察眼は素晴らしく、選手の能力を引き出すヒントをいつもたくさん持っていてくれる。いつどんな相談をしても、必ず自分なりの答えを持っていてくれるから、こちらも格段に判断がしやすくなる。

　厚澤和幸コーチは、今年から新たに設けられたベンチコーチというポストでチームを支えてくれた。去年まで務めていた投手コーチと違い、ベンチコーチは担当や役割が明確にはされていない。イメージ的には、ヘッドコーチがそれに近いだろうか。そういった立場でチームのために何をすべきか、そういったことから自分で判断していかなくてはいけない、想像以上に大変な仕事だったと思う。でも、しっかりとこちらが期待していた以上の役割を果たしてくれた。

　中垣征一郎トレーニングコーチは、選手たちの身体の状態、コンディションをいつも的確に見極め、万全のケアを施してくれた。彼

が難しい判断をしてくれるおかげで、こちらはそれを信じて思い切った選手起用ができる。

石本努チーフスコアラーをはじめとするスタッフの面々は、シーズンを通じてチームに必要な情報をくまなく拾い集め、日本一に大きく貢献してくれた。

選手名鑑などではチームスタッフとして紹介されている平松省二、伊藤栄祐らは、バッティングピッチャーとスコアラーを兼務して、チームのために尽力してくれた。

こうして名前を挙げていくと、本当に切りがない。

特にコーチ陣は、たとえ年齢が下であっても、人として、野球人として、心から尊敬できる顔ぶれが揃っている。だから、わざわざ「コーチのみなさん、ありがとう」なんて言うのはかえって失礼な気がして、直接伝えることはせずにいたが、この場を借りて、コーチ、スタッフのみなさんには改めて感謝の気持ちを伝えたい。

こうして日本一になったことで、応援してくださるみなさんは「最強のチーム」といってくれるかもしれない。

でも、そういうにはまだまだ発展途上で、あまりにも課題が多すぎる。

ただ、野球に対する誠意でしっかりとつながっていた、こんなにも野球を愛するみんなとともに戦い、ともに頂からの景色を見ることができた、その一点において今年のファイターズは間違いなく「最高のチーム」だった。

みんな、本当にありがとう！

おわりに

4年前、はじめての日本シリーズはジャイアンツに敗れた。

戦っている間は、終わったら1カ月くらいは使いものにならないんだろうなってぼんやりと思っていた。そこまでやり尽くしている

感があったからだ。

　ところが、実際には敗戦から1日経ったらもう、頭の中には次にやらなければならないことがいくつもリストアップされていた。

　我ながら、その再起動の早さに驚かされた記憶がある。

　そして今年、少しは経験を積んで今度はどうかと思ったが、やっぱり同じだった。

　日本一を勝ち取って、精も根も尽き果てるほどヘトヘトになっていたはずなのに、終わって2日もすると、もう朝から野球のことばかり考えている。

　68年ぶりのクリーブランド・インディアンスか、108年ぶりのシカゴ・カブスか、歴史的な対戦となったメジャーリーグ、ワールドシリーズも最後までもつれ込んでくれたおかげで、第7戦などはプレイボールからゲームセットまでテレビの前でメモを取りながら観ることができた。

　監督になってからはあまりその時間もとれなくなったが、昔からメジャーリーグは大好きで、ワールドシリーズは毎年必ずチェックしていた。

　でも、今年観た第7戦は、いままで観てきたとのワールドシリーズとも違った。

　テレビで観ているだけなのに、数日前まで同じ真剣勝負の短期決戦を戦っていたので、実感が伴っているのだ。

　昔はなぜここでベンチが動くのか、なぜそうするのか、その意図がわからないケースがたくさんあった。

　でも、いまはそれがわかる。観ていても、自分のことのように考えさせられる。

　勉強ってこういうことなんだろうなって、つくづく思った。こう感じられるところまでこないと、本当の勉強にはならないんだって。

　日本シリーズであれほど苦しんだことで、その気付きがもらえたとすれば、やっぱり苦しむことには意味があったということだ。

監督になって、5年目のシーズンが終わった。

その間、ポストシーズンの短期決戦を計32試合経験させてもらったことになる。

2012年　クライマックスシリーズ3試合／日本シリーズ6試合

2014年　クライマックスシリーズ9試合

2015年　クライマックスシリーズ3試合

2016年　クライマックスシリーズ5試合／日本シリーズ6試合

この30試合を超える経験というのは、とても大きな財産になっていると思っている。

長いリーグ戦はトータルパッケージの戦いなので、選手の能力さえ引き出すことができれば勝つ可能性はある。

一方、それとは対象的に、短期決戦には「ならでは」の戦い方があり、そこで絶対にやってはいけない鉄則みたいなものがある。

監督は、それを自分で知っておかなければいけない。現場ですべてコーチに頼るんじゃなくて、自分の立場としてある程度の戦略を持っておかなきゃならない。

1年目は、そういうことが全然わかっていなかった。ただシーズンと同じように、自分たちらしくやるんだと思っていただけだった。

それから30試合を超える経験をさせてもらって、ようやく自分の中で短期決戦の戦い方が確立され始めてきた。

だから、日本シリーズ直後にテレビ観戦したワールドシリーズは、まるでテスト問題の答え合わせをさせてもらうかのように、インディアンスのテリー・ジョン・フランコーナ監督とカブスのジョー・マドン監督の采配に、自分自身の思考を照らし合わせた。

アメリカのメジャーリーグには、短期決戦の文化がしっかりと根付いている。

162試合を戦うペナントレースを終えてから、各地区1位のチームは（一発勝負のワイルドカードゲームを勝ち上がってきたチームを加え）最大5試合の地区シリーズを戦い、次に最大7試合のリーグ優

勝決定シリーズを戦い、さらに最大7試合のワールドシリーズを戦う。ポストシーズンに少なくとも11勝しなければたどり着けない、ワールドチャンピオンへの道のりは果てしなく長い。

　ゆえにメジャーリーグの球団には、短期決戦の戦い方を知り尽くした監督たちがズラリと並んでいる。その手腕なくして、頂点は見えてこないからだ。

　今年、そうやってワールドシリーズを観ていて、なんとなく自分の感じていること、やろうとしている方向性はあながち間違っていないという実感を持つことはできた。

「すべて後手は許されない」「先のことを考えるな」「いま、勝負しろ」

　そういった、短期決戦の鉄則だ。

　こうしてシーズンが終われば、少しはホッとする。ただそれ以上に、またじっくりと野球を勉強する時間できたと、学習意欲がかき立てられる。

　野球の勉強に終わりはない。そして、野球を知る喜びには際限がない。

　こうして原稿を整理しているいまも、来シーズンに向けて日々チームは動いている。

　たとえ日本一になったとしても、次の年、また同じチームで戦って勝てるほど、プロ野球の世界は甘くない。

　野球は生き物だ。

　だから、野球は面白い。

2016年12月　栗山英樹

6
稚心を去る

（2019年1月24日刊行）

※データ、日付、表記は刊行当時のものです。

はじめに

野球ほど「人のせい」にしやすいスポーツはない

　試合後は、現場で感じたことや、そこで考えたことを、必ずノートに書き留めるようにしている。頭の中で、感覚が生々しく渦巻いているうちに、できるだけ早くペンを執る。

　ある日、そのノートを開いたとき、ふと気になることがあった。負けた日のメモが、ぐちゃぐちゃになっていたことだ。

　決して字がきれいなほうではないが、普段から丁寧に書くようには心掛けている。仕事柄、サインをさせていただくことも多いので、ちゃんと書かなければという意識がいつもどこかにある。

　でも、自分のノートは誰かに見せるためのものではない。きっとそう思っているから、無意識のうちに雑になってしまう。それが大きな問題。そこが自分の足りていないところなのかもしれないと思った。まだ、全然ちゃんとしていない。一つひとつケリがついていない。

　ちゃんとした人は、やっぱりそういうところから、ちゃんとしているのだと思う。「一流」と呼ばれる人は言うまでもなく、だ。

　そう考えると、ごく日常的なところから、まだやるべきことはたくさんある。ということは、まだまだ可能性はあるということだ。

「あそこを抑えていれば……」

「あそこで一本出ていれば……」

「あそこでエラーしなければ……」

　そう考えることには、まったく意味がない。大事な場面で誰かが打たれても、打てない打席があっても、エラーしてしまっても、それでも勝つときは勝つ。それも含めて野球なのだ。それを、負けたときには誰かに敗因を押し付けて、自分は言い訳をしている。

　ただ、それは必ずしも人間性の問題というわけでもない。いつもは人のせいにしないんだけど、そうしたくなるほど疲れ切っていた

り、調子が悪かったりというケースもある。

　だからベンチは、それを嘆くのではなく、人にはそういうことが起こるんだということを、知っているかどうかが重要になってくる。「ああいう選手なんだ」と評価を決め付けるのではなく、何とかそこを抜け出させよう、乗り越えさせようと考えてみる。

　でも、こっちも人間だから、必死に戦っているとカチンとくることもあるし、負けると悔しいし、イライラもする。そんなこんなをみんな踏まえて、対処する必要がある。

　人のせいにするのが簡単だから、人としてどうあるべきかがわからないと、野球はちゃんとできない。そして、それがわかってくるとより楽しいし、面白いし、どうして野球というスポーツが、この長い年月、残ってきたのか、その意味もわかるような気がする。

　言い訳しないこと。それをしたら、こっちの負けだ。

第1章：プロの責任　ファイターズの組織哲学

組織作りの中での「勝利」と「育成」の関係

　プロスポーツのチームにとって、いわゆる「チームカラー」があるのは素晴らしいことだと思う。それは方向性がはっきりしているということの表れであり、応援してくれるファンにもそのビジョンを共有してもらうことができるからだ。

　もちろんプロである以上、強いチームであることは第一だが、愛されるチームであることもそれと同じくらい重要だ。どんなに強くても、ずっと勝ち続けることはできない。でも、愛し続けてもらうことはできる。

　北海道移転以来、日本ハムファイターズはその信念を貫いて、チ

ーム作りに取り組んでいる。

チームの軸になるものは何か？

「10年、チームの軸になる選手を作る」というコメントを聞くことがある。

たとえば生え抜きで、地元出身で、まだまだ十分に先のある年齢。そんな選手がチームの中心にいてくれたら、たしかにしばらくは安泰かもしれない。

でも、その選手を軸にたとえどんなに素晴らしい黄金時代を築いても、結局、10年経ったら顔ぶれは変わっている。そう考えたら、毎年同じことだ。いま、ここにいる選手たちで優勝しに行くしかない。

ファイターズは、FA（フリーエージェント）戦略でチームを強化するというやり方ではない。

FA制度ができて以降、獲得した選手は2人、一方でチームを去った選手は14人もいる。これはリーグ2位の数字だそうだ（1位は西武ライオンズ）。ポスティングで移籍したダルビッシュ有や大谷翔平らを含めると、先の例でいう「チームの軸になる選手」がずいぶんといなくなっていることがわかる。

■移籍　14人（）カッコ内は移籍年、※はメジャー移籍
　河野博文（95）　片岡篤史（01）　小笠原道大（06）　岡島秀樹（06※）　藤井秀悟（09）　森本稀哲（10）　建山義紀（10※）　田中賢介（12※）　鶴岡慎也（13）　小谷野栄一（14）　大引啓次（14）陽岱鋼（16）　増井浩俊（17）　大野奨太（17）
■獲得　2人（）カッコ内は移籍年
　稲葉篤紀（04）　鶴岡慎也（17）

だから監督としての考えはシンプルで、いま、ここにいる選手た

ちで優勝しに行く、となるのだ。

　ただ、それだけに、急に伸びてきて、プラスアルファを生む選手が出てこないと、なかなか優勝まではたどり着けない。それも含めて、開幕からシーズンの終わりまで、チームが成長し続けてはじめて、勝ち切ることができる。ある程度、数字が計算できる、期待に応えてもらわなければ困る選手と、勢いを付けてくれる若い選手のバランスが必要だということだ。

　そして、「軸になるもの」というのは、チームによっての考え方なんだと思う。ファイターズは選手ではなく、こういうふうに考えて野球をやります、というのが軸になっている。いつもそれを大切にしている。

　選手たちには、折に触れ、それを感じてもらえるよう言動で示すことを心掛けているが、監督1年目には何とか若い選手たちに伝えたいと、そのベースとなるものの考え方を、座学用の資料としてまとめたことがあった。押し付けが過ぎていたかもしれないと、いまは反省もしているが、そのときの内容を改めて紹介させていただきたい。

　ファイターズにとって、自分にとって、チームの軸になる、ブレないものの考え方だ。

　　あなたに「相棒」はいますか？
　「相棒」とは、困ったとき、迷ったとき、あなたにヒントをくれる存在です。人でも、物でも、言葉でも構いません。
　　同じ質問をたくさんの社長さんにしてみたら、ある本の題名を挙げる人が多くいました。
　　それは「人間力」を高めるためのヒントが、ぎっしり詰まった一冊だといいます。
　　では、「人間力」っていったい何でしょう？
　　それは、人が成長するためにとても大切なものです。

野球は、一球一球、めまぐるしく状況が変わっていくスポーツです。

　試合中に起こり得るシチュエーションは、何千、何万通りもあり、どんなに記憶力がよくてもそのすべてを暗記することはできません。

　しかも、状況判断にはケーススタディだけでなく、現場の生の情報を読み取る洞察力も要求されます。

　それは、残念ながら野球の反復練習では身に付きません。

　そこで必要になるのが、実は「人間力」なのです。

　ほかのことはよくわからないけれど野球だけはできる、というのは思い上がりです。

　高いレベルで野球をするには、必ず高い「人間力」が求められます。

　そして、チームとして成果を出すためには、みんなの思考の方向性を、ある程度一定にする必要があります。

　それには、さらに「人間力」を磨いていかなければなりません。

　もう一つ、プロ野球選手には「人間力」を磨かなければならない理由があります。

　多くの野球少年に憧れられる存在であり、たくさんのファンに応援してもらい、支えてもらっている立場だからです。

　影響力が大きい以上、「人間力」を磨くことは最低限の責任であり、ある意味、それは給料に含まれていると考えなければいけません。

　それは当然のことであり、それができなければユニフォームを脱ぎ、チームを去らなければいけないと考えてください。

では、その「人間力」を磨くにはいったいどうすればいいのでしょうか?

そこで、「人間力」を高めるためのヒントがぎっしり詰まっているという一冊を開いてみてはどうでしょう。

それが『論語と算盤』です。

開いてはみたけれど、読みづらいし意味がわからないという人は、まず一つでいいから理解できる、共感できるところを探してみましょう。

野球選手の場合、ほとんどの人が現役時代と引退後で、異なる2つの人生を送ることになります。

そういった意味でも、できるだけ早く、どう生きるべきか、人としてどう振る舞うべきか、自分なりの指針を持ったほうがよいといえるでしょう。

価値観は人それぞれで、選手として進むべき道も、この価値観によって大きく変わってきます。

その基本的なことを教えてくれる教科書が『論語』です。

プロ野球は優勝するために戦うものですが、チームが最下位でも、個人成績によっては給料が上がることがあります。

それは決して悪いことではありません。一つの大切な評価です。

ただ、その欲望が暴走してしまっては、野球選手として長くプレーすることの妨げとなってしまう恐れがあります。

欲望の暴走を抑制し、その力をどの方向に向かわせれば最も価値あるものになるのか。

そのヒントが『論語』の中にあります。

『論語と算盤』に、「孝は強うべきものにあらず」とあります。

親が子に孝行しなさいと強いても、かえって不孝の子にさせて

しまうと説いています。

　野球に置き換えれば、コーチや監督が選手に何かを強制しても、かえってやらない結果を招くことになるといえます。

　たとえ良かれと思って伝えたことであっても、選手が心から納得して取り組まなければ、成就する可能性は低いということです。

　『論語と算盤』に、「それただ忠恕のみ」とあります。

　「忠恕」とは思いやりがあるまっすぐな心という意味で、それこそが人の歩むべき道にして立身の基礎と説いています。

　選手は活躍すればヒーローインタビューを受けられますが、名ジャッジをした審判がお立ち台に上がることはありません。

　正しくて当たり前で、間違ったときだけ大きくクローズアップされる審判の仕事は、それだけプレッシャーも大きいことでしょう。

　そんな彼らに対し、どう接し、どう振る舞うべきか、その考え方がしっかりしていれば行動もブレたりしないはずです。

　『論語と算盤』に、「論語と算盤は一致すべきものである」とあります。

　一見相反して見える道徳と利益は一致するもので、正しい道理の富でなければ、その富は完全に永続することができぬと説いています。

　プロ野球もファンに楽しみや喜び、生きがいを与え、社会に健全な影響を与える存在でなければ、長くは続きません。

　勝つことはもちろん、道徳的にも正しいチームスタイル、プレースタイルでなければ、その使命を果たしているとはいえないのです。

　自分が信じるものを踏みつけようとする、正しいことをねじ曲

げようとする、そういう者とは戦わなくてはいけないこともあります。

　ただ、人は正しいことをしようと頑張っていると、知らず知らずのうちに頑固になってしまっていることもあります。

　その思いが本当に引いてはならないものなのか、それとも自分の頑固さからきているものなのか、その判断がとても大切になってきます。

　その思考の過程を考える意味でも、うまくこの『論語』の教えを活かすといいでしょう。

　自分の努力で変えられるもの、向上させられるものには頑張りようがあります。

　ただ、自分にはどうすることもできない逆境もあります。

　まずは、それが自分の本分であると受け入れ、覚悟することです。

　たとえば試合に使ってもらえなかったとき、恨んでみても何も解決はしません。

　誰よりも努力をして、結果につながる技術を修得することは大切ですが、それ以上のことは考えても無駄です。

　そこに労力を使ってしまっては心が荒み、自分らしくなくなってしまいます。

『論語と算盤』の中で、「和魂漢才」という言葉が紹介されています。

　日本特有の大和魂を根底としつつ、より長い歴史のある中国の文物学問も修得して才芸を養わなければならない、という意味です。

　この言葉をモチーフとして、著者の渋沢栄一さんは「士魂商才」を提唱しています。

武士的精神が大切なのは言うまでもないが、商才がなければ経済の上からも自滅を招くようになる。「士魂」にして、「商才」がなければならないという意味です。

　これを野球（ファイターズに）に置き換えると、どんな言葉になるのでしょうか。
「闘魂智才」「武魂尽才」「和魂諦才」……、あなたならどう考えますか？
　球団が一つの組織である以上、人として大切な価値観や道徳観は全員に備わっていなければなりません。
　何事も誠実さを基準とすることをみんなが学び、組織に一つの方向性をもたらすための教科書として『論語』が必要なのです。

　ただこれから教科書を開くまでもなく、この話をここまで聞いてきただけで、なんとなく大切なことがわかり始めているのではないでしょうか。
　そういった発想こそが、まさにファイターズが目指すものなのです。
『論語』に学ぶ、プロ野球の世界で活躍するために必要なもの、戦う気持ち、極端ですが、死ぬ思いでやる覚悟はありますか？
　相手を思いやりながら、正々堂々と立ち向かう姿勢はありますか？
　ただがむしゃらにやるだけでなく、より効率的で、より理にかなうものはありますか？
　それをやり尽くす強さ、思い、そしてできるまで諦めない気持ちはありますか？

　ファイターズには、スカウトをはじめ高校の指導者から転身したスタッフが何人もいる。ファームが拠点としている千葉・鎌ケ谷の

寮では、月に一回、外部から講師を招き、人として大切なものの考え方や学び方を、若い選手たちに伝えてもらっている。チームが貴重な時間を使ってまで、そうして「人間力」を高めることに力を注いでいるのは、それがいかに大切なものか、その考え方がしっかりと根差しているからだと思う。

野球をリスペクトして、先入観を捨てる

では、ファイターズはどんな球団か？

表現はいくつもありそうだが、あえて客観的に言うと「野球をリスペクトして、先入観を捨てて向き合っている球団」というのが本質に近いような気がする。

先入観にとらわれていると、本当の意味で前に進めなくなる。

もっと良いものがあるんだ、もっと良くしなきゃいけないんだと信じて、つねに進化し続けなければチームは強くならない。

それに対して我々は、誰が何と言おうと、そこに向かって進むんだという強いものはあると自負している。

何と言っても、大谷翔平の二刀流への挑戦が象徴的だ。先入観があったら絶対に決断できない挑戦だったし、野球へのリスペクトがなければ成功しないものだった。

その経験もあるので、周囲から多少雑音が聞こえてきても、いやいや、選手のために我々は進む、という平常心でいられる。

プロスポーツのチームマネジメントは、勝つことから逆算して、そこに選手個々を当てはめていくという考え方が一般的ではないだろうか。すべてはチームの勝利のためでなければならない。それはプロスポーツである以上、当然のことだ。ただ、ファイターズの場合、そこへのアプローチがやや独特だ。監督、コーチだけでなくチーム全体が、選手一人ひとりのために100％向かっていくことが、一番チームを勝ちやすくすることだと我々は認識している。「チームの勝利のため」に、「選手一人ひとりのため」を徹底する。そこ

はいっさいブレることがない。

その年 一番良い選手を1位で指名する

ファイターズのチームカラーというと、ドラフトを思い浮かべる方が多いかもしれない。

実際、球団のことで、一番よく尋ねられるのがドラフトに対する考え方だ。

これは皆さんが思われている通り、とにかくその年一番良い選手を1位で指名する、これが大方針。だから、ドラフト会議直前の議論は、いつも「誰を指名するか」ではなく「誰が一番か」ということになる。

昨年（2018年）のように、大阪桐蔭の根尾昂か、金足農業の吉田輝星か、本当に甲乙付けがたい場合のみ、どちらを指名するかという話し合いになるが、その決定に「競合を避ける」といったいわゆる戦略的な観点が持ち込まれることはない。何球団競合しようが、良いものは良い。我々は、その選手を指名する。

ただ、2位以降は少し状況が変わってくる。なんせ、ドラフトは思った通りにはいってくれない。明確なビジョンをもって指名を進めていかないと、ただ良い選手を順番に獲っているだけだと、チームをどうしたいのかが見えてこない。他球団の指名を見ていても、ドラフトは本当に難しいと感じることが多い。

そんな中、「ファイターズに行きたい」と言ってくれている選手がいると聞くと、本当に嬉しい気持ちになる。うちには、ある程度、早い段階から試合で使ってもらえるというイメージがあるからなのかもしれない。こっちも、選手は試合でしかうまくならないと思っているから、使わなければ意味がないと考えている。

そういった点も含め、ファイターズを好意的に受け止めてくれる選手が多くなっているのだとすれば、それは「野球をリスペクトする」チームカラーが浸透し始めている表れなのだと思う。

ファイターズには心から野球をリスペクトするスタッフが揃っていてくれることが、その一員である我々の誇りだ。選手が「行きたい」と言ってくれるのは、野球の神様がそれに対するご褒美をくれているんだと思っている。

育成して勝つのではなく、勝って育成する

「人が育つには時間がかかる。待ってあげなきゃいけないとき、我慢してあげなきゃいけないときがあるんだ」

監督、経営者として日本のプロ野球界に多大な功績を残された根本陸夫さんは、人を育てるということについて、こんな考えを持っていたという。

でも、その点、ファイターズに「待つ」という発想はない。誤解なきように言い直すと、「育成の年」という考えはない、といったほうが正確かもしれない。

もし自分が球団のフロントに「来年は何がなんでも勝ちに行くのか、それとも育成に主眼を置くのか」と問うたとしたら、きっと一笑に付されることだろう。

「監督、バカなことを言わないでください。来年も、再来年も育てるし、勝つんですよ」って。

当然だ。優勝よりも、育成が優先される年なんてあるわけがない。もし、3年後に優勝しようと思ってやっているチームがあったら、そこは絶対に3年後も勝てない。野球はそんなに甘いものじゃない。

本気で優勝を狙って必死に戦って、それでもダメだった経験がワインの澱のように沈殿して、それが積み重なって、層になって、ようやく勝てるチームになる。「育成」という言葉を、優勝できないことの言い訳、逃げ道に使ってはいけない。それをやっているうちは、チームは絶対に強くならないということを、この組織にいて学んだ。

そもそも、育成しようと思って、思い通りに育つんだったら、選

手は誰一人欠けることなく、全員順調に成長しているはずだ。そう思ってやっていても、そうならないから難しいのだ。

ファイターズは育成とスカウティングのチームだ、と言われることがある。たしかに、そこには特に力を注いでいる。そこが誤解を招いている原因かもしれない。

ファイターズが育成に長けたチームだと映っているとすれば、それは勝ちながら育成しているからにほかならない。育成して勝つのではなく、勝って育成する。それがファイターズ流だ。

練習で1000本スイングするよりも、大事な試合で打った1本のヒットのほうが大きな財産になる。練習で1000本ノックを受けるよりも、大事な試合で犯した一つのエラーのほうが大きな糧になる。

そう信じて、勝つために勝負どころで若い選手を使ってきた。練習するのは大前提。その上で、ファイターズは勝って育てる。

どうすること、どうあることが野球のためになるのか

チームカラーを作り上げるときに欠かせないのはフロントとの関係だろう。なかでもゼネラルマネージャー（GM）やオーナーと現場のやり取りは重要だ。

その点、GMと監督が、こんなに密にコミュニケーションを取っているチームは珍しいのかもしれない。

ファイターズの吉村浩GMほど、まっすぐに野球を愛し、リスペクトしている人物をほかに知らない。たまに極端なことも言ってくるけど、それが嬉しくもある。信頼してくれているからこそ、思っていることを本音で言ってくれるのだと思っているから。

ときにはオーナーから、何か指示されることもあるのではないかと思うのだが、それがこちらまで届くことはいっさいない。きっと何か指示があっても、彼が全部飲み込んでくれているのだろう。現場がやりやすいように、本気でやれるようにって。

GMへの絶対的な信頼感は、彼が心から野球を愛していて、いつ

も野球に最大限の敬意を払っているという一点に尽きる。

昨年（2018年）、北海道で大きな地震が発生したとき、まもなく彼は「すぐに試合をやるべきだ」と言った。

「野球は何のためにあるんだ。いまこそ我々が野球をやらないと、野球選手たり得る意味がないんだ」と。

こんな大変なときに野球なんて、という批判もあるだろう。けれど、

「いま、この状況の中で野球選手にできること、野球選手だからこそできることは何なのか。そしてどうすること、どうあることが野球のためになるのか。こんなときだからこそ、野球に対する感謝の気持ちを表現すべきだ」

その根底にあるのは、野球だけは絶対に裏切らない、という全幅の信頼だ。そこはみんなも納得しやすいし、それさえあれば向かう方向を間違えることもない。

そういうものが、このチームには流れている。

どうしても必要だった新球場

2023年3月の開業に向けて、北海道北広島市に新球場が建設されることが正式に決まった。コンセプトは「『北海道のシンボル』となる空間を創造する」。「世界がまだ見ぬボールパーク」を目指す。

北海道にやってきて15年が経ったファイターズだが、本当の意味で地元に根付くためには、まだもう少し時間がかかる。それを成し遂げるためにも、どうしても必要だったのが新しい球場だった。

新球場と言えば、近年では広島東洋カープのイメージが強いが、カープが強くなったのはやはり新球場の効果が大きかったと感じている。みんなに注目されることで、おのずと選手たちの集中力も増す。ファンが増えて、たくさん応援してもらって、そこに勝たなきゃいけないんだという空気ができてくる。若い選手が育つには、もってこいの環境だ。いまの強いカープは、あの球場の存在抜きには

語れない。

そして、次は北海道だ。

ハコができるということは、物事の起点ができるということだ。起点ができれば、そこからいろいろなことが始められる。

プロ野球は一過性のものではないので、長続きさせられなければ意味がない。本当に新たな文化を作っていこうと思うんだったら、そういった環境は絶対に必要だ。

象徴的な新球場ができれば、みんなの印象も変わるだろうし、一度は行ってみようということになる。そうしたら、そこでたくさん新しい体験をしてもらえる。そして、その最高の環境で観てもらえれば、必ず「野球は面白い」と感じてもらえるはずだ。

イメージも、考え方も、体感も、すべてを変えてくれるのが新球場。そこからの発展性は大きい。

選手たちにとっても、この上ない最高の贈り物だ。完成イメージが公開され、ベテランも、新入団の選手も、誰もがそこで活躍している自分の姿をイメージしたはずだ。

ファイターズは、新球場元年には、必ず優勝しなければならない。これは、絶対だ。

そうなるためにも、これから優勝を重ねて、常勝チームの雰囲気を作っていかなければならない。それを作って向かわなければ、肝心なときに勝ち切れないからだ。

使命ははっきりしている。あとは、やるだけだ。

ファイターズの人間力　それを体現するもの

引退セレモニーから見えるファイターズの魂

2018年シーズン、矢野謙次と石井裕也、チームにとって特別な存在だった2人がユニフォームを脱いだ。彼らは若い選手たちに大

切なものを残し、我々にもたくさんのことを教えてくれた。

監督も、コーチも、選手も関係ない。一緒に学ぶしかない。命がけで生きてきた人たちの人生、生き様にしか伝えられないものがある。それをファンの皆さんにも感じてほしいと考えた球団スタッフが、彼らの引退セレモニーを企画した。

なぜか。そこに「魂」があるからだ。

そして、それを盛大なものにし、特別な時間にしてくれたのは、ファンの皆さんだった。

我々はスタッフにも、ファンの皆さんにも、ただ感謝の言葉しかない。

ファイターズの一員でいられて良かったと、しみじみ思う。

「普通」とは何なのかを教えてくれた石井裕也

2018年というシーズンを振り返るとき、勝ち負けとは別に、いつまでも記憶に留めておきたい試合だった。9月30日、札幌ドームでの埼玉西武ライオンズ戦。ユニフォームを脱ぐことになった、石井裕也の引退試合である。

彼は先天性の難聴を患いながら、小学2年生から野球を始めた。その後、高校から社会人を経て、2005年にプロ入り。中日ドラゴンズ、横浜ベイスターズ（現横浜DeNAベイスターズ）を経てファイターズには2010年にトレードでやってきた。

監督1年目、いきなりリーグ優勝を経験させてもらえたのは、シーズンを通して、貴重なセットアッパーとしてブルペンを支えてくれた、彼の存在が大きかった。だが、迎えたジャイアンツとの日本シリーズは、そんな彼に、一人責任を背負わせるような結末となってしまう。最後のゲームとなった第6戦、決勝点を奪われた場面でマウンドにいたのが石井だった。実はそのとき、ベンチワークに小さなミスがあり、それが大きな失点を与えるきっかけとなった。彼に責任はない。もとより、選手が責任を背負うことなどないのだ。

数日後、彼が敗戦翌日の新聞を切り抜き、「石井で負けた」という見出しの記事を部屋に貼っているという話を聞いた。彼自身がその悔しさを糧にしてくれるのであれば、それはそれでいい。だが、その切り抜きを、家族は毎日どんな思いで見ているのだろうかと、しばらく引っかかっていた。

　そして、優勝旅行で奥さんを紹介されたとき、その思いを素直に伝えた。何より、彼のおかげで優勝できたという感謝の気持ちを伝えたかった。そこで涙をぬぐう奥さんの姿を見ていたら、やっぱり家族も一緒に戦ってくれているんだということをはっきりと感じた。プロ野球とはこういうものなのだということを、1年目の新米監督に教えてくれたのは彼らだった。

　その後の石井は、コンディションが整わないことも多く、何度も一軍と二軍を行ったり来たりした。

　彼の左耳はまったく聞こえず、右耳も補聴器でかすかに聴こえる程度だそうだ。

　そんな彼には、いったい何が「普通」なのかということを教えてもらった。障がいを持った方、苦しまれている方々がたくさんいる中、自分の置かれている状態が人それぞれの「普通」であり、その中で何ができるのかが一番大切なんだということを、彼は教えてくれた。

　その14年間のプロ生活を締めくくる最後のマウンドが、チームにとっては絶対に負けられない試合（ゲーム差こそ離れつつあったものの、2位浮上の可能性も4位転落の可能性もある状況）の、なおかつ勝負のかかったしびれる場面で訪れたのは、彼のことをずっと見守ってきてくれた野球の神様の粋なはからいだったのかもしれない。

　3点リードの7回、ツーアウト2塁でバッターは秋山翔吾という場面だった。秋山は、横浜商工高（現横浜創学館高）出身の石井にとっては、高校の後輩にあたる。

セレモニー的な登板になるケースが多い引退登板にしては珍しいその真剣勝負は、結果、渾身のストレートでレフトフライに打ち取り、石井に軍配が上がった。本当に彼らしい、ナイスピッチングだった。

試合後のスピーチも本当に素晴らしかった。これまであれだけ苦しんできて、自分のこともなかなか表現できなかった彼が、あそこまで頑張って、一人、マイクの前でしゃべり切ったという、あれには、本当に泣けた。20年後も、30年後も、あの引退試合のことを誰かに話しているような気がする。

引退試合の次の日も、そのまた次の日も、石井はバッティングピッチャーを手伝ってくれて、「監督、打たれるのって気持ちいいー」とか言って、楽しそうに汗を流していた。あの天真爛漫な姿を、一生大切にさせてもらおうと思う。

石井裕也引退スピーチ全文（2018年9月30日）

まず始めに、このような素晴らしいセレモニーを用意してくれた、ファイターズ関係者の皆様、そして最後まで残ってくださいましたファンの皆様、本当にありがとうございます。

小学校2年生から野球を始め、その頃からずっと夢だったプロ野球の世界に、14年間もいられたのは、たくさんの方々の応援や支えがあったからだと思っています。

ドラゴンズに3年、ベイスターズに2年、そしてこのファイターズに移籍してからの9年間は、僕にとって、かけがえのない時間でした。

ファイターズファンの皆様は、本当に温かくて、いつも僕に力をくれていました。

僕のプロ野球人生の中でも、特に印象的だった2012年の日本シリーズ第6戦。決定打を打たれて、敗戦投手になってしまった僕を、ファイターズファンの皆様はそれでもたくさんの声援、大

きな拍手で迎えてくださり、心が折れそうになった僕を救ってくれました。

　そんな皆様の気持ちに応えたいと思い、プレーを続けてきましたが、なかなか思い通りにできないことが多くなり、悔しさも残りますが、今季をもって引退するという決断をしました。

　プロ野球選手ではなくなりますが、大好きな野球は、ずっと続けていきたいと思いますし、いろいろな形で野球の楽しさを伝えられたらなあと思っています。

　最後になりますが、今日のために横浜から来てくれた親友と家族、特に母には感謝の気持ちでいっぱいです。難聴というハンディを持って生まれてきた僕をまわりの子と同じように育ててくれて、たくさんの愛情を注いでくれて、一番のファンでいてくれたお母さん、ありがとう。

　そして調子が良いときも悪いときも変わらず明るく接してくれた妻と子どもたち、ありがとう。そして僕を信頼して使ってくれた栗山監督、いろいろなことを教えてくれたコーチの方、チームメイト、裏方さん、トレーナー、そしてサポートしてくれた球団関係者の皆様。この場を借りてお礼申し上げます。

　14年間、ずっと幸せでした。

　本当にありがとうございました。

最後まで自分を貫いた矢野謙次

　そしてもう一人、ファイターズのユニフォームを脱いだ男がいる。

　矢野謙次は、2015年のシーズン途中、読売ジャイアンツからトレードでやってきた。すると、翌日からいきなり大活躍。3連戦で二度もお立ち台に上がり、「ファイターズ、最高！」のセリフでファンのハートをたちまちつかんだ。

　その年のクライマックスシリーズ、千葉ロッテマリーンズとの対

戦となったファーストステージでは、全力疾走で左中間への打球を
もぎ取ったファインプレーと、値千金の決勝タイムリーで、チーム
に勝利をもたらしてくれた。

　野球界には「代打の切り札」という言葉があるが、矢野はまさし
くそういう存在だった。

　同じ代打でも、相性や確率論で行ってもらう選手と、切り札の選
手を出すのではまったく意味合いが異なる。チームにとっては、ま
さしく唯一無二の存在。矢野がベンチにいてくれるだけで、ここ一
番で勝負ができる安心感があった。いつでも「代打、矢野」と言える、
そのこと自体が、監督にとってはとても大きかったということだ。

　彼が教えてくれたのは、いかに代打が難しいか、いかにバッティ
ングが難しいかということだった。行くときの準備の仕方がすごい。
気持ちを一点に集中させて、ボールの軌道をイメージして、ひと振
りにかける。その一打席一打席は、彼の生き様そのものだった。

　ともに戦った3年半、本当によくやってくれたし、彼には感謝し
かない。

　また、野球への愛情やリスペクトの示し方という点で、彼は若い
選手たちにとって「生きた教材」となる選手だった。グラウンドに
早く出てきて、悩んでいる若手の話を聞いてあげたり、相談に乗っ
てあげたり、そういうことが当たり前のようにできる選手。ベンチ
にいながらチームのために何ができるのか、どうしなきゃいけない
のか、チームのための「魂」みたいなものをはっきりと示してくれ
た選手でもあった。

　思い出すのは2016年、矢野は古傷を抱える右ヒザの状態が悪く、
出遅れた。それでも、「代打の切り札」的な存在としてチームには
どうしてもその力が必要で、満足に走れる状態でないことは承知の
上で一軍に上げる旨を本人に伝えた。すると、彼はこう言ってきた。
「ファーストまで全力で走らない野球を、僕はやったことがありま
せん」

いまの状態では、たとえ打つことはできても、そこからファースト まで全力で走ることができない。そんな選手に野球をやる資格は ない、そう言うのだ。これまでどんな環境で、どんな姿勢で彼が野 球に取り組んできたか、すべてを物語るひと言だった。

でも、その心を持った選手だからこそ、チームには矢野謙次が必 要だった。

「悪い。これはそういうことじゃない。打つだけ打って、ケガしな いように走る。うちのチームにはおまえが必要なんだ。気持ちはわ かっているから、やれ」

そう言って半ば無理やり、一軍に引き上げた。

その年の成績は、35回打席に立って、29打数6安打8打点、打 率2割0分7厘。でも、たった1本のホームランは、0対0で迎え た9回表、ここぞという場面で放った見事な代打ツーランだった。 また、首位ソフトバンクホークスを迎え撃った大事な一戦では、同 点の9回裏、ツーアウト満塁で打席に立つと、あっさりツーストラ イクに追い込まれながら、最後は体でボールを受け止めた。デッド ボールでのサヨナラは、彼の執念が呼び込んだ大きな勝利だった。

2018年限りでユニフォームを脱ぐと決めた矢野の引退試合は、 10月10日、札幌ドームで行われることになった。本人にスタメン 出場を打診してみたが、やっぱりというべきか、「自分らしく行き たい」という答えが返ってきた。

そして、1点リードの7回、これが本当に最後となる「代打、矢 野」を告げた。

名残を惜しむように4球ファウルで粘ったあと、7球目のストレ ートを見事に弾き返し、打球は三遊間を抜けてレフト前へ。これが 矢野謙次、通算374本目のヒットとなった。

台湾の4割バッター・王柏融の獲得

台湾球界で2年連続打率4割(2016、17年)、三冠王も獲得した

「大王」こと王柏融がチームの一員となってくれた。

2018年のオープン戦の時期、北海道移転15周年プロジェクトの一環で、彼が所属するラミゴ・モンキーズを招いて、札幌ドームで国際交流試合を行った。清宮幸太郎が、実戦の舞台でようやくプロ初ヒットを放ったのがその試合だった。

もちろんそのときから王柏融には注目していたし、近い将来、獲得に動くかもしれないということも想定していた。いまのファイターズは、比較的、外野にコマが揃っているが、それでも文句なしに「欲しい」と思わせる外野手だった。

その交流試合の際、暖かい台湾で生まれ育った彼が、雪国である北海道で、しかもまだ雪が積もっている季節に野球の試合をするということを、どのように感じるのか。そして、この北海道という土地において、ファイターズという球団がどういう存在なのか、それらを肌で感じてもらえたことは大きかった。そして何よりも、スタッフが誠意を尽くしてゲスト球団をもてなそうとする姿勢がとても嬉しく、誇らしく思えた。

ポスティング制度を利用した入札となり、正直、単純な金額勝負になったら分が悪いだろうと覚悟していた。だから、きっと彼はお金以外のことも加味して、交渉相手にうちを選んでくれたのだと思う。やはり人の心を動かすのは「誠」なのだと、ここでも大いに納得させられた。

そして、台湾で行われた入団会見では彼の人柄に触れ、王柏融という選手が台湾野球界にとってどういう存在なのかを肌で感じることができた。

何より印象的だったのは、にじみ出るその誠実さだ。集まった100人を超える報道陣からは次々と質問が投げ掛けられたが、はぐらかすのではなく、それでいて余計なことはいっさい語らず、一つひとつ自分の言葉で丁寧に答えていた。それは野球に取り組む真摯な姿勢を物語っているかのようで、ファイターズが誠心誠意、彼の

獲得に尽力してきたのはやはり正しかったということを確信させて
くれた。

　そして、台湾プロ野球から、ポスティング制度を利用して海外に
移籍する最初の選手になるということが、どれほど大きな意味を持
つのか。彼が背負うものの大きさ、その使命を果たそうとする覚悟
も、改めて実感させられた。

　あえて引き合いに出させてもらうが、台湾における王柏融の日本
移籍は、日本における大谷翔平のアメリカ移籍以上の、ある意味、
歴史的な意味合いの強い出来事だといえるかもしれない。

　一年前は「大谷翔平のことをよろしくお願いします」と心から思
った。そして今回、王柏融を預かることになり、きっと同じような
気持ちでいるに違いない台湾の方々の思いを想像せざるを得なかっ
た。預かるファイターズの責任は重大だ。そして、その彼と一緒に
野球ができる、これ以上の喜びはない。

チームに化学反応をもたらす金子弌大の加入

　来るべき2019年シーズンに向けては、さらに大きな戦力も加わ
ってくれた。球界を代表するピッチャーの一人、金子弌大だ。

　その存在は、単なる「戦力」というだけにとどまらない。豊富な
経験や実績はもちろんのこと、野球に取り組む姿勢、物事の捉え方
や考え方、それらすべてが若い選手にとっては貴重なお手本になる。
いや、若い選手たちだけではない。我々も学ぶことは多い。

　彼と接していて感じるのは、あれほどの実績を残してきてなお、
野球に関する学習欲、知識欲がとても旺盛なことだ。日常的に、い
つも新しいものを欲している感がにじみ出ている。人とは違うこと、
まだ誰もやっていないことをやってみたいという貪欲さは、大谷翔
平ともダブる。

　そんな彼の加入は、チームに大きな化学反応をもたらしてくれる
に違いないと確信している。戦力の足し算ではなく、掛け算ができ

る存在ということだ。

そして、その獲得によってファイターズの選手たちも、より一層「必ず優勝するんだ」というチームの本気度を感じ取ってくれたはずだ。そういった意味でも、金子弌大を迎え入れられたことによるプラスアルファは計り知れない。

こうやって挙げていっても、ファイターズのチームカラー、それはやっぱり野球へのリスペクトや愛に尽きると思う。それを持っているからブレない。先入観にとらわれない決断ができる。あとは結果を出すだけだ。

第2章：「四番」の責任 中田翔と清宮幸太郎

8年目、勝ち続けるために発想をゼロベースに戻す

7年間変わらなかったもの、「四番・中田翔」

2019年もチームを任せていただけることになった。自分にとってはこれが8年目のシーズンとなる。やるべきことはただ一つ、余計なことは考えず、日本一になることだけ。去年、負けたということは、「これじゃダメだ」と、はっきり突きつけられたようなものだ。あんなに悔しい思いをしたんだから、やるしかない。あの悔しさを活かせなければ、何の意味もない。

今シーズン、勝ち切るためには、もう一度、チームを壊さなければいけないと思っている。投手も、野手も、すべてだ。

壊すことにはもちろんリスクも伴うが、トータルで考えれば、一回壊してしまったほうが組み立てやすい。それは、歴史が証明して

いる。世の中の歴史の変わり目を見てもわかるように、本当に新し
いものを作ろうとするには、いったん壊さないと始まらない。そ
の覚悟を持てるかどうかがすべてだ。

　これまで作ってきた形を活かして、それを何とかつなげていこう
とすると、どうしても発想が狭くなってしまう。だから、発想をゼ
ロベースに戻して、打てる手はすべて打っていく。

　やはり優勝するためには、圧倒的な数字を残せる人、圧倒的に勝
ちに貢献できる人が必要だ。そのためにも、チームの役割分担をい
ったんリセットして、新しい形を作る。

　もっと言えば、ただ勝つために壊すのではなく、勝ち続けるため
の壊し方をしなければいけない。「絶対に勝つ」ではなく、「絶対に
勝ち続ける」「常勝チームにする」くらいの強い気持ちを持たないと、
壊す意味もない。

　では、具体的に「発想をゼロベースに戻す」とはどういうことな
のか。

　本書の読者の皆さんにも、そのイメージを共有してもらうために、
ここで中田翔とともに歩んできた7年間を振り返ってみたいと思う。

　これを機に、これまで上梓してきた数冊の拙著も、改めて読み返
してみた。ゆえに、これから記すことには過去に書いたことと重複
するところがあることをご承知いただきたい。

　思えば、このチームに7年間変わらなかったものがあるとすれば、
「勝利の方程式」を狙うセットアッパーの宮西尚生と、そして「四番・
中田翔」、そこだけかもしれない。それだけに、これからチームを
壊し、新しい形を作っていくためにも、彼との歩みを振り返ること
には意味があると考えた。

　なお、この章では意図して、漢数字で「四番」とさせてもらった。
「4番」と「四番」、その違いを感じながら読み進めていただけたら
幸いだ。

エースと四番だけは出会いなんだ

　自分の現役最後の年、新監督としてヤクルトスワローズにやってきたのが野村克也さんだった。それまで9年連続Bクラスだったチームを、野村監督はまもなく生まれ変わらせ、就任3年目の1992年、チームを14年ぶりの優勝に導いた。

　その野村監督が、こんなことをおっしゃっていた。

「エースと四番だけは出会いなんだ」

　良いピッチャー、良いバッターは育てることができる。でも、自他ともに認める「投の柱」、「打の柱」として、長くチームを支え得るエースと四番だけは、意図して育てることはできない。それだけ難しいということだ。

「エース」と「四番」の定義は明確ではない。毎年、どのチームにもエースと呼ばれるピッチャーはいるし、打順でいうところの4番目を打つバッターもいる。

　だが、ここでいうエースと四番は、それとはややニュアンスが異なる。誰もが「この選手で負けるならしょうがない」と認める先発ピッチャーが真の「エース」であり、「この選手が打てなかったらしょうがない」と託せる中心バッターが真の「四番」、そんなイメージだろうか。

　それは、毎年どのチームにもいるというものではなく、むしろ本当の意味でのエースと四番は、そうそう見当たらない。裏を返せば、強いチームにはエースと四番がいる、ということもできる。

中田翔を見て「出会った」と思った

　その野村さんの言葉が、強く印象に残っていたせいかもしれない。就任1年目のキャンプで中田翔の打撃練習を見たとき、まさしく「出会った」と思った。もちろん一野球ファンとして、一取材者として、彼のことは高校時代から何度も見てきたが、これから一緒に戦う同

じチームの選手としてはじめて見たとき、その印象は強烈だった。当時の中田は5年目、23歳になる年だった。

　2年目、フレッシュオールスターゲームでMVPを獲得し、イースタン・リーグ二冠王に輝いたが、一軍での活躍が目立ち始めたのは、3年目の夏以降。4年目にようやくレギュラー定着を果たし、リーグ3位のホームラン18本を放つなど、ちょうど大器の片鱗を見せ始めた時期だった。

　バッティングケージの中から、軽々と打球をフェンスの向こうに運んでいくさまは圧巻で、この若者はモノが違うと感じずにはいられなかった。あれは、努力すれば誰にでも身に付くという類のものではない。比べるのもおこがましいが、たとえ現役時代の自分が彼の5倍やっても10倍やっても、土台無理な話だ。ボールを遠くに飛ばす能力は、きっと天賦の才なのだ。

「ああ、これがあの野村さんでも作れなかったという、真の四番なんだ」

　そのとき、強く思った。

「この才能を預かる以上、中田翔には球界を代表する四番になってもらわなくては困る。そうすることが、自分に課せられた使命なのではないか」と。強いファイターズを作るためにも、ひいては日本球界の未来のためにも。

「四番」と「4番」の決定的な違い

　中田翔という選手は、この時代に改めて「四番」の意味や意義を、世の中に問う存在なのではないかと思っている。

　ひと頃、「つなぐ4番」というフレーズが注目された時期があった。「4番」はあくまでも4番目に打つバッターであり、必ずしも長打や勝負強さだけを求められるのではなく、ほかの打順同様、次につなぐ役目も担っているというものだ。「つなぐ」という表現のあいまいさはさておき、その考え方は否定しない。

ただ、野球界で長く強調されてきた「四番」は、決して順番や役割を表すものではなく、「存在」そのものなのだ。「四番・長嶋」、「四番・王」、「四番・松井」……、偉大なスラッガーたちの名前には、枕詞のように「四番」が冠されることが多い。それは、打順がおもにそうだったということよりも、彼らが「四番」にふさわしい存在だったということを示している。

　では、「この選手が打てなかったらしょうがない」とは、どういうことか。

　「この選手が打てないくらいなら、きっとほかの誰が打席に立っても打てないはずだ」という能力に対する信頼は不可欠だ。

　でも、それだけでは十分ではない。

　どれほど勝負強いとされるバッターでも、チャンスに5割打てる選手はまずいない。つまり、誰でも5割以上は打ち取られる。

　そう考えたとき、いざチャンスに打てなかったときにどう振る舞えるか、そこが非常に重要だ。その人としての振る舞いが、期待を寄せてくれた者たちの心を鎮めてはじめて、「しょうがない」と思ってもらうことができる。

　「四番」の品格は打てなかったときにこそ問われる、ということだ。

「四番・中田翔」の黎明期　苦悩から変わり始めた姿勢

すべてを受け止めることが「四番」への道

　はじめて見たときから、四番は中田と決めていた。だからこそ、キャンプ中から彼には、「すべての打席、すべてのストライクに対して何球フルスイングできるかをやろう」、それだけを伝えてきた。

　中途半端なスイングで、結果、ヒットになるよりも、いつもしっかりとバットを振って、自分自身、納得のゆくスイングを追い求めてほしかったからだ。

就任1年目、オープン戦の中田は好調だった。57打数21安打13打点、打率3割6分8厘。最終戦となったマリーンズ戦では第2号ホームランも飛び出し、大いに飛躍の予感を漂わせていた。

　ところが、いざペナントレースが幕を開けると、そのバットからピタッと快音が消えた。開幕から5試合、21打席連続ノーヒット。

　バッターというのは、毎年、最初のヒット1本が出るまでは不安なものだ。それがなかなか出ないと、「今年は1本も打てないんじゃないか」とみるみる不安は膨らんでいく。あのときの中田は、まさにそういう精神状態だったはずだ。そんなことはありえないのだが、ノーヒットが永遠に続くかのようなプレッシャーを感じていたかもしれない。チームも2連勝のあと、3連敗を喫してしまったため、その責任を背負わせるような格好になってしまったのは申し訳なかった。

　本人は苦しかったと思うが、心配はしていなかった。ただ、真の四番になるということは、それも含めて、すべてを受け止めるということだ。

　とにかく結果よりも、一打席一打席やるべきことができているか、フルスイングできているかを自らに問いながら、前に進んでくれればそれでいいと思っていた。

　あの年、新たな試みとして、両足を大きく広げ、腰を深く落としてステップを踏まずに打つ「ノーステップ・ガニ股打法」に取り組んでいたため、その打ち方の難点を指摘する声も上がっていた。

　だが、それを修正するときは、あくまでも自分の意思で、納得した上で修正すればいい。それも含めて試されている、そう思って見守ることしかできなかった。

　本拠地・札幌ドームでの試合が続いた開幕6戦目、チームとしては何としても連敗をストップして、勝率を5割に戻したい大事な一戦。

1回裏、先頭からの3連打であっという間に2点を先制したあと、追加点のチャンスで四番・中田に打席が回る。しかし、結果はサードゴロ。その後も、第2打席はライトフライ、第3打席はノーアウト1、2塁という絶好の場面で、空振りの三振に倒れ、これで開幕から24打席連続ノーヒットとなってしまった。

　そして、1点差に迫られ迎えた8回裏、ツーアウトランナーなしで、この日4回目の打席が回る。

　その4球目、高めのボールをフルスイングすると、打球はレフトスタンドへ一直線。25打席目、ついに出た今シーズン初ヒットは、チームの勝利を決定付ける第1号ホームランとなった。あの打席のことは、7年近く経ったいまも、まるで昨日のことのように思い出せる。

　あの試合、実は5回の守備で、中田はファインプレーを見せている。打てなくても、集中力を切らすことなくプレーを続けることの大切さ。「四番」としての品格の大事さを、改めて教えてもらったゲームでもあった。

負けを悔しがるようになった中田翔

　ようやく1本が出て、落ち着いたはずの中田だったが、そこから全開とはならなかった。

　もし、彼の四番に固執していなければ、ファイターズは前半戦から首位を独走していたかもしれない、という人もいた。勝負の世界に「たられば」はないが、それにはうなずけるところもあって、たとえば中田を下位打線に入れていたら、彼自身の成績は大きく違っていたかもしれない。中心となるクリーンナップと6、7番以降では、相手バッテリーのマーク、すなわち警戒の度合いがまるで違う。比較的マークのゆるい下位で打席に立っていたとしたら、間違いなく数字の上乗せはあっただろう。

　だが、それがどれだけチームの勝利に結びついたかというと、そ

れはわからない。逆に、いつも彼が四番にいてくれたからこそ、大きな連敗もせずに、チームは優勝争いができたという見方もできる。

　特に後半戦、「中田が打つと勝つ」という雰囲気ができてきたことは、とても大きかった。厳しい戦いが続く中、勝つ形、勝てると思える形があるということは、チームにとって大きな強みとなる。

　死に物狂いの戦いの末、リーグ優勝を決めたあと、それを引き寄せた最大のポイントはどこにあったのか、冷静になって考えた。

　本当のことをいえば、どの試合も重要だった気がして、わからなかった。それでも、あえて一つ挙げるとすれば、というゲームがあった。9月23日、天下分け目の天王山といわれた、ライオンズとの3連戦の3戦目だ。我々ファイターズは、2位のライオンズに2・5ゲーム差をつけた首位で、敵地に乗り込んだ。2・5ゲーム差といえば、万が一3連敗すればひっくり返される、そういう差だ。

　その初戦、13勝を挙げていたエース・吉川光夫を先発に立てたが、8回裏、ツーアウト2塁からまさかの3連打を浴び、無念のノックアウト。大事な一つ目を落とした。

　さらに、2戦目も4点のリードを守り切れず、痛恨の逆転負け。連敗で、とうとう0・5ゲーム差とされてしまった。

　翌日の3戦目、ライオンズの先発は10勝をマークしているエース格の岸孝之。何としても3連敗だけは避けなければ、というプレッシャーがチーム全体に重くのしかかり、打線は5回までわずか2安打と、岸の前に沈黙し、2点のリードを許す苦しい展開で、6回表の攻撃を迎えた。そこで、四番・中田翔である。

　この3連戦、中田は初戦の第1打席でタイムリーヒットを放って以来、9打席凡退が続いていた。本人としても、期するところはあったはずだ。ベンチから見ていて、その微妙な変化にも気付いていた。悔しがり方が変わってきていたのだ。それまでは、自らの凡退を悔しがることはあっても、ほかの場面でそんな様子を見せることはあまりなかった。その中田が、はっきりとチームの負けを悔しが

るようになっていた。自分が打てなかったせいで負けた、それを必死に受け止めようとしていた。そういった変化は、はたから見ていてもわかる。ああ、ようやく変わってきたなと。

　２点を追う６回、ノーアウト３塁というチャンスで打席に立った中田は、岸が投じた５球目を、狙い澄ましたように振り抜いた。打球はライオンズファンが陣取るレフトスタンドへ一直線。チームを崖っぷちから救う、値千金の同点ツーランだった。

　ピッチャーの岸が投じたのは、「伝家の宝刀」ともいうべきカーブだった。おそらくあの一球、中田はエースのウイニングショットであるカーブを狙っていた。バッテリーからすれば、中田はできればストライクゾーンでは勝負したくないバッターだ。言い換えれば、何とかボール球を振らせたい相手ともいえる。では、そんな相手からどうやってストライクを取っていくか。そうなると、待たれている可能性が高いストレートよりも、変化球中心で、となるのがセオリーだ。中田自身も、それは一番よくわかっているはずだ。

　だから、状況によっては配球を読んで、変化球を狙えばいいのに、と周囲は考えるのだが、当時の彼は「それがスラッガー」とでもいうかのように、ほぼストレート待ち一辺倒だった。その中田が、あの場面でカーブを待ち、それを完璧に捉えた。

　四番の誇りが、スラッガーのこだわりを凌駕した、そんな場面にも見えた。いつか彼が、自らの野球人生を振り返るときが来たら、きっと思い出される一発になったはずだ。

　さらに次の打席、ツーアウト１、２塁という勝ち越しのチャンスで登場した中田は、そこでも２点タイムリーツーベースを放ち、チームの連敗を止めてくれた。あの勝利がなければ、あの年の優勝はなかったかもしれない。そんな、貴重な１勝だった。

四番は打席に立ち続けなければならない

「鉄人」と呼ばれ、昨年（2018年）その生涯を閉じられた衣笠祥雄

さんや、金本知憲さんに代表されるように、試合に出続けることは、それだけで大きな価値を持つ。

　衣笠さんは、デッドボールで左肩の肩甲骨を骨折した次の日、代打で登場し、江川卓さんの剛速球を3球続けてフルスイングし、空振り三振に倒れた。試合後、衣笠さんは「1球目はファンのために、2球目は自分のために、3球目は、僕にぶつけた西本（聖）君のためにスイングしました」とコメントした。

　金本さんは、やはりデッドボールで左手首を剥離骨折した翌日、スタメン出場し、ほぼ右手一本で2本のヒットを放った。

　ケガを押しての出場を単なる美談にしてはいけないが、こういったエピソードに触れると、やはり心が震える。

　2012年、ジャイアンツとの日本シリーズでのこと。第2戦の第1打席、中田は左手甲にデッドボールを受けた。やむなく途中交代させた当日の検査では、打撲と診断されたが、シリーズ終了後の精密検査の結果は、左手第5中手骨の骨折で、全治3週間とのことだった。中田は、第3戦以降、フル出場を続けていた。

　そんな状態だったにもかかわらず、2勝3敗で再び東京ドームに戻った第6戦では、0対3の劣勢から、起死回生の同点スリーランを放り込み、試合を振り出しに戻してくれた。1年間やってきて良かった、四番で使い続けてきて良かった、心の底からそう思わせてくれる一発だった。

　さらに、最も印象的だったのはその次の打席、また1点を勝ち越されて迎えた8回表、先頭バッターとして打席に入った中田は、マシソンが投じたワンボールからの2球目、ものすごいフルスイングを見せた。力強さだけなら、打球をレフトスタンドまで運んだ前の打席以上、本当に魂のこもったひと振りだった。残念ながら、打球は前には飛ばず、惜しくもファウルチップとなったが、四番の覚悟を見せてくれたあのスイングには、ある意味、ホームラン以上の価値があったと感じている。左手の痛みは相当なものだっただろう。

それでも強い心が、体を動かしてくれた。

　もちろん、骨折しているとわかっていれば、あそこまで強行出場させることはなかったと思う。ただあの場面、気持ちさえ折れなければ、いつだってあれくらいのスイングはできるんだということを、中田自身、肌で知ったことが、あの日本シリーズでの一番の財産だった。四番は打席に立ち続けなきゃならない。チームを勝たせなきゃならない。

　開幕から24打席連続ノーヒットという苦しみを味わった男が、最後の最後に、本当の意味での四番としてのスタートを切ったシーズンだった。

「こんちは」と「行くぞ」と「頼むな」

　その年のある日、こんなことがあった。試合開始直前、中田がのこのことやってきて、突然、

「こんちは」

　と、挨拶してきたのだ。

　まもなくプレーボールがかかろうというタイミングで、拍子抜けするような声をかけられ、一瞬、力が抜けてしまった。

　思い返してみると、その日は球場入りしてから、たまたまずっとバタバタしていて、彼とは顔を合わせていなかった。毎日、必ず挨拶してくる男なので、ふとそれを思い出したのかもしれない。で、試合開始直前に「こんちは」と。中田らしいな、と思った出来事だった。

　その後、彼との付き合いもかなり長くなってきたが、シーズン中は、ほとんど会話らしい会話をすることはない。

　中田に限ったことではないのだが、選手とは、いつも一定の距離を保つようにしている。思うところあって（これは後述する）、そう心掛けていたら、いつのまにかその距離感が身に付いてしまった。

　いつ頃だったか、彼が何かのインタビューで「監督とは何も話し

ていません。監督は何も言わない。でも、だから信用できるんです」
と答えているのを目にしたことがある。だったら良かった、と少し
だけホッとした。

　シーズン中、中田翔にかける言葉は、ふた言あれば十分だ。

「行くぞ」

「頼むな」

　そして、彼の返答は、

「はい」

　いつも決まって、そのひと言だけだ。

　思えばそれだけであっという間に7年、この先もまだ、当分そん
な感じが続きそうだ。

圧巻の4試合連続ホームラン

　2014年、中田翔にとって「お父さんのような存在」だった稲葉
篤紀が、20年間の現役生活に別れを告げた。

　10月5日、札幌ドームで行われた引退セレモニー、「稲葉さんが
日本ハムにいなかったら、いまの僕はなかった」という中田は、花
束を手渡し、人目もはばからず号泣した。スピーチでは、稲葉が「中
田翔のことをよろしくお願いします」とかわいい後輩をいじって、
場内の泣き笑いを誘った。

　そんな2人が、最後に一緒にプレーする機会となったのが、その
あとに控えていたクライマックスシリーズ。そこは、この年、打点
王の初タイトルを獲得した中田翔の独壇場だった。

　まずは、勝ったほうがファイナル進出となる大一番、台風接近の
影響で一日延期となった、オリックス・バファローズとのファース
トステージ第3戦だ。延長10回表、先頭バッターとして打席に入っ
た中田は、現在、メジャーリーグで活躍する平野佳寿から、センタ
ー・バックスクリーンに決勝ホームランを叩き込む。「相手が自信
を持っている球を打ち返してやろう」と、150キロのストレートを

豪快に弾き返し、チームを次なるステージへと導いた。

　そして、福岡に移動してのホークスとのファイナルステージでは、その四番のバットがさらに火を噴く。

　第1戦、7回に大隣憲司から同点ソロ、第2戦、6回に武田翔太から相手を突き放すツーラン、第3戦、6回に東浜巨からダメ押しのスリーラン。日本シリーズも含めた、ポストシーズン4試合連続ホームランの新記録を打ち立てた。

　続く第4戦こそいったん当たりが止まったものの、迎えた第5戦、1点を追う8回表、五十嵐亮太からレフトのポール際に叩き込む、同点ホームラン。この一発がチームをよみがえらせ、延長11回の中島卓也の決勝打を呼び込んだ。

　結局、チームは最後の最後でホークスの前に力尽き、日本シリーズ出場はならなかったが、まさに中田が「これぞ四番！」というものを見せてくれたシリーズだった。

大きなものを背負う中田翔と使命、その戦い

「ファーストで出られます」と言ってほしかった

「四番・中田翔」は、徐々にその名にふさわしい存在になりつつあった。それは成績を見ても明らかだ。

　2012年・24本塁打・77打点
　2013年・28本塁打・73打点
　2014年・27本塁打・100打点（打点王）
　2015年・30本塁打・102打点

　ただ、こちらがそれで満足していたか、というとそうでもない。
　中田には、よほどのことがない限り、全試合フル出場を課してき

た。チームの顔として、プロ野球の看板選手として当然の責務、使命と考えているからだ。

　たとえば、大量得点差がついた試合の終盤にレギュラークラスの選手を「休ませる」という考え方がある。実際、これまでもそういうことをしてきたが、こと中田翔に関してはいつもグラウンドにいなければならない、と思っている。そういう存在こそが「四番」だと。

　2015年シーズンのこと、8月終わりのある試合で、ツーベースを打った中田が、二塁に滑り込むのをためらったことで足をとられて転倒、右足首を痛めた。トレーナーいわく「明日、状態を見てみなければわからない」とのこと。ひとまずは様子を見ることにした。

　翌日、コーチに確認してもらったところ、本人は「DHだったら行けるんじゃないか」と、出場の意思を示しているという。首位ホークスとの直接対決で、前の日、先手を取っており、何としても3連勝がほしい大事な局面だ。自分が外れるわけにはいかない、という責任感が伝わってきた。たしかに守備に就かなければ、体への負担を最小限にとどめながら、バッティングでチームに貢献することができる。

　でも、こちらが望んでいたものは違った。

　「大丈夫」（＝ファーストで出る）と言ってほしかった。

　彼が誰よりも肉体を酷使していることは重々承知の上で、もし打って走ることができる状態ならば、冷静な判断をも超越した確固たる覚悟をもって、「大丈夫」と言ってほしかった。

　中田をDHに回したら、打率チームトップの近藤健介を、スタメンから外さなければならないという事情もある。だがそれ以上に、中田翔という選手が、真に唯一無二の存在なのだということを、いま一度、彼自身に感じてほしかった。そんな思いから、あえてスタメンから外す決断をした。外されることで、その意味を、もっともっと強く感じてほしかった。

　試合は、4点ビハインドの劣勢から、8回表、先頭の代打・大谷

翔平がフォアボールで出塁すると、そこからノーアウト満塁とし、タイムリーヒットが2本続いて1点差に迫る。

さらに、ワンアウト1、3塁という場面、ここで勝負の「代打・中田」。その年はじめて、ベンチから戦況を見守っていた主砲は、ホークスの守護神・サファテの3球目を弾き返し、レフト前への鮮やかなタイムリーヒット。意地の一打だった。

前日から、彼とはひと言も交わしていない。だが、魂のやり取りはたしかにあった。その答えが、このひと振りだったと信じている。

ただ、試合には1点差で敗れてしまった。起用しようと思えば、DHで使えたはずの四番を、自分の一存でスタメンから外した監督の責任は重い。

でも、いま振り返っても、あの日の決断を後悔してはいない。結果を引き受けるのが、監督の仕事。その覚悟をもって、信念をもって決断しなければならないことはある。

「四番・中田に代わりまして、代打・矢野」

この7年間でたった一度だけ、四番・中田に代打を送ったことがある。負傷によるものではなく、しかもチャンスに、だ。

それは、チームが日本一になった2016年のことだ。

数日前、首位ホークスに、このシーズン最大となる11・5ゲームの差をつけられ、ここから何とか巻き返したいと、みんな必死になっていた。

そんな中、4連勝とようやく波に乗り始め、迎えた6月27日のライオンズ戦。4点差を追う7回裏、2点を返し、さらに2アウト1、2塁というチャンスで、中田に、代打・矢野謙次を送った。

中田は、直近の10試合で38打数4安打、この日も3打席ヒットがなかった。とはいえ、調子が悪いからという理由で、彼を代えることはない。「相手をやっつけるんだ」という強い気持ち、戦う気持ちをもって必死になっていてくれさえすれば、それだけでも、い

てもらう意味はある。チームの四番は、誰よりも「命がけで勝ちにいく」という、戦う姿勢を体現する存在でなければならない。

だが、その気持ちが、あのときばかりは折れかかっているように見えた。それが、あそこで代打を送った理由だ。

代打の矢野は、一度もバットを振ることなくフォアボールを選び、満塁からタイムリーヒットがつながり、逆転勝利を呼び込んだ。

そして翌日、中田をスタメンから外した。腰痛も理由の一つだったが、一番は、闘志を取り戻してほしかったからだ。

本来、好調なときも、不調なときも、どんなときでも四番にふさわしい姿であり続けられるのが中田翔という男だ。だからこそ、数字など二の次で、四番はこの男しかいないと信じてきた。でもその彼から、中田翔であり続けようとする気持ちが薄れ始めていると感じたとき、それを取り戻してもらうために手を打たざるを得なかった。

「四番は中田翔」、その考えにブレはない。むしろ、闘志が薄れつつある中田をあのまま四番で使い続けていたら、それこそ自分がブレた、ということになったはずだ。そこがブレ始めると、きっとそれは選手たちにも伝わってしまう。

いつも同じ思考で、根拠をもって、ある答えに行き着く。そのときどきで行き着くところは違っても、考え方は変わらない、それが「ブレない」ということだと思っている。

8月には、サヨナラのチャンスで三振に倒れた中田が、試合中にもかかわらず、球場をあとにしようとしたこともあった。幸い、チームはその直後にサヨナラ勝ちを収めたため、それを見届けてからの帰宅にはなったようだが、翌日、彼を呼んで話をした。たとえどう思われようといい、それが一方通行になっても構わないと思って、心の叫びをありのままにぶつけた。

はたして、あれが正しい選択だったのかどうか、その答えはわからない。そもそも、答えなどどこにもない。

一つだけ事実として残ったのは、あの年、中田翔が自身2度目の打点王のタイトルを獲得し、ファイターズは日本一に輝いたというとだ。

いつも正解はないからこそ、こうやって信じて、前に進んでいくしかない。

最大の試練の後にキャプテンに指名した理由

日本一になった翌年の2017年シーズン、中田に最大の試練が訪れた。6年連続の「開幕四番」でスタートしたシーズンだったが、その打撃不振は深刻で、4番をレアードに任せざるを得ない試合も目立った。

シーズン終盤には、「チームに迷惑がかかるし、若い選手に示しがつかないのでファームに行かせてほしい」と直訴されたこともあった。

でも、そうさせるわけにはいかなかった。

「そう思うなら結果を出せ」と、あえて四番で使い続けた。

結局、打率はリーグワーストの2割1分6厘。そして、ホームラン16本、打点67というのは、いずれもレギュラー定着後、最も低い数字だった。

国内FA権を取得していたため、シーズン終了後は動向が注目されたが、「ふがいない成績でチームを去ることはできない」と、残留を表明してくれた。

そして、そのオフ、ファンフェスティバルが行われた札幌ドームで、「新キャプテン・中田翔」を発表した。さすがにファンの皆さんも少し驚いていたようだが、あの歓声とどよめきは、期待の表れに感じた。

実は、周囲からは反対されていた。

ご存じのように、中田は「やんちゃ」なタイプである。あの髪型やアクセサリーはいかがなものか、プロ野球界を代表するスター選

手たる者、もう少し身なりをきちんとすべきだ、という苦言も度々頂戴してきた。

　もちろん、ファイターズにも「チームでの移動の際には、必ずスーツを着用すること」など、身だしなみに関するチーム内の約束事はいくつか設けられている。だが、そこに髪型やアクセサリーを制限するものは含まれていない。そこまで縛り付けるべきではない、というのが球団の基本的な考え方だ。

　選手たちはみんなバラバラの環境で生まれ育ってきたのだから、何か一つのことを理解するにしても、人によって感じ方は異なるだろうし、成長の仕方だって違うはずだ。それを凝り固まった考えや先入観で縛り付けて、大切な素材を殺すことだけはしたくなかった。自分で気付き、自分の意思で変えていかなければ意味がない。つまるところ、本人の自覚の問題ということになる。

　そんな中、「自分らしくある」ということを模索し続けている中田に、チームのまとめ役であるキャプテンをお願いしてみた。

　やんちゃで、不器用で、決して優等生タイプではないキャプテンがいてもいいと思ったし、役割を持つことで人は変わる、そういった思いも込めての指名だった。

中田翔のレベルはいまのレベルではない

　小3のとき、野球を始めたという中田だが、キャプテンを任されたのはこれがはじめてだったという。どのカテゴリーでもキャプテンに指名される選手もいれば、またその逆もいる。そういった意味では、彼はいわゆる「キャプテンタイプ」の選手ではなかったということになる。

　でも、そんな彼なりに、キャプテン就任1年目となる2018年シーズンはよく頑張ってくれたと思う。キャプテンに求められる役割を、本当に一所懸命やり切ってくれた。

　象徴的だったのは、5月15日、東京ドームでのライオンズ戦だ。

０対０で迎えた７回の守備で、一塁側のベンチ前に上がった小飛球に向かって猛然とダッシュ、ダイビングして地面すれすれで好捕した。チームは直後の攻撃で２点を奪い、そのまま２対０で勝利した。

けれども我々は、彼にキャプテンとして、チームのために犠牲になってほしいと願っていたわけではない。誰よりも本人がそれを一番よくわかっていると思うが、我々が求めているものは、どこまでいっても中田翔自身の結果であるということだ。

あえて厳しいことを言うが、そういう意味では、我々は彼にこんな数字を求めているわけではない。中田翔という選手は、こんなレベルではない。

誰からも一流と認められる数字を残せるはずの選手なのだ。

彼には、どうかそのことをわかってほしい。

頑張ったからいいんじゃない、ということを。

言うまでもなく、ここで頑張るのはごく当たり前のこと。プロは結果を残すために頑張っているのであって、頑張ったから、といって評価される世界ではない。

もっと言うなら、中田翔はまだまだ頑張ってはいない。彼が本気で頑張ったら、こんな数字で終わるはずがないのだ。まだ、そこが救いだ。

もうこれ以上頑張れないというほど頑張ってこの数字なら、これが自分の実力だと納得してしまう可能性がある。それが一番怖い。でも、まだ頑張り切れていないなら、これからもっと頑張りようがある。

発奮したり、もっと頑張ろうと思ったり、そういうものの根っこにあるのは「志」だ。それはファイターズが大事にしている「人間力」にも通じる。こうしたい、こうなりたいという「志」から始まって、そこに対して何をしようとしたのか、そして何ができるのか。一所懸命やるのはわかる。では、何のために一所懸命やるのか、何のために全力疾走するのか。それは勝つため、結果を残すため。だ

から、ただやり続けてみたところでわからないことはたくさんある。勝って、はじめてわかることがある。勝つことを経験してみないと、直結しないことがたくさんある。

そういうふうに単純に考えていかないと、何ごとも前に進まない。

「四番・中田」のもう一つの理由

ホームラン王のレアードがいても、あの大谷翔平がいても、それでも中田翔を四番で使い続けてきたのには、もう一つ明確な理由がある。

たしかに、大谷の飛距離は半端じゃない。フリーバッティングだと、札幌ドームのライトスタンド上方にある大型ビジョンを直撃するんじゃないかと思うこともよくあった。いまやメジャーリーグで勝負するようになって、そのスケールはますます大きくなっている印象だ。

でも、少なくともファイターズにいた当時の彼には、明らかに苦手なボールがあり、残念ながら打てないタイプのピッチャーは、どうやっても打てない感じがあった。

それに対して、中田は「このタイプのピッチャーが来ると、からっきしダメ」という相手がいない。少しくらい苦手意識があっても、打つときは打つ。自分がどんな状態でも、どんなピッチャーが来ても、何とかしてくれそうな雰囲気があるというのは、とても重要なことだ。その可能性が高くないと、チームは背負えない。

「当たればデカい」ではないが、たとえ調子が悪くても、フルスイングできるというのも大きい。ホームランバッターのすごさってこういうことなんだろうな、というのは、これまで何度も感じさせられてきた。

そして何より、彼の最大のすごみは、状態が上がってきたときにある。状態が上がって、本当に集中すると、中田は打てないピッチャーがいなくなる。相手との力関係で、どうしても打てないという

ことがまったくない。どんなピッチャーが、どんなボールを投げてきても、打ててしまう。みんなが打てなくて苦しんでいるとき、チームを救ってくれるというのはそういうことだ。

どんなにすごいバッターでも、いつも打つことはできない。でも、いつも期待させるバッターでいることはできる。

そうじゃなきゃ、四番は張れないということだ。

未来のファイターズの中の、中田翔

2018年のオフ、前年は国内FA権を行使せずに残留してくれた中田だが、今度は海外FA権を取得し、またその去就が注目されていた。

結論としては、今回もFA権は行使せずに、チーム残留を決めてくれた。今回は3年契約だという。

2023年の開業を予定している新球場のイメージ映像には、中田の表情やバッティングシーンが映し出されていた。それが、たまたま現在の中心選手のものを使用しただけなのか、それとも別な意図もあって球団が用意したものなのか、それはわからない。いずれにしても、新球場が完成したとき、先頭に立って頑張ってほしいという球団の純粋な思いが、中田翔という「永遠の野球少年」に伝わったのだと思う。

さらに加えて、彼には2年連続となるキャプテンを引き受けてもらった。

「今年（2018年）は悔しいシーズンだったので、やり返したい気持ちがある。きれいごとを並べてもしょうがない。叩きつぶす気持ちで行く。クールだとか格好いい野球は必要ない。がむしゃらに戦っていきたい」

そう語った彼のキャプテンシーは、新入団の選手にも届いていた。

夏の甲子園で準優勝した秋田・金足農業から、ドラフト1位での入団が決まった吉田輝星は、

「中田翔選手に会ってみたい。四番を担う雰囲気がすごい」

「中田翔選手のようにチームを引っ張る選手になりたい」

　と、中田への憧れにも似た思いを語っていた。

　テレビ番組でも印象的な企画があった。

　『報道ステーション』（テレビ朝日）の、今年（2018年）一番熱く盛り上がったシーンを、各球団100人のファンに聞いたというコーナーで、ファイターズファンが一番に選んでくれたのは、8月1日、帯広で行われたマリーンズ戦の、中田翔のサヨナラヒットだった。中田翔という男は、やっぱりみんなに愛されているんだなと、つくづく感じさせられた。

2018年、「四番」を壊す清宮幸太郎という存在

すべて中田翔にかかっている

　そしていま、新シーズンに向け、自分はチームを壊そうと考えている。本当に新しいものを作るには、いったん壊す必要がある。

　そのために、覚悟を持って、いったん発想をゼロベースに戻す。そう、「四番・中田翔」も含めてだ。

　真の四番たる存在感を示し、その座を守り続けるのか、それとも誰かに明け渡してしまうのか。それは、すべて中田翔、本人にかかっている。

　たとえ中田であっても、調子が悪ければ試合には出られない。DHも考えていない。守って、打つ、それ以外に選択肢はない。「壊す」というのは、そういうことだ。

　彼には、球界の未来のためにも、日本のプロ野球を代表する真の四番になってほしいと願い続けてきた。しかし、それよりも何よりも、チームが勝つために、彼には不動の四番バッターであり続けてもらわなくては困るというのが、監督としての本音だった。それが、チームが一番勝ちやすい形だと信じてきたからだ。

そこをいったんリセットして、いま一度、ゼロベースでチームが一番勝ちやすい形を考えてみる。

それが、「四番・中田翔」なのか、それとも遠くない将来、「四番・清宮幸太郎」ということになるのか。

あくまでも将来のためではなく、まずは次のシーズン、日本一になるための選択をしなくてはならない。

清宮幸太郎という才能

当時、高校通算ホームランの最多記録を持っていた中田翔の入団からちょうど10年、その記録を大きく上回る111発という記録をひっさげ、清宮幸太郎はファイターズにやってきた。

ドラフト会議で7球団が競合した逸材だけに、周囲の期待は大きかったが、1月の新人合同自主トレで右手親指を打撲し、キャンプではなかなか打撃練習ができなかった。

オープン戦では、19打席ノーヒットと不振が続き、さらに、3月中旬には「限局性腹膜炎」で緊急入院。その影響で、体重は8キロ減ったという。というわけで、彼のプロ生活は、まずは野球ができる体に戻していくことから始まった。

開幕は二軍で迎え、公式戦初ヒットが生まれたのは4月17日、イースタン・リーグの東北楽天ゴールデンイーグルス戦。普通にやれば打つのはわかっていたので、ヒットを打ったと聞いても、「ああ、ようやく元気になってきたんだなぁ」という感じだった。

一軍デビューは5月2日のこれもイーグルス戦で、「6番・DH」で出場すると、2回の第1打席、いきなりセンターオーバーのツーベースを放ち、札幌ドームのファンを喜ばせた。

相手は、球界を代表するピッチャーの一人である岸孝之。

そう思うと、ファイターズは不思議と岸とは縁がある。先にも書いたように、優勝した2012年、中田翔の覚醒を確信したホームランは、当時ライオンズの岸から放ったものだった。さらに、翌2013

年の開幕戦、「8番・ライト」で先発出場したルーキーの大谷翔平が、5回の第2打席、プロ初ヒットとなるライト線へのツーベースを放った相手も岸。そして、今度は清宮。

中田、大谷、清宮、そういう星の下に生まれた選手は、本当に力のある選手と巡り会うようにできているのかもしれない。

1年目は「必要なものを与えていく」

デビュー戦で、運良く初ヒットが出た清宮だったが、その後、トントン拍子にはいかなかった。

21試合に出場して、打率1割7分9厘、ホームラン1本、打点2。5月末の交流戦開幕を前に、もう一度、二軍に行ってもらった。一カ月弱、一緒に野球をやってみて、一軍で活躍するためにはやっておかなければならないことがたくさんある、ということが改めてよくわかった。それがはっきりしたので、それを経験させるためにファームに行かせた。そこで前に進めば、また一軍で、別な経験をしてもらう。

1年目の道筋としては、彼に必要なものをちゃんと与えていく、ということがベースになっていた。これは清宮に限らず、すべてのルーキーに言えることだ。

野球界では「即戦力」という言葉がよく使われるが、監督になって、ドラフト1位で獲った選手が、1年目からチームの勝ち、優勝に貢献してくれるイメージを持ったことはない。

2014年秋のドラフトで4球団が競合した早稲田大の有原航平は、即戦力の呼び声高いピッチャーだったが、ファイターズが抽選で交渉権を獲得し、入団が決まったあとも、やはり1年目は「必要なものを与えていく」ということを第一に考えていた。

高卒ルーキーであれば、なおさらそう。清宮のずば抜けた能力に疑いの余地はないが、これから長くプロの世界でやっていくためには、必ず通らなければならない「道筋」がある。そういう意味では、

最初のうちに、中途半端に結果が出なくて良かったとも思う。それでは、彼のためにならなかったと思うので。

ダメなものがはっきりと出てくれたおかげで、本来通るべき道筋を、ああして歩むことができたのだと思う。

「タイミング」は、野球の神様からのメッセージ

清宮を再び一軍に呼んだのは、忘れもしない8月21日のことだ。同じ左のスラッガーであるアルシアのコンディションが思わしくなく、3日前に登録を抹消していたという背景もあっての再昇格だったが、実は清宮自身も万全の状態ではなく、ファームでも守備に就くことを見合わせているような状況だった。

それでも、半ば強引に呼び寄せたのは、この日予定されていたのが、静岡・草薙球場での試合だったからだ。草薙球場には、沢村栄治、ベーブ・ルースの銅像が鎮座している。1934年の日米野球での、伝説の対決を記念したモニュメントだ。あくまでも個人的な印象だが、清宮の風貌は、あのベーブ・ルースと重なるところがあり、うまくタイミングが合えば、「会わせて」やりたいと思っていた。

試合前、時間を縫って、銅像に足を運んだという清宮は、その日、「6番・DH」で出場し、7回の第3打席、ライトスタンドにツーランホームランを叩き込んだ。あれは、きっとベーブ・ルースが打たせてくれたホームランなのだと、これも個人的にだが、思っている。

それで思うのは、そういう選手にはおのずと「タイミング」が訪れる、ということだ。タイミングは、野球の神様からのメッセージだと思っている。それを、ちゃんと受け取れるかどうか。受け取るためには、いつでも行けるように、しっかりと準備だけはしておかなければならない。

一所懸命やっていれば、いつか必ずタイミングは訪れる。一所懸命やっていなければ、それは気付かぬうちに流れてしまう。

そして、監督の立場からすると、そのタイミングはまるで頃合い

を見計らったかのように、「ここで来たか」というところで訪れることが多いように感じる。ゆえに、タイミングはメッセージと考えるようになった。

そのとき、変な先入観を持っていると、「そんなの常識的に無理だよね」みたいな発想になって、タイミングを見逃してしまう可能性がある。ある程度、経験を積んで、少しずつ野球がわかり始めてきたという意識が芽生え出すと、その落とし穴に陥りがちだ。そうならないためにも、いつもフラットに、プレーンに、ピュアに、先入観を捨てて、野球とは向き合っていかなければならない。ファイターズの哲学でもある。

清宮幸太郎の守備をどう捉えるか

清宮の守備について、たびたび指摘されることがある。

「プロとして恥ずかしくないレベルにあるのか」という点だ。

たしかに、彼の守りは、お世辞にも「うまい」とは言えない。かと言って、プロでプレーできないレベルでもない。まあ、本人が恥ずかしいと思わない範囲であれば、その中で少しずつ前に進めばいい、というのが正直なところだ。

そもそも、実はその点については、あまり論じる必要がないと思っている。端的に言えば、「清宮幸太郎に、日本一のファーストの守備を求めるのか」ということだ。

それより、ホームラン50本を求めたい。50本打ってくれれば、多少のことは我慢できる。

例に出して大変申し訳ないが、2018年のパ・リーグを制したライオンズの内野守備はどうだったか。ショートに、スペシャルな存在である源田壮亮はいたが、それ以外は「それなり」だったように思う。でも、チームがあれだけ打ちまくると、大概のことは気にならなくなるし、源田の印象に引っ張られたのか、周りもだんだんうまく見えるようになっていった。バッティングに関する「自信」が

もたらす好影響も、少なくなかったかもしれない。つまり、そういうことなのだ。

何より、そういう考え方をしておいたほうが、人は活かせる。選手が持っている能力、特長をうまく使って、チームを勝たせるのが我々の仕事だ。

そう考えれば、清宮の守備は「それなり」でもいい。

「ネクスト」で終わった清宮幸太郎の1年目

勝者はライオンズが待つファイナルステージへ、敗者はその時点でシーズン終了となる、ホークスとのクライマックスシリーズ・ファーストステージ第3戦。3点を追う9回表、ツーアウト1塁で打席にベテランの田中賢介、ネクストバッターズサークルには、代打での出番を待つ清宮幸太郎が控えていた。両チーム合わせて6本のホームランが飛び交ったこの試合、はたして「一発が出れば同点」という場面は訪れるのか……。

あのとき、もしそうなっていたら、裏の守備のことはどう考えていたのかと、オフになって何人もに尋ねられた。清宮に同点スリーランが出ていたら、中田をサードにまわして、ファーストに清宮、いや、淺間大基をサードに入れて、中田か清宮のどちらかを下げる……。考え方はいくつもあった。でも、裏の守りなんて関係ない。追いつかなければ何も始まらないのだ。本当に野球の神様がいるなら、どうか清宮まで回してください、ただひたすらそう願っていた。

しかし、その場面は訪れなかった。チームの敗退が決まり、清宮の1年目はネクストバッターズサークルで終わった。

彼には、なぜあの場所で終わったのか、そのことを考えてほしい。

高校までの野球人生は順風満帆だった清宮にとって、おそらくはじめて我慢することを強いられた一年だったのではないか。記憶に残る7本のアーチは描いたものの、ベンチ入りしたクライマックスシリーズでは、結局、出番はやってこなかった。それはいったいな

ぜなのか。

　一つ言えるのは、あの時点で、機会を「与えられて」出場する時期は、もうすでに終わっていたということだ。

　クライマックスシリーズのとき、清宮の状態はとても良かった。打撃練習を見ていて、正直、使いたいと思った。でも、使えなかった。超短期決戦のファーストステージで、少しでも勝つ確率を上げるためにはどのメンバーで臨むべきなのか、相手が一番嫌がるのはどんなラインナップなのか、少なくともその答えの中に彼の名前はなかった。

　もしかすると、監督をやって1、2年目の自分だったら、与えて、与えて、ダメでもいいから経験させて、それを次に活かしてくれればいいというふうに考えたかもしれない。でも、この何年かやってきて、本人は悔しいかもしれないけれど、その悔しさを味わわせることも大切だということを肌で感じてきた。そのほうが本人のためになると思ったら、あえてそれをやるのが本当の愛情だと。

　出番がなかったことがこれからどんな意味を持ってくるのか、その答えはわからない。ベンチに入ったことが大きな経験だったのかどうかさえ、いまはまだわからない。

　ただ、試合に出ることだけが野球じゃない。あそこから野球を観ること、あの超短期決戦のすごさ、怖さ、面白さ、すべて含んだその空気を知っておくこと、それにも意味はあると思っていた。

　そう、1年目の清宮幸太郎は、代打での出番を待ち、ネクストバッターズサークルで終わる選手だったということ、それだけだ。

　2019年、キャプテンとして2年目を迎える中田は、「四番・中田翔」であり続けるのか。はたまた、プロ野球選手として2年目を迎える清宮が、「四番・清宮幸太郎」の扉を開けるのか。どちらであっても、ファイターズ日本一への挑戦の、最重要ポイントであることに間違いない。

第3章：監督としての1000試合
7年目の備忘録とともに

監督として1000試合　何もわかっていない

2012年	1 位	144試合	74勝59敗11分（＋9 試合）
2013年	6 位	144試合	64勝78敗2 分
2014年	3 位	144試合	73勝68敗3 分（＋9 試合）
2015年	2 位	143試合	79勝62敗2 分（＋3 試合）
2016年	1 位	143試合	87勝53敗3 分（＋11試合）
2017年	5 位	143試合	60勝83敗
2018年	3 位	143試合	74勝66敗3 分（＋3 試合）

1004試合（＋35試合）＝計1039試合

［北海道日本ハムファイターズ　年度別成績※（ ）内はポストシーズン］

監督として、7年目のシーズンを終えた。

プレイヤーとしては7年間で現役生活を終えているので、その年数に並んでしまったことになる。現役時代の出場は494試合、監督としては驚くことに1000試合を超えた。この歳になって、勝った負けたで毎日ヘトヘトになれる、野球人としてこれほど幸せなことはない。

ぼんやりとだが、以前から1000試合くらい指揮を執れば、ようやく何かがわかってくるかもしれないと思っていた。そして、気付けばその1000試合を超えて、自分はまだ何もわかっていないということだけは、はっきりした。残念ながら、よくわかったのはそれだけだ。

ただ、たくさん試合をやらせてもらったおかげか、この指示や采

配には何か意図があるのではないかと、何となく周囲が感じてくれる雰囲気が出てきて、ハナから食ってかかられることが少なくなったように思う。変わったのは、それくらいのものだ。

監督1年目～2012年

1年目は何もわからないまま、ただがむしゃらにやって、チームのみんなに勝たせてもらった優勝だった。

当時、ヘッドコーチだった福良淳一さんは本当に野球を知り尽くした人で、「うちは栗山みたいのを監督にするチームなんだから、とにかく監督のやりたいようにやらせてあげようよ」と考えてくれた。まだ右も左もわからない、まるでピカピカの小学1年生のような監督を、福良さんがいつもそばで支えてくれた。あのとき、もし誰かに「監督の仕事はこういうものですよ」と教えられていたら、自分ではどこか違うと思っていても、そういうものだと思い込んでいた可能性はある。それくらい何もわかっていなかった。

それでも本当に好き勝手やらせてくれたから、いまの自分がいる。これは「周りのおかげ」以外の何物でもない。

その後、バファローズの監督になられた福良さんに、ある日、こんなことを言われた。

「僕、監督を見ていて学んだこともあったんですよ。こんなに強気にいろんなことができる人もいるんだなって」

その言葉には、苦笑いするしかなかった。

何もわからないというのは恐ろしいもので、あの頃は「超」の付く「怖いもの知らず」だったのだと思う。「怖い」ということが何なのかすらわからない。だから野球をよく知っている人が見たらゾッとするようなやり方ができてしまう。それを周囲に悟られないよう、福良さんは裏でこっそり何から何までフォローしてくれた。それでいきなり優勝させてもらったのだから、こんなに幸運な男がいるだろうか。

それを思うと、最近はたしかに怖がっている自分がいる。経験を重ねてきたことによって、勝たなきゃいけないという意識が強くなり過ぎ、知らず知らずのうちに気持ちが守りに入っているのかもしれない。

　昨年（2018年）、厚澤和幸ベンチコーチに「こんなことして大丈夫かな？」と何の気なしに尋ねたことがある。普通に考えたらあり得ない作戦だったからだ。そしたら、「監督、いままでご自分がどれだけ無茶なことをしてきたかわかります？」と笑われた。「それに比べれば、それくらいじゃ誰も何も思わないですよ」って。たしかに最近、ちょっと大人しくなりすぎかな、と思うことはある。まぁ、それでもほかの人に比べたら、相当めちゃくちゃなことはやっているけれど。

　それにしても1年目、もしあそこで優勝できず、Bクラスに終わっていたら、それこそ何もわからないまま辞めていたはずだ。早いうちに結果が出たことによって、落ち着いていろんなことを見せてもらえたのはとても大きかった気がする。

　あの年は、リーグ優勝の勢いそのままに、ホークスとのクライマックスシリーズを3連勝（優勝のアドバンテージを加え、4勝0敗）で突破し、ジャイアンツとの日本シリーズに挑んだ。結果は2勝4敗で敗れ、日本一とはならなかった。

　余談だが、あの日本シリーズの第1戦、東京ドームで始球式を行ったのが、リトルリーグの世界選手権で優勝した東京北砂リーグの清宮幸太郎だった。その5年後、ファイターズでチームメイトとなるのだから、やはり縁とは不思議なものだ。

　さて、はじめての日本シリーズを戦って、自分なりにチームに足りないもの、これから必要になるであろう3つのことがはっきりと見えた気がしていた。そしてそのオフ、千葉の鎌ケ谷にあるファームの施設で、若手選手たちにそのことを伝えた。その中には当時3

年目の中島卓也、２年目の西川遥輝、１年目の近藤健介らもいたはずだ。そこで、彼らに伝えた３つのこととは、

一、さらに身体の強さを求めること

一、野球脳をさらにレベルアップすること

一、人間力を上げること

　特に人間力を上げること、それには力を込めた。プロ野球選手としてどうあるべきかの前に、まずは人としてどうあるべきか、必ず問われることになる。人としての規範は、間違いなくプロ野球選手としての規範に通じる。そして１章で指摘したとおり、ファイターズというチームを考えたときに、プロ野球選手としての成功に欠かせないものになる。

　「人間力」は最も根源的で、かつ何よりも重要なテーマだ。若い選手たちには、そのことを感じてもらいたかった。

監督２年目〜2013年

　２年目は、ファイターズが北海道に本拠地を移して10年目にあたる節目の年だった。そこで、移転以来初の最下位という、ファンの皆さんには本当に申し訳ない結果に終わってしまった。

　１年目は何もわからないまま優勝させてもらって、２年目は何もできないまま最下位に沈んだ。何かしなければいけないともがき続け、最後まで何もできなかったという感覚だ。

　そもそも、自分が監督として何かしなければいけないと考えたことが、間違いの始まりだったような気もする。いきなり優勝させてもらったことで、次の年は、はじめから勝てる前提になってしまっている自分がいた。大谷翔平という稀有な才能を迎え、その大きなプラスアルファがある今年も必ず勝てる。普通に戦えば、本当に連覇できると思っていた。でも、現実は厳しかった。

　開幕から投打の歯車がまったく噛み合わず、５月には９連敗を喫し、借金は二桁にまで膨れ上がった。そういうとき、人間は弱い生

き物だから、自分を楽なほうへ、楽なほうへと理由付けしてしまう。「去年勝ったんだから、今年は成長する時期だ」といった具合だ。でも、それは逃げだ。その思考が芽生えたときには、もう勝負はついている。それがあのときの自分には、まだわかっていなかった。

ただ、わずか2年の間に、てっぺんとどん底の両方を見せてもらったことには、大きな意味があった。その受け入れがたい落差があったことで、選手には無理を言えたし、彼らもその自覚があるから聞き入れざるをえない。とことん落ち切ったその経験を、今後にどう活かすか。それがすべてだということを、改めて肌で感じさせてもらった年だった。

また、この最下位は、もう一つ別な手応えも与えてくれた。

傍から見ていると、AクラスとBクラス、特に上位のチームと最下位とでは大きな戦力の差があるように映るが、現場の感覚的には実はそうでもないということだ。全員が持てる力を発揮して、一年間、気持ちを一つにして戦うことができるかどうか、それによって順位が決まってくるのがプロ野球だ。だから、優勝チームが翌年、最下位になることもあれば、その逆もある。

監督3年目〜2014年

3年目、チームは世代交代という名の過渡期に差しかかっていた。42歳になる稲葉篤紀、39歳になる金子誠、ファイターズの象徴ともいうべき2人のベテランには、確実に引退のときが近づいており、彼らが健在なうちに、能力のある若手選手には経験を積ませておきたかった。

シーズン中、スタメンには20代前半の選手がずらりと並び、前年は332打席だった西川が637打席に、同じく272打席だった中島が461打席に立ち、ともにはじめて規定打席を突破、十分にやっていけることを証明してくれた。

そして、3位でクライマックスシリーズに進出し、この年、シー

ズン最多勝を挙げながら勝率わずか2厘の差に泣いたバファローズと対戦。

1勝1敗で迎えた第3戦、すでに引退を表明していた稲葉の代打同点タイムリーで追いつくと、1対1の同点で迎えた延長10回表、先頭の中田翔が値千金の決勝ホームラン、四番のひと振りで決着をつけた。

さらに、インターバルなく翌日から始まったホークスとのファイナルステージでも、中田はホームラン4本の大暴れ。しかもすべて6回以降の価値ある一発で、圧倒的な勝負強さを示してくれた。

リーグ優勝したホークスのアドバンテージ1勝分を加え、3勝3敗のタイで迎えた第6戦、最後は残念ながら力尽き、日本シリーズ進出はならなかったが、クライマックスシリーズをフルに戦い抜いた9試合は、若い選手たちにとって何物にも代えがたい貴重な経験となった。それは、引退する稲葉、金子への最高の「はなむけ」となったに違いない。

「石の上にも3年」ということわざがあるが、まだ成功したとはいえないまでも、監督を3年やらせてもらって、はじめて自分の置かれている「位置」がわかってきた。ファイターズはどういうチームで、パ・リーグの中でどういう位置にいて、その中で自分はどういうポジションにいて、何をしなければならないのか、そういったことがおぼろげながらわかってきた感覚だった。

監督4年目〜2015年

監督という仕事は、2、3年やったくらいではわからないものなのだと思う。それは自分に能力がないせいなのかもしれないが、それが正直なところだ。

監督4年目を迎える2015年の1月1日、自分との約束に「未徹在」——未だに徹せず、つまり未熟であること——の3文字を記し、いかに未熟であるかを意識し続けることを自らに課した。プロとプロ

がしのぎを削るこの世界、年間140試合を超える真剣勝負を繰り返していく中で、そのすべてに勝利することなどあり得ない。つねに負けから学びを得ることが次の勝利につながる。その積み重ねが優勝という結果なのだ。だからこそ、未熟さを謙虚に受け止め続けることができれば、それは必ず結実する、そう信じていた。

当時のチーム事情はというと、前年限りで稲葉と金子の2人が引退し、内野の要だった大引啓次、小谷野栄一もFA移籍でチームを去った。一方、主だったプラス材料は、3年ぶりにアメリカから復帰した田中賢介と、ドラフト1位の即戦力ルーキー・有原航平が目立つ程度。単純な足し算・引き算だけでいえば、他球団には見劣りすると、開幕前の評価は軒並み低かった。

ただ、そんな中でも優勝できると信じて臨み、その確信を抱いて最後まで戦い抜いたシーズンだった。

そして、チームは下馬評を覆し、監督就任以来最多となる79勝をマークした。でも、優勝はできなかった。

この年、ホークスは90勝という圧倒的な数字でリーグ連覇を達成。2位ファイターズは、12ゲーム差と大きく水をあけられてのフィニッシュだった。

そして、クライマックスシリーズでは、ファーストステージで3位のマリーンズに敗れ、戦いを終えた。

監督5年目〜2016年

優勝、最下位、3位、2位と、いろいろな順位を経験しながら、良いも悪いもこういう感じなんだな、というのを実感させてもらった部分は大きかった。

ただ、だんだん最後に勝ち切るイメージができなくなってきていて、勝つのはどうしようもなく難しいと感じ始めていたタイミングだった。それが2016年だ。そこで、野球の神様が勝たせてくれた。

球団新記録の15連勝をマークし、最大11・5ゲーム差をつけら

れていたホークスを、最後は一気に抜き去っての歴史的な大逆転優勝は、未だ色あせない記憶だ。

　前の年、最多勝、最優秀防御率、勝率第1位の投手三冠を達成した大谷翔平が、満を持してのDH解除で真の二刀流をスタートさせた。

　7月3日、首位ホークスとの直接対決、同一カード3連勝がかかったこの試合で「1番・ピッチャー大谷」の勝負手を打つ。すると1回表、最初の打席でいきなり初球をホームラン。投げても8回無失点という、投打ともに非の打ちどころのないパフォーマンスで、大きな流れを作った。

　14連勝となったマリーンズ戦（7月10日）は、9回ツーアウトまで追い詰められながら、田中賢介が起死回生の同点ホームラン。延長12回裏、最後はレアードのサヨナラホームランが飛び出し、劇的な勝利で北海道日本ハムファイターズとしてホーム通算500勝というメモリアル勝利を飾った。シーズン終盤、ゲーム差なしで迎えた首位ホークスとの大一番、1点リードで迎えた最終回の守り、ワンアウト2、3塁という絶体絶命のピンチを招いたが、そこでマウンドを託した谷元圭介は、続くバッターを空振り三振に仕留め、最後はセンター後方への大飛球を陽岱鋼がスーパーキャッチ、再び首位の座を奪い返した。

　そして、マジック1で迎えた9月28日、先発した大谷がライオンズ打線に許したヒットは1本、与えたフォアボールは1つ、奪った三振数は15個。見事な完封勝利で、チームを4年ぶりのパ・リーグ制覇に導いた。

　さらに、クライマックスシリーズでもホークスを破り、日本シリーズではセ・リーグの覇者・カープとの激闘を制した。第3戦、あの年限りで引退したレジェンド・黒田博樹と、大谷翔平の対戦は、これからも長く語り継がれることだろう。

　もしあの年に勝つことができず、4年連続で優勝を逃していたら、監督という仕事が怖くなり過ぎていたかもしれない。そんな時期に、

野球の神様は何かしらのメッセージをもって、勝たせてくれたのだと思う。

監督6年目〜2017年

　勝てるという確信をもって臨んだシーズンは、これまでにもあった。たとえば、先に書いた2013年がそれだ。だが、それは「何がなんでも勝たなければならない」という感覚に近く、勝つことを計算していた状態とは少し違う。

　そういう意味では、「こうなれば勝てる」という皮算用をして臨んでしまったはじめてのケースが、2017年だったかもしれない。

　日本一を経験して、少しわかった気になってしまった。陽岱鋼や吉川光夫が抜けたとはいえ、多くの日本一メンバーが残り、村田透や大田泰示という上積みもあった。このメンバーなら今年も勝てるんじゃないか、と。

　それが、残酷なくらいにあれだけ沈む。開幕直後に6連敗、さらに10連敗もあって大きく出遅れ、そのまま一度も上位争いに加わることなく、5位で終了。借金23は6年目でワーストの記録だった。「勝てるんじゃないか」と、ふと思った瞬間に負けなのかもしれない。このメンバーなら勝てるかもしれないと思った瞬間に負け。それがプロ野球。その当たり前のことを、改めて思い知らされた。

　こうしたら負ける——6年間で思い知らされたことだ。
「去年勝ったんだから、今年は成長する時期だ」、この時点で勝てない。
「このメンバーなら勝てるかもしれない」、皮算用をしたら負け……。

　そして7年目。計算の勝ち負けとは別に、「優勝できる」という確信をもって臨んだ、はじめてのシーズンだった。

　どういうことか。2018年シーズンのことを振り返ってみたい。

「戦力が整いました。絶対に優勝します」

監督7年目〜2018年

　前の年は、十分に連続日本一も狙える戦力だったはずのチームがまったく波に乗れず、本当に苦しみ抜いたシーズンだった。

　いまだから正直に言えるが、そんな状況だったことから8月を迎える頃には、すでに次のシーズンを見据えるようになっていた。もちろん毎日全力で戦うし、必死に勝ちにはいくんだけど、勝つためだったら後先のことは考えない、というようなやり方はしない。後先につながること、つまり次のシーズンにどう活かせるかを常に意識しながら戦っていた。

　普通はすべての試合が終わってから、半年かけて新しいシーズンの準備をするところを、2018年に関しては、前年から早めにスタートして、一年かけて準備したという意識があった。

　だからこそ、例年にも増して、がむしゃらに優勝を狙いにいったシーズンだった。

　ただ、周囲の評価は違った。

　というのも、投打の柱である二刀流の大谷翔平がロサンゼルス・エンゼルスに移籍し、長年チームを支えてくれた絶対的クローザーの増井浩俊と、正捕手・大野奨太の二人が、FAの権利を行使してチームを離れたからだ。前年5位のチームが、そこから大きく戦力ダウンしたとなれば、優勝はおろかAクラスの予想すら見当たらなくても無理はない。

　でも、こっちはそんなふうには思っていなかった。強がりでもなんでもなく、普通に戦えば十分にペナントレースを勝ち切れるだけの戦力はある、そう思っていた。

　唯一恐れていたのは、チーム内に「翔平も抜けたし、今年は難しいかもしれない……」、そういった不安な空気が広がることだった。

毎年１月、一軍、二軍の監督、コーチ、スタッフの全員が集まる会議がある。その席で、吉村浩GMは力強く言い切った。

「今年は戦力が整いました。絶対に優勝します」

　そこで思い出したのは、日本一になった2016年のキャンプのことだ。あのときも彼は、コーチ陣を前にして「絶対に優勝できます。コーチの皆さんが必ず勝たせてくれると信じています」と伝えた。そこまではっきりとした言葉を聞いたのははじめてだったので、気になってその意図を尋ねてみた。返ってきた答えはこうだった。

「同じことは毎年思っています。いつも勝てる戦力を整えて、皆さんにチームをお預けしているつもりです。ただ、それを言葉にして伝えるか伝えないかだけの話です」

　つまり、今年は言葉にして伝える必要がある、そうGMは考えた。なんら見劣りすることなく、きっと優勝できるはずのチームなのに、要らぬ不安を抱えていてほしくない。

　彼と考えは一緒だった。本気で優勝できると信じていた。

開幕投手にロドリゲスを起用した真意

　プロ野球という世界において、開幕投手はやはり特別な意味を持つものだと感じている。時にはエースの存在を明らかにするものであり、時には期待の大きさを表すものであり、時にはシーズンを通して戦う姿勢を示すものである。

　現在、ペナントレースは143試合で争われているが、なかなか143分の１と割り切ることができない、それが開幕戦であり、開幕投手なのだ。

　改めて振り返ってみると、１年目が斎藤佑樹、２年目が武田勝、３年目が吉川光夫、４、５年目が大谷翔平、６年目が有原航平。毎年、本人に対する思いはもちろん、チーム全体への強いメッセージも込めて開幕のマウンドに送り出してきた。

　2018年シーズン、その大切な開幕投手に新外国人のロドリゲス

を指名した。

　これまでの「栗山」の印象からか、外国人投手、それも新外国人に開幕を任せるというのは、あり得ないと感じた方も多かったようだ。実際、自分でもそう思う。

　それを決断するに至るには、まず大きな誤算があった。当初、2年連続の開幕投手を想定していた有原が、2月のアリゾナキャンプで右肩に炎症を起こして離脱。開幕には間に合わないということが判明したのだ。

　そこで、まずは明確な切り替えが必要だった。開幕投手は、誰かがそう簡単に代わりを務められるようなものではない。つまり、有原の「代役」という考えは捨てなければならないということだ。彼が間に合わないとわかった時点で、自分の気持ちの中では「開幕投手を決める」のではなく、「開幕第1戦の先発ピッチャーを決める」と切り替えていた。

　これは同じことのようで、決して同じことではない。

　そして、そこに上沢直之、高梨裕稔、加藤貴之といった前年に先発で実績を残したピッチャーを起用しなかったのは、外国人枠をどう最大限に活かすか、という戦略的なプランが関係している。

　2018年シーズン、先発候補のマルティネスとロドリゲス、クローザー候補のトンキン、野手ではクリーンナップでの活躍が期待されるアルシア、計4人の新外国人を獲得した。だが、同時に出場選手登録（一軍登録）できる外国人は4人までという規定がある。3年連続で30本塁打を打っていたレアードが確定となると、新加入のうち誰か一人を外さなくてはならない。そこで、最も現実的な案として浮上したのが、先発候補2人のいずれかを開幕戦で使い、すぐに登録を抹消して、もう一人と入れ替えるというものだ。

　その時点での期待値は、来日前の実績も含め、マルティネスのほうが上だった。「では、そのマルティネスを開幕投手に」とはならないのがパズルの難しいところだ。いったん登録を抹消すると、10

日間は再登録できないという規定がある。つまり開幕戦に投げさせて、即抹消という手段を取ると、必然的に次の登板までは10日以上空くことになるのだ。優勝するためには、先発ローテーションの柱になってもらわなければ困るマルティネスを、いきなりそうさせるわけにはいかない。結果、新外国人の先発候補としては2番手の評価だったロドリゲスに、開幕戦のマウンドを託すことになった。

形にこだわらず、2018年はがむしゃらに一つずつ勝ち星を拾い集めていく。そして、絶対に優勝するんだというメッセージを、開幕投手の指名によって選手たちに示した恰好だ。

周りからどう見られても関係ない。プロ野球の開幕投手とはこういうものだとか、ファイターズはこういうスタイルだとか、そんなことよりも絶対に勝たなきゃいけないということを優先した選択とも言える。

新戦力の可能性を探りながら、チームが一番勝ちやすい状態を保つためにも、それがベストだろうという判断をしたつもりだ。

「おまえが試合を決めるな。勘違いするな」

優勝を信じて臨んだ新シーズン、本拠地・札幌ドームにライオンズを迎えた開幕カードは、まさかの3連敗に終わった。これはさすがにショックだった。最悪でも1勝2敗、同一カード3連敗だけは避けなければならない、いつもそう考えながら長いシーズンを戦っているが、それをいきなり喰らってしまった恰好だ。

ただ、必ずどこかで返せるという思いもあった。

次のライオンズとの対戦は、ビジターでの2連戦。そこも含めてのトータルパッケージというイメージを持って、そこで2つ取れれば、また落ち着いて野球ができる。

約2週間後（4月17日）にやってきたリベンジの機会。その初戦、ライオンズの主催ゲームでありながら東京ドームで行われた試合は、アルシアの来日第1号を含む、3本のホームランが飛び出して、7

対2で勝利した。そして、埼玉に移動しての2戦目は、5回表に均衡を破って先制すると、7回に4点、8回に3点を加え、8対0という一方的な展開となった。

「これで明日から、また落ち着いて野球ができる」

　そのわずかな心のスキが、取り返しのつかない事態を招くことになる。

　7回までわずか3安打に抑えていた先発の高梨裕稔から、2番手にスイッチした8回裏、突如、ライオンズの強力打線が目を覚ます。マウンドに送った3人のピッチャーがことごとく失点を重ね、最後は、この回11人目のバッターに対し、「勝利の方程式」の要である宮西尚生まで投入して、強引に3つ目のアウトをもぎ取るしかなかった。8回終了時点でスコアは8対7、あっという間に1点差まで詰め寄られていた。

　そして最終回、もはや勢いを食い止めるすべはなく、屈辱の逆転サヨナラ負け。8、9回だけで8点差以上を逆転されたのは、プロ野球史上初めてのことだそうだ。

　8対0からチームを勝たせることができなかったのは、まったく言い訳の余地もなく、100％監督の責任だ。とことん落ち込んだ。その夜は一睡もできず、監督を辞めなきゃいけないのではないかと真剣に考えた。ああいう試合だけは絶対にやっちゃいけない、と思っていたので。

　それにしても、8回は怖い。それが9回であれば、腹をくくって試合を終わらせることだけ考えればいいが、8回だとそうはいかない。点差を詰められて、勢いに乗せた状態で最終回を迎えなければならない。これが本当に難しい。もちろん、その怖さはよくわかっているつもりだった。なのに、現実にああいうことが起こってしまう。前の日からの良い流れもあり、無意識のうちに「行ける」と思ってしまっている自分がいた。「おまえが試合を決めるな。勘違い

するな」、そんなメッセージを受け取った試合だった。

「あれで決まった」は、結果論に過ぎない

　この試合が象徴するように、監督7年目、2018年のペナントレースを振り返ったとき、うちがライオンズを勢い付けてしまったことは否定できないだろう。ただ、あの大逆転負けは象徴的でこそあったが、決してあれで決まったとは思っていない。なぜなら、あれはうちが浮上するきっかけにもなり得たはずだからだ。

　ひっくり返された怖さを引きずって、いつまでも自分たちの野球が取り戻せなければマイナスだし、それを大きなターニングポイントにできればプラスにもなる。「こんな恥ずかしい試合は二度としない」とみんなが強く思うことで、チームが前に進むこともある。

　実際、それを強く感じさせられた試合があった。5月27日、舞台は同じく、埼玉でのライオンズ戦だ。

　先発の有原は立ち上がりにつかまり、初回、6点を失った。チームの士気にも影響しかねない、いきなりの大量失点だ。しかし、それが選手たちの闘志に火を着けた。原動力となったのは、きっとあの大逆転負けの消えない記憶だ。あの日は8点差をひっくり返された。今日はこの6点差をひっくり返して、借りを返す。

　そのみんなの思いがつながり、延長戦の末、10対8で逆転勝ちを収めた。これでこのカード3連勝となり、首位ライオンズに1ゲーム差と迫る貴重な勝利だった。

　もし、うちが逆転優勝していたら、「あれで決まった」と言われたかもしれない試合だ。

　でも、結局、そうはならなかった。「あれで決まった」は、いつも結果論に過ぎない。そういった勝ちや負けがプラスに働くか、マイナスに働くか、プラスにできたチームが優勝するというだけの話なのだ。

「持ち駒」をいくつ持っているか

　その後は、ライオンズの背中をはっきりと視界に捉えながらの展開が続き、ゲーム差なしの2位というところまで迫ったことも数回あった。

　でも、本当の勝負は、夏本番を迎える8月以降。そのために、いくつか打つ手を考えていた。その一つが、まだ使っていない先発ピッチャーの起用だ。将棋でいうところの「持ち駒」をいくつ持っているか、それはとても重要だ。

　1年前にスワローズから移籍してきた杉浦稔大や、2年目の堀瑞輝といった、追撃の切り札となり得る「持ち駒」を、いつ、どこで使うか。

　杉浦の起用に関しては、早い段階からかなり明確なイメージを持っていた。8月1日のマリーンズ戦、帯広出身の杉浦を、地元で先発させる。そこへ向けての準備が整い、その前に一度、7月21日の札幌ドームのホークス戦で先発させたところ、5回をノーヒットに封じる素晴らしいピッチングで、移籍後初勝利を挙げた。

　しかし、さぁ、いよいよという帯広でのゲームでは、気負いが過ぎたのか、杉浦らしさは鳴りを潜め、4点を失って3回途中で降板、「故郷に錦を飾る」とはならなかった。

　ただ、この試合にかける杉浦の思いは、チームメイトたちにもしっかりと伝わっていたようで、そういうときには得てして何かが起こる。6点差を追う8回裏、代打に送った先頭の杉谷拳士がホームランで勢いを付けると、そこから打線がつながり、この回一挙5得点、たちまち1点差とする。

　そして9回裏、ワンアウトから3番・近藤健介のタイムリースリーベースで同点とすると、続く4番の中田翔が勝負を決める一打を放ち、劇的なサヨナラ勝ちとなった。貴重な「持ち駒」である杉浦を、地元で先発させたこの試合の重要性をみんなが理解してくれて

いて、その気持ちを結果に結び付けてくれた。

チームに勢いを与えるこの勝利から、移動日を挟んで、首位ライオンズとの直接対決。絶好のタイミングで巡ってきた大きなチャンスといえた。

一つのプレーで勝負が決まることはない

勝負の8月、最初の首位攻防戦は、最高のムードで迎えることができた。そこで、のちのち優勝できなかった一因と指摘されるプレーが出た。

その初戦、先制された直後の4回表、レアードのツーランホームランですぐさま逆転に成功すると、キャッチャー・清水優心のタイムリーでさらに1点を追加、3対1とリードを広げた。

先発の上沢直之は、7回裏、連打を許し、ノーアウト1、3塁とされたところで、2番手の宮西にマウンドを譲った。

1点は仕方がないこの場面、9番・栗山巧の犠牲フライまでは良かったが、その後、フォアボールとヒットで満塁とされたのはやや想定外だった。しかし、そこは百戦錬磨の宮西、続く3番・浅村栄斗をショートゴロに打ち取り、ダブルプレーで大ピンチを切り抜けた……かと思われたが、この回から守備固めでセカンドに入っていた石井一成がまさかの悪送球。2人のランナーが生還し、それが決勝点となった。

確かにあれは、絶対にミスしてはいけないプレーだったかもしれない。でも、「あのエラーで負けた」というのは断じて違う。そんな、たった一つのプレーで勝負が決まってしまうほど野球は単純なものではない。なのに、いつもそういったプレーがクローズアップされてしまうのは、やっているほうも、観ているほうも、何かの理由付けをしたくなるからだろう。いかにもそれらしい理由付けがされた結果、まるでそのプレーが敗因であるかのように伝わってしまう。そんなことで勝負が決まってたまるか、というのが正直な思いだ。

野球はトータルでやるもの。本当の敗因は、いつもたくさんの要因が複雑に絡み合ったものでしかなく、そこにあるのは、我々が勝ち切れなかったという事実だけだ。

そして石井は、必ずや今後の野球人生の糧となる、貴重な経験をした。繰り返しになるが、野球選手として成長するためには、人として成長することが大切で、そのためには苦しむことが必要だ。そこは避けて通ることができない。忘れたくても決して忘れることのできないあのシーンが、彼が次のステップを踏み出すきっかけになることを信じている。

いつか起こるはずだったものが、そこで起きた

8月頭のライオンズとの3連戦を1勝2敗と負け越すと、そこからじわじわとゲーム差を広げられ、2週間後、5・5ゲーム差で再び直接対決に臨んだ。

「持ち駒」の一人、2年目の堀を先発に立てた初戦は、1点ビハインドの7回表、打線がライオンズのエース・菊池雄星を捉え、逆転に成功、大事な初戦を取った。

しかし、翌日の2戦目、2点リードの8回裏、3番手のトンキンがつかまり逆転負け。

続く3戦目は、またしても2点リードの7回裏、先発のマルティネスがピンチを招き、1点を失うと、2番手の公文克彦が浅村に満塁ホームランを浴び、勝負あり。ここでも1勝2敗と負け越し、さらにゲーム差を広げられる結果となってしまった。

長いペナントレース、その最も大事な局面の一つで、2日続けて勝ちパターンの試合を落とした。ある意味、それがこのシーズンの戦いを象徴していたといえるかもしれない。

まずは勝ちパターンに持ち込み、そこから自慢の中継ぎ陣をつないでいって、守って勝ち切るのがファイターズのスタイルだった。それが2018年は、実績のある中継ぎは宮西だけというブルペン陣

でシーズンに臨んでいた。それでも優勝を狙える位置にいられたの
は、計算できないながらも若いピッチャーたちが必死に頑張ってく
れて、みんなで何とか乗り切ることができたからだ。一つひとつ、
それこそ死に物狂いでしのいできた。

それでもやっぱりどこかでああいうことは起こる。それがあそこ
で起こってしまった。中継ぎでやられたあの2試合は、昨年（2018
年）のチームが根本的に最も成長しなければならなかった部分が、
そうなるべくして露呈してしまった結果と言える。

浦野博司にクローザーを託した理由

不安があったのは、中継ぎ陣だけではない。長年、守護神として
君臨してきた増井浩俊がチームを去った2018年は、シーズンを通
して抑えを固定することができなかった。

そんな中、新クローザー候補として経験を積んでいた3年目の石
川直也が、右内転筋の肉離れで7月25日に登録抹消。その役割を託
したのが29歳の浦野博司だった。

大学、社会人を経てプロ入りした浦野は、ルーキーイヤーにいき
なり7勝を挙げる活躍を見せたが、2年目に右肩を痛め、3年目は
シーズンを棒に振った。血行障害により肩の骨が壊死するという、
極めて特殊な症例だった。一時は、もう二度とボールを投げられな
くなるかもしれないというところまで追いつめられたが、つらいリ
ハビリを乗り越え、2017年には695日ぶりの勝利を挙げた。

その浦野にクローザーを任せてみようと思ったのは、ピッチャー
としての能力の高さや、フォークボールで三振が取れるという適性
だけが理由ではない。クローザーは投げるところが決まっているの
で、その点、いつ出番がくるかわからないセットアッパーと比べれ
ば準備はしやすい。また、投げるのは（例外を除き）1イニングと
決まっているし、シチュエーションも毎回1点差というわけではな
いので、意外と楽な面もあるという見方もできる。

だが、そうはいっても、やはり勝ち試合を締めくくることの精神的なプレッシャーは、計り知れないほど大きい。そもそも、本来の力を出すことが難しい。そんな役割だからこそ、たくさんの苦労をしてきた浦野の経験が活きると考えた。

　そしてもう一つ、彼はチームの誰からも愛されている。みんな浦野のことが大好きだ。そういったこともチームにプラスアルファを与えてくれるのではないかと期待していた。

　その起用は成功だったのか、それとも失敗だったのか。それからわずか一カ月足らずでクローザーの役目を終えたその結果だけを見れば、失敗と映るかもしれない。

　8月22日、東京ドームでのホークス戦。1点リードで9回のマウンドに上がった浦野は2本のツーランホームランを浴びて4失点、チームは痛恨の逆転負けを喫した。

　最大7ゲーム差をつけていたホークスに2位の座を明け渡したのは、その翌日のことだ。

　結局、浦野は7つのセーブを記録したのち、またセットアッパーの役割に戻った。しかし、その経験から得たものも少なくない。何より先発、中継ぎ、抑え、あらゆるシチュエーションでの投球内容をつぶさに確認できたことで、彼の能力が最大限に発揮される起用法を、より具体的にイメージすることができたのは大きな収穫だった。やはり野球の神様は、苦労を重ねてきた浦野の姿をしっかりと見ていてくれたのだ。

　そして、トータル的なクローザーの資質のようなものを、改めて考えるきっかけを作ってくれ、それを再認識させてくれたことも大きかった。故障から復帰した若い石川直也を、再び抑えのマウンドに送り出し、彼が真のクローザーへの第一歩を踏み出すことができたのも、そのおかげといえるかもしれない。

　失敗で重要なのは何を失ったかではない、そこから何を得たかだ。

上原健太のひと言「ここは僕の場所じゃない」

　失敗から何を得たかでいえば、もう一つ、考えさせらせる出来事があった。8、9回で8点差をひっくり返され、歴史的な逆転負けを喫した4月18日のライオンズ戦、好投していた先発の高梨に代わって、2番手として登板したのは、ドラフト1位で入団した3年目のサウスポー、上原健太だった。

　8回裏のマウンドに上がると、いきなり連打を浴び、ワンアウト1、3塁とされたところで3番手の田中豊樹に交代。点差を考えると、普通ならもう少し引っ張ってもよさそうなところだが、あの日の上原はどうにも居心地が悪そうに見えた。というより、そう見えたのは、こちらの心の問題だったのかもしれない。

　ピッチャーには、先発として長いイニングを投げて試合を作ることができるタイプと、中継ぎや抑えなど、短いイニングでこそ力を発揮するタイプがいる。上原は先発候補の一人だが、2018年は中継ぎで起用しながら、どちらのタイプなのか適性をうかがっていた。そして、その評価はまだ定まっていなかった。「やっぱり上原は先発向きなのかな……」、そんなことを考えながら、もう一度だけ様子を見てみようと、あそこでマウンドに送った。結果、どこかあいまいな、意図が明確でない投手起用が、あの逆転劇を引き起こしてしまったのかもしれない。

　数日後、いまの役割についてどう感じているか、本人に尋ねてみると、

　「ここは僕の場所じゃない気がします」

　と、素直な答えが返ってきた。

　そこで、彼にはその場で二軍行きを告げた。

　「もちろん一軍にいたいと思うけど、もう一回ファームに行って、何回か先発をやってこい。そしたら、必ずまたチャンスを用意するから。これでダメだったら、クビになると思ってやってこい」

そう伝えたら、上原はとても清々しい顔をしていた。普通はたとえどんな役割であれ、一軍にいたがるものだが、彼は違っていた。「僕もそう思います。いまの自分は自分じゃない気がします」と。

その後、二軍で2度ほど先発したあと、自分にしては珍しく、選手本人に直接電話をして、会話をした。それは何か具体的なことを伝えたかったわけではなく、ただいつもちゃんと見ているぞというメッセージを送りたかっただけだ。

約一カ月後、一軍に戻ってきた上原は、その後、先発の一員に加わり、シーズンが終わってみれば4勝0敗という成績を残していた。まだ登板数も多くはなく、この先どうなるかはわからないが、あの歴史的な逆転負けが一人の選手に分岐点をもたらしてくれたことは間違いない。

ああいう試合は、そういった誰かの才能を引き出すきっかけにもなる。行く道が見えづらかった者にとって、それが見えるきっかけとなり、あとはそれをどう活かすかということしかない。

監督が勝負に負けた

2018年シーズンのライオンズは左ピッチャーを苦手にしている、というデータがあり、それは現場の印象とも一致していた。

9月半ばの首位攻防3連戦、3・5ゲーム差の2位につけるホークスは、2戦目に大竹耕太郎、3戦目にミランダと、サウスポーを先発に立て、ライオンズに立ち向かった。

その次の日、うちもやはり左の加藤貴之を、さらに翌日も同じく左の堀をぶつけた。

結果、4日連続で左腕の先発ピッチャーと対戦することになったライオンズは、ものの見事に、その4人すべてを打ち崩し、優勝を決定付けた。それはシーズンを通して打ち続け、ことごとく打ち勝ってきた彼らの戦いぶりを、凝縮したかのような迫力だった。

振り返ってみれば、6月から7月にかけて、ライオンズには何度

もゲーム差なしというところまで詰め寄りながら、上に立つことは一度もなかった。いざ上に立ってしまうと、それをキープするのは精神的にすごくきついという経験的なものもあり、勝負どころがくるまではそれでいい、団子状態のままついていけば、必ずチャンスはやってくると思って、日々を戦っていた。連勝すれば一気に越えられるという位置を保ち、あとはその大きな流れが来るのを待つ。だが、2018年は最後までその流れが来なかった……。

でも、はたして本当にそうなのだろうか。

本当は一度でも上に立たなければいけなかったのではないか。一度でも上に立っていれば、またいつ追い抜かれるかわからないという無言のプレッシャーをかけ続けることができたのではないか。そのためにも、もっと競い合える位置にいなければならなかったのかもしれない。

日本一になった2016年は、打つ手打つ手が面白いようにはまった。

それと比べ、昨年（2018年）はあまり手を打っていないような印象を持たれるかもしれないけれど、実はものすごく手は打っている。自分としては、もうこれ以上打つ手が思い浮かばないというくらいに打っている。でも、それが全然はまらなかったから、記録にも記憶にも残らなかっただけ。打つ手が違ったのか、それとも打つタイミングが違ったのか……。

いずれにしても、勝負するための「持ち駒」は持っていて、しっかりと準備もできていて、勝負どころと踏んだまさしくそのタイミングで投入した。それでもやられた。

この結果こそ「監督が勝負に負けた」というほかに、表現が見当たらない。

監督の力不足で負けるというのは、こういうことなのだと、痛感させられた一年だった。

プロ野球のチームに大きな戦力差はない。なのに……

　そういえば、こんなエピソードもあった。

　記録的な猛暑が続き、疲労もピークに達し始めていた頃、聞くところによると、ライオンズの選手たちは「もっと暑くなれ」と思いながら戦っていたという。「暑くなれば、ファイターズは必ずへばるから」というのが、その理由だったらしい。

「もっと暑くなれば相手はへばる」と思ってやっているのと、「どうしてこんな暑い中で野球をやらなきゃいけないのか」と思ってやっているのでは、おのずと出力が違ってくる。要するに、そういった違いでしかないような気もするのだ。

　そもそも、プロ野球のチームに、それほど大きな戦力の差があるとは思えない。実力を100％出すだけでは勝たせてもらえない。120％出せたチームが優勝して、80％しか出せなかったチームが下位に沈む。実は、ただそれだけの話なのではないか、そう思うことがある。

　だから、プロ野球は勝ったり負けたりする。だから、プロ野球は難しいし、面白い。

優勝の望みを絶たれたあと奇襲が必要になる

勝ち負けの重みがチームと選手を強くする

　優勝の望みを絶たれ、クライマックスシリーズへ向かおうとするとき、そこへの持って行き方には特有の難しさがある。

　まず、昨年（2018年）のように3位と4位の差がある程度開いていても、いざ決定するまでは下位のチームの存在がずっと怖い。もしここからマリーンズが全勝して、うちが全敗して、ひっくり返されたらどうしようとか、ネガティブな考えばかりが浮かんでくる。

普通に考えたらもう絶対に大丈夫なゲーム差なんだけど、なかなか怖さを拭い去ることができない自分がいる。

でも、そればかり考えていたら何もできないので、クライマックスシリーズを見据えた選手の使い方もしていかなければならない。それをするのが監督の仕事だ。

そしてもう一つの難しさは、決まるまではずっと怖いのに、だからといって早く決まればいいというものでもないところだ。早く決まってしまうと、残り試合にはいわゆる消化ゲーム的な空気感がどうしても出てしまいがちだ。これがチームにとっても、選手にとっても一番身にならない。いつだって一勝は一勝、一敗は一敗、それは同じはずなんだけど、やはり状況によって勝ち負けの重みは変わってくる。それが重たければ重たいほど、そこでの経験はチームを強くしてくれるし、選手をうまくしてくれる。

だから、どれだけひりひりするようなゲームを戦えるかはとても重要で、そのためにはクライマックスシリーズ進出も、できればあまり早く決まらないほうがいい。ギリギリまで、本当に最後までわからないというところまでもつれ込んで、最後の最後に勝ち切ってクライマックスシリーズに行く、それがベストだ。

もしそうなったら、監督にとってはそれこそクビをかけなきゃいけない状況だが、長い目で見るとチームにとってはそのほうがいいのかもしれないと思う。選手たちのためになるんだったら、一試合でも多くそういうゲームを経験したほうがいいのは間違いないのだから。

優勝チームへのリスペクトをもって「しでかす」

クライマックスシリーズというシステムにおいて、そこに臨む下位チームは失うものがないから怖いと言われる。

たしかにその通りだ。下位チームにとってのクライマックスシリーズは、ある意味、敗者復活戦だ。優勝を逃して、ものすごく悔し

い思いをしてきて、なのにまだチャンスがもらえる。

　そこで「このまま終われるか！」と思えなければウソだ。

　もちろん、優勝チームが日本シリーズに出て、日本一を争うべきだという考え方はあるが、いざ出場するからには、それとは別問題と割り切って、違う勝負をすべきだ。優勝チームには最大限の敬意を払い、これから始まる戦いの結果をすべて受け止める覚悟をもって試合に臨む。それがなければ何も始まらない。

　また、優勝チームへのリスペクトがあるからこそ、下位チームは絶対に勝つための勝負を挑まなければならない。シーズン同様の戦い方では勝てないのだとすれば、別の戦い方を模索する必要がある。

　へたなプライドは捨て、どんな奇策に出てもいいし、どんな大博打を打ってもいいから、ここはしでかしてやるという気持ちで戦ったほうがきっと面白い試合になる。野球の面白さを伝えることこそ、クライマックスシリーズの意義であり、出場権をもらった下位チームの最低限の責任だと思う。

力関係で最も勝ちやすい形を決める

　クライマックスシリーズのファーストステージは、福岡でのホークスとの対戦となった。

　2018年のホークスとの直接対決には不思議な流れがあり、交流戦明けからうちが7連勝すると、勝ち負けを一つずつ挟んで、そこからはホークスの7連勝でシーズンを終えた。対戦成績は13勝12敗と一つ勝ち越してはいるのだが、負け続けた終盤のイメージが強すぎて、そんな感じはしなかった。

　そんなホークスとの、現在の力関係をどう考えるか。もし、うちが五分五分以上に力があると思えるならば、自分たちの力を発揮しやすい形を作ることが、最も勝ちやすいということになる。ただ、少し分の悪い四分六分だったら、相手がどんな形でくるのかを真剣に考えなければならないし、それが三分七分だったら、もっと相手

が嫌がることをやるしかない。すなわちそれは、自分たちの力を出し切っても、勝つ確率は低いということだから。相手がどう感じるかは、決断にかなり大きく影響してくる。

野村克也さんも、かつてこう言っていた。

「奇襲は、普通に戦っていたら勝てないから奇襲なんだ」

2018年の場合、やはり7連敗でシーズンを終えたことは、それなりに重く捉えざるを得ず、どういう形で臨めば相手が一番嫌がるかを相当頭に入れて、クライマックスシリーズの準備を進めることになった。実際、終盤のホークスは、いったいどこに弱点があるんだと思うくらい強かった。

でも、知らない相手と戦うわけではない。向こうの戦力はわかっているんだから、とにかくできる限りのことを考えて、できる限りのことをやるだけだ。

個々の思いの足し算だけは、絶対に負けない。

そして、もう一つ重要なのは、このファーストステージは先に2勝したほうが勝ち抜けという超短期決戦だということだ。

長いペナントレースは、仮に今日負けても、その負けを明日に活かすことができる。極端にいえば3連敗したって、次に3連勝すればいいという考え方もできる。

そこが2戦先勝の超短期決戦はまったく異なる。本当にたった一つのプレーで大きく流れが変わったりもする、正直、難しさしか感じない。だからこそ、一つだけやらなければいけないのは、たとえどういう展開になろうが、勝敗が決するその瞬間まで、全員が「勝つ」という強い思いを持ち続けることだ。

さらに、2018年は特別な思いもあった。

9月6日に北海道胆振東部地震が発生、道内各地に甚大な被害をもたらした。ほかにも台風など様々な災害が、北海道に住む多くの人たちを苦しめてきた。そんな大変な思いをされている皆さんに、ほんの少しでも勇気や元気を届けられるよう、必ずやクライマック

スシリーズを突破して、日本シリーズで北海道に帰ってくる。

やはり個々の思いの足し算だけは、絶対に負けない。最後はそこの勝負になると信じて、全力を尽くして戦うだけだ。

つねに、その日一番勝ちやすいことを考える

10月13日、クライマックスシリーズ・ファーストステージ第1戦。ファイターズのスターティングメンバーを見て、少し驚かれた方もいたかもしれない。サプライズがあったからではない。むしろ、その逆だ。いたってオーソドックスな、シーズン終盤を戦ってきたそのままのメンバーだったからだ。

1番　西川遥輝　センター

2番　大田泰示　ライト

3番　近藤健介　レフト

4番　中田　翔　ファースト

5番　アルシア　DH

6番　渡邉　諒　セカンド

7番　横尾俊建　サード

8番　清水優心　キャッチャー

9番　中島卓也　ショート

超短期決戦は、普通に戦うべきではない。自分たちの力を発揮しやすい形よりも、どれだけ相手の嫌がることができるか。そんなふうに公言していながら、どうして一見「普通」のスタメンになったのか。

シーズン中、こうやって戦ってきたんだから、それで負けたらしょうがない、という発想はこれっぽっちもなかった。もしそうだとしたら、それは言い訳に感じてしまう。

つねに、その日一番勝ちやすい状況を考えるのが最も大事なこと。

つまり、この日こうなったのは、勝つ確率が一番高いのはこれだという結論になったから。それが、たまたまシーズン中のオーダーと一致していただけの話だ。

具体的には、こんなことを考えていた。

ホークスの先発・ミランダは、左腕でありながら、左バッターよりも右バッターをよく抑えている珍しい傾向のあるピッチャーだ。その相性を踏まえると、1番に西川、2番に近藤と左バッターを並べる考え方もあった。

ただ、それよりも最後は「テラス席勝負」かな、と考えた。こういった試合は1点勝負の接戦になることが多く、では、いったいどうやって1点をもぎ取るかとなったとき、やはりホームランの威力は計り知れない。特にヤフオクドームは、ホームランテラス席が設置されて以来、そこで生まれる得点が確実に増えていた。ミランダのストレートか、あるいはチェンジアップを誰かがうまく引っ掛けて、テラス席まで運ぶ。得点を挙げるには、その確率が一番高いと踏んだ。

そうすると2番にはやはり大田がいたほうがいい。ピッチャーのタイプは関係なく、テラス席勝負と読むなら、大田のボールを遠くへ飛ばす能力は魅力だ。

レアードがいてくれたら状況は少し違っていた。真ん中にホームランバッターを並べられるのであれば、前後はピッチャーとの相性で考えることもできる。でも、そのレアードが左脇腹を痛め、戦列を離れていたあの状況では、ここからスタートするのがベストに思われた。

上沢直之が「悔い」を残さないために必要なこと

先述の通り、たしかに「テラス席勝負」という考え方からオーソドックスなオーダーになったのだが、それ以前に、初戦は先発の上沢にかけた試合だった。誰かのホームランで2点を取って、上沢が

ホークス打線を1点に抑える。2対1で勝ち切るイメージだ。

　試合は1回表、ツーアウトから3番・近藤が左中間に高々と打ち上げ、これがテラス席に飛び込む先制ホームラン。まさに狙い通りのスタートとなった。

　そしてその裏、上沢の立ち上がり、1番の上林誠知が初球にいきなりセーフティバントを試みる。その揺さぶりを、上沢は明らかに嫌がっていた。そこから簡単にツーストライクと追い込んだが、3球目、打ち取ったはずの当たりが、レフトの前にポトリと落ちる。この打球の処理を近藤がもたつく間に、打った上林はやすやすとセカンドに進塁、ツーベースとした。このとき、マウンド上の上沢はいったいどんな心境だったのか。打球が落ちた場所のアンラッキーをなげく気持ちか、それともツーストライクから勝負を急いでしまったことを後悔したか。

「いまのはしょうがない。まだ1回なんだし、0対0だと思って1点はOK」

　もしそんなふうに割り切れたなら、次のバッターへの内容も違っていたかもしれない。2番・明石健志に対してはストライクが入らず、ストレートのフォアボール。先頭の上林を塁に出してしまったことを引きずっているのは容易に想像ができた。

　続く3番の中村晃も完全に打ち取っていたが、一塁線上で打球が止まるアンラッキーこの上ない内野安打でノーアウト満塁。

　そして、4番・柳田悠岐にライト前タイムリーを許すと、5番・デスパイネにはライトスタンドまで運ばれ、まさかの満塁ホームラン。あっという間に5点を失った。

　この初回の上沢のピッチングを「不用意だった」と人は言うけど、そうは思わない。ツーストライクから、まだ3球ボールを使える場面で勝負に行って、先頭バッターにツーベースを許してしまった。それを「もったいなかった」と悔やむのは普通の気持ちだ。誰だって抱くだろうし、後悔の念はしばらく残ってしまうだろう。

738

それをカバーするためには、野球選手である前に、人として成長することが必須となる。そのために何かしてあげられることがあるとすれば、それを促すこと。人間的にもっともっと大人になっていけば、そういった感情のコントロールの仕方も変わっていくんじゃないのかと思っている。

上沢にかけた大事な初戦は、残念ながらものにすることはできなかった。でも、それは先に一つ取られたというだけであり、それ以上でも、それ以下でもない。

それよりも貴重な経験をした上沢が、そこで大きな財産を得てくれたとすれば、それは本当に良かったと思う。真のエースになるために、良いステップを踏んでくれたと信じている。

主導権を握るために、西川遥輝が挑んだ困難

2018年の西川遥輝は膝の状態があまり思わしくなく、それが走塁や打撃にも影響を与え、苦しみまくったシーズンだった。ただ、終盤になってようやく体調が整い始め、最後は存分に走りまくってくれた。

クライマックスシリーズでは必ずキーマンになる、そう感じ、初戦の前にわざわざ呼んで「頼むよ」とひと言だけ伝えた。その言葉に込めたメッセージを、西川はきっと十分すぎるほど感じてくれていた。超短期決戦の主導権を引き寄せるため、塁に出ると、たとえどれほど走るのが困難なバッテリーだったとしても、積極果敢に勝負を仕掛けてくれた。

初戦を落とし、早くもあとのない第2戦。先頭の西川は、あっさりツーストライクと追い込まれながら、そこから粘ってフォアボールを選ぶ。千賀滉大・甲斐拓也のホークスバッテリーはさすがに警戒し、一塁への牽制球を続けた。そして、ようやく投じた2番・大田への初球、スタートを切った西川は直後に引き返したが、甲斐が落ち着いて一塁へ送球、タッチアウトとなった。

初回、先頭バッターが塁に出て、すぐにアウトになってしまった
のはたしかに痛い。でも、それ以上に彼の必死さがチームに伝わっ
たことをポジティブに受け止めていた。負けたら終わりの一戦だけ
に、どうしてもみんなが慎重になりがちなところ、自ら突破口を開
こうと、厳重な警戒をかいくぐるように、初球からいきなり仕掛け
た。ここで完全に主導権を握ってしまおうという、強い気持ちの表
れだった。

ベンチに戻ってきた彼の口から、「すみませんでした」という言
葉がこぼれた。いつもは黙っていて、結果で返すというタイプの選
手なので、あのひと言にはしびれた。大きな声ではなかったが、ほ
かにもその声を耳にした選手はベンチの中にいたはずだ。みんなが、
西川の背負わんとしているものの大きさを感じてくれたシーンでも
あった。だから、それでいいと思った。

こっちが何をしたいのか、みんなわかっている。いま、北海道の
ためにどういう姿を見せなければいけないのか、それをわかってい
る。そんな思いでプレーしていれば、自分も必ず成長できる。高い
技術でしのぎを削るプロの世界だって、最後は必死さとか一所懸命
さとか、そういうことでしかないのだ。

ちなみに西川は、次の第3戦でも初回に盗塁を試み、アウトにな
ったが、6回、再び先頭で出塁すると、またしてもスタートを切っ
て見事に盗塁を決めてみせた。特筆すべきはそのハートの強さ。相
手と勝負する前に、まずは自分との勝負に勝つ。ここで走れない自
分は自分じゃない、ということを本人が一番よく知っている。

同点痛打のマルティネス続投が成功と思える理由

あとのない第2戦は、2対2の同点で迎えた8回表、ツーアウト
ランナーなしから西川、大田、近藤の3者連続ツーベースで2点を
奪い、星を1勝1敗の五分に戻した。

あの胸のすくような得点シーン、監督である自分はどんなことを

考えていたのか。実は、前の回の守りのことを思い返していた。

　7回裏、それまで1失点の力投を続けてきた先発のマルティネスは、ツーアウト3塁というピンチを招き、前の打席にヒットを打っている8番の高田知季を迎えていた。

　球数はまもなく100球というところで、ベンチは動きたくなる場面だ。でも、あえて続投を選択した。ここで左ピッチャーにスイッチすれば、右バッターが出てくるのはわかっているし、今日のマルティネスなら絶対に乗り切れると信じていた。動くのは簡単だけど、動かないほうがいい場面だってある。

　ベンチは、とかく動きたくなるものだ。リードしていると、早め早めにフレッシュなピッチャーを投入したくなる。

　でも、代えることだけが動くことではない。これは日本一になった2016年に学んだことだ。動かないことが、思い切り動くことになる場合もある。大事な試合ほど、最後はこっちは動かず、選手を信じ切る。そうやって任せ切ってしまったほうが、結果が出ることもある。

　その結果はどうだったか。マルティネスは101球目をレフト前に弾き返され、2対2の同点に追いつかれた。

　チームのみんなにごめんなさい、という思いはあった。ただ、決して言い訳ではなく、それでも続投は間違っていなかったと思えて仕方がなかった。極端なたとえかもしれないが、あそこでスイッチしていたらホームランを打たれて逆転されていたかもしれない。つまり、スイッチしていたらうまくいったのか、それは誰にもわからないのだ。正解は存在しない。

　そして、次の回だ。

　ツーアウトから、上位に回った打線が見事につながり、再び勝ち越しに成功。そのとき頭に浮かんだのが、「やっぱりマルティネスの続投は間違っていなかったんだ」ということだった。

　得点が入ると、そのシーンばかりに目を奪われがちだが、そこに

到るプロセスにおいて手の打ち方を間違えると、そこには到らないのが野球だと思っている。

　だからあの場面、「おまえ、さっきは我慢して良かったんだよ」と言われているような気がして、勝ち越した喜びよりも、素直にホッとしていた。もちろん、それだってどっちが正解かなんて誰にもわからないのだけれど。

どうして迷っているのか。情か確率か？

　1勝1敗で迎えた第3戦は、ホークスの強力打線に5本のソロホームランを浴び、劣勢に立たされていた。

　3点を追う7回表、この回先頭の6番・横尾がヒットで出塁すると、7番・鶴岡も続いてヒットを放ち、ノーアウト1、2塁、チャンスを広げる。そこから左バッターが続く打線に対し、ホークスベンチは左キラーの嘉弥真新也を投入。その嘉弥真の前に、田中賢介が空振り三振に倒れ、まずはワンアウトを奪われる。

　そして、次は9番の中島というところで、代打に右打席で勝負できるスイッチヒッターの杉谷拳士を送った。前の打席の中島は、ツーアウト1、2塁という場面で、粘りに粘った末の11球目に痛烈な打球を放っていた。ファーストゴロに倒れはしたものの、実に内容の濃い打席だった。それを評価すれば、左対左の不利を差し引いても、そのまま行かせるという選択肢もあったのかもしれない。ただ、それでは何のためにたくさんの選手がベンチにいるのか。

　もちろんデータは重要だし、個々の状態も判断しなくてはいけないが、そのデータや状態プラス、ここは強引に流れを変えないと何も起こらない、そう感じるときもある。このまま同じメンバーで行ったら、ずっと同じ流れが続いてしまう。それを断ち切るために、あえて人を代える。人を代えることで、みんなに全員で戦うよ、流れを変えに行くよ、ここからもう一回行くよ、そういった様々なメッセージを送ることもできる。

名将・三原脩さんは「情3割、実力7割」という言葉を遺している。決断に迷いはつきものだが、そこでどうして迷っているのか、それは心情的、感情的なものなのか、それとも勝つ確率を上げるためのデータ的なものなのか。そういったことを加味して、決断する。

そして大事な場面で代打を送ることは、自分なりの誠意でもある。たとえ代えられた選手に恨まれようとも、勝つ確率を上げるためにやり尽くすことが選手に対する誠意だと。

それにしてもあの場面、1年間、選手会長としてチームを引っ張ってきた中島の心中は、おそらく穏やかではなかったはずだ。個人的な思いだけでいえば、あれほど信頼している中島を代えるなんてしたくなかった。でも、信頼しているからこそ代えられるということもある。単なる確率論ではないというその意図を、彼なら少しは感じてくれると思えるから。

結果、代打の杉谷はキャッチャーへのファールフライに倒れ、そのチャンスを活かすことはできなかった。

そして、5対2のまま試合終了。2018年の日本一への挑戦は終わった。

第4章：指揮官の責任
なぜ、自分のせいだと思うのか

うまくいかないとき、なぜいつも「こっちの責任」と言うのか？

コーチは選手に「教える」べきか？

監督1年目、外野守備走塁コーチとしてチームを支えてくれた清水雅治コーチの言葉が忘れられない。

「コーチは自分がやりたいことをやるんじゃない。監督がやりたいことを実現させるのがコーチの仕事だ」

直接ではなかったが、それを伝え聞いたときには、身の引き締まる思いがした。

それ以降も、たくさんのコーチのお世話になってきたが、感謝とともに、その仕事についていろいろなことを考えさせられてきた。

コーチの仕事に対してできあがりつつある一つのイメージは「技術屋さん」。技術のプロフェッショナルであるコーチには、選手と一緒により高い技術を求め、一緒に探していってほしい。どうして打てないんだろう？　もっといいアプローチがあるんじゃないか？　こうしたらいいんじゃないか？　ああしたらいいんじゃないか？　そうやって、できるだけたくさんの選択肢を提示してもらって、あとは選手に選んでもらう、それが理想だ。

もちろん監督もその手伝いはするし、コーチと技術的なことを話したりもするが、こっちにできるのは、メンタル面のケアだったり、それを引き出すための起用だったりする。そこは明確に分けて、役割分担をしているつもりだ。

さて、そこで、もっと根本的な考え方として、コーチは選手に「教える」べきか否か、という点だ。

広岡達朗さんは、「教えるべきだ」と言う。

落合博満さんは、「教えるのではなく、一緒に見つけることだ」と言っている。

これは、どちらの考え方にも賛同できる。

広岡さんは、球史に残る名ショートだ。守りは、たしかに教わるとうまくなる。本当にうまい人に教わりながら、徹底的に数をこなしていくと成果が現れるケースが多い。考えてみると、9割8分は成功するのが守備。ということは、論理的に正しい形があると考えたほうが筋は通りやすい。

一方、打つほうは、教わるとかえって打てなくなることがある。

打ち方が理にかなったものに近づいたことで、無駄な間がなくなって、タイミングがずれたりする。だから落合さんは、「正しいことを教えるんじゃなくて、一緒に見つけることだ」と言っている。さすがだな、と思う。

確率で言えば、守備と違って4割打てるバッターはまずいない。ほぼ確実に6割以上は失敗するということだ。ということは、絶対的に正しい論理など存在しないのではないか、そう考えたくなってしまう。

あのホークスの柳田だって、理想的な打ち方をしているかと言えば、決してそんなことはない。タイミングを取って、ただ遠くに飛ばしたいと思って思いっきり振っていたら、自然とバットの軌道が良くなっていた、そんな印象を受ける。それでいいんだと思う。

では、監督は？　そもそも、監督とは何なのか。チームの指揮を執るというのは、いったいどういうことなのか。7年経験させてもらって、いま感じていることを改めて書き留めてみた。

指揮官の責任とは

本で読んだ言葉になる。
「3日間、誰も自分の文句を言わなかったら気を付けたほうがいい」と。

どんな仕事でも、学校でもそうだと思うが、イヤなこともあるし、苦しむこともあるし、嫌われることもある。でも、そんなふうに考えると、少し気が楽になる。イヤな話を聞いても、逆にホッとするというか、「まだ俺、大丈夫かもしれない」みたいに思えてくる。

そう考えておかないと、人間は弱い生き物だから、嫌われるのがイヤで媚び始めたりする。そうすると、肝心なところを見誤ったり、間違ったりする。

監督という仕事をやらせてもらっていて、「嫌われることも絶対

にプラスになる。いつかわかってもらえるときがくればいい」とい
う肚の据わりは、つくづく大事なものだという実感がある。

　組織のトップは、責任を取るのが仕事だと言われる。
　もちろん監督は、チームが勝てなければ、クビになってもしょう
がない。それが一番勝ちやすい方法だと信じてやった結果、それで
も勝てなかったのであれば、納得して受け入れるだけだ。その経験
が少しでもチームの、そして選手の糧になれればいい。
　ただ一方で、はたして監督がクビになることで、責任を取ること
になるのだろうか？　という思いもある。
　自分が辞めたくらいで、きっと責任は取れない。取れるわけがな
い。
　でも、もし自分が進退をかけることで、選手のためになれること
があるんだったら、そんなに幸せなことはない。それで充分だ。
　本当に考え方次第なのだと思う。世の中にこんなに大勢の人がい
て、こんなにたくさん野球をやっている人たちがいて、そんな中で、
勝ち負けの責任が自分にある場面で野球ができるなんて、そんなに
嬉しいこと、そんなに喜ばしいことはない。
　だから、そんなことでへこたれている場合じゃないのだ。「今度
は必ずやってやる」と思えば、また頑張れるし。
　責任は「取る」ものではなく「果たす」もの。
「果たす」ことが、指揮官の責任だ。

敗因を作っているのは監督である

「こっちの責任」という言葉を口ぐせのように使ってしまうのは、
もし別の選択をしていれば結果は違っていたかもしれない、という
思いが常にあるからだ。
　実際、チャンスでヒットが出なくても、なんで打てないんだと考
えることはない。バントを失敗してランナーを送ることができなく

ても、なんでバントができないんだと考えることもない。その場面に到るまでに、別のやり方をしていれば、ヒットは出たかもしれないし、バントは決まっていたかもしれない。そうさせてやれなかったことに、いつも責任を感じてしまう。決してきれいごとではなく、だ。

たとえば、ヒットが1本しか打てなくて負けてしまったとする。でも、もし一巡目にじっくりとボールを見ていくよう指示を出していたら、目が慣れてきた二巡目以降にもう1本ヒットが出て、それでスコアが動いて、別の結果になっていたかもしれない。結果論にはなるが、どんな試合でも手の打ちようはあったはずなのだ。

何かを動かさないと流れが変わらないと感じるときには、確率論ではなく、流れを変えるために代打を送ることもある。タイム的には、盗塁が成功する可能性が低いランナーに、あえて走らせることもある。それらはきっと成功することのほうが少なくて、失敗することのほうがはるかに多い。それだけ敗因はたくさんあり、それを作っているのは監督ということなのだ。

きっとやり方が間違っているんだろうな、ほかに手の打ちようがあったんだろうな、そういった自責の念が、試合後に湧いてくるだけならまだしも、試合中に湧き上がってきてしまうから、どうにもタチが悪い。「断ち切れ、断ち切れ、あとでいいんだ、あとで整理しよう」と自分に言い聞かせてみるが、どうしてもそれに引っ張られてしまう。大事な試合ほど、申し訳なさ過ぎて、引っ張られてしまう。それだけ勝ちたい。だから、思考がおかしくなる。

そういったものを断ち切って、前に進むためには、やはり「人間力」を高めていくしかない。

「野球人である前に一人の人間なんだ」と、いつも言うのはそういうことだ。

「こっちの責任」を痛感したシーン

クライマックスシリーズのファーストステージ第3戦、勝たなければシーズンが終わるという試合では「こっちの責任」を痛感させられるシーンがいくつもあった。

1対3で2点を追う5回表、ノーアウト1、2塁のチャンスを作り、打席に7番の鶴岡を迎えた場面だ。

ホークスがバントシフトを敷いてくることは予想できたし、コーチからは「思い切ってチャージされると、やっぱりバントはやりにくい」という声も出ていた。だが、自分には「バントはバントシフトを超える」という持論があった。良いバントをすれば、どんなシフトを敷かれても必ず決まる。

思い切って来られたら、バントの構えからヒッティングに切り替えるバスターという選択肢もある状況だったので、鶴岡は確認の意味で「来たらどうします?」と聞いてきた。「来たら、引いてもらって構わないので、バスターはしないでくれ。こっちのサインでバントしてくれ」と指示していた。

こういった場面も想定していたシーズン終盤、いろいろなことを試し、様々な可能性を探ってきた。しかし、残念ながら手応えはかんばしくなかった。それもあり、やり慣れていないことを仕掛けるよりも、ここはセオリーに従うべきだと考えた。そもそもセオリーは、最も確率が高いからこそセオリーなのだ。

なおかつ打席の鶴岡は、前年まで4年間、ホークスでプレーしていた選手である。バントはもちろん、バスターでも右打ちでも、何でもできる器用な選手だということは相手も熟知している。この場面でどんな選択をしたとしても、意表を突くことにはならない。だとすれば、ここは本人を迷わせないことが一番だ。

しかし結果は、初球、鶴岡の送りバントをピッチャーに処理され、セカンドランナーは3塁で封殺された。

鶴岡は前の打席でヒットを打っていたし、あそこでバスターをかけてやっていれば、もう少し違った勝負ができていたかもしれない。どうあれ、サインが違っていたということだ。

次は、3点差を追う7回表、またしてもノーアウト1、2塁とし、前の打席、代打で出場し、そのまま8番に入っていた田中賢介を迎える。そこでピッチャーは、シーズン中、左バッターにはほとんど打たれていない左キラーのサウスポー・嘉弥真が投入される。ここは、まず1点と考えてバントでランナーを送らせるか、それとも点差を考えてヒッティングで勝負に出るか。

結果、バントのサインは出さず、勝負に行かせて、田中は三振に倒れた。

あそこは、より確実な選択で1点を取りに行くべきだったのかもしれない。でも、田中を使っているということはそういう意味ではない、と考えた。そして、点は奪えなかった。

こう考えていくと、あれは自分がもっと違うやり方をしていれば、勝てたかもしれない試合だったと思わざるを得ない。勝てたかどうかはわからないが、少なくとも勝つ可能性はあった試合だ。これを取ればファイナルステージ進出という大一番を、監督のせいで落とした。紛れもなく、「こっちの責任」だ。

責任を問うた時点で、すべてを押し付けている

さらに、こんなシーンもあった。3点ビハインドの8回裏、先頭バッターをセカンドゴロに打ち取ったものの、何でもない送球をファーストの中田が捕球ミスし、残念なエラーでランナーを生かしてしまった。この日の中田は4打席ノーヒット、直前の攻撃で3つ目のアウトを取られたのも彼だった。大事な試合で結果が出せず、少し集中力を欠いていたのかもしれない。

失点にこそ結びつかなかったものの、少なからずチームのムードに好ましくない影響を与えるプレーだったことは間違いない。

そのエラーについて、もちろん本人は猛省しなければいけないが、それはあくまでも本人の問題であって、周囲が彼に何かしらの責任を問うべきものではないと考えている。本人が責任を感じることと、周囲が責任を問うこととは本質的な部分で大きく異なる。誰かに責任を問うた途端、あの場合でいえば中田に責任を問うた途端、彼のせいにすることで、すべてを押し付けてしまうことになりかねない。あたかも、自分には何の責任もなかったかのように。

　でも、本当にそうだろうか。あの日はホームラン5本で5失点という、点の取られ方も悪かった。1点を返した直後に、すぐ2点を取られるという展開、試合の流れも良くなかった。

　本当にそう思うから、集中力を欠いたように見えるああいったプレーが出ると、こういう試合展開にしてしまった自分が悪い、みんなに申し訳ない、と考えてしまう。とてもじゃないが、叱責する気になどなれるわけがない。こういうことを言うと、「甘い」と思われるかもしれないが、こればかりはどうしようもない。

　いつも選手をかばうつもりなど毛頭なく、本音の本音で「こっちの責任」なのだ。

その数字でチームを勝たせるのが監督の仕事

　チーム防御率がもう少し良ければ、打率がもう少し高ければ、ホームランがもう少し多ければ、そうしたら優勝できたかもしれないとファンの皆さんはお考えになるかもしれない。でも、現場で戦っている自分の中には、そういった感覚はまったくと言っていいほどない。

　いつも考えているのは、その数字でどうやったら優勝できるかということだ。2018年シーズンの数字でも絶対に勝ち切れたはずだし、優勝する方法はあったに違いないと思っている。

　選手個々人がいかにレベルを上げるか、数字を伸ばすかということは、正直なところ、監督が考えることではないと思っている。突

き放すようで申し訳ないが、それは本人が考えればいいことだし、チームは選手のために専門職の指導者、コーチを用意してくれている。だから、レベルを上げるとか、数字を伸ばすためにどうするか、ということはそのコーチに相談して一緒に考えてもらえばいい。それをやるもやらないも、本人次第だ。結果が出なければ一軍にはいられないし、そのまま放っておけばいずれは厳しい状況に置かれる。自分でできない選手は、どのみちやっていけない世界なのだ。

それをいつもちゃんとやってくれている前提で、その数字でチームを勝たせるのが監督の仕事だ。

「勝たせる」というのが少し誤解を招く言葉遣いだとすれば、「チームが勝つことを手伝う」と言えばより実感に近いだろうか。でも、それだと少しまどろっこしいので、伝わりやすさ優先で、ここはあえて「勝たせる」と表現させてもらう。

だから勝てなかったときは、選手は頑張って力を出してくれたのに、勝たせる方向にもっていってあげる努力ができなかったことが悔しいし、大いに反省しなくてはいけないとも思っている。

現場の指揮官が大事にすべき心構え

選手の意思を確認するか、それとも客観的な判断で進めるか

選手本人に直接確認し、言葉として本音を知っておかなければならないことと、むしろ知らないほうがいいことがあると思っている。

西川遥輝は、パ・リーグの外野手部門で2年連続ゴールデングラブ賞を受賞し、いまや球界を代表する名手の一人と言ってもいい。もはや外野を守っている姿の彼以外、なかなか思い浮かばない。でも、活躍を始めた当時の彼は内野手だった。

自分が監督デビューを果たしたのと同じ試合、2012年の開幕戦で、彼は代走としてプロデビューを果たした。先発初出場はDHで、ス

タメンに定着したのは8月の終わり。チームの中心選手だった田中賢介が故障で戦列を離れ、その穴を埋めるべくセカンドとして先発出場するようになった。

その後、チーム事情もあり、ファーストを守ってもらうこともあったが、本人はセカンドというポジションにこだわりを持って取り組んでいたように思う。

しかし、2014年の途中から、彼には外野を守ってもらうことが多くなった。もちろん、そこにもチーム事情は絡んでいる。だが、それ以上に将来像のイメージが大きかった。この選手が本当に光り輝き、球界のトップに立つとすれば、このポジションなのではないかということをイメージし、アプローチしてみる。その結果、外野手・西川遥輝は誕生した。

それが正解だったのかどうかは、2年連続ゴールデングラブ賞を受賞したいまも、実はわかっていなくて、おそらく本人の中にもその答えはないのではないだろうか。彼があのままセカンドを続けていたら、いま頃どんな選手になっていたか、それは誰にもわからないことだ。

そして、彼があの外野へのコンバートを当時どのように受け止め、いまどう思っているのかだが、実はそれを本人に尋ねたことはない。知らないほうがいいことだと思っているからだ。

チームを前に進めていくためには、選手の意思を確認しながら、同意に基づいて進めなければならないことと、あくまでも客観的な判断を優先すべきことがあると思っている。

なぜなら、選手自身が本当に自分に必要なものをわかっているとは限らないからだ。選手が考える「自分はこうありたい」というイメージが、最もその才能を発揮させられるはずの形とは異なっているケースもある。客観的に判断できる他者だからこそ感じられるものもあり、事前に本人に確認することは、前進を妨げることにもなりかねない。だからこそ選手のためになると信じ切ることができれ

ば、あえて確認作業をせず、きっぱりとそれを指示する割り切りも必要となる。

さらに、こちらの気持ちの問題もある。自分の未熟さゆえの心の弱さと言ってもいい。あらかじめ選手の意思を確認し、その思いを知ってしまうと、それが客観的な判断とは異なっていたとしても、心の中のどこかで「やらせてやりたい」という気持ちが芽生えてしまう。そうするとこちらの意図と思いを説明するにもためらいが生じ、そのほんのわずかな迷いさえも心の波動として伝わってしまう。それが、選手の覚悟にも影響を及ぼしてしまうのだ。

選手にどう思われようと、やると決めたらやる。そこに戸惑いやあやふやさは禁物だ。

だからいまは、西川が球界屈指のプレイヤーに成長してくれた現実だけを頼りに、その経験を次の選手にも活かしていこうと考えている。

確認作業は、次に進むためには必要なものだというイメージもあるが、逆に確認しないからこそ前に進めることもある。結果、良いほうに進むんだったらそれもあり。選手はすごくイヤな思いをしているかもしれないし、監督のことを恨んでいるかもしれないが、こっちもそうやって戦って、選手のためだと自分に言い聞かせて、信じて、胸を張って、前に進んでいるつもりだ。

「兆し」を見逃さない

「春めいてくる」など季節の訪れに兆しがあるように、選手がケガするときにも兆しがあるような気がしている。ケガは、突然のケガなのだが、気付いていないだけで、実はそこにも何かしらの兆しがあるのではないか、と。

ちょっと気持ち的に落ちていたりだとか、家族に何か不安なことがあったりだとか。そして、それを何とか感じることはできないものだろうかと思うのだ。

兆しは、見える人にしか見えないという。

　いくら見ようとしても、見えない人には見えない。だとしたら、もっと必死に見ようとするしかないのではないだろうか。必死に見ようとすれば、もしかしたら突然見え出すこともあるのではないか、という淡い期待を抱いて。

　2018年、ファームのイースタン・リーグで、ファイターズはかなり引き離されての最下位に終わった。先発ピッチャーの不足が、最大の要因と思われる。それはそうだ、1軍監督がすぐに先発投手を上にあげてしまうのだから。ただ、そのファームの現状は、来年、先発ピッチャーを作っていかないともっと苦しくなるよ、という兆しでもある。比較的わかりやすい、目に見える兆しだ。

　一方で、とても見えづらい兆しというものもある。それをどう捉えていくかが、チームにはいつも求められている。どう捉えて、どう動くか。

　組織が変化していくとき、そこには絶対に何かしらの兆しがあり、それを見逃してしまうと次の動きにひどく時間がかかってしまう。そうならないためにも、兆しを感じるアンテナをいつも張り巡らせ、敏感な状態を保っておかなければならない。

「寄り」と「引き」のバランス

　ある程度、選手と距離を取って、離れたところから見ていると、そのほうがかえってコンディションを感じ取れたりすることがある。全然笑顔がなかったり、とてもイライラしている感じがしたり、いま悩んでいるんだなということが伝わってきたり、そういうのが不思議と見えてくる。よく見えるから、不安そうにしているなら背中を押してやろうと思う。それは言葉なのか、起用法なのか、逆に本人を怒らせるくらいの使い方をして、吹っ切らせてみてはどうかとか、いろいろ考える。それも監督の仕事だ。

　近くにいると、どうしても声をかけたくなる。そして声をかける

と、どうしても余計なことまで言いたくなってしまう。世間話で、緊張がほぐれることもある。ただ、その緊張のほぐれが、大切にしてほしい危機感まで薄れさせてしまうこともある。そうさせてしまうことは、できれば避けたい。だから、そばに行くのは必要なときだけと心掛けている。

　いま思うと、監督１年目はその距離が相当近かった。ちょっとイヤな顔をされたり、挨拶の言葉が雑だったりすると、すぐに近寄って話しかけていた。それだけ不安だったんだと思う。

　それが変わるきっかけとなったのは、サッカーの名門クラブ、マンチェスター・ユナイテッドで、27年もの長きにわたって指揮を執ったアレックス・ファーガソン元監督のことが書かれた、小さな記事だ。

　「すべて指示していたものを、コーチに任せて一歩引くようにしたら、それまで見えなかったものがいろいろ見え始めた」という内容だった。それに感化され、少し選手と距離を取ってみようと試してみるようになった。それからだ。

　ただ、「引き」と「俯瞰」だけだと、どうしても客観的になり過ぎてしまうので、「寄り」で接してみようとするときは、できるだけ思い切って選手の中に入ってみるようにしている。この選手はどうしてこんなに苦しんでいるんだろうと思ったとき、その選手になり切るくらいのつもりで考えてみないと、わからないこともあるような気がするからだ。

　客観的に見ると、そんなことで苦しんでいないで、さっさとその悩みの種を捨ててしまえばいいのにと思う。たとえば、それはプライドや、自信からくるものだったりする。でも、彼にはそれを捨てられない理由が何かある。それを理解してあげられないと、接し方も頭ごなしになりがちだ。それが「引き」や「俯瞰」のデメリットだと思う。だからこそ、いつもバランスが必要なのだ。

人に言われてやっているうちは一流にはなれない

実はいま、自分のやり方に少し疑問を持ち始めている。とにかく好きなようにやらせて、選手たちの良い部分を引っ張り出すほうがいいと思ってやってきたのだが、果たして本当にそれで良いのだろうか。

と言うのも、世間一般で当たり前とされている、きちんと挨拶をするとか、目上の人に敬意を示すとか、そういったことが、もしかしたらうちは少し薄れてきているかもしれないと感じることがあるからだ。

ファイターズの若い選手たちの、先輩に対する接し方は、他のチームのそれとは少し違っているような気がする。怖い先輩には一応挨拶はするけれど、それ以外は結構ルーズな印象がある。フレンドリーと言えばフレンドリー、礼儀がなっていないと言えばなっていない。

とは言え、それについて、とりたてて何かを言うことはない。挨拶は、誰かにしなさいと言われてするものじゃない、というのが根っこにあるからだ。

「躾」という漢字には音読みがない。日本で生まれた漢字で、中国から来たものじゃないから、そもそも訓読みしかない。裏を返せば、それは日本人にとって、とても大事なものだと考えることができる。だから、そのような漢字ができたのだろう。

その躾だが、身に付けさせるには、ある程度の強制力が必要だという。そのことを自分で考えられるようになるまでは、強制力をもって意識付けさせないと身に付かない。それが習慣化させるということだ。それはそうだと、納得はする。納得はするけど、どうしても「人に言われてやっているうちは一流にはなれない」というところに行き着いてしまう。自分で決めて、自分で前に進もうとしなければ、人は前に進まない。

だから、躾はしなければいけないが、言われなくても早くそこは超えてくれと、願わずにはいられない。

心の機微を刺激する

2017年、スワローズからトレードでやってきた杉浦稔大を、彼の出身地である帯広でのゲームで先発させたことには第3章で触れた。

7月に移籍してきた藤岡貴裕の初登板は、8月16日、札幌ドームでの古巣・マリーンズ戦で先発に指名した。

また、東京大学卒のルーキー・宮台康平は、8月23日、学び舎であった本郷キャンパスから程近い、東京ドームでのホークス戦でプロ初登板を果たした。

「栗山は相変わらずそういう起用が好きだな」と、笑われることもあるが、どうせ使うなら、選手のポテンシャルを最大限に、あるいはプラスアルファまで引き出す可能性を秘めた舞台を用意するのも、こっちの仕事だと思っている。もちろん、その背景を理解したチームメイトが「勝たせてやりたい」と思ってくれる、その効果も見込んでのことだ。

現在、チームの広報を務めるスタッフが、そんな自分の起用法のことをある記事で書いてくれていたのをふと目にした。

「選手は心の機微を刺激される」

さすが元スポーツ紙の記者、「心の機微を刺激する」とはうまく言ってくれたもので、そんなちょっとした刺激が、選手のパフォーマンスにも大きな影響を与えてくれると信じて、これからも積極的にそんな起用を続けていきたいと思っている。

ドラフト1位という存在

先の項で名前を挙げた藤岡と杉浦は、いずれもドラフト1位でプロの世界に入ってきた選手である。

いま、ファイターズの投手陣には、ドラフト1位入団のピッチャーが9人いる。

1	斎藤佑樹	10年ファイターズ1位
16	有原航平	14年ファイターズ1位
18	吉田輝星	18年ファイターズ1位
20	上原健太	15年ファイターズ1位
31	村田　透	07年ジャイアンツ1位
34	堀　瑞輝	16年ファイターズ1位
36	中村　勝	09年ファイターズ1位
56	藤岡貴裕	11年マリーンズ1位
57	杉浦稔大	13年スワローズ1位

加えて、移籍してきた金子弌大も自由獲得枠での入団だから、実質10人といえるかもしれない。アマチュア時代から、スカウトはもちろんのこと、それ以外のプロ野球関係者も誰もが名前を知っている、こいつはすごくなるぞと思っているのがドラフト1位の器というものだ。我々が普段使う言葉でいうところの「素材感」を高く評価される選手たちだ。

そんな選手たちにも、状態の良いとき、悪いときはあって当然だが、スカウトは本当に良いときの姿を間違いなく知っている。それを知らなければ、絶対に1位で獲ることはできない。

なので、1位で獲った選手がなかなか活躍できないでいると、フロントやスカウトからすれば、あれほどの素材が出てこないのは現場に問題がある、ということになってしまう。

間違いないはずだった選手がしばらく結果を出せずにいるとしたら、そこには何かしらの理由があるはずだ。逆に言えば、やり方によっては、必ずブレイクする可能性があるということ。ドラフト1位で結果が出ていない選手ほど、伸びしろのある選手はいない。

そして、そこでも自分の思考は、どうしても「人として」という部分に行ってしまう。野球の前の段階として、人としての成長が彼

らの能力を引き出すに違いないということだ。野球の前の段階と言っても、それも含めて野球なのだが。

答えがないからこそ、ヒントを探し続ける

人が歴史、人がデータである

昨シーズン（2018年）中、あれはたしか8月の終わりだっただろうか、大阪で一日オフがあり、京都に足を運んだ。二条城に行ったり、京都御所に行ったり……。ファイターズは首位ライオンズに少しずつその差を広げられる、苦しい状況にあった。現状を打破するためのヒントがどこかにないかなと思ってあちこち見て回ったが、結局、その日は何も見つからなかった。

オフの日にヒントを求めて歩き回るのは、日頃、むさぼるように本を読んでしまう理由にも通ずるものがある。負けた悔しさから、試合後、食事も取れずにずっと本を読んでいて、気づいたら外が白んでいた、なんてことも何度もあった。

人が歴史、人がデータ。だから人が何をしたのか、そこでどういう失敗をして、どういう成功をしたのかが知りたくて、本を読む。

変な言い方だが、決して読書が好きなわけではなく、監督をやっていて、いつも何かヒントがほしくて読んでいる。いわば、「欲しがりの読書家」だ。

人は、つくづく答えを見つけたがる生き物なのだと思う。でも、野球には答えがない、もっといえば人生には答えがないから、ひたすらヒントだけを探し続けている。

「指揮官の責任」を問い続けている中で、大切なヒントをくれた人たちのことを書いてみたい。実際に出会った人もいれば、本を通じて知った人もいる。

ただ、それがどちらであっても、ヒントをくれた言葉たちはたし

かに生きている。

「野球界に恩返しをするんだ」　星野仙一

　2018年1月4日、心から尊敬する方が亡くなった。星野仙一さんだ。

　本当にショックで、いまもまだ信じられない思いでいる。

　自分が29歳で現役を引退して、第2の人生をスタートさせたとき、星野さんは中日ドラゴンズの監督だった。

　キャスター・評論家時代には、海外に取材で同行させていただいたこともあり、いろいろなことを勉強させてもらった。

　監督としても、本当に教わることが多かった。

　星野さんとは、ドラフト会議のときにお会いしたのが最後になった。

　ファイターズは、ドラフト1位で7球団が競合した清宮幸太郎の交渉権を引き当てた。その会場で、星野さんだけは、清宮のことなどまるで頭にないかのように、

「何しとんじゃ、クリ！」

　と、怒られた。日本一になった翌年、不甲斐ない成績に終わったファイターズのことだ。

「あのメンバーがいて、この成績はなんだ！」って。

　まるで自分のチームのことのように嘆き、叱咤激励してくれた。

「でも、日本一になったあとって、いろいろあるよな」

　と、優しいフォローのひと言もかけてくれた。

「闘将」と呼ばれた熱血漢で、険しい顔をしているイメージが強いけど、あんなに優しい人が、ああいうスタイルにしなければ戦えないほど、プロの世界は厳しいということ。ある意味、優しい人だからこそ、ああやって怒ることができたのだと思う。

　そんな星野さんに、ずっと言われ続けてきた言葉がある。

「我々は、野球界に恩返しをするんだ」

こうしてプロ野球でメシを食っていけるという状況を作ってくれた先輩たちに感謝して、我々には、それを次の世代に渡す義務がある。少子化の問題もあって、野球をやる子どもたちは減っているけど、もっともっと夢のあるプロ野球にするため、まだまだ頑張れることはいっぱいある。

いろいろな特長を持った子が、プロ野球の世界に向かってきてくれる、勝負にきてくれることには、この上ない喜びを感じる。自分が子どもの頃、プロ野球選手になりたいと思ったのと同じ夢を持ってくれた子たちが、本当にそこまでレベルを上げて、勝負にきてくれるというのがすごく嬉しい。

とにかく選手たちをキラキラさせてやりたい。優勝する年の選手たちは、みんなキラキラしていて格好いい。たとえば、最近のカープを見ていると、本当にみんなが輝いて見える。

やっぱり歴史は繰り返していて、次の世代にも良い選手がいたからこそ、その歴史はつながっている。歴史がつながっているというのは、次の世代にもっと能力の高い選手が必ずいるという証明なので、それを信じてみんな前に進んでいる。野球ファンにとっても、それ以上のことはないし、自分はその手伝いがしたいと思うだけだ。

振り返ってみれば、まだ何一つ、星野さんには恩返しができていない。

いつかまた必ず「クリ、ちゃんとやったんか！」と言われると思うので、そのときには「はい！」と答えられるよう、これからも命がけでやるだけだ。

「教えるな」　根本陸夫

シーズン中のある日、いまは亡き根本陸夫さんのお宅にお邪魔した。第1章でも少し触れたが、根本さんは、日本プロ野球界におけるGMの先駆け的な存在で、球団経営やチーム編成などで、数々の逸話を遺された人物だ。

生前、気に掛けていただいたことがあり、奥様がご健在とのこと
だったので、ご挨拶に伺った。そこで教えていただいた話が、とて
も印象に残った。

　根本さんが出会った、理想の監督の話だ。

　昔、埼玉の高校の野球部に、盲目の監督さんがいらっしゃったそ
うだ。決して強豪校というわけではなかったようだが、その監督さ
んは音で打球の方向がわかる。

　それが理想だ、と。

　どういうことかというと、要するに「余計なことを言わない」。
人が持っているもの、もともと体の中に入っている本当に大切なも
のを、そのまま一番大切にできるのが理想の指導者というわけだ。

　なのに野球界は、みんな「ああでもないこうでもない」と指導を
して、つぶしてしまう。肝心の一番大切なものを、活かしてやれて
いないことが多い。

　だから、根本さんは「教えるな」が口ぐせだったという。

　どんなに野球を知り尽くした人がいたとしても、本当にすべてわ
かっているかと言ったら、それは誰にもわからない。技術を含めて、
その人の感覚でしかない可能性だってある。

　「それは絶対に正しいんですか？」と、根本さんは問い続けていた。

　そこを間違わないためにも、大切なのは、いかに人の話を聞くこ
とができるかということ。

　奥様に、根本さんの「いつもの愚痴」も教えていただいた。
「プロ野球の人間は、プロ野球のことしか言わない。だからほかの
世界の人から、いろんなこと、いろんな意見を聞くんだ」って。

　野球を心から愛しているからこそ、「プロ野球に染まってたまるか！」
の精神を忘れてはいけない。

　そう言えば、ファイターズとの縁も、「根本陸夫になりませんか？」
と声を掛けてもらったところから始まった。あのとき、球団は根本
さんがうら腕を振るったGM的なポジションをイメージしていたのか、

それともはじめから監督をオファーするつもりだったのか。その後、直接確認してみたことはないが、根本さんのことを自分の中で勝手に大きな存在だと感じているのは、あの言葉とも無縁ではないのかもしれない。

「日々新なり」　三原脩

「野球界に恩返しをするんだ」という星野さんの言葉に思いを馳せるとき、いつも頭に浮かぶ人がいる。監督として5球団で指揮を執り、西鉄ライオンズ時代には「3年連続日本一」という偉業を成し遂げた三原脩さんだ。自分がファイターズでいただいている背番号80は、日本ハム球団の初代社長でもある三原さんが監督として最後に付けた番号で、あやかりたいという思いから頂戴した。

　我々は、誰のおかげで野球を生業とすることができているのか。その誕生から80年あまり経ったいまなお、プロ野球がこうして在り続けていられるのは、その礎を築き、のちの隆盛へと導いてくれたたくさんの先輩方がいてこそである。その尊い歴史を、数々の書物を通して教えてくれたのも、三原さんだった。

「三原君、日本で初めて、本格的なプロ野球チームを作りたいんだ。ひとつ真っ先に加入してもらいたいんだが」。三原さんは早稲田大学野球部の市岡忠男監督の、そんなひと言でジャイアンツの前身「大日本東京野球倶楽部」の契約第一号選手となった人である。さぞかし栄誉なことかと思うが、実はそうではなかったようだ。三原さんは自著『風雲の軌跡』でこう振り返っている。

「そのとき、かすめた思いは、不安だった。なぜか。芝浦協会もそうだし、大毎球団、宝塚協会、天勝らのセミ・プロチームのみじめな末路が思い浮かんだのである。ついにプロになり得ずして消えた先人の試み。『結構な話ですが、大丈夫なのですか』」

　思わずそう聞き返したという。昭和9年のことだ。プロ野球はは

たして、日本の風土に花を咲かすことができるのか。いまでは国民的スポーツとなった野球の姿からは想像できない時代があった。三原さんは、同じ本の中で、勧誘を受けたときの心境をこうも書いている。

「日本生命入社が内定しています。何より来年（昭和10年）1月には、入隊ですよ」

プロ野球自体が存在しなかっただけでなく、戦争もあった。実際、三原さんは昭和10年1月に現役入隊し、1年半軍籍を務めたのを皮切りに昭和12年、16年と三度の兵役に服した。上海事変に再召集されたときは、左大腿部に貫通銃創を受けている。

一方、野球という競技は日本に受け入れられていた。三原さんも在籍した早稲田大学と慶應義塾大学のいわゆる「早慶戦」を筆頭とした六大学野球は多くの観客を動員し、また都市対抗も盛んで、アマ野球が野球界をけん引していた時代ともいえた。

三原さんは「名将」「魔術師」などと呼ばれた監督時代、そして経営者時代に、特に球界に足跡を遺された。

常識を覆すような奇襲を駆使した戦術は「三原マジック」と呼ばれ、その戦術をまとめた『三原メモ』は、実に詳細な野球の戦い方の考察であり、自分も大きな感銘を受けた。

経営者として日拓ホームフライヤーズを買収し、日本ハム球団の初代社長となったときの苦労も大変なものだったようだ。著書にこうある。「私の心配は絶えなかった。それは果たしてこのチームで優勝ができるだろうかだった」（『風雲の軌跡』）

いま、我々がこうしてユニフォームを着、大好きな野球を存分にできるのも、こういった先人たちが過ごした時代があってこそ、なのだ。

「日々新なり」

その心を大切に、三原さんは野球界の生き筋を示してくれた。

選手たちが「人のため」にプレーできるようになる秘密

「商売をする上で重要なのは、
競争しながらでも道徳を守るということだ」　渋沢栄一

「日本の資本主義の父」といわれる実業家・渋沢栄一さんの著書『論語と算盤』は、名だたる経営者が座右の書に挙げる名著で、そこで説かれている大きなテーマは「利潤と道徳の調和」だ。

つまり、商売をする上で重要なのは、競争しながらでも道徳を守るということ。

人のために尽くすことと、お金を稼ぐことは一見、対極にありそうに思える。でも、決して利益を独占しようとせず、他人の富のために自分の持てる力をすべて出し尽くし、多くのことをやり遂げた渋沢さんのように、企業経営においてそれが両立するなら、人のために尽くすことと野球選手として成功することも一致するのではないかと思ったのが、この本に心酔するようになったきっかけだった。

人間として成長しなければ、野球選手としても成長できないのではないか、ということは前々から感じていたので、「こういう野球観がいいな」と思わせてくれる考えに出会えたのは、本当に大きかった。第1章で紹介したファイターズのチームカラーを説明したものは、こうしてでき上がっている。

ドラフト1位の吉田輝星には、はじめて会った指名挨拶の席で、『論語と算盤』の余白に一文を添えて贈った。若い選手にはまだ難しいかな、と思いつつも、いつか「こんな考えがあったな」と思い出してくれるといいな、という思いで薦めている。

『論語』の教えをはじめ、正しいことは昔から変わらない。そういった普遍的なものに、選手たちにも若いうちから触れてもらう機会が増えるといいな、と。

渋沢さんの原動力は、「自分のためにやっていない」ということ。

私心がない、私欲では動かない。

　それはプロ野球選手も同じで、みんな最初は自分のためにプレーするけど、それが仲間のためになり、家族のためになり、ファンのためになる。「人のために尽くす」ということを大切にしていると、気付けば「誰かに喜んでもらう」ということが、最大の原動力になっている。

　いつか、「ファイターズの野球って、そういう野球だよね」と、ファンの皆さんに言ってもらえるようになれば最高だ。

「稚心を去る」　橋本左内

「稚心」とは「子どもっぽい心」のこと。それを捨て去らない限り、何をやっても決して上達はしない、とても世に知られる人物となることはできない。まずは「稚心を去る」ことが、立派な武士になるための第一歩である。幕末に生き、わずか25年という短い生涯を駆け抜けた武士・橋本左内は、数え年で15歳のときに、このようなことを書いている。

　いまも読み継がれる『啓発録』は、彼がこれから生きていく上での指針、強い決意のようなものをしたためたものだ。時代が違うとはいえ、これが、いまでいう中学生が打ち立てた「志」かと思うと、心から感服する。

　そしてこの「稚心を去る」が、人の能力を引き出すためにはとても重要な意味を持ってくると、最近、強く感じている。成長を妨げているのは「子どもっぽい心」、要するに「わがまま」であるケースが多い。みんな心の中に「大人の心」と「子どもっぽい心」が共存していて、うまくいかないと、すぐに「子どもっぽい心」が出てきて、人を「わがまま」にさせる。そして、余計なことまで考えて、いつもイライラしている。はっきり言って時間の無駄、何もいいことがない。

　これはいま、日本という国が抱えている多くの問題にも直結して

いるのではないだろうか。様々なニュースに触れるたび、よくそのことを思う。心が子どもであるがゆえ、大人になり切れていないがゆえのトラブルはあとを絶たない。

そういう自分も、まだ子どもだ。でも、この7年間で、大人になるスピードは間違いなく加速させてもらっていると思う。自分を捨てて、人のために尽くすということを、まだまだできてはいないけれど、真剣に向き合えるようにはなってきている。だからこそ「子どもっぽい心」を出させてしまったときは、いつも責任を感じてしまう。どうして「大人の心」を引き出してあげられなかったのか、と。

結果が出ていれば、自然と「大人の心」が出てきて、誰でも「チームのために」となる。プロの世界は、特にそう。結果が出て、みんなが気分良くやれているときは、驚くほど「大人の集団」。難しいのは、結果が出ていないときにどうやって「大人の心」を引き出すか。きっとそれを引き出すのが、監督の仕事なんだと思う。

「稚心を去る」、これがすべてだ。

「人が成熟する速度は、その人がどれだけ恥に耐えられるかに比例する」　ダグラス・エンゲルバート

コンピュータに使用するマウスを発明したダグラス・エンゲルバートは、「人が成熟する速度は、その人がどれだけ恥に耐えられるかに比例する」と言っている。

プロ野球選手を見ていると、プライドが邪魔をして、恥ずかしさに耐えられなくなってイライラしたり、無駄に抗ったりしているように感じることがある。人前で恥ずかしい思いをする。でもやるんだ、みたいな選手のほうがやっぱり伸びていく。恥に耐えられないのは、「子どもっぽい心」が顔を覗かせてしまって、それを受け止め切れないからなのだと思う。

2018年レギュラーシーズンの最終戦が行われた10月11日、試合

後のセレモニーで、選手会長の中島卓也がファンの皆さんに挨拶をした。

「今シーズンもたくさんの声援、ありがとうございました。チームの目標、ファンの皆様の期待していたリーグ優勝に手が届かず……」

そこで、言葉に詰まり、

「すみません、もう一度やります」

と恥ずかしそうに苦笑いを浮かべ、少し間を置いて、途中からまたやり直した。まさに彼の人柄そのものというか、これ以上のスピーチはないと、感心しながら見ていた。

人前で恥をかいて、それを受け止められるようになってきたということは、ようやく大人になってきた証拠。これは、とても大事な要素だ。

プロ野球選手は、みんな若いうちからスターになってしまうので、それがなかなかできない。特に甲子園のスターはそれが顕著で、自分ができないことを誰かのせいにしたり、無視したり、子どもっぽい言動が目立ってしまう。

大切なのは、みんなの前で「ごめんなさい。次、頑張ります」と言えることなんだと思う。

「人間たる者、自分への約束を破る者が最もくだらぬ」
吉田松陰

札幌で新入団発表会見が行われた11月23日、ある本を8人に手渡した。

さまざまな分野の成功者のエピソードが書かれた短編集で、読み終えたらその余白に、自分で「人生の約束」を書いて、入寮時に持ってきてほしいとお願いした。その宿題には、自分との約束を守れる選手になってほしい、という願いを込めた。いま、それを書いておくことで、苦しいときに立ち戻るべき「初心」も、より明確にな

る。

たとえば吉田輝星の場合、息子の進路を案じたお父さんは、はじめ進学を勧めたという。大学に行って学びなさい、と。そういう切実な気持ちがあって、それでもプロに挑戦する決意を固めた。ご両親や校長先生への心からの感謝、その純粋ないまの気持ちだけは、これからも絶対に忘れないでほしい。

我々には、そういった人として大切なものは何なのかということを、彼らに伝えていく義務がある。

「人間たる者、自分への約束を破る者が最もくだらぬ」

幕末の思想家、吉田松陰の言葉だ。

その言葉の通り、一流になっていくスポーツ選手を見ていると、みんなそういう気概を持っているように映る。

それぞれが、自分に約束した初心を守っていれば、きっとプロ野球の世界で成功する道は開けるはずだ。

「至誠にして動かざる者は、未だ之れ有らざるなり」　孟子

12月1日、北海道胆振東部地震で被害の大きかった厚真町を訪ねた。きっかけは、厚真中央小学校の池田健人校長から届いた一通の手紙。「復興のエネルギーである学習発表会に参加してほしい」という内容で、何枚にもわたる毛筆の素晴らしい手紙だった。校長の熱い魂は、十分すぎるほど伝わってきたし、自分がほんの少しでも皆さんの力になれるなら、そんなに嬉しいことはないと、喜んで参加させてもらった。

子どもたちとのふれあいや、同じく被害の大きかった安平町やむかわ町への訪問で、自分に何ができるのかを、改めて考えさせられる一日となった。

「至誠にして動かざる者は、未だ之れ有らざるなり」

誠を尽くせば、人は必ず心を動かされるというこの言葉は、吉田松陰が大切にしていた孟子の言葉だ。

今回の訪問は、まさしく池田校長の誠に、心を動かされて実現したものだった。

そして、我々が誠を尽くす相手は、もちろん野球だ。野球に対して誠を尽くさなければ、やっていることに意味はない。それには、わかったふりをしないこと。野球とはこういうものだと、頭から決めつけてかからないこと。

誠を尽くして、動かせないものなんてない。もし、誠を尽くして、それでも勝てなかったとしたら、「この上ない誠の心を尽くし切っているのか？」という自分への問いとなって返ってくる。

「はきものを揃え、イスを入れる」　森信三

「朝の挨拶」「ハイという返事」「はきものを揃え、イスを入れる」「国民教育の師父」と謳われた不世出の哲学者・森信三（もりのぶぞう）さんは、この３つの根本的な躾を、遅くとも小学校低学年までにやれば、他の躾はできるようになると説いた。

その中でも、特に考えさせられたのが、「はきものを揃え、イスを入れる」という教えだ。これには、いろいろな意味、人それぞれの受け止め方があると思う。

いったん物事を始めたら、最後まできっちりやり切るという習慣がないと、本当にやるべきこともやれないままになってしまう。いつもやりっ放しみたいな感覚でいてはいけない。自分は、そう言われているような気がした。

札幌ドームの監督室には、大きめのイスがある。たまに、急いで監督室を出たとき、「あ、イスをしまっていなかった」と思うことがある。そういう習慣付けが、まだまだできていない証拠だ。

ホテルに宿泊していても、試合に負けた日は悔しくて、そればかり考えている。ふと気付くと朝になっていて、とりあえず身支度だけして、慌てて出かけてしまったという経験もある。それが、いまはどんなときでも、最低限、部屋を片付けてから出発するのが習慣

になってきた。

考えてみれば、人として当たり前のことだが、そういうことから意識付け、習慣付けが大事になってくる。

また、森さんの教えの柱に、「腰骨を立てる」というのがある。

一日一日を有意義に生きるためには、心を燃やし、己を律することが必要となる。しかし、その緊張感をいつも持続するのは簡単ではない。

それには「腰骨を立てる」ことしかないのだという。人間の心と体は、切っても切り離せない。ゆえに、心の緊張感を保とうとするなら、まずは体の緊張感を保たなければならない。そのために「腰骨を立てる」、つまり背筋をピンと伸ばすことを心掛けるのだそうだ。

背筋を伸ばしていると、気持ちもしっかりとする。姿勢が良いと、意識も伴う。何かを受け止めようとする、準備もできる。人はそれだけ覚えていたら、大丈夫。大きく間違えることはない。

選手たちにも、こういうことが当たり前のようにできるのって格好いいよねと、折に触れ、伝えていければいいなと思っている。

でもその前に、まずは自分がやる。それが原理原則だ。

「幸福三説」　幸田露伴

明治の文豪・幸田露伴が著した『努力論』に、どうすれば「運」がつくかという話がある。正確には「幸福」を引き寄せるための3つの工夫、それが有名な「幸福三説」だ。その「幸福」を、自分なりに「運」と置き換えて読んでみた。

1つ目の「惜福」は、「運」を使い切らないということ。「運」が向いているときは、それを乱暴に使い果たすのではなく、しっかりと貯めておく。うまくそれができる人のところには、不思議とまた「運」が向いてくる。徳川家康は、この「惜福」がうまかったという。

2つ目の「分福」は、「運」を人に分け与えること。手に入れたものを、人にどんどん分け与えていく。これができず、独り占めし

てしまうような人には、誰もついてこないので、人の上に立つことができない。この「分福」は、豊臣秀吉や平清盛がうまかったという。

3つ目の「植福」は、「運」を植えておくこと。いまが良ければいいと考えるのではなく、将来のために木をたくさん植えて、リンゴがなるようにしておいてあげる。知恵を絞って、次の世代のための使いみちを考えるということだ。

そこまでしないと「運」というものは回ってこないんだということを、露伴は言っている。昔の知識人は、みんなそれを知っていた、と。

そして、彼はほかにもたくさんのヒントをくれている。

誰かの影響を受けて、つまり「他力」をきっかけに変わろうとするのは比較的簡単だ。でも、そのきっかけを「自力」で作ろうとするのはなかなか難しい。人の話を聞かない人は、いつも「自力」で変わろうとするから余計難しくなる。だから、いつまで経っても変われない。

また、成功する人と失敗する人の違いを、こういうふうに表現している。成功する人は、そこに置いたものを蹴っ飛ばされても「ごめんなさい、僕がそこに置いたから」と自分のせいにして考える。失敗する人は、「俺って本当にツイてない。運が悪いよな」と誰かのせい、何かのせいにしてしまう。

とても興味深い。結局、昔からそうなんだなと、納得させられることばかりだ。

「自分の師が、
ほかの人にとっても良き師であるとは限らない」　渡部昇一

英語学者で「知の巨匠」と呼ばれた、渡部昇一さんの本に書かれていたエピソードだ。

幸田露伴の『努力論』に、露伴の師のことが書かれている。

自分が師と仰ぐほどの人物なのだから、誰もがそう感じているに違いない。そう思っていたら、実は師と仰いでいたのは自分だけだった。

それを読んだ渡部さんは、思ったという。本当に、自分にとっての師だからといって、ほかの人にとっても良き師であるとは限らないのだと。渡部さん自身、『努力論』に大きな影響を受け、その一冊を紹介してくれた先生に大変感謝していたが、同窓会でその先生のことを話したら、誰も覚えていなかったという。

裏を返せば、たとえ自分が誰かに師と仰がれていたとしても、自分がみんなの師になり得ると思ったらそれは大きな勘違いだ。そして残念なことに、この世の中にはそこを勘違いしている人が、意外と多いのではないか。

野球の世界でもそう。自分が正しいと思ったら、すでにそこから間違っている。「間違っているけど、自分はこう思う」でなければいけない。自戒の念を込めて。

「ひとと比べるな」　内藤博文

監督として２年目の開幕を迎えた直後、恩師の訃報に触れた。尽きることない感謝の思い、忘れ得ぬエピソードは拙著『覚悟』『伝える。』（本書「２・覚悟」「３・伝える。」）でも紹介させてもらっている。それを上梓してまもなく、恩師は旅立たれた。

大学を出て、22歳でスワローズに入団したものの、プロのレベルにまったくついていけず苦悩していたとき、目をかけてくれた人がいた。内藤博文二軍監督である。

ジャイアンツにテスト生第一号として入団し、そこからレギュラーにまでなった内藤さんは、同じようにテストで入団してきた出来の悪い新人に、とことん向き合ってくれた。その支えがなければ、きっと１、２年でクビになっていたはずだ。

一番苦しかった時期、内藤さんにかけられたひと言が忘れられな

い。

「ひとと比べるな」

「プロ野球は競争社会だ。だが、そんなことはどうでもいい。おまえが人としてどれだけ大きくなれるかのほうがよっぽど大事だ。だから、周りがどうあろうと関係ない。明日おまえが、今日よりほんのちょっとでもうまくなっていてくれたら、オレはそれで満足だ」と。本当にありがたかった。

内藤さんは決して才能を比較することはせず、半歩ずつでも前に進むことに意味があると教えてくれた。10個エラーしてもいい、明日9個になればいい、そう思えるようになって、ようやくまた野球が楽しくなった。

「ほんのちょっとでもいいから一軍に行ってみようや。いいところだぞ」

その言葉に背中を押され、ようやく一軍の舞台に立つことができたのはその年の10月、いわゆる消化試合の9回の守備だった。ものすごく緊張して、地面を何度踏んでもフワフワするような感覚を生まれてはじめて経験した。

それから7年、現役最後のゲームもあの日と同じ匂いがする、肌寒い秋の消化試合だった。実は、ここで改めて内藤さんのことを書かせてもらおうと思ったのは、最近になって、その最後のゲームのことを思い出す機会があったからだ。

引退を決意していた1990年のシーズン最終戦、横浜スタジアムでの大洋ホエールズ（現横浜DeNAベイスターズ）戦だった。敗色濃厚の最終回、ピッチャーに打順が回るところで代打の声がかかった。引退を決めていることは監督にも伝えていなかったので、指名は本当にたまたまだったのだと思う。

ワンアウト1塁、打席にはプロ1年目の古田敦也という場面、ネクストバッターズサークルに立っている間も、感傷的になるようなことはなかった。あれほど憧れたプロ野球の世界だったのに、よほ

と場違いだったのか、2年目には体に変調をきたし、症状とどう付き合っていくか、そればかりを考えさせられる日々が続いた。いつしか、これ以上続けていたら、大好きな野球のことを嫌いになってしまうのではないか、という恐怖が心を支配するようになっていた。でも、あんなに下手くそだった自分が、内藤さんのおかげでここまでやらせてもらった。

「最後は思い切ってバットを振ろう」

そう思っていたら、次の瞬間、ショートにゴロが転がって、ダブルプレーで試合終了。現役生活はそこであっけなく幕を閉じた。そう、ネクストバッターズサークルですべては終わったのだ。

あの日、ある意味、不完全燃焼な終わり方になってしまったことは、その後の人生にかけるモチベーションを上げてくれるきっかけにもなった。プロの世界では最後まで半人前で、本当にダメな選手だったから、次の仕事では、せめて一人前と認めてもらえるように頑張ろう。そのときは、まだ次に何をするかも決まっていなかったのに、ただ「ちゃんとやらなきゃ」という思いだけはすごく強かったことをよく覚えている。

さて、そのシーンのことを、最近になってどうして突然思い出したのか。察しのいい方なら、もうお気付きかもしれない。2018年クライマックスシリーズのファーストステージ第3戦、清宮幸太郎の1年目がネクストバッターズサークルで終わったことの意味を考えていたとき、ふとそのシーンがよみがえったのだ。あの場所でゲームセットが告げられた瞬間、彼はどんな景色を目に焼き付け、どんな思いを胸に刻んだのだろうか。ドームの中は寒くはなかったけれど、一歩外に出ればやはり秋の匂いが漂うあの季節は、いろいろな思いが重なり合う。

「ひとと比べるな」

内藤さんの声をどこかで聞きながら、当時の自分とはあまりにも対照的な、才能あふれる若者の将来を思った。

内藤さんが亡くなられて5年以上が経つが、最近はいつもそばにいてくれているような不思議な感じもしている。選手との距離感がうまくつかめないときなど、現役時代、本当に愛してもらったことを思い出す。内藤さんは、心が折れそうになっている自分を、本当の意味で本気にさせてくれた。ほとんど怒鳴られた記憶はなく、いつも優しい人だったけれど、それでもあんなに本気になれた自分がいた。結局、それが選手が一番伸びることなのだと思う。

　それを自分らしくやるにはどうすればいいのか、自分らしさっていったい何なのだろうと考えてみたら、それはあの頃、内藤さんにしてもらったことなのだと改めて気付かされた。プロの世界に入って最初に向き合ってくれた人だったので、その価値観みたいなものが無意識のうちに自分にも染み付いているのだと思う。

第5章:7年の蓄積と、8年目の問い

先入観を捨て、野球をリスペクトする

　こうして、7年間チームの指揮を執らせてもらって、ファイターズの歩み同様、野球そのものの変化についても、考えさせられることが多かった。1000試合以上を経験させてもらった節目に、いくつか思いつくまま、書かせていただく。

どうすればフォアボールを選べるのか

「最も得点に寄与しやすいのは、出塁率＋長打率」というセイバーメトリクスの評価基準が浸透し始めて、それなりに年月が経った。現場の感覚としても、それが勝ちに貢献しやすいものであるという

ことは間違いないと感じている。

2018年のファイターズでは、西川のフォアボールが96個でリーグ1位、近藤が87個で3位、フォアボールでしっかり出塁できているという点において、2人の評価は絶対的だ。これをヒットの数と合わせると、西川が243、近藤が236。ちなみに、打率3割5分2厘でダントツの首位打者に輝いたホークスの柳田悠岐でも2つを合計すると229だから、2人の数字がいかに優れているか、わかってもらえると思う。

では、どうすればフォアボールを選べるのか？

実は、「ボールを振らない」という技術は、シンプルでいて最も難しい技術の一つでもある。そう、皆さんがどんなイメージを持たれているかはわからないが、「ボールを振らない」というのは、センスではなく、技術なのだ。どういう待ち方をして、どういうストライクゾーンをイメージして、どういう視界を作るか。それは「箱」なのか、それとも「軌道」なのか。そこには、洗練された技術が求められる。いま、清宮が一番身に付けなければならない技術がそれだ。

次に、一般的に「選球眼」と呼ばれる能力は、いったいどんなものなのか。ストライクか、ボールか、どこかで判断しているわけだから、脳との関係が強いと考えられる。そして、そのベースにあるのはスイングスピードで、それが遅い選手は、早く振り始めなければならないから、そもそも選んでいる余裕がない。その点、近藤はスイングスピードが速い上に、バットをボールの軌道に入れる能力も高い。

あとは、予測だ。近藤は「ツーストライクに追い込まれたほうが打ちやすい」と言う。追い込まれたら、投げてくる球種も限られてくるからだ。自分に対して、ピッチャーは追い込んだらこういう球しか投げてこないというのが、ある程度、予測できている。たとえば、低めの落ちる球さえ見逃してしまえば、あとはストライクが来

るとすればこのボール、といったイメージができているのだと思う。本人に確かめたわけではないが、彼を見ていると、そんな感じがする。

「読み」も含めて、感覚的なものもすべて合わさった技術、だから、それを磨くのが一番難しいのかもしれない。

もちろん選手たちも、フォアボールの価値は十分に認識している。それが勝ち負けに直結しているということも、みんな理解しているはずだ。でも、頭の中ではわかっていても、やっぱり打ちたくなるのがバッターの性というものだ。だから、良いフォアボールを選んだときには、「良かった」ということを明確に伝える。ミーティングで、「昨日のフォアボールは、良いフォアボールだった」と、できるだけみんなの前で伝えてもらって、徹底的に刷り込ませる。

これからは、それをもっともっと徹底していく必要があるかもしれない。

データの重要性と危険性

これからの野球は、数字＝データをどう使うかということが、ますます重要になってくる。いまやデータはどの球団も、誰もが持っているので、あとはどう使うかということだけだ。「最も得点に寄与しやすいのは、出塁率＋長打率」ということを先にも書いたが、打率２割３分のホームランバッターが、それでもホームランを35本打ってくれると、それが大事なところで出てくれれば、チームは勝ちやすくなる。フォアボールとホームランで、２点が入る。ということは、１安打でも２対１で勝てるということだ。そう考えると、ボールを遠くへ飛ばす能力が高い人は、それだけでやっぱり価値があるということになる。

ただ、それこそ作れるものではない。もともと、そういう能力を持った素材でないと、なかなかそこには到達できない。もし、その素材が手元にないのであれば、本当に出塁率の高い選手をたくさん

集めるというのも一つの形なのだと思う。

そのほかにも、「シフト」と呼ばれる特殊な守備の配置や、キャッチャーの「フレーミング」と呼ばれる、際どいコースの球をストライクと判定させるキャッチング技術など、これらはアメリカで普及し、どんどん日本にも入ってきている。

一方、データが普及して、逆に気を付けなければいけないこともある。

トラックマンなどのデータで、良いときと比べ、リリースポイントが少し前に出ているとか、手の位置が数センチ下がっているとか、回転軸の角度が傾いているとか、いろいろなことがわかるようになってきた。やっぱり打ちにくいピッチャーは、データもそれを証明してくれる。打てないカーブには、打てないなりの良いと言われる数字が出ている。

そういったデータを利用し、自分の良いときと悪いときの変化を、体との兼ね合いでより正確に捉えていくことは、すごく重要な反面、たとえば理想とするピッチャーの形を追い求め過ぎると、自分本来の良さが失われ、フォームがわからなくなって、いずれ取り返しがつかないことになってしまう可能性も否定はできない。データによる根拠ばかりを求めてしまうと、自分の本質から離れてしまう可能性があるということだ。

たとえば、こんな例もある。データは、宮西が調子を落としていることを示していた。ただ宮西は、明らかに調子は落ちているのに、相手と駆け引きしながら抑えてしまう。

だから、どう使うかが重要なのだ。データを履き違えてはいけない。

これからは、データを客観的に分析し、よりベストに近いものを導き出せるスペシャリストと、野球の経験値の高い人が一緒にやることが必要なのだと思う。野球を知らないデータのスペシャリストだからこそ、先入観なしに結論を導き出せたり、良い悪いを指摘で

きることもあるだろう。あるいは、プロ野球の監督経験者が、専門的にデータを扱えるようになったら、それが最強なのかもしれない。すべては、チームがどんな人材を求め、その能力をどのように活かそうと考えるか、そこにかかってくる。

「2番・トラウト」のインパクト

メジャーでプレーする大谷翔平は、ますます野球が楽しそうで、キラキラして見えた。チームが優勝争いから完全に脱落しても、そんなことより野球が楽しくて仕方がないという感じだろうか。

もっとうまくなりたくて、いつも全力で楽しんでいる。きっとあれが、野球選手が一番力を出せる状態なんだと思う。夢中になってやっているときこそ、一番勢いが出たり、プラスアルファの力が生み出されたりする。

そして、思った通り、彼はますます進化している。2、3年経って、メジャーの野球に完全にアジャストできたら、また右足を上げて打つようになるかもしれない。そしたら、今度は引っ張る必要がなくなって、どんどんレフト方向にも打ち出すようになるから、打率がグンと上がりそうだ。

ところで、その大谷の活躍のおかげで、エンゼルスの試合を観る機会が格段に増えた。そこで、否が応でも目を引くのが、メジャー屈指のスーパースター、マイク・トラウトの存在だ。あれほどのスラッガーが、2番という打順を打っている。以前も、ヤンキースのアレックス・ロドリゲスをはじめ、2番を打つ強打者はたくさんいたが、中でもトラウトのインパクトは大きい。

これからは、打順に関する既成概念みたいなものがどんどん取り払われ、新しいチャレンジがますます増えていきそうだ。

たくさん打順の回る1、2番にホームランバッターを、という考えはもともとあった。ただ、それを躊躇してしまいがちなのは、初回、先頭バッターが出てのダブルプレーが怖いからだ。立ち上がり

が不安定なピッチャーは少なくない。その、どちらに転ぶかわからない状態で、初回のゲッツーは、みすみす相手にペースを渡してしまうことになりかねない。

昨年（2018年）のファイターズは、長打力のある大田泰示を2番に使って勝負してみたが、打順を巡る試行錯誤は、まだまだ続きそうだ。

小柄なホームランバッターは日本でも生まれるのか

現在、メジャーリーグで最も身長が低い（公称168センチ）とされるアストロズのホセ・アルトゥーベが、4年連続で二桁ホームランを記録した。2017年はホームラン24本、チームはワールドチャンピオンに輝き、自身もリーグMVPを受賞している。

なぜ、あの小柄なプレイヤーが、毎年、ホームランを打ち続けられるのか？　アルトゥーベはたしかに素晴らしい選手だが、これからそういった日本人選手が出てくる可能性は十分にあると思っている。

かつて「世界の盗塁王」と言われた福本豊さんは、あまりにも盗塁の数がすごすぎて、やや印象は薄いが、実は二桁ホームランを11回記録し、通算でも208本打っている。その福本さんの身長は、アルトゥーベと同じ168センチだ。

おそらく、いまでもその可能性を秘めた選手はいるはずなのだが、日本では、ああいうタイプの選手にあのような打ち方はさせない。完全にいないと断言することはできないが、本人の意思か、それとも指導者の考え方か、あまり見かけないのは事実だ。小柄でも、「小力」のある選手はいる。データが、ホームランの重要性を再認識させてくれたこの時代、そろそろアルトゥーベのような選手が日本にも出てきて、おかしくない頃かもしれない。

なぜ根尾、小園に4球団が競合したのか

過去のドラフト会議ではほとんど記憶にない、根尾昂（大阪桐蔭高）、

小園海斗（報徳学園高）、2人の高校生内野手に、それぞれ4球団の指名が集中した。根尾はピッチャーとの二刀流で注目されていたが、ポジションはいずれもショート。いったいなぜ、そこまで評価が集まったのか？

もちろん、2人が突出した才能の持ち主であることに疑いの余地はない。だが、要因はそれだけではなく、最近の日本球界のトレンドが反映されたのではないかと感じている。そのトレンドを決定付けたのは、ライオンズの源田壮亮だ。

彼が入団して2年、ライオンズはチームそのものが明らかに変わった。そもそも当時のドラフト前、源田のことはもちろん知っていたが、「守備はうまいが、打てない」という評価を耳にしていた。結局、彼はドラフト3位でライオンズに指名されている。少なくとも一巡目ですぐに消えてしまうような選手ではなかった。

それが、いざプレーを見てみると、守備はうまいところではなく、球史に名を残すレベルなのではないかと思うほど、ずば抜けてうまい。ショートに源田がいるという安心感が、内野全体に伝わり、みんながのびのびとプレーしているように感じる。そして、なおかつ打つほうも、相手チームに十分な脅威を与えるレベルの、「嫌なバッター」だった。

実は源田の前年、イーグルスに入団した茂木栄五郎を見たときにも、同じような感覚を覚えた。

新人で「開幕一軍」を勝ち取れるレベルのショートが入ると、それだけでチームはガラッと変わってしまうということだ。ショートでそこまでの選手はなかなか出てこない。

そういった球界の流れ、トレンドが反映された結果の、根尾、小園、4球団競合というドラフトだったのではないだろうか。

がむしゃらにやれる時期、一番伸びしろのある期間は意外と短い

プロの世界に入ってくるような選手たちは、みんな才能豊かな者

ばかりだが、入ったあとのことで言えば、本当にがむしゃらにやれる時期、一番伸びしろのある期間というのは意外と短い。

ようやく自分の居場所を見つけかけて、いよいよ結果を出さなきゃいけない時期にきている23歳の渡邉諒に、秋季キャンプのとき、そのことを伝えた。

「このオフ、本当に死ぬ気でやれよ。10年やれとは言わない。1、2年、本当に頑張らなきゃならないときが人にはある」

本人にどこまで伝わったかは、わからない。だが、一つだけ言えることは、彼にとってはいまが本当にがむしゃらにやれる時期であり、一番伸びしろのある期間だということだ。そして、繰り返しになるが、それは意外と短い。このチャンスを逃すと、次はない。

楽なことや楽しいことは、人を育ててはくれない。それは、次に頑張るためのご褒美でしかないのだ。人を育てるのは、やっぱり「艱難辛苦」。困難に出遭って、悩み、苦しむことで人は成長する。

ただ、それにも優るものがあるのかもしれないと思うことがあった。あれは入団何年目だったか、クリスマスの夜、大谷翔平が一人でマシンを打ち続けていたことがあった。

それを練習熱心のひと言で片付けるのは簡単だが、そこまで熱心になれるのにはやはり理由がある。彼はいつ訪れるかわからない何かをつかむ瞬間、何かというのはコツと言い換えてもいいかもしれない、その瞬間に接する喜びを知っている。

野球がうまくなるコツというのは、自転車に乗るコツにも似ている。乗れないうちはまるで乗れる気がしないのだが、はじめてうまく乗れた瞬間、それまでとは別人のような自分と出会う。あの感覚だ。

でも、それがいつつかめるのか、その瞬間がいつ訪れるのかは誰にもわからない。だからこそ、それを見つけに行くことはいつも楽しい。その価値観があるかないか、ただそれだけの差なのかもしれ

ない。

　人が遊んでいるときに、人よりうまくなるためにやっていると、必ずそこには気付きがある。——単純なようだけれど、これを教えるのが一番難しい。

　伸びしろのある時期に話を戻すが、チームとしてはその時期の選手が一番面白い。「こいつ、どこまでいくんだろう」とか、ずっとワクワクしながら見ていられる。

　大谷の場合、ファイターズにいた5年間がずっとそうだった。やっぱり、毎年面白かった。うちは計算して勝つチームではない。そんな面白い選手の、一番面白い時期を使って優勝するのがファイターズだ。

プロ野球のチームは誰のものか

　野球は「おらがチーム」のスポーツだと思っている。同じ試合でも、どちらかを必死に応援しながら観るのと、どちらを応援するでもなくぼんやり観るのとでは、まったく別物だ。

　野球が、ある意味、文化として残ってきた最大の理由は、そこにあるのではないだろうか。それを地域性や、ローカル性と言ってもいいのだが、個人的には「おらがチーム感」といったほうがしっくりくる。

　そして、プロ野球は、自分の子どもの運動会みたいなところもある。子どもが一等賞を獲るために一所懸命努力していて、その頑張る姿を観に行って、声を嗄らして応援している。

　自分の子どもが出ている試合と、出ていない試合では全然違うように、自分のチームだと思った瞬間、それに近い感覚になって、オフの間も選手の補強とか、練習のことが気になるし、監督に文句の一つも言ってみたくなる。要するに、心の底から「頑張れ」と思える、それが野球の持っている大本質なのだ。

普通に考えれば、3時間を超えるゲームは長いし、半年以上も続くシーズンは長い。なのに、みんな自分のチームだと思ってくれているから、それをずっと観ていられるし、試合がない日は寂しいと感じる。

　やっぱり、プロ野球のチームはファンの皆さんのものであり、そんな皆さんに支えられて成り立っているのだ。

おわりに

　新入団発表会見が行われた2018年11月23日、札幌は雪だった。

　ホテルでの会見のあとは、毎年、ご家族も交えた食事会が開かれるのが恒例となっている。

　一人ひとりと挨拶を交わしていると、新しい「家族」を迎えたという実感が湧いてくる。

　その会がなごやかなうちにお開きとなったのは、午後9時に近い時間だったと思う。

　翌日、ファンフェスティバルが行われる札幌ドームに到着すると、当日の流れなどを確認している最中、スタッフからあることを知らされた。

　昨夜、あれから吉田輝星と柿木蓮はランニングに行ったらしい。

　夏の甲子園の決勝で投げあった2人は、侍ジャパンU―18代表ではチームメイトとなり、実は意気投合した仲だと聞いた。

　それにしても、一日気疲れしたであろうそんな日の夜に、しかも雪の中、わざわざ走りに行かなくても……。

　すごく意識が高いし、良くも悪くも本当に真面目。

　それは会見でも感じたことで、正直、みんなコメントが真面目過ぎて、こんなにつまらない会見は珍しいなと思ったくらいだ。

　まあ、それもファイターズらしいと言えば、らしいのだが……。

　今回のドラフトは、結果的に高校生中心の指名となった。

　決してはじめからそういう狙いで臨んだわけではないのだが、結果、そうなった。

　大学生や社会人を指名すると、現場的にはどうしてもあまり時間をかけられないという感じになってしまうが、高校生はこれからいろいろ失敗して、それをプラスにできる時間があるんだと思えるから、特にワクワクする。

　野球人生、まだまだこれからという若者たちが、その時間をどの

ように使って、これから感動を形にしてくれるのか、楽しみでならない。

1位の吉田輝星（金足農業高）は、まさしくいまが「旬」。あまり大事に大事にとはせず、どんどん使っていったほうがいいタイプかもしれない。だから、意外とデビューも早い気がしている。

イメージは、イーグルスの則本昂大とダブる。「ちぎっては投げちぎっては投げ」、次々と相手をなぎ倒していくタフなピッチャーになってくれることを期待している。

2位・野村佑希（花咲徳栄高）は、左バッター中心の野球界で貴重な右のスラッガー。近い将来、必ずクリーンアップを打っているはずだ。

3位・生田目翼（日本通運）は、1位指名でも不思議ではなかったピッチャーだ。もちろん1年目から「戦力」として考えている。

4位の万波中正（横浜高）は、彼のことを想像するだけでニヤけてしまう。0点か100点かではなく、0点か500点かの選手。プロ野球の歴史を変えるかもしれない。

柿木蓮（大阪桐蔭高）の5位指名は、ある意味、あのドラフトで一番の驚きだったと言える。プロのスカウトは、高校生を「すぐ使えるかどうか」ではなく、この先の「伸びしろ」で評価する。そういう意味では、すでに完成度の高い彼は、評価の難しいピッチャーだったのかもしれない。うちは高校生ではなく、社会人のイメージで評価した。デビューは一番早いかもしれない。

6位はキャッチャーの田宮裕涼（成田高）。キャッチャーは守備力だけでも十分に評価されるポジションだが、彼はもしかすると打てるかもしれない。楽しみな選手だ。

7位の福田俊（星槎道都大）は、宮西尚生を彷彿させるサウスポーだ。ドラフトの下位指名は、彼のような選手を獲るためにある。まさに狙い通りの指名だった。

そして、球団史上はじめて育成枠を使って、海老原一佳（富山GRNサンダーバーズ）を指名した。育成枠の考え方はいろいろあるが、うちは使うために獲った。それだけは明言しておく。

　「人は生まれてくるとき、一通の手紙をもらってくる」という話を聞いたことがある。

　でも、その手紙を一度も開けずに、自分の使命みたいなものに気付かないまま、死んでしまう人が意外と多いという。

　彼らには必ずその手紙を開き、自分の使命を感じてほしい。

　そして、高校生中心のドラフトになったということについては、あることを感じている。

　これは、清宮幸太郎の持つ求心力に引き寄せられた、彼が引っ張ってきた結果なのではないかということだ。

　普通に考えると、ここまで高校生が並ぶことはない。

　もし、本当に清宮が引き寄せたものだとするならば、これからのプロ野球界は間違いなく清宮幸太郎を中心に回っていく。

　どんな形であれ、来シーズン、清宮には全試合に出てもらわなければいけない。

　チームの優勝のためはもちろん、そうしないと東京オリンピックに間に合わなくなってしまう。できる、できないじゃない。やらせるしかない。

　2年目の宮台康平も、秋季キャンプは抜群に良かった。楽しみが多いのは、いいことだ。

　ただ、楽しみが増えると、その分、プレッシャーも大きくなる。

　ファイターズは勝って、育てる。それしかない。

2019年1月　栗山英樹

7
集大成
（2019〜2021）

監督の引き際：責任の果たし方とは

　監督は「いい人に巡り合う」「いいモノに触れる」必要がある。その点で、私は本当に恵まれた。

　たくさんのフロントスタッフ、コーチ、恩師、選手、そしてファン。ここでは私とファイターズの「最後の３年」を中心に、監督として大事だったことを振り返ってみたいと思う。

【最後の３年】2019年「最高の想定外」

　何度も書いてきた通り、どのシーズンも優勝できると思って臨んでいる。

　「勝つカタチ」をいくつ作ることができて、そこにもっていけるかどうか。監督の力量のひとつがそこにある。

　その「勝つカタチ」が少なかったのが2019年、2020年、そして2021年の最後の３年だ。３年連続で５位に終わったいずれのシーズンも「勝つカタチ」を見つけられず、シーズンが進むにつれて申し訳ない思いが募った。

　本書では言及のないこの３年について、学びが多く印象的だったことだけ記しておく。

　2019年、５位で終わったこのシーズンを一言で表すと「最高の想定外」になる。

　前年の2018年は３位で終わっていた。

　なんとか３位で終えたという感覚の年だった。大谷翔平が抜けたシーズンで、下馬評は相当、低い。

　でも、そんなことを感じさせないくらいみんなが「翔平がいなくても勝てることを証明する」と意気込んでいた。翔平と仲の良かったナオ（上沢直之）はわざわざ「監督、翔平がいなくても勝ちますからね」と言いにきたし、キャプテン１年目となる中田翔もチーム

メイトの前で「絶対に勝つ、翔平がいなくなったから負けたと言われないからな」と発破をかけていた。

　だから優勝する──私もどんな手を使ってでも、監督として能力を振り絞ってそこを目指したつもりだった。結果は、クライマックスシリーズでのファーストステージで2位・ホークスに1勝2敗で敗れ、シーズンを終える。

　絶対に優勝するんだ、という思いが打ち砕かれた悔しさがある一方で、2019年はもっとできる、と期待を抱いた。オフには甲子園を湧かせた金足農業のエース・吉田輝星がドラフト1位でやってくる。王柏融や金子弌大の獲得もあった。なんとか3位となった2018年をベースにこうした新加入選手が＋アルファの力を出してくれれば勝負できるんじゃないか……そんな「勝つカタチ」をもって臨んだ2019年の「想定」は大いに裏切られる。

　開幕戦は最高だった。キャプテン2年目となる中田翔が延長10回にサヨナラ満塁ホームラン。そのまま3、4月を12勝12敗2分で乗り切り、5月に貯金を2つ作り、6月終了時点では1つ負け越したが7月に16勝6敗。8月を貯金9の2位で迎える。首位ホークスについて離れず、いざスパートへ……そう思った時に「想定外」が起きる。

　5勝20敗。

　毎日つけていたノートの星取表は×だらけ。野球ってこんなに負けられるんだ……、他人行儀な言い方になるが、驚いた。

　もがいていたのは選手たちだ。みんな勝ちたがっていた。

　そんなある日のこと。負けた試合後に、ひとりの主力選手が監督室にやってきた。名前を出すのは本稿の主旨にないから伏せる。彼は、ある選手の起用法に納得がいかなかったらしい。「話がある」とやってくると「なぜ、使うのか」と私に問うた。

　この起用法はコーチの進言によってだいぶ前から決まったものだった。優勝するためには、必要な手。イレギュラーではあったし、

一戦必勝と考えれば確率は低いが、シーズン全体を考えれば優勝の確率を高める、という理屈は納得のいくものだった。

けれどその試合で負けた。選手が監督室にやってきたこの日から、ファイターズは転がり落ちるように負け続け、8月はわずか5勝。一気に優勝戦線から遠ざかることになる。

彼の訪問はすごくインパクトがあった。

その言葉は重かったし気持ちもわかった。一方で、それを進言したコーチの思いも理解できるし、その提案を否定しないことでモチベーションを保つことも必要だった。

そこに至るまで、私の中ではいろいろと考えを尽くしたと思っていた。

けれど、そこからの成績を見れば、あの起用は「勝つカタチ」ではなかったのだろう。

「わかった気になっている」

きっとあの時の私はそうだったに違いない。だから、間違えた。

誰がいい、悪いではなくそれを痛感し、考えさせられるシーズンだった。

【最後の3年】2020年「野球と人生」

翌年、2020年はちょっと思い入れが別のベクトルに向かう。

新型コロナウイルスの感染拡大。身近にも、世界中にも苦しんでいる人たちがたくさんいた。誰もが、どう行動すべきか、どう捉えるべきか、考えさせられ、翻弄された。

私も同じだった。本当に野球をやっていていいのだろうか？　人命よりも大事なことなのか……？

当時は特に、選手たちが気になった。

どこも大変ではあったけれど、感染状況や病院のひっ迫具合は地域によって異なり、それによって規制、規則が変わっていた。開幕は延期され、いつ始まるかわからない状態の4、5月。「密」にな

ってしまうからみんなで練習もできない。ファイターズは1軍が北海道、2軍が千葉と拠点が別れるから余計に対策は困難を極めた。

そして5月なかば。試合数を大幅に縮小したシーズンの開幕が6月19日と決まってから——さまざまな制限を設けたうえで——多くの球団が練習を再開した。しかし、感染被害が大きかった北海道を本拠地とするファイターズが練習を再開できたのは5月26日。開幕まで4週間もないタイミングだった。

これはプロ野球界で考えなければいけないぞ、と感じた。

不満、というわけではない。地域によってスタートに差がでるのは、仕方がないことともいえる。でも、練習があまりできていないのに、いきなりシーズンがスタートする。それも延期に伴い連戦が増える。選手のケガのリスクは大きくなる……。

答えのない問題ではあるが、それなら練習開始などもみな平等にして、その方法や日程についても「選手ファースト」な体制を作れなかったのか。NPBはトップとして、こういう時こそ——正しくても、正しくなくても——指針を出す必要があったのではないか。

これはファイターズが1軍と2軍の拠点が遠く離れていることで、対応すべきことが他の球団より多い球団だったからこそ、強く感じたことだった。

……と、当時はそんな「大きなこと」ばかり考えていた。それまでの8年間、とにかく「勝つカタチ」を探し、チームがどうすれば勝つか、選手が輝くかだけを優先してきた日々が一変し、人の命、人の生活、選手の将来……というまったく異なることを考えなければならなかった。

一言でいえば「野球と人生」みたいなことを考えていたシーズンである。

難しい判断ではあるけれど、今振り返ってみると、「野球とは」とか「人生とは」とか「もっと全体としての基準を」みたいな、大きなことは、あまり気にしすぎなかったほうが良かったのかもしれ

ない、と思ったりする。でもやっぱり、人の命より重いものはない。

監督として初めての感覚を持ちながら終えた1年だった。

ちなみにこのシーズンは、西川遥輝が1000本安打を、中田翔が250本塁打を、ミヤ（宮西尚生）が700試合登板とプロ野球史上初の350ホールドを達成するなど、記録ラッシュの1年でもあった。監督就任とともに一緒にやってきた選手たちの活躍はとてもうれしかった。

【最後の3年】2021年「危機感と集大成」

ファイターズの監督として最後になったシーズンは「集大成」だ。

翻弄された2020年を乗り越えてめいっぱい行こう、そう心に決めていた。結果は、本当にうまくいかなかった。優勝争いはおろか、クライマックスシリーズの切符すら手に届かない戦い。そこに加えて中田翔の暴力行為と出場停止や、円陣での声出しを配信した動画が波紋を呼ぶなど、チーム内外でもさまざまな問題が起きた。

選手も私も、みんなが勝ちたいと思って一生懸命やっているのに、うまくいかない。歯車がかみ合わないというのはこういうことを言うのだ、と思った。

「勝つカタチ」に即していえば、「計算できるところにいた」はずの選手たち——特に攻撃の——が振るわなかったことが大きく響いた。「計算できるところにいた」選手とは、私の就任以来、長い間チームを支えてくれたメンバー、中田翔、中島卓也、西川遥輝、近藤健介たちだ。前年、前々年の活躍を考えれば大田泰示、渡邉諒なども入ってくる。

そんな彼らが打てなかった。近ちゃんを除けば、まったく数字が残らない。

勝つカタチを作る時、「計算できるところにいた」選手に対しては「このくらいはやらなきゃいけない、やれる」成績を計算にいれている。それをベースに若い選手たちの勢い、成長といった＋アル

ファの要素をさまざまにシミュレーションして、優勝への道がいくつあるのかを考える。

なのに、その計算できるところにいた選手たちが振るわないのだ。ベースとなっているものがベースにならないと、どんどん苦しくなる。シーズン中、ずっとそんなことを思っていた。

では、なぜこんなに一気に主力選手の不振が起きたのか。監督として何が足りなかったのか。

ひとつ思い浮かぶキーワードは「危機感」だ。

監督に就任して以来、選手を信頼する、という信念は変えることなくやってきた。そこに後悔はない。でも、それに対してよく言われた指摘——「選手間の競争が少ない」という課題に対して、当時のチームが危機感をもって取り組める環境だったのか、といえば、そうではなかったのかもしれない。もっと「結果が出なかったら代えるよ」というメッセージが選手に伝わっていれば……そこに反省はある。

もちろん、自分のなかで選手たちに「安心」を与えたつもりはなかった。

競争がなくなる、という指摘に対しても、選手たちの意識が高ければそれは弱点にも、問題にもならない、と考え続けた。それこそが信頼の裏返しでもあった。

でも結果を見れば、それだけではいけなかったのだろう。

それは特に、チームが勝っていくために、さらにパワーアップをしなければいけない中で「自分は絶対大丈夫」という立ち位置にある選手たちに対しての「環境の作り方」。

いくら意識の高い選手であっても、自分の置かれている立場によって言動が変わっていく。それを理解しているのであれば、ただ一生懸命やってくれてればいい、と考えるよりも、そうした選手たちにも「がむしゃらにやる」ことを促すチームの雰囲気を作るという手もあったはずだった。

一方で若い選手たち──＋アルファとして考えていた選手たちにも逆の意味で「危機感」が重要なテーマだった。

例えば、若い、これからレギュラーを目指す選手たちは、チャンスを掴みたいという「がむしゃらさ」が力になる一方で、「結果が出なければまた使われない」という「危機感」が自分の力をじゅうぶんに発揮できない原因にもなり得る。

監督としては、レギュラーではない選手にこそプレッシャーを取り除いた状態で試合に臨んでほしいと工夫をしてきた。できる限りラクに、ふつうにやらせてあげる環境を作る。「ここで打てなかったらまたファームだ」とは思わないように──これは選手時代の私自身も感じていたし、レギュラーではない選手あるあるだと思う──自分らしさ、実力を発揮することにフォーカスできるよう努めた。

レギュラーの選手たちが数字を残せる理由は「ふつうにやれるから」である。今日ダメだったら、明日はその失敗を生かしてこうしよう、ああしてみよう、と考えられる立場がある。つまり「ふつうに明日がある」と思える感覚があれば、ある程度「計算ができる」選手になるのだ。

レギュラーはふつうで、＋アルファの選手は背水の戦いである……プロ野球とはそういう世界だから仕方がない、と言われればそのとおりだ。でもだからこそ私は、レギュラーじゃない選手たちが「ふつう」の感覚で試合に臨めるようにするには──と考え続けた。それは今でも、良かったと思っている。

その点で2021年は、監督として「危機感」をコントロールできなかった。「危機感」が持つパワーは、プラスにもマイナスにも働く。それをコントロールし、「勝つカタチ」にもっていくことは監督にとって重要なテーマになる。だけどこの年、計算の中にいた選手たちにプラスの危機感を持たせるように仕向けることができなかった。そこに加えて、チームの状態が良くないことで、計算の中にいた「ふ

つう」の感覚で臨めるはずの選手たちまでもが「ふつう」じゃなくなってしまった。

「ふつうにできていた」選手たちが、＋アルファの選手たちにプレッシャーをかける。つまり、レギュラーの選手が、これからレギュラーを目指す選手たちに、「あそこで打たなきゃいけない」とか「ここでエラーしたから負けた」といった具合に、結果に対して、プレッシャーをかける。昔のプロ野球であれば「よくある風景」だったのだけど、今は違う。そういう叱咤激励は大事なことだとは思うけれど──それにしても「結果」に対してそれを言うのは好きではなかったが──、結果を出さなきゃいけない人がちゃんと結果を出して、レギュラーじゃない選手のプレッシャーを取り除いた状態でプレーさせてあげるべきだった。

　特に私自身が、就任以来、昔のやり方を消そうと努めてきたところがあった。だからこそそういう一面が見え始めた時に、よりチームの難しさを感じた。

　結局このシーズン、みんながプレッシャーを感じて歯車はどんどんかみ合わなくなっていった。

　歯車がかみ合わない中で、それまでの9年間で蓄えた知識や経験を総動員した。勝たせてあげられていないから、「人のせい」にしてしまう。危機感が問題になってしまう……そう思いながら、いくら努力しても、何をやっても結果が出ないことがあるんだと知った。

　だから集大成。ファイターズの監督としての最後の1年はそういえた。

【3年間の学び】準備をし、手を打ちまくる

　この年を含めた最後の3年は、監督の責任を強く感じていた。

　責任は取るものではなく果たすもの。そう考えてやってきたから、チームをいい方向にもっていけていない、勝たせてあげられていないのは「私のせい」だった。

書いてきたように、レギュラーも＋アルファの選手も、誰もが一生懸命やっているのはわかっていた。それなのに、どれだけ努力しても結果が出ない。誰も悪くないから、とにかく難しかった。

だからとにかく笑おうと努めた。それも先人たちの知恵による。

例えば三原脩さんは、監督時代に同じように難しい時間に直面し「必ずあるもの。そういう時は日々新たなり、と言って笑っていなさい」と残している。

また渋沢栄一さんは『論語と算盤』で、苦しい時は「抗うな、飲み込まれなさい」と書く。

ただ、飲み込まれる中にあっても、準備だけはしっかりして、打つべき手だけは打ちまくる。

何をやっても好転しない。

結果はわからない。

批判もされる。

それでも監督はそれだけはやり切らないといけない。

たくさんの人に迷惑をかけた最後の３年で学んだことだった。

自分から「辞める」とは言わない

学び続けたファイターズの監督を退任したのは2021年10月16日になる。

これは球団から正式に発表があった日だから、実際にはもう少し前、10月の上旬にはこのシーズン限りで10年にわたるファイターズの監督生活に終止符が打たれることが決まっていた。

どの試合だったか記憶は定かではない。

試合前にGMであるヨシ（吉村浩）が「監督、話があります。試合後ちょっといいですか」と声を掛けてきた。よくあることだから、特に意識はしなかった。だけど、試合が終わり、監督室に入ってきたヨシの姿を見て、すぐ「今年で終わりだな」とわかった。

苦しそうな顔をしていた。一番、ヨシが言いたくなかったんだろ

うと思う。

「監督、今までいろいろありがとうございました」

私も心から答えた。

「こちらこそ、本当に長い間、お世話になりました」

2019年以降、毎年「今年で最後」という思いがあった。私の場合、監督就任の時の2年契約を除いて、毎年1年契約だったから2014年以降、毎年「任期全う」の覚悟はあったのだけど、最後の3年はそれまでの思いより強かったと思う。

ただ、自ら辞めることは一切、考えていなかった。

もっとも結果が出なかった時期であり、ファンの方にはずいぶんと苦しい思いをさせていたから、「また来年も栗山かよ」と思われていただろうと思う。それがわかっていてもそうしなかったのには、大きく3つの理由があった。

ひとつは、これもまた「契約」の話になるけれど、1年契約だから、毎シーズンが終わるごとに監督の任務は終わっている。次の年も監督をするかどうかは、新たな契約を提示されるかどうかだけだから「自分から辞める」も何も、毎年「辞めていて」、また新たな契約が生まれたから引き受ける、という感覚だったこと。

もうひとつは、監督をさせてもらえる、ファイターズのユニフォームを着られるということが、この上なく幸せだったこと。こんなに幸せな仕事をさせてもらっているのに、自分から辞めるとは口が裂けても言えなかった。

そして最後に、ファイターズの監督生活も長くなり、その責任の取り方は、「自分から辞めること」ではない、という思いが強くなっていたこと。実は、辞めるのは簡単で、一番ラクな選択だった。でも、私が果たすべき責任は、チームを強くして、選手たちを輝かせることであり、負けたから辞めます、と言うことではない。何より、これも幾度も書いているように、新しいシーズン、必ず優勝できる、と思っていた。勝てないと思っているのであれば辞めなけれ

ばいけないけど、今年こそ勝てる、ファンに喜んでもらえる、と監督としての歳月を重ねるほどに強く思えていたからこそ、自ら辞めるという選択肢はなかった。

本書をここまで読んでいただいた方はわかると思うが、監督1年目に辞表を書き、監督室にある机の一番上の引き出しにそれをしまった。いつ辞めてもいいように、という当時の自分なりの「責任」のカタチのつもりだった。でも、監督を続けていく中で、それを手にするのは自分からではない、と気づく。

だから、いくら「今年が最後だ」と思っていても、自ら辞めると言わなかった。

最後を告げに来たヨシの苦しそうな顔を見て、本当に申し訳なかったな、と思った。期待に応えることができなかった、最後に苦しみばかり与えてしまった。

あくまで私の想像だが、私に「退任」を伝えたあの時、ヨシも一緒に辞めようと思っていたような気がする。不調に終わったシーズンの成績は、監督だけを辞めさせてケジメがつくものではないと感じていたはずだ。

でも私は絶対にヨシは残らないといけない、と思っていた。野球界にとって本当にそのくらい重要な人物であり、ファイターズに欠かせない人だった。彼に何度も伝えていたことがある。
「ヨシ、俺がダメだと思ったらちゃんと言ってくださいね。そして、ヨシは絶対に辞めちゃだめですからね」

生まれ変わっても「ファイターズの監督をやりたい」か?

退任が決まった時の思いは「良かった」という安堵ではなかったけど、「もっとやりたかった」というものでもなかった。やっぱり期待に応えられなかったという思いが募り、いつまでもダメダメくんだな、と自省したことは記憶にある。

800

もしかするとそういう思いがあったから、侍ジャパンの監督を引き受けたのかもしれない。よくやれた、とか、自分には無理だという思いを持って辞めていたら、日本代表の監督という大役は、間違いなく受けられなかったと思う。

　退任後のやり取りのなかでひとつ覚えているのが、マネージャーの岸（七百樹）に「もう一回、生まれ変わってファイターズの監督要請が来たら、やりますか？」と聞かれたことだ。岸はわざわざ監督室に来て、「監督、ひとつだけいいですか」と私に尋ねた。

　もちろん、と即答した。

　間違いなく、やる。こんなに素晴らしい仕事はない。確かに苦しいし、しんどい。だけど、これほど勉強になって面白いチームを私は知らない。選手の成長が見られて、答えがない野球について実証、検証をし続けることができる。データを集めることができる。それがどれだけ楽しいか。

　「監督がそう思ってくれたならうれしいです」と岸は言ってくれた。

　ちなみに補足しておくと「退任」するまでの最後の数年、「新たな契約の提示」は、だいたい「来年、この選手はこうしましょうか」「じゃあキャンプはこれをしましょう」といった話が出てくることがそれだった。選手たちのように「契約交渉」があるわけではなくて、やる・やらないとかいう話の前に、来年の話をし始めたら、あ、来年もやれるんだってわかる。年俸の話なんてしたこともない。

　いいか悪いかは別として、それくらい、ファイターズとはいい信頼関係を築けていたと思っている。

選手は仲間、「道化師のソネット」が流れた時

　退任の発表後、選手たちに「今年が最後」であることを話したのは本拠地・札幌ドームでの試合前だった。ビジターの千葉ロッテマリーンズとの試合を２つ残していたが、10年ともに戦った札幌では

最後の試合となる日。

　選手全員に集まってもらって、感謝の気持ちしかないこと——「本当にありがとうございました」と伝えた。すでに球団から発表があって、誰もが知っていることだったから特段改まるようなこともない。むしろ、まだシーズンが終わっていなかったし、自分のことで選手やスタッフの時間をとりたくない。特にこの日の相手は西武ライオンズ。5位、6位を争っていたから絶対勝ちたい試合だった。胸の中にあった言葉を、本当に簡単に、なるべく選手たちがグラウンドに集中してもらえるように話をした。

　その試合の結果は1対0のサヨナラ勝ち。私が退任してから、すっかりファイターズの顔となり、右打者でありながら首位打者を獲得するまで成長した松本剛が押し出しの四球を選んで最後の本拠地を勝ちで締めくくってくれた。

　その後のセレモニーは……ガラにもないけどうれしかったの一言に尽きる。

　もともと、何も言わず、シーズンを最後まで戦いきってはじめて「退任」したことがわかる、くらいの離れ方が理想だと思っていた。だから「セレモニーはやらないでね」と何度も言ったし、「シーズンの全試合が終わってからの発表じゃだめですか？」と何度も聞いた。それは先の試合前と同じ、私のためにみんなの時間を使うのが申し訳なかったからということ以外に理由はない。

　でも、球団からは「そういうことじゃない」「ちゃんとファンのみなさんに挨拶をしてください」と説明された。確かにそうだな、と思った。もし自分が球団の中にいる立場で、監督を任命して、その人が辞めるとなった時、何も言わずに辞めると言ったら「それは違う」と言うだろう。北海道に支えられてきたのだから、その挨拶をするのは人としての義務、約束でもあるのだ。

　ただ、その「最後」は想像を超えるものだった。

　挨拶をして終わりかと思ったら、10年を振り返るビデオを作って

くれていて、そこには翔平からのメッセージがあって、球場を一周したあとには、ベンチ前で全選手、全スタッフが一列で出迎えてくれた。全員とがっちり握手と言葉を交わせたことは——そこにいるの⁉　と思ったのも本音ではあるけれど——、素直にうれしかった。

　ミヤやナオの言葉、近ちゃんの笑顔。

　ジェームスや万波をはじめとしたこれからの選手たちの声。

　一番、難しいお願いをしたかもしれない。キャッチャー陣の申し訳なさそうな顔。

　タク（中島卓也）や谷内（亮太）、そして引退をした谷口雄也との会話。

　ずっと支えてくれたコーチたち、裏方としてチームを強くしてきたトレーナーたちの姿。

　そういうタイプじゃないだろ、って思っていた選手たち——例えば、ナベ、（西川）遥輝、石川亮、（清水）優心の涙には、びっくりしながら、なぜかうれしかった。

　並んだ「仲間」たち全員に、ちょっとやりすぎだよ、と思ったけど本当にありがとうございました、本当にいろいろごめんね、って……。辞めてより強くわかった。ああ、これが「仲間」なんだな、と思った。

　実はこのライオンズとの最終戦に、ひとつだけお願いをしていたことがある。

「ミヤにマウンドで直接ボールを渡したい」ということだ。

　入団してから14年間、——だから私が監督時代の10年はすべて——ミヤは50試合以上に登板し、チームを勝利に導いてきた。中継ぎ投手の記録はあまりフォーカスされることがないが、1年で40試合以上を投げるのも大変なのに、それを50試合も、そして14年間も続けるのはちょっと尋常ではない。

　ミヤはその記録、「14年連続50試合以上登板」を、この2021年の本拠地最終戦で達成する予定だった。だから最後に、感謝の気持ち

を伝えるためにも、投手交代のボールをミヤに直接渡したい――そう思っていた。

　事前にマネージャーを通して「ボールを渡したいんだけど」とミヤに伝えると了承してくれている、と言う。慣例上、ピッチャー交代のマウンドには投手コーチが上がる。そして、マウンドでボールを受け渡すには、イニングの途中でピッチャーを代えないといけない。

　投手コーチと話し合ってマウンドに行かせてほしいとお願いをして、先発のナオにはイニングの途中だけど代わるかもしれないからと話をした。

　結局、ナオは8回2アウトまで無失点という素晴らしいピッチングをしてくれてミヤにスイッチする完璧な流れを作ってくれた。

　――ベンチからグラウンドに出て、球審のもとへ行って交代を告げた。新しいボールをもらってマウンドへ向かう。待ってくれていたナオにお礼を伝えてミヤが来るのを待った。小走りで向かってくるミヤにボールを渡したら、ミヤの目に涙が溜まっていた。それを見たら堪らなくなって……マウンドを降りた。ミヤは「監督が泣いてるから」って言うだろうけど……。

　ベンチに戻る間、いつものミヤの登場曲と違うことに気づいた。

　さだまさしの『道化師のソネット』――。私の好きな歌手である。

　のちのち聞いた話だと、「栗山（私）がボールを渡したいと言ってる」と伝え聞いたミヤは、私がふだんどんな音楽を聞いているかをリサーチし、その中からさだまさしさんのヒット曲を全部聞いて、さらにはその曲のなかでもっとも私に合う「歌詞」を探し出して登場曲にするように掛け合ってくれていたらしい。しかも、その歌詞を何度も繰り返すようなオーダーまでしていた。

　監督を辞めると決まって、そういうことまでできるのは「仲間」しかいないよな、と思った。小さなこと、ちょっとした言葉かもしれない。でも、彼らにとって、私が仲間でいられたことに感動を覚えた。

試合が終わると、翔平からも携帯にメッセージが来ていた。メジャーに行ってから、どんな記録を打ち立てたとしても、MVPを取った際も連絡することはなかった。彼が日本に帰ってきた時に食事をすることはあったけれど、何か困ったことがない限り連絡はしなくていい、と伝えていたから、実に3年ぶりの携帯でのやり取り。セレモニーでメッセージをくれることも知らなかったし、その時に「あんまり長く話すと監督、泣いちゃうんで」なんて言っていたけど、そのキャラクターそのままで、「こんな性格なので試合中に失礼します」って、わざとすぐに見られないタイミングで送ってくる。彼らしい言葉だった。

　この日から2日あけてファイターズの監督として最後の試合はロッテとの二連戦。加藤貴之、伊藤大海というこれからチームを支えるふたりの先発陣がしっかりと勝ち星をつけた。

「仲間」たちは躍動していた。最後の試合、4回に先制ホームランを打った近ちゃんは試合後、そのバットをもって監督室にやってきた。「最後のホームランです」。

　ミヤは「監督にサインをもらったことがない」とサインボールを欲しがった。あの最後に渡したボールだった。「俺、ミヤみたいなすごいピッチャーにサインするの？」と思ったけど、書かせてもらった。

　ナオはグローブを持ってきてくれて、4シーズンをともに戦い、その後はロッテでプレーしていたレアードは試合前に「ユニフォームをくれ」と言ってきた。彼は代わりにバットをくれた。

　そういえば前年にポスティングでメジャー移籍をした有原航平もグローブを置いてアメリカへと渡っていった。

　監督をしていない限り、こうやって誰かのために何かをしようと思ってくれるような距離感で仕事をすることはなかっただろう。すごくいい時代に野球をやれたな、と思うし、──繰り返しになるが──本当にみんな「仲間」だった。

「仲間・大谷翔平」との別れ

「仲間」との別れについて書く時、もうひとつ印象深いのは翔平がアメリカに旅立った時のことだ。

その時も「らしさ」にあふれていた。

ドラフト1位で指名をして、ファイターズに来てもらってから「5年以内にメジャーに行かせる」というのが私と、ファイターズと翔平との約束だった。

だからその間に、必ず二刀流で日本一になる。チームの勝利のために二刀流をしていることを証明する。それはファンや多くの批評家に批判されていたからそれを見返すため、というのもあったけれど、何よりメジャーでもそれができますよ、と少しでもアピールする必要があったからだ。

あれだけの逸材を手元に置き、勝手に何かを決めつけてその「らしさ」を失わせてはいけない。だから本人がやりたい限り二刀流は絶対だし、それをファイターズにいる間に少しでも証明しなければいけなかった。

そして4年目に日本一になり、MVPも獲得した。約束の5年目を控え、本人にメジャー行きの思いを問うと「何を今さら」と言った感じで「行きますよ」と言った。

その後も、開幕直後に肉離れをするなどアクシデントがあって、こっちは「メジャーに行ける状態だろうか」「中途半端な気持ちになったら余計リスクだな」などと考えることは何度もあった。でも、いつだって杞憂で、答えは「行きます」。どんなことがあっても本人はいっさいブレなかった。

そうして2017年12月9日。ロサンゼルス・エンゼルスに入団することが決まる。

新年に入った1月28日、私たちは2018年のシーズンに向けてキャンプ地であるアメリカ・アリゾナ州のスコッツデールへと向かっ

た。もちろん帯同しない翔平は日本に残り、二軍施設のある鎌ヶ谷でトレーニングを行いながら2週間後の渡米に備えていた。

私たちが2週間のキャンプを終えアメリカから日本に戻った時、入れ違いのように翔平はアメリカへ渡る——そうして日本に帰ってきた時、私たちは翔平からのメッセージを目にすることになる。

鎌ヶ谷にあるウエイトルームのホワイトボードに人気漫画『スラムダンク』の登場人物がびっしりと書いてあったのだ。聞くと、トレーニングをした後、時間を持て余してずっと絵を描いていたらしい。安西先生や仙道といった人気キャラはそれぞれ特徴を捉えていて、うまい。

その中にあった三井寿の号泣する絵には、一言、「お世話になりました」と書いてあり、その下には翔平のサインがしてあった。

戦ってきた「仲間」への言葉。翔平らしいな、と思って今も鎌ヶ谷には残してもらっている。

大谷翔平は「仲間」たちに何を与えたか

今回、これまでの本を読み返してみてわかったことは、中田翔への言及がすこぶる多いこと。私が監督に就任した年からずっと「ファイターズの四番」の責任をひとりで背負ってくれた存在。それゆえ、彼について聞かれることも、考えることも多かったのだと思う。

はじめて彼を見た時の衝撃は忘れない。ピンポン玉のように飛んでいく打球は天性のものを感じさせたし、そもそも150キロ近い速球を投げる投手でもあった。

翔にはいつだって「自分らしく生きろ」と言い続けた。

それは、ファイターズというチームを離れた今も変わらない。

ある人にそれを伝えたら「彼は、自分らしすぎませんか」と反論された。確かに、自分らしすぎる面はある。でも、そんな表面的な、いわばメディアを通して伝わる翔は「本当の翔ではない」とも思い続けている。

本当の翔。——わかりやすく言えば「翔平を超えたい」と思っていたはずだ。それがどこかのタイミングで「やっぱ、こいつ（翔平）はすげえな」と思ってしまった。そして「翔平を超えたい」という本当の気持ちのほうに向かわなくなった。

勝手な解釈だけど、そこは翔が自分を下に見た、自分らしさを消した、というふうに私は思っている。だからこそ、「翔平を超えるのは俺でしょ」という「自分らしさ」、消してしまった「翔らしさ」を思い出させてあげたい。

きっと周囲の人間がみんなして「超えるのは翔でしょ」「超えようとするのが翔らしさでしょ」って言い続けていたら、翔もそれを表に出していたはずだし、その才能はあると今も思っている。

この中田翔の例のように「その選手が翔平という存在をどう見ていたか」を考えると、選手が成長するうえで重要なポイントや選手自身のキャラクターが見えてくる。

翔平とともにプレーしたなかで、何人かの選手は「こんなに練習しないで、こんなにすごいプレーができるのか」と思ったに違いない。当然ではある。ふつうピッチャーならピッチャーだけの練習をして何とか試合で結果を出そうとするし、バッターも同じだ。その練習量に比べたら、ピッチャーの練習もバッターの練習も少なくなるだろう。それでいて両方で「人より」結果を出しているのだから、「こんなに練習しないで」「才能なのか」と自分の限界みたいなものを感じてしまう気持ちはわかる。

ただ、翔平のすごさをそこに感じてしまうと間違える。練習が少ないのは、単純に翔平が練習を人が見ているところでやらないだけのことだ。

例えば（中田）翔が、そうやって感じてしまって「超えられない」と思ったのであれば、もったいない。そうじゃなくて、シンプルに「こいつを超えてやろう」と思っていれば、練習するしかないし、勉強をするしかない。そして、本気であればあるほど、やる。

それを翔平の「やらなくてもできるから」みたいなところを間違って感じて、真似ようとすると何も生まれない。

バッターの翔と並んでピッチャーの才能で天才的なのは、有原航平だ。翔平と仲が良かったナオ（上沢直之）とともに、ふたりは翔平を「化け物だな」と思っていたと思う。その一方で、彼らは「化け物に近づいてやる」「数字だけは超えてやる」と考えるタイプだった。

ナオなんかは特に、翔平にいたずらをしながら「おまえ、能力は確かにすごいけど、結果（数字）は上回るからな」という感じ方をする。

きっとそういう感じ方がいいんだと思う。

2023WBCでの決勝戦、アメリカとの戦いを前に、「憧れるのをやめましょう」と翔平が伝えたメッセージが話題になったけれど、まさにその話に近い。

翔平は嫌がるだろうけどやっぱり彼は「本物」であって、その「本物」に出会った時に、「こいつすげえ」と思いながらそこから「何か盗んでやる」そして「ここだけは超えてやる」みたいなものを感じることができないと、その選手はそこで止まってしまう。

これはきっと人生にも当てはまる。本物に出会うというのは、基準ができるということだ。少なくとも「本物」の近くまでは行ってやる、あるいは「超えてやる」。

政界、財界に多大な影響を与えたと言われる安岡正篤さんは、「子どものうちに本当の大人、本物に会いなさい。会わせなきゃいけない」と書いている。それは、自分がどういうふうになっていくべきか、という基準を作る、イメージするためにも重要なことであり、また一方で、だからこそ「大人側も本当の大人、本物」にならないといけない、というメッセージなのだ。

翔平と出会った選手たちは、それを知ってほしい。どうであってもプラスでしかない。そして、それをどう捉えるかで自分たちの未

来、自分たちの今がわかる、ということなのだ。

選手と「選手の時代」の指導者像

監督が選手に与えられることより、選手が選手に与えられることのほうが多い、あるいはいい方向に導いてくれる、と思うことがある。

本物と出会う意味はそのひとつだし、昨今の若い選手たちのパーソナリティも影響している。

翔平と並んですばらしい才能を持った鈴木誠也は──残念ながらワールドベースボールクラシックをケガで辞退したため、一緒にプレーする機会はなかった──体の使い方がしっくりこない時、自身でトレーナーを探したという。SNSで多くのトレーナーの練習方法や考えを探した挙句、この人なら、と思った人に自分でコンタクトを取る。さぞ、そのトレーナーはびっくりしたと思うけど、誠也はきっと「自分で納得する」「自分の探している答えを持っている人」を探していたんだろうと思う。

翔平もそれは似ていて、自分の意見がはっきりしていて、人の意見にあまり耳を傾けない。一番、びっくりしたのはメジャーに行く際、ダルと食事をしていて、「メジャーに来るなら、バッターかピッチャーに専念したほうがいいと思うよ」とアドバイスをもらった時。翔平は「はい」と答えた。──だけど、その後、何も気にしていなかった。尊敬するダルの言葉ですら、自分のやりたいことと違ったら「考えない」メンタリティがある。でも、そんな翔平もドライブライン（ドライブライン・ベースボール。多くのデータを収集し、それをもとに個々の選手に適したフォームや練習法を提案する施設）の人の言うことはよく聞いている。きっと誠也と同じように「データ」という客観的なものから「自分が知りたいこと」を提示してくれる感覚があるのだろう。

昨今は「選手たちが納得できる」かどうかが、人の話、言葉を聞

く時の判断基準になる。その点で、選手同士というのは同じ場所、時間にいるから「納得しやすい」のだろう。

ファイターズ時代、翔平が他の選手に技術的なことを伝える、というシーンを目にしたことがなかった。ただひたすら自分のレベルを上げていくことにフォーカスしていたし、それこそがチームのためになると思っている。そんなふうに見えた。

だからなのか、フリーバッティングを外ですることはほとんどなくて夜中に室内練習場で打ち込むことが多かったし、ウエイトトレーニングもだいたいひとりだった。想像でしかないが、それのほうが集中しやすいのだろうし、何より「誰かに教わって野球がうまくなる」という経験が多くなかったのだろうと思う。自分で、人の姿を見て、取捨選択してうまくなっていったから、自分から他の選手に何かを見せるとか、教える、という感覚がなかったはずだ。

それが、2023WBCの時は違った。ふだんはしない外でのバッティング練習をしていたのはその顕著な例だ。他にも、多くの若い選手によく声を掛けていた。一緒にいた選手たちにとってその「本物」との出会いはとてつもなく大きかっただろう。

そうやって選手が選手に伝えることのほうが「納得」がいったり、選手以外でも自分で探してきたほうが「納得」できる時代になった時、監督は、指導者は何をすべきなのか。

学び続けることは大前提として、やっぱり寄り添うことに尽きる。最後はその人を、選手をどれだけ愛することができるか。

それさえできれば、選手はきっと耳を傾けるし、その結果、自分から学ぼうとする。一緒に答えを探すことができるはずだ。

監督を終えて、新しい時代に向かっていく中でも、指導者の基準は「選手のためになるか」を考え続けることができるかどうかにかかっている、と再認識している。

【信頼すべき人】ともに別れたふたりのコーチ

監督退任に伴って、アツ（厚澤和幸）と城石（憲之）もファイターズを辞めた。このふたりは、侍ジャパンの監督になった時もコーチとして力を貸してもらったのだけど、選手との距離感という意味では抜群の資質を持っていた。

選手がコーチの存在を通り越して人として信頼している、そう感じさせる。本書で紹介してきた素晴らしいコーチたち、そして他にもツル（鶴岡慎也）やマサ（清水雅治）も尊敬できるコーチだったけれど、特にあのふたりはいつも心の扉が全開だった。

その証拠に、選手たちから彼らに話し掛けに行っていた。もしかすると、最初はアツや城石のほうから声を掛けにいっていたのかもしれない。でも、最終的に選手がコーチに信頼を置いているから近づいていくのだ。

二人の共通点は、丸裸であること。

アツなんかは自分の失敗を堂々と選手たちに話している。それも野球とは関係ない、ふつう、コーチが選手に言える？　とこっちまで恥ずかしくなるようなドジな話だったりする。

難しいテクニックなんていらない。嘘をつかず、本当のことを言っていると誰もがわかる、ただ正直であることが人から信頼を寄せられる要素になるのだ。

もちろん、選手をよく見ていて分析にも長けている。

城石もアツもしっかりとした持論を持っている。カズ（白井一幸）がそれを一流の選手と戦わせることのできる稀有な存在だ、と書いたけど、ふたりも持っている論は劣らない。違いがあるとすれば、城石は選手の話を聞いて、自分のなかで消化できる。「ああ、なるほど。俺とは違うな」と感じても、「いやいや、それは違うよ」とは言わないタイプだ。どちらかと言えば、アツのほうが「こう投げるべき」みたいなものがある。でも、選手たちが「え？　そうな

んですか？」という顔をしたら、「あれ？　違う？」といった具合に会話になっていく。

誰が正しいはない。

ただ、コーチはどんなモノでも自分なりの考えを持ちながら、それをもとに選手と関係を築けることが大事になる。ふたりから学んだことだ。

【信頼すべき人】監督・栗山英樹を作ってやろう

監督は孤独だ、とよく言うけど、確かに苦しい。

でもいつも一人か、といえばそうではない。確実に信頼がおけて、いいバランスの距離感を保てる存在がいることは「監督の仕事」をまっとうする際の必須条件かもしれない。

私にとってそれが岸七百樹である。

ファイターズの監督に就任した際から侍ジャパンの監督を終えるまで、ファイターズの職員である岸はずっと私の傍にいた。監督付きの一軍マネージャーであり、球団のこと――例えば次の遠征の移動手段や時間を決め、チケットを手配する。この練習ならスタッフはこのくらいいるからと指示を出す。はたまた、翌シーズンのキャンプの日程を組む、といった本当に大変な仕事――をやりながら、私のことや、私と選手の間をつないでくれていた。

だから岸には何でも話をした。侍ジャパンの監督を辞めた時「WBCの優勝はお前のおかげだ」と伝えたけど、その言葉に嘘偽りはない。岸がいなければあれだけのメンバーを集めることはできなかった。球団とも選手個人とも何度も交渉してくれた。私が「この選手に会いたい」と言えばそのセッティングをし、「あの選手に電話するね」と言えば事前に根回しをしてくれた。

ダルが「岸さん、本当に栗山さんのこと好きですね」と言っていたけど、本当に尽くされた思いがある。個人的には、忙しくさせすぎて、奥さんや子どもにもなかなか会えない、帰れない生活を強い

てしまい申し訳ない、と思っていたし、いつまでもそんな仕事ばかりをやっていたら出世できない、とも感じていた。

そんなことを口にすると岸は決まって「いいんです」と言った。

選手やコーチと違ってあまり注目されることはないが、本書の目的である「監督」を語る上では欠かせないキーマンになるから、彼との思い出について触れておきたい。

「コーチにそれ、今、言わないでくださいね」

私が次の試合でこうしよう、と決めた時、それを岸に伝えたらそんなふうに返されたことがある。それは確かにそのコーチの意向とは違うものだった。岸に言われたから「わかった」と答えたけど、岸は信頼していないのか、コーチと私の距離をちょっと遠ざけるような環境を作る。

岸はそうやっていつもチーム全体と私のことをうまく考えていた。監督が決めたことだから「やる」にしても「言うタイミングは今じゃない」。コーチの状態やチームの雰囲気を適切に見極めて、私と選手やコーチの橋渡しをする。

それがわかっているから、たいていのことは岸に相談すれば、腑に落ちる返答をもらえた。「今、みんなで食事会をしたほうがいいかな？」とか、「これ、選手に直接伝えたほうがいい？」といった類のことはもちろんのこと、「今、○○どんな（精神）状態？」と聞けば、だいたい「こうですよ」と説明をしてくれた。私がその選手について気になりそうだな、と思えば先回りして話をしてくれているようだった。

それは選手たちもそうで、私に何か聞きたい時、まず岸に相談していたらしい。そして岸は「それは監督に伝えても答えが出ないんじゃないか」とか、適切なタイミングで会う時間をセットしてくれたりしていた。

私がお願いしたことで相手が嫌な反応をしたことだってあったは

ずだ。今考えると、どれだけ大変な仕事だったのか、と思う。

岸の判断基準はいつだって「チームが勝つため」だった。

いつも私を勝たせよう、としてくれた。

私が監督になった時、岸が最初に言ったのは「監督、勝手にコンビニに行かないでください」だった。ファームの施設がある鎌ヶ谷でのこと、「僕たちが買い物に行きますから」と。私からすると、新米監督に対してそこまでするのは申し訳がないし、そもそものキャラクターとしても周りに気を遣ってもらうようなタイプじゃない、と思っていたから「いやいや、自分でやるよ」と言っていたのだけど、「監督がどう、じゃなくて周りが困るんです」と言い切った。

それから時間が経って、ふと気づいた。ホテルなどでエレベーターに乗る時、私しかいないのだ。プロ野球は遠征が多い。必然的にホテルで寝泊まりすることは増えるから、選手やコーチを含めて一緒に移動している。同じタイミングでバスを降りて、部屋までエレベーターで行く……はずなのに、自分しかいない。岸すらいない。

よく使うあるホテルはエレベーターが少なくてなかなか来ないことで有名だ。選手やコーチ、そして岸を含めたスタッフは……それを待っているのか？

あとから聞くと、それもすべて岸の差配だった。

解説者時代から選手を何度も取材していて距離が近い。そもそも大御所っぽくもないし、自分で何でもやる、というスタンスでいる──だからこそ、岸はエレベーターだけは誰も乗せなかった、という。「監督なんだ」ということを選手たちに理解してほしい。

これが星野さんのようなタイプだったら必要はない。「監督」として威厳があり、選手たちもそれを踏まえてエレベーターに「乗りたかったら乗る」し、「乗りたくない人は乗らない」。でも私にはそういうところがない。だから、あえて「監督としてやりやすいカタチ」を作っていく。

それが岸にとってチームが勝つカタチだったんだと思う。

815

だから岸との思い出を振り返ると、涙腺が緩む。

もっとも忘れられないのは、2016年、リーグ優勝を決めたあとの瞬間だ。あの試合は西武ライオンズとの一戦。レアードが4回に打ったソロホームランによる1点を先発の翔平が守り切り1対0の完封勝利。外崎（修汰）の打球がレフトの遥輝のグラブに収まったのを見届けると、アツと握手をして、ヨシ（吉井理人）とハグをした。そこでふと顔を上げたら岸が泣いていた。

あれで私の涙腺はもう止まらなかった。ずっと泣いていたと思う。

岸がもっとも苦しそうだったのは、翔の事件があった時。チームのメンバーを、翔を、チームを何とかしてやろうという必死さは私と同じくらい強いモノがあるのを感じていたし、それでも翔がチームを離れなければいけない、と決まった時の表情は忘れられない。

そんな彼だから、侍ジャパンの時もファイターズの許可をもらって帯同してもらい、ファイターズの時と同じように尽力してくれた。

もともと大学まで野球をやっていて、野球を愛し、野球に厳しく、そしてチームをどうにか良くしたい、という魂があった。もしかしたら「監督・栗山を作り上げてやろう」と思っていたのかもしれない。それならそれで、全然いい。そのくらい、感謝がある。

もちろん、喧嘩をしたこともある。

でも決まってそれは、些末なことだった。私が、移動時間を少し早めていい？　と聞くと、「今、それ言います？」って口には出さないけど、むっとした顔をする。振り返ってみると、だいたい私のわがままというか——海鮮を食べに来ているのに、お肉をオーダーするような——ものだったかな。

岸には感謝しかない。それは岸だけではなく、表に出ないスタッフみんなに思うことだ。

監督としての責務、監督のカタチを作り上げるには、そういう人たちが、自分を作ってくれている、ということを忘れてはいけない。

最後に余談だが、よく岸の次のマネージャーは誰か？　という話になる。だいたい言うのは、人間的に素晴らしい人がふさわしい、という当たり前のことではあるんだけど、そのくらい「人間として」という部分は重要だ。

　事実、私がもし、ファイターズのなかでもっともキャプテンにふさわしいのは？　と聞かれたら、人間的に素晴らしいという理由で松本剛と即答する。

　うまい、とかチームのために戦えるとか、強いとかではなく、人としてどういう存在か。本来は、そういう人間こそがキャプテンやマネージャーにふさわしいはずだ。

8
考察 野球論

監督と野球：新しい時代の 「バント」「采配」「四球」「カウント」

　監督を「やってみてわかった」ことは多い。

　正直に言えば、解説者時代やもっと昔のいち野球ファンだった頃、プロ野球の試合を見て「俺だったらもっといい采配ができるんじゃないか」と思うことがあった。これは多くの野球好きにも心当たりがあるのではないだろうか。

　大好きなチームが負けた時、「なぜ、あの時バントをしなかった」「投手交代が遅すぎる、もっと早く代えておけば……」などと言いたくなる。

　でも、そうした感想を、取材者として現場でプレーする監督や選手に伝えると、だいたいこう言われた。

　「そうなんだけど、そう簡単じゃない。（監督を）やってみればわかるよ」

　──いやいや、やってみなくてもわかることはありますよ。

　自分なら「正しい判断ができる」と、心のなかでそう感じることはいくらでもあった。

　それが監督になってわかった。

　やっぱり、やってみないとわからないことはあったのだ、と。

　もちろんなにが「正しい判断」であるかはわかりようがない。やってみてわかったことが「正しい」とも言えない。

　全部が全部、やってみなければわからないことであるわけでもない。

　それでも多くのことは、「やってみた」ことでわかるようになるし、腹落ちする。そして、決断までの時間が早くなり、遅れる（差し込まれる）ことが少なくなる。

　じゃあ「やったことがない」とそれらは知りえないのか、と言わ

れればそうではなく、だからこそ監督を経験された方々が「残そう」としたものを知る必要があるのだ。

私自身がそうであるように、先輩たちが「残された」ものというのは、「やってみて、これが大事だ」「これは絶対にこんな感覚だ」と思われたものである、という気がするのである。

ここでは最後に、やってみてわかった「野球のカタチ」について記しておく。

余計なことをしない

投高打低の傾向はますます強まっている。

本書でも繰り返しているが、ピッチャーのレベルが上がり、ボール（使用球）も彼らに味方していることは大きいだろう。それにともなってプロ野球における「勝つカタチ」も変わりつつある。

顕著な例が、連勝、連敗の増加だ。

例えば直近の2023年シーズン、阪神が2回（10連勝と11連勝）、広島が1回（10連勝）と10連勝以上が3回も記録された。当然のことだが10連勝以上をするのはとても難しく、2023年より前の10年でみると7球団で10回しかない（最長は私が監督をしていた時のファイターズの15連勝で、そのほか、広島が3回、西武が2回、ソフトバンク、オリックス、巨人、楽天が1回ずつとなる）。平均して1年に1回程度のことが2023年は3回も起きた。

また大型連敗も増えた。ソフトバンクとヤクルトが12連敗、ファイターズが13連敗。これまた二桁を超える連敗が3度もシーズン中に起きた。

2022年シーズンにおいても、5連勝以上がなかったのは中日（最大連敗は7）、5連敗以上がなかったのはDeNAベイスターズ（最大連勝は8）と1球団ずつしかなく、どのチームも大型連勝・連敗を記録した。こうした「大型連勝・連敗」はここ数年で一気に増えたイメージだ。

それによってシーズンの「勝つカタチ」は少し変わった。「1・監督のカタチ」で、オールスター前後までで勝率5割あれば、まだ巻き返せる、と書いたが、ここ数年は大型連勝の可能性を選択肢のひとつに入れられることで、借金3くらいまでなら「まだ戦える」という感覚だ。

　さて、この連勝・連敗の増加がなぜ投高打低と関係するかと言えば、一気に逆転という展開が起こりづらくなったことにある。ピッチャーのレベルが上がり、3人のバッターがヒットでつないでも取れる点数は1点。昔であれば3〜4点は取れていた。必然的に「1点勝負」が増える。

　前置きが長くなってしまったが、ここで言いたかったのは、「余計なことをしない」ほうがいい時がある、ということだ。それが「いい時（連勝中）、わるい時（連敗中）」だ。

　連敗中は、勝手に負けていき、連勝中は勝手に勝っていく。これは経験によって得た重要な感覚のひとつだ。

　実は連敗中の相手と戦うのは不気味なものがある。「そろそろ連敗が止まるんじゃないか」「それはうちとの試合じゃないか」といった心理がどこかに働く。そうするとどうしても勝ちたくなって、何かふつうならやらない「手」を打とうとする。でも、それは絶対にダメだ。相手が負け続けている時は、こっちから何かしでかしてやろう、としてはいけない。自分たちの連勝中も同じで、「ここで何かしでかしてやろう」と作戦を立てたりすると失敗して負ける。

　だから余計なことをしてはいけない。

　特に最近のように「1点勝負」が増えたことで、試合の流れは勝敗に直結する重要な要素になってきている。一つのミスが命取りになる、一つのプレーをしっかりとやらなければいけない……簡単に言えばミスが出たほうが負ける。

　つまるところ、連勝中というのは「勝っているのではなく、相手が勝手に負けている状態」なのである。だから余計なことをしない、

相手が負けるのを待つ。シーズンで勝っていくための新たなカタチになりつつある。

考察「送りバント」

　送りバントのサインは慎重であらねばならない。

　なぜなら、送りバントのサインは監督にとっては「もっとも簡単なサイン」で、選手にとっては「もっとも難しいサイン」であるからだ。

　セイバーメトリクスなどに代表されるように、理論上、バントをすると得点の確率が下がることは知られている。

　一方で、例えばワールドベースボールクラシックや高校野球のようにトーナメントに代表される「負けたら終わり」といったプレッシャーのかかる試合において、「ランナーを2塁に置く」ことで与える相手へのダメージは見逃せない。大事な試合、ヒット1本で点が入る、という状況はピッチャーも守備陣も心理的に負担がかかる。

　だから監督のとる戦略として「プレッシャーを掛けにいく」ために選択肢としてバントを持っておくことは重要だ。

　その時、気を付けなければいけないことがある。

　それが「バントのサインは（監督に）文句を言う人がほとんどいない」ということだ。

　このシチュエーションでバントか否か。そう感じた時、バントのサインを出せば「まあ、そうか」と周りは納得しやすい。実際、外に向かって「あそこは絶対バントです」と言うけど、内心では「どっちだ？」と思いながらサインを出しているケースはあった。

　はたまた「決まると思ってサインを出してしまう」ということ。ランナー2塁からの戦略ばかりについて考えていて、決まらないことに考えが及ばない。失敗して初めて、「あ、そうか。そっちもあるか」と気づく。

　いずれも簡単なサインだからこそ、起こりうることだ。だから、

安易にバントに逃げてはいけない、というのが私のなかでの原則だ。

　セオリーとしては、2、3点をリードしている時は確実に点を重ねたいから、「流れを悪くさせない」作戦としてバントは生きる。流れがいいから、選手も一生懸命バントをするし、失敗したとしても、一生懸命やったミスだから流れは変わらない。

　でもこれがもし監督が「どっちにしようかな」と思った挙句、お互い色気を出して打たせてゲッツー、となると一気に流れが変わってしまう。

　そしてもうひとつ考えなければいけないのが、最近の「育成事情」だ。今はプロになるまでの長い間、野球をしてきたのに「バントの練習をほとんどしたことがない」という選手がけっこういる。

　昔はそんなことはなかった。野球をやっていれば——小学生の頃には特に——ほとんど全員がバント練習をしただろう。今の小学生チームは本当にしないチームもあるらしい。

　バントというのは後から育たない技術だ。大人になってからではうまくならない。

　バットを振ること、いい球を投げること。これは大人になってからでもどんどん成長する。でも、バントは違う。よく読書体験は子どもの頃につけておかないと大人になってからでは定着しにくい、というけど、あの感覚に近くて、少しはできるようになるけどうまくはなり切らない技術がバントなのだ。

　だからその前提をもって「選手たちを迷わせないように」サインを出さなければならない。

　最近では「打ってもいいし、バントしてもいい」というサインを出すチームがあるという。それは、私の中では悪手になる。そうするなら、選手に確認をする。「このピッチャーなら、打てそう？」「オッケー、じゃあ打とう」といった具合に、意思を統一する。

　それはバントに限らず、サインとは「迷わせないためにある」からだ。もし、どっちでもいいというなら、監督の責任を放棄している。

2023WBCの時、準決勝のメキシコ戦で源ちゃんにスリーバントのサインを出した。8回裏、直前に2点を勝ち越されて3対5。ノーアウト1、2塁のチャンスで出したサインで、あの名手の源ちゃんが2度失敗して2ストライクと追い込まれていた。「あの源ちゃんでもプレッシャーを感じるんだ」と思った。

でもスリーバントに躊躇はなかった。

サインを出した瞬間、サードコーチャーのカズ（白井一幸）が一瞬、びっくりした表情を見せた。でも私はその表情にびっくりした。「ここは、絶対バントでしょ」。迷いはなかった。

結果として源ちゃんはスリーバントを成功させ、山川の犠牲フライで1点を返した。最終回のサヨナラ勝利につなぐ貴重な1点をもぎ取ったと、いえる。

でも、それが正解だったか、といえばそういうことではない。ほら、バントだったでしょ、というのは違う。監督として重要だったのは、──本書でも何度も指摘している通り──判断が遅れない、差し込まれないこと、そして選手を迷わせないことだった。

あの時、時間を空けてスリーバントのサインを出していたら、源ちゃんは「監督、迷っているな」と感じて、そうじゃなくてもプレッシャーがかかっている源ちゃんにより大きなプレッシャーをかけてしまうことになる。だから、あれは間髪を容れずに出すべきサインだった。

繰り返す。簡単に出せてしまうからこそバントは慎重であるべき。

バントについては、このベースに立って、あとは監督としてのいろんなセオリーを作っていく必要がある。

考察「四球」

フォアボール＝四球はかなりいろいろと考えた。

特にワールドベースボールクラシックというトーナメントにおいて、試合の勝敗に必ずと言っていいほど、フォアボールが絡んでい

た。これは本書（「1・監督のカタチ」）でも触れたとおりだ。

　突き詰めて考えると、野球とは人としての心の置きどころが勝敗を決めていて、それが端的にフォアボールの在り方に表れている気がする。

　フォアボールとは「4つボール球を投げると一人が生きる（野球では出塁することを生きると言う）」ものだ。日本語では「四つの球」と書いて「シキュウ」と読む。ワールドベースボールクラシックを戦って、その「シキュウ」に翻弄される代表チームたちを見てホテルでずっと考えていた。そして「シキュウ」だと思うと、たくさんの熟語があることに思い至る。「死球」「至急」「支給」そして「子宮」。最後の「子宮」なんて、まさに「生きる」ことだ。そんな哲学めいた考えにさせるフォアボールについてはこれからも思考を続けたい。ここでは現時点での考えをまとめておく。

　フォアボールはピッチャーのエラーだ。そしてフォアボールがダメだ、というのはよく言われることで、その理由はだいたい「なんで勝負しないんだ」という「四球」を出すことへの指摘。確かに勝敗を左右することになるのだけど、実はもうひとつ「四球」が勝敗に関係するシチュエーションがある。

　本書（「1・監督のカタチ」）で触れた視点を簡単におさらいしておく。勝敗に関係する「四球」、それが「四球」でいいのに、勝負をしてしまって打たれる、というケースだ。

　監督からすると、こっちのほうが嫌な流れを持ってくると判断する。「なんで勝負しないんだ」と言われるフォアボールは、打たれるのが怖くてきわどいコースを突こうとした結果、「四つボールを投げてしまった」という類。これは理解できる。

　だけど、勝負して打たれるほうは、「四つボールを投げてはいけない」と思って「とにかくストライクを、ど真ん中でもいい、思いっきり投げろ」みたいな感覚でいる。これは、一番ダメだ。フォアボールが嫌だから、真ん中に投げてしまう、というのは勝負をして

いないのと同義である。だったら、打たれないために際どいコースを突こうとしたほうが何倍もいい。

この2つのケース、どちらも「四球」を嫌がっているのだが、心の置きどころに大きな差がある。結果として、試合において大きなポイントになり、大きな差を生む。

2023WBCでは日本はそこがうまくいった。

アメリカ戦の最終回、翔平をマウンドに送り出した時点で、逆転されるとしたら四球が絡むだろうと予想していた。特に、先頭バッターを「よくない四球」で出せば、嫌な雰囲気になるだろう、と。

結果、翔平は先頭のマクニールに四球を与える。ただ、この時は全然、嫌な予感がしなかった。それは、翔平が勝負にいった結果の四球だったからだ。翔平の「よくない時の四球」は、最後のボールが高めに大きく外れるといった「明らかなボール」であることが多い。もちろん打たれてはダメだけど、攻めずにただ思い切り腕を振って大外れなボールでは意味がない。それは心の置きどころが「勝負に行っていない」状態であるからだ。

でもこの最終回の翔平の一球は、コースを狙って打ち取りにいった結果外れた素晴らしい球だった。後続のベッツをセカンドゴロゲッツーに打ち取ってツーアウトとしたのだけど、あれがもし「えいや」で投げていたフォアボールだったらそうはならなかった可能性があった。そのくらい重要なフォアボールだった。

逆に、他のチームはその「心の置きどころ」で負けていった。先のメキシコは、3対0でリードしている7回に吉田正尚と勝負をして同点スリーランホームランを打たれている。勝負を分けたのは、その前の翔平へのフォアボールだ。あそこは、「勝負でよかった」。

ホームランを打たれても3対2で勝っている。でも、打たれるのが怖くてフォアボールにしてしまい、結果として同点にされている。むしろ、正尚のところでフォアボールを嫌がらずに、もっと丁寧に、コースを突いてもよかった。満塁になっても打つ手は減らない。そ

れが、フォアボールを出したくないから投げた球をホームランにされた、というように見えた。

この例、ファイターズだとミヤ（宮西尚生）を見てもらえるとすごくわかりやすい。彼は、わざと歩かせている時がある。最悪、満塁になってもそっちのバッターのほうが打ち取りやすい、というところまで考えて投げる。だから、満塁になってコントロールが定まっていないように見えても、投手コーチに必ずマウンドで確認をしてもらっていた。「これ、わざと出してる？」って。

四球はそうやって選手の「心の置きどころ」と大きく関係している。そしてそれがはっきりと見て取れる。監督としては、もっとここへの造詣を深める必要があるはずだ。

考察「カウント」

果たしてバッティングカウントとは何か。

昔と大きく変わったことに、当てにいくバッターが減った、ということがあげられる。現役時代の私のように、基本的に長打を狙わず、しっかりとコンタクトするバッターが少なくなった。

それによって変わってきたのが、カウントの概念になる。

大前提として、いいバッターはいつもフルスイングできるカウントで打席が進んでいく。そういうふうに仕向けている。フルスイングできるカウントとは、「0―1」「1―1」「1―2」「1―3」といったバッティングカウントと言われるシーンだ。一方で結果が出ないバッターは、だいたい最初にストライクをひとつ取られる。そうやって1ストライクから打席がスタートし、いつも追い込まれた状態になりがちだ。

これは普遍的なところだと思う。

それが、最近のバッターは追い込まれてバットを短く持つ、とかコンタクト中心に切り替える、ということをほとんどしなくなった。

バッターはそれでもいいけど、バッテリーはそれを頭に入れなけ

ればいけない。つまり、バッター有利なカウントだから、ピッチャー有利なカウントだから、といって配球をすることに昔ほど大きな意味がなくなってきているのだ。どんなカウントでもバッターはガンガン振ってくる、という考えにシフトする必要がある。

監督としてもより戦術をはっきりさせなければいけなくなった。

状況によって打ち方を変える選手が減っているからこそ、先に「こうしてほしい」ということを明確に伝える。

よくあるのが、内野ゴロでも一点が入るというシーンだ。例えば、1アウト3塁で、2ストライクになるまでは野手が下がって守っている時。どうしても1点がほしいなら、早くバットに当ててほしい。だけど、いつも通りのスイングをしていって追い込まれれば、内野は前進守備に切り替えてくる。

結果として、内野ゴロを打っても点が入らない――これは監督あるあるだと思う。

そういう時、選手たちにもっと考えてほしい、とは思うこともあるけれど、もとをただせば、どうしてほしいというのを明確にしていないベンチが悪いのだ。打つ手はあったはずで、意思を伝えておけば、選手だって早いカウントで仕掛けに行く。

こうした点ですごく勉強になったのが近ちゃん（近藤健介）だ。

1年目に近ちゃんを見た時、ちょっと振りすぎじゃないかな？と思っていた。甘い球を思い切りフルスイングする近ちゃんは、目線がブレて捉える確率が減っていた。ファールになったり、打ち損じてアウトになったり。

でも、その後の近ちゃんを見て、甘い球をフルスイングできるバッターじゃないといいバッターにならないんだな、と学んだ。若い頃にフルスイングできる筋力をつけて、スイングスピード自体を上げていく。ここを突き抜けてやっていかないと、途中からそれをつけようとしてもなかなか身につかない。

そうして甘い球をしっかりフルスイングして捉えられるようにな

っていくと、打席での幅が広がっていく。

さらに追い込まれてからもヒットを打てる近ちゃんはきっと、カウントの考え方も整理されている。追い込まれると全部の球に対応する必要がある。そこでバッターは、あれこれ考えるだろう。打つなら、これ、あとはファールで逃げて……。近ちゃんは、「打つ球以外、ファールでいい」と考えられる。

厳しい球は前に飛ばないように打つだけ、甘い球が来たら思いっきり振るだけ……事実、私のファイターズの監督としての最終年、近ちゃんは3ボール2ストライクからの打率が・404と驚異的な数字を誇っていた。

こうやって近ちゃんのようにカウントで頭が整理されるバッターは結果を出せる。

このシーズン、もうひとつ顕著だったのが、近ちゃんの満塁での強さだ。8打数5安打の・625。ピッチャーの「フォアボールを出したくない」という心理は、より「投げる球種」を絞ることができる。だから、打ちやすい。

これらはあくまで想像でしかないが、最近の打者のスイングの傾向はカウントの考え方を変えるし、カウントの考え方をうまく利用できるとフルスイングしていてもいい結果を出せるバッターが増える。

逆に、ピッチャーも同じでミヤのように「球種が少ない」けど打たれないのは、このカウントをうまく利用しているからだ。あんまり詳しくは書けないけど、2ボール2ストライクの時はこのバッターはこういう反応をする。だけど、3ボール2ストライクの時はこうなる。それを理解しているから、わざとあえて追い込まれたように見える状況、3ボール2ストライクにしたりする。

こうした考え方は本当に時代によってどんどん変わっていく。だからこそ、その時に感じたものを残して、次に生かし、新しい時代になった時、「こんな考えもあるのか」と思ってもらえればいい。

9
光るべきもの

監督の先生たち:5人の知恵

　三原脩さんは「3-6-3のダブルプレー」（ランナーが1塁にいる時、ファーストが打球を処理したら2塁に送球してまず1塁ランナーをアウトにし、その後、ファーストにもう一度送球をしてバッターをアウトにするプレーのこと）や、「当て馬」（先発メンバーに出場予定のない控え選手や投手を起用して相手の先発投手などを探ること。偵察メンバー）といった「戦術」を生み出したといわれる。

　もし天上から三原さんが現代の野球を見たら、「俺が野球のベースを作ったんだ」と思われているのではないだろうか。それくらい、どうやったら試合に勝てるか、ということを突き詰められていた。

　繰り返しになるが、私はその三原さんにお会いしたことがない。

　それなのにこれほどまでに三原さんの野球観に触れ、救われてきたのは三原さんが残された「メモ」があったからである。

　果たして三原さんはどういう思いで「メモ」を残したのか。その心はわからない。だけど、残さなければ伝わらなかった──少なくとも私はこんなに長く、監督をすることはできなかったはずだ。「よくぞ、残してくださいました」。私の偽らざる思いである。

　しかし、その三原さんの考えを知るのは決して簡単ではなかった。いくつかの本は、国会図書館にひとつと、野球博物館にひとつしか残っておらず、手に入れるハードルは高い。そもそも、その存在を知ったのは三原さんの娘婿であった中西太さんが私にその「メモ」を渡してくださった、という偶然もあった。

　私が本を書く理由はここにある。三原さんには遠く及ばない存在ではあるけれど、私の言葉でいつか誰かが救われるかもしれない。何より、プロ野球に携わった人間として、これだけ野球をさせてもらったのだから、そこで学んだこと、失敗したこと、感じたことを残す責任があると思っている。

もちろんそれは私に限った話ではない。最近では、動画サイトやウェブなどで多くの現役選手やOBたちの技術論や精神論、あるいは監督論、コーチ論といったものが語られている。それはとても大事なことで、いつか誰かを救ってくれるはずだ。もっといえば、無名でもすごいことを考えていた人はたくさんいるはずである。

　どんな形でもいいから、そういうものを残しておいてほしい。

　残っていれば、誰かが悩んだ時、何かを求めている時、「光って」その人の道を照らしてくれると信じている。

　そんなわけでここからは、もし悩んだ時に辿ってみてほしい、あるいはその経験が残ってほしいと願う5人を紹介しておきたい。彼らには、きっとあなたを救ってくれる「光る」言葉があるはずだから。

1・大谷翔平

　彼の能力は私が評するまでもないし、評する言葉も持ち合わせない。

　そしてもはや、どんなホームランを打っても、何キロの球速を出しても、驚くことがなくなった。きっともう「三刀流を始めます」くらいじゃないと驚かないだろう。

　そんな彼が残すものは、——勝利数とか、ホームランの数や飛距離とかそういうものではなく——特に若い人たちには多いにプラスになるはずだ。

　翔平はやりたいことがとてもはっきりしている。

　そしてそのための逆算の準備、逆算の練習、逆算の学びができる。

　何より、その過程で努力をしていることを全く感じさせない。やりたいことを好きでやっている感覚だ。そんな感覚をどういうふうに考えながらやっているのか。きっとこれから翔平も「言葉」を残していくはずだ。そこには「光る」ものがあると思っている。

　実はこれまで出してきた本やメディアへの取材では「大谷翔平」

について書くことを避けてきた。多くの人から注目される存在だし、誰もが知りたいのはわかるけれど、監督という立場からすれば「一人の選手」であることに変わりはない。監督として彼ばかりを語るのはふさわしい態度ではないし、私が彼について誰よりも知っているわけではない。

ただ、本書の目指すところは「残す」ことでもあるから、不相応ながら私が思う彼から「学べる姿」について書いておきたい。

翔平は、ものすごくシンプルに生きていると思う。誰も歩いたことのない道を進んではいるけれど、それは自分らしく生きようとした時の道が、誰も歩いたことがなかった、というだけのこと。打者と投手というふたつの可能性があるんだったら、「シンプルにふたつやりたい」と思って、その道を進んだ。

じゃあ、他の人とどう違うか、と考えれば、それはきっと「できる、できない」の感覚があるか、ないかだと思っている。多くの人が「これってできないよね？」と言うことに対して、翔平は「これをやる」と言う。「できる、できない」という判断はそこに存在していない。

もしできないことがあるとすれば、「今、できないだけであって、明日できればいいじゃないですか」といった具合に考えることができる。

私自身もそうだが、人間は「俺は、私は、どこまでできるんだろう」と自分の上限、天井みたいなものを考えることがあるはずだ。監督として「この選手はどこまでいけるんだ？」みたいに思い、頭のなかでぐるぐると思考することも多かった。

でもきっと翔平は天井がわかっていない。まだ「過程」にいる。今は全然、ゴールじゃない。三刀流なのか、四刀流なのか、あるいは一本に絞って100本ホームランを打つのか……、とにかくやれることはいっぱいある、と思っているはずだ。

できるか、できないか、みたいな「天井」を考えることなく、今

これをやる、と決めたからその道を進む。「やりたいことがはっきりしている」のである。

そうするとプレーする環境、レベルが上がるたびに、勝手に練習をするし、考えるし、知恵も生まれてくる。結果的にそれが「逆算の準備」「逆算の練習」「逆算の学び」となる。

そうやって自然と努力ができるようになると、外からは「努力を感じさせない」。

きっとこの翔平の「感覚」さえあれば、なんでもできるし、どこへでもいける。だから、翔平からのメッセージがあるとすれば、「自分で勝手にできないって決めるなよ」「天井なんて作るな」ってことだと思っている。

ここに私からのメッセージとしてひとつだけ付け加えたい。

若い人たちが大谷翔平みたいになりたい、と思うのはすごくいいことだ。それでいい。でも、最終的には「大谷翔平を超えてやる」と思ってやってほしい。彼が残したものをそういう思いで見てほしい。

それが、——翔平の道を歩くのではない——「自分らしく生きる」ということでもあるはずだ。

2・中西太

バッティング理論について、中西さんの言葉ほど「光っていた」ものはない。

1933年に香川県で生まれた中西太さんは、甲子園で大活躍をされ、三原脩さん率いる西鉄ライオンズに入団する。ちなみに三原さんは同郷である。「怪童」と呼ばれた中西さんは1年目からレギュラーに定着すると新人王に選ばれ、2年目からは4年連続でホームラン王になるなど活躍をされた。ホームラン王を5回、打点王を3回そして首位打者を2回獲得したことに象徴されるバッティングは、指導者になってからもその威力を発揮し本当に多くの名選手を育てら

れている。

　私が中西さんに初めて会ったのは1984年、プロ入り一年目のことだ。ヤクルトスワローズの打撃コーチだった中西さんの言葉は、とてもわかりやすかった。

　中西さんのバッティング理論は、シンプルでどんな人が聞いても「ストン」と腹に落ちる。体の使い方からバットの振り方まで、ベースになるものをすべて網羅していた。

　もしバッティングに悩んでいる人がいたら、まず中西さんが残されたバッティングに関する原理原則に触れるといい。今はたくさんのバッティング理論があるけれど、どんな人の理論も中西さんのベースがあって派生したものだと思っている。

　それだけではない。その人柄もまた素晴らしかった。中西さんは、テスト生としてドラフト外で入団した私のような、いわば「下っ端」に対しても、本気で指導をしてくださった。ある時は、ティー打撃でボールを投げながら、私の振るバットが当たってしまうんじゃないか、という距離まで近づくほど熱のこもった指導をしてくださった。王・長嶋（ON）に匹敵する超一流のバッターが、実績もない選手のティーを投げてくれるというだけで感激していたのだが、他の選手と変わらない熱量で、親身になってくださったことに心を打たれた。

　当時としては珍しいタイプのコーチだったと思う。でも、はじめて出会ったコーチが中西さんで本当に良かった。それは現役を引退して以降も、「中西さんのような人間にならなければならない」という行動指針になるほどだった。

　その中西さんが口酸っぱく言われていたことが「天に唾をするな」である。「天に唾を吐けば、その唾は自分の顔に落ちてくる」ことからできたことわざで、人を責めたり、危害を加えようとすると、それは自分に返ってくる、という意味である。

　そういう言葉は「字に書きなさい」とも言われていた。この教え

836

は、私にとって欠かせないモノになっていたことは、本書をお読み
いただければ納得していただけるはずだ。

　中西さんの教えは枚挙にいとまがないけれど、もうひとつ。「人
のために尽くせ」。

　3球団、12シーズンの監督経験をお持ちでリーグ優勝もされてい
るが「俺は、監督に向かんのよ」といつもおっしゃっていた。中西
さんが監督にふさわしかったかは時代が違う私にはわからなかった
が、書いてきたように打撃理論、指導には本当にすばらしいものが
あった。生涯打率（6000打席以上）歴代1位の記録を持つ若松勉さん、
イチローが現れる前までシーズン打率、安打数の日本記録保持者だ
った新井宏昌さん（イチローはその新井さんが指導されていた）、メ
ジャーリーグでも活躍した岩村明憲といった多くの選手が今でも「中
西門下生」と自称されるのは、中西さんの打撃理論の素晴らしさ、
人に尽くせる人柄の証明である。そのうえ、監督に向かない、と自
己分析ができる点を含めて「適材適所」を考えることのできた稀有
な方だった。

　中西さんは2023年5月11日、心不全のため90年の生涯を閉じら
れた。けれど、どの時代においてもその存在は、多くの学びをみな
さんに与えてくれるはずである。

3・吉村浩

　彼の言葉を探すことは非常に難しいかもしれない。メディアに出
ることを望まず、ただ野球を愛し、発展を続ける男、ヨシこと吉村
浩。本書で何度か言及しているとおり、彼のおかげで私のファイタ
ーズ監督生活は素晴らしいものになった。

　何がすごいのか。その名が表に出ない人間のなかでここまで野球
を見ている人を知らない。ヨシは、日本の野球規則（ルールブック）
をすべて暗記していて、さらにはアメリカ、メジャーリーグの選手
会が発表するそれも──なんと200ページ以上に及ぶ──読み込む。

初めて出会った時、こんなに野球に、選手に敬意を持った人間がいるのかと驚きを通り超して尊敬の念を抱いた。

　先に伝えておくと、きっと私たちが知らないだけで、ヨシと同じように野球への愛を持った人たちはたくさんいるはずだ。そういう人たちの経験はとても重要だし、監督にとってそういう人間を見つけることができるかが、成功のために非常に重要な要素になるはずだ。

　さて、そのヨシ。彼自身が、望んでいることではないはずだから彼の言葉ではなく、私が見た印象的な出来事だけ記しておく。

　先に少し経歴に触れると、ヨシは新聞記者でそのキャリアを始め、パ・リーグ事務局を経てデトロイト・タイガースで球団編成業務に従事。その経験を引っ提げて阪神タイガースでチーム強化に尽力し、2005年に北海道にやってきた。ファイターズではヒルマン、梨田昌孝、私、新庄剛志と四人の監督とともにGM補佐、GM、本部長といった職を歴任している。

　彼の功績としてもっとも重要なものが「ベースボール・オペレーション・システム（BOS）」という、データをもとにした「選手の能力を評価し、育成やチーム編成と強化に役立てる」仕組みを作り上げたことだ。阪神タイガースの頃からその仕組みは出来上がっていたようだったが、ファイターズにきてそれが活用され、チーム力の向上に寄与した。今では、日本のどの球団も「BOS」を利用している。

　事実、彼の分析は非常に信頼がおける。だからこそ、印象的だった一言がある。それが、「どうしたってバッターは打てないです、なにか、案はないですかね」というものだ。

　昨今の野球界は選手のレベルがどんどん上がっている。

　なかでも投手の成長速度は想像をはるかに超えていた。私がファイターズの監督に就任した頃のストレートの平均球速は141キロ程度。それが退任した時には145キロを超えた。2023年は146・6キロだという。わずか10年ちょっとで5キロ以上も球速は上がったわけだ。

そもそも、私が現役の頃、150キロを超えた投手と対戦することなんてほとんどなかった。それが現在、150キロを投げる投手を見ても誰も驚かない。さらにそのボールが「動いた」りする。

理由はそれだけではないが——例えば、ボール自体の影響は見逃せないだろう——、そんなこともあってバッターはずっと苦労している。象徴するデータはいくらでもあって、1試合の平均得点は2023年が3・48。私が監督に就任した頃は4点を超えていた。また令和に入ってからの5年間、パ・リーグの打者で打率3割を記録したのは18回だけ。そのうち吉田正尚が4回、近藤健介が3回、柳田悠岐が2回、森友哉が2回を記録しているから人数で言うと11人しかいないことになる。2023年のパ・リーグの打率10位はファイターズの万波中正で、.265だった。3割前後を打てなければ打率10傑に入れなかったのが一般的だった数年前を考えるとかなりの「違い」だ。と、ともかくいわゆる「投高打低」の状態なのだ。

そんな状況をさまざまな角度から分析していたヨシが、言ったのだ。

「どう分析したってバッターは打てないです。スピードが速くなって、変化球が増えて……」

困っているのはわかるけれど、それをすでに何度も分析している。ヨシはそういう人間だ。

ヨシから学べることはいろいろあるけど、行きつくところは「野球を愛せるか」になると思う。翔平の二刀流挑戦はずいぶんと批判された。でもヨシも絶対にブレなかった。忘れもしない、2013年6月1日。翔平は投手として初めての勝利を挙げた。ヨシは言った。

「監督。何十年後かに評価してくれる人が必ず野球の世界にいると思います。これからもさまざまな批判はあるでしょう。でも、いつかきっと、野球界のためになる決断だったと評価してくれる人が現れますよ」

今の挑戦が未来の野球界につながるはずだ。そんな思いをもって

批判をともなう決断を下せる。愛がなければできない。吉村浩の言葉は、いつか私も読んでみたい。

4・根本陸夫

何かを成し遂げた時、誰も知らないところで手を打っている人。そんな人に憧れている。

監督を辞めた今、誰かを目指すならその第一人者である根本陸夫さんしかいない、そう思っている。

すでに根本さんの印象を持っている人たちにこの話をしたら虚をつかれたような顔をして言われた。「寝業師……、暗躍した人という印象なのですが……」。

まさに、暗躍しているなんて思われたらとても光栄、寝業師なんて言われたら人生本望なのだが……と、冗談はおいておくとして、根本さんはとにかく「成した」人である。その経験のなかにあったものは必ず「光る」。

ファイターズの監督のオファーをヨシからもらった時、「野球を愛してくれればいい」という言葉以外に記憶にあるものが「根本陸夫になりませんか？」だった。

「球界の寝業師」「フィクサー」そう呼ばれた根本さんは、捕手として近鉄でプレーされたのち、広島、西武（クラウン）、ダイエー（ソフトバンクホークスの前身）で監督を務められた。すごかったのは補強だ。球史に残る大型トレードや新人有望選手の獲得交渉において、さまざまな手を尽くし、毎年のように球界をアッと言わせた。「根本監督」時代にリーグ優勝をすることはなかったが、その広島、西武、ダイエーは補強による戦力が整い、根本さんが退団したあとに常勝球団となっていく。

「いいか、悪いか」という点で見れば、人によって評価が分かれるのかもしれない。ただ、監督をやってみて、最終的に「事が成る」ことこそが何より大事なのだ、と思った。いくら正しいことを言い

続けても、何も「成らなければ」それは単なる自己満足にすぎない。

　根本さんは現実としてこの選手を何がなんでも獲る、と言い、それを実現した。文句を言われようが、批判をされようが、最終的に事を成したのである。

　生卵を壁に投げる——ある時から「正しいことを言う」大事さみたいなものがクローズアップされるようになった。それはすごく大事なことなのだけど、正しいことを言って——生卵を壁に投げて——その場を立ち去ってしまっては、何も現実は変わらない。まさに自己満足の世界である。

　若い選手たちにぜひ知ってもらいたいことは、勝負するなら喧嘩ができる、つまりちゃんとその場で戦える、事を成す可能性を持てるようになってからしたほうがいい。そうじゃないと、何も変わらないからだ。

　その点で「事を成してきた」根本さんが残されたものは、大いに未来を助けてくれると思う。根本さんは1999年の4月30日にお亡くなりになられているから、私が監督をしたことを知らない。ただ、一度だけ——2018年のことだ——、どうしてもその経験から学びたい、と思い、関係者の方の伝手で根本さんのご自宅に伺い、奥さまから「根本さんの言葉」を学ばせてもらった。

　興味深かったのは、根本さんは「野球界のため」といった視点を大きく超えて、「これを成し遂げたら、面白いやろ!」という発想で最後まで走り続けた、と言う。実は、人が生きるというのはそういうことなのかもしれない、と感じた。

　事を成す。現実を動かしてきた人。野球界で言えば、渡邉恒雄さんはそのひとりだろう。一般的には、裏で何かをしているような、ややもすればネガティブな印象が付きまとうのだろうけど、だから学ぶことがない、というわけではないはずだ。むしろ、本当にモノを動かされてきた、変えてきた、という部分で成されてこられたことには、私たちにとって前進するためのヒントがあるのではないか、

と思ったりする。

5・ダルビッシュ有

　最後のひとりはダルビッシュ有。

　野球ファンでなくともその名を知る、説明不要の大投手である。若い人にとって、ダルから学べることは無限にあるだろう。「野球博士」と言われるほどの知識は、野球理論はもちろんのこと、メカニクスやトレーニング、さらには栄養学にメンタリティや考え方まで多岐に及ぶ。いずれも、野球のパフォーマンス向上のために必要なことを、徹底的に勉強した結果である。

　しかもダルはそれらをSNSなどを使って詳らかにしてくれる。やってきたことを広く野球界に公開しながら、彼自身もまた一緒に成長、前進をしていく姿は、まさに野球人のあるべき姿だ、と思う。

　ダルビッシュ有というアスリートへの思いは本当に書き尽くせないほどある。

　例えば、私の監督就任1年目のこと。私の就任はダルのメジャー移籍と入れ違いだった。それはつまり、「新米監督」に課された最大の課題が「ダルビッシュ有という大エースが抜けたことで失う18勝という、大きな穴をどう埋めるか」だったと言えた。もちろん、ものすごい難題である。それを思ってか、ダルはわざわざ「初めての指導現場」を迎える私に、数時間を割いて、ファイターズというチームについての彼なりの分析を交えて、いろいろと教えてくれた。それはとても貴重な時間だった。

　ダルに言えば、そんなの当たり前だ、と言われてしまうかもしれないが、ダルだってメジャー挑戦を控えた大事なシーズンオフだ。自分のことでいっぱいいっぱいになったとしても誰も責めないだろう。

　なのにファイターズのファームの練習場がある鎌ヶ谷で、私を待ち、時間を割いてくれた。自分のことより人のこと——無私の心をダルに感じた。

それは12年の時を経て実現した同じユニフォーム、侍ジャパンでも変わらなかった。難しいコンディション調整を強いられることがわかっていながら早々に代表入りを決断し、多くのメジャー組がチームの要望で途中合流をするなか、「それじゃあチームにならない」と、自らチームと交渉してチーム始動初日に来日した。そればかりか、若手に気を配り、チーム全体を見渡し、最後は「どんな形でも監督が思うように使ってくれていいです」とまで言ってくれた。

メジャーを代表する投手にあって偉ぶることもなく、変わらない「無私の心」がここにもあった。

ダルから学んでほしいことをもうひとつ紹介したい。

それは「人は変われる」ということだ。多くの人は先入観であの人はこういう人だ、と言う。ダルの場合、高校時代からものすごく注目をされてファイターズに入団した。そのポテンシャルは誰もが認めるところだったけれど、プライベートの行動が「悪い方に」注目を集めることもあった。そのイメージが強いのか、悪い先入観を持つ人も多かったはずだ。

先入観には、「人が変われる」という事実がかき消される。実際は、みんな変わっていくのに、そのイメージだけでその人を見る、語る。それが、どれだけ無意味なことか、ダルは私たちに示してくれた。「あのダルビッシュ」と思われていた彼を、今、悪く言う人はいないだろう。それくらい、彼の姿勢も実績も申し分ない。それこそが、ダルから学べることだ。

みんな人間は成長する。変われる。

それを示すために、聖人君子だった人が、もっといい人に成長していく、変わっていく姿から学ぼうとするより、何十倍も意味がある。

2023年の7月。WBCが終わってはじめて、アメリカに行き、ダルに会った。その時、ダルが急に変なことを言い出した。

いわく、「車で運転している時、ハッと気づいたんです。僕は全然すごくない、何もやっていないって。親から譲り受けたものがあ

っただけなんですよね」。

──いやいや、じゅうぶんすごいんだけど……と思いながら、でもそうやってまだ、成長しようとするダルに改めて「すごい人間だ」──やっぱり、すごいがふさわしい──と思った。

そんなダルについてある人が面白いことを言っていた。

「ダルは翔平と真逆なんですよ。能力がないなかであそこまで行ったんです」

正直、「おまえ、何を言っているんだ？」と思ったのだけど、よくよく考えてみると一理あるのかもしれない、と気づいた。大谷翔平そして最近で言えば、佐々木朗希。このふたりのポテンシャル、身体能力は群を抜いている。事実、──時代は違えど──翔平も朗希も高校時代に160キロを超える球を投げていた。その点、ダルは140キロ台後半。

もちろん能力とはスピードで決まるものではない。しかし、この比較はダルのすごさをより際立たせると思う。日米での実績はダルが抜けている。翔平や朗希ほどではなかった能力で、そのレベルに到達したという事実は、それだけ「光る」ものが多いということだ。

2012年の鎌ケ谷での会談の時。私は「一度でいいから、ダルと一緒にプレーをしたい。ダルビッシュ有という名前を、メンバー表に書きたい」と伝えた。

12年の時を経て、2023WBCで叶うわけだが、ダルはそれを覚えていてくれた。試合後、そのメンバー表にサインがほしい、とダルにお願いをした。なんだか自分で持っていくのは恥ずかしくて、マネージャーの岸に伝えてもらった。

ほどなくして岸がサインの書かれたメンバー表をもって戻ってきた。

「監督、ダルが、『文字のスペル、lじゃなくてrです、って伝えてください』って笑ってましたよ」

ダル、ごめん!

そのメンバー表は、私の自宅の一番、目立つところに飾ってある。

おわりに

　はじめて「監督」という肩書きをいただいた当時、私は監督の初心者だった。

　自分に限ったことではない。監督を名乗る誰もが、最初は初心者なのだ。

　そして残念なことに、そのいろはの「い」を学ぶ手引き書はどこにも見当たらず、私の場合、それまで取材者として多くの監督に話を聞く機会があったにもかかわらず、それを自分事に置き換えることがいかに困難な作業か、嫌というほど思い知らされることになった。

　それでも、どうにか路頭に迷うことなく歩を進めることができたのは、繰り返し触れてきたように、先人の方々が活字として遺してくださった言葉に、標なき道を照らしていただいたことが何より大きかったと思う。

　「活字」という言葉が「字を活かす」と書くように、まさしく「文字に活かされた」監督生活だった。

　だからこそ、その経験を活字として遺すことは使命なのだと、自分自身に言い聞かせてきた。言葉をつなぐことが、どんなに感謝を重ねても感謝し尽くすことはできない先人への、唯一の恩返しになると信じている。

　本書が、いつか誰かの道を照らす一助となれば、それに優る喜びはない。

2024年 8 月吉日　栗山英樹

栗山英樹　監督戦績

北海道日本ハムファイターズ　｜　1410試合　684勝672敗54分　勝率.504

野球日本代表　｜　15試合　14勝　1敗　勝率.933

年	順位	試合	勝利	敗北	引分	勝率	差	打率	本塁打	防御率
北海道日本ハムファイターズ										
2012	1位	144	74	59	11	.556	---	.256	90	2.89
2013	6位	144	64	78	2	.451	18.5	.256	105	3.74
2014	3位	144	73	68	3	.518	6.5	.251	119	3.61
2015	2位	143	79	62	2	.560	12.0	.258	106	3.62
2016	1位	143	87	53	3	.621	---	.266	121	3.06
2017	5位	143	60	83	0	.420	34.0	.242	108	3.82
2018	3位	143	74	66	3	.529	13.5	.251	140	3.77
2019	5位	143	65	73	5	.471	13.0	.251	93	3.76
2020	5位	120	53	62	5	.461	20.0	.249	89	4.02
2021	5位	143	55	68	20	.447	14.0	.231	78	3.32
野球日本代表										
2023	2023ワールドベースボールクラシック優勝									

栗山英樹
(くりやま・ひでき)

1961年4月26日生まれ。東京都出身。東京学芸大学を経て84年にドラフト外でヤクルトスワローズに入団。現役生活は7年。88年には規定打席未満ながら112安打、打率.331を記録、翌89年にはゴールデングラブ賞を獲得したがケガや病気が重なり29歳で引退。その後、野球解説者・ジャーナリストとして長きにわたり活動。プロアマ問わず多くの取材を重ねる。2011年11月に北海道日本ハムファイターズの監督就任。1年目にパ・リーグ優勝、16年には日本一にチームを導いた。21年に監督退任。10年間で5度のAクラス入り、684勝（ファイターズ歴代監督1位）672敗54分。21年12月に野球日本代表「侍ジャパン」の監督に就任。23年3月には2023WBCを制覇。3大会ぶりの「世界一」奪還を果たした。同年5月に監督退任。現在は北海道日本ハムファイターズのCBOを務める。

監督の財産

著者　栗山 英樹

2024年9月12日　初版第一版発行

編集・構成	伊藤滋之（タイズブリック）／黒田俊（シンクロナス）
協力	北海道日本ハムファイターズ
編集協力	望月草汰／竹内沙紀
装丁・本文デザイン	mashroom design
校正	玄冬書林
写真	高須力
発行人	菅原聡
発行	株式会社日本ビジネスプレス 〒105-0021 東京都港区東新橋2丁目4-1 サンマリーノ汐留6階 電話 03-5577-4364
発売	株式会社ワニブックス 〒150-8482 東京都渋谷区恵比寿4-4-9 えびす大黒ビル 電話 03-5449-2711
印刷・製本所	近代美術株式会社
DTP	株式会社三協美術

©HIDEKI kuriyama Printed in Japan 2024　ISBN 978-4-8470-7417-2 C0095

定価はカバーに表示してあります。乱丁・落丁本がございましたらお取り替えいたします。本書の内容の一部あるいは全部を無断で複製複写（コピー）することは、法律で認められた場合を除き、著作権および出版権の侵害になりますので、その場合はあらかじめ小社宛に許諾をお求めください。

初収一覧

いずれもKKベストセラーズより『覚悟』（2012年10月10日）、『伝える。』（2013年3月26日）『未徹在』（2015年11月21日）『最高のチームの作り方』（2016年12月21日）に初版発行。『稚心を去る』は株式会社JBpress（2019年1月24日初版発行）。そのほか、「監督のカタチ」「集大成（2019〜2021）」「考察・野球論」「光るべきもの」は本書の書下ろし。

シンクロナス
ブックス